AF627063

DROEMER

HOLLY GEORGE-WARREN

Janis Joplin

Nothing Left to Lose

DIE BIOGRAFIE

Aus dem Amerikanischen von
Gabriele Gockel, Naemi Schuhmacher,
Sonja Schuhmacher und Barbara Steckhan

DROEMER

Die amerikanische Originalausgabe erschien 2019 unter dem Titel
Janis. Her Life and Music bei Simon & Schuster.

Besuchen Sie uns im Internet:
www.droemer.de

FSC
www.fsc.org
MIX
Papier aus verantwortungsvollen Quellen
FSC® C083411

Deutsche Erstausgabe März 2019
© 2019 Holly George-Warren;
veröffentlicht nach Vereinbarung mit Holly George-Warren
© 2019 der deutschsprachigen Ausgabe Droemer Verlag
Ein Imprint der Verlagsgruppe
Droemer Knaur GmbH & Co. KG, München
Alle Rechte vorbehalten. Das Werk darf – auch teilweise – nur mit
Genehmigung des Verlags wiedergegeben werden.
Die Übersetzerinnen gehören dem Kollektiv Druck-Reif an.
Redaktion: Dr. Thomas Tilcher, München
Covergestaltung: Isabella Materne
Coverabbildung: © Elliott Landy, Landyvision, Inc.
Satz: Adobe InDesign im Verlag
Druck und Bindung: CPI books GmbH, Leck
ISBN 978-3-426-27730-0

2 4 5 3 1

Für Robert Burke Warren, meinen »Soulmate«,
und Jack Warren, meine Inspiration

Inhalt

Einführung
11

Kapitel 1
Starke Gene
19

Kapitel 2
Der Wildfang
34

Kapitel 3
Bloß keine Langeweile
49

Kapitel 4
»Beatnik-Schlampe«
65

Kapitel 5
»18 Jahre und im Arsch«
86

Kapitel 6
Den Teufel im Leib
106

Kapitel 7
Waller Creek Boy
114

Kapitel 8
Die Bluessängerin
136

Kapitel 9
Crystal-Junkie und »Saturday Night Swindle«
153

Kapitel 10
Studentin in Texas
169

Kapitel 11
Big Brothers Frontfrau
197

Kapitel 12
»Das Idol meiner Generation«
225

Kapitel 13
»Das erste Pin-up von Haight-Ashbury«
249

Kapitel 14
Auf dem Absprung
287

Kapitel 15
»Der neue Rockstar von der Second Avenue«
314

Kapitel 16
Kozmic Blues
349

Kapitel 17
Pearl
389

Dank 439
Anmerkungen 447
Literatur 478
Register 484

Einführung

Mach keine Kompromisse mit dir selbst.
Du bist alles, was du hast.[1]
Janis Joplin

An einem schwülen Septemberabend heizt Ruby Boots auf der Bühne des Basement East in Nashville dem Publikum ein und röhrt, begleitet von ihrer E-Gitarre, Janis Joplins *Piece of My Heart* ins Mikrofon. Das sechstägige Americanafest des Jahres 2018, eine jährliche Musikkonferenz und ein Festival, würdigt Langspielplatten des Jahres 1968, und das Album *Cheap Thrills,* das Big Brother and the Holding Compay damals den Durchbruch brachte, schaffte es in die umfassende Auswahl. Ruby, im australischen Perth als Bex Chilcott geboren, begeisterte sich schon als Kind für Janis' Musik. Sie fühlte sich vom klagenden Soul in Janis' Stimme unwiderstehlich angezogen, der weder Zeit, Entfernung noch der Tod etwas anhaben konnten. Es ist wie damals vor 50 Jahren, wenn Janis den Song anstimmte: Gebannt von seiner rauen, aber furchtlosen Menschlichkeit, drängen sich die Zuschauer im Publikum näher an die Bühne heran.

Als dann im Ryman Auditorium (der einstigen Grand Ole Opry) die Americana Honors & Music Awards Show ausgerichtet wird, treten mehrere Janis-Erbinnen auf die Bühne: Rosanne Cash, Singer-Songwriterin und Aktivistin, bereits als Jugendliche Fan von Janis, bekommt den Preis in der Kategorie »Free Speech in Music«; die im kanadischen Alberta geborene k. d. lang erhält den »Trailblazer Award«. Die Sängerinnen Brandi Carlile, Margo Price und Courtney Marie Andrews – allesamt für verschiedene Auszeichnungen nominiert – lassen in ihren umwerfenden Auftritten Janis' Einfluss spüren.

Vor Janis' viel zu kurzem Leben im Rampenlicht hätten diese Künstlerinnen Schwierigkeiten gehabt, ein Idol vom Format dieses Beatniks aus dem texanischen Port Arthur zu finden. Als erster weiblicher Rockstar Amerikas veränderte Janis mit ihrer musikalischen Souveränität, ihrer ungestümen Sexualität und ihrem natürlichen Überschwang alles. Bis heute prägt Janis Generationen von Künstlern verschiedener Genres und über die Geschlechtergrenzen hinweg. Zugleich aber war alles, was sie tat, von ihrer Belesenheit, ihrem scharfen Intellekt und ihrer tiefen Sehnsucht nach einem Zuhause mit dem obligatorischen weißen Gartenzaun bestimmt – Facetten, die in dem für ihre Fans entwickelten Image nicht im Vordergrund standen.

Gleiches gilt für ihre Vorreiterrolle. Zwar betrachtet man Janis' Ära heute als eine Zeit der Befreiung von den rigiden Strukturen der 1950er Jahre, doch die Rockmusik war nach wie vor eine rein männliche Domäne. In der etablierten Presse wie auch in der Gegenkultur stieß Janis auf einen erstaunlichen Sexismus und wurde von Repräsentanten der Musikindustrie gelegentlich mit eiskalter Geringschätzung bedacht. Trotzdem machte sie weiter. Mit ihrer Willenskraft und ihrem herausragenden Talent gelang ihr der Beweis, dass im Rock auch unbeugsame Musikerinnen, Autorinnen und weibliche Fans einen Platz finden können. Die Feministin Ellen Willis, in den 1960er Jahren Musikkritikerin des *New Yorker,* bezeichnete Janis als »einzige Heroine der 60er-Jahre-Kultur, die die weiblichen Erfahrungen bei der Suche nach Befreiung des Individuums ausdrückt und öffentlich macht«.[2] Patti Smith, Stevie Nicks, Cindy Lauper, Chrissie Hynde, Kate Pierson von den B-52 sowie Ann und Nancy Wilson von Heart gehören zu den Künstlerinnen, die Janis noch persönlich auf der Bühne erlebt haben. Hier atmeten sie den Geist, der ihre eigene Zukunft bestimmen sollte.

Durch ihren Einfluss und die unablässige Arbeit an sich selbst eroberte sich Janis einen Platz im Zentrum unserer Musik und unserer Kultur. Wenn wir die entscheidenden Momente der

Rockgeschichte betrachten, ist sie stets dabei: beim Monterey Pop Festival, in der pulsierenden Szene von Haight-Ashbury, in den rauen Straßen, Clubs und Studios von New York, in Woodstock. Sie war Thema von Museumsausstellungen und einer Vielzahl von Theaterproduktionen und Filmen. Ihr erstes Album ohne Big Brother, das kühne *I Got Dem Ol' Kozmic Blues Again Mama!,* klingt heute noch ebenso frisch wie bei seiner Veröffentlichung im Jahr 1969. Die von Filmemacher D. A. Pennebaker erstellte Filmdokumentation des Monterey Pop Festivals löst bei einer neuen Generation von Fans begeisterten Applaus aus, und das Video auf YouTube wird millionenfach angeklickt.

Als Janis 1967 in Monterey auf die Bühne trat, war ihr Name außerhalb von San Francisco kaum bekannt. »Wer ist dieses Mädchen?«, fragte Lou Adler, Mitveranstalter des Festivals. »Wo kommt sie her? Und wie sie aussieht! Wieso steht sie in dieser Männerband im Vordergrund?«[3] Die Antwort gab Chet Helms, Impresario aus Haight-Ashbury, als er sie dem Publikum vorstellte. »Vor drei oder vier Jahren, als ich ein Jahr lang durch unser Land getrampt bin, stieß ich in Texas auf ein Mädchen namens Janis Joplin«, erklärte er den nichtsahnenden Zuschauern. »Ich hörte sie singen, und dann sind wir gemeinsam an die Westküste getrampt. Seitdem ist viel passiert, doch es erfüllt mich mit großem Stolz, dass ich heute das fertige Produkt vorstellen kann: Big Brother and the Holding Company!«[4]

Durch ihr mitreißendes Konzert an diesem Abend änderte sich nicht nur Janis' Leben, sondern auch die zukünftige Entwicklung der Popmusik. Als sie ihr fünf Songs langes Set mit einer dramatischen Interpretation von Willie Mae Thorntons bluesigem *Ball and Chain* beendete, hatte sich ihr Name bei Tausenden von perplexen Zuschauern und Hunderten verblüffter Journalisten eingeprägt, die sogleich leidenschaftlich über sie berichteten. Ihr emotionaler Gesangsstil sollte schon bald andere Sänger beeinflussen, die am Anfang ihrer Karriere standen, wie beispielsweise Robert Plant von Led Zeppelin. Junge Frauen, die sie im Avalon Ballroom oder in Bill Grahams beiden Fillmore-Auditorien sahen, haben dieses Erlebnis bis heute nicht vergessen. Ihnen kam es so vor, als würde Janis an ihrer statt singen, ihre Geschichte erzählen, ihren Schmerz ausdrücken, sie ermutigen und ihnen die Scham nehmen. Janis war ein wandelnder Lebensnerv und konnte Gefühle hervorholen, die andere ignorierten oder unterdrückten. Und sie war bereit, dafür den Preis zu zahlen.

Wenn es um ihre Vorstellungen ging, machte Janis keine Abstriche. Sie scheute nicht davor zurück, Grenzen zu überschreiten, sei es auf dem Gebiet der Musik, der Kultur oder der Sexualität. Trotz des zu dieser Zeit noch herrschenden Verbots zeigte sie offen ihre Bisexualität und fürchtete weder Gefängnis noch Verurteilungen. Und als ihr die Band ihrem Gefühl nach keine Entwicklungsmöglichkeiten mehr bot, zögerte sie nicht, ihre Rolle als »Frontfrau« aufzugeben, obwohl sie von Kritikern wie von Fans deswegen verdammt wurde. Nur vier Tage vor ihrem Tod am 4. Oktober 1970 erklärte sie dem Journalisten Howard Smith: »Du bist nur das, womit du dich zufriedengibst!«[5]

Janis Joplin gab sich nie zufrieden. Als ältestes Kind einer Familie mit festem Zusammenhalt verehrte sie ihren Vater, der seine Liebe zu Bach, seine intellektuellen Interessen und seine atheistischen Ansichten in der konservativen, von der Ölindustrie beherrschten Stadt Port Arthur geheim hielt. Vor der Pubertät war Janis ein Wildfang, aber zugleich klug, neugierig und mit einem von ihren Eltern unterstützten beachtlichen Talent in den Bildenden Künsten ausgestattet. Nach ihrer Einschulung in die High School Mitte der 1950er Jahre stieß sie mit ihrer Begeisterung für die Beatniks und mit ihrer progressiven Haltung in der Frage der Rassentrennung jedoch das Establishment vor den Kopf. Ihr erster offener Bruch mit den Konventionen bestand darin, sich als junge Weiße schon früh für die Kraft des Blues zu begeistern und an der Golfküste Kneipen aufzusuchen, wo diese

Musik gespielt wurde, und nach Bluesplatten unbekannter Labels zu forschen. Die Ächtung durch Gleichaltrige, die sich auch über ihr Aussehen lustig machten – etwa als sie nach dem Vorbild der in der Zeitschrift *Life* erscheinenden Fotos die Aufmachung der weiblichen Beatniks kopierte –, konnte sie niemals ganz überwinden.

Zweifellos liebten Seth und Dorothy Joplin ihre älteste Tochter, doch zugleich fühlten sie sich durch deren immer krassere Renitenz zurückgestoßen. Die gleiche Unbeugsamkeit war es jedoch, die Janis letztlich den Ruhm brachte. Rebellion und Sehnsucht nach Aufmerksamkeit äußerten sich in der Pubertät stärker und gesellten sich zu der erwachenden Sexualität, der Entdeckung des Rock 'n' Roll sowie des Alkohols und der Drogen. Die Verletzungen, die sie in jenen turbulenten Jahren bei den heftigen Auseinandersetzungen im Hause Joplin davontrug, sollten niemals heilen. Janis' Sehnsucht nach dem Zugehörigkeitsgefühl und der Aufmerksamkeit, die sie in der Jugend vermisst hatte, und die Erkenntnis, dass sie dem Glauben ihrer Familie an Einzigartigartigkeit nur dann gerecht wurde, wenn sie ihren eigenen Weg ging, erzeugte in ihr eine anhaltende Spannung. Erst nachdem sie erkannt hatte, wie herausragend ihre Stimme war, fand sie ihren Platz und die Möglichkeit, sich in Port Arthur und Beaumont, dann in Austin und schließlich in San Francisco im Kreis der Freigeister und Musiker eine neue Familie zu schaffen. Sie stürzte sich mit wilder Freude ins Leben, konnte aber der tiefsitzenden Schwermut, die aus dem vom Vater übernommenen Gefühl der Einsamkeit und seinem blanken Fatalismus stammte, niemals ganz entrinnen. Dass sie ihren Schmerz mit Alkohol und Drogen zu bekämpfen suchte, machte ihre Situation nicht besser.

Janis, die leidenschaftliche, gebildete Musikerin, war zwar mit Talent gesegnet, aber sie arbeitete auch mit großem Einsatz daran, es weiterzuentwickeln, obwohl sie ihr Streben nach herausragenden Leistungen oft herunterspielte, wenn sie von sich erzählte. In den während der Arbeit an ihrem letzten Album *Pearl* entstandenen Mitschnitten wird deutlich, dass sie im Verhältnis zu ihrem Produzenten Paul Rothchild die Zügel in der Hand hielt und die Richtung bestimmte. Obwohl Frauen in jener Zeit nicht als Produzentinnen ihrer eigenen Musik in Erscheinung traten, begegnete Janis dem bekanntermaßen knallharten Geschäftsmann auf Augenhöhe. Die Studiosessions mit ihm waren für Janis eine Zeit der künstlerischen Blüte, und mit ihrer außergewöhnlichen Stimme und durch die Kooperation der Full Tilt Boogie Band schuf sie nach ihren Vorstellungen ein Meisterwerk. Die nach ihrem Tod 1970 veröffentlichte LP *Pearl* wurde ihr erfolgreichstes und auf Dauer populärstes Album, dessen Singleauskopplung von *Me and Bobby McGee* einen Schlusspunkt unter eine Karriere setzten, die mit *Piece of My Heart* begonnen hatte.

Janis Joplins unverkennbare Stimme klingt heute noch ebenso mitreißend wie 1967, als wir sie zum ersten Mal im Radio hörten. Sie durchschneidet das digitale Rauschen, den Lärm unserer Tage, weit stärker als die ihrer Zeitgenossen und stößt in die Tiefen unserer Herzen, wie Janis es sich immer wünschte. Seit sie 1970 durch eine versehentliche Überdosis im Alter von 27 Jahren starb, haben ihr Werk und ihr Leben ungeheuer viele Frauen dazu angeregt, die Stimme zu erheben und kompromisslos ihren eigenen Weg zu verfolgen: von Lucinda Williams, Pink, Amy Winehouse, Carolyn Wonderland, Lady Gaga, Brittany Howard, Alicia Keys, Florence Welch, Grace Potter, Elle King, Melissa Etheridge bis hin zu Kesha. Lucinda Williams hat über Janis einen Song geschrieben – *Port Arthur* –, Pink hatte den Traum, sie in einem Film zu verkörpern, Carolyn Wonderland veröffentlichte die Wahnsinnsversion eines von Janis stammenden Songs aus dem Jahr 1962 – *What Good Does Drinkin' Do* –, Melissa Etheridge setzte sich 1995 für Janis' Aufnahme in die Rock & Roll Hall of Fame ein. Am Abend der Feier sagte sie: »Eine Seele, die in der Lage ist, die Welt zu betrachten und den

Schmerz und die Einsamkeit zu sehen und nachzuempfinden, die tief hineintaucht und eine Stimme findet, um davon zu singen, kann uns heilen.«[6]

Dies ist vielleicht das größte Geschenk, das Janis uns bereitet hat.

Kapitel 1

Starke Gene

Erzähl mir nicht, was Du tust.
Erzähl mir, was Du denkst.[1]
Seth Joplin

Janis Joplin entstammt einer langen Reihe wagemutiger Ahnen: Pilger, Pioniere, Prediger, Revolutions- und Bürgerkriegssoldaten, Bauern, Cowboys, Rancher und Farmer. Nicht nur die Familie ihres Vaters, sondern auch die ihrer Mutter lässt sich zurückverfolgen bis zu den ersten Ankömmlingen aus England, Schottland und Schweden in Neuengland oder Virginia. Einige überlebten Schiffbrüche, Entführungen durch Indianer im Siebenjährigen Krieg Nordamerikas und Siedlertrecks quer über den gesamten Kontinent.

»Ich habe starke Gene«,[2] prahlte Janis oft, wenn sich Freunde wegen ihres Alkohol- und Drogenkonsums Sorgen um sie machten. Vielleicht dachte sie dabei an ihre Urgroßmutter, die von Janis' Schwester Laura in ihren Erinnerungen als »zähe Pioniersfrau mit einem starken Herzen in einem stämmigen Körper« beschrieben wurde.[3] »Mit ihren inneren Überzeugungen und dem Glauben an ihren Mann schaffte sie es über die Siedlungsgrenze.«[4] Hätte Janis tiefer nachgeforscht, hätte sie ihre Vorfahren vielleicht auch für ihren Ehrgeiz und ihre Rastlosigkeit verantwortlich gemacht.

Ihre Eltern lernten sich bei einem Blind Date kennen. Im Dezember 1932, mitten in der Großen Depression, trafen sich die 19-jährige College-Schülerin Dorothy East und der 22-jährige Seth Joplin, der ein Ingenieursstudium abgebrochen hatte, in ihrer Heimatstadt Amarillo, Texas, zu einem Rendezvous. Wie ihre hart arbeitenden Vorfahren wollten Dorothy und Seth unbekanntes Terrain erobern: die amerikanische Mittelschicht. Sie hofften, darin ihren Lebensunterhalt eher mittels des Intellekts denn mit der Hände Arbeit verdienen und ihre auf einen höheren Status gerichteten Bestrebungen an ihre Kinder weitergeben zu können, wenn auch in ganz unterschiedlicher Art und Weise.

Dorothy East wuchs als ältestes von vier Kindern bei Eltern auf, die von Beginn an, als sie noch in der Kleinstadt Clay Center in den Great Plains Nebraskas lebten, eine schwierige, nervenaufreibende Ehe führten. Nachdem sich Cecil und Laura Hanson East in dem neu gegründeten Bundesstaat Oklahoma niedergelassen hatten, wurde am 13. Februar 1913 ihre Tochter Dorothy Bonita geboren. Doch Laura vermisste ihre große bäuerliche Familie in Nebraska und bestand darauf, nach Clay Center zurückzukehren. Dort begann Cecil 1920 mit einer Schweinezucht. Doch eine Krankheit löschte den gesamten Viehbestand aus; die Farm ging bankrott, und die beiden zogen mit ihrer Tochter zur Hanson-Familie, wo Laura wieder in deren zutiefst christliche Welt eintauchte. Cecil machte sich auf in die boomende westtexanische Stadt Amarillo und wurde Immobilienmakler, verfiel jedoch dem Alkoholismus und der Promiskuität. Als Dorothy die Oberstufe der High School erreicht hatte, fand die Familie in Amarillo wieder zusammen; allerdings war die Ehe nicht mehr zu retten. Noch Jahrzehnte später verfolgten Dorothy die »schrecklichen Beleidigungen«[5] und gewalttätigen Auseinandersetzungen ihrer Eltern. Manchmal versuchte ihre Mutter, per Anhalter nach Nebraska zurückzukehren – ohne Dorothy und ihre jüngeren Geschwister Gerald, Barbara und Mildred. Dann übertrug Cecil Dorothy die Aufsicht über die anderen Kinder, machte sich mit dem Auto auf die Suche nach seiner Frau und holte sie nach Hause zurück. In Amarillo tuschelte man über ihre Eheprobleme und Cecils Zechgelage. Dorothy schämte sich und fasste den Vorsatz, einmal eine einträchtige Ehe zu führen und keinen Anlass zu kleinstädtischem Klatsch zu geben.

Zuflucht fand sie unter anderem in der Musik. Dorothy sang schon als Kind im Kirchenchor, und nach übereinstimmenden Berichten besaß sie eine wunderbare Stimme. Sie trat dem Lyrikklub ihrer Schule in Amarillo bei und übernahm Rollen im Musiktheater. In einer Besprechung des Stücks *Once in a Blue Moon* wurde sie von den *Amarillo Globe-News* besonders gewürdigt: »Der Applaus, der Dorothy East in der Rolle der Moon Lady während und nach ihren Partien von allen Seiten entgegenschlug, war wohlverdient. Sie lieferte sie mit herausragender Souveränität.« Dorothy sang bei Hochzeiten, Veranstaltungen des Lions Club und lokalen Musicalaufführungen. »Man gab mir stets die Führungsstimme«, erzählte Dorothy ihren Kindern später.[6] »Ich hatte gute Lungen und eine hervorragende Intonation. Selbst in der riesigen Aula konnte man meine hohen und tiefen Töne bis in die letzten Reihen hören. Aber ich wurde deswegen nicht eingebildet. Ich hielt mich nicht für die Beste in der Stadt oder so was.«[7] Dennoch hegte sie den Wunsch, eine professionelle Sängerin zu werden. Dorothys Vater unterstützte ihre musikalischen Ambitionen – im Gegensatz zu ihrer Mutter Laura, die durch eine Erkrankung in der Kindheit den Großteil ihres Gehörs verloren hatte.

Anlässlich einer Vorstellung im Lions Club im Jahr 1931 hieß es in einer Lokalzeitung: »Nach dem Applaus zu urteilen, war sie eine ausgesprochene Sensation und wurde als zweite Marion Talley gefeiert«,[8] jene junge Koloratursopranisten, die man aus Kansas City an die Metropolitan Opera in New York geholt hatte. Schließlich, so erzählte Dorothy, »nahm mich ein Produzent aus New York beiseite und sagte: ›Wenn Sie nach New York gehen wollen, kann ich Sie ohne Weiteres in einer Show unterbringen.‹«[9] Aber Laura East riet ihrer Tochter davon ab und empfahl ihr stattdessen, wie Dorothy erzählte, eine »Handelsschule zu besuchen, weil du dort Dinge lernen kannst …, die du brauchst, um deinen Lebensunterhalt zu verdienen«.[10] Und der Talentscout räumte ein, dass das Showgeschäft hart sei und »nichts für Leute wie Sie«.[11]

Die New-York-Idee weckte bei Dorothy die Angst, ihr Leben könnte sich ähnlich chaotisch gestalten wie das ihrer Eltern: ständig auf Wanderschaft, in großer Unsicherheit und möglicherweise sogar in Schande. Dorothy wollte die Fäden lieber selbst in der Hand halten. So nutzte sie ihre stimmliche Begabung auf traditionell verantwortliche Weise und bewarb sich erfolgreich für ein Musikstipendium an der Texas Christian University, die ihr Pfarrer ihr empfohlen hatte.

Als sie im ersten Studienjahr zu den Weihnachtsferien nach Hause kam, lernte sie Seth kennen. Sein Vater Seeb Joplin, ein ehemaliger Cowboy und Sheriff, war der Leiter eines Schlachthofs, der als ältestes von elf Kindern auf einer Ranch in Westtexas aufgewachsen war. Seebs Großvater, Benjamin Jopling, hatte beim Bau des ursprünglichen Fort Worth mitgewirkt, einem der Außenposten der Kavallerie, der nach dem mexikanisch-amerikanischen Krieg errichtet worden war. Florence Porter Joplin, Seths Mutter, führte eine Pension am Stadtrand von Amarillo. Sie war wie ihr Mann Seeb in Texas geboren und das jüngste von elf Kindern. Ihr Vater Robert Porter hatte als Einkäufer für die Konföderierten gearbeitet. Das erste Kind von Seeb und Florence war Margaret, ihr folgte Seth Ward Joplin, der am 19. Mai 1910 das Licht der Welt erblickte. Margaret besuchte ein Internat, während Seth allein in einer aus einem einzigen Raum bestehenden Hütte hinter der Pension fern von den raubeinigen Gästen wohnte. Dort führte er eine einsame, bescheidene Existenz und vertiefte sich in seine Bücher. Er studierte zwei Jahre lang am Texas Agricultural & Mechanical College, dann wechselte er zur University of Alabama, wo er sich im Fach Maschinenbau einschrieb. Da Seth nur wenig Geld hatte und von seinem Vater (der mit 13 Jahren die Schule verlassen hatte) keine Hilfe bekam, fehlten ihm kurz vor dem Abschluss ein paar Seminarscheine, und er kehrte nach Amarillo zurück. Als Dorothy ihn kennenlernte, wohnte er bei seinen Eltern in der Pension und arbeitete als Tankwart.

Als Paar boten Seth und Dorothy einen faszinierenden Anblick: er ein attraktiver junger Mann mit nachdenklichen, tiefliegenden blauen Augen; sie eine anziehende, lebhafte College-Schülerin mit grünen Augen. Doch zugleich waren sie ein Paar voller Gegensätze: er grüblerisch und introvertiert – jemand, der gern ein Intellektueller gewesen wäre und ruhige Abende liebte, an denen über Literatur und Philosophie diskutiert wurde; sie ein modisches, emanzipiertes Mädchen, das gern ausging, Klavier spielte, sang und die Nächte durchtanzte. Dorothy folgte mit Hingabe den christlichen Überzeugungen ihrer Mutter, Seth war bekennender Atheist. Man konnte sagen, dass sie in guten Zeiten einander ergänzten, in schlechten jedoch mit dieser Konstellation auf Streit programmiert waren. Gemeinsam war ihnen die Leidenschaft für Musik, der Wunsch nach einem besseren Leben, ein starker Eigenwille und Stoizismus. Mit Ausnahme des Stoizismus gaben sie alle diese Eigenschaften an ihre Tochter weiter.

Als Dorothy an ihre Universität zurückgekehrt war, begannen die Verliebten einen Briefwechsel. In der Nähe, die in dieser Form des Austauschs entstand, konnte Seth seinen für einen Mann jener Zeit und Herkunft ungewöhnlichen Wunsch äußern, das Innere seiner Freundin kennenzulernen. Dorothy erinnerte sich daran mit Staunen. »Einmal schrieb er mir: ›Erzähl mir nicht, was Du tust, erzähl, was Du denkst.‹ Ich war ziemlich verdutzt, weil ich zuvor nur mit meinen Eltern korrespondiert hatte, die natürlich wissen wollten, was ich *machte* …«[12]. Diese Neugier auf die inneren Vorgänge der Menschen und die Begabung, sich schriftlich und in Briefen auszudrücken, sollte sich auch bei ihrem ersten Kind zeigen.

Nach der Sommerpause 1933 beschloss Dorothy, nicht zur Universität zurückzukehren. Vielleicht weil sie immer noch hoffte, einmal auf der Bühne zu stehen, arbeitete sie aushilfsweise beim Radiosender KGNC in Amarillo, wurde jedoch bald wieder entlassen, weil sie aus Versehen in ein eingeschaltetes Mikro geflucht hatte: »Ich komm mit diesem verdammten Ding nicht klar.«[13] Doch an einer anderen Stelle hatte sie durchaus Erfolg, nämlich bei dem Versandhandel Montgomery Ward, wo sie wegen ihres Geschäftssinns von einer vorübergehenden Sommeraushilfe zur Leiterin der Kreditabteilung aufstieg. Die immer gut frisierte und modebewusste Dorothy entwarf und nähte trotz ihrer begrenzten Geldmittel ihre elegante Kleidung selbst und trug stets einen flotten Hut, der gut zu ihrem dunklen, kurz geschnittenen Haar passte. Ihre Kreativität floss nun in die Schneiderei, eine Beschäftigung, der sie ihr Leben lang mit großem Talent nachging.

Seth ging zwar abends nicht gern tanzen, aber er war dem Alkohol nicht abgeneigt und rauchte gelegentlich Haschisch, was in Texas bis 1937 erlaubt war. Während der Prohibition brachte er sich selbst bei, Bier zu brauen und »Badewannen-Gin« herzustellen, den er manchmal zusammen mit Dorothys Vater Cecil trank – zum Leidwesen von dessen Frau, die Abstinenzlerin war. Dorothys Laster hingegen waren Zigaretten, die damals den Frauen als »Fackeln der Freiheit« angepriesen wurden.

1935 verzeichnete das inmitten der Dust Bowl in den nordwestlichen Ebenen des texanischen »Panhandle« gelegene Amarillo eine Arbeitslosenrate von etwa 25 Prozent. Ein College-Freund wies Seth darauf hin, dass die Texas Company (später in Texaco umbenannt) in Port Arthur im südöstlichen Winkel des Bundesstaats Mitarbeiter suchte. Die Stadt an der subtropischen Golfküste war Standort der weltweit größten Ölraffinerie, ein großflächiger Komplex mit zahllosen Schloten, die heiße, giftige Schadstofffahnen in die Luft spien. Betrachtete man diesen Industriezweig, schien es die Große Depression nicht zu geben. Seth packte also seine wenigen Habseligkeiten zusammen und fuhr die fast 1200 Kilometer bis Port Arthur. So sehr er die dort herrschende Feuchtigkeit, die Stechmücken und die von der Raffinerie ausgestoßenen Abgase auch hasste, so musste er seinem Freund doch recht geben: Die wachsende Stadt und deren größter Arbeitgeber, die Texas Company, boten einem Mann wie Seth die Gelegenheit, sich einen annehmbaren Lebensunterhalt zu verdienen, ohne im Freien arbeiten zu müssen. Es würde ihm sogar besser gehen als seinen Eltern. Beeindruckt von seinem scharfen Verstand und seinen technischen Kenntnissen, stellte die Texas Company ihn als Führungskraft ein und betraute ihn mit der Aufgabe, die Konstruktion der Metallcontainer für das in alle Welt transportierte Rohöl zu überwachen.

Nichts weist darauf hin, dass Seth die Arbeit besonders gefiel oder sie ihm große Befriedigung verschaffte, doch zweifellos schätzte er die Sicherheit, die diese Position einem Mann mit seinem Hintergrund verschaffte. Und sie gab ihm das Gefühl, wichtig zu sein, vor allem ein paar Jahre später während des Zweiten Weltkriegs, als er wegen seiner Expertise beim einzigen Hersteller von Ölcontainern für den Versand dreimal vom Wehrdienst freigestellt wurde. Er sollte die folgenden 40 Jahre für Texaco arbeiten.

* * *

»In Port Arthur gibt es nichts außer Öl«, hieß es 1932 in einem Geologiebuch, in dem die drei Städte des »Goldenen Dreiecks« beschrieben wurden. Ein Kanal verband Port Arthur mit Beaumont (umgeben von Ölfeldern) und Orange (Sitz des Stahl- und Schiffbauunternehmens Consolidated Steel). In Texas war man erstmals am 10. Januar 1901 auf Öl gestoßen, und zwar unter dem Spindletop, einem Hügel sechseinhalb Kilometer südlich von Beaumont und gut 24 Kilometer nördlich von Port Arthur. Die legendäre Explorationsbohrung »begann mit einem Dröhnen, das den Boden unter dem Bohrturm erbeben ließ, worauf zunächst Schlamm, dann Gesteinsbrocken, dann ein sechs Tonnen schweres, zehn Zentimeter dickes Stahlrohr hervorschossen, das in die Luft geschleudert wurde wie ein Strohhalm«, so der texanische Historiker Lonn Taylor.[14] »Schließlich brach ein viereinhalb Meter hoher Ölstrahl hervor. Neun Tage spuckte der Hügel jeweils 100 000 Barrel aus, bevor die Ingenieure das Loch verschließen konnten. Spindletop markierte den Beginn der modernen Ölindustrie. Seitdem hatte Texas – und die Welt – ein anderes Gesicht.«

Doch die Ursprünge von Port Arthur liegen noch vor der Entdeckung des texanischen Öls. Der Ort war fünf Jahre von einem Selfmademan und Eisenbahntycoon namens Arthur Stilwell gegründet und an seiner neuen, in Kansas City beginnenden Bahntrasse errichtet und nach ihm benannt worden. Port Arthur liegt am Ufer des Lake Sabine und etwas mehr als 140 Kilometer von Houston im Osten und gut 30 Kilometer vom Bundesstaat Louisiana entfernt. Der exzentrische Stilwell schrieb später, seine »Ahnungen« hinsichtlich der Wahl des Ortes seien ihm von mystischen kleinen Wesen oder »spirituellen Ratgebern« im Schlaf eingeflüstert worden.[15] Im Jahr 1898 finanzierte Stilwell die schwierige Fertigstellung des etwa elf Kilometer langen Kanals, der, sich am Vorbild des Suezkanals orientierend, Port Arthur mit dem Golf von Mexiko verband. Stilwell errichtete ein Getreidesilo und legte einen Hafen an, um die vom Mittelwesten mit dem Zug angelieferten Güter mit einem britischen Schiff nach Europa transportieren zu können.

Im Jahr darauf ging Stilwells Unternehmen jedoch bankrott, und die weitere Entwicklung von Port Arthur fiel John W. Gates zu, einem gerissenen Unternehmer des »Vergoldeten Zeitalters«. Er war ursprünglich einer der Geldgeber Stilwells gewesen, hatte ihn aber nun aus seinem Unternehmen hinausgedrängt. Der Magnat mit einem Monopol auf die Herstellung von Stacheldraht, der sein Unternehmen an U. S. Steel verkauft hatte, trug den Spitznamen »Bet-a-Million« – Folge seiner riskanten Spekulationssucht. Wetten, die sich für ihn auszahlten, waren die

Finanzierung zahlreicher Ölbohrungen in der Nähe des Spindletop sowie die Gründung der Texas Company und der Erwerb der Port Arthur Canal and Dock Company. Gates baute eine große Ölraffinerie und schuf öffentliche Einrichtungen wie das St. Mary Hospital und das Port Arthur College. Bis zu seinem Tod 1911 blieb er der wichtigste Geldgeber der Stadt.

Als Seth fast 25 Jahre später eintraf, boomten in Port Arthur die Ölverarbeitungs- und Chemieindustrie sowie die Werften, und auf dem Kanal und im Hafen wimmelte es von Schiffen für den Transport des Öls. Die Bevölkerung der Stadt war auf 51 000 Einwohner gestiegen, und aus dem gesamten Bundesstaat Texas sowie aus Louisiana strömten zukünftige Raffineriearbeiter herbei, darunter französischsprachige Akadier oder »Cajuns«, aber auch Afroamerikaner und Latinos. Zwischen 1930 und 1935 wuchsen auf den Ölfeldern im Osten von Texas »die großen Familienvermögen des Bundesstaats«, schreibt Bryan Burrough in seiner Geschichte der texanischen Ölindustrie, *The Big Rich*. Als Seth eingestellt wurde, hatte die Texas Company (»das dreisteste und aggressivste Unternehmen«)[16] »ihr Tätigkeitsfeld eingeschränkt und legte zugunsten der Raffinierung und der Vermarktung weniger Wert auf die Ölförderung«.

Kaum hatte Seth seinen Arbeitsvertrag unterschrieben, ließ er seine Verlobte nachkommen. Dorothy fand rasch eine Stelle in der Kreditabteilung des Handelsunternehmens Sears, Roebuck & Co., das in Port Arthur eine Zweigstelle unterhielt. Das Ziel des jungen Paares, Fuß zu fassen, eine Familie zu gründen und in die Mittelschicht aufzusteigen, schien somit in greifbarer Nähe. Am 20. Oktober 1936 schlossen der 26-jährige Seth und die 23-jährige Dorothy die Ehe, ohne dass auch nur einer ihrer Verwandten die Reise nach Osten auf sich genommen hätte, um mit ihnen die Hochzeit zu feiern. Die frisch Vermählten verbrachten ausgelassene Abende in der Amüsiermeile am Highway 90 auf der anderen Seite des Sabine River in Vinton, Louisiana. Seth wollte nicht über ihr Nachtleben sprechen, aber Dorothy erzählte Jahre später, sie habe in denselben Clubs auf den Tischen getanzt, in denen es ihre Tochter später als Jugendliche krachen ließ.

In den ersten sieben Jahren ihrer Ehe sparte das Ehepaar Joplin eifrig für die Zukunft. An einem Tag im Juni, sechs Monate nach dem japanischen Angriff auf Pearl Harbor, sagte Seth, wie Dorothy erzählte, nach der Rückkehr von der Arbeit zu seiner Frau: »Lass uns für Nachwuchs sorgen.«[17] 37 Wochen später, am 19. Januar 1943, erblickte Janis Lyn Joplin im St. Mary Hospital das Licht der Welt – 21 Tage zu früh. Sie war 45 Zentimeter groß und wog nur 2,5 Kilogramm, war aber gesund. Nach ihrer Geburt, bei der er nicht anwesend war, schrieb der nüchterne Seth seiner 29-jährigen Frau in einer Notiz: »Ich weiß wohl, dass Du eine Phase der Inflation (bzw. Aufgeblähtheit) durchgemacht hast, wie Du sie noch nie zuvor erlebt hattest – dennoch hast Du Dein Ziel durch große Anstrengungen am frühen Morgen des 19. Januar erreicht, drei Wochen vor der Zeit.«[18]

Die frischgebackenen Eltern liebten ihr Kind, und Seth hielt mit seiner Kamera jeden Meilenstein in Janis' Entwicklung fest. In den folgenden sechs Jahren war das Mädchen der Mittelpunkt ihrer Welt – und genoss eine Aufmerksamkeit, nach der sie sich stets zurücksehnen würde –, bis das zweite Kind kam. Seth, von Natur aus zwar ein scheuer Mensch mit einer pessimistischen Weltsicht, behandelte seine kleine Tochter wie den Sohn, den er sich erhofft hatte. Und Dorothy, die sich für Janis das ideale, respektable Leben wünschte, das sie selbst als Mädchen vermisst hatte, widmete sich voll und ganz ihrer mütterlichen Aufgabe. Sie wollte ihrem Kind jede Gelegenheit zu einer gedeihlichen Entwicklung geben. Und Baby Janis' unbeschwerte Art förderte den Glauben der Eltern, dieses Ziel auch erreichen zu können.

»Sie war nie schlecht gelaunt, verärgert oder ein Problemkind«, sagte Dorothy im Hinblick auf das sonnige Gemüt ihrer Erstgeborenen.[19] Janis begann mit sechs Monaten zu krabbeln und konnte schon aufrecht stehen, als sie noch kein Jahr alt war. Ihre blauen Augen strahlten, wenn ihr Vater von der Arbeit nach Hause kam. Schon als Kleinkind gewöhnte sie sich an, ihn an der Haustür zu empfangen. Nach dem Abendessen pflegte sich Seth in seinen Lehnstuhl zu setzen, ein Buch zu lesen und Bach oder Beethoven zu hören, wobei sich seine Augen manchmal vor Staunen über die Schönheit der Musik weiteten. Er war ganz anders als die meisten Väter in Port Arthur.

Janis betrachtete ihren Daddy als »heimlichen Intellektuellen«, wie sie später meinte, und schilderte ihn als »Bücherwurm, der gern redete und das Philosophieren liebte. Er war sehr wichtig für mich, weil er mich zum Nachdenken brachte. Durch ihn bin ich so geworden, wie ich bin.«[20] Ihren unabhängigen Geist hatte sie zweifellos von Seth, doch obwohl sie es nur selten zugab, war Janis auch die Tochter ihrer Mutter; sie erbte Dorothys Begeisterung für Mode, ihr starkes Kontrollbedürfnis und natürlich die kräftige Singstimme, die ihr einen Weg aus einem biederen, eingeschränkten Leben bot. Anders als Dorothy, die dieses Talent nicht hatte ausleben können, machte Janis ausgiebig davon Gebrauch.

Etwa vier Jahre zuvor, im Jahr 1939, hatte das Ehepaar Joplin einen wichtigen Schritt auf dem Weg zu ihrem Ziel eines Mittelschichtslebens getan. Die beiden waren aus ihrer Mietwohnung in der Sixth Street in ihre erste eigene Immobilie gezogen, ein größeres Backsteinhaus mit zwei Schlafzimmern in der Procter Street 4048 (der Hauptstraße von Port Arthur), in dem auch Dorothys Mutter und ihre jüngste Schwester Mildred unterkommen konnten. Nachdem Cecil nach Kansas City zurückgekehrt war und die Kommunikation mit seinen Kindern abgebrochen hatte, hatte sich das Ehepaar East schließlich scheiden lassen. »Wenn ich hätte entscheiden können, mit welchem Elternteil ich in Kontakt bleiben würde, so wäre meine Wahl auf meinen Vater gefallen«, sagte Dorothy später über den unbekümmerten Cecil.[21] »Aber … gefühlsmäßig und körperlich ging er zu uns allen auf Distanz.« Laura und Mildred East wohnten sieben Jahre lang bei der Familie Joplin, bis Janis drei und der Krieg zu Ende war.

Dorothy hing immer noch dem Glauben ihrer Mutter an und wurde Mitglied der evangelikalen First Christian Church, einem Zweig der Nebraska-Konfession. Seth hingegen »war nicht in einer religiösen Familie aufgewachsen«, erzählte Dorothy. »Dieser Mann gehörte in seinem ganzen Leben zu gar nichts.« Das jüngste Kind des Paars, Michael, erinnerte sich: »Mom fragte Pop immer wieder, ob er zur Kirche gehen wollte. Aber er sagte jedes Mal Nein. Einmal wollte ich wissen, warum, und des Pudels Kern war, dass er nicht an Gott glaubte. Er hielt viel von Spiritualität, nicht aber von organisierter [Religion]. Er mochte die Predigten nicht.« Seth blieb sonntags zu Hause, wenn Dorothy und Janis – und schließlich auch die Geschwister Laura und Michael – zum Gottesdienst gingen. In der Öffentlichkeit verbarg er seinen Atheismus ebenso wie seine Leidenschaft für klassische Musik und Literatur. Als »offener« Atheist lief man Gefahr, von der zutiefst frommen Gemeinschaft Port Arthurs scharf verurteilt und sogar an den Pranger gestellt zu werden. Nur ihm Nahestehende kannten und akzeptierten seine Überzeugungen und bewunderten sie sogar. Zu dieser kleinen Gruppe gehörte auch sein ältestes Kind Janis.

Trotzdem wurde Janis auf Dorothys Drängen hin im Alter von zehn Jahren in der First Christian Church in der Procter Street durch Untertauchen getauft und sollte bis zum Ende der Mittelstufe regelmäßig dort zum Gottesdienst gehen. (Dreißig Jahre später wurde in einem Kirchenschrank Janis' Ausmalbild »Jesus betet in Gethsemane« entdeckt.) Wie ihre Mutter sang Janis zum ersten Mal im Kirchenchor vor einem öffentlichen Publikum, und Dorothy unterrichtete sie in der Sonntagsschule. Seth erhob gegen all das keine Einwände. Die diametral entgegengesetzten Auffassungen ihrer Eltern und ihr Respekt füreinander waren für die junge Janis Joplin ganz normal.

Als kleines Kind zeigte Janis dieselbe rastlose Neugier wie ihr Vater. »Sie wollte immer alles ganz genau wissen«, meinte Dorothy, und wenn »sie eine Frage stellte, gab ich ihr eine ehrliche Antwort, auch wenn es peinlich war. Wahrscheinlich war sie hyperaktiv, obwohl mir das damals nicht klar war. Ich dachte immer, sie sei zutiefst an den Dingen interessiert, mit denen sie sich beschäftigte. Ich wusste nicht, dass es Möglichkeiten gab, dieses Verhalten unter Kontrolle zu bringen.« Auf der Rückseite eines Fotos von einem Aufenthalt bei Seths Angehörigen in Amarillo, wo Janis sich austoben konnte, vermerkte Dorothy, Janis habe ihre Eltern gedrängt: »Wir fahren jetzt nach Hause. Ich muss anfangen, brav zu sein.« In Port Arthur spielte der äußere Eindruck eine große Rolle, und die zunehmend statusbewusste Dorothy wollte eine wohlerzogene, anständige Mittelschichtstochter haben. Sie nähte für die kleine Janis Spielanzüge und Kleider mit Rüschen, und bisweilen stattete sie sie auch mit Handschuhen und einem Hut aus. Viel später brachte sie ihr außerdem den Umgang mit Nadel und Faden bei.

Wie ihre beiden Elternteile liebte Janis die Musik. Dorothy kaufte ein gebrauchtes Klavier und gab der vierjährigen Janis Unterricht in Klavierspiel und Gesang. Seth war stolz auf das Talent seiner Frau und unterstützte anfangs auch die Versuche seiner kleinen Tochter. »Sie lernte am Klavier Tonleitern und Tonarten«, erinnerte sich Dorothy. »Ich entdeckte ein paar wunderbare Bücher mit Kinderliedern für die Singstunden. Ich schlug die Tonart an, und sie wusste dann, mit welcher Note sie anfangen musste. Aufgrund meiner eigenen Erfahrungen mit dem Singen konnte ich ihr bei der Intonation und beim richtigen Ausdrücken von Vokalen und Konsonanten helfen. Sie lernte Volkslieder und sang sie, wenn sie abends zu Bett ging. Es war absolut bezaubernd.« Auf ein Foto von Janis hatte Dorothy geschrieben: *Singt sich in den Schlaf.*

Gerade schien der Traum der Familie Joplin von ökonomischer Sicherheit Wirklichkeit zu werden, als Dorothy einen schweren Schlag erlitt. Sie war gerade erst 30 Jahre alt geworden, da diagnostizierten die Ärzte bei ihr einen bösartigen Schilddrüsentumor. Bei der Operation wurden ihre Stimmbänder irreparabel geschädigt – und damit ihre Singstimme zerstört. Kurz darauf verlangte Seth, ein ruhiger, zurückhaltender Mensch, dem es nicht leicht fiel, seine Gefühle auszudrücken, das Klavier wegzugeben, weil ihm Janis' »Hämmern auf die Tasten« inzwischen auf die Nerven gehe, wie er behauptete. Dorothy versuchte, es zu erklären: »Er hatte einen schweren Tag im Büro gehabt, deshalb kann man sich vorstellen, wie diese Tonleitern für ihn klangen. Er sagte nur: ›Wir können das Klavier unmöglich behalten.‹ Es gab um diese Angelegenheit nicht viel Aufhebens und auch keinen Streit. Wenn einer von uns eine klare Einstellung hatte, schloss sich der anderen dieser Ansicht an. So kam mir mein Klavier abhanden. Es brach mir das Herz.«

Vielleicht hatte der Krankenhausaufenthalt ihrer Mutter in ihr Ängste geweckt, die durch den Verlust der Musik im Haus verstärkt wurden, jedenfalls begann Janis zu schlafwandeln. Eines Abends fand Dorothy sie draußen auf dem Gehsteig, wo sie anscheinend etwas suchte. Als sie sie fragte: »Wo willst du hin?«, wiederholte Janis ein ums andere Mal: »Ich will nach Hause.«

In den folgenden Monaten hatte Dorothy zwei Fehlgeburten, bevor sie am 15. März 1949 ihre zweite Tochter Laurel Lee »Laura« Joplin zur Welt brachte. Laura hatte starke Koliken, sie schrie ständig und verlangte viel Aufmerksamkeit von der Mutter. So lernte die sechsjährige Janis, allein zurechtzukommen, oder sie ging zu ihrem Vater, der sich selbst in seiner Tochter wiederzufinden schien und eine Zeitlang ihre Gesellschaft stets willkommen hieß. Wie ein Sohn begleitete Janis ihn zum Friseur, wo sie, wenn ihr Vater fertig war, den Pony geschnitten bekam.

In jenem Jahr beschloss die Familie, in ein besseres Viertel zu ziehen: »Die Dame, die links von uns wohnte, war mit einem Matrosen verheiratet«, erzählte Dorothy. »Ich glaube, sie kannte nicht ein einziges normales Wort in der englischen Sprache. Ich hatte noch nie jemanden so schlimm fluchen gehört wie sie! Und ich wollte nicht, dass [meine Kinder] diese Sprache lernten.« Für das Ehepaar Joplin war dies der nächste Schritt auf der sozialen Leiter; sie kauften ein größeres Haus in Griffing Park, einer neuen Trabantenstadt mit viel Grün gleich an der Stadtgrenze. Endlich hatten sie es in die Vorstadt geschafft. Das nach heutigen Maßstäben bescheidene Holzständerhaus am Lombardy Drive 3130 hatte ein großes Grundstück, auf dem Janis spielen konnte. Seth pflegte den Garten, und Dorothy backte Kuchen mit den Pekannüssen, die sie von ihren eigenen Bäumen pflückten. Janis fand sofort Freunde unter den zahlreichen Nachbarskindern; sie tollte mit ihnen auf von Seth gebauten Spielgeräten herum und führte in einem ebenfalls von ihm konstruierten Theater Stücke und Puppenspiele auf. Seit frühester Kindheit hatte Seth seine älteste Tochter häufig fotografiert, jetzt machte er Aufnahmen von den beiden Schwestern, die identische, von Dorothy genähte Kleider trugen.

An den Samstagen ging Seth mit Janis oft in die Gates Memorial Public Library, ein imposantes Gebäude im neogriechischen Stil – Seths »Kirche«. »Bei mir zu Hause«, sagte Janis einmal voller Stolz, »bekam man einen Bibliotheksausweis, sobald man seinen Namen schreiben konnte.« Wie ihr Vater lernte sie Bücher zu schätzen und zeigte schon früh eine Neigung zum Lesen, was auch bald erkannt wurde, als sie im Herbst 1949 in die erste Klasse der nahegelegenen Tyrrell Elementary School kam. Ihre Eltern hatten alles in ihrer Macht Stehende getan, um es ihrer Erstgeborenen zu ermöglichen, im gut ausgestatteten Schulsystem von Port Arthur eine beliebte Schülerin mit guten Leistungen zu werden.

Kapitel 2

Der Wildfang

Fast wäre ich vom Stuhl gefallen,
so sehr war ich aus dem Häuschen![1]
Janis Joplin

Als Kind mit einem hohen Maß an Intuition spürte Janis, dass sich Seth Joplin einen Sohn wünschte, und für sie stand fest, dass ihm ihr burschikoses Herumtoben gefiel. Ihre enge Beziehung zu ihrem Vater, die schon allein darin zum Ausdruck kam, dass sie ihn jeden Tag nach der Arbeit freudig empfing, blieb bis zu der Zeit nach der Geburt des dritten Kindes der Familie Joplin, ihrem einzigen Sohn Michael, erhalten. Für Janis war der Verlust dieser Nähe ein einschneidendes Erlebnis – er nährte ihre lebenslange Bedürftigkeit und regte zugleich ihre Vorstellungskraft an.

Dorothy hoffte, dass sich Janis an ihr als Vorbild orientieren würde, was den Umgang mit anderen Menschen betraf. Sie sorgte dafür, dass sich Mitglieder der Blue Birds, eine Art Pfadfinderinnengruppe, regelmäßig in ihrem Haus trafen, wobei sich Janis als »kontaktfreudig und zuvorkommend gegenüber Fremden« erwies, wie Dorothy meinte.[2] Sie bemühte sich stets um die Anerkennung ihrer Mutter und forderte laut Dorothy von ihr mehr Aufmerksamkeit als die anderen beiden Kinder.

Janis konnte bereits lesen und war in der Schule so gut, dass ihre Lehrerin sie nach dem ersten Halbjahr bereits in die zweite Klasse schickte. Mit sieben Jahren übersprang sie auch hier die zweite Jahreshälfte und kam im Herbst 1950 in die dritte Klasse. Doch die vorgezogene Versetzung erwies sich in sozialer Hinsicht als Handicap. Janis war sage und schreibe 18 Monate jünger als viele ihrer Klassenkameraden und kleiner als die meisten ihrer Freundinnen und Freunde. Doch trotz ihrer Statur konnte sie durchaus mit ihren älteren – und größeren – Spielkameraden mithalten, die manchmal sogar vergaßen, um wie viel jünger Janis war.

»Beim Spielen verausgabte sie sich gern körperlich«, erzählte Roger Pryor, der zwei Jahre ältere Sohn der Nachbarn, deren Haus an den Garten der Familie Joplin angrenzte. »Sie spielte gern mit Jungen – Jungsspiele, Baseball und so. Dabei war sie keineswegs schüchtern, sie konnte sich gut behaupten. Sie machte selbst mehr Vorschläge, als dass sie auf Angebote wartete – ›Lasst uns das und das machen! Spielen wir das und das!‹ Sie war eigensinnig, aber liebenswert.«[3]

Mit zehn, elf Jahren war Janis, immer noch der unerschrockene Wildfang, völlig unbefangen, sie sah kein Problem darin, in den langen, heißen und feuchten Sommermonaten wie die Nachbarsjungen mit nacktem Oberkörper durch Port Arthur zu laufen. »Bis zur siebten Klasse spielte sie draußen ohne Bluse«, erzählte Pryor. »Körperlich reifte sie nur langsam heran. Niemand sagte etwas, aber für ein Mädchen war das doch ein seltsames Verhalten.«[4]

Manche Kinder hielten Roger Pryor für einen Raufbold, aber Janis war furchtlos und bot ihm Paroli. Sie forderte ihn sogar zu Ringkämpfen mit ihr heraus. »Mir war es unangenehm, mit einem Mädchen Ringkämpfe auszutragen«, meinte Pryor, »aber Janis wollte es unbedingt. Meine Eltern hatten mich immer wieder ermahnt, nie mit einem Mädchen zu kämpfen. Aber sie lief mir nach. Und wenn sie einen erwischte, sprang sie auf einen drauf. Ich weiß noch, wie sie grinsend auf mir hockte. Janis lachte dann wie ein triumphierender Sieger.«[5]

Möglich, dass Janis sich mit Roger prügelte, weil sie in ihn verknallt war. Vielleicht war sie auch eifersüchtig auf die Freundschaft, die sich zwischen ihm und ihrem Vater entwickelt hatte. Seth »mochte mich sehr«, meinte Roger Pryor. »Er behandelte mich wie einen Sohn. Er unterhielt sich mit mir, verbrachte Zeit mit mir und bastelte Dinge wie beispielsweise Steinschleudern.«[6] Ihr Vater förderte auch Janis' Wildheit, und nichts lag ihm ferner, als sie anzuregen, im Haus mit ihren Puppen zu spielen. Stattdessen baute er für sie und Roger Stelzen und eine riesengroße Wippschaukel.

Sein riskantestes Konstrukt war das »Giant stride«, eine Abwandlung des Kettenkarussells, bei dem Seile mit Ringen am Ende um die Spitze eines Pfeilers kreisten. Die Kinder packten die Ringe, liefen im Kreis um den Pfeiler herum, bis ihre Beine vom Boden abhoben und sie »flogen«, als hätten sie Flügel. Bei solchen Flügen machte Janis, sich mit aller Kraft an einen der Ringe klammernd, erstmals die erregende Erfahrung der Bewusstseinserweiterung. »Wir schubsten diese Kinder so fest an, dass sie fast waagrecht zum Pfeiler flogen und schrien, wir sollten aufhören. Wir wussten, dass es unerträglich für sie war, wenn sie das Gefühl hatten, davonzufliegen. Wir machten solche Dinge, um anderen wehzutun – nicht, weil wir gemein waren; es ging eher darum, zu sehen, wie viel jemand aushielt. Manche brachen sich den Arm bei diesem Riesenkarussell«, erzählte Roger Pryor, der oft die zaghafteren Kinder anschob.[7] Janis aber war so widerstandsfähig, dass sie sich nie verletzte, aber letztlich baute Seth das Ding wieder ab. Irgendwann brach sich Janis dann doch einen Arm, als sie von einem Baum fiel.

Seths bester Freund war Don Bowen, wie er selbst ein introvertierter Mann, der für Gulf Oil arbeitete und dessen Tochter Kristin – laut Roger Pryor »ein ausgesprochen hübsches, stilles Mädchen, sehr feminin«[8] – knapp ein Jahr älter als Janis war, aber mit ihr in dieselbe Klasse ging. Janis zufolge war Don Bowen der »einzige andere Intellektuelle in der Stadt«.[9] Er und Seth »klammerten sich aneinander, und sie freuten sich einfach, dass der jeweils andere existierte«. Mindestens einmal im Monat besuchten sich die beiden Familien Bowen und Joplin gegenseitig zum Abendessen, um Bridge zu spielen und vor allem, um sich ungezwungen zu unterhalten, wie es im kulturell rückständigen Port Arthur sonst nicht möglich war. »Wenn wir bei ihnen waren«, erzählte Kristin Bowen, »hörten sich Seth und Don gern klassische Musik an, diskutierten über Literatur und manchmal auch über Politik. Sobald der Bridgetisch geholt wurde, schickten sie uns zum Spielen … Es gab immer etwas Neues, womit wir spielen konnten … einen Springstock … oder Stelzen. Wir gingen in den Garten und kletterten auf die Bäume. Janis machte viele Sachen, die normalerweise nur Jungen machten. Mir fiel auf, dass sie mir, obschon sie eigentlich noch ein kleines Kind war, sagen wollte, was wir tun sollten.«[10]

Janis wurde immer eigensinniger und stellte ihre Eltern ordentlich auf die Probe, bis sie in die Pubertät kam. Wenn sie sie in die Schranken zu weisen versuchten, reagierte sie darauf, ohne sich Gedanken über die Folgen zu machen. Mit acht nuckelte sie immer noch am Daumen; um dem ein Ende zu setzen, drohte Seth, sie dürfe nicht mehr Radio hören, wenn sie nicht damit aufhörte. Janis bekam daraufhin einen heftigen Wutanfall und kreischte, trat um sich und hyperventilierte. Doch selbst die negativen Reaktionen der anderen auf solche Episoden änderte nichts an ihrer Starrköpfigkeit. Für Janis war das Maß der Aufmerksamkeit wichtiger als deren Qualität.

Da die Fenster mangels Klimaanlagen häufig offen standen, blieb meist nicht verborgen, was in den Nachbarfamilien vor sich ging. Roger Pryor erinnerte sich, dass er einmal einen Streit zwischen Janis und ihren Eltern mitbekam. »Man konnte hören, was sie sagten – den verbalen Schlagabtausch im Haus. ›Geh in dein Zimmer und mach das und das‹, dann ›Nein. Zwing mich doch!‹ Sie wollte kein braves Kind sein. Sie war ungehorsam … [Wenn Seth oder Dorothy] sie um acht oder neun Uhr abends ins Haus riefen, sagte Janis einfach: ›Nein, ich komm nicht rein. Ich spiele so lange, bis alle anderen gehen.‹«[11]

Ein spezieller Machtkampf verfolgte Seth Joplin über Jahrzehnte. Er und Janis hatten im Garten Domino gespielt, und als es dämmerte, wurden sie von Mücken attackiert. Sie liefen ins Haus, aber Janis ließ aus Versehen die Schachtel mit den Dominosteinen fallen, die sich auf dem Boden verstreuten. »Ich sagte ihr, sie müsse sie wieder einsammeln, bevor sie hineinginge«, aber sie weigerte sich. »Wahrscheinlich war es dumm von mir, aber ich gab nicht nach. So standen wir beide da draußen und kämpften gegen die Mücken, und sie weinte eine gute halbe Stunde lang, bis sie sich schließlich an die Arbeit machte. Ich denke, dass sich dieser Vorfall auf ihr späteres Leben ausgewirkt hat … weil sie gezwungen worden war, die Steine aufzuheben. [Wenn] sie zu etwas gezwungen wurde, was sie nicht tun wollte, tat sie ungewöhnliche Dinge – etwas, was gegen die Norm verstieß.«[12]

Auf der High School sollte dieser Zug nicht gerade zu ihrer Beliebtheit unter ihren Klassenkameraden beitragen. Als junges Mädchen hingegen bewirkte sie damit, dass sich die Aufmerksamkeit ihres Vaters auf sie konzentrierte. Janis wurde nur selten ignoriert, und wenn doch, dann war es die schlimmste denkbare Strafe.

Doch mit zunehmendem Trotz entwickelte Janis auch eine Methode, innere Gelassenheit zu finden. In der dritten Klasse begann sie zu malen und zu zeichnen, wobei sie echtes Talent bewies. Auf Papier oder Leinwand zu malen schien sie zu beruhigen. Eltern und Lehrer erkannten bald ihre Begabung, was ihre künstlerische Produktivität anstachelte und bewirkte, dass sie sich mit noch mehr Hingabe ihrer Malerei widmete. »Janis zeichnete gern Pferde«, erzählte Roger Pryor. »Mehr als einmal erklärte sie mir, dass das ziemlich schwierig sei … Schon in der Grundschule wusste sie, dass sie Künstlerin werden wollte. An den Wänden ihres Zimmers hingen überall Arbeiten von ihr.«[13]

»Ihre Koordination war außerordentlich«, erinnerte sich Dorothy. »Man musste ihr etwas nur einmal zeigen, schon konnte sie es. Ich besorgte ihr sofort eine Lehrerin, die ihr das Malen richtig beibrachte. Aquarellfarben mochte sie nicht, sie wollte mit Öl malen.«[14] Da Seth und Dorothy stets verständnisvoll waren, kauften sie ihr eine Staffelei, Farben und Pinsel – wohl in der Hoffnung, sie ein wenig nachgiebiger zu stimmen. Später in ihrem Leben sollte Janis die übergroße Zuneigung der Eltern, deren deutliche Wertschätzung und Unterstützung ihrer früh sichtbaren Talente herunterspielen, ja sogar leugnen. Der von ihr in die Welt gesetzte Mythos vom ständig missverstandenen Kind bot Journalisten einen Aufhänger für ihre Reportagen, aber er entsprach nicht der Wirklichkeit.

Wie Janis nahm auch Kristin Bowen jeden Samstagmorgen Kunstunterricht im Haus der Lehrerin. Bald traten die beiden Mädchen in einen künstlerischen Wettstreit; »es war kein erbitterter Kampf, aber es kam dem doch sehr nahe«, meinte Kristin Bowen später. »Wir versuchten nicht, beide dasselbe zu machen, aber die Richtung war dieselbe. Unsere Eltern wollten, dass wir unsere Fähigkeiten entwickelten.«[15] Besonders Dorothy drängte Janis, hart an sich zu arbeiten – sie wollte, dass sie als außergewöhnlich herausstach.

* * *

Am 25. Mai 1953 brachte Dorothy Michael Ross Joplin zur Welt; Janis war damals zehn Jahre alt und beendete die fünfte Klasse. Roger Pryor erzählte, Seth sei im siebten Himmel gewesen. »Der Tag, an dem Mike kam, war Seths großer Aktiengewinn. Das gefiel ihm – ein Sohn.«[16]

Während Dorothys Schwangerschaft hatte Janis' schlechtes Betragen in der Schule einen neuen Höhepunkt erreicht. Mehrere Jahre zuvor hatte ihre Erzieherin im Kindergarten darauf hingewiesen, dass Janis nicht »stillsitzen« wollte. Nun bescheinigte ihr ihre Lehrerin die Unfähigkeit, »Anweisungen anzuhören und zu befolgen, die Zeit gut zu nutzen und Fairness zu üben«. Doch auch diese Lehrerin bestätigte, dass Janis künstlerisch »sehr begabt« sei.[17]

Angesichts solcher Bewunderung durch ihre Lehrerin, ihre Eltern und Freunde wie Roger Pryor und ihre freundliche Rivalin Kristin Bowen verbrachte Janis immer mehr Zeit mit Zeichnen und Malen – nicht selten unter Vernachlässigung ihrer Hausaufgaben und anderer Schulpflichten; die Bemerkung »muss noch besser werden« auf ihrem Zeugnis richtete bei ihr rein gar nichts aus. Im Gegenteil, die Kritik an ihrem Verhalten nährte eher ihr rebellisches Wesen.

An den Samstagen nahm Seth Janis weiterhin mit in die Gates Memorial Library, nunmehr allerdings in Begleitung der vierjährigen Laura. Da er in Geschichte und Philosophie bewandert war, überwachte er die Literaturauswahl der frühreifen Janis, zu der zahlreiche illustrierte Kunstgeschichtsbücher und L. Frank Baums Serie *Wizard of Oz* zählten. Beides diente ihr als Anregung – und nach wenigen Jahren sollte Janis' Leben in ähnlichen Bahnen verlaufen wie das von Baums Heldin Dorothy, wurde sie doch aus ihrer Schwarz-Weiß-Welt in eine Art psychedelisches Reich Oz geschleudert, das mit exzentrischen Wegbegleitern bevölkert war.

Im Herbst 1954, zu Beginn des siebten Schuljahrs, trat Janis in die Woodrow Wilson Junior High School über, die in einem imposanten Backsteingebäude in der Nähe der Gates Library untergebracht war. Der Wechsel von ihrer Grundschule, zu der sie zu Fuß gehen konnte, war einigermaßen traumatisch. Die jungenhafte elfjährige Janis fuhr anfangs mit dem Schulbus, in dem sie jedoch von älteren Kindern schikaniert wurde. Und obwohl deren Hänseleien im Vergleich zu den Übergriffen, die Janis später in der High School erleben sollte, harmlos waren, kam sie deswegen oft weinend nach Hause. Dorothy organisierte daraufhin rasch eine Fahrgemeinschaft mit Nachbarn, um das Problem mit den Busfahrten zu lösen.

Ein wenig wurde der Eintritt in das neue soziale Umfeld der Woodrow Wilson durch Musik und Kunst erleichtert. Schließlich war Janis die Tochter von Dorothy East, einer einst anerkannten Sängerin im Schulchor. So folgte Janis in mancher Hinsicht schon früh dem Weg ihrer Mutter. Sie sang im Chor der First Christian Church und entwickelte eine glasklare Sopranstimme. Sofort trat sie in den Girls' Glee Club der Woodrow Wilson ein, der 90 Mitglieder hatte. Sie blieb drei Jahre in dem Club und schloss neue Freundschaften, unter anderem mit Karleen Bennett, einem scheuen Mädchen mit braunen Haaren und Schmetterlingsbrille, die im Schulorchester Saxofon spielte. Beide hatten einen Hang zum Zynischen, der später zur Blüte kommen sollte, und fühlten sich durch ihre gemeinsame Abneigung gegen den Sportunterricht verbunden. Vor allem hassten sie es, sich vor den Augen ihrer reiferen Schulkameradinnen umzuziehen. Karleens Vater hatte ein Sanitärgeschäft und war, eine in Port Arthur beispiellose Tat, zum Judentum übergetreten, als er eine Jüdin heiratete. Janis empfand Karleens Eltern wohl ähnlich wie ihren Vater – als Außenseiter in einer Welt christlicher Konformisten.

Unterdessen empfahl Dorothy ihrer Tochter, sich wie ihre Klassenkameradinnen zu kleiden, und nähte ihr unter anderem Tellerröcke, die über Tüllkrinolinen getragen wurden und typisch für die Mode der Zeit waren. Wie ihre Mutter war auch Janis kontaktfreudig und entschlossen, alles zu tun, damit andere sie mochten. Beim Essen wurde ihre Offenheit und ihr Charme durch Seths Aufmerksamkeit belohnt, der sie ermunterte, sich eine eigene Meinung zu bilden. Bei ihren Lehrern aber kam ihr kommunikatives Wesen nicht immer gut an. Sie tadelten sie, wenn sie im Unterricht redete, immer wieder ihren Platz verließ und ihre Hausaufgaben nur halb erledigte. Dennoch blieb ihre Durchschnittsnote B (gut plus), und im Fach Kunst erhielt sie einen Preis für »herausragende Leistungen«.

Im Jahr 1955 feierte Janis ihren zwölften Geburtstag mit einer Party für ein paar ihrer Schulkameradinnen, darunter auch Kristin Bowen, die inzwischen einmal in der Woche mit ihr zum Tanzunterricht ins Arthur Murray Studio ging. Doch statt

Foxtrott oder den Lindy Hop zu lernen, wollte Janis lieber zu der neuen Musik tanzen, die sie im Radio hörte: Rock 'n' Roll – eine Bezeichnung, die von dem DJ Alan Freed aus Cleveland stammte.

Der Rock 'n' Roll erlebte in jenem Jahr mit *Rock Around the Clock* von Bill Haley and His Comets seinen Durchbruch in den USA, ein Song, der drei Wochen lang die Hitparade anführte. Im März kam der Film *Die Saat der Gewalt* mit Haleys Song als Titelmelodie heraus, womit die Popularität des Hits noch weiter zunahm; es kam vor, dass das jugendliche Publikum tobte und Kinosessel aus ihrer Verankerung riss. Zu den weiteren Favoriten von Janis gehörte Little Richards *Tutti Frutti* und *Ain't That a Shame* von Fats Domino – in New Orleans eingespielte Singles, die auf dem R&B-Sender von Beaumont gebracht wurden. Elvis Presley, der seine Karriere bei der Louisiana Hayride, einer im benachbarten Shreveport aufgenommenen Show, begonnen hatte, tourte unermüdlich durch die Südstaaten und trat am 25. November 1955 auch in der Aula der Woodrow Wilson Junior High auf. Die zwölfjährige Janis durfte zwar nicht hingehen, aber der Wind, der darum gemacht wurde, machte sie zwangsläufig neugierig. Sie kaufte Elvis' Singles und drehte so lange am Senderknopf ihres Radios, bis sie die Musik hörte, die wie für sie gemacht schien.

Seth Joplin verabscheute den Rock 'n' Roll, den er für eine flüchtige Modeerscheinung hielt (wie viele seiner Generation), und wollte Janis nicht seinen Plattenspieler zur Verfügung stellen. Schließlich gab er aber nach und erlaubte seiner Ältesten, gelegentlich ihre röhrende Musik darauf abzuspielen. Am Ende bekam sie einen eigenen tragbaren Plattenspieler für ihr Zimmer.

Auf Janis' samstägliche Besuche der Bibliothek mit ihrem Vater, zu denen jetzt auch Karleen Bennett mitkam, folgte oft ein Abstecher zum Postgebäude, wo Seth den Mädchen die Fahndungsplakate zeigte. Die beiden unterhielten sich dann darüber, welche der Verbrecher sie am attraktivsten fanden. Seth überwachte auch weiterhin Janis' Literaturauswahl in der Bibliothek, während Karleen sich auslieh, was ihr gefiel – je anstößiger, desto besser. Zu Hause blätterte sie dann das Buch durch und markierte alle schlüpfrigen Abschnitte oder Schimpfwörter, um sie Janis zu zeigen. Die Mädchen entwickelten eine Leidenschaft für Flüche und lernten sogar eine Zeichensprache, sodass sie nach Herzenslust fluchen konnten, ohne dass jemand es mitbekam. Im Jahr 1956 wurden Janis und Karleen auf Grace Metalious' Buch *Peyton Place* aufmerksam, auf dessen Rückseite stand: »der große Bestseller über das kleinstädtische Amerika, der verdammt und verboten wurde«, und dessen Autorin als »die junge Hausfrau in Bluejeans« beschrieben wurde, »die den umstrittensten Roman der USA schrieb«.[18]

Im selben Jahr sah Janis auch mehrere prägende Filme, in denen es um »Außenseiter-Themen« ging wie Drogenabhängigkeit, rebellierende Jugendliche und vorehelichen Geschlechtsverkehr: Otto Premingers Film *Der Mann mit dem goldenen Arm* nach einem Roman von Nelson Algren (Frank Sinatra erzielte eine Oscar-Nominierung für die Darstellung eines Junkies), *… denn sie wissen nicht, was sie tun* von Nicholas Ray (der James Dean zur Legende machte) und Josh Logans *Picknick* (mit William Holden als charismatischem Herumtreiber). Dorothys Vorstellungen von einer erbaulichen Unterhaltung für ihre Kinder wurden völlig in den Hintergrund gedrängt, aber sie war zu sehr mit der Fürsorge für Janis' Geschwister beschäftigt, als dass sie viel hätte ausrichten können. Unterdessen richtete Seth nun seine Aufmerksamkeit mehr auf seinen dreijährigen Sohn. Etwa fünf Jahre zuvor hatte er seine täglichen Gespräche, die er nach der Arbeit mit Janis führte, aufgegeben. Damals hatte Dorothy ihn gescholten, weil er seiner leicht zu beeindruckenden Tochter erzählte, wie er in seiner College-Zeit Bier gebraut hatte. Gerade zur rechten Zeit kam der Rock 'n' Roll auf, und es erschienen Romane und Filme mit »fragwürdiger Moral«, die Janis neue Horizonte und subversive Ideen eröffneten, aus denen sie ungestraft schöpfen konnte.

In jenem Sommer begann bei Janis ein Prozess, in dessen Verlauf sie eine echte Rebellin werden sollte: Sie arbeitete ehrenamtlich in einem Jugendtheater vor Ort. Inzwischen zum Teenager herangewachsen, sah sie sich die dort aufgeführten Stücke an, während sich ihre Freundinnen Karleen Benett und Kristin Bowen bereits mit Jungen trafen. Mit ihrem weniger kurvenreichen Körper blieb Janis nur, sich nach der erotisch aufgeladenen Aufmerksamkeit zu sehnen, die ihre Altersgenossinnen weckten. Im Port Arthur Little Theater gab es einen Mädchenschwarm namens Jim Langdon, ein begabter Posaunist mit dunkler Schmalzlocke. Langdon und seine Clique, allesamt fast zwei Jahre älter und eine Klasse über Janis, spielten die erste Geige in der Einrichtung, die die aus dem Norden stammende Mutter seines Freundes Grant Lyons gegründet hatte. Jim Langdon schenkte seine Gunst abwechselnd Karleen, Kristin und anderen Mädchen, doch es sollte Janis sein, mit der er eine langjährige, allerdings platonische Beziehung pflegte, in der Gespräche und Musik im Vordergrund standen.

Im Little Theater übernahm Janis, deren Bilder bereits Anerkennung fanden, die Verantwortung für das Bühnenbild. Zu ihrer großen Freude erhielt sie auch eine kleine Nebenrolle in dem Stück *Sunday Costs Five Pesos,* in dem sie eine schulterfreie Bauernbluse trug, die sie zusammen mit der aufgetragenen Schminke älter aussehen ließ. Zwar verbrachte sie noch nicht viel Zeit mit Langdon, Lyons und deren Freunden, aber Janis gefielen deren Witz, Intellekt und Kühnheit. Unmittelbar nachdem sie im Mai die Mittelstufe abgeschlossen hatten, kletterten Jim Grant und seine Schulkameraden auf einen Wasserturm in Port Arthur und malten den Wahlspruch der Schule »Hi 9« auf dessen Wand – ein Meisterstück, um das Janis sie beneidete.

Im September, kurz nach Beginn ihres neunten Schuljahres, konnte Janis zum ersten Mal ein Konzert mit jener Musik sehen, die sie so gern auf Platten und im Radio hörte. Ihre Eltern hatten einen Fernseher angeschafft, in ihrem Viertel immer noch eine Seltenheit und ein Statussymbol. Am Sonntag, dem 9., schalteten Janis und ihre Familie den Sender CBS ein, um sich den berühmten ersten Auftritt Elvis Presleys in der *Ed Sullivan Show* anzuschauen. Seine Darbietung von geradezu historischer Sinnlichkeit fesselte Janis, vor allem sein schmalziges *Don't Be Cruel,* die romantische Ballade *Love Me Tender,* Little Richards *Ready Teddy* und ihr Lieblingssong *Hound Dog*. In letzteren verliebte sie sich so sehr, dass sie irgendwie die Originalversion auftrieb, den R&B-Hit von Willie Mae »Big Mama« Thornton, der im Jahr 1953 bei dem in Houston ansässigen Label Peacock erschienen war. Wie ein 13-jähriges Mädchen im abgelegenen Port Arthur die R&B-Single ausfindig machte, ist bis heute ein Rätsel, aber es gelang ihr. Im Text der Presley-Version geht es um einen real existierenden Hund, der »nie ein Kaninchen fing«. Im Original hingegen prangerte Big Mama voller Zorn einen Gigolo an. Janis nahm die Platte mit zur Familie Bennett, um sie Karleen und ihrem jüngeren Bruder Herman vorzuspielen; diese Version gefalle ihr besser als die von Elvis, erklärte sie ihnen.[19] Gut zehn Jahre später sollte Janis mit Big Mama Thorntons *Ball and Chain* zu Ruhm gelangen.

* * *

In der neunten Klasse hatte Janis zum ersten Mal eine Liebesbeziehung mit einem Jungen: Es war Jack Smith, ein Klassenkamerad mit dunklen Haaren, der wie ihr Vater Literatur und Gespräche liebte. »Wir kamen dadurch zusammen, dass wir beide viel lasen«, sagte Jack Smith, der Janis als »aufgeweckt, heiter und intelligent« beschrieb. Er, der 14-Jährige, und die 13-jährige Janis wurden ein Paar, ohne dass sie Sex miteinander hatten. »Ich hatte nicht die geringste Ahnung, was Sex war«, erzählte Jack Smith.[20] Anstatt nach der Schule heimlich zu knutschen, arbeiteten sie gemeinsam an der Literaturzeitschrift der Mittelstufe namens *Driftwood*. An den Wochenenden gingen sie zur Kirche, in Freizeitparks oder ins Kino, um sich harmlose Filme wie *Die Zehn Gebote* anzusehen.

Jack Smith bemerkte nicht viel von Janis' rebellischer Seite. Er erinnerte sich an sie als ein »reizendes, hübsches und mit all den Qualitäten ausgestattetes Mädchen, die sich eine 13-Jährige nur wünschte, durch und durch das typische zukünftige Mitglied einer Studentinnenverbindung«.[21] Jack Smith schenkte ihr eine goldene Halskette mit dem gemeinsamen Anfangsbuchstaben J. »Wenn wir einmal heiraten«, sagte sie forsch, »weiß man nicht mehr, wem die Sachen mit unserem Monogramm gehören.«[22]

Als Mitglied des Pep Club und der Tri-Hi-Y-Organisation, einer Vereinigung nach Art der Junior League, richtete Janis gesellige Treffen aus und schien manchmal ganz und gar die konventionelle Tochter werden zu wollen, die sich ihre Mutter wünschte. Während ihre drallen Klassenkameradinnen in Torpedo-BHs daherkamen, war Janis eher flachbrüstig und trug immer noch brav die Modeschöpfungen ihrer Mutter. Auf einer Seite ihres Tagebuchs, auf dem sie über ein solches Tri-Hi-Y-Treffen berichtet, findet sich die Zeichnung eines eng taillierten Kleids mit weitem Rock, dazu ein aufgeklebtes Stück von dessen Stoff mit der Bemerkung: »Ich habe das grün-weiß karierte Kleid mit weißem Saum getragen, das Mutter mir gemacht hat.«[23]

Im Dezember 1956 sang die Neuntklässlerin ihr erstes öffentliches Solo beim Krippenspiel in der Kirche, bei dem auch Jack Smith im Publikum saß. Und sie trat mit etwa 70 anderen Mädchen bei einem Konzert im Glee Club auf. Beide Male sang sie in dem klaren Sopran, den sie damals für ihre höchste erreichbare Stimmfülle hielt: schön, aber nicht so ungewöhnlich wie ihre Kunstwerke. Sie betrachtete sich nach wie vor als bildende Künstlerin, nicht als Sängerin, und das sollte noch einige Jahre so bleiben. Außerdem legte sie, gefördert von ihrer Lieblingslehrerin Dorothy Robyn, Talente als Schriftstellerin an den Tag. Robyn bezeichnete Janis als »eine sehr begabte Schülerin, die allerdings mehr Verantwortung entwickeln muss«.[24] Trotz ihrer Probleme im Betragen verlieh die Lehrerin ihr eine Auszeichnung für die Fächer Englisch und Journalismus. Begeistert über die Anerkennung, die ihr entgegengebracht wurde, schrieb Janis in ihr Tagebuch: »Was für eine Überraschung! Miss Robyn geht in die Mitte des Klassenzimmers und sagt beiläufig: ›Ach ja, ich dachte, das möchtest du vielleicht sehen.‹ Ich fiel fast vom Stuhl, so sehr war ich aus dem Häuschen!« Janis illustrierte den Augenblick mit einem Strichmännchen, das zu Boden fällt.[25]

Janis' Kunstwerke und Texte wurden in der Ausgabe der Schülerzeitschrift *Driftwood* im Jahr 1957 abgedruckt. Das Titelblatt zeigt Zeichnungen von ihr, und im Heft befand sich ihr hinreißender Aufsatz mit dem Titel »The Most Unusual Prayer« über den Versuch ihres jüngeren Bruders Michael, beim Abendessen der Familie ein Tischgebet zu sprechen. Im Sommer arbeitete Janis ehrenamtlich in der Gates Memorial Library als Assistentin in der Kinderabteilung. Sie zeigte ihre künstlerische Begabung mit meisterhaften Plakaten, auf denen die Vogelscheuche und andere Begleiter der rebellischen Dorothy aus dem *Zauberer von Oz* zu sehen waren. Einen Vorgeschmack auf ihren späteren Ruhm bekam sie, als ein Reporter der *Port Arthur News* sie zu den Bildern interviewte. Der entsprechende Artikel erschien unter der Überschrift »Library Job Brings Out Teenager's Versatility« und enthielt ein Foto von Janis, wie sie eine Skizze von der Vogelscheuche anfertigt. Ferner hieß es darin, sie sei »zu einer der besten Künstlerinnen in der neunten Klasse gekürt worden« und habe sich journalistisch ausgezeichnet.[26] Offenbar ein Naturtalent in der Formulierung prägnanter Aussagen, wurde Janis mit den Worten zitiert, sie habe die Stelle angenommen, »weil sie ihr ›die Chance bietet, gemeinnützige Arbeit zu leisten, als auch die Gelegenheit, mein Talent einzusetzen‹«.[27]

Die Anerkennung konnte jedoch den Verlust der Aufmerksamkeit ihres Vaters nicht wettmachen. »Pop hatte immer laut und oft mit seinen Kindern gelacht, bis die Mädchen begannen, Frauen zu werden. Da zog er sich zurück. Irgendwie hemmte ihn unsere Weiblichkeit, seine Gefühle auszudrücken, was ihm schon immer schwergefallen war«, sinnierte Laura Joplin später.[28] Janis sah jedoch die Ursache woanders. Zehn Jahre später meinte sie, ihr Vater habe »ständig Gespräche mit mir geführt, und dann wandte er sich plötzlich ab, als ich vierzehn war – vielleicht wollte er einen gescheiten Sohn oder so etwas«.

Seth selbst erinnerte sich, seine Tochter sei ihm sehr ähnlich gewesen, abgesehen von ihrer zunehmenden Neigung, öffentlich ihre Eigenart herauszustellen. Im Gegensatz zu ihm wollte sie keinesfalls unauffällig sein. »Etwa von ihrem vierzehnten Lebensjahr an«, meinte er lakonisch, »war Janis eine Revoluzzerin.«[29]

Kapitel 3

Bloß keine Langeweile

Man sollte nicht jung sein müssen, ehe man so alt ist,
dass man damit fertigwerden kann.[1]
Janis Joplin

Janis bezeichnete ihr vierzehntes Lebensjahr stets als Wendepunkt. 1970 kam sie in Interviews und auf der Bühne immer wieder – und gewöhnlich mit einer gewissen Bitterkeit – auf dieses Alter zu sprechen. Nachdem sie bei einem Auftritt Etta James' Hit *Tell Mama* gesungen hatte, in dem es heißt, man müsse herausfinden, was man brauche und was man haben möchte, fuhr sie im Sprechgesang fort: »Ich fand es heraus, als ich vierzehn war, und bin seitdem auf der Suche danach.«[2] Auf die Frage eines Journalisten, warum sie als Teenager unglücklich gewesen sei, antwortete sie provozierend: »Weil ich mit vierzehn noch keine Titten hatte.«[3] Das stimmte wohl, doch es war nur die halbe Wahrheit – auch wenn dieser Teil der Antwort die größte Aufmerksamkeit auf sich zog.

Obwohl sie sich den ordinäreren Ausprägungen der Popkultur zuwandte – Rock 'n' Roll, Kitschromane, Liebesfilme –, spielte Janis nach wie vor die den Konventionen gehorchende Tochter und führte sorgsam und in sauberer Handschrift Buch über das Geschehen in der Schule. Mittlerweile, 1957, gehörte sie zu den damals 1920 Schülern der Thomas Jefferson High School, der »TJ High«, wie es allgemein hieß, und war in der zehnten Klasse. Sie wurde Mitglied bei den Future Teachers of America, arbeitete beim High-School-Jahrbuch *The Yellow Jacket* mit und stürzte sich in die für diese Schulart typischen Aktivitäten: die Organisation von Mobilisierungspartys für die

Wahlen zur Schülervertretung und Sportveranstaltungen. Ihre Mutter ermutigte sie, fleißig zu lernen, gute Noten zu erzielen und Freundschaften zu schließen. »Es ging vor allem darum, beliebt zu sein«, erklärte ihre Klassenkameradin Kristin Bowen.[4] »Schülervertreter, Footballspieler und Cheerleader gehörten zu den Angesehensten. Dabei galt es als eins der wichtigsten Ziele, nicht aus der Masse hervorzustechen. Denn dann konntest du nicht beliebt sein.«

Die Beliebtheit hing aber vor allem vom Aussehen ab, und in diesem Punkt war Janis mit sich absolut unzufrieden. Ihre Unsicherheit über ihre äußere Erscheinung wurde immer größer und legte den Grundstein für ihren lebenslangen Mangel an Selbstwertgefühl. Karleen Bennett erinnerte sich, dass Janis vor allem ihre »kleinen Schweinsäuglein« hasste, wie sie es nannte.[5] Um etwas für ihr Aussehen zu tun, färbte sie ihre schulterlange Mähne rot und rollte sie auf dicke Wickler. »Sie mochte ihr Haar nicht leiden«, berichtete Karleen Bennett.[6] »Sie fand ihre Nase zu groß und den Mund zu breit. Und sie hatte Sommersprossen.« Obwohl Janis ebenso schlank war wie Karleen Bennett mit ihren knapp 45 Kilogramm und die gleiche Kleidergröße trug, hielt sie sich für dick. Schuld daran waren wohl die ständigen Ermahnungen der spindeldürren Dorothy Joplin, auf ihr Gewicht zu achten. Janis' Figur war allerdings eher knabenhaft. »Sie hatte keine schmale Taille«, erklärte Karleen.[7] »Und dabei war das die Zeit der Schnallengürtel, Hüfthalter und der schmalen Taille, die nicht mehr als 50 Zentimeter Umfang haben sollte.«

Janis und Jack Smith hatten sich getrennt, und sie beneidete Karleen und Kristin, die oft mit Jungen ausgingen. Janis wurde nur einmal eingeladen, und zwar von dem jüngeren Roger Iverson, den sie zur Feier seiner Aufnahme in den Order of the Demolays, einem zu den Freimaurern gehörenden Verband für junge Männer, begleitete. Zur Erinnerung an das Ereignis klebte sie ihr Ansteckssträußchen und andere Souvenirs in ihr Tagebuch. Dies blieb jedoch das einzige Date der beiden.

Dabei mangelte es Janis nicht an Freundschaften mit jungen Männern. Sie war zu einem Zirkel enger Freunde gestoßen, der sich im vorhergehenden Sommer gebildet hatte. Auch im Juli 1957, in der Hurrikan-Saison – als Port Arthur tatsächlich von zwei Wirbelstürmen heimgesucht wurde –, nahm Janis wieder am Little-Theater-Workshop teil, und diesmal gelang es ihr, in Jim Langdons elitäre und exklusive Clique aufgenommen zu werden. Grant Lyons, David Moriaty, Randy Tennant und Adrian Haston waren gerade in die elfte Klasse gekommene junge Wilde, die Janis faszinierten. Sie trugen ihr Haar länger als die meisten anderen mit ihrem Bürsten- oder Meckischnitt, vor allem aber waren sie hungrig nach neuen Ideen. Janis schloss sich ihren intellektuellen Diskussionen im Little Theater an und stand dabei mehr als einmal ihre Frau.

Grant Lyons, der Sportler der Gruppe, war Linebacker bei den High Yellow Jackets, dem Footballteam der TJ High, das wie alle texanischen Mannschaften im Heimatort großes Ansehen genoss. Lyons war aber auch der erste »Renaissancemensch«, mit dem Janis sich anfreundete. Im Gegensatz zu den Teamkameraden befassten sich er und seine vier besten Freunde »mit Kunst – bildender Kunst, Theater, Lyrik, Literatur aller Art und Musik«, erzählte er.[8] »Wir hatten andere Interessen als die meisten Schüler unseres Alters in Port Arthur. Wir passten nicht in das Meer, in dem wir schwammen. Janis schloss sich uns an, und sie war interessant – laut, ziemlich bestimmend und lustig.«

Der angehende Existenzialist Jim Langdon empfand Janis als »naiv und scheu, ein konventionelles, sehr geradliniges kleines Mädchen, das mit der High School begann. Ich weiß noch, wie geschockt und entsetzt sie war – wirklich außer sich –, als sie hörte, dass ich nicht an Gott glaubte. Sie versuchte sehr überzeugend, meine Meinung zu ändern, hatte aber keinen Erfolg.«[9] Auch wenn Janis die Überzeugungen ihrer Mutter verteidigte, fesselten sie Jim Langdons Ansichten, war er doch der erste bekennende Atheist außer ihrem Vater. Langdon erkannte rasch, dass »Janis ein bisschen erwachsener werden und herausfinden wollte, wer sie war. Mit der Zeit wurde sie ein voll akzeptiertes Mitglied unserer Gruppe und beteiligte sich an allem, was wir unternahmen.«[10]

Adrian Haston, wie Jim Langdon Sohn eines Raffineriearbeiters, hielt Janis für »ausreichend selbstsicher und durchsetzungsfähig, um sich mit einer Bande von fünf Jungen anzufreunden. So etwas gab es nicht oft. Sie war ausgesprochen klug und begabt – sah das selbst aber nicht.«[11] David Moriatys Vater war Ingenieur bei Gulf Oil und besaß ein Segelboot, und Janis begleitete die Jungen auf ihren Segeltörns. Meist aber fuhren sie, mit Langdon oder Moriaty am Steuer, im Auto durch die Gegend. »Als Janis und ich einmal abends in die Sarah Jane Road rausfuhren, kamen wir an der Raffinerie mit den brennenden Ölfackeln vorbei. Es war irgendwie unheimlich«, erzählte Jim Langdon. »Wir sind einfach nur rumgekurvt, um einen Ort zu finden, an dem wir reden konnten.«[12] Grant Lyons meinte, sie hätten quasi »ihr Leben in Autos verbracht«.[13] Ihr wichtigster, typischer Teenager-Zeitvertreib bestand darin, entweder das »Dreieck« (von Port Arthur nach Beaumont und Orange) abzufahren oder die Proctor Street, die Hauptstraße von Port Arthur, entlangzuschleichen.

Janis wurde von Anfang an nicht anders als die Jungen behandelt. Sie schwärmte für sie, aber nur Randy Tennant, ein Mitglied des Mathematikclubs der TJ High, verabredete sich mit ihr. »Es war nicht wie bei einem normalen Date«, erinnerte er sich, »sondern eher so, als würden sich zwei Typen treffen und dann stundenlang über Gott und die Welt reden. Man war gern mit ihr zusammen, und sie erwies sich als ebenbürtige Gesprächspartnerin. Ihre Ideen waren entweder interessant oder völlig durchgeknallt, aber sie passte in unsere Gruppe.«[14]

»Ich glaube, dieser Sommer hatte eine entscheidende Bedeutung für Janis«, meinte Jim Langdon.[15] »Innerhalb kürzester Zeit wurde sie eine andere. Wir waren zwar nur eine Klasse über ihr, aber in manchen Bereichen ein ganzes Stück weiter«, erzählte David Moriaty. »In Janis' Gesellschaft hatte man großen Spaß, weil sie oft einen Aufstand machte, das war uns allen bewusst. Sie gab sich nicht zufrieden mit ihrer Rolle als Frau oder als Unterstufenschülerin. Sie rief uns an und verlangte, dass wir sie auf unsere Spritztouren mitnahmen. So was hatten wir noch nie erlebt.«[16] Janis stellte die Konformität ihrer Mutter immer stärker infrage, als sie sich mit existenziellen Fragen befasste und um die Anerkennung dieser bilderstürmerischen Gruppe bemühte. Der Wildfang wurde zum Maskottchen eines Jungenclubs.

Anerkennung fand sie etwa dadurch, dass sie die Jungen mit schmutzigen Witzen unterhielt, doch Grant Lyons erinnerte sich auch, dass Janis gelegentlich die Führung übernahm. »Sie legte es darauf an, dass die anderen das machten, was sie wollte«, berichtete er.[17] »Es sollte auf ihre Art ablaufen, sie war eigenwillig. Aber anders hätte sie weiß Gott auch nicht lange neben uns bestehen können. Wir waren ziemlich rücksichtslos und ein Haufen starker Charaktere.« Für Janis waren diese Außenseiter wie vom Himmel gesandt. »Sie lasen viel und hatten ihre eigenen Ansichten«, erinnerte sie sich zehn Jahre später.[18] »Wir hielten uns für Intellektuelle.« Es war, als spräche sie über Seth. Aber jetzt hatte sie jüngere Ausgaben ihres Vaters gefunden und empfand es nicht mehr als so schmerzlich, dass er sich zunehmend von ihr entfernte.

Wenn sie nicht mit den Jungen durch die Gegend zog, stundenlang mit ihnen debattierte oder sie zum Lachen brachte, traf sie sich weiterhin mit ihren Freundinnen Karleen Bennett und Arlene Elster, die bald in die elfte Klasse kam und mit Karleen die Synagoge von Port Arthur besuchte. Die Arzttochter Arlene fuhr den Chevrolet ihrer Mutter, Karleen saß auf dem Beifahrersitz, und Janis blieb nur der Rücksitz. Sie rauchten Newports und stimmten in die Songs aus dem Radio ein. Manchmal hielten sie auf ihren Touren vor Port Arthurs kleiner Rundfunkstation an, um Klassenkameraden zu besuchen, die dort ehrenamtlich aushalfen. In jenem Sommer 1957 war es noch immer Elvis, der die Musiksendungen dominierte und dessen Songs *Too Much, All Shook Up* und *(Let Me Be Your) Teddy Bear* ständig gebracht wurden. Außerdem sahen sie sich Elvis im Film *Loving You (Gold aus heißer Kehle)* im Kino der Stadt an. Buddy Holly and the Crickets aus dem texanischen Lubbock punkteten mit dem an Rhythm and Blues angelehnten Rock-'n'-Roll-Titel *That'll Be the Day;* und als einzige Frau war Debbie Reynolds mit dem geigentriefenden *Tammy* aus dem gleichnamigen Film in den Charts vertreten. Um der Abwechslung willen hörten die Mädchen auch den Rhythm-and-Blues-Sender KOLE aus Beaumont, in dem sie LaVern Bakers aufregendes *Jim Dandy* und den Liebessong *Love is Strange* von Mickey and Sylvia sowie Little Richards *Lucille* und *Young Blood* von den Coasters entdeckten. Eher anrüchig waren die von KOLE gespielten Songs *The Wallflower,* besser bekannt als *Roll With Me Henry* von Etta James und *I Almost Lost My Mind* von Ivory Joe Hunter, einem Moderator dieses Senders aus Beaumont. In all diesen Songs ging es um Sex.

Janis und Karleen fassten sich irgendwann ein Herz und besuchten Steve-O the Night Rider, einen der Moderatoren von KOLE. »Ich weiß noch, wie wir auf Janis' Wunsch hin mehrmals zu KOLE rausgefahren sind«, erzählte Karleen.[19] »Sie hatte es mit den Leuten vom Sender und wollte mit Steve-O reden, weil er Rhythm and Blues auflegte. Es war gewagt, da reinzugehen, wo es all diese älteren Männer gab, die man nicht kannte und die sagten: ›Hey, willst du einen Kaffee? Wir lassen dir einen holen.‹« Janis aber wollte herausfinden, wer diese Musik spielte, und hatte im Gegensatz zu Karleen keine Angst vor dem Risiko oder einer Konfrontation.

* * *

In der Familie Joplin herrschte in jenem Herbst angespannte Stimmung. Dorothy musste sich Ende September einer Hysterektomie unterziehen. Zugleich verschlechterte sich ihr Verhältnis zu Janis, was wohl hauptsächlich daran lag, dass ihre ältere Tochter, ermutigt durch den engen Kontakt zu den jungen Rebellen, in jenem Sommer unabhängiger geworden war. Janis war nicht mehr die gefallsüchtige Tochter, die ihrer Mutter noch sechs Monate zuvor eine Geburtstagskarte mit folgendem Text geschenkt hatte: »Liebe Frau S. W. Joplin, weil Du vierzehn Jahre lang eine so wundervolle Mutter warst, möchte ich Dich gern voller Dankbarkeit am Samstag, den 16., zu einem Essen mit mir im Luby einladen. Janis Lyn Joplin.«[20]

Karleen, die oft bei der Familie zu Besuch war, vermutete, dass »es Mrs. Joplin schwerfiel, sich mit den Dingen zu arrangieren oder damit anders umzugehen, als sie es gelernt hatte«, und Janis' neue Interessen deshalb weder verstehen konnte noch guthieß.[21] Um dem Druck der Familie und den wiederkehrenden Episoden der Schwermut zu entkommen, flüchtete sich Seth nun in die Garage oder den Garten; dort konnte er unbeobachtet trinken. Als Sohn von Abstinenzlern erkannte Roger Pryor rasch Seths Alkoholsucht, etwa an einem Tag, als sich Seth vergeblich im Tanz auf einem Seil versuchte, das er im Garten hinter dem Haus gespannt hatte. Meist aber »erzählte er Geschichten von früher, wenn er einen sitzen hatte«, erinnerte sich Pryor. »Wenn er trank, lachte er viel.«[22] Wie später für Janis bot der Alkohol offenbar auch Seth Joplin die Chance, zumindest vorübergehend in die Erinnerung an bessere Zeiten und in angenehmere Gefühle abtauchen zu können.

Wenn Karleen und Arlene um des Nervenkitzels willen durch die von Bordellen und Spielhöllen gesäumten Straßen des Rotlichtviertels von Port Arthur fuhren, war Janis oft dabei. Dass diese Etablissements nicht geschlossen wurden, verdankten sie den Schmiergeldern, die an die Gesetzeshüter gezahlt wurden, und den konservativen Stadtpolitikern, die in diesem Fall gern ein Auge zudrückten. Nach Aussage von Karleens Bruder Herman »verlor fast jeder Junge in der Stadt seine Unschuld im [Bordell] Gracie's. Es gab keine Altersschranke; wenn man Geld hatte, interessierte es im Puff niemanden, wie alt man war.«[23]

Die jungen Mädchen von Port Arthur genossen derartige Freiheiten natürlich nicht. Sobald einer nachgesagt wurde, sie habe ihre Unschuld verloren, war ihr Ruf dahin. Karleen und Janis regte diese Doppelmoral auf. »Wir fragten uns immer wieder, warum es für Jungen okay war, für Mädchen aber nicht«, meinte Karleen.[24]

Einer der berüchtigten Sündenpfuhle, der Keyhole Klub, hatte nicht nur Sex und Glücksspiel im Angebot, sondern auch die besten Hotdogs der Stadt. An einem Samstag ließ sich Janis von Karleen und Arlene überreden, in die verrufene Bar zu gehen und für sie welche zu kaufen. Die beiden Mädchen wollten im Auto auf sie warten. Als Janis mit dem Beweis ihrer Kühnheit wieder herauskam, verriegelten sie jedoch die Türen, und Janis war ausgesperrt. »Alle sollten sie dort sehen«, erklärte Karleen. »Sie war das erste Mädchen in meinem Bekanntenkreis, das das Keyhole betrat. Wir dachten uns blöde Sachen aus und brachten dann Janis dazu, sie auszuführen. Ich überredete sie zu Dingen, die ich selbst gern getan hätte, ich mich aber nicht zu tun traute.«[25]

Janis »gierte nach unserer Anerkennung und Zuneigung und brauchte sie«, meinte Karleen.[26] Das bedeutete, dass sie sich mit den gemeinen Tricks der Mädchen abfand, etwa wenn sie mit ihr zu einem einsamen Fleckchen außerhalb der Stadt fuhren, Janis unter einem Vorwand zum Aussteigen brachten und dann ohne sie wieder wegfuhren. Zwar kehrten Karleen und Arlene stets zurück, um sie zu holen, doch bedürftig nach Anerkennung und vertrauensvoll, wie Janis war, fiel sie immer wieder auf diese Tricks herein. Sie hungerte dermaßen nach Aufmerksamkeit, dass sie den beiden immer wieder verzieh, wenn sie ihr übel mitspielten – auch dann noch, als es für sie immer demütigender wurde.

Als sie einmal bei der Familie Bennett übernachtete, »gerieten Janis und ich in einen Streit, in dem ich behauptete, sie würde es nicht schaffen, sich aus dem Haus und wieder hineinzuschleichen, ohne dass meine Eltern es bemerkten«, erzählte Karleen, die wusste, dass die Eltern durch einen Lüftungsschacht ihre Stimmen hören konnten.[27] Die furchtlose Janis aber sprang aus dem Fenster und landete in einem Beet mit Kakteen und Steinen, was nicht ohne Schmerzen abging. Als sie zur Haustür humpelte, wurde sie dort von Mrs. Bennett empfangen, die sie zu Karleens heimlicher Freude ausschimpfte.

Hin und wieder erging es Janis auch bei den jungen Rebellen nicht besser. »Sie war diejenige, die wir mit am liebsten aufs Korn nahmen«, erinnerte sich David Moriaty.[28] »Ich mag gar nicht darüber nachdenken, wie wir sie manchmal behandelt haben. Sie hatte … die Rolle des Hofnarren.« Janis aber war bereit, die Hänseleien in Kauf zu nehmen, wenn sie nur von den anderen beachtet wurde.

* * *

Als Janis 1957 Jack Kerouacs neu erschienenen Roman *On the Road* las, traf sie der Text wie ein Schlag. Bis dahin hatte sie sich immer wieder gefragt, wo sie stand: War sie die möglichst »beliebte«, gottesfürchtige Tochter mit Lockenwicklern im Haar? Orientierte sie sich an jenen gleichaltrigen Mädchen, bei denen es immer nur um Jungen ging? Oder war sie das geistreich brillierende geschlechtslose Maskottchen einer geschwätzigen Gruppe älterer Jungen, die auf intellektuell machten? Zwar boten ihr beide Extreme eine Ausdrucksmöglichkeit und ein Zugehörigkeitsgefühl, doch in keinem von beiden fand sie die Verheißung auf eine derartige Freiheit und Anerkennung wie im epischen Bilderrausch Kerouacs.

Janis las regelmäßig die von ihren Eltern abonnierte Zeitschrift *Time* und war dort auf eine Rezension des kurz zuvor veröffentlichten Romans *On the Road* gestoßen. Sogleich lieh sie sich eine Ausgabe von Jim Langdon. Sie verschlang Kerouacs assoziative Schilderung der Abenteuer seines Helden Sal Paradise mit dem unbesonnenen Dean Moriarty (entworfen nach dem Vorbild von Kerouacs Muse Neal Cassady), der wie eine jüngere Ausgabe des aus Texas stammenden singenden Cowboys Gene Autry beschrieben war. Im Roman fuhren Paradise und Moriarty sogar durch das »Goldene Dreieck«.

»Auf gut Glück nahmen wir die eine Schotterpiste, und schon bald überquerten wir den bösen alten Sabine River, der für all die Sümpfe verantwortlich ist. Erstaunt sahen wir vor uns große beleuchtete Bauwerke. ›Texas! Das ist Texas! Die Ölstadt Beaumont.‹ Riesige Erdöldepots und Raffinerien ragten wie Städte in die ölgeschwängerte Luft.«[29]

Das war für Janis *die* Bestätigung: Die Ausflüge entlang des Dreiecks zwischen Port Arthur, Orange und Beaumont bekamen einen neuen Sinn. Auch sie und die Jungen konnten zu Kerouacs »schäbigen Hipstern von Amerika«[30] gehören, zur »neuen Beat Generation« mit dem »ehrlichen Sprechen über ihre Seelen«. Sex, Drogen, Alkohol, ein Gefühl der Entwurzelung – das war das Böse, vor dem das Ehepaar Joplin ihre Tochter mit den von ihnen ausgesuchten Büchern aus der Bibliothek hatten bewahren wollen, damit sie bloß nicht in die Fußstapfen ihrer Vorfahren trat. Gegen Kerouacs rhythmische und definitiv unkonventionelle Prosa konnten ihre Warnungen und Ermahnungen jedoch nichts ausrichten.

Für Janis war *On the Road* »eine Offenbarung«, sagte Karleen.[31] Zwar brauchte Janis mehrere Jahre, um Kerouacs Spuren von Texas nach Kalifornien zu folgen, doch mit 14 Jahren hatte sie zum ersten Mal in der Literatur eine verwandte Seele gefunden, was sich prägend auf ihre weitere Entwicklung auswirken sollte. Ihr endgültiger Bruch mit den Konventionen würde noch auf sich warten lassen, aber Janis nannte sich von nun an und für alle Zeiten »Beatnik«.

Kurz nach ihrer Lektüre von *On the Road* tat sich Janis mit ihrem eigenen Sal Paradise zusammen, einem Zehntklässler von der TJ High. Rooney Paul, der bei seiner alleinerziehenden berufstätigen Mutter aufwuchs und aus einem Armenviertel Port Arthurs stammte, sah aus wie eine Kreuzung zwischen Elvis und James Dean. »Sie war zum ersten Mal verliebt«, meinte Karleen.[32] »Er hat in einem Schnellrestaurant gearbeitet und wohnte in einem Wohnheim an der Proctor Street.« Karleen fuhr sie mehrmals dorthin und holte sie eine Stunde später wieder ab. Doch in der unerfüllten Beziehung kriselte es schon bald. Nach der elften Klasse ging Rooney Paul von der Schule ab und meldete sich zur Armee. Janis allerdings fertigte auch weiterhin Zeichnungen von ihm an – auf einem der erhaltenen Porträts trägt er T-Shirt, Jeans und eine Jacke im Stil von James Dean. Offenbar war er es, der Schluss gemacht hatte. »Ich war noch so jung und wusste nicht, wie man zu Leuten Kontakt aufbaut«, sagte Janis später. »Jedes Mal, wenn ich auf jemanden zuging und abgewiesen wurde, tat es weh.«

1958 machte Janis all das, was Teenager in der Eisenhower-Ära gewöhnlich taten: Beim Abschluss ihres ersten High-School-Jahres klebte sie Andenken in ihr Tagebuch, wie etwa Broschüren, die den Gemeinschaftsgeist beschworen, und andere, auf denen sich Kandidaten um die Wahl zum Schülersprecher bewarben. Einen Hinweis auf ihre zukünftige Identität als Beatnik sucht man auf diesen Seiten vergeblich. Entsprechend ist auch ihr erstes High-School-Jahrbuch gefüllt mit Glückwünschen, Ratschlägen und zum größten Teil Komplimenten ihrer Mitschüler. Der Text ihrer besten Freundin jedoch schlägt einen anderen Ton an und wird nur von einem Hauch der Ironie gemildert. »Glaub den Leuten nicht, wenn sie etwas Nettes über Dich schreiben«, hatte Karleen auf die Rückseite des Jahrbuchs geschrieben. »Sie meinen es nicht ehrlich … Eigentlich trauen sie sich nur nicht zu sagen, dass Du eingebildet, unreif und beeinflussbar bist! Natürlich weißt Du, wie klug ich bin, deshalb brauchen wir hier nicht darauf einzugehen. Du musst einfach weiter an Dir arbeiten, und vielleicht bist Du dann irgendwann genauso klug wie ich. (Aber bis dahin wird es noch eine Weile dauern.)«[33]

Janis' Geständnis in Karleens Jahrbuch ist alles andere als beißend und zeigt vielmehr ihre Ratlosigkeit angesichts der komplizierten Freundschaft: »Für Dich, mein altes Huhn. Habe vergeblich versucht, Dich zu verstehen, aber weil es mir nicht gelingt, habe ich mir überlegt – ach, zum Teufel (Mist), ich bin nach wie vor verwirrt. Ich wünschte, ich könnte dich durchschauen. Wer ist Dein gegenwärtiger Favorit – Mickey, Dennis, Jim oder David? Ich hoffe, Dich im nächsten Jahr besser kennenzulernen und zu verstehen. Vergiss mich nicht. Deine Janis. PS: Denk dran – ICH BIN NOCH JUNGFRAU!«[34]

* * *

Im Sommer 1958 begann Janis, sich als Kerouac-Heldin neu zu erfinden. Sie ließ sich im besten Salon der Stadt einen schmeichelhaften kurzen Haarschnitt verpassen, schminkte sich Lippen und Augen und unterzog sich einer schmerzhaften Aknebehandlung bei einem Hautarzt. Darüber hinaus legte sie sich ein neues dröhnendes Lachen zu, das sie bei Karleen Bennett übte. »›Ist es provozierend genug? Oder sollte es noch lauter sein?‹, fragte sie.«[35]

Aus der Zeitschrift *Time* erfuhr Janis vom Skandal um den aus Louisiana stammenden Jerry Lee Lewis, der im Jahr zuvor mit *Whole Lot of Shakin' Going On* und *Great Balls of Fire* zwei große Hits gelandet hatte. Nach Bekanntwerden der Heirat mit seiner dreizehnjährigen Cousine zweiten Grades Myra Gale war seine Karriere jedoch zum Stillstand gekommen. *Time* druckte einen Leserbrief ab, in dem Lewis und seine halbwüchsigen Fans beschimpft wurden. Janis war darüber so erbost, dass sie selbst ein Schreiben an die Zeitschrift verfasste und darin Jerry

Lewis, den Rock 'n' Roll und ihre Generation verteidigte. Auch wenn er von *Time* nicht abgedruckt wurde, so erhielt sie doch eine einfühlsame Antwort von der Wochenzeitschrift mit Datum vom 28. Juli 1958, die sie in ihr Tagebuch klebte. Später lernte sie auch den von ihr so verehrten Musiker kennen – eine Begegnung, die allerdings eher peinlich verlief.

Die Dinge sollten sich grundlegend ändern, als Janis in jenem Sommer die Fahrprüfung bestand und ihren Führerschein bekam – ein weiterer Meilenstein, den sie in ihrem Tagebuch festhielt. Am Steuer des peinlichst gepflegten Wagens ihres Vaters war sie nicht mehr auf andere angewiesen, sondern konnte selbst über das Ziel ihrer Ausflüge bestimmen. »Ich weiß noch, wie sie zum ersten Mal allein rückwärts aus der Einfahrt herausrollte«, erinnerte sich Seth Joplin. »Ich habe sie beobachtet. Nie zuvor habe ich sie so strahlen gesehen. Sie war überwältigt von Freude darüber, dass sie endlich selbst fahren konnte.«[36] Nun konnte sie wie ihre Beatnik-Helden auf offener Straße durch die Lande ziehen. Auf ihrem ersten Trip holte sie Kristin Bowen ab, und die beiden beschlossen, ein paar Jungen aufzugabeln. Kristin hielt in ihrem Tagebuch fest: »Sie setzte sie alle wieder ab, nur Billy Brown nicht, der den Platz zwischen uns bekam. Er war cool und irgendwie süß, aber auch laut – der größte Charmeur, den ich je erlebt habe.«[37]

Als Janis sich am darauffolgenden Abend von einem Besuch bei Karleen auf dem Rückweg beeilte, um zur vorgegebenen Zeit daheim zu sein, übersah sie ein Stoppschild und stieß mit einem Auto zusammen. Beide Wagen waren Schrott; glücklicherweise blieben Janis und der andere Fahrer unverletzt. Nach dem Unfall war Seth außer sich und verordnete ihr Hausarrest. »Wie konntest du nur so dumm sein?«, schrie er fassungslos.[38] Und wieder saß Janis bei ihren Freundinnen auf dem Rücksitz.

Trost fand Janis beim Anhören der Schallplatten, die sie in jenem Sommer mit den Jungen aus der Theatergruppe tauschte.

Jim Langdon sammelte 78er-Jazzscheiben, und auch Janis machte sich auf die Suche nach Neuem. »In einem Plattenladen fand ich eine Scheibe von Odetta und habe sie mir gekauft.«[39] Sie enthielt, wie sie es später schilderte, Odettas »Ochsentreibersongs«.[40] Die aus Alabama stammende und in Kalifornien aufgewachsene Odetta Holmes studierte Opern- und Musicalgesang, wurde aber Mitte der 1950er Jahre als erste schwarze Folksängerin, die solo auftrat, in San Francisco berühmt. Nachdem Janis sich ihr Debütalbum *Odetta Sings Ballads and Blues* gekauft hatte, übte sie, deren volle Töne zu singen. »Ich bin total drauf abgefahren«, erzählte Janis.[41] »Ich habe sie auf einem Haufen Feten gespielt, und alle mochten die Musik. Wir sind damals an irgendwelche Strände gefahren … und haben im Sand gesessen … und sind dann zu einer ehemaligen Hütte der Küstenwache gegangen … Wenn man bis nach ganz oben raufstieg, hatte man einen Blick auf das Wasser und die Marschen. Wir haben dort gesessen, abgehangen und geredet. Einmal, als wir dort oben waren, sagte jemand: ›Wenn wir doch nur einen Plattenspieler hätten!‹ Da habe ich gesagt: ›Ich kann singen.‹«

»›Mensch, Janis, lass das lieber!‹«

»›Doch, ich kann es!‹, habe ich gesagt. Und ich hab die echte Odetta gebracht … ya la … habe mit dieser tiefen Stimme gesungen.«

»›Janis, du kannst ja singen‹ … Sie sagten, ich hätte eine tolle Stimme, und ich dachte: ›Wahnsinn …‹«

Dieser Augenblick umfasste alles, wonach Janis sich gesehnt hatte: Umgeben von einer Gruppe enger Freunde hatte sie alle anderen zutiefst verblüfft. Sie spürte es; das, was sie sang, hatte seine Wurzeln im Blues, in dem sie sich mit dem Schmerz ihrer früh erlebten Einsamkeit wiederfand. Und die Bluessänger führten, Kerouacs Helden gleich, ein unkonventionelles Nomadenleben, dem sie nun auch einen Schritt nähergekommen war.

»Von Anfang an, als wir lediglich im Wohnzimmer auf dem Fußboden vor dem Plattenspieler hockten oder zu viert oder fünft auf dem Rücksitz saßen, war für mich sonnenklar, dass Janis' Stimme Weltklasse hatte, dass sie damit wirklich alles machen konnte«, sagte Jim Langdon.[42]

Noch mehr als Odetta beeindruckte Janis der aus Louisiana stammende Huddie Ledbetter. »Grant Lyons sprach von jemandem mit dem Namen Lead Belly«, erzählte Janis immer wieder.[43] »Er hatte Lead Bellys Platten gekauft, Platten mit einem ganz abgefahrenen Country Blues. Ich habe damals im Kirchenchor Sopran gesungen, deshalb wusste ich nicht, dass ich diese Stimme hatte. Bis ich bei Grant Lyons Lead Bellys Platten hörte. Damit fing es an.«

Lead Belly hatte 20 Jahre zuvor als 46-Jähriger in New York seine Karriere begonnen. Er hatte gerade seine zweite Gefängnisstrafe abgesessen, zu der er wegen bewaffneten Raubs an einem Weißen verurteilt worden war, und wurde dann von dem Folklore-Forscher John Lomax gefördert. Lead Bellys bluesige Titel, die er sang und auf seiner zwölfsaitigen Gitarre spielte – *Matchbox Blues, Rock Island Line, Midnight Special, Careless Love, Alberta* und *C.C. Rider* (auch *Easy Rider* betitelt) –, gehörten fortan zu Janis' Lieblingsliedern.

Als sie sich näher mit ihm beschäftigte, lernte sie auch seine typischen Protestsongs kennen, wie den *Bourgeois Blues* (»Them white folks in Washington they know how / To call a colored man a nigger just to see him bow«). Lead Belly starb im Dezember 1949 als 60-Jähriger am Lou-Gehrig-Syndrom. Im Jahr darauf wurde sein emblematisches Lied *Irene* in der Version des Weavers-Song *Goodnight Irene* einer der größten Hits von 1950. Jahrzehnte nachdem Janis auf ihn gestoßen war, bezeichnete Kurt Cobain Lead Belly als seinen Lieblingskünstler, bevor er auf MTV Unplugged mit seiner Band Nirvana dessen Titel *In the Pines* (bekannt auch unter dem Titel *Where Did You Sleep Last Night?*) coverte.

Aber Janis machte sich auch die Balladen der aus den Appalachen stammenden Sängerin Jean Ritchie zu eigen, die für ihren reinen Sopran berühmt war. Janis' Stimme »war ungeheuer wandelbar«, meinte Jim Langdon.[44] »[Sie] konnte klingen wie Odetta, eine Schwarze mit einer sehr tiefen Färbung. Dann drehte sie sich um und sang die Appalachensongs von Jean Ritchie mit ihrem wirklich feinen Sopran und hörte sich genauso an wie Jean Ritchie. Sie war wahnsinnig flexibel und hatte eine enorme Spannweite.«

Wie Grant Lyons erzählte, sangen die Jungen Blues- und Folksongs, wenn sie herumfuhren. Doch sobald sich Janis mit ihrer »wirklich lauten schwarzen Stimme« anschloss, verstummten sie. Dann stand sie im Zentrum ihrer ehrfürchtigen und ungeteilten Aufmerksamkeit.[45] »Ihre Stimme war überwältigend. Es hatte keinen Sinn, mit Janis zusammen zu singen, wenn sie auf diese Weise loslegte.«

Kapitel 4

»Beatnik-Schlampe«

Ich möchte nicht noch einmal jung sein.
Dann müsste ich die ganze Zeit nur heulen.[1]
Janis Joplin

Von Kindheit an war Janis am Esstisch von ihren Eltern dazu ermuntert worden, ihre Meinung zu äußern. So war es jetzt auch an der TJ High für sie selbstverständlich, sich bei politischen und gesellschaftlichen Themen, die sie zuvor mit den jungen Rebellen diskutiert hatte, zu Wort zu melden, obwohl Mädchen in jener Zeit meist nur schweigend dasaßen. »In Port Arthur gab es sonst keine wie mich«, erklärte sie in einem Interview mit *Newsweek* neun Jahre später.[2] »Ich war einsam. Mit all den aufwallenden Gefühlen und niemandem, mit dem ich reden konnte. Ich habe gelesen. Ich habe gemalt. Und ich hasste die Neger nicht.«

Janis hatte nicht nur keinen Hass auf Neger, sondern setzte sich in einem Umfeld extremer Feindseligkeit gegen die afroamerikanische Bevölkerung sogar für die Aufhebung der Rassentrennung ein. Als im Schulunterricht über die Bürgerrechtsbewegung gesprochen wurde, war Janis die Einzige, die sich für gemeinsame Schulen von Schwarz und Weiß starkmachte. Da sie überdies mit älteren Jungen durch die Kneipen zog, sich als Beatnik verstand und allen, die sich über sie lustig machten, die Stirn bot, verlor sie in ihrem letzten Schuljahr jeden Rückhalt im konventionellen Port Arthur. Sie wurde in ihrer Heimatstadt zu einer Geächteten.

»Niemand war für die Aufhebung der Rassentrennung«, erinnerte sich Karleen Bennett.[3] »Und wer dafür war, der sagte es nicht. Nicht so Janis. Sie stand auf und erklärte offen, wie sie dazu stand. So was machte man damals einfach nicht. Das war mehr oder weniger der Grund, weshalb man in der restlichen High Schoolzeit ständig auf ihr herumhackte – sie ›Negerliebchen‹ nannte und Ähnliches …« Eine andere Klassenkameradin, Tary Owens, stimmte dem zu: »Irgendwann kam der Punkt, dass sie bei fast allen unten durch war.«[4]

Nach Janis' Ansicht unterschied sich Port Arthur mit seiner Rassentrennung – und den minderwertigen Wohnungen, Straßen und Schulen in den Vierteln der afroamerikanischen Bevölkerung – nicht groß vom benachbarten Arkansas, dem Bundesstaat, der 1957 im ganzen Land Schlagzeilen machte, als Gouverneur Orval Faubus schwarzen Schülern den Zutritt zur Little Rock Central High School verbot. Ein Jahr zuvor hatte im texanischen Mansfield ein weißer Mob trotz eines anderslautenden Urteils des US-Bundesgerichts drei schwarze Schüler an der Anmeldung in einer weißen Schule gehindert. Gouverneur R. Allan Shivers hatte Texas Rangers in die Stadt abkommandiert, um die Rassisten zu unterstützen. In Missachtung eines Urteils des Obersten Gerichtshofs von 1954 im Fall *Brown v. Board of Education* verabschiedete die texanische Abgeordnetenkammer 1957 ein Gesetz, das die Integration um fast ein weiteres Jahrzehnt verzögerte. In dem unweit von Port Arthur gelegenen Vidor warnte ein vom Ku Klux Clan aufgestelltes Schild (in dem provokativ das Schimpfwort »Nigger« gebraucht wurde) Afroamerikaner davor, sich nach Sonnenuntergang außerhalb der Stadtgrenzen aufzuhalten.[5] Nicht selten wurden in der Gegend Kreuze verbrannt, und hin und wieder fuhr in Port Arthur ein Haufen Männer auf der Ladepritsche eines Lkws durch die Viertel der Schwarzen und schlug mit Dachlatten auf afroamerikanische Fußgänger ein, eine Praxis, die von einheimischen Rassisten als »Niggerklatschen« bezeichnet wurde.[6]

* * *

Obwohl Janis von zahlreichen Klassenkameraden gemieden wurde, versuchte sie zu Beginn ihres dritten Jahres auf der High School, sich an den klassischen dort angebotenen Programmen zu beteiligen. Wohl auf Dorothys Drängen hin bemühte sie sich um die Aufnahme im angesehenen Red Hussars Drum and Bugle Corps, einer mit militärischer Präzision gedrillten Kapelle, die bei Footballspielen und Paraden aufmarschierte. Als Janis eine Ablehnung bekam, brach sie noch in der Schule in Tränen aus. Angenommen wurde sie hingegen unter anderem bei den Future Nurses of America, einer Organisation, die jungen Menschen die Möglichkeit bot, praktische Erfahrungen in der Krankenpflege zu sammeln. So arbeitete Janis ehrenamtlich als Schwesternhelferin im St. Mary Hospital und lernte dort unter anderem, Spritzen zu geben – eine Fähigkeit, die sie ein paar Jahre später ausnutzen würde. Als herausragendes Mitglied des Kunstvereins der TJ High gestaltete Janis außerdem mit großer Begeisterung das Schwarze Brett und Plakate, die in den Fluren der Schule aufgehängt wurden.

Samstags kam sie in den seltenen Genuss, einige Zeit mit ihrem Vater verbringen zu können. Ab und zu fuhr Seth Janis mit ihrer Staffelei ans Seeufer, wo sie, wie ihre sie regelmäßig begleitende Schwester Laura schrieb, »Panoramen mit Wellen, Segelbooten, Fischern und tauchenden Vögeln« malte.[7] Als Janis in der elften Klasse war, betrachtete sie sich nach wie vor als »Malerin« mit »all diesen Vorstellungen und Empfindungen, die ich in den Büchern geschildert fand«, sinnierte sie später.[8] »Mein Vater hat mit mir darüber gesprochen.« Als Roger Russell, ihr bewunderter Zeichenlehrer, sie ermunterte, ihre Studien auch auf den menschlichen Körper auszudehnen, gab Karleen Bennett das Modell, und Janis malte ihre Hände und Füße. Außerdem befasste sie sich mit Aktgemälden, die sie in ihren Kunstbüchern fand, »studierte sie … und sagte mir: ›Wow!‹, Dann versuchte ich es zu kopieren …«, berichtete Janis später.[9]

Als Dorothy den weiblichen Akt entdeckte, den Janis auf die

Innenseite der Tür ihres begehbaren Kleiderschranks gemalt hatte, bezeichnete sie ihre Tochter als »Metze«. Karleen, die dabei war, musste das Wort im Lexikon nachschlagen.[10] Ob die Figur ein Selbstporträt war, den Körper einer Freundin nachbildete oder der Fantasie entstammte, ist nicht bekannt. Nach tagelangen Debatten mit den Eltern übermalte Janis den Akt wütend mit Farbklecksen im Stil Jackson Pollocks und das Ganze letztendlich mit einem Meerespanorama.

Verständlicherweise trachtete Janis danach, so viel Zeit wie möglich außerhalb des Elternhauses zu verbringen. Sie liebte das aufregende Gefühl, das sich einstellte, wenn sie mit ihren Freundinnen herumfuhr. Karleen und Kristin unterhielten sich mit Janis oft über die »Schmusepartys«,[11] an denen Janis nach Karleens Darstellung selbst gern teilgenommen hätte. Sie wurde jedoch »nicht von Jungen zum Ausgehen eingeladen«.[12] Wenn sich dann doch einmal eine Möglichkeit ergab, scheute Janis zurück. »Ich weiß noch, wie ein paar Typen auf irgendwelchen Feten mit ihr zur Sache kommen wollten und wie sie dann so tat, als wäre sie total cool und erfahren, letztlich aber einen Rückzieher machte«, erinnerte sich Jim Langdon.[13] »Sie hat, glaube ich, sogar geweint.«

In ein Autokino fuhren Mädchen gewöhnlich nur mit den Jungen, mit denen sie verabredet waren, aber Karleen machte für Janis eine Ausnahme und sah sich mit ihr den Film *Gigi* an. Der Streifen mit Leslie Caron und Maurice Chevalier beruht auf einem Roman von Colette über eine junge Pariserin, die zur Kurtisane ausgebildet werden soll. Die beiden Mädchen waren begeistert und machten sich Notizen zu der Szene, in der Gigi lernt, wie man für die befreundeten Herren einen Drink mixt. Anschließend malten sie sich aus, wie sie sich als Prostituierte fühlen würden, wenn sie »den ganzen Tag lang tranken, rauchten und Sex hatten«.[14] Nicht viel später baten sie Karleens Mutter, die, verglichen mit Dorothy, einen eher laschen Erziehungsstil praktizierte, um einen Drink. Da Mrs. Bennett der Ansicht war, Mädchen sollten ihre ersten Erfahrungen mit Alkohol besser zu Hause machen, anstatt ihn sich heimlich woanders zu besorgen, mixte sie ihnen einen Whisky Sour. Laut Karleen hatte »Janis davor noch nie etwas Hartes getrunken. Sie musste uns versprechen, ihren Eltern nichts davon zu erzählen.[15] Dieser eine Drink war für uns das Tollste überhaupt – der absolute Wahnsinn!«

Das durch das Hochprozentige erzeugte Gefühl der Entspannung machte auf Janis zweifellos Eindruck, denn es dämpfte ihre Ängste, weckte ihre Wut und betäubte ihre Furcht vor dem Urteil ihrer Klassenkameraden, ihrer Familie und Port Arthur insgesamt. Schon bald begann sie Bier zu trinken, wenn sie mit den Jungen unterwegs war.

Jim Langdon spielte inzwischen in einer Tanzkapelle, die in Lokalen 30 Autominuten entfernt am Highway 90 auftrat – auf der anderen Seite des Sabine River in der Nähe von Vinton, Louisiana, also im selben Distrikt, den schon Janis' Eltern vor ihrer Geburt besucht hatten. Ab den 1930er Jahren bis 1953 hatten sich auf dieser Meile annähernd zwei Dutzend Spielsalons, Bars und Tanzlokale gedrängt. Einige hielten sich bis 1959. Die Gäste waren trinkfeste Cajuns, Raffineriearbeiter und Minderjährige aus Texas und Louisiana. In Louisiana galt als Mindestalter für Alkoholkonsum 18 Jahre – was jedoch kaum überprüft wurde –, während es im strengeren Texas 21 Jahre waren. Tary Owens aus Janis' Klasse auf der TJ High, der sich ihnen anschloss, wenn sie einen Ausflug machten, um Jim Langdons Band zu hören, erzählte: »Anfangs fuhren wir einmal im Monat hin, aber letztlich dann fast jede Woche. Zuerst gingen wir zu Buster's, weil es dort eine Happy Hour mit einem Cocktail für fünfundzwanzig Cents gab. Wenn wir es bis zur Bar schafften, bekamen wir die Drinks ganz problemlos.«[16]

Janis genoss es, auf der gegenüberliegenden Flussseite in Clubs wie Lou Ann's und The Big Oak zu gehen. Sie trank dort Bier und hörte die ungezähmten Rhythm-and-Blues-Bands, die musikalisch in starkem Kontrast zu den populären Titeln in den Hitparaden des Radios standen. Abgesehen von dem aus New Orleans stammenden Sänger Lloyd Price, der mit dem Song *Stagger Lee* berühmt wurde, und Wilbert Harrison mit seinem *Kansas City* waren dort nur Teenageridole wie Paul Anka und Frankie Avalon vertreten.

Am 3. Februar 1959, zwei Wochen nach Janis' sechzehntem Geburtstag, kamen der aus Texas stammende Buddy Holly sowie Jiles Perry Richardson alias »Big Bopper« und der gerade 17-jährige Ritchie Valens, Sänger der Hits *Dona* und *La Bamba,* bei einem Flugzeugabsturz ums Leben. Dass der Rock 'n' Roll der restlichen »alten Garde« allmählich in den Hintergrund rückte, hatte allerdings weniger dramatische Ursachen: Elvis musste zum Militär, Little Richard wurde Priester, und Jerry Lee Lewis, dem man immer noch die Heirat mit seiner dreizehnjährigen Cousine nachtrug, wurde im Radio nicht gespielt. Diese Lücke kam der Folkmusik zugute, die mit dem Kingston Trio und anderen Interpreten immer häufiger in den Charts auftauchte. Dazu gesellte sich ein wachsender Untergrund von Roots-Musikern, die Janis beeinflussen sollten, darunter Bob Dylan und Joan Baez, die später ihre Kollegen wurden.

Obwohl der Rock 'n' Roll 1959 nicht mehr hoch im Kurs stand, wurde im Big Oak und Lou Ann's am Highway 90 nach wie vor heftig gerockt. Hier dominierten allerdings elektrisch verstärkter Texas-Blues, Rhythm and Blues und eine lokale Kombination aus beiden, die später Swamp Pop genannt wurde. Im Lou Ann's, dem schlichten Lokal mit Bar und Billardtischen, traten Jimmy Reed und andere bekannte texanische Bluesmusiker auf.

Das Big Oak, das nach Jim Langdons Schilderung »etwas von einer Scheune« hatte, »war jedes Wochenende gepackt voll, und auf dem Parkplatz kam es zu Prügeleien«.[17] Das Lokal buchte vorwiegend Künstler aus der Gegend, gewöhnlich Weiße und grundsätzlich männlich. Wie Jerry LaCroix, der Sänger der Dominos mit der rauen Stimme, der bereits mit 14 Jahren zu der von Bläsern unterstützten Rhythm-and-Blues-Combo gestoßen war. Unter dem Namen Count Jackson gründete er später The Counts, ehe er sich dem aus Beaumont stammenden Edgar Winter und seiner Gruppe White Trash anschloss (und später zeitweilig Leadsänger bei Blood, Sweat & Tears und Rare Earth wurde). Die wildeste Band am Highway 90 aber waren 1959 die Boogie Kings mit Dale Gothia, einem aus Port Arthur stammenden Saxofonisten, der ein paar Jahre älter war als Janis. Als Janis zehn Jahre später ihre erste eigene Begleitband zusammenstellte, war der Einfluss der Dominos und Boogie Kings unverkennbar.

Es war ein markerschütternder Sound, der 1959 in Louisiana die Dachbalken erbeben ließ. »Wir stießen die Tür auf, und es kam einem vor, als würde ein Güterzug durch den Saal fahren!«, berichtete LaCroix über die Boogie Kings, denen er sich später anschloss.[18] »Diese Typen hatten fünf Tenorsaxofone, zwei Trompeten, eine B3-Hammondorgel und einen von diesen Schlagzeugern aus Louisiana. Sie spielten … ›Swamp Pop‹, Musik im Stil von Fats Domino und Bobby Charles. Es gab drei Leadsänger, und die Bläser konnten allesamt singen wie schwarze Mädchen in einem Gospelchor. Sie hatten wunderschöne Stimmen. Welch unglaubliche Band!«

Klang und Rhythmus dieser Gruppen gaben Janis die Möglichkeit, ihre aufgestaute Energie zu entladen, was ihr bei dem wachsenden Alkoholkonsum sicherlich noch leichter fiel. Wenn sie sich auf der schmierigen, vollgepackten Tanzfläche wiegte, wenn das Adrenalin durch ihren Körper strömte, empfand sie ein ähnliches Hochgefühl wie manche andere Teenager beim Sex. Tary Owens, der mit seinen Eltern von Cincinnati nach Texas gezogen war, erinnerte sich, auf dem Heimweg mit Janis betrunken auf dem Rücksitz gesessen und mit ihr »gefummelt« zu haben.[19]

Janis' Freundinnen nahmen an ihren Ausflügen ins Nachtleben Louisianas nicht teil. Anständige Mädchen gingen nicht ins Lou Ann's, Buster oder Big Oak. Aber da ihr Ruf ohnehin bereits ruiniert war, genoss Janis die Fahrten in einem Auto voller Jungen, das Bier und die Zigaretten, die groben Scherze und die laute Musik aus dem Radio. Unterwegs hörten sie den Beaumont-Sender KJET mit schwarzen Moderatoren wie Willie Knighton, der Soulscheiben auflegte: James Brown and the Famous Flames mit ihren ersten Hits *Please, Please, Please* und *Try Me* oder Ray Charles mit *What'd I Say,* Jimmy Reed mit *I'm Gonna Get My Baby* sowie Bobby »Blue« Bland mit *Farther Up the Road* und *Little Boy Blue*. Manchmal befand sich darunter auch ein Künstler aus der Gegend, wie beispielsweise der in Vinton geborene und im texanischen Orange aufgewachsene Clarence »Gatemouth« Brown, der oft mit Janis' Lieblingsmusikerin Big Mama Thornton zusammenarbeitete.

Während Janis mit den Jungen ihre Grenzen sprengte, besuchte Dorothy Joplin im Port Arthur College Kurse, um ihre Kenntnisse als Sekretärin zu erweitern. Da ihre drei Kinder nun alle zur Schule gingen und sie zu den Pflegekosten ihrer gebrechlichen Mutter beitragen musste, war sie darauf angewiesen, eine Stelle zu finden. Wegen ihrer ausgezeichneten Leistungen in den Kursen stellte sie das College an, um Schreibmaschinenkurse zu geben, und beförderte sie später ins Studiensekretariat. Als nun beide Elternteile berufstätig waren, begann Janis, den »Zapfenstreich« zu missachten. »Wir waren bis in die Morgenstunden unterwegs«, berichtete Grant Lyons.[20] »›Fahren wir nach Louisiana!‹ Meine Eltern machten mir die Hölle heiß, und ich nehme an, die Eltern eines Mädchens wären an die Decke gegangen, wenn die Tochter um vier Uhr morgens nach Hause kam und eine Bierfahne hatte, besonders wenn sie mit vier Jungen rumgezogen war. Sie konnten ja nicht wissen, wo wir hinfuhren.«

Als sich in der Schule die Kunde von Janis' Ausflügen herumsprach, ging das Gerücht um, sie sei »leicht zu haben«. Doch nach Aussage ihrer engsten Freunde hatte sie damals noch keinen Sex gehabt. Ihre Spielchen mit ein paar Jungen von der

High School waren nie über »Knopflochpoker«, eine abgeschwächte Version von »Strippoker«, hinausgegangen. Mike Howard, der gelegentlich mitspielte, erinnerte sich, dass Janis einmal, als sie verloren hatte, drei Knöpfe ihrer Bluse öffnete und ihm und einem anderen Jungen ihren BH zeigte. »Mein Freund und ich haben den anderen von unserem Knopflochpoker mit Janis erzählt«, gab Howard zu.[21] »Vermutlich sind diese kleinen Geschichten beim Herumtratschen in der Schule dann immer schmutziger geworden, bis es am Ende hieß, wir hätten uns splitternackt in Salatöl gewälzt.«

Dass Janis auf Partys oder dem Rücksitz eines Autos gelegentlich einen angetrunkenen Jungen fummeln oder sich von ihm »am Hintern packen« ließ, wie Grant Lyons es nannte, fachte die Gerüchte noch weiter an.[22] Doch als sie einmal bei Karleen Bennett hereinschaute und sie mit ihrem Freund im Bett vorfand, hatte sie offenbar keine Ahnung. »Sie wusste nicht, was da abging«, erinnerte sich Karleen.[23] »Sie verstand nicht, dass wir Sex hatten. Ich bin hochgesprungen, habe mir was angezogen und bin ins Wohnzimmer gegangen, um mit ihr zu sprechen – ›Mensch, was bin ich froh, dass du vorbeischaust – du hast mich davon abgehalten, etwas Schlimmes anzustellen!‹« Die sechzehnjährige Janis hatte im angetrunkenen Zustand zwar schon erste Erfahrungen mit Jungen gesammelt, war aber weiterhin völlig unbedarft, was das Geschlechtsleben betraf, und Karleen weihte sie auch nicht ein. Wie Karleen war Janis' Spielpartner Tary Owens überzeugt, dass sie keineswegs die »Schlampe« war, als die man sie bezeichnete, sondern als Jungfrau von der High School abgehen würde. Das Tuscheln und die gemeinen Bemerkungen hatten jedoch zur Folge, dass Janis alle Versuche aufgab, ihre Klassenkameraden für sich einzunehmen.

Zum Abschluss der elften Klasse »wollte sie offenbar alle vor den Kopf stoßen«, meinte Karleen.[24] »Zuvor hatte sie immer versucht, sich anzupassen. Aber dann war es eines Tages urplötzlich damit aus – entweder ihr mögt mich so, wie ich bin, oder ihr lasst es bleiben.« Ihr Nachbar und einstiger Spielgefährte Roger Pryor erinnerte sich: »Sie hing mit diesen Möchtegern-Intellektuellen rum, die ganz anders waren als der Rest. Sie hockten da und diskutierten – über Dinge, auf die es nicht ankam und die man nicht in der Hand hatte, wirklich abgehobenes Zeug, etwa wie man die Probleme der Welt lösen kann. Es gefiel ihnen, dass sie eine Gruppe waren, mit der niemand was zu tun haben wollte … sie schnitten sie vom Kontakt zu Menschen ab, die sie vorher gekannt und gemocht hatte.«[25] Roger Pryor, der mit den Gegebenheiten der Welt zufrieden schien, zählte sich offenbar zu Letzteren: »Ich weiß noch, wie sie einmal mit mir diskutieren wollte … Ich war mit irgendwas in der Garage beschäftigt und habe eine Bemerkung gemacht. Da sagte sie: ›Was ist los? Willst du dich nicht hinsetzen und darüber reden?‹ ›Nein‹, habe ich geantwortet, ›was soll das schon bringen?‹«

Obwohl Janis mit den jungen Rebellen einen Großteil ihrer Zeit verbrachte, lud sie keiner der fünf zu seinem Abschlussball ein, als sie in jenem Frühling mit der High School fertig waren. Den Schmerz über die Isolation und Ausgrenzung sollte Janis nie vergessen. Doch sie tat es lachend ab, wenn sie mit den Typen zusammen war, die sie wie einen der Ihren behandelten und sogar mit ihr über ihre Versuche sprachen, Mädchen aufzureißen. »Wir sprachen über nichts anderes«, berichtete Grant Lyons, »als über die Schwierigkeit, eine ins Bett zu kriegen. Wahrscheinlich wäre sie auch gern mit jemandem ins Bett gegangen.«[26] Einmal, so erinnerte er sich, hatte »es zwischen Janis und mir bei irgendwem im Garten mal kurz gefunkt. Wir haben geredet, und ich empfand sehr starke zärtliche Gefühle für sie. Es war nichts Romantisches, wir haben nicht gefummelt. Aber trotzdem war es erotisch und voller Poesie, ein kleiner Augenblick, der die Seele verzauberte.« Inspiriert von diesem Erlebnis, schrieb er später das Gedicht *Für J. J.*

Aus Janis' High-School-Jahrbuch und ihrem Tagebuch von 1959 lässt sich ablesen, wie sich ihr Status im Lauf des Jahres änderte. Zunächst besuchte sie noch die offizielle Zeremonie zur Benennung der Schülervertreter, Wahlkampfveranstaltungen und Clubs, und sie ist auf vielen Gruppenfotos zu sehen. Eine ganze Reihe von Mitschülern – Jungen wie Mädchen – kritzelte ein paar Zeilen in ihr *Yellow-Jacket*-Jahrbuch. »Dee Dee« etwa schrieb: »Als ich erstmals von Dir hörte, hatte ich keine sonderlich gute Meinung von Dir. Aber jetzt muss ich zugeben, dass Du wirklich nett bist.« Billy McDuffie nannte sie »die beste aller Schreckschrauben …« Ein Junge bedankte sich für ihre Hilfe bei seinen Hausaufgaben.

Die bissigsten Kommentare stammten auch diesmal wieder von Karleen Bennett, die sich offenbar sowohl über Janis' Unsicherheit als auch über jene, die sie verschmähten, lustig machte und zugleich wohl auch auf Janis' noch intakte Jungfräulichkeit anspielte. »Auch wenn ich Dir nicht all die Schimpfnamen nennen kann, die die anderen Dir geben, so habe ich sie doch im Kopf … Du weißt, was Du bist, also brauche ich es Dir nicht zu sagen … Ich jedenfalls weiß, was Du bist – obwohl alle anderen das Gegenteil annehmen … (nein, ich werde nicht in irgendeinem Auto mit Dir auf die Rückbank gehen).« Ihre abschließenden Zeilen müssen die unsichere 16-jährige Janis sehr verletzt haben: »Du hast von allen im T. J. die dickste Nase und die kleinsten engstehenden Knopfaugen. Komisch, dein Hintern ist zugleich der fetteste. Schade, dass der Rest von dir nicht zu all Deinen Shorts und engen Röcken passt …«[27]

Auf den oft noch von ihrem Vater aufgenommenen Fotos sieht man ein gesundes Mädchen im Teenageralter mit welligem kurzen braunen Haar und einer sich entwickelnden weiblichen Figur. Janis war damals 1,65 Meter groß und wog normale 60 Kilogramm. Wenn Karleens Sticheleien sie verletzt hatten, dann führte ihr dies sicher auch vor Augen, wie viel sie zu schlucken bereit war, um akzeptiert zu werden.

* * *

Im Sommer nach der elften Klasse arbeitete Janis als Kartenabreißerin in einem Kino von Port Arthur und gestaltete auch wieder Kulissen für das Little Theater. Doch da sich Jim Langdon und die anderen auf das College im Herbst vorbereiteten und kaum noch an den Treffen teilnahmen, hatte die Gruppe ihren Reiz verloren. Als Initiationsübung bestiegen die Jungen in jenem Sommer jeden einzelnen Wasserturm, der im »Goldenen Dreieck« stand. Janis nahm manchmal an ihren wagemutigen Klettereien teil. Oder sie hockten abends im Mondschein am Strand in einer verlassenen Hütte der Rettungsschwimmer und tranken Wein und Bier. »Wir machten ein Feuer und lagerten drumherum auf Decken«, sagte Adrian Haston.[28] »Unsere Gespräche befassten sich mit weit ernsteren Dingen, als es für manche Kids in unserem Alter üblich war.« Janis, so erinnerte er sich, war wie besessen von dem Thema »Veränderungen« und sprach immer wieder darüber. Da ihr besonderer Kreis demnächst auseinanderbrechen würde, fürchtete sie sich womöglich vor dem kommenden Schuljahr ohne ihre männlichen Freunde. Sie trank mehr als zuvor, was ihre Depressionen noch verstärkte. Ihr Bruder Michael berichtete, wie er als Sechsjähriger von Janis geneckt wurde. »Ich bin betrunken«, sagte sie zu ihm. »Merkst du das denn nicht?«[29]

Janis fühlte sich einsam, als ihre Freunde abgereist waren. Wie Arlene Elster und David Moriaty gingen einige nach Austin an die University of Texas, andere an das nahegelegene Lamar State College of Technology in Beaumont. Karleen Bennett, die neuerdings verlobt war, verbrachte die Wochenenden mit ihrem Partner, und Kristin Bowen hielt sich von Janis fern, nachdem sie gemeinsam auf einer Party gewesen waren, auf der die Gäste im typischen Beatnik-Stil schwarze Rollkragenpullover und Baskenmützen trugen. Janis fühlte sich ihnen zweifellos zugehörig. Zum Unterricht kam sie mit schwarzen oder roten Strumpfhosen (anstelle der normalen Söckchen oder Kniehosen) unter einem engen Bleistiftrock, und am Wochenende zog sie ein übergroßes weißes Herrenoberhemd und die an der Schule verbotene Levi's-Jeans mit schmuddeligen weißen Turnschuhen an.

Ihr letztes Schuljahr 1959 begann mit dem Umzug der TJ High aus dem 30 Jahre alten, im Westernstil gehaltenen Bauwerk in ein »modernes« Gebäude. Hier waren die Räume um »funktionelle« Neuerungen gruppiert wie eine mit Klimaanlage ausgestattete Aula, eine riesige Sporthalle und einen überdachten Pausenraum. Das riesige Memorial Stadium konnte bis zu 15 000 Fans des von Clarence »Buckshot« Underwood betreuten Football-Teams Yellow Jackets aufnehmen.

Janis mischte sich allerdings nicht unter die Zuschauer. Mittlerweile verachtete sie den Mannschaftssport und den Kult um die Sportler in der High School und gab sich auch keine Mühe, ihre Einstellung zu verbergen. Ihr Vater, so hatte sie mit Vergnügen erfahren, hatte in seiner Zeit auf der Texas A & M University Football gehasst – in jenem Bundesstaat ein Sakrileg –, im Gegensatz zu Janis seine Meinung jedoch für sich behalten. »Er sagte, weil man um einen Besuch bei den Football-Spielen nicht herumkam, habe er sich im Kleiderschrank versteckt«, erzählte Karleen Bennett.[30] »Für ihn war Football dumm und eine Zeitverschwendung.«

Obwohl Seth als Nonkonformist Individualität schätzte, drängten er wie auch seine Frau darauf, dass sich Janis um ein gutes Auskommen mit den Klassenkameraden bemühte. Der Vater »respektierte die gesellschaftlichen Werte viel weniger als unsere Mutter«, berichtete Laura Joplin, »doch er akzeptierte das Leben und riet Janis, es ebenfalls zu tun«.[31] Dorothy empfahl ihr, an einem Kurs in Technischem Zeichnen teilzunehmen, aber es zeigte sich, dass Mädchen in dieser gewöhnlich eher von Jungen besuchten Klasse nicht willkommen waren, und Janis hatte unter zusätzlichen Sticheleien und Schikanen zu leiden. »Ich wusste nicht, dass ich sie dadurch in eine kritische Gefühlslage brachte«, gestand Dorothy später.[32] »Bald erzählte man sich, sie würde den Jungen nachstellen und Ähnliches. Es hat sie furchtbar verletzt.«

In ihrem letzten Schuljahr verkörperte Janis »alles, was die anderen Schüler ablehnten«, meinte ihr Freund Tary Owens.[33] Einer, der Janis quälte, war der nach ihr zweitprominenteste Absolvent der Thomas Jefferson High School. Der zukünftige Cheftrainer des Footballteams der Dallas Cowboys (und Sportreporter beim Fernsehsender Fox) Jimmy Johnson – Sohn der aus Arkansas stammenden Familie eines Melkers – war fast ebenso alt wie Janis, aber eine Klasse unter ihr. Schon als herausragender Linebacker der Yellow Jackets hatte er einen Vorderzahn verloren. Mit 14 Jahren lernte er Port Arthurs Rotlichtviertel kennen. »Wir entdeckten ein … Paradies für Biertrinker: die Puffs«, schrieb er in seinen Memoiren.[34] »Es gab acht oder neun, die Bier ausschenkten und uns nie nach dem Alter fragten. Nach oben gehen ließen uns die Besitzer nicht, aber wir fanden es schon prima, in den Salons abzuhängen, unser Bier zu trinken und … uns die spärlich bekleideten Damen anzusehen. Manche setzten sich uns auf den Schoß und alberten mit uns herum. Die Ölarbeiter und die Huren haben sich über uns amüsiert.«

Da ihre Plätze im Geschichtsunterricht nach dem Alphabet angeordnet waren, hatte Janis den Platz hinter Johnson, der ihr, wie er selbst zugab, das Leben schwer machte, weil sie mit »diesen Beatnik-Typen zusammen war«.[35] Er erinnerte sich, dass »jene Leute, gelinde gesagt, das Gegenteil von Sportlern waren. Unsere Leute waren alle sportlich … auch die Cheerleader und die Majoretten, die mit uns herumhingen und Jacken mit unseren Buchstaben trugen. Janis' Aussehen und Verhalten war so abgefahren, dass wir auf sie losgegangen sind, wenn wir uns, meist auf den Fluren der Schule, über den Weg liefen. Einer meiner Mannschaftskollegen nannte sie ›Beat Weeds‹.[36] Beat stand für Beatniks. … Und das Wort ›Weeds‹ stammte aus dem Jargon der Sportskanonen von Südosttexas. Das heißt, in anderen Teilen des Landes hätte man wohl ›Beat Bush‹ gesagt, was sich auf ihr Schamhaar bezog.«

Johnson und seine Clique aber nannten Janis nicht nur höhnend »Beat Weeds«, sondern bewarfen sie auf den Fluren auch mit Pennies und riefen ihr »Hure« oder »Flittchen« hinterher. Jungen, deren Hände sie fortstieß, wenn sie nach ihr packten, verbreiteten anschließend die Lüge, sie sei leicht zu haben gewesen. Traf sie sich tatsächlich einmal mit einem Klassenkameraden, versuchte er, sie betrunken zu machen und sie zum Sex zu drängen. Sie ließ sich jedoch nicht darauf ein. Die Verhöhnungen in der Schule beantwortete sie mit ihrem lautesten Lachen, mit hässlichen Erwiderungen oder indem sie den Kopf abwandte und wegschaute. Als ein Lehrer sie dabei erwischte, wie sie ihre Peiniger beschimpfte, schickte er sie zum Rektor. Die Sportcracks kamen ohne Strafe davon. 33 Jahre später (als seine Texas Cowboys gerade die Superbowl gewonnen hatten) erzählte Johnson in einem Interview mit der Zeitschrift *Sports Illustrated* über seine damalige Schulkollegin: »Beat Weeds … trug grundsätzlich keine Unterhosen.« Woher Johnson dieses Wissen hatte, ist unklar.

»Die Leute bezeichneten sie als Flittchen und sagten, sie würde dies oder jenes machen«, erinnerte sich Patti Skaff, die im darauffolgenden Jahr Karleen als Janis' beste Freundin ablösen sollte. »Zehnmal so viele Jungen wie die, mit denen sie ausgegangen war, behaupteten, mit ihr geschlafen zu haben.«[37]

Mit ihrer unkonventionellen Garderobe gab sich Janis der Lächerlichkeit preis. Als sie einmal wegen unstatthafter Kleidung von der Schule nach Hause geschickt wurde, inszenierte sie eine Szene, als sie wiederkam. »Bin ich jetzt anständig angezogen?«, rief sie von Schulhof aus.[38] Zudem trug Janis eine eigene, selbstfertigte Beatnik-Version des Schulwimpels: eine kleine, an einem Stock befestigte Flagge aus Filz, auf die sie eigenhändig das Wort »YEA« gedruckt hatte. »Janis sagte und tat all diese Dinge, weil sie sehen wollte, wie die anderen darauf reagierten«, berichtete Roger Pryors damalige Freundin und spätere Frau.[39] Damit machte sie sich zur Zielscheibe für allerlei Gemeinheiten. Vorbei die Tage, an denen sie sich um Anpassung bemüht hatte, und obwohl sie dafür abgelehnt wurde, war sie bereit und zunehmend von der Notwendigkeit überzeugt, ihr wahres Selbst zu zeigen. »Ich hatte niemanden, mit dem ich reden konnte«, sagte sie später über ihr letztes Schuljahr, in dem sie »sehr unglücklich« war.[40] Seth Joplin, selbst ein Leben lang ein Einzelgänger, schmerzte es, wenn er zusehen musste, wie seine Tochter unter ihren Mitschüler litt. »Sie hassten Janis, weil sie anders war«, erklärte er später der Zeitschrift *Rolling Stone*.[41]

Dorothy war untröstlich, als Janis in der Schule in Ungnade fiel. Aus dem bei den Lehrern geschätzten Mädchen mit guten Noten wurde eine Bummlerin, die den Unterricht schwänzte, Prüfungen vergeigte und sich nicht die Mühe machte, ihre Hausaufgaben abzugeben. Dorothy, inzwischen in der Verwaltung des Port Arthur College beschäftigt, unterrichtete aufstrebende Sekretärinnen, die ganz anders waren als ihre Tochter und ihre Meinung schätzten. Janis hingegen hörte nur selten auf ihren Rat, und die Zeit, in der sie pflichtschuldigst die selbstgenähten Kleider der Mutter trug, war endgültig vorüber. »Ich erinnere mich an lautstarke Auseinandersetzungen zu Hause«, erzählte Michael Joplin.[42] Ihre Streitereien entzündeten sich oft an Janis' Kleidung und ihren schmuddeligen Tennisschuhen. Als die Haushaltshilfe der Familie sie auf Dorothys Anweisung hin wusch, bekam Janis einen Wutanfall.

Angesichts der immer heftigeren Dispute suchte Dorothy einen Arzt auf, der ihr das Beruhigungsmittel Valium verschrieb. Es sollte ihr über die »häuslichen Sorgen« hinweghelfen, die, wie sie sich erinnerte, »derartig aufreibend waren, dass ich mich an einen Berater in Beaumont wandte«.[43] Ihrer Tochter Laura erzählte Dorothy später, sie habe dem Arzt erklärt, »dass wir den Kontakt zu unserer ältesten Tochter verloren, zu der wir früher eine gute Beziehung hatten«. Seth weigerte sich jedoch, an der empfohlenen Familientherapie mit Frau und Tochter teilzunehmen, und meinte, so etwas sei »hirnverbrannt« und viel zu teuer. Dabei hätte er sich die Kosten durchaus leisten können. Aber entweder hielt er nichts von Psychologie oder er hegte insgeheim Sympathien für die Rebellion seiner Tochter oder er fürchtete, zu viel von seiner eigenen Psyche enthüllen zu müssen.

Janis aber ging anfangs zu einem Psychologen in Beaumont. Jahre später, auf dem Höhepunkt ihres Ruhms, erzählte sie der Presse Geschichten über ihre schreckliche Jugendzeit und verbreitete, sie sei von ihren Eltern hinausgeworfen worden. Ihre Angehörigen bestritten es und bezeichneten es als Märchen, doch für Janis mag es sich so dargestellt haben, dass die Familie die Person, zu der sie geworden war, nicht länger um sich haben wollten. »Mutter versuchte mich so hinzubiegen, dass ich wie alle anderen war«, erzählte Janis dem renommierten Jazzkritiker Nat Hentoff 1968, »und ich sträubte mich dagegen mit allen Mitteln. Sie sagte immer, ich soll erst nachdenken, bevor ich etwas sage.«[44] Bei jenem berühmten Klassentreffen 1970, zehn Jahre nach Schulabschluss, beklagte sie sich gegenüber einem Reporter: »Ein Arzt hat meine Mutter gewarnt, wenn ich mich nicht – Zitat – ›am Riemen reiße‹ – Zitat Ende –, säße ich mit 21 Jahren entweder im Zucht- oder im Irrenhaus.«[45]

* * *

Die künstlerischen Arbeiten waren Janis' einziger Trost in jenem letzten Jahr auf der High School. Sie gewann mehrere Kunstwettbewerbe, und einmal erhielt sie Gelegenheit, in diesem Zusammenhang nach Houston zu fahren. Dort stahl sie sich aus der Gruppe ihrer Schule fort und steuerte das Café Purple Onion an, ein schäbiges Lokal, jedoch auch ein Treffpunkt der Avantgardisten der Stadt.

Gegen Ende des Jahres 1959 bekam auch Port Arthur ein Künstlerlokal, das kleine Café Sage, das von Elton Pasea geführt wurde, einem aus Trinidad stammenden früheren Angehörigen der Handelsmarine. Pasea, ein guter Freund von Jim Langdon, hängte Gemälde an die Wände, stellte Schachtische auf und ließ auf der Anlage im vollgestopften Schaufenster Jazzscheiben laufen. Janis wurde Stammgast im Sage, und Pasea hängte ihre Bilder an die Wände. Als die Jungen in den Weihnachtsferien vom College nach Hause kamen, traf Janis ihre alte Clique wieder. Sie feierten Sylvester im Sage und stahlen sich nach draußen in die Autos, um Bier und Wein zu trinken. Gegen Ende des Abends bemühte Janis ihre beste Odetta-Stimme und sang und tanzte auf den Tischen.

Jim Langdon studierte auf dem Lamar Tech in Beaumont und spielte in verschiedenen Gruppen Posaune. Janis war mit ihm in Kontakt geblieben und besuchte ihn einmal. »Janis und ein anderes Mädchen kamen eines Tages nach Beaumont, um sich mein Konzert mit dem dortigen Symphonieorchester anzuhören. Anschließend gingen wir zu mir«, erinnerte sich Jim Langdon.[46] »Ich weiß noch, wie wir im abgedunkelten Raum auf dem Boden lagen und Miles Davis' Platte *Kind of Blue* hörten. Nur wir drei. Es war nichts Erotisches im Spiel, wir waren einfach nur drei entwurzelte Seelen.«

Eine Woche nach ihrem siebzehnten Geburtstag am Freitag, dem 26. Januar 1960, »lieh« sich Janis die aus dem Jahr 1953 stammende Willys-Limousine von ihrem Vater, um »bei Karleen zu übernachten«. Sie hatte einen Plan ausgeheckt, um echte Jazzmusiker auf der Bühne zu sehen – im 400 Kilometer entfernten New Orleans. Jim Langdon ergriff die Gelegenheit, sie auf diesem vierstündigen Trip zu begleiten. Janis hielt vorm Sage an und rief: »Ich fahre nach New Orleans! Will jemand mitkommen?« Ihr Klassenkamerad Clyde Wade antwortete: »In echt? Ich habe zwar kein Geld, aber eine Kreditkarte von Gulf!« Dale Gothia von den Boogie Kings folgte ihnen nach draußen zum Auto. »Wir machten halt, um Bier zu kaufen, und dann ging's los Richtung New Orleans«, erinnerte sich Wade.[47]

Nach ihrer Ankunft am Abend gingen sie ins Französische Viertel, wo aus jeder Bar Musik auf die Straßen drang. Auf der Bourbon Street drängten sich die Menschen, Werber standen vor den Clubs und priesen lautstark die Angebote an – Stripteasetänzerinnen, Musik und Drinks zum Sonderpreis im Straßenverkauf. Gegen Mitternacht wankten die vier zur Limousine, die Janis am kommenden Tag zurückgeben wollte. Es hatte leicht zu regnen begonnen, und als sie den Highway 61 erreichten, goss es wie aus Kübeln, sodass sie kaum noch die Straße vor sich sehen konnten. Sie waren knapp 20 Kilometer gefahren, als sie auf einen nur ein Jahr alten Chevrolet auffuhren, der abrupt gebremst hatte. Aus dem Kühler stieg Dampf auf. »Verdammt«, rief Janis. »Mein Vater bringt mich um.« Der andere Fahrer, ein gewisser Mr. A. E. Gordon, klagte über Schmerzen im Nacken. Die Bundespolizei untersuchte den Vorfall, stellte Janis wegen der Wetterverhältnisse allerdings keinen Strafzettel aus. Als sie jedoch ihr jugendliches Alter bemerkten – sie sah jünger aus als 17 –, drohten sie ihren Begleitern mit einer Anzeige wegen Verstoßes gegen den Mann Act, nach dem es verboten war, Minderjährige zu »unmoralischen Zwecken« über Landesgrenzen zu bringen. Janis musste Dorothy anrufen. Die bürgte für Jim Langdon und die anderen und ließ Janis das Geld für eine Busfahrkarte zukommen. Die Jungen, die zusammen nur 13 Cent besaßen, wurden von der Polizei an die Stadtgrenze gefahren und gewarnt: »Kommt bloß nicht zurück!« Sie versuchten es mit Trampen. »Ich weiß nicht, wie lange wir dort standen«, berichtete Wade, »aber irgendwann kommt dieser Bus vorbei, und drinnen sitzt Janis, hängt sich aus dem Fenster und winkt und ruft. Wir sahen einfach furchtbar aus, und niemand wollte uns mitnehmen.«[48] Irgendwann klappte es dann aber doch, zumindest für einen Teil der Strecke. Anschließend riefen sie Randy Tennant an, der sie abholte. »Als wir endlich ins Sage kamen, hatte sich die Sache mit unserem Ausflug bereits herumgesprochen«, sagte Wade, »und man behandelte uns fast schon wie Berühmtheiten.«

Janis hingegen sah sich seitens ihrer Eltern und der Schule dem Vorwurf ausgesetzt, mit jungen Männern die Stadt verlassen zu haben. Man tuschelte, sie habe mit allen dreien geschlafen, und weil so viele Jungen behaupteten, mit ihr Sex gehabt zu haben, wurde das Gerücht hämisch geglaubt. Dorothys schlimmste Befürchtungen waren wahr geworden: Janis' Ruf war ruiniert. »Die meisten Mädchen, die sie als Hure bezeichneten und mit dem Finger auf sie zeigten, hatten ein weit aktiveres Sexualleben als sie«, sagte Tary Owens.[49] »Tatsache, das weiß ich.« Janis parierte die Beschimpfungen mit einem lauten »Fick dich doch selbst!«

Die Vertrauenslehrerin warf ihr vor, einen schlechten Einfluss auf die anderen Schülerinnen zu haben. Daraufhin schwänzte Janis noch häufiger den Unterricht und provozierte die anderen noch häufiger mit obszönen Sprüchen. Im März wurde sie von der Schule verwiesen. Die Gründe sind zwar nicht bekannt, doch wahrscheinlich geschah es wegen Missachtung der Autoritäten oder Beschimpfung ihrer Peiniger. Als sich Dorothy an die Schulleitung wandte, wurde sie mit der Frage konfrontiert, warum sie nicht dafür sorgen könne, dass sich ihre Tochter »wie der Durchschnitt« verhielte. »Alles, was ich suchte, waren ein bisschen Freiheit und andere Leute, denen es genauso ging«, lautete Janis' trauriger Kommentar später.[50] Bis zum Ende des Schulhalbjahrs war sie vom Unterricht ausgeschlossen. Zehn Jahre später schilderte sie, in ihrer High-School-Zeit eine »Einzelgängerin« gewesen zu sein. Dieses eine Jahr voller Demütigungen und Verletzungen löschte nicht nur ihre guten Erinnerungen an frühere Schuljahre aus, sondern auch jene an ihre Freundschaften in Port Arthur.

Janis' Foto für *The Yellow Jacket* von 1960, das wahrscheinlich im Herbst 1959 entstand, zeigt sie mit Robe und Kappe, aber nur matt lächelnd. Ihr Exemplar des Jahrbuchs enthält keinen einzigen Eintrag und keine Unterschrift von Mitschülern. Immerhin bestand sie im Mai 1960 die Abschlussprüfung, obwohl sie eine ganze Reihe von Kursen verpasst hatte. Einige Schüler schworen später Stein und Bein, sie sei betrunken aufs Podium gestolpert, um ihr Zeugnis in Empfang zu nehmen. Aber auch wenn dem nicht so war, verlor sie sicher keine Zeit, um ihre Befreiung von der Thomas Jefferson High School gebührend zu feiern.

Kapitel 5
»18 Jahre und im Arsch«

Ich bin eine von diesen altmodischen Typen,
die verrückt sind nach einem Nervenkitzel …
Wichtig oder erstrebenswert war für mich
immer nur das, was Spaß machte.[1]
Janis Joplin

Janis wünschte sich nichts sehnlicher, als im Stil Kerouacs durch die Lande zu ziehen, aber mit 17 war sie noch nicht reif dafür und unsicher, was ihre Rolle als Beatnik betraf. Ihre Eltern bestanden darauf, dass sie wegen der räumlichen Nähe und der niedrigen Kosten das Lamar State College of Technology im benachbarten Beaumont besuchte. Das Lamar war für viele Absolventen der TJ High die erste Wahl, da der Lehrplan auf die Ausbildung zukünftiger Ingenieure für die Ölindustrie ausgerichtet war. Zähneknirschend schrieb sich Janis dort ein; sie hoffte, möglichst viele Kunstkurse belegen zu können und Gleichgesinnte kennenzulernen. Außerdem bot Beaumont mehr Gelegenheiten zum Ausgehen und Partymachen – ihre bevorzugte Art, sich zu entspannen, auf die sie immer häufiger zurückgriff. Und sie würde zum ersten Mal auf sich allein gestellt sein, auch wenn ihre Familie nur eine halbe Stunde entfernt wohnte.

Als neue Studentin im Lamar bezog Janis ein Zimmer in einem zweistöckigen Studentenheim mit Backsteinfassade. Beaumont, größer als Port Arthur und zudem eine College-Stadt, galt als aufgeklärter, war aber in Wirklichkeit genauso konservativ und natürlich genauso weltfremd. »Du bist nicht aus Port Arthur entkommen, wenn du aufs Lamar gegangen bist«, sagte David Moriaty, der die University of Texas in Austin besuchte. »Die

Trennlinie zwischen dem Abschluss an der High School und dem Lamar war, als ginge man nur mal eben über die Straße.«[2]

Gleich zu Anfang freundete sich Janis mit Gloria Lloreda an, einer jungen Amerikanerin mexikanischer Herkunft aus Galveston. Sie lernten sich kennen, als Janis entdeckte, dass in der Schreinerwerkstatt der Universität eins ihrer Gemälde unbeabsichtigt durch die Tischkreissäge zerstört worden war. »Ich hörte diese schrecklichen Laute«, sagte Gloria, als sie sich an das Schreien und Fluchen von Janis erinnerte. »Sie war dermaßen sauer! Das war meine erste Begegnung mit Janis.«[3] Als stilles, beschützt aufgewachsenes Mädchen aus einer katholischen Familie bewunderte sie Janis für ihren Mut, und die beiden bezogen dasselbe Zimmer. »Sie war so unverblümt … eine emanzipierte Frau!«, erzählte Gloria. »Wenn wir irgendwo auf dem Campus waren und ein Junge uns dumm kam, gab sie ihm Kontra und wurde sehr ausfällig. Wer sie wütend machte, bekam es zu spüren!«[4]

Von Beginn an hielt sie sich nicht an die Ausgangszeiten und die Kleiderordnung des Studentinnenwohnheims, was die ehemaligen Schulkameradinnen, die ebenfalls im Lamar studierten, nicht überraschte. »Es gab in dem Wohnheim viele Mädchen aus Port Arthur«, sagte Gloria. »Alle geschniegelt und gestriegelt, und sie empfahlen mir, mich von Janis fernzuhalten, weil sie einen äußerst schlechten Ruf hatte. Aber ich sagte: ›He, ich mag sie!‹«[5]

Janis entdeckte im Lamar neue Möglichkeiten, ihre Grenzen auszutesten. Sie, Gloria und eine andere Mitbewohnerin, eine über eins achtzig große Studienanfängerin mit Namen Annette, führten eine Striptease-Pantomime auf, um die männlichen Bewohner des Heims auf der anderen Seite des Hofes zu reizen. »Eines Nachts gegen ein Uhr schalteten wir alle Lampen aus, und unter unseren Nachthemden trugen wir Badeanzüge«, erzählte Gloria. »Wir ließen die Taschenlampe etwa achtmal aufleuchten … dann legten wir sie hinter uns … und machten ein bisschen Striptease. Mit unseren Badeanzügen wirkten wir sehr verwegen. Wir dachten, sie würden nicht dahinterkommen, wer wir waren, aber am nächsten Tag tauchten die Jungs bei uns auf und sagten: ›Hat uns gut gefallen, euer Striptease!‹«[6]

Die aus Port Arthur stammende Patti Skaff war ein Semester weiter als Janis und hatte die University of Texas in Austin besucht, sich jedoch im Lamar eingeschrieben, nachdem sie dort herausgeflogen war. Janis und sie lernten sich kennen, als die sehr gut aussehende Brünette in Janis' Handzeichnungskurs Modell stand. Patti, eine begabte Künstlerin, die aus einer wohlhabenden libanesisch-amerikanischen Familie stammte, ging für ihr Leben gern aus, und bald schwänzte sie gemeinsam mit Janis den Unterricht, um sich in Bars herumzutreiben, in denen der Personalausweis nicht überprüft wurde. »Wir verbrachten viel Zeit damit, uns so stark wie möglich zu betrinken«, erinnerte sich Patti. »Und hielten uns beide für Ausgestoßene … Wir gegen den Rest der Welt.«[7]

Wenn Janis mit Patti auf Sauftour gegangen war und die Ausgangszeit überschritten hatte, wurde sie von Gloria und anderen Mitbewohnerinnen gedeckt. Nötigenfalls schmuggelten sie sie in ihr Zimmer, wozu sie sie auf den Balkon im ersten Stock hieven mussten, der an der Außenmauer entlanglief. »Wenn die Studentin, die die Aufsicht hatte, vorbeischaute, sagten wir: ›Ach, sie ist in der Dusche‹«, erzählte Gloria. »Dann hörten wir das Singen und Lärmen, [sie] war furchtbar betrunken, [und ihre Freundinnen] versuchten, Janis in den ersten Stock hinaufzubefördern. Aber sie bekamen sie einfach nicht hoch, und sie fiel wieder hinunter. Schließlich schaffte sie es, weil wir von oben zogen und die anderen sie von unten schoben.«[8]

Eine andere schlechte Angewohnheit von Janis, Ladendiebstahl, fand Gloria hingegen weniger lustig. Möglicherweise angeregt durch die Figuren Dean Moriarty und Sal Paradise in Kerouacs Roman *On the Road* – vielleicht aber auch nur auf der Suche nach einem neuen Kick –, ließ Janis Snacks und Kleidung mitgehen. Gloria entdeckte es während eines Wochenendbesuchs bei Janis' Familie in Port Arthur. »Janis machte manches gern, um zu sehen, wie weit sie damit durchkam – um einen gewissen Reiz zu haben«, vermutete Gloria. »Einmal gingen wir zusammen einkaufen, und als wir wieder zu Hause waren und sie ihr Sweatshirt auszog, hatte sie darunter ein paar andere Sachen an – eine Bluse und ein Halstuch. Sie machte das nur um des Kicks willen und nicht, weil sie die Sachen brauchte. Ich habe gesagt: ›Also wenn wir wieder zusammen losziehen, möchte ich das nicht mehr!‹« Doch als Gloria ein paar Wochen später in einem Drugstore in Beaumont ihre Wimperntusche bezahlte, »forderte der Mann an der Kasse [Janis] auf, ihre Handtasche zu öffnen«, erzählte Gloria. »Dabei fand er so einiges. Aber er sagte nur, wir sollten gehen und uns nie wieder blicken lassen. Als ich sie deswegen zusammenstauchte, erwiderte sie: ›Es tut mir so leid. Ich mach das nie wieder.‹«[9] Vielleicht hielt sie sich in Glorias Anwesenheit zurück, aber Janis klaute auch weiterhin, bis sie 1963 in Berkeley, Kalifornien, wegen Gelegenheitsdiebstahl festgenommen wurde.

Janis stellte Gloria ihren Freunden in Port Arthur vor, darunter auch Patti Skaff, Jim Langdon und Adrian Haston, und es dauerte nicht lange, bis Gloria und Adrian ein Paar wurden. Schließlich heirateten sie. Anfangs »kam es mir nicht in den Sinn, mit Adrian zu gehen, weil ich dachte, dass er Janis gefiel«, erzählte Gloria, »aber sie sagte: ›Nein, wir sind bloß gute Freunde.‹«[10] Wie gewöhnlich blieb Janis eine derjenigen, die keinen Freund hatten. Sie und ihre College-Clique, zu der auch andere Studienanfänger aus Port Arthur gehörten – Tary Owens, wie sie ein Musikfan, Jack Smith, mit dem sie in der Junior High zusammen war, und der wohlhabende Philip Carter – freundeten sich mit den Freigeistern von Beaumont an. »Wir wurden Teil eines größeren Netzes von Leuten, die zusammen abhingen, sich unterhielten und zu denselben Partys gingen«, erinnerte sich Jim Langdon.[11]

Zu den Interessantesten aus diesem Kreis gehörte die Familie Stopher: Henry (alias Wali, geboren 1939) und Tommy (geboren 1942) – ursprünglich aus Thibodaux im Bundesstaat Louisiana stammend und in Beaumont bei ihrer verwitweten Mutter, einer Pianistin und Lehrerin, aufgewachsen – waren die ältesten von drei Brüdern. Sie wohnten in einem zweistöckigen Haus in der Blanchette Street 2080 in der ersten Etage. Tommy, ein hübscher junger Mann mit zahlreichen Freundinnen (eine von ihnen bezeichnete ihn als »Don Juan«),[12] war ein ehrgeiziger Künstler, dessen Arbeiten Janis völlig umhauten.

»Tommy war brillant«, sagte Henry Stopher über seinen Bruder. »Er machte schon mit etwa 14 Jahren Skizzen, er zeichnete und malte, und das jeden Tag. Wenn alle anderen herumsaßen und plauderten, holte Tommy seinen Block und zeichnete irgendwas.«[13] Die beiden Brüder waren zusammen durch Europa gereist, und Tommy hatte am Kansas City Art Institute studiert. Janis wollte Tommy. Und eines Abends wurden er und Janis bei einer Party im Haus Stopher vorübergehend tatsächlich ein Paar. »Da beide Künstler waren, hatten sie wohl gemeint, sie gehen ins Schlafzimmer, und es wird fantastisch werden«, erzählte Henry. »Aber als sie wieder rauskamen, waren sie beide richtig wütend. Offenbar war es nicht gut gelaufen.«[14] Trotzdem hielt Janis bei einer Autofahrt mit Karleen Bennett Monate später vor dem Haus der Familie Stopher in Beaumont an. »Willst du sehen, wo ich zum ersten Mal Sex hatte?«, fragte sie ihre Freundin und deutete auf ein Fenster im ersten Stock.[15]

Nach dem Intermezzo mit Tommy Stopher zögerte Janis nicht länger, wenn ein Mann Sex mit ihr haben wollte. Was ihren Ruf betraf, hatte sie nichts mehr zu verlieren, denn bei den anderen Studenten aus Port Arthur galt sie auch weiterhin als Flittchen. Laut Patti war ihre Haltung dazu: »Wenn ihr mich ohnehin verurteilt, dann mach ich es auch. Okay, du Wichser, wenn du mir Sachen vorwirfst, dann will ich sie wenigstens auch tun.«[16]

Gleichzeitig wurde ihre Beziehung zu Patti intensiver, und möglicherweise fühlte sich Janis auch sexuell von ihr angezogen. »Wir hatten gegenseitig keinerlei Ansprüche«, meinte Patti. »Es war einfach eine Freundschaft. Wir waren schlicht gerne zusammen.« Die beiden malten sich aus, wie es wäre abzuhauen. »Sie wollte, dass ich mit ihr nach Kalifornien trampe. Ich hatte allerdings so meine Zweifel, dass sie und ich gemeinsam besonders weit kommen würden. Wir hatten ja beide keinen Cent. Wir hätten uns nur gegenseitig total fertiggemacht.«[17] Als Janis zehn Jahre später Etta James' *Tell Mama* vortrug, schob sie einen Sprechgesang ein, in dem sie davon erzählte, wie es ist, »wenn einem [mit siebzehn] diese merkwürdigen Gedanken kommen und man nicht weiß, woher sie stammen, diese seltsamen kleinen schrägen Dinge, die einem passieren, und man nicht weiß, was es ist …« Dann nahm sie den Songtext wieder auf: »You need someone to listen to you, someone to talk to you, someone to hear you, someone to want you … Tell mama, baby!«[18]

Möglicherweise irritierten Janis ihre erotischen Gefühle für Patti, nicht zuletzt, weil Homosexualität in Texas damals noch als Verbrechen galt (während Sodomie in sämtlichen Bundesstaaten nur bis 1962 eine schwere Straftat darstellte). Fünf Jahre später diagnostizierte Janis' Arzt nach Untersuchungen und Bluttests ein eventuelles »hormonelles Ungleichgewicht«. Für Janis war dies eine Erklärung, warum sie sich sowohl von Männern als auch von Frauen angezogen fühlte. In einem Brief an ihren damaligen Geliebten schrieb sie 1965, dieses vermutete »Ungleichgewicht« sei der Grund dafür, dass sie »nicht wirklich eine Frau oder genug vom einen oder anderen« sei. »Vielleicht hätte etwas so Simples wie eine [Hormon-]Pille geholfen oder sogar diesen Teil von mir verändert, den ich ICH nenne und der so verkorkst ist …«[19]

In ihrem ersten Studienjahr hatte Janis nur mit Männern sexuelle Kontakte, unter anderem einen One-Night-Stand mit einem ehemaligen Schüler der TJ High namens Dave McQueen, der inzwischen am Lamar studierte. Der Sohn eines ehemaligen Verbrechers, der nach seiner Gefängniszeit zum Ölarbeiter avancierte, hatte wie Patti ein Jahr vor Janis die High School abgeschlossen. Kurz bevor Janis nach Beaumont zog, hatte Tary Owens sie miteinander bekannt gemacht und McQueen gesagt, sie sei wie alle in ihrer Clique eine Außenseiterin – »ganz klar eine von uns«. Als sie sich auf einen Kaffee in Luby's Café trafen, fand McQueen Janis »fantastisch. Wir waren Büchernarren, Rebellen und Aufrührer«, erzählte er, »und schließlich wollten wir alle nach North Beach (San Francisco)«, ins Herz der Beat-Generation. Eines Abends schliefen Janis und McQueen auf dem Rücksitz seines Wagens miteinander. »Ich fand sie immer hübsch«, erzählte McQueen, »und da saßen wir nebeneinander, und eins führte zum anderen.«[20]

Kurz darauf machte sie ihn mit Patti bekannt, woraufhin ihre beste Freundin McQueens Geliebte wurde. »Sie war verletzt, als Dave und ich zusammenkamen«, sinnierte Patti, die vielleicht nicht bemerkt hatte, dass es Janis weniger schmerzte, McQueen zu verlieren als *sie*.[21] Ihre engen Freunde hatten alle eine Partnerin, auch Jim Langdon, der mit Rae Logan ging, einer aus Beaumont stammenden Studentin am Lamar, die er im folgenden Jahr heiraten sollte. Immerhin nahmen die Pärchen Janis weiterhin bei ihren Ausflügen mit, und die ganze Clique schwänzte häufig Kurse, um Party zu machen. An einem Nachmittag fuhren Rae und Jim, Gloria und Adrian mit Janis nach Austin, wo sie in einem Motelzimmer eine Fete feierten, an der auch ihre Freunde David Moriaty und Randy Tennant von der University of Texas teilnahmen. Janis bekam nicht viel von der Stadt zu sehen, doch eineinhalb Jahre später sollte ein weiterer Ausflug nach Austin ihr Leben verändern.

In Beaumont setzte Janis ihre Reise in die Musik fort. Jim Langdon war begeistert von den Live-Aufnahmen und Blues-LPs des Lamar-Professors und bekannten Volkskundlers Dr. Francis Abernathy, die er Janis und ihrer Clique vorspielte. »Jim

Langdon durchstöberte die Englisch-Fakultät und stieß dort auf Dr. Abernathys Plattensammlung«, erinnerte sich Henry Stopher. »Er hatte einen Stapel Platten von Bluessängern der 1920er und 1930er Jahre, und die nahm Langdon mit. Als wir sie uns anhörten, waren wir platt. Ich war so eingeschlossen in meinem kleinen Ausschnitt von Kultur, dass ich lange brauchte, um überhaupt nur die Texte zu verstehen. Aber Janis, die sie sich auch immer wieder anhörte, konnte die Songs von Bessie Smith schon bald nachsingen.«[22]

Janis machte sich auf die Suche nach weiteren Aufnahmen der »Kaiserin des Blues« (1894–1937). Sie war von ihr fasziniert, weil die Sängerin, wie der Fotograf und Autor der 1920er Jahre Carl Van Vechten schrieb, »ihr Herz mit einem Messer bloßlegte … so dass wir litten, wie sie litt, was sie mit rhythmischer Wildheit entblößte …«.[23] Janis war bereits von Lead Bellys Musik wegen ihrer »Aufrichtigkeit« angezogen gewesen, und so »las [ich] Bücher über Blues, wobei ich auch auf den Namen Bessie Smith stieß«, erzählte sie 1970.[24] »Ich bestellte einen ganzen Stapel Platten von ihr. Ich hatte mich regelrecht in sie verliebt« – und zwar so sehr, dass sie später übertrieb, wenn sie über die Jahre sprach, in denen sie angeblich Bessie Smiths Stil imitierte: »In meinen ersten zehn Jahren als Sängerin sang ich genauso wie Bessie Smith. Ich kopierte sie viel und sang alle ihre Lieder.«[25] In Wirklichkeit war Janis zehn Jahre, nachdem sie die Künstlerin entdeckt hatte, bereits gestorben. Zwei Jahre vor ihrem Tod leistete Janis einen Beitrag für einen Stein auf Smiths nicht gekennzeichnetem Grab und erwog, zu Ehren der Kaiserin des Blues einen Stipendienfonds zu gründen. »Niemand hat mich je so stark getroffen«, erklärte sie dem Smith-Biografen Chris Albertson 1970, als sie sich zusammen eine Aufnahme der Sängerin in den Studios von Columbia Records anhörten. »Bessie hat in mir den Wunsch zu singen geweckt.«[26]

* * *

Trotz ihrer Begeisterung für Bessie Smith und den Blues betrachtete sich Janis immer noch vornehmlich als Malerin und nicht als Sängerin. Sie verschenkte ihre Bilder an Freunde, unter anderem auch an Langdon. Er bekam von ihr ein Selbstporträt als Akt in Blautönen, das zweifellos von Amedeo Modigliani (1884–1920) beeinflusst war. So wie sie sich über Bessie Smith kundig gemacht hatte, so las sie auch Bücher über das tragische und kurze, selbstzerstörerische Leben des italienischen Künstlers, das von Alkoholkonsum, Drogensucht und Krankheit geprägt war, das sie aber verklärte. Modigliani, der von Kerouac in seinem Roman *On the Road* erwähnt wird, war erst 1958 mit einer Retrospektive im New Yorker Museum of Modern Art gefeiert worden, und Janis hatte einen Artikel darüber im *Time Magazine* gelesen. Im selben Jahr veröffentlichte die Tochter des Malers, Jeanne Modigliani, das Buch *Modigliani: Man and Myth,* das in der Ausgabe vom 1. Dezember des Nachrichtenmagazins vorgestellt wurde. Kurz darauf zeigte sich der Einfluss der mürrischen, kantigen Porträts und weiblichen Akte des Künstlers in Janis' Arbeiten. Ihre Eltern hängten eins ihrer erstaunlichen Bilder mit männlichen Gestalten in dunklen Farben in ihr Esszimmer und lobten ihr Porträt der elfjährigen Laura Joplin. Aber die Bewunderung ihres Werks durch Eltern und Freunde – und die wenigen Verkäufe über das Café Sage – reichten nicht mehr, um ihr Selbstvertrauen aufrechtzuerhalten, das sie als bildende Künstlerin brauchte. Und als sie Tommy Stophers exzellente – und einzigartige – Bilder, Skulpturen und Kollagen sah, verlor sie den Glauben an ihre Arbeit. Es muss sie mit Schrecken erfüllt haben, als sie ahnte, womöglich nicht über die herausragende, von Eltern und Lehrern geförderte Begabung zu verfügen, und vor der Frage stand: Wenn sie keine Malerin war, wer war sie dann?

Statt noch intensiver an einer ganz eigenen Vision zu arbeiten, trank Janis mehr denn je. »Wir kratzten Geld zusammen, das uns ja immer fehlte, und gingen zum Paragon Drive-In, wo man für 50 Cent eine Gallone Bier bekam, wenn man seinen eigenen Krug mitbrachte«, erinnerte sich Patti. »Die teilten wir uns, bis wir kotzen mussten. Das fanden wir toll.«[27] Janis schluckte auch gelegentlich Amphetamine enthaltende Appetitzügler, die überall auf dem Campus zu haben waren.

Ein Ausflug nach Houston, angeblich, um in einigen Clubs Musik zu hören, endete damit, dass Janis ins Krankenhaus eingeliefert wurde. »Als ich 17 war, fuhr ich nach Houston, nahm eine Menge Tabletten, trank riesige Mengen Wein und flippte aus«, schrieb sie fünf Jahre später in einem Brief. Obwohl sie diese grauenhafte Episode herunterspielte – »Ich wurde nach Hause geschickt, ins Krankenhaus gesteckt und wieder gesund«[28] –, suchte sie nach ihrer Rückkehr ans College einen Psychiater in Port Arthur und zugleich einen Psychologen in Beaumont auf. Über Diagnosen und eine Behandlung ist nichts bekannt, aber zweifellos hatten das Speed kombiniert mit dem hohen Alkoholkonsum ihren Tribut gefordert und Janis' Neigung zu Depressionen verstärkt. Jahre später erzählte sie einem Arzt und mehreren Freunden wechselweise, sie sei mit 17 wegen Alkoholismus behandelt worden, habe sich einer Schocktherapie mit Insulin unterzogen oder sei nach einem Nervenzusammenbruch am College in ein Krankenhaus in Beaumont eingewiesen worden. Keine dieser Behauptungen konnte nachgewiesen werden. Als Dorothy Joplin Anfang der 1970er Jahre zu Janis' psychischer Krise befragt wurde, spielte sie die Sache herunter und erklärte die Probleme ihrer Tochter mit den lapidaren Worten: »Sie schwänzte ihren Unterricht, und ihr schlechtes Gewissen quälte sie.«[29] Wie auch immer, am Semesterende erhielt Janis die Note B für ihr Englischreferat, rasselte aber in den anderen Fächern durch.

Als sie nach Port Arthur zurückkehrte, kompensierte Janis trotz des Zusammenbruchs in Houston ihr Scheitern am College mit weiterem Alkoholkonsum. In den Winterferien setzten sich die Orgien mit alten und neuen Freunden fort. Philip Carter gab mehrere Partys, zu denen auch Janis und ihre weiterhin engste Vertraute Patti kamen. »Phils Eltern waren zum Silvesterabend in den Country Club gefahren, und so lud er uns alle zu einer Fete in ihr Haus ein«, erzählte Patti. »[Janis] und ich schaukelten uns zu einem Streit hoch. Worum es ging, weiß ich nicht mehr – vielleicht waren wir einfach durchgeknallt. Wir tranken Wodka und … dann hatten wir diesen Zickenkampf, zogen uns an den Haaren und rissen uns gegenseitig die Knöpfe ab … Als Janis mit weit aufgerissener Bluse und mit wippenden Brüsten die Treppe heruntergestürmt kam, traten gerade Philips Vater und Mutter ins Haus. Seine Mama begann zu kreischen. Wir wurden auf der Stelle hinausgeworfen.«[30] Weder Patti noch Janis gingen zum Frühjahrssemester wieder ans Lamar.

* * *

Als Janis im Januar 1961 18 Jahre alt wurde, hatte sie ihre Leidenschaft fürs Malen verloren, ohne neuen Lebensmut in der Musik gefunden zu haben; sie war eine gescheiterte Studentin, konfus und deprimiert. Zum ersten Mal spielte sie mit dem Gedanken, das Singen zu ihrem Beruf zu machen. Nachdem sie eine Probeaufführung des kommunalen Theaters in Beaumont für das Musical *The Boy Friend* gesehen hatte, bekannte sie einem der auftretenden Sänger, dem Lamar-Studenten Frances Vincent: »›Ich will machen, was *du* machst!‹ Sie hat es voller Enthusiasmus gesagt. Ich denke, sie wollte im Mittelpunkt des Interesses stehen.«[31] Später, als Janis das Malen mit dem Singen verglich, meinte sie: »Das Singen zwingt einen, aus sich herauszugehen, während man beim Malen nach innen gerichtet ist. Als ich mit dem Singen anfing, entstand in mir einfach der Wunsch, mehr mit den Menschen ins Gespräch zu kommen, mehr aus mir herauszugehen.«[32]

Janis sang nur gelegentlich, im Kreis von Freunden, machte sich aber über ihre mögliche neue Berufung kundig, indem sie in den Plattenladen von Port Arthur ging und sich in die Hörkabine zurückzog. »Wir verbrachten Stunden damit, uns ganze Stapel von Platten anzuhören«, erzählte Patti. »Sie war begeistert von dem blinden Bluessänger Reverend Gary Davis und von Bessie Smith. Die nahmen wir dann auch mit. Aber eigentlich hörte sie alles – Jazz und Country, doch hauptsächlich alten schwarzen Blues.«[33] Von den Country- und Westernkünstlern mochte sie besonders Hank Williams, allerdings gefiel ihr auch die Cajun-Musik, etwa der Song *Jole Blon,* der ursprünglich von dem Geiger Harry Choates aus Port Arthur stammte, der später als der Begründer der Cajun-Musik bezeichnet wurde.

Wenn Patti bei der Familie Joplin war, wurde über Musik gesprochen. Dorothy schilderte ihre eigenen Hoffnungen als jugendliche Sängerin, während Seth still in seinem Lehnstuhl saß und auf der Stereoanlage Stücke aus der Sammlung *Das wohltemperierte Klavier* von Johann Sebastian Bach liefen. Pattis Vater besaß ein Magnettonbandgerät der Marke Webcor, und damit nahm Patti auf, wie Janis Bessie Smith sang. Aber die Eltern von Patti wollten nicht mehr, dass ihre Tochter Janis traf. Pattis jüngerer Bruder, Sammy, hatte ihnen von Janis' schlechtem Ruf an der TJ erzählt. Hinzu kam, dass einmal ein junger schwarzer Tramper im Auto saß, als Janis mit Philip Carter zu Pattis Familie fuhr. Als Pattis Vater ihn auf dem Rücksitz ausmachte, glaubte er, Janis helfe seiner Tochter bei einer geheimen Affäre mit einem Schwarzen, und bekam einen Wutanfall. Sammy Skaff machte weitere Schwierigkeiten: Als er und sein bester Freund George William »G. W.« Bailey (er spielte später in den Filmen *M.A.S.H.* und *Police Academy – Dümmer als die Polizei erlaubt* mit) Janis bei einer Gartengrillparty trafen, beschimpften sie sie, und wie immer in solchen Fällen wehrte sie sich. Sie schrie und kreischte, bis alle auf sie aufmerksam geworden waren. Als sie Jack Smith, ihren Freund aus High-School-Zeiten, entdeckte, der mit einem Bier in der Hand der Musik lauschte, packte sie ihn und rief: »Sei mein weißer Ritter! Sei mein weißer Ritter!« Smith ließ sich nicht lange bitten, er stieß Bailey an und forderte ihn auf, Janis in Ruhe zu lassen.[34] (Bailey bezeichnete später den Zwischenfall als »eine wilde Party, bei der ein bisschen Gras geraucht wurde. Es gab dann ein Handgemenge, aber das hatte nichts mit Janis zu tun.«) Jedenfalls kamen sich Smith und Janis auf dieser Party wieder näher und verbrachten gelegentlich Zeit miteinander.

Um ihre Probleme mit Janis nicht noch zu verschlimmern, versuchten ihre Eltern, sie von Michael und Laura, inzwischen acht und zwölf Jahre alt, fernzuhalten. »Mit kochender Wut reagierten sie … auf Janis' Versuche, Michael und mich zu ermutigen, ihr nachzueifern«, schrieb Laura später.[35] Unbeeindruckt hielt Janis jedoch an ihrem provozierenden Verhalten fest – sie betrank sich, blieb nächteweise aus und war stets auf der Suche nach einem Kick und Aufmerksamkeit. Eine ihrer gefährlichsten Aktionen bestand darin, mit mehreren Freunden in Port Arthur auf den oberen Bogen der Rainbow Bridge über den Fluss Neches zu klettern. Als sie 60 Meter über dem Wasser hockten, warf einer aus der Clique eine Bierflasche auf eins der unten durchziehenden Schleppschiffe. Als ein Autofahrer die Halbstarken entdeckte und mehrere Streifenwagen anrückten, gelang es Janis und den anderen irgendwie, sich herauszureden und einer Verhaftung zu entgehen.

* * *

Im März bestand Dorothy darauf, dass sich Janis am Port Arthur College einschrieb, um das Lochkartenstanzen zu erlernen, im Jahr 1961 eine gefragte Fertigkeit. Anfangs nur Halbtagsschülerin, wechselte Janis bald zum Ganztagsunterricht und war in der Wirtschaftsschule durchaus erfolgreich. Sie erwies sich nicht nur als hervorragende Typistin, sondern erzielte auch gute Noten in den Fächern Buchhaltung, Marketing, Englisch und Lochkartenstanzen. Ihre hocherfreute Mutter lobte sie später als »wunderbare Typistin und gut an der Lochkartenmaschine«.[36] Als Janis die Ausbildung im Juli abschloss, sorgte Dorothy für ihren Umzug nach Los Angeles zu ihrer Tante Mildred, die als junge Frau eine Zeit lang bei der Familie Joplin gelebt hatte. »Mimi«, wie sie genannt wurde, wohnte nicht weit entfernt von Dorothys anderer Schwester Barbara Irwin, einer geschiedenen Immobilienmaklerin. Janis' Traum von einem Leben an der für sie mythischen Westküste schien endlich Wirklichkeit zu werden.

»Da ich Mildred [früher] einmal beigestanden hatte, war ich mir sicher, dass sie nun auch mir helfen würde«, erklärte Dorothy später. »Deshalb fragte ich sie, ob Janis eine Weile bei ihr wohnen könne, um sich mit ihren Kenntnissen als Lochkartenstanzerin nach einer Stelle umzusehen.«[37] Obwohl sie von der Reise begeistert war, erzählte Janis ihren Freunden, ihre Mutter habe sie wegen ihres schlechten Einflusses auf ihre Geschwister »rausgeschmissen«. An einem Samstag im Juli stieg Janis mit einem nagelneuen, von ihrer Mutter gekauften Kofferset, in das sie ihre Habseligkeiten gepackt hatte, in einen »stinkenden« Greyhound-Bus, wie ihre Schwester Laura sagte.[38] Die fast 2800 Kilometer lange Fahrt, die sie durch Texas, New Mexico und Arizona nach Kalifornien führte, gaben Janis wohl eine Vorstellung von den Reisen, über die sie in *On the Road* gelesen hatte. Wie Sal Paradise freundete sie sich mit einem der Mitreisenden an – in ihrem Fall einem jungen Afroamerikaner, der den Großteil der Zeit neben ihr saß.

Als Mimi und Barbara sie am frühen Morgen an der Bushaltestelle abholten, stellte ihnen Janis voller Begeisterung ihren neuen Freund vor. Die Tanten aber zogen sie rasch fort. Abgesehen von ihren Kenntnissen in Lochkartenstanzen und Buchhaltung hatte ihnen Dorothy nichts von den Interessen und Talenten ihrer jungen Beatnik-Nichte erzählt. Aber sie sollten Janis bald besser kennenlernen.

Mimi lebte mit ihrem Mann Harry und ihrer 15-jährigen

Tochter zusammen, die später erzählte, der Mut ihrer Cousine, allein nach Kalifornien zu reisen, habe sie schwer beeindruckt. Auf ihrem Grundstück in Brentwood befand sich ein Gartenhäuschen, das hauptsächlich von Harry als Malatelier benutzt wurde. Dort zog Janis ein, nachdem man für sie ein behelfsmäßiges Bett aufgestellt hatte. Am ersten Abend blieb sie bis beinahe zur Dämmerung wach, malte und überraschte Mimi am nächsten Morgen mit einem Bild.

Mit der Hilfe ihrer Tanten fand Janis eine Stelle als Lochstanzerin in der Zweigstelle der General Telephone Company in Santa Monica. Von Montag bis Freitag fuhr sie mit dem Bus zur Arbeit, und sie begann, Geld zu sparen, um eine eigene Wohnung mieten zu können. Janis blieb meistens allein, brachte aber auch hin und wieder jemanden mit nach Hause. Ein Rendezvous, das Mimi in bleibender Erinnerung behalten sollte, war das mit einem jungen Mann, den Janis als einen Freund mit perfekten Händen ankündigte und der für das Porträt eines Gitarrenspielers posieren sollte. Janis habe damals gesagt: »Ich will nicht, dass ihr denkt, ich sei verrückt nach ihm oder so. Das bin ich nicht … Der wird sich wundern, wenn er erfährt, dass ich nur seine Hände malen will.«[39] Zu einem weiteren erbaulichen Vorfall mit ihrer ungewöhnlichen Nichte kam es in einem Restaurant mit Live-Musik auf dem Gelände der University of California. Als der Klassiker aus New Orleans *When the Saints Go Marching In* gespielt wurde, schleuderte Janis ihre Schuhe weg, sprang hoch und sang mit ihrer starken Stimme mit. Bis zu diesem Augenblick hatte Mimi nichts von Janis' Gesangstalent gewusst.

Schließlich fand Janis' Tante Barbara eine günstige Wohnung für ihre Nichte. Doch bald wurde klar, dass Janis außerstande war, die Verantwortung für die Mietzahlungen zu übernehmen. Daraufhin bot Barbara – von der Dorothy sagte, sie sei »viel geistreicher und humorvoller« gewesen als Mimi – Janis an, zu ihr und ihrer Tochter Jean zu ziehen. Die zweimal geschiedene

Barbara, die laut Dorothy »mehr mit Janis gemeinsam« hatte, brachte sie in ihrer Zweizimmerwohnung unter.[40] Sie war eine schwere Alkoholikern, die ein Verhältnis mit einem verheirateten Makler der Immobilienfirma hatte, in der sie arbeitete, und lud Janis zu ihrer täglichen Cocktailstunde ein. Allerdings wurde Jean bald eifersüchtig auf Janis' enge Beziehung zu ihrer Mutter, und es kam zu Spannungen. Janis wiederum konnte es nicht erwarten, Venice Beach zu erforschen, den Himmel der Beatniks bei Santa Monica, und ein echter Beatnik zu werden.

Ein Treffpunkt für »Lebenskünstler« sei Venice Beach gewesen, »[die] neue Jazz-LPs und alte Blues-Schellacks abspielten, Wein tranken, trommelten, Kazoo spielten, Marihuana rauchten und Aufputschmittel nahmen, um sich die Nacht über wachzuhalten und ihre Offenbarungen zu verkünden«, schrieb Lawrence Lipton in seinem 1958 erschienenen Roman *The Holy Barbarians (Die heiligen Barbaren)*.[41] Im Sommer 1961 aber hatte Venice seine Blütezeit bereits hinter sich. Ein klares Zeichen dafür war ein Artikel in einer Ausgabe der Zeitschrift *Life* von 1959, in dem Venice als »Beatsville« bezeichnet wurde,[42] was nichts anderes bedeutete als eine langweilige Meile, wie man sie überall fand.

Der Gründer von Venice, der Unternehmer Abbot Kinney. hatte das Gebiet 1905 nach dem Vorbild Venedigs mit Kanälen und der für die italienische Stadt typischen Architektur gestaltet und als »Coney Island des Westens« beworben. In den 1950er Jahren aber waren die Gebäude heruntergekommen, und die Kanäle waren mit Beton zugeschüttet worden, woraufhin es zu einem günstigen Wohnort für Dichter, Schriftsteller und Jazzmusiker wurde. Als sich Janis im August 1961 in Venice umsah, war es in L. A. »als der Ort bekannt, wo man leicht an einen Stich, leicht an einen Fick und leicht an einen Joint kommen konnte«, so John Arthur Maynard in seinem Buch *Venice West: The Beat Generation in Southern California*.[43] Neben den Beatniks bevölkerten tagsüber noch Touristen, Sonnenanbeter und

Bodybuilder den Strand, während die Abende den Taschendieben, Betrunkenen und Psychopathen gehörten.

Nachdem Janis in einem Stadtbus einen Bewohner von Venice kennengelernt hatte, war sie noch gespannter auf den Himmel der Beatniks und setzte alle Hebel in Bewegung, um bei ihrer Tante Barbara auszuziehen. Sie hatte von ihrem Gehalt als Lochstanzerin genügend Geld beiseitegelegt, um sich eine billige Garagenwohnung an der Brooks Avenue 25 1/2 zwischen Speedway Alley und Pacific Avenue zu mieten, nur etwa einen Block vom Strand entfernt.

Endlich allein, konnte Janis ungehindert mit ihrem Leben experimentieren. Sie hatte jetzt die Freiheit, nach Lust und Laune Alkohol und Drogen zu konsumieren und sexuelle Beziehungen mit verschiedenen männlichen und weiblichen Partnern zu erproben. Zu dieser Zeit lag das Gas House, seit 1959 ein Treff für Dichter, Musiker und Künstler der Beatszene, in den letzten Zügen. Man lag in ständigem Kampf mit lokalen Vorschriften (wie dem Verbot des Bongospielens), die darauf abzielten, das Haus zu schließen. Mittlerweile diente es in erster Linie als Kunstgalerie und wurde nur noch selten für Live-Veranstaltungen genutzt – doch immerhin für einige spontane Auftritte von Janis.

1961 hatte sich der Großteil der Prominenz von Venice verabschiedet: Eric Nord, alias Big Daddy, einer der ersten Gas-House-Direktoren, war nach North Beach gezogen und hatte dort den Co-Existence Bagel Shop eröffnet. Der bekannte Dichter der Beat Generation Stu Perkoff hatte sein Venice West Espresso Café verkauft und war inzwischen heroinsüchtig. Das Lokal florierte jedoch auch mit dem neuen Besitzer, und Janis wurde dort Stammgast. Sie fing an, regelmäßig Marihuana zu rauchen, lernte, Joints zu bauen, und wurde zum »Grasshead«, wie sie sich später selbst bezeichnete.[44] Einer ihrer neuen Freunde, ein spindeldürrer Typ mit dem Spitznamen Big Richard, »weil er das gerade nicht war«, so Janis, war der Erste, der sie mit Drogen in Kontakt brachte. Ein anderer verschaffte ihr das Beruhigungsmittel Seconal, und bald mischte sie die »Roten« mit Wein, um schneller berauscht zu sein.

Ihre Beatnik-Freunde ermutigten sie aber auch, zu singen und wieder ihrer Kunst nachzugehen. Möglicherweise besuchte Janis die Modigliani-Ausstellung im Los Angeles County Museum of Art, dennoch fand sie inzwischen mehr Geschmack am »Konzeptuellen«. An einer Wand ihrer Wohnung hing eine Collage aus einem Seil, einem ausgemergelten Knochen und vertrockneten Erbsen, die sie aus einem Topf Suppe gefischt hatte. Als eines Tages Tante Barbara mit ihrem verheirateten Freund vorbeischaute, waren sie entsetzt über die vernachlässigte Wohnung. Beim Anblick eines alten Fasses voller Abfall in der Mitte schrie Janis' Tante auf: »Du bist nicht aufgezogen worden, um so zu leben!«[45] Die beiden sollten sie nie mehr besuchen. Obwohl Barbara selbst ein lockerer Mensch war, kam für sie Janis' Lebensweise einer Grenzüberschreitung gleich. »Barbara legte großen Wert auf Ordnung«, sagte Seth Joplin, »... und sobald Janis [ihre Wohnung in Venice] hatte, kehrte sie ihr den Rücken. Sie ließen sie einfach fallen.«

Aber Janis war inzwischen selbst von Venice angewidert. »Ich hing mit allen möglichen schweren Junkies herum«, räumte sie später ein, »obwohl mir das damals gar nicht bewusst war. Die Leute haben mich ständig verarscht und beklaut, und am Ende fühlte ich mich dort wirklich nicht mehr wohl.«[46] Als sie ihren Job bei der Telefongesellschaft kündigte, hatte sie etwa 1300 Dollar (heute etwa 8000 Dollar) verdient, jedoch den Großteil ihrer Ersparnisse bereits wieder ausgegeben.

Sie trampte allein nach San Francisco, um sich endlich North Beach anzusehen. Als sie Jim Langdon von ihren Plänen berichtete, brachen er und Randy Tennant von Texas auf, um sie dort zu treffen, wurden aber in Wyoming festgenommen, weil sie in einem Zug als blinde Passagiere erwischt worden waren. Bei ihrem einsamen Abenteuer entdeckte Janis Lawrence Ferlinghettis Buchhandlung City Lights auf der Columbus Avenue und hockte sich in Cafés wie das Co-Existence Bagel Shop. Mit ihren 18 Jahren durfte sie noch keine Bars besuchen – das Mindestalter für Alkoholkonsum betrug 21 –, aber hin und wieder konnte sie jemanden überreden, für sie eine Flasche Wein zu kaufen. Sie pennte in SRO-Hotels für acht Dollar die Nacht oder im Park.

Janis' neues Beatnik-Outfit stammte aus einem Armeeladen in North Beach: eine abgefahrene Lammfell-Bomberjacke aus dem Zweiten Weltkrieg, die sie in der Regel mit dem Futter nach außen trug. Damit stolzierte sie zu einem Beatnik-Treff auf der Great Avenue, dem Fox and Hound, und redete, eine Zigarette rauchend, in ihrem breiten texanischen Akzent auf den Türsteher Dave Archer ein, sie im Lokal singen zu lassen.[47] Amüsiert über die jungenhafte Texanerin ließ er sie ein, und sie sang a cappella *Silver Threads and Golden Needles,* einen Countrysong der aus Oklahoma stammenden Wanda Jackson, der 1956 auf Platte erschienen war. Später lud Janis den homosexuellen Archer in ihr schmuddeliges Hotelzimmer ein, wo sie sich die ganze Nacht unterhielten und Wein tranken.

Irgendwann trampte Janis mit einer jungen Frau namens Sally Lee nach Los Angeles, um ihre wenigen Habseligkeiten zu holen; ihre neuen Koffer gab es längst nicht mehr. Nach der Rückkehr nach North Beach blieb sie nicht mehr lange in San Francisco; sie hatte gerade noch ausreichend Geld für eine Busfahrkarte nach Hause. Sie war »18 und im Arsch«, wie sie sich später ausdrückte.[48] In Texas kam sie zunächst bei Jim und Rae Langdon in Beaumont unter. »Sie hatte ihre Lammfelljacke an und sah richtig wild aus«, erinnerte sich Rae, die zu dieser Zeit mit ihrem ersten Kind schwanger war, »und sie hatte nur verrücktes Zeug im Kopf. Als meine Schwester hereinkam, war sie irgendwie geschockt.«[49] Jim Langdon, der noch nie Haschisch geraucht hatte, drängte Janis, ihren Stoff mit ihm und Henry Stopher zu teilen, der zu Besuch gekommen war. »Jim ließ nicht locker«, erzählte Stopher. ›Ich weiß, dass du Gras dabeihast. Lass es uns rauchen. Komm schon!‹ Sie meinte jedoch: ›Nein, Mann, es reicht gerade für mich.‹ Aber am Ende drehte sie uns einen dünnen kleinen Joint.«[50]

Nach ein paar Tagen nahm sie ein Taxi nach Hause zum Lombardy Drive. »Ich werde nie vergessen, wie sie auftauchte«, sagte Seth Joplin. »Wir hatten nicht geglaubt, dass sie kommen würde. Ungefähr zwei Tage vor Weihnachten fuhr ein Taxi vor, und heraus sprang Janis. Sie und der Taxifahrer warfen lauter Pappkartons in den Vorgarten. Sie hatte ihre Habe in etwa zehn solcher Schachteln verpackt, alle ordentlich verschnürt mit einem weißen Band. Ich erinnere mich noch an den Gesichtsausdruck des Fahrers. Erst sah er sie an, dann all die Pakete und schließlich mich. Es war urkomisch.«[51]

Komisch konnte das wohl nur ein Vater finden, der sah, dass sich seine Tochter von keiner Angst unterkriegen ließ – was Seth sich immer gewünscht hatte. Sein verlorenes Kind war aus Kalifornien zurückgekehrt, um wieder zu Kräften zu kommen, nachdem es seine Grenzen erprobt hatte. Und wie in der biblischen Parabel, in der der verlorene Sohn freudig wieder aufgenommen wird, hieß Seth nun auch Janis willkommen. Dies sollte zu einem Muster in Janis' Leben werden. Immer wieder würde sie die Reise an die Westküste wagen, sich dort psychisch und körperlich bis zur Erschöpfung verausgaben und dann Zuflucht bei jenen suchen, die sie liebten, auch wenn sie sie immer weniger verstanden.

Kapitel 6

Den Teufel im Leib

Ich habe meine Gefühle nie so recht kontrollieren, eindämmen können … Wenn man so viel fühlt, hat man superschreckliche Tiefs. Ich bin weggelaufen, ausgeflippt, durchgedreht …[1]
Janis Joplin

Nach Janis' Rückkehr fiel ihren texanischen Freunden gleich auf, wie sehr sie sich verändert hatte: Sie war weltgewandter, selbstsicherer. Als Einzige von ihnen hatte sie den Pioniergeist gehabt, sich aus dem »Goldenen Dreieck« nach North Beach zu wagen, sie hatte die Sprache des Beat übernommen, fluchte mehr denn je, ließ Anspielungen auf Drogen fallen und verstand sich darauf, Joints zu drehen. In den Tagen, in denen sie sich auf der Straße durchschlug, hatte sie die emotionale Intensität gefährlichen Verhaltens entdeckt – vielleicht das einzige Verhalten, das ihren heftigen Gefühlen und ihrer inneren Bedürftigkeit entsprach. Es war, als würde sie im Garten auf dem Seilkarussell ihres Vaters fliegen und wollte nie mehr davon herunterkommen.

Nachdem Janis ihren Freunden von ihrem öffentlichen Auftritt in Kalifornien erzählt hatte, nahm Jim Langdon sie an Silvester zu einem Konzert seines Freundes Jimmy Simmons in Beaumont mit. Der Lamar-Student trat mit einer Jazzband auf und bat Janis für einen Song auf die Bühne – niemand erinnert sich heute noch an den Titel. Aber Janis präsentierte keine sanfte Mädchenstimme, sondern sang lauthals den Blues. Der Auftritt endete nach einer Nummer.

»Sie wollten ein kleines Ding mit einer süßen Stimme für

Weiße«, berichtete Langdon.[2] »Sie hörte sich nicht an wie June Christy – obwohl sie es gekonnt hätte, wenn sie nur wollte. Jimmy ließ sie nicht mehr singen. Er mochte sie nicht. Sie war anders, als es die Leute gewohnt waren.«

Jim Langdon gab sich damit nicht zufrieden, sondern sah sich nach anderen Möglichkeiten um. Zu seinen Bekannten zählte der mexikanisch-amerikanische Musiker Ray Solis, der im Big Oak und im Lou Ann's in mehreren Bands Klavier spielte. Als die beiden einen Werbesong für eine Bank in Nacogdoches komponieren sollten, schlug Langdon vor, Janis solle ihn singen. Für die Aufnahme legten sie einige Zeilen von Woody Guthries *This Land Is Your Land* zugrunde. »Wir schrieben einen schmalzigen Text«, sagte Langdon. »›This bank is your bank, this bank is my bank, from Nacogdoches to the Gulf Coast waters, fifty years of savings, fifty years of service, this bank belongs to you and me.‹[3] Begleitet von der Band, sang Janis es wie einen Folksong. Die Bank lehnte die Komposition ab – aber es war Janis' erste Aufnahme.«

Um Musik zu hören, musste Janis aus Port Arthur flüchten; sie fuhr mit Tary Owens nach Beaumont, wo sie in überwiegend von Schwarzen frequentierten Clubs Auftritte von Jazz- und R&B-Bands besuchten und als Weiße eine absolute Minderheit bildeten. Gelegentlich trafen sie dort die aus Beaumont stammenden Brüder Johnny und Edgar Winter, die mit Albinismus zur Welt gekommen waren; die talentierten Musiker waren etwas jünger als Janis. Einige Jahre später würde Janis in New York mit Johnny Winter auftreten und gemeinsam mit ihm über ihre benachbarten Heimatorte klagen. Durch Langdon lernte Janis den afroamerikanischen Trompeter George Alexander kennen, der als Gastmusiker mit »Gatemouth« Brown gespielt hatte. Er unterrichtete Musik an einer High School in Beaumont und spielte am Wochenende Jazz. »Wir vertieften uns in die Kultur der Schwarzen, soweit es uns möglich war«, erinnerte sich Tary Owens. »Wir gingen in diese kleinen Lokale in Beaumont und

Orange, um schwarze Musik zu hören.«[4] Hier wurden sie auch als Weiße eingelassen – anders als in den Bars mit Rassentrennung in Port Arthur.

Kurz nach ihrem neunzehnten Geburtstag im Januar 1962 schrieb sich Janis wieder als Externe für das Frühjahrssemester am Lamar Institute ein. Weil sie zuvor dort gescheitert war und weil es galt, ihre Feierlaune zu zügeln, bestanden Seth und Dorothy darauf, dass sie zu Hause wohnte. Janis suchte nach Alternativen, unter anderem in einem leerstehenden Gebäude, das eine Konzession für ein Autokino besaß und das sie renovieren wollte. Als sich ihre Eltern querstellten, gab Janis nach, bezog wieder ihr Jugendzimmer und besuchte an einigen Tagen in der Woche Lehrveranstaltungen. Abends arbeitete sie als Kellnerin und »verhökerte Spaßgranaten«, wie sie es beschrieb, in einer Kegelbahn im benachbarten Port Neches. Nach der Arbeit traf sie sich gegen Mitternacht mit ihrer Freundin Patti Skaff, die inzwischen mit Dave McQueen verlobt war. Sie riss sich das Haarnetz ab, das sie tragen musste, packte ein Sixpack ein und besuchte Patti zu Hause. »Ich stahl mich davon, und wir gingen raus, um Bier zu trinken … und einfach nur den Mond anzuschauen«, berichtete Patti über die wiederauflebende Freundschaft.[5]

Hin und wieder sah sie auch ihren alten Kumpel und ersten Freund Jack Smith, der ebenfalls in Port Neches arbeitete und dessen Freundin zum Studieren weggezogen war. Sie besuchten Konzerte im Pleasure Pier in Port Arthur, doch sobald schwarze Künstler wie Chubby Checker oder Jimmy Reed auftraten, mussten sie wegen der Rassentrennung raus und das Konzert auf dem Parkplatz verfolgen. Der Rassenfanatismus ihrer Heimatstadt machte Janis rasend, und sie freute sich, als der Sheriff der Stadt sein Amt verlor, nachdem sich herausgestellt hatte, dass er von Gaunern 85 000 Dollar Schmiergeld bezogen hatte. Als die Zeitung *Beaumont Enterprise* über Bestechung, Glücksspiel und Prostitution in Port Arthur berichtet hatte, nahm die

Staatsanwaltschaft Ermittlungen auf, was zur Folge hatte, dass die meisten Bordelle und Spielhöllen der Stadt dichtgemacht wurden.

Eines Abends wartete Janis mit Jack Smith an einer Zugbrücke darauf, dass ein Schleppschiff die Wasserstraße passierte, da stachelte sie ihren Kumpel an, auszusteigen und eine Glühbirne vom Tor der Zugbrücke zu stehlen. Als sie die Brücke überquert hatten, wurden sie von der Polizei herausgewunken und zur Wache gebracht, wo man Jack zum Verhör abführte. Janis aber bettelte um seine Freilassung. »Die Glühbirne war kaputt! Sie hat nichts mehr getaugt! Lassen Sie ihn gehen!«, schrie sie. »Janis hat nicht lockergelassen«, erinnerte sich Smith.[6] Ihm blieb eine Anzeige erspart. Auf dem Heimweg schluchzte Janis heftig. Sie wurde von Schuldgefühlen geplagt, weil sie es wieder einmal zu weit getrieben hatte.

Als Patti und Dave McQueen im Februar heirateten, luden sie Janis und ihren Klassenkameraden Philip Carter ein, sie auf ihrer Hochzeitsreise zum Mardi Gras nach New Orleans zu begleiten. Carter lieh sich das Auto seines Vaters für den Ausflug, weil die frisch Vermählten »abgesehen von ungefähr zehn Dollar kein Geld hatten«, wie Patti berichtete.[7] Im French Quarter, wo sich ihre Wege trennten und sie den ganzen Tag herumstreiften und tranken, wollten sie sich abends alle wieder treffen und in Carters Wagen übernachten. Als Janis dort ankam, schliefen die anderen bereits und machten die Tür ihrem Geschmack nach nicht rasch genug auf. Betrunken, wie sie war, lief sie wutschnaubend davon. Am nächsten Tag teilte Janis ihren Freunden lässig mit, sie hätte einen Seemann aufgegabelt, der über ein Hotelzimmer verfügte, »um ein bisschen Schlaf abzukriegen«. Zurückweisungen von Freunden – auch wenn sie unbeabsichtigt waren – ließ sich Janis nicht mehr gefallen. Während ihres Aufenthalts in North Beach hatte sie gelernt, ohne eigene Wohnung irgendwie über die Runden zu kommen, und sie erzählte es ganz ohne Scham.

Während Janis in diesem Frühjahr zwischen Port Arthur und Beaumont hin- und herpendelte, legte das Mädchen, das die High School als Jungfrau verlassen hatte, eine weit größere sexuelle Experimentierfreude an den Tag als der Rest ihrer Clique. Sie schlief mit Fremden und mit anderen Frauen – zu einer Zeit, als gleichgeschlechtliche Beziehungen in Texas bestenfalls unter den Teppich gekehrt wurden. Jack Smith erinnerte sich an Janis' widersprüchliche Gefühle angesichts der Anziehungskraft, die Frauen auf sie ausübten. Auf einer Strandparty erklärte sie ihm, warum sie sich mit einem Mädchen auf die Rückbank eines Autos verzogen hatte: »Alkohol bringt dich dazu, komische Dinge zu tun.« Als er sie später nach Hause fuhr, fragte sie ihn: »So, was denkst du jetzt von mir? Denkst du, das macht mich zu einem schlechten Menschen?«[8] Smith erklärte später der Schriftstellerin Alice Echols, er habe Janis versichert, dass sich »seine Gefühle für sie nicht verändert hatten«, und fügte hinzu: »Es kam einem völlig normal vor, dass Janis so abenteuerlustig war.« Jim Langdon, der mitbekam, wie Janis mit einer Frau aus Beaumont anbandelte, sah, dass sie »ganz offen damit umging. Sie tat einfach, wozu sie Lust hatte … mit jedem«.[9]

Was Janis für Patti McQueen empfand, wurde an einem Abend deutlich, als deren Angetrauter Dave als DJ beim Rundfunk Nachtschicht schob. Während man in der Kellerwohnung der McQueens in Beaumont eine Party feierte, fingen Janis und Patti an, sich vor aller Augen zu küssen. »Wir waren ziemlich besoffen und redeten miteinander, dann sahen wir uns an, umarmten uns und küssten uns«, sagte Patti. »Das war einfach ein Ding der Liebe, mitten in einem Zimmer voller Leute. Sie und ich haben uns wirklich sehr geliebt.«[10] Unterdessen war Pattis Mann nach Hause gekommen; er »trank, bis er sternhagelvoll war«, erinnerte sich Gloria Haston, »und das sorgte für eine Menge Ärger«.[11] Eine Stunde später schleuderte McQueen voller Wut eine Flasche nach seiner Frau, die neben anderen Leuten auf dem Bett eingeschlafen war. Die Flasche aber verfehlte

Patti und traf stattdessen Jack Smith, der neben ihr lag, im Gesicht und schlug ihm die Vorderzähne aus. Janis, die sich wegen des Vorfalls Vorwürfe machte, chauffierte ihren blutenden Freund weinend ins Krankenhaus. »Wir fuhren bis nach Port Arthur hinter ihrem Auto her«, erinnerte sich Adrian Haston. »Sie war entsetzt über das, was passiert war.«[12]

Eine Weile hielt sich Janis zurück, aber irgendwann überkam es sie, und sie nahm wieder Kontakt zu ihrer unglücklichen Liebe auf – mit oft schlimmen Folgen. »Wenn Patti und Janis zusammenkamen, konnte das gefährlich werden«, sagt Jim Langdon über die Nächte, in denen sie gemeinsam über den Fluss fuhren, um in den Bars von Louisiana zu feiern.

Ein besonders derber Schuppen war das Shady Rest Motel Lounge mit einem Alligatorteich im Hinterhof. Janis und Patti »stachelten die Kerle an, Billard zu spielen und ihnen ein Bier auszugeben«, erinnerte sich Langdon. »Die Typen dachten, die Mädels würden sie anmachen und es könnte etwas laufen. Als sie rausfanden, dass die beiden mit uns da waren, wurde es ziemlich brenzlig.«

Nach einem Ausflug ins Shady Rest, bei dem die Mädchen mit den Einheimischen ihre üblichen Tricks abgezogen hatten, musste Dave McQueen frühmorgens den Parkplatz des Lokals so eilig verlassen, dass der Kies nur so spritzte. Die Mädchen, Langdon, Phil Carter und Jack Smith hatten sich in sein Oldsmobile gequetscht. Wütend und betrunken wie er war, beschleunigte McQueen auf dem Highway 90 Richtung Texas auf 160 km/h, bis er ins Schleudern geriet. Einige erinnern sich, der Wagen habe sich auf die Seite gelegt; McQueen meint, dass zwei Reifen geplatzt wären und der Wagen dann ausgebrochen wäre. Wie durch ein Wunder wurde niemand ernstlich verletzt. Langdon kroch aus dem Fahrzeug und humpelte die Straße entlang bis zum nächsten Telefon, um seine Frau anzurufen, die sie alle abholen sollte. »Ich habe dann einen Schlussstrich gezogen und gesagt, dass ich nicht mehr mit Janis losziehe«, sagte Langdon.[13] Janis und Patti sahen sich seltener, und schließlich zogen die McQueens nach Houston.

In Beaumont lernte Janis den Lamar-Studenten Frank Davis kennen, einen Folk-Blues-Gitarristen und Sänger. Beeindruckt von seinem musikalischen Können, fing sie eine kurze Affäre mit ihm an. »Janis konnte entzückend und unglaublich liebenswert sein«, sagte Davis, »aber oft schlug sie nach einem wie eine Katze, die mit der Maus spielt. Auf diese Weise reizte sie einen, manchmal bis zur Weißglut, damit man auf ihrem Niveau der Leidenschaft war.«[14]

Als Janis sah, dass ihre Freunde ihren eigenen Weg gingen, begann sie unter Einsamkeit zu leiden. Zu ihrem Entsetzen schrieb sich Jack Smith an der Militärakademie in West Point ein und hatte vor, im Juni nach New York zu ziehen. An einem Wochenende im Mai wenige Wochen vor seiner Abreise fuhr Janis – ihre Eltern waren nicht in der Stadt – gegen Mitternacht mit dem Wagen ihres Vaters zu Smith. Sie schlug vor, diesmal nicht wie üblich nach Louisiana, sondern nach Austin zu fahren. Smith hatte sie mit seinen Berichten auf das sogenannte Ghetto neugierig gemacht, einen Treffpunkt außerhalb des Campus, wo Beatniks und Musiker zusammenkamen, darunter auch ihre alten Freunde David Moriaty, der inzwischen im dritten Jahr Maschinenbau studierte, sein Mitbewohner Tary Owens und die Stopher-Brüder, Tommy und Henry.

Gegen halb sechs morgens hielten Janis und Jack vor einem heruntergekommenen zweistöckigen Haus an der 2812 1/2 Nueces Street, einer Seitenstraße nicht weit von der Uni. Aus den zumeist weit offen stehenden Türen der Wohnungen drangen die Klänge von Akustikgitarren, Banjos und Mundharmonikas. Auf gut Glück nahmen sie sich eine Wohnung vor und gingen in die Küche, in der ein stämmiger Mann mit blondem Bürstenhaarschnitt auf dem Kühlschrank saß und Banjo spielte: John Clay, drei Jahre älter als Janis, stammte aus Westtexas, studierte Linguistik und schrieb Songtexte. »Wir redeten und witzelten«, erinnert sich Clay. »Sie war gut aufgelegt; sie konnte eine ganze Party in Schwung bringen. Aber dass sie singen konnte, erfuhr ich erst am [folgenden] Abend.«[15] Während Jack Smith bei den Stophers übernachtete, schlief Janis bei John Clay.

Am folgenden Abend machte Powell St. John, ein Ghetto-Bewohner, der Mundharmonika spielte, gemeinsam mit dem Gitarristen Lanny Wiggins im Garten hinter dem Haus Musik. »Wir haben gejammt, und Janis setzte sich dazu und fing an zu singen«, sagte Powell St. John. »Wir waren baff! Sie war unglaublich. Ihr Gesangstalent war voll ausgebildet, als ich sie kennenlernte.«[16] Clay, der musikalisch ausgesprochen kritisch war, staunte über ihre »Stilsicherheit, ihren Stimmumfang und ihr Volumen – es war ungefähr so stark wie bei einer Opernsängerin«.[17] Der Kunststudent Powell St. John fand Gefallen an Janis, die barfuß war und ein enges schwarzes Kleid trug. Ihre Haare waren nun schulterlang und der Pony fiel ihr in die hellblauen Augen. »In jener Nacht lud sie mich in ihr Bett ein«, sagte St. John.[18]

Janis war begeistert, als sie sah, welche Wirkung ihr Gesang auf derart interessante Menschen hatte, und ihre beiden Eroberungen in nur 48 Stunden versetzten sie in Hochstimmung. Sie versprach, bald wieder in Austin vorbeizuschauen. Als sie sich auf den Rückweg nach Port Arthur machten, grinste sie Smith breit an und sagte: »Jack, ich glaube, da gefällt's mir!«[19]

Kapitel 7

Waller Creek Boy

Wenn ich singe, fühle ich mich, ach,
wie frisch verliebt.[1]
Janis Joplin

Austin wurde Janis' Mekka. Damit ihre Eltern erlaubten, dass sie sich an der University of Texas für Kunst einschrieb, verwies sie auf den weltbekannten Künstler Robert Rauschenberg, der aus Port Arthur stammte und Ende der 1930er Jahre an der UT studiert hatte. »Sie verkündete: ›Ich will wie Rauschenberg werden‹«, erinnerte sich Jack Smith, »und Mom und Dad sagten: ›Gut.‹«[2] Doch Janis trat keineswegs in die Fußstapfen Rauschenbergs, und sie beschäftigte sich nicht einmal mit Malerei. Stattdessen entdeckte sie sich als Sängerin – fand ein Publikum, baute Selbstvertrauen auf und entwickelte sich zur faszinierendsten Bluessängerin Austins. Umgeben von einer Clique gleichgesinnter Freigeister stieß sie weiter in emotionale Grenzbereiche vor, soff und stritt – ein langes Muster der Selbstsabotage warf seine Schatten voraus. In einem drei Jahre später verfassten Brief blickte sie zurück: »Ich ging zum Studieren nach Austin, weil ich mich dort mit ein paar Folksängern angefreundet hatte. Ich bin da ständig ausgeflippt, habe dauernd getrunken, herumgevögelt, gesungen und mir generell auf dem Campus einen Namen gemacht.« [3]

Janis, die sich für das Sommersemester 1962 eingeschrieben hatte, musste wie alle Studentinnen im ersten Jahr in ein Wohnheim ziehen. Nicht weit vom Ghetto fand sie eine Unterkunft in einem Studentinnenwohnheim, dessen Leiterin abends früh zu Bett ging – so ließ sich die Sperrstunde leicht umgehen. Als Dorothy ihre Älteste hinfuhr, kam auch ihre Schwester Laura mit, um beim Umzug in das Zimmer im zweiten Stock zu helfen. Sobald Mutter und Schwester fort waren, ging Janis von ihrer Unterkunft (Nineteenth Street Ecke Nueces Street) die zehn Blocks zum Ghetto in der Nueces Street 2812 1/2. Das heruntergekommene Haus war im Zweiten Weltkrieg eine Militärkaserne gewesen. Ende der 1950er Jahre ließ es der Besitzer umbauen, sodass in jeder Etage zwei Wohnungen sowie ein Einzimmerapartment über der angrenzenden Garage entstanden. Dank des schattigen Hinterhofs und der abgeschiedenen Lage westlich vom Campus war es ein idealer Zufluchtsort für die freie Kunstszene der Stadt. Ted Klein, ein bärtiger Künstler und Musiker, hatte es »the Ghetto« getauft, nachdem er sich 1959 dort eingemietet hatte. »Praktisch alle, die dort wohnten, wurden Künstler, Schriftsteller, Dichter oder Musiker«, sagte er, »ganz gleich was sie ursprünglich vorhatten.«[4] Die Wohnungen kosteten um die 40 Dollar im Monat.

Im Ghetto kam Janis wieder mit Powell St. John zusammen, einem sensiblen jungen Mann aus Laredo, Texas. Er war drei Jahre älter als Janis, hatte sich als Kind selbst das Mundharmonikaspielen beigebracht, lernte später auch die schwierigere chromatische Harmonika und spielte Country, Folk und Dixieland. Er wohnte im Erdgeschoss des Ghetto, wo er mit dem aus Austin stammenden Lanny Wiggins Melodien ersann. Sein älterer Bruder Ramsey, ein regelmäßiger Gast im Ghetto, hatte ihn mit Powell St. John bekannt gemacht. Nach dem Vorbild von Bluegrass-Duos wie den Blue Sky Boys nannten sie sich Waller Creek Boys. Der Waller Creek war ein verseuchter Bach, der durch den Campus der Universität lief. »Ein ganz trauriges Flüsschen«, sagte Powell St. John. »In dem gab es kein Leben mehr – floss an der Chemiefakultät vorbei, die ihre Chemikalien hineinkippte. Manchmal war das Wasser knallgelb.«[5]

Inspiriert von Woody Guthrie eigneten sich die Waller Creek Boys ein Repertoire altenglischer Balladen und aktueller Melodien von Schallplatten und Liederbuchsammlungen des Texaners John Lomax an, dem Volkskundler an der UT, der Lead Belly entdeckt hatte. Lanny Wiggins, Experte für Folkmusik, sang und spielte Gitarre und Banjo. Weder er noch Powell St. John schöpften aus so tiefen Quellen wie Janis. »Dieses 19-jährige Mädchen hatte ihre Hausaufgaben in Sachen Folk gemacht«, meinte St. John. »Sie kannte Rhythm-and-Blues-Songs, die ich noch nie gehört hatte. Über Musik wusste sie viel mehr als wir. Janis nahm ihre Kunst sehr ernst. Sie hatte eine frivole Seite, aber sie war ein hochintelligentes Mädchen.«[6] Zwar gab es einige weiße College-Studenten, vor allem im Nordosten und in Kalifornien, die Blues-Platten aus den 1920er und 1930er Jahren entdeckten und sammelten, aber Janis war eine der ganz wenigen *weiblichen* Blues-Kapazitäten. Powell St. John und Lanny Wiggins baten sie, bei den Waller Creek Boys – ihre allererste Band – mitzumachen.

Mit Janis an Bord erweiterte sich das Repertoire der Gruppe auf Rhythm and Blues sowie Blues, darunter ihre geliebte Bessie Smith. »Mit Janis wurde es eine runde Sache«, sagte Powell St. John. »Baut man einen Stuhl mit zwei Beinen, ist der nicht stabil. Mach einen dritten dran, und du kannst dich setzen.«[7] Bald legte sie sich eine Akkordzither zu, die sie auf den Aufnahmen von Jean Ritchies Balladen aus den Appalachen gehört hatte, und brachte sich selbst das Spielen bei.

»Ich war bei einer Hillbilly-Band und hing meistens herum«, erzählte Janis 1970 dem Schriftsteller David Dalton. »Nie ging ich irgendwohin ohne meine Zither. Eigentlich sollte ich aufs College gehen, aber ich ging da nur hin, um rumzumachen. Wir trafen uns zum Singen in diesem Haus, das Ghetto hieß, oder einfach um abzuhängen und uns richtig zu besaufen, mordsmäßig zu streiten, uns im Dreck zu wälzen, Bier zu trinken und zu singen, rumzunörgeln und zu singen.«[8] Streit hatte sie hauptsächlich mit John Clay, der sich ärgerte, weil Janis ihn wegen Powell St. John fallen ließ. Clay fing im betrunkenen Zustand damit an, und meist gipfelten die Auseinandersetzungen darin, dass sich die beiden gegenseitig anbrüllten. Später warf Clay Janis vor, eine »paranoide Persönlichkeit« zu haben und »wirklich schnell zu merken, wenn jemand sie ablehnte – andererseits lehnte sie selbst auch andere ab«.[9] Janis, der ihr One-Night-Stand mit Clay, einem schrulligen Typ, peinlich war, hatte ihm »eine Art Geheimhaltung« abverlangt, »und als er auf einer Party eine boshafte Bemerkung darüber fallen ließ, drehte sie beinahe durch«, erinnerte sich Bill Killeen. »Es kam sogar vor, dass sie sich prügelten, einer den anderen aus dem Raum zerrte oder einer die Treppe runterrollte.«[10] Eines Abends schlug Janis Clay im Hinterhof des Ghetto einen Sandeimer aus Metall über den Kopf. Einem anderen Freund gegenüber scherzte sie, dass Clay »im fünfhebigen Jambus Liebe macht«.[11] Janis, die in ihrem Leben selbst viele unfreundliche Kommentare über sich hatte ergehen lassen müssen, schien jetzt ihren Frust abzulassen, indem sie über den unglückseligen Clay herzog. Und je mehr sie trank, desto gemeiner konnte sie sein.

Ungeachtet der Spannungen, zu denen sie selbst beitrug, blieb das Ghetto laut Henry Stopher für »Janis eine Heimat fern der Heimat«. »Als ich eines Tages versuchte, den Boden zu putzen, schnappte sich Janis meinen Scheuerlappen und sagte: ›Du machst das total falsch! So wischt man einen Boden!‹ Und sie nahm das Ding und schrubbte den Boden, bis er picobello war.«[12]

Die Waller Creek Boys spielten nicht nur im Hinterhof des Ghetto, sondern waren im Frühjahr zuvor auch bei einem »Folksing« auf dem Campus aufgetreten. Dieses Volksmusikfest fand immer mittwochabends im Chuckwagon-Speisesaal der Studentenvereinigung statt und ging auf die Initiative von Stephanie Chernikowski zurück, die aus Beaumont stammte, an der UT studierte und 1955 Elvis gesehen hatte – etwa um die Zeit, als er an Janis' High School gespielt hatte. Zu Chernikowskis großem Freundeskreis gehörten auch zahlreiche Musiker.

Um deren Musik auf dem Campus hören zu können, mietete sie den Chuckwagon, bat ihre Freunde, ihre Instrumente mitzubringen, und hängte Plakate für die bevorstehende Veranstaltung auf. Der Folksing fand rasch Anklang. »Es lief ziemlich spontan ab«, erinnerte sich Chernikowski, die in den 1970er Jahren eine bekannte Musikfotografin werden sollte. Als sie Janis zum ersten Mal im Ghetto gehört hatte, »schmetterte sie den Blues wie kein anderes weißes Mädchen, das ich je erlebt hatte … Lanny und Powell wollten sie dazu bringen, beim Folksing aufzutreten, aber sie war furchtbar schüchtern.«[13]

Nach einigem guten Zureden ließ sich Janis aber dann doch darauf ein. Vor dem Auftritt der Waller Creek Boys genehmigte sie sich heimlich ein paar Flaschen Bier, wurde etwas lockerer und sang den Blues. Auch die bescheidenste Bühne schien sie zu verwandeln. »Sieht man einmal ab von ihren Freunden im Ghetto, hatte sie in Austin noch nie jemand auftreten sehen«, berichtete Chernikowski.[14] Mit einem so aufmerksamen Publikum wuchs Janis' Selbstvertrauen. Zunehmend entspannte sie sich im Rampenlicht, gab zwischen den Songs liebenswürdige Kommentare ab und gewann mit dem Applaus immer mehr Selbstsicherheit als Interpretin.

Als die Mittwochsauftritte der Waller Creek Boys von sich reden machten, drängte sich das Publikum bei den Folksing-Abenden. Manchmal warteten bei diesen Open-Mics im Chuckwagon 13 Sänger auf ihren Auftritt, aber die meisten Leute kamen, um Janis zu hören. »Sie war so charismatisch, und ihre Stimme war bluesig mit einem düsteren Unterton. So etwas hatte man in Texas noch nicht gesehen.«[15] Von Anfang an wechselte sich Janis mit Lanny Wiggins beim Singen ab, und manchmal sangen sie Duette wie zu Jesse »Lone Cat« Fullers *San Francisco Bay Blues*. Zum Repertoire des Trios gehörte *Stealin', Stealin'*, eine Nummer der Memphis Jug Band aus dem Jahr 1928, bei der Powell St. Johns Mundharmonika zur Geltung kam, so wie bei *C. C. Rider*, das sie von einer Lead-Belly-Platte hatte. »Bei Lead Belly war ihr

Gesang einfach superstark«, erinnerte sich St. John. »Was ihren Gesang und ihre Stilmittel betrifft, hat sie eine Menge bei Lead gelernt.«[16]

Bei Bessie-Smith-Nummern wie dem herzzerreißenden *Black Mountain Blues* kroch Janis förmlich vor dem Publikum in die Rolle ihres Vorbilds. Sie brachte der Gruppe auch Jelly Roll Mortons anzüglichen *Winin' Boy* bei, einen Song im Barrelhouse-Stil über die Zuhälter und Prostituierten von New Orleans. In der leicht bereinigten Version der Waller Creek Boys übernahm Janis die Rolle von Storyvilles *Winin' Boy* »I'm the Winin' Boy, Don't deny my name / Take a look at Sis / She's down on the levee doin' the double twist.« Beim Scat-Gesang von Ma Raineys Blues, *Leaving This Morning (Kansas City Blues)* setzte sie ihre Altstimme ein. Und bei dem Bluesklassiker *Careless Love* sang sie mit gefühlsbetontem Vibrato – sie habe Lonnie Johnsons obskure Version aus den 1920er Jahren gegenüber Lead Bellys bekannterer Interpretation den Vorzug gegeben, meinte sie später. Als Janis zeigen konnte, was sie draufhatte, schlug sie weitere Songs vor und experimentierte mit verschiedenen Tonarten. Eins ihrer Lieblingsstücke war *St. James Infirmary*, das sie auf einer Josh-White-Aufnahme von 1933 entdeckt hatte. Ihre Version, so Powell St. John, war »nervtötend«.[17]

Janis' Ruf drang allmählich bis zu den Redakteuren der Hochschulzeitung *Summer Texan* vor, die um ein Interview baten. Pat Sharpe, zuständig für die Rubrik Campus-Leben, traf Janis auf ein Plauderstündchen im Ghetto. Es sollte der erste Zeitungsbericht über sie seit 1957 werden, als die Tageszeitung von Port Arthur die Plakate gelobt hatte, die sie für die Kinderabteilung der Bibliothek gemalt hatte.

Eine »Kunststudentin im ersten Semester …, die aussieht wie ein Beatnik«, so beschrieb Sharpe seine Interviewpartnerin, die während des Gesprächs unablässig Lead-Belly-Platten auflegte.[18] »Sie traut sich, anders zu sein!«, lautete die Überschrift des Interviews, das am 27. Juli 1962 erschien, begleitet von einem

Foto, das die singende Janis mit Akkordzither zeigte. Anders als die meisten Studentinnen (oder »Schwachköpfe«, wie die Ghetto-Bewohner sie nannten) mit toupierten Beehive-Frisuren, machte sich Janis »nicht die Mühe, sich jede Woche das Haar legen zu lassen«, erzählte Sharpe, »oder sich nach dem letzten Schrei zu kleiden …« Stattdessen »trägt sie an der Uni Levi's, weil sie bequemer sind« und »geht barfuß, wenn ihr danach ist«. Janis erzählte Sharpe, dass sie schon früher in Port Arthur und im Gas House von Venice aufgetreten war, behauptete aber, sie habe keine musikalische Ausbildung: »Dieser Mangel erweist sich offenbar als Vorteil«, schrieb Sharpe, »denn Janis singt mit einer solchen Spontanität und Begeisterung, die geschulte Stimmen manchmal nur schwer erreichen … Janis strebt zurzeit an, Folksängerin zu werden, obwohl sie eigentlich den Blues bevorzugt … Als sie dieses Jahr an die Universität kam, begann sie ernsthaft, übers Singen nachzudenken.« Bei dem Interview war sie sehr nervös gewesen, und anschließend kippte sie einen halben Liter Wodka runter, erzählte John Clay, und nicht wie sonst Bier oder Wein: »Das war das einzige Mal, dass ich sie sternhagelvoll erlebt habe.«[19]

Angesichts der wachsenden Anerkennung suchte Janis nach weiteren Spielorten, wo sie sich als »Folksängerin« beweisen konnte. Sie buchte ein paar Abende in dem neu eröffneten Café Cliché und trat dort in Begleitung des Gitarristen Ted Klein auf, aber das Publikum dort bevorzugte hoch aufsteigende Sopranstimmen wie die von Joan Baez gegenüber Janis' bluesigem Alt. Baez, die zwei Jahre älter war als Janis, war nach ihrem Durchbruch 1959 am Newport Folk Festival und den sich daran anschließenden Plattenaufnahmen bei Vanguard zum Gesicht der Folkmusik an den Hochschulen geworden. Janis bewunderte den Folkstar, obwohl sie gelegentlich über deren »hübsche« Stimme und die altenglischen und schottisch-irischen Balladen spöttelte. »Janis sprach tagein, tagaus nur schlecht über Joan Baez«, erinnerte sich ein Freund.[20] Dennoch brach gelegentlich ihr eigener Sopran à la Jean Ritchie in klagenden appalachischen Folksongs wie *The Cuckoo* aus ihr hervor. »Sie konnte diese Bergballaden besser singen als die meisten«, meinte Powell St. John, der sie im Ghetto einmal mitbekam, dass sie wie Joan Baez sang.

Im Chuckwagon rückte Janis nun wie ein Profi in den Mittelpunkt. »Ich war von ihr fasziniert«, erinnerte sich Jack Jackson, der als Buchhalter am Rechnungshof in Austin arbeitete und eingestandenermaßen »ausgesprochen konservativ« war. Der Folk-Fan wurde Stammgast im Chuckwagon, um Janis singen und auf der Akkordzither spielen zu hören. »Ich war sofort von ihr beeindruckt«, sagte Jackson. »Sie trug eine Strumpfhose und ein flippiges Sweatshirt; ihr Haar war unordentlich. Aber ich spürte, dass sie ein ganz ungewöhnlicher Mensch und in einem tieferen Sinn des Wortes schön war. Ich wusste, dass es sich lohnte, sie kennenzulernen. Also folgte ich ihr eines Abends nach dem Folksing … ich schlich ihr nach, als sie die Guadeloupe entlangschlenderte, hier und da in Cafés eine Pause einlegte, mit Leuten auf der Straße sprach. Es dauerte bestimmt eine ganze Stunde, bis sie im Ghetto ankam. Ich ging forsch auf sie zu und stellte mich vor. Sie erinnerte sich vom Folksing an mich, bot mir ein Glas Wein an und war richtig nett. Ehe ich mich versah, war ich bei ihr eingezogen [mit David Moriaty als Zimmergenossen]. Und Janis war der Magnet.«[21] Von so vielen verfügbaren jungen Männern umgeben zu sein entfachte Janis' polyamouröses Naturell. Ihre Affäre mit Powell St. John verlief nach etwa einem Monat im Sande, aber sie standen sich weiterhin nahe. Sie »hielt es nicht lange mit einem Freund aus und musste immer einen Streit vom Zaun brechen«, meinte John Clay.[22] Als Lanny Wiggins sie abblitzen ließ, »war sie ganz schlecht drauf«. Stattdessen fing sie etwas mit Wiggins' Bruder Ramsey an. »Janis hat gern gefickt«, erzählte Ramsey der Schriftstellerin Alice Echols. »Sie hat's genossen … und war nicht beleidigt, auch wenn sie unverblümt angemacht wurde: He, Janis, willstde vögeln? Das allein, ihre Ablehnung von Schuld und

Scham, wenn es ums Ficken ging, war genug, um sich für immer bei mir beliebt zu machen.«[23]

»Ihr nächster Freund hieß Bill Killeen. »Anfangs war sie zuckersüß, richtig verliebt«, erinnerte sich Bill Killeen.[24] Killeen, der aus Massachusetts stammte, hatte an der Oklahoma State University studiert und dort das Witzblatt *Charlatan* gegründet. Er war mit seinem ramponierten Cadillac, Baujahr 1950, nach Austin gezogen, um für den *Texas Ranger* zu schreiben, ein monatlich erscheinendes Satiremagazin, in dem über Traditionen der University of Texas hergezogen wurde. Killeens Freund Gilbert Shelton, ein brillanter Karikaturist, war kurz zuvor Redakteur beim *Texas Ranger* geworden. Shelton, der in Houston aufgewachsen und durch die Cartoons im *New Yorker* zum Zeichnen inspiriert worden war, kehrte im Sommer 62 an die UT zurück, wo er zwei Jahre zuvor sein Studium abgeschlossen hatte. Der ehemalige *Texas-Ranger*-Karikaturist hatte zwischenzeitlich in New York gelebt, wo er für ein Hot-Rod-Magazin arbeitete. Shelton, der einen Abschluss in Geschichte hatte, schrieb sich nun für Kunst ein und übernahm den *Ranger*, wo er vermehrt Comicstrips unterbrachte und damit den Weg für eine explosionsartige Verbreitung von Underground-Comics ebnete. Er arbeitete mit Bill Killeen zusammen, der die Texte für *Wonder Wart Hog* schrieb – Gilbert Sheltons Kultserie, bis sie von seinen *Fabulous Furry Freak Brothers* abgelöst wurde. Als Pianist und Gitarrist wurde Shelton Stammgast im Ghetto, wo er mit Janis traditionelle Gospels sang. Auf einer der vielen Partys, die er ganz in der Nähe bei sich zu Hause gab, lernte Janis Killeen kennen.

Der wortgewandte, kreative junge Mann war hochgewachsen und erinnerte mit seinem dunklen Haar und seinen dunklen Augen ein wenig an Janis' Exfreund Jack Smith. An dem Abend, als sie sich kennenlernten, verguckte er sich auf Anhieb in Janis, die einen schwarzen Pullover zu einer dunklen Strumpfhose trug. Die beiden gingen im Park des Texas State Capitol spazieren, wo sie Fledermäuse beobachteten, was Janis »saukomisch« fand, erinnerte sich Bill. »Sie war ganz anders als alle Mädchen, die ich kannte … in vielerlei Hinsicht eher wie ein Junge. Sie hatte einfach Lust am Leben. Sie wollte Spaß haben und nichts auslassen. Janis und ich schliefen in dieser Nacht auf dem Rasen vor dem Kapitol unter einem der Denkmäler. Wir alberten herum, und ein Wachmann machte Anstalten, uns zu vertreiben.«[25]

Von nun an verbrachte Janis fast jede Nacht mit Bill Killeen in Sheltons Wohnung. »Wir waren die ganze Zeit zusammen«, erinnerte er sich.«[26] Im September bot Win Pratt, der früher in Princeton studiert hatte und ebenfalls Stammgast im Chuckwagon war, den beiden ein leer stehendes Haus an, das seinem Vater gehörte. Dort ließen sie sich nieder, und Janis kochte gelegentlich nach Rezepten ihrer Mutter.

Schon früh merkte Bill Killeen, dass Janis ein verwirrendes Temperament an den Tag legte – bei trivialen Dingen reagierte sie sehr emotional, ging aber über ernstere Angelegenheiten nonchalant hinweg. Als sie einmal ein Hühnchen briet, »wurde sie immer wütender, weil das Hühnchen nicht gar wurde«, erzählte Bill. »Schließlich stand sie auf, schleuderte alles durch die Gegend und sagte: ›Das gottverdammte Ding wird nichts, das weißt du ganz genau! Gehen wir und holen uns was zu essen!‹«[27] Ungefähr um dieselbe Zeit hatte Janis Blutungen – was sie jedoch ignorierte. »Ich erinnere mich, dass sie oft auf die Toilette ging, weil sie so starke Blutungen hatte«, berichtete Bill. »Ich sagte: ›Was zum Teufel ist da los? Du musst zum Arzt gehen.‹ Widerstrebend ging sie ins Krankenhaus, und nach einem Monat hörte es schließlich auf.«[28] Es stellte sich heraus, dass sie eine Fehlgeburt gehabt hatte, was sie später unbekümmert ihrem Ex-Freund Powell St. John erzählte, der aller Wahrscheinlichkeit nach der Vater des Babys gewesen wäre.

* * *

Janis schrieb sich zwar für das Herbstsemester ein, aber sie sang und feierte lieber, statt ihre Seminararbeiten zu machen, auch die im Fach Kunst. »Janis war eine ziemlich gute Illustratorin«, erklärte Bill Killeen,[29] aber die lauwarme Reaktion auf ihre Bilder, im Vergleich zu dem Beifall, den sie als Sängerin fand, brachte sie dazu, ihren einstigen Traum aufzugeben. »Sie sagte mir, sie hätte herausgefunden, dass sie nie richtig gut sein würde«, erinnerte sich Seth Joplin später. »Also schmiss sie die ganze Sache hin. Sie wollte es nicht einmal mehr versuchen.« Einmal schaffte sie es, einen Artikel für den *Texas Ranger* zu schreiben, aber hauptsächlich feierte sie mit Gilbert Shelton, Bill Killeen und den Leuten von der Zeitschrift. Die Universität bezahlte den *Ranger*-Redakteuren fünf Cent pro verkauftes Heft, und nach jeder Ausgabe schmissen sie eine Party. Wenn sie nicht im Ghetto herumhingen, verbrachten Janis und Bill ihre Zeit mit Gilbert Shelton und seiner Freundin Pat Brown, mit denen sie auch einmal nach Nuevo Laredo fuhren, um sich die Bars der mexikanischen Grenzstadt anzusehen.

An einem Samstagnachmittag lernte Janis Julie Paul kennen, die aus Austin stammte, Country-Fan war und gerne trank. Julie entdeckte die Waller Creek Boys und Janis, die auf der Akkordzither klimperte, als sie vom Zilker Park nach Hause gingen. Die Band hatte soeben einen Talentwettbewerb der Parks Commission gewonnen, bei dem Janis *This Land Is Your Land* sang. Als Julie mit ihrem TR3-Kabrio am Straßenrand hielt und anbot, sie mitzunehmen, hüpfte Janis auf den Beifahrersitz neben der maskulin wirkenden Frau, die nach Aussage eines Freundes »wie ein Fullback gebaut« war.[30] Die beiden verstanden sich auf Anhieb, und Julie nahm Janis bald in eine Kneipe mit, wo sie vor einem breiteren Publikum auftreten konnte. Das Threadgill's am North Lamar Boulevard war von Kenneth Threadgill eröffnet worden, einem Amateurjodler und Jimmie-Rodgers-Fan, der nach dem Ende der Prohibition 1933 für seine Tankstelle die erste Lizenz für den Ausschank von Bier in Austin erhielt, nachdem er dort jahrelang schwarzgebrannten Whiskey durch die Hintertür verkauft hatte. An Mittwochabenden veranstaltete er »Singing Sessions« mit Hillbilly-Musikern, die mit Bier bezahlt wurden. Kenneth Threadgill blieb meist hinter der Bar, wo er sauer eingelegtes Schweinefleisch, Käse und Cracker verkaufte. 1959 hatten ein paar UT-Studenten, die Bluegrass-Fans waren, unter ihnen Bill Malone und Stan Alexander, das Lokal entdeckt und besuchten die Mittwochabendkonzerte, zu denen vorwiegend Lastwagenfahrer, Monteure und Bauarbeiter kamen.

»Es ging ganz spontan zu – wir saßen einfach um einen großen Holztisch herum und sangen abwechselnd miteinander, tauschten Songs in allen möglichen Kombinationen aus«, erinnerte sich Bill Malone. »Einen Verstärker hatten wir nicht.« Als Janis und ihre ungehobelte Bande im Herbst 1962 auftauchten, war Malone anfangs nicht begeistert: »Ich war ungefähr neun Jahre älter als Janis«, erklärte er, »und stand kurz vor dem Abschluss meiner Doktorarbeit. Ich hatte Vorurteile gegen sie, und ich erinnere mich, dass Janis sagte: ›Er will uns hier nicht haben.‹« Aber sobald die Waller Creek Boys mit *Stealin', Stealin'* von der Memphis Jug Band loslegten, änderte Bill Malone seine Meinung – ein Country-Experte, der später den Klassiker *Country Music U.S.A.* verfassen sollte. »Ihre Stimme war einfach unverwechselbar«, meinte er. »Sie sang mit so viel Gefühl und Kraft, dass man sie nicht überhören konnte. Alle horchten auf.« Bald schloss Malone bei *Silver Threads and Golden Needles* Frieden mit Janis, und sie schnitzte ihren Namen neben denen anderer Musiker in den Eichentisch.« [31]

Im Threadgill's entwickelten sich die Waller Creek Boys eher zu »einer Bluegrass-Band«, sagte Powell St. John, und Janis »musste immer eine gewisse Menge Mountain Tunes, Hillbilly, Country and Western singen«.[32] Einige ihrer Lieblingsnummern stammten von den Maddox Brothers and Rose, der, wie sie sich selbst anpriesen, »farbigsten Hillbilly-Band der Welt«. Vor allem Rose Maddox' frecher, charakteristischer Gesang bei ihrer Version von *Philadelphia Lawyer* inspirierte Janis zu ihrem herben Gesangsstil.

In dem jovialen Kenneth Threadgill, der etwa so alt war wie Seth Joplin, fand Janis einen großartigen Mentor. »Ich erinnere mich, wie wir zum ersten Mal zu diesem wunderbaren Lokal rausgefahren sind«, sagte Bill Killeen. »Mr. Threadgill adoptierte Janis praktisch, nachdem er sie gehört hatte. Sie war ein bisschen schüchtern … Es gab da ein paar Englischlehrer, die dort sangen, und er hatte die ganzen Jimmie-Rodgers-Platten in der Jukebox. Sie fing mit dem Blues an und mit Folk. Aber … sie spielten ständig Country, und da stieg sie auch ein. Sie sang die ganzen alten religiösen Lieder und [fand] das zum Schießen.« [33]

Kenneth Threadgill sorgte dafür, dass alle Janis mit Respekt behandelten, obwohl sie darauf bestand, in der Kneipe, in der Rassentrennung herrschte, schwarze Musik zu singen. »Es war ein sehr seltsames Gemisch von Leuten«, erinnerte sich Janis, »all die alten Typen aus Oklahoma, ein paar College-Dozenten – ältere Semester –, die intellektuell auf Country abfuhren, die Anfänge des Folk-Trends. Die jungen Grünschnäbel … fuhren auch darauf ab, und damit meine ich uns … Mr. Threadgill, er hat sie alle übertroffen! Er war alt, ein großer starker Mann mit einem dicken Bauch und weißen Haaren, die er aus der Stirn gekämmt hatte. Er stand da hinten und servierte polnische Würste und hartgekochte Eier, Grand Prize und Lone Star … und dann sagte jemand: ›Mr. Threadgill, Mr. Threadgill, kommen Sie raus und singen Sie!‹ Und er sagte: ›Nein, eher nicht‹, und dann sagten sie: ›Auf geht's, auf geht's!‹ und er sagte dann: ›Na schön.‹ Er machte die Bar zu, und dann kam er nach vorne, faltete die Hände vor seinem großen dicken Bauch, über dem er eine Kneipenschürze trug … Er kam raus, wie er war, und legte den Kopf in den Nacken und sang, wie ein Vogel, Jimmie-Rodgers-Songs, und er konnte jodeln. *Mein Gott, er war fantastisch!* … Ich war der junge, vorlaute Grünschnabel – ›Das Mädel klingt fast wie Rosie Maddox, nicht wahr?‹ Also sang ich Rosie-Maddox-Songs, und ich sang Woodie-Guthrie-Songs, aber einmal am Abend sagte ich: ›Darf ich jetzt?‹ Und sie sagten: ›Okay, jetzt ist die Lady an der Reihe‹, und ich sagte: ›Gebt mir einen zwölftaktigen Blues in E.‹ Ich sang den Blues …«[34]

Während Kenneth Threadgill Janis das Selbstvertrauen gab, den Blues zu singen, den sie liebte, freundete sie sich auch mit seiner Frau Mildred an, die, ähnlich wie Dorothy Joplin, versuchte, Janis Anregungen für Frisur und Make-up zu geben. »Janis war ein Original«, erzählte Mildred. »Stur wie ein Ochse, in der Regel trug sie Jeans und eine Waschbärmütze. Und zwar über der schlimmsten Mähne, die man je gesehen hatte. Einmal saß sie am Tisch, und ich kam mit meiner [Kamera] und bat sie, ihr Haar zu kämmen, dann würde ich sie fotografieren. Es war lang und ein einziger Wust. Sie wollte nicht, aber dann kämmte sie es doch, und ich sagte: ›Leg etwas Lippenstift auf.‹ … Ich überredete sie, und als sie sich im Spiegel sah, sagte sie, wenn sie nicht wüsste, dass sie das sei, könnte sie es nicht glauben.«

Mit klagenden Countrysongs wie Kitty Wells' Hit von 1952 *It Wasn't God Who Made Honky Tonk Angels,* das sie als »Hillbilly-Blues-Nummer« ankündigte, sicherte sich Janis die Zuneigung der Threadgills. Ursprünglich eine »Antwort« auf *The Wild Side of Life* des Oklahomers Hank Thompson, ein Song, in dem eine treulose Ehefrau und Barhockerin für das Scheitern der Ehe verantwortlich gemacht wird, nimmt Wells' Version den Standpunkt der Frau ein, die die Untreue des Ehemanns aufs Korn nimmt. Janis sang die Nummer »in einem hohen, schrillen Bluegrass-Sound«, sagte Kenneth Threadgill. Sie »konnte einem Song wirklich ihren Stempel aufdrücken. Ich hielt große Stücke auf Janis. Sie war praktisch noch ein Kind und nannte mich ›Daddy‹.«[35]

Inzwischen hatte Janis an die 200 Fans, darunter auch adrette College-Studenten, die ins Threadgill's drängten. »Es waren so viele Leute da, dass man kaum noch etwas hörte«, sagte Bill Malone. »Jemand brachte einen kleinen Verstärker mit, und dann wurde es formeller.«[36] Schließlich zeichnete Jack Jackson – inzwischen als *Ranger*-Karikaturist unter dem Künstlernamen Jaxon aktiv – die Musik mit einem Tonbandgerät auf. »Ich übernahm einfach selbst die Aufgabe, ihr das Mikrofon vors Gesicht zu halten«, erinnerte sich Jackson, als er davon erzählte, wie die Waller Creek Boys darüber stritten, in welcher Tonart oder welchen Song sie spielen sollten, wobei Janis in der Regel am lautesten schrie.[37] Neben den Country-Hits spielten sie *Empty Pillow on My Bed,* den Janis, begleitet von einer Mandoline, ins Mikrofon schmachtete.

Janis, die schon als Teenager Gedichte verfasst hatte, begann nun eigene Songs zu schreiben. Einer der ersten beschäftigte sich damit, wie aussichtslos es ist, den Blues mit Schnaps zu vertreiben. Über *What Good Can Drinkin' Do* sagte sie, sie habe den Text »in einer Nacht geschrieben, nachdem ich mich sinnlos betrunken hatte«.[38] Sie begleitete sich auf der Akkordzither und klagte in einem leidenschaftlichen Vibrato: »I drink all night / but the next day I still feel blue / There's a glass on the table / they say it's gonna ease all my pain / but I drink it down and I still feel the same / I start drinkin' on Friday night / Then I wake up on Sunday and ain't nothin' right.«

Ein weiterer Originalsong, ihr rhythmischer *Daddy, Daddy, Daddy,* brachte das Publikum dazu, mitzuklatschen. »Sie verströmte eine Energie, die absolut mitreißend war«, sagte Jack Jackson. »Sie beherrschte den Saal total. Es war wie: ›aufgepasst, jetzt kommt Janis!‹ Sie hatte die Fäden in der Hand, ein toller Charakter, wild und versponnen, ständig am Glucksen.«[39]

Nachdem sie ein paar Monate im Threadgill's aufgetreten war, nahm Jackson ein Demotape von Janis im Ghetto auf, hauptsächlich mit Blues-Nummern, bei denen sie sich entweder selbst begleitete oder von Powell St. John, Lanny Wiggins oder dem versierten Gitarristen Minor Wilson begleitet wurde – dessen Lampenfieber jedoch keine öffentlichen Auftritte zuließ. Auf dem Tape ist auch das Bluesstück *I'll Drown in My Own Tears* mit Wilson an der Gitarre zu hören, und Janis klingt dabei traurig und verletzlich, beinahe am Boden zerstört. Ihre schlichte Version erinnerte an eine Aufnahme der R&B-Sängerin Lula Reed aus dem Jahr 1951. Obwohl Janis im Threadgill's gern Country sang, fühlte sie sich nach wie vor am stärksten vom Blues angezogen; einmal erklärte sie Bill Killeen, sie wünschte, sie wäre schwarz, »weil Schwarze mehr Emotionen, mehr Gefühle, mehr Hochs und Tiefs hätten als Weiße«.[40] Janis, die damals nur wenige Afroamerikaner kannte, schien sich selbst zu beschreiben – und die Gedanken, die ihr anhand der ihr vertrauten Bluesstücke in den Kopf kamen.

Gelegentlich wagte sich Janis in den Osten von Austin, wo Rassentrennung herrschte; dort wurde in afroamerikanischen Clubs wie der Victory Lounge an der Eleventh Street Jazz und Rhythm and Blues gespielt. »Einmal bin ich mit Janis hingefahren«, erinnerte sich Powell St. John, »und wir standen draußen vor dem Club. Einer unserer Freunde, David Martinez, sah Janis' Handtasche offen auf dem Gras liegen, und daneben war ein kleiner Hundehaufen. Den bugsierte er in ihre Tasche. Janis bekam das mit und rastete aus. Sobald sie laut wurde und anfing zu gestikulieren, fuhr ein Bulle vorbei. Er sah sie mit diesem hispanischen Kerl raufen und wollte ihn festnehmen. Wir mussten es ihm ausreden.«[41]

* * *

Trotz der Bewunderung, die Janis im Threadgill's genoss, fand sie keine Ruhe. Im Ghetto lernte sie eines Abends den 20-jährigen Texaner Chet Helms kennen, der sein Studium abgebrochen hatte, um per Anhalter durchs Land zu fahren. Das faszinierte sie. Janis gierte nach solchen Abenteuern und sehnte sich zurück nach San Francisco.

Über kurz oder lang kam es zwischen ihr und Bill Killeen zu

Streitereien, die meist von ihr ausgingen. Ihre Unsicherheit schien so tief zu gehen, dass sie Menschen, die ihre nahe standen, wegstieß, ehe sie verletzt werden konnte. »Es war wirklich schwer, mit Janis auszukommen«, sagte er. »Sie stellte einen ständig auf die Probe.« Verblüffend fand er die Furchtlosigkeit, die sie offen zur Schau stellte: »Ich weiß noch, wie man anfing, über LSD zu reden, was es mit dem Hirn macht und so weiter – ziemlich furchterregende Sachen. Da sagte ich: ›Mit dem Zeug will ich nichts zu tun haben.‹ Und Janis darauf: ›Und ich möchte jetzt gleich was davon!‹«[42]

Trotz ihrer Prahlerei hatte Janis in Wirklichkeit Angst vor Halluzinogenen. Sie zog den Vollrausch vor, um »bewusster« zu werden. In Texas war Peyote legal und konnte in den Hudson's Cactus Gardens außerhalb von Austin gekauft werden; mehrere Ghetto-Bewohner kochten die Kakteen aus, tranken den bitteren Sud und erlebten einen stundenlangen Trip. Janis probierte nie davon. Mit Tommy Stopher und Powell St. John teilte sie einmal einen schmalen Joint, den ihr jemand aus Kalifornien geschickt hatte. »Es war mein erster Joint«, erzählte St. John.[43] Gras zu rauchen war im Ghetto nicht üblich; die Bewohner hatten eine Heidenangst, verhaftet zu werden – und zwar aus gutem Grund. Das Haus stand unter Überwachung seitens der Behörden und wurde von Studenten bespitzelt. Jahre später fand man eine Liste von mutmaßlichen Delinquenten, darunter Janis, bei den Papieren eines ehemaligen Polizeichefs; sie enthielt die Namen von Ghetto-Stammgästen nebst ihrer angeblichen illegalen oder unmoralischen Aktivitäten, darunter Drogenhandel, Promiskuität, Homosexualität und Drogensucht.

In Austin waren damals Amphetamine die meistgebrauchte Droge, die von Studenten wie Janis auch mit schlaffördernden Barbituraten gemischt wurden. »Aufputsch- und Beruhigungsmittel gleichzeitig, das machte ihr Spaß«, sagte Powell St. John. »Einmal erklärte sie mir: ›Du gehst rauf und wieder runter, und dann rauf und wieder runter!‹«[44] Interessant war für sie offenbar ein chemisch herbeigeführter Zustand, der irgendwie ihre eigenen intensiven, schwankenden Emotionen spiegelte.

Im November 1962 wurden Janis und Bill Killeen von Win Pratts Vater, der entdeckt hatte, dass sie in seinem Haus wohnten, auf die Straße gesetzt. Danach trennten sich die Wege der beiden. Win, ein gutaussehender Amateurboxer, schlug Janis vor, gemeinsam nach Dallas zu trampen, um Joan Baez zu sehen, die es gerade aufs Titelblatt des *Time Magazine* geschafft hatte. Janis ließ sich diese Chance nicht entgehen. Auf dem Plattenteller im Ghetto lag häufig Bob Dylans Debüt-LP, die im März bei Columbia herausgekommen war. Darauf fanden sich mehrere Blues-Coverversionen, darunter *House of the Rising Sun,* das auch zum Repertoire der Waller Creek Boys gehörte, sowie einige Originalkompositionen wie der *Song to Woody,* eine Ode für Woody Guthrie. Janis liebte die Platte.

* * *

Während die Beziehung mit Bill Killeen zu Ende ging, fing Janis eine Affäre mit Julie Paul an. »Ich hab Julie nicht angemacht«, erklärte sie einer Freundin, »sie hat mich angemacht. Ich bin nicht lesbisch, aber ich hab auch nichts dagegen.«[45] Umgekehrt erinnerte sich Ted Klein, der zeitweise ihr Gitarrist war, Janis habe verkündet, sie werde jetzt lesbisch. Ein anderer Ghetto-Stammgast sagte, Julie »hat sich um Janis gekümmert und sie so behandelt, wie es ein Junge tun würde«.[46] Laut Powell St. John war die Beziehung der beiden eine »klassische Liebesbeziehung«, die Janis vor ihren Freunden keineswegs verheimlichte.[47] »Ich glaube, Janis war stolz darauf, dass sie eine bisexuelle Lebenseinstellung hatte«, sagte Jack Jackson. »Wenn sie einen Mann finden konnte, der sie glücklich machte, war das schön. Wenn sie eine Frau finden konnte, die sie glücklich machte, war das auch in Ordnung. Das war lange Zeit, bevor die Leute anfingen, sich zu outen.«[48]

Aber Janis' Affäre mit Julie erwies sich als ebenso stürmisch wie die Beziehung mit Bill Killeen. Nach wie vor schlief sie hin und wieder mit Männern, und Julie beschwerte sich bei einer Freundin, dass Janis »Männer wechselte wie das Hemd«.[49] Besonders eifersüchtig war sie auf Travis Rivers, einen verheirateten Studenten, der gern mit Janis herumalberte. Eines Abends lief die betrunkene Julie durch die Wohnungen des Ghetto und schrie: »Wo ist die kleine Schlampe?« Janis hatte sich offenbar davongeschlichen. Julie fiel in ihrem alkoholisierten Zustand die Treppe hinunter. Sie verletzte sich nicht, aber es ging das Gerücht, Janis habe sie geschubst. John Clay stellte das richtig. »Julie war ziemlich kräftig gebaut«, sagte er. »Sie hätte Janis in der Luft zerrissen, wenn sie sie gekriegt hätte, aber Janis hat Julie nicht die Treppe hinuntergeworfen – sie ist vor ihr davongelaufen.«[50]

Einmal lud Janis ihre Freundin an einem Wochenende nach Port Arthur ein, aber ihre alten Freunde mochten Julie nicht – sie fanden sie zu besitzergreifend. Die beiden verbrachten viel Zeit jenseits des Flusses in den Bars von Louisiana. Wieder in Austin, organisierte Janis einen Ausflug ins Big Oak; mit dabei waren Tary Owens, David Moriaty, Win Pratt, Travis Rivers, Pepi Plowman, die auch häufig im Ghetto anzutreffen war, und der Trompeter Johnny Moyer. Im Big Oak neckten Janis und Pepi die jungen Männer und tanzten zusammen Bump 'n' Grind, ähnlich wie Janis es früher mit Patti Skaff gemacht hatte. Und wie zuvor hatte ihre Lust auf einen Kick verheerende Folgen.

»Ich spielte nebenan Billard, da kam jemand hereingerannt und sagte: ›Janis hat eine Rauferei angefangen!‹«, erinnerte sich Travis Rivers. »Ich ging in den Tanzsaal und, mein Gott, die Tanzfläche war ein einziges Handgemenge! Janis mochte den ›Dirty Bop‹ – der Tanz, bei dem man die Hüften aneinanderreibt – und irgendein Kerl hatte Janis an die Titten gefasst, also hat sie mit der Bierflasche nach ihm geschlagen. Und im Handumdrehen haben alle aufeinander eingedroschen.«[51]

»Sie hat die Jungs aus dem Sumpf geködert, und die Austin-Clique beschloss, ihre Ehre zu schützen«, meinte David Moriaty. »Ihnen war nicht klar, dass man da drüben bestimmte Dinge nicht tut.« Pratt schlug einem Kerl mit seinem High-School-Ring die Zähne aus. Einer der Einheimischen brach Johnny Moyer den Kiefer. Der Kampf eskalierte in einem Krawall auf dem Parkplatz, wo einige Stammgäste ins Auto stiegen und versuchten, die Raufbolde zu überfahren. Schließlich gelang es den Leuten aus Austin, in ihren Autos zu entkommen, und sie rasten Richtung Heimat. »Der arme Tropf, der uns fuhr, war überzeugt, sie würden uns verfolgen«, erinnerte sich Travis Rivers. »Wir schafften es nach Hause, aber ich glaube nicht, dass Johnny Moyer jemals wieder Trompete gespielt hat.«[52]

Ein weiteres Unglück ereignete sich im Dezember, als sich Janis, Julie Paul und John Clay in den TR3 quetschten, um nach New Orleans zu fahren. »In Lake Charles, Louisiana, wurden wir rausgewunken«, erinnerte sich Clay. »Man kann sich vorstellen, wie wir aussahen – Janis trug ihre Buffalo-Bill-Jacke. Es stellte sich heraus, dass uns Einwanderungsbeamte aufgehalten hatten, und sie meinten, wir wären illegale kanadische Immigranten!«[53]

Nach ihrer Ankunft in New Orleans lieferten sich Julie und Janis einen Faustkampf, den Julie gewann. Sie warf Janis aus dem Auto und raste davon. Janis, die kein Geld hatte, musste sich irgendwie durchschlagen – wie bei ihrem letzten Besuch in New Orleans in Begleitung des Ehepaars McQueen versuchte sie es mit Prostitution. Sie sprach Männer an, die für ein kurzes Vergnügen zahlen wollten, bis sie sich eine Rückfahrkarte nach Austin kaufen konnte. »Ich bekam einen Anruf von Janis«, erzählte Travis Rivers. »›Kannst du mich an der Bushaltestelle abholen?‹ Ich holte sie ab und fragte: ›Was ist verdammt noch mal passiert?‹« Janis schilderte den misslungenen Ausflug und erklärte ihm lässig, sie hätte sich das Geld für die Heimfahrt verdient, indem sie »anschaffen ging«.[54] Janis erzählte ihren Freunden später, dass sie es schon früher, wenn sie knapp bei Kasse war, mit Prostitution probiert hatte, aber nicht immer Freier fand, die bereit waren, für Sex zu zahlen.

* * *

Ihre Show-downs mit Julie Paul waren ein Grund, aber es war ein grausamer Campus-»Witz«, der letztlich zum Bruch zwischen Janis und ihrer Clique in Austin führte.

Jedes Jahr sammelte die Studentenverbindung Alpha Phi Omega Spenden mithilfe eines Wettbewerbs um den Titel des »Hässlichsten Manns auf dem Campus«, wobei die Studenten gegen Zahlung von fünf Dollar für die von verschiedenen Verbindungen nominierten Kandidaten abstimmen durften. »Normalerweise wählten sie einen richtig hässlichen Linebacker aus dem UT-Football-Team«, erzählte Travis Rivers.[55] Im Spätherbst 1962 wurde jedoch Janis anonym als Kandidatin vorgeschlagen – und ihr Bild war überall auf dem Campus auf Plakaten zu sehen.

Obwohl sie mit Freunden darüber lachte und einen von ihnen sogar überzeugte, sie hätte sich selbst beworben, glaubten diejenigen, die sie gut kannten, wie Powell St. John, dass sie am Boden zerstört war. »Sie war immer wieder tief verletzt worden«, erklärte St. John der Filmemacherin Amy Berg. Der Wettbewerb »hat sie fertig gemacht. Das Traurigste, was man je erlebt hat. Ich hatte Janis nie weinen sehen. Janis hatte eine raue Schale, aber das hat sie wirklich schwer getroffen.«[56]

Janis »gewann« nicht – der Preis ging an Lonnie »the Hunch« Farrell – aber Dorothy Joplin erzählte später, dass sie einen »beklommenen Brief« von Janis bekommen hatte, in dem sie ihre Qualen beschrieb. Travis Rivers ging davon aus, dass ihr Ruf als Lesbe die Studenten zu dem fiesen Witz veranlasst hatte; andere erklärten die Sache mit deren Hass auf das Ghetto, mit dessen Bewohner die Verbindungsleute und Sportler aus Studentenkreisen nicht klarkamen. Was auch immer die Ursache dieser Gemeinheit gewesen sein mochte, die Wirkung war ähnlich wie alles, was Janis in Port Arthur durchgemacht hatte. »Schließlich beschloss ich, dass Texas nicht gut genug für mich war«, schrieb Janis 1965 in einem Brief. »Ich wollte wieder nach Kalifornien.«

Kapitel 8

Die Bluessängerin

Kalifornien ... hier kannst du tun und lassen, was du willst, und niemand geht dir auf die Nerven.[1]
Janis Joplin

Ich konnte Janis kaum zuhören, ohne dass sich mir die Nackenhaare aufstellten und mir kalte Schauer über den Rücken liefen«, beschrieb Chet Helms die Wirkung von Janis' Gesang auf ihn.[2] Im Januar 1963 wurde der selbsternannte »Beatnik auf Wanderschaft« zu Janis' Retter: »Ich hielt Texas nicht mehr aus«, erklärte sie. »Ich wollte verdammt noch mal raus da, hatte aber nicht den Mut, es allein durchzuziehen.«[3] Chet schlug ihr vor, mit ihm nach San Francisco zu trampen, wo sie die Leute, wie er ihr versicherte, mit ihrer Stimme »aus den Socken hauen« würde.[4] Dort würde Janis ihre musikalische Identität festigen und den Teil von sich lieben lernen, der Bessie Smith so nahe stand – von der großen Bluessängerin übernahm sie die ehrliche und tiefe Gefühlswelt in ihren Sound.

Am Samstag, den 19. Januar, kurz bevor sie Austin verließ, spielte sie noch ein Abschiedskonzert mit den Waller Creek Boys im Threadgill's, um ihren zwanzigsten Geburtstag und ihren Abschied vom College zu feiern. Sie hatte die Abschlussexamen geschwänzt und sich von ihren fünf Kursen offiziell abgemeldet – vielleicht ein Plan B für den Fall, dass sie es in San Francisco nicht schaffte und zurück an die Uni wollte. Am Mittwoch, den 23. Januar reckten sie und Chet Helms ihre Daumen auf dem Weg zu ihrem ersten Zwischenstopp in der Avenue D 3510, Fort Worth.

Der ein Jahr ältere, bebrillte Chet Helms war als Sohn von

Texanern in Kalifornien geboren, doch nach dem Tod seines Vaters, Chester Leo Helms Senior, war die bibeltreu baptistische Familie zurück nach Fort Worth in Texas gezogen, wo sie ursprünglich herstammte. 1960 begann er ein Studium an der University of Texas und engagierte sich zunächst beim Reserve Officer Training Corps, einem Ausbildungsprogramm der US-Streitkräfte an Colleges, und den Jungen Republikanern, doch schon bald vollzog sich seine Transformation zu einem Bürgerrechtsaktivisten: Er schloss sich der Bewegung Students for Direct Action (SDA) an und kämpfte dafür, die Rassentrennung in Austins Kinos und Snackbars aufzuheben. Er war regelmäßiger Gast im Ghetto, machte Erfahrungen mit Gras und dem halluzinogenen Peyote-Kaktus und schloss Freundschaft mit einem bisexuellen schwarzen Studenten, der ihn auf den texanischen Saxofonisten Ornette Coleman und andere Jazzmusiker aufmerksam machte. Nachdem er die University of Texas verlassen hatte – einen Monat bevor Janis nach Austin zog –, pendelte er zwischen San Francisco, Mexiko und der Ostküste hin und her. Als sie sich im Dezember kennenlernten, »sprach Janis über die Westküste«, erinnerte sich Chet Helms, »und ihre Erfahrungen in Venice. Sie hatte viele Werke der Beat-Literatur gelesen, genau wie ich, und fühlte sich nach San Francisco hingezogen.«[5] Ähnlich wie »so viele außergewöhnliche Sänger, Autoren und Musiker, die aus Texas stammten«, sehnte sich Janis danach, dem »repressiven« Staat zu entkommen, erklärte Chet, denn dort gab es nur die eine Freiheit, »die man sich selbst durch Vorstellungskraft und künstlerischen Ausdruck schuf«.

Der erste Halt auf ihrer Reise, in Fort Worth zu Hause bei Chets Mutter, verlief nicht gerade glatt. »Ich hatte meine Mutter angerufen und gesagt, dass ich eine Freundin mitbringe«, erzählte Helms, und sie sagte: »Ach, dann bereite ich das Abendessen vor!« Aber Janis' ungepflegte, unweibliche Erscheinung – in Levi's-Jeans, einem halb zugeknöpften Chambray-Arbeitshemd und ohne BH – erregte Anstoß. »Meine Mutter öffnete die

Tür«, erinnerte sich Chets Bruder John. »Janis stand neben Chet, klimperte etwas auf ihrer Akkordzither und summte eine leise Melodie.« Obwohl sie »sehr lieb und höflich zu meiner Mutter war«, bekam die abstinent lebende Christin laut John mit, wie Janis flüsterte: »Besorgen wir uns ein Bier?« Ihr Moralempfinden wurde weiterhin auf die Probe gestellt, als sich Chet beim Essen erkundigte, ob Janis und er die Nacht hier verbringen könnten. Er erklärte: »Wir schlafen nicht miteinander, wir sind nur Freunde.« Ihre Antwort lautete: »Eine junge unverheiratete Frau kann hier nicht bleiben, was würden die Nachbarn sagen?« Also fuhr John die beiden noch am selben Abend an den Stadtrand, wo sie weiter westwärts trampten.

Ein paar Fernfahrer nahmen sie mit. Janis kuschelte mit Chet – ganz wie Bobby McGee in dem Kris-Kristofferson-Song, den sie später unsterblich machen sollte. Nach ein paar Tagen erreichten sie Santa Maria, Chets Geburtsort in Kalifornien, wo noch seine Tante Ruth lebte. Sie lud die beiden ein, bei ihr zu übernachten, gab ihnen am nächsten Tag 20 Dollar und kaufte ihnen Bustickets für die 400-Kilometer-Reise nordwärts nach San Francisco. Zwei Wochen später schrieb Janis Tante Ruth eine Dankeskarte, der sie 20 Dollar beilegte.

Am Montag, dem 28. Januar 1963, erreichten die beiden San Francisco, wo es »viel freier ist – hier kannst du tun und lassen, was du willst, und niemand geht dir auf die Nerven«, wie Janis später einem Journalisten erzählte.[6] Sie wollte ein Leben wie ein Beatnik führen und Bluessängerin werden. Für sie gingen beide Dinge Hand in Hand. »Viele Künstler haben einen Stil in der Kunst und einen anderen im Leben«, aber für Janis »bilden sie eine Einheit«.[7]

Sich ein Publikum unter den texanischen College-Studenten aufzubauen war nicht allzu schwer gewesen, aber Janis war unsicher, ob sie auch in San Francisco bestehen würde. Chet und einer seiner Freunde, der Musiker David Frieberg, bei dem die beiden untergekommen waren, boten ihre Hilfe an. Zunächst landeten sie im Coffee and Confusion, demselben Lokal im Stadtteil North Beach auf der Grant Avenue – früher unter dem Namen Fox and Hound bekannt –, in dem Janis bereits zwei Jahre zuvor verkehrt war. Die neue Besitzerin Sylvia Fennell war »eine taffe, aber liebenswerte New Yorkerin … die so breit wie hoch war«, meinte der Stand-up-Comedian Steve Martin 1965.[8] Mit einigen klapprigen Tischen und Stühlen und einem alten Klavier war das kleine Kaffeehaus, wo Dave Archer immer noch Türsteher war, nur provisorisch eingerichtet; die Wände schmückten vereinzelte abstrakte Kunstwerke, die an »verwelkende Blumen und faulende Fleischbrocken« erinnerten, wie sich der Schriftsteller und ehemalige Hollywood-Schauspieler John Gilmore ausdrückte, der Stammgast im Coffee and Confusion war. »Und immer stank es nach dem Jod und Ammoniak aus dem Wischwasser.«[9]

Chet Helms überzeugte Sylvia Fennell, Janis beim Open-Mic auftreten zu lassen. Ihm zufolge waren dort vielversprechende Sänger und Sängerinnen mit »sanfter Stimme« gefragt. »Janis stand stocksteif auf der Bühne und bellte vier oder fünf Country-Blues-Songs.« Ihre Stimme schlug ein wie eine Bombe. »Silvia meinte nur noch: ›Lasst den Hut herumgehen! Lasst den Hut herumgehen!‹«, erzählte Chet Helms. »Sie bekam stehende Ovationen und so fünfzig, sechzig Dollar – eine Menge Kohle für zwei junge Leute, die gerade erst ohne Geld aus Texas hergetrampt waren.«[10]

Die wenigen Sängerinnen, die im Coffee and Confusion auftraten, waren Sopranistinnen, die Joan Baez und ihren Balladen nacheiferten. Die 20-jährige Janis dagegen schmetterte den Bessie-Smith-Blues in ihrem rauen Alt und sang leicht anstößige Lieder über die Unterschicht und Fremdgänger. Eine ältere Generation von Sängerinnen aus San Francisco, deren Stil mehr an Janis erinnerte – Odetta (geboren 1930) und Barbara Dane (geboren 1927 in Detroit) –, traten kaum in der Gegend auf. »Die Leute meinten später, dass Janis ein großer Fan von mir gewesen sei, aber ich erinnere mich nicht, sie je getroffen zu haben«, sagte

Barbara Dane, die selbst Bessie Smith verehrte. »Als ich Bessie Smiths 78-RPM-Alben hörte, erkannte ich, wie sehr ihre Songs Frauen in einer anderen Weise definierten, als es in der Popmusik der Fall ist. Sie gaben mir viel Kraft – diese alten Lieder handelten von Dingen, die auch ich durchmachte.«[11] Auch Janis muss sich die Botschaften von Songs wie *I've Got What It Takes* oder *Tain't Nobody's Business If I Do* zu Herzen genommen haben.

Janis trat bald regelmäßig im Coffee and Confusion auf. Sie »sah irgendwie altmodisch aus … eher wie ein Mädchen, das hinter der Theke eines Hot-Dog-Standes steht, und nicht wie eine Sängerin«, erinnerte sich der Stammgast John Gilmore. »Eine Mischung aus Beatnik und Landei. Sie trug alte Jeans mit weiten Hosenbeinen, die aber an Hüfte und Hintern so eng geschnitten waren, dass man glaubte, sie könnten jeden Moment reißen. Trotz der Winterkälte lief sie barfuß.«[12] Janis saß mit geschlossenen Augen auf einem Stuhl und »sang ein ganzes Repertoire an Klangfarben«, schrieb er später, »von tiefen verwischten Tönen bis hin zu fast kreischenden Lauten; so wie sie die Texte darbot, spürte man – ja fürchtete fast – die unterdrückte Emotion, die knapp unter der Oberfläche brodelte, wie die Rippströmung unter einer glatt dahinrollenden Welle. Was sie mit ihrer Stimme und den Texten anstellte, erinnerte an abstrakte Kunst, an einen Künstler, der Farbteilchen auf der Leinwand verteilt, sie löste sich von jeder Verpflichtung dem Song gegenüber. Ihre Stimme brach leicht, ein scharfer Ton mitten in einem sanften Wort, als durchzuckte sie ein plötzlicher Schmerz. Erst als der Applaus aufbrandete und die Spannung abfiel, öffnete sie die Augen.«[13]

Nicht weit vom Coffee and Confusion in der 1353 Grant Avenue lag die Coffee Gallery. Das Lokal war größer, umfasste zwei Räume, eine Bühne und eine Bar, und hatte 1959 Lesungen von Ferlinghetti und anderen Beat-Literaten ausgerichtet. 1963 zog es nun eher Touristen als aufrichtige Beatniks an, doch bei

Nachwuchs-Folkies hatte der Club noch einen Stein im Brett. Obwohl Janis noch keine 21 Jahre alt war, kam sie mithilfe des Barkeepers Howard Hesseman rein, ein Schauspieler und Improvisationskomiker der Gruppe »Committee« (Hesseman spielte später die Hauptrollen in den TV-Sitcoms *WKRP in Cincinnati* und *Head of the Class*). Wieder haute Janis ihr Publikum vom Hocker und wurde zum festen Bestandteil des Kreises an Musikern, die dort im Wechsel allabendlich auftraten und Janis in den Folktreffpunkten jenseits der Brücke in Berkeley, in Palo Alto und in San José weiter südlich auf der Halbinsel bekannt machten. In Berkeley wurde Janis am 21. Februar wegen Ladendiebstahls verhaftet – es ging wahrscheinlich um eine Flasche Wein. Nach der erkennungsdienstlichen Behandlung samt Polizeifoto wurde Anzeige erhoben, und Janis wurde wieder auf freien Fuß gesetzt. Sie trampte zurück nach San Francisco.

Die paar Dollar, die sie ab und an für Auftritte bekam oder sich zusammenschnorrte, reichten nicht für eine eigene Wohnung. Manchmal schlief sie auf dem Boden im Coffee and Confusion, und manchmal übernachtete sie bei Leuten, die sie in den Clubs kennenlernte. Als sie gerade in San Francisco angekommen waren, verbrachten Janis und Chet Helms einige Nächte bei David Frieberg, aber ein Paar wurden die beiden nicht. »Wir waren enge Freunde, schliefen im selben Bett und kamen uns auch nah«, erzählte Chet, »aber es kam nie zum Äußersten.«[14] Anfangs versuchte Helms, Janis' Karriere zu lenken und Engagements für sie zu arrangieren, aber sie stellte klar, dass sie ihr eigener Herr war. Obwohl sie auseinanderdrifteten, behielt Chet Janis im Auge, und drei Jahre später hatte er maßgeblichen Einfluss auf ihre Karriere.

Janis erkannte, dass eine Begleitung ihre Auftritte bereichern würde. Eines Abends in der Coffee Gallery ging sie auf zwei Musiker zu, die gerade gespielt hatten. Die beiden hatten sie noch nie zuvor gesehen. »In der Pause zwischen zwei Auftritten fragte sie, ob hier jemand Blues spielen könne«, erinnerte sich der Gitarrist und Bariton Larry Hanks, damals 24 Jahre alt. »Wir meinten: ›Klar! Wir können es versuchen!‹«[15] Hanks und sein Partner Roger Perkins sahen sich zunächst an, wie Janis *Silver Threads and Golden Needles* mit ihrer Akkordzither performte, dann gesellten sie sich ohne vorherige Probe zu ihr auf die Bühne. »Roger war ein echtes Improvisationstalent«, erzählte Hanks, »ich dagegen weniger. Aber wir beide zauberten eine ganz passable Begleitung für Songs wie *Careless Love* aus dem Hut.«

Das Duo, das auf Hockern hinter Janis Platz genommen hatte, war von ihrer Stimmgewalt regelrecht überwältigt.

»Von Anfang an schmetterte sie die Lieder heraus«, erinnerte sich Hanks. »Ohne zu zögern. Sie sang die ganze Zeit über aus voller Röhre.« Bei *Stealin', Stealin'* von der Memphis Jug Band stimmten die beiden in den Gesang mit ein, und der Bass und der Tenor harmonierten schön mit ihrer Stimme. Janis hatte ihre neuen Waller Creek Boys gefunden.

Das Trio verabredete sich im Pacific Heights Victorian, wo Hanks und Perkins sich Zimmer gemietet hatten. Die beiden Kalifornier – Hanks stammte aus Berkeley, Perkins aus Claremont – spielten seit etwa einem halben Jahr zusammen. »Janis hatte schon ein paar unserer Auftritte gesehen, also wusste sie, was wir taten«, erzählte Hanks.[16] Sie brachten ihr den spirituellen Song *Gospel Ship* der Carter Family bei, den Perkins auf dem Banjo begleitete. Die Strophen sangen sie im Wechsel, und Janis übernahm in typisch texanisch näselndem Tonfall:

»I can scarcely wait, I know I won't be late / I spend my time in prayer / And when this ship comes in I'll leave this world of sin / And I'll go sailing through the air.« Und den Refrain bestritten sie gemeinsam: »I'm gonna shout and sing / Until Heaven rings / When I'll bid this world goodbye.«

»Ich muss bei jedem Auftritt einen Bessie-Smith-Song machen«, erklärte Janis ihrer neuen Band.[17] Allerdings hatten Hanks und Perkins nichts von Bessie Smith oder anderen Bluessängerinnen in ihrem Repertoire, weshalb Janis ihnen *Leaving*

This Morning von Ma Rainey und *Black Mountain Blues* von Bessie Smith beibrachte. Sie sang auch ihren eigenen zwölftaktigen Blues *Daddy, Daddy, Daddy*. Ihre Fähigkeiten als Songwriterin spielte sie jedoch herunter; als begeisterte Leserin des Folk-Magazins *Sing Out* kannte sie vermutlich Bob Dylans Kommentare zu dem Thema: »Die Songs sind da. Sie existieren bereits und warten nur darauf, dass jemand sie aufschreibt.«[18] Im selben Artikel merkte der Folksänger Gil Turner an, dass »Dylan Begriffe wie ›schreiben‹ oder ›komponieren‹ im Zusammenhang mit seinen Liedern vermeidet«. Später erklärte Janis gegenüber einem Journalisten: »Manchmal schreibe ich die Texte auf, damit ich sie nicht vergesse, aber deshalb schreibe ich keine Songs. Mein Konzept ist ein ganz anderes. Ich denke sie mir einfach aus.« *Catch Me Daddy* ist wohl ihre beste Nummer im Stil von Bessie Smith mit autobiografischem Text:

»Well I guess I move once too often, babe / An' I woke up and found myself alone / Whoa, I guess I moved just one too many times / Woke up an' found myself alone / Hey, I don't like it / Cold sheets made me realize / Catch me, daddy, 'cause I'm movin' on.«

Noch in Austin hatte Janis – gemeinsam mit Powell St. John – einen schwermütigen Song namens *So Sad to Be Alone* für Julie Paul geschrieben und aufgenommen, allerdings gibt es keine Hinweise darauf, dass sie ihn jemals in San Francisco spielte.

Nach ein paar Bandproben stellte das Trio eine Setlist aus sieben Songs zusammen. »Wir drei arbeiteten gut zusammen«, sagte Hanks, »wenn es darum ging, die Songs, die wir kannten, auf einen gemeinsamen Nenner zu bringen.«[19] Zu ihrem ersten Gig in der Coffee Gallery trug Janis ein locker sitzendes weißes Herrenhemd und Jeans, die Haare fielen ihr offen über die Schultern. Zu ihrem Debüt hatten sich 75 Leute in die Coffee Gallery gedrängt – das Coffee and Confusion bot Platz für nur 30 Personen – und das Publikum stampfte mit den Füßen und klatschte im Takt der Musik. »Wenn sie sang, tauchte sie ganz in die Lieder ein«, erinnerte sich Hanks. »Die Emotionen strömten aus ihr heraus.«[20] Sie wirkte wie eine Piratin, wenn sie zwischen den Songs lachend Scherze machte und Leben versprühte.

Das Trio hatte auch einen Live-Auftritt in der eingeführten Radio-Show »Midnight Special« des Senders KPFA aus Berkeley. Um zehn Uhr abends fand hierfür ein Vorspielen statt, und der Moderator wählte aus den Bewerbern die Kandidaten für die Sendung. »Niemand wurde gebucht, es war ein Wettkampf jeder gegen jeden, und die Musiker drängten sich um ein großes Mikrofon«, erzählte Hanks.[21] Janis, die ihr übliches Outfit – bestehend aus Jeans und einem halb zugeknöpften Chambray-Arbeitshemd – trug, schaffte die Qualifikation. Leidenschaftlich sang sie den *Black Mountain Blues,* im Anschluss stimmte Hanks Doc Watsons *Columbus Stockade Blues* an, und Janis gab die Background-Sängerin.

Einen bleibenden Eindruck hinterließ Janis bei den Albin-Brüdern; der 18-jährige Peter saß neben ihr, und sein Bruder Rodney, ein auf Folk spezialisierter Musikagent, würde sie bald für ein College-Festival buchen. »Janis trug keinen BH«, erinnerte sich Peter Albin, der auch zugab, ihr auf die Brüste gestarrt zu haben. »Sie sah aus, als hätte sie das hinter sich. Ihr Gesicht war sehr ausdrucksvoll. Sie war unglaublich laut und sang den Blues auf sehr raue, harte Weise.«[22]

Ein weiterer Stammgast in der Coffee Gallery, Billy Roberts aus South Carolina, fragte das Trio, ob er ein paar Songs mit ihnen singen könne. Damals hatte er bereits einen zukünftigen Garagenrock-Klassiker geschrieben: *Hey Joe* sollte 1966 ein Hit für The Leaves werden und im Jahr darauf die erste Single von Jimi Hendrix. In der Coffee Gallery bereicherte Roberts die Blues-Cover des Trios mit seiner Akustikgitarre und seiner Stimme. »Billys Fingerpicking mutete exzentrisch, ja dramatisch an«, sagte Hanks. »Er schlug die Saiten an, machte lange, lange Pausen, und seine Art zu singen war spektakulär.«[23] Die vier harmonierten gut miteinander, und so verabredeten sie sich für einen weiteren Abend, an dem sie zwar hauptsächlich einzeln auftraten, aber auch einige Songs zusammen performten.

Obwohl die Jungs zwischen den Sets Bier tranken, ließ Janis sich nicht anstecken und blieb den gesamten Auftritt über nüchtern und konzentriert. Aber kaum waren sie vor die Tür getreten, sah die Sache ganz anders aus. »Im Anschluss lechzte sie entweder nach einer Party – oder sie war sehr schüchtern«, erzählte Hanks.[24] Normalerweise fragte Janis dann: »Hat jemand Wein da?« Andere Freunde, wie John Gilmore, erinnerten sich, dass sie sich nach Speed umtat, das sie »Dope« nannte. »Sie schluckte jede Menge Pillen«, meinte er. »Mit Speed kontrollierte sie ihre Depressionen, und mit Alkohol kontrollierte sie wiederum das Speed.«[25] Um der Einsamkeit entgegenzuwirken, »war sie offen für jeden, der bereit war, mitzukommen«, erzählte Hanks. »Auch was Sex angeht, war sie recht freimütig.« Obwohl Janis ihre Beziehung mit Hanks, Perkins und Roberts strikt auf die musikalische Ebene beschränkte, »war ihr Interesse für andere Männer recht schnell und einfach geweckt«.[26]

Wenn sie zusammenspielten, teilten die vier ihre mageren Einkünfte. Um mehr Geld zu machen, wollte Janis Gitarre lernen, damit sie sich selbst begleiten konnte. Sie sparte auf eine Akustikgitarre, die sie in einer Pfandleihe kaufte. Dann bat sie den bekannten Gitarrenlehrer Tom Hobson um Unterricht, aber bereits nach wenigen Stunden empfahl er ihr, sich auf den Gesang zu konzentrieren. Dennoch lernte sie genug, um die Gitarre bei ein paar Songs hervorzuholen. Ihre Auftritte beeindruckten einige Musiker auf ihrem Weg zu erfolgreichen Karrieren, darunter Herb Pederson und seine Pine Valley Boys, die einmal am gleichen Abend im Coffee and Confusion spielten. »Bei ihrem Auftritt spielte sie ein wenig Gitarre und Akkordzither, und sie sang sehr schön«, erinnerte er sich.[27] Der aus Chicago stammende Nick Gravenites »sah, wie sie in der Coffee Gallery Akkordzither spielte und großartigen Country-Blues sang«[28] – auf einer Bühne mit aufstrebenden Folkies wie David

Crosby (bevor er den Byrds beitrat) und Dino Valenti (ein zukünftiges Mitglied von Quicksilver Messenger Service mit David Frieberg). Nick Gravenites sollte noch eine wichtige Rolle in Janis' Musikkarriere spielen.

Janis streckte ihre Fühler aus und wagte den Schritt an das Folk Theater in San José, ein kleines Lokal, das an den Wochenenden Musikfeste veranstaltete. Unter den Musikern, die sie dort kennenlernte, war auch Jorma Kaukonen, der damals an der University of Santa Clara studierte. »Ich kam gerade frisch aus New York und entdeckte das Plakat für das Musikfest«, sagte Jorma Kaukonen, dessen Gitarrenspiel von einem von Janis' Lieblingskünstlern inspiriert war – Reverend Gary Davis, den er in den Clubs von Greenwich Village gesehen hatte. »Ich schnappte mir meine Gitarre, und im Backstage-Bereich, der in etwa die Größe einer Abstellkammer hatte, lernte ich Janis kennen. Wir kamen ins Gespräch und bemerkten, dass wir einige gemeinsame Songs im Repertoire hatten. Also bat sie mich, sie zu begleiten.«[29]

Janis' Stimme haute Jorma Kaukonen, der ebenfalls Fan von Bessie Smith war, vom Hocker. »Obwohl Janis [drei Jahre] jünger war als ich, hatte sie in der Stimme etwas von einer alten Seele«, erinnerte er sich. »Es war so eine Freude, mit ihr zu spielen. Sie eiferte Bessie Smith nach, ohne sie nachzuahmen. Was mich aber wirklich begeisterte, war ihre Leidenschaft.«[30] Bei *Trouble in Mind,* einem achttaktigen Bluessong, den sehr viele Sängerinnen gecovert hatten – darunter Chippie Hill (1929), Victoria Spivey (1936), Dinah Washington (1952) und Nina Simone (1960) –, nutzte Janis ihr Vibrato, um der Verzweiflung in den Zeilen Ausdruck zu verleihen: »I have almost lost my mind / Life ain't worth livin … sometimes I feel like dyin'.« Für zukünftige Auftritte arbeiteten Janis und Jorma Kaukonen an weiteren Nummern, darunter *Winin' Boy* von Jelly Roll Morton, Ma Raineys *Leaving This Morning* und Bessie Smiths *Nobody Knows You When You're Down and Out.*

Im Gebiet um die Bucht von San Francisco gab es viele Bluegrass-Bands, wie die Pine Valley Boys aus Berkeley, die Liberty Hill Aristocrats aus Palo Alto (denen auch die Albin-Brüder angehörten) und die Wildwood Boys mit Jerry Garcia am Banjo, Robert Hunter an der Mandoline und David Nelson an der Gitarre. Janis traf sich mit den Musikern, deren Repertoire teilweise dem der Waller Creek Boys entsprach. Ihr nächster Halt, das Top of the Tangent, war ein Folk-Club, den erst kürzlich zwei Ärzte aus Stanford in Palo Alto eröffnet hatten. Das kleine Lokal befand sich im ersten Stock und war nur über die Pizzeria im Erdgeschoss zugänglich. Bei einem Auftritt am Mittwochabend sang Janis *a cappella* und gewann weitere Fans hinzu, darunter Jerry Garcia, Ron McKernan (Spitzname Pigpen) und David Nelson, der spätere Mitbegründer der New Riders of the Purple Sage.

»Sie kam auf die Bühne und begann diesen Jugband-Song zu singen«, erinnerte sich David Nelson, »und ich und Garcia waren begeistert. Sie hatte so viel Kraft – es war einfach unglaublich. Ich dachte nur: Da ist jemand, der aus diesem seltsamen Musikgenre kommt, und sich den Stil zu eigen gemacht hat. Aber dann erkannte ich, dass sie sich nichts zu eigen machte, sie *war* es.«[31]

Das Tangent buchte Janis für den 5. und 6. April. Am gleichen Abend sollte auch eine Bluegrass-Band namens Westport Singers auftreten. In der Werbeanzeige im *Stanford Daily*, die der Club aufgegeben hatte, hieß es: »Janice Joplin – Großartiger Blues.« Ein Engagement dort war eine Ehre; zwei Wochen später war der Headliner der legendäre Skip James der Delta Blues Singers. Janis bat Jorma Kaukonen, sie an den fraglichen Abenden auf der Gitarre zu begleiten, aber am Tag des Auftritts tauchte sie nicht auf. Er spielte ohne sie. »Ich habe nie erfahren, was los war«, sagte Jorma Kaukonen. »Aber dank ihr bekam ich eigene Gigs im Tangent.«[32]

Um mit dem Stress und den Unsicherheiten fertigzuwerden,

die mit dem Versuch einhergingen, eine Karriere als Bluessängerin aufzubauen – ebenso wie mit den dunklen Schatten, die sie verfolgten –, trank Janis sehr viel. Die rauen Mengen an Rotwein, mit denen sie häufig auch Purple Hearts genannte Amphetamintabletten herunterspülte, begannen ihre Auftritte zu beeinträchtigen. »Damals nahm sie noch keine harten Sachen«, meinte John Gilmore, »es ging vor allem um Gras, Speed und ein wenig Haschisch, wenn sie es kriegen konnte. Aber ohne ihr ›Dope‹ funktionierte sie nicht.«[33] Gilmore erfasste Janis Gefühlslage zu jener Zeit sehr gut, ebenso das Auf und Ab der Emotionen, das sie fortwährend begleitete. »Sie konnte knallhart sein«, erinnerte er sich. »Eines Abends im Coffee and Confusion sah ich, wie sie einen Mann schlug. Sie wollte gerade wieder zuschlagen, als ein Tellerwäscher sie am Arm packte, um sie zurückzuhalten. Das hielt sie allerdings nicht auf. Mit der freien Hand holte sie aus und traf den Mann so hart in den Magen, dass er nach Luft rang. … Mal war sie eine aggressive, hartgesottene Kneipenschlägerin mit losem Mundwerk, die jederzeit bereit war, die Dinge auszutragen, und dann plötzlich grinste und lachte [sie] und war der Kumpeltyp, der wiederum Platz machte für eine traurige, zarte, vertrauensselige Person mit sanfter Stimme, die aber weder feminin noch sexy wirkte, sondern nur verletzlich.«[34]

Eines Abends in der Coffee Gallery lernte Janis eine andere Newcomerin kennen. Die 19-jährige Linda Gottfried war vor kurzem mit dem Bus aus Los Angeles gekommen. Laut Linda, die Janis' sarkastischen Humor zu schätzen wusste, stimmte zwischen ihnen »die Chemie auf Anhieb«. »Es war fast, als hätte ich meine zweite Hälfte gefunden.«[35] Die beiden übernachteten manchmal in der Erdgeschosswohnung eines Freundes in der Sacramento Street, und sie schluckten Purple Hearts und spülten sie mit billigem Rotwein hinunter.

Janis interessierte sich für Männer wie Frauen und besuchte häufig das Anxious Asp, eine angesagte Bar in der Green Street

528 in North Beach. Dort fiel ihr eine zierliche, hübsche, etwas knabenhafte Afroamerikanerin auf. Mit ihren kurzen Haaren, den großen, leuchtenden Augen und den hohen Wangenknochen war die 25-jährige Jae Whitaker 1961 mit ihrer weißen Partnerin Polly nach San Francisco gezogen. Doch das Paar trennte sich, und Jae zog in eine Wohngemeinschaft in einem viktorianischen Haus in Hanglage nahe dem Castro-Viertel. Eines Abends spielten Janis und Jae eine Partie Billard im Anxious Asp, danach stellten sie sich an die Jukebox und sangen zu Songs von Bobby »Blue« Bland.

Jae Whitaker erzählte, dass sie sich zunächst für Janis' Begleiterin Linda Gottfried interessierte, aber »ein bisexueller Freund aus Little Rock, Arkansas« meinte: »Halte dich lieber an Janis!« Weiterhin erinnerte sich Jae, dass »Janis offenbar mit ihm über mich gesprochen hatte, denn sie lächelte mir ständig zu. Ich glaube, sie mochte mich, weil ich süß und etwas androgyn war, da fiel der Umstieg nicht so schwer. Später am Abend gingen wir alle zu meinem Freund Howard Hesseman und rauchten Gras. Janis und ich unterhielten uns, dann küssten wir uns, und so fing alles an.«[36]

Gegen Ende des Frühlings zog Janis in die States Street 186 zu Jae Whitaker und ihren vier Mitbewohnern, wo sie endlich etwas Stabilität fand. Das Haus war groß und gemütlich mit einer steilen Treppe vor der Tür. Jae besaß ein Auto, und zu zweit fuhren sie nach North Beach zum Billardspielen oder in die Natur nach Marin County. Bei einem Ausflug nach Stinson Beach ging ihnen das Benzin aus. Janis wollte Jae überzeugen, sich in den Büschen zu verstecken, während sie ein Auto anhielt. »Sie glaubte, wegen meiner Hautfarbe würde keiner anhalten«, erzählte Jae. »Ich sagte: ›Fick dich! Das sind Vorurteile!‹«[37] Sie stritten so lange, bis ein Auto anhielt und sie zu einer Tankstelle brachte. Laut Jae hatte Janis' Jugend in Texas diese Ängste ausgelöst. »Sie vertraute mir an, dass sie als hässlich und als ›Nigger Lover‹ beschimpft worden war. Sie hielt sich selbst für hässlich. Dann umarmte ich sie immer und versicherte ihr, wie wunderschön sie war.«[38]

Jae unterstützte Janis auch in ihrer Gesangskarriere und legte ihr nahe, Werbefotos anfertigen zu lassen. Janis bat um eine Fotosession bei Marjorie Alette, die sie bereits bei einem Auftritt mit Jorma Kaukonen im Folk Theatre in San José fotografiert hatte. Für die Aufnahmen in Alettes Apartment schlüpfte Janis in ein sackartiges Sweatshirt und ausgeblichene Jeans und posierte mit ihrer Gitarre. Eigentlich wollte Jae, dass sie auch gemeinsam fotografiert würden, aber Janis weigerte sich. »Sie fürchtete, dass Fotos mit einer Lesbe ihr schaden könnten, falls sie ein Star würde«, sagte Jae Whitaker dazu. Janis sorgte sich auch noch immer, was ihre Eltern von ihr halten könnten, und erzählte ihrer Freundin, dass sie eines Tages Kinder haben wolle und »ein Haus mit einem weißen Gartenzaun«. »Eine Weile war ich ihr Gartenzaun«, erinnerte sich Jae. »Immer wieder sagte sie mir: ›Ich liebe dich wirklich sehr.‹ Aber im Grunde war mir klar, dass dies keine Beziehung fürs Leben war. Sie wirkte wie eine Lesbe, war vor mir auch schon mit einer anderen Frau zusammen gewesen, aber trotzdem schien sie die Sache nicht ernst zu nehmen. Auf der Gefühlsebene wollte sie ihrer Familie gefallen und dem entsprechen, was sie aus der Kindheit kannte. Erst dann, glaubte sie, wäre sie ›ganz‹.«[39]

Jae bestand darauf, dass Janis sich einen Job suchte und sich an den Haushaltskosten beteiligte, obwohl der Anteil der beiden an der Miete im Monat nur 17,50 Dollar, ein Viertel der Gesamtmiete, betrug. »Ich sagte ihr, dass ich sie nicht durchbringen kann, und sie fragte: ›Was soll ich tun?‹ Ich meinte nur: ›Du bist schlau. Du findest schon etwas.‹ Sie fand einen Bürojob, der so gar nicht zu ihr passte. Lange arbeitete sie dort nicht, aber sie bezahlte ihre Miete.«[40]

Bei Jae zu Hause legte Janis oft Bessie-Smith-Platten auf, um ihre Phrasierung genau zu studieren. »Sie liebte Bessie Smith von ganzem Herzen und wusste eine Menge über sie«, erzählte

Jae Whitaker. »Ich glaube, sie hat sich stark mit ihr identifiziert. Einmal sagte sie, sie fühle sich wie die Reinkarnation von Bessie Smith.«[41] Wie Janis war die Blues-Ikone eine Powerfrau, bisexuell und eine starke Trinkerin. 1923 war sie die Künstlerin mit den besten Verkaufszahlen für Columbia Records, und bis zur Großen Depression blieb sie ein Star. »Sie traf mich im Innersten, sobald sie zu singen begann. Die Art, wie sie eine Note herausbrachte – mit jenem gewissen Etwas in der Stimme –, war jedem anderen Bluessänger unerreichbar. Sie hatte Musik in ihrer Seele. Sie fühlte alles, was sie sang. Die Aufrichtigkeit ihrer Musik war eine Inspiration«, sagte Louis Armstrong einmal über Smith.[42] Bessie Smith erfand die Songs von anderen neu und »füllte sie mit Freude und Schmerz, die auf eigener Erfahrung zu fußen schienen«, schrieb Chris Albertson in der Biografie *Bessie*.[43] Meisterhaft mischte sie Pathos mit Renitenz, Lust und Verzweiflung, und ihre Zuhörerschaft glaubte ihr jedes Wort, das sie sang – dies sind die Erkenntnisse, die man aus Bessie Smiths Musik ziehen kann.

Janis machte Jae auch auf Bob Dylans erstes Album aufmerksam. »Ich hatte noch nie von ihm gehört«, erklärte Jae, »und ich habe sie gefragt: ›Ist das ein alter Mann? Er klingt, als wäre er vielleicht siebzig oder achtzig.‹ Sie rief: ›Aber nein. Er ist erst einundzwanzig!‹«[44] Im Mai fuhren sie auf das Monterey Folk Festival, wo Janis Bob Dylan persönlich kennenlernte. Das erste Monterey Folk Festival fand am Wochenende vom 17. bis zum 19. Mai 1963 statt und wurde von Barbara Dane veranstaltet, die Peter, Paul and Mary (die erst kurz vorher mit Dylans *Blowin' in the Wind* einen Hit gelandet hatten) als Headliner am Eröffnungstag gewinnen konnte. Auf einer kleinen Bühne spielte Janis am Samstagnachmittag einige Bluesstücke im Rahmen eines Wettbewerbs für Newcomer. Die Preisrichter kürten sie zur Siegerin, und sie gewann Eintrittskarten für die Konzerte am selben Abend. Es spielten die Wildwood Boys, die Greenwich Village's New Lost City Ramblers, der Texaner Mance Lipscomb und Bob Dylan. Sein zweites Album *The Freewheelin' Bob Dylan* sollte eine Woche später veröffentlicht werden.

Bob Dylan, der im Westen noch recht unbekannt war, stieß mit seinen Songs *Masters of War*, *Talkin' John Birch Paranoid Blues* und *A Hard Rain's A-Gonna Fall* in Monterey auf taube Ohren. Dann betrat Joan Baez als Überraschungsgast die Bühne und ermahnte das lärmende, unruhige Publikum und erklärte, Dylan würde »für sie und alle sprechen, die sich eine bessere Welt wünschten«.[45] Als Baez kraftvoll *With God on Our Side* im Duett mit ihm anstimmte, hörte das Publikum endlich zu.

Am nächsten Tag auf der Festwiese entdeckte Janis Dylan, der über die Grünflächen wanderte. »Janis geht auf ihn zu«, erinnerte sich Jae Whitaker, »und sagt: ›Hi, ich heiße Janis Joplin und das ist meine Freundin Jae.‹ Er erwiderte den Gruß, und sie fügte noch hinzu: »Ich liebe Sie einfach, und eines Tages werde ich auch berühmt sein.‹ Und er antwortete: ›Ja – wir alle werden berühmt sein.‹«[46]

Kapitel 9

Crystal-Junkie und »Saturday Night Swindle«

»Kozmic Blues« bedeutet, dass du machen kannst, was du willst, am Ende aber doch niedergestreckt wirst. Eines Tages erkannte ich, dass niemals alles in Ordnung kommen würde – irgendwas läuft immer schief. Es sind deine Wünsche, die dich unglücklich machen – das Loch, das Vakuum.[1]
Janis Joplin

Nachdem Janis sechs Monate lang im Gebiet von San Francisco Konzerte gegeben und stetig neue Fans hinzugewonnen hatte, verlor sie den Fokus. Wie in Austin lief sie nach einer Phase der Begeisterung und der Hingabe für das Singen in Widerstände – oder stand ihrem Durchbruch selbst im Weg. In den folgenden Wochen wurde sie von Rastlosigkeit getrieben, was ihren Alkohol- und Drogenkonsum nur noch verstärkte. Als sie sich schließlich hilfesuchend an ihren Vater wandte, versuchte er sein Bestes – allerdings hielt seine düstere Weltsicht für Janis nur eine erschreckende Erkenntnis bereit: Enttäuschungen, Leiden und Schmerz, so erklärte er, würden ihre ständigen Begleiter bleiben – auch wenn sie ihnen noch so sehr zu entfliehen versuchte.

»Es lief wirklich gut mit meinem Gesang, als ich dort ankam«, schrieb Janis 1965 in einem Brief. »Die Leute behandelten mich, als würde ich bald berühmt werden. Aber schon ein paar Monate später war ich ständig betrunken und hing in der Green Street im Anxious Asp herum. Eine traurige Geschichte, nicht wahr?«[2] Mit Abwesenheit glänzte sie nicht nur im Top of the Tangent.

Rodney Albin, der Veranstalter des San Francisco State College Folk Music Festivals, buchte sie für ein groß angekündigtes ganztägiges Konzert am 23. Mai 1963 – im Programm war sie als »Janet Joplin« gelistet. Aber an dem Wochenende, nachdem sie Bob Dylan in Monterey getroffen hatte, wartete man vergeblich auf sie.

Janis hatte genug Geld gespart, um Dylans Revier in New York City zu besuchen. Später im Herbst durchforstete sie die Szene des Greenwich Village und besuchte Gerde's Folk City in der West Fourth Street in Manhattan, wo Dylan zwei Jahre zuvor sein New Yorker Debüt gegeben hatte. Auf der Suche nach Anschluss und Geborgenheit zog sie weiter nach Port Arthur, um Weihnachten mit der Familie zu verbringen, aber Texas wirkte noch beklemmender auf sie als zuvor, besonders nachdem Präsident Kennedy am 22. November in Dallas erschossen worden war. Auf einer Party von Jim und Rae Langdon in Lafayette, Louisiana, wo Jim bei einer Zeitung arbeitete, traf Janis ihre alten Freunde. Doch von ihren Leuten in Port Arthur war sie die Einzige, die es so weit in die Ferne getrieben hatte.

Zu Beginn des Jahres 1964 feierte Janis ihren einundzwanzigsten Geburtstag wieder in San Francisco, wo sie mehr trank denn je. Da ihre Beziehung mit Jae Whitaker in die Brüche gegangen war, hatte sie kein Heim mehr und zog wieder von Ort zu Ort. Sie hing in den Bars von North Beach mit Linda Gottfried und Kumpels wie Jim Fouratt ab, der bald ein prominenter Schwulenrechtler werden sollte (wodurch er zur 1976 erreichten Entkriminalisierung der Homosexualität in San Francisco beitrug). »Ich sah Janis in der Coffee Gallery und anschließend gingen wir etwas trinken«, sagte Jim Fouratt. »Wir hatten kein Geld, deswegen aßen wir manchmal in Restaurants, gingen dann auf die Toilette und verschwanden ohne zu zahlen durch die Hintertür.«[3] Janis' derber Humor gefiel ihm, und die beiden verbrachten die Nächte zechend und feiernd, bis er sie schließlich zum Schlafen in sein Männerwohnheim schmuggelte.

Obwohl Janis einige Zeit fort gewesen war, hatten die Clubbesitzer und Musiker sie nicht vergessen, und ihr Ruf als außergewöhnliche Sängerin verbreitete sich weiter. Sie kaufte eine gebrauchte Vespa, um für Gigs leichter nach Berkeley und in die Bay Area zu gelangen. Ihrem kalifornischen Führerschein zufolge, ausgestellt am 21. Februar 1964, lebte sie in der Gough Street 1515 im Stadtteil Lower Pacific Heights, später dann in einer günstigeren Wohngegend von San Francisco. Das Cabale, das 1963 von den aus Cambridge stammenden Folkmusikern Debbie Green und Rolf Cahn (dem Ex-Mann von Barbara Dane) eröffnet wurde, war Berkeleys beliebtestes Café. Das in einem ehemaligen Schuhgeschäft eingerichtete Lokal war lang und schmal, die Stühle an den Tischen waren zur Bühne hin ausgerichtet. Eines Abends im Februar schaute Janis vor ihrem Konzert in der Coffee Gallery im Cabale vorbei. Dort trat gerade Bob Neuwirth auf, ein Musiker und Maler von der Ostküste, der bald Bob Dylans rechte Hand werden sollte – und Jahre später auch von Janis. Green fragte Neuwirth, ob Janis vor seinem Gig etwas singen dürfe. »Sie stand auf, sang *a cappella* und riss alle vom Hocker«, erinnerte sich Neuwirth. »Dann rief sie: ›Ich muss zurück nach North Beach!‹ Sie sprang auf ihren Motorroller, fuhr auf die San Pablo und wurde von einem Auto gerammt. Wir alle rannten auf die Straße. Ich legte ihr meine Jacke unter den Kopf, und dann nahm sie der Krankenwagen mit. Aber sie wollte nicht ins Krankenhaus – sie wollte zurück nach San Francisco.«[4]

Das Ausmaß ihrer Verletzungen – vermutlich eine schwere Beinverletzung – und die Dauer ihres Klinikaufenthalts sind nicht bekannt; ihre Familie erfuhr davon nichts. Doch der Unfall warf sie noch weiter aus der Bahn. »Leute von einer Plattenfirma aus L. A. hatten sie gehört und fanden sie fantastisch«, erinnerte sich ihr Freund Chet Helms, der sie nicht aus den Augen verloren hatte. »Einer kam von RCA, und Janis stand kurz vor einem großen Vertrag, der alles verändert hätte – ihre finanzielle Situation, ihre Karriere. Dann kam ihr Unfall mit der Vespa. Er machte alles kaputt, und sie landete im Krankenhaus. Während ihrer Genesung verlief die Sache mit dem Vertrag im Sand.«[5]

Nachdem Janis sich erholt hatte, reiste sie mit Linda Gottfried in deren Heimatstadt Los Angeles, um dort ihr Glück in den zwei größten Folkclubs zu versuchen – dem Doug Westons Troubadour und dem Ash Grove. Linda stellte ihr den Studiogitarristen Steve Mann vor, der anbot, sie beim Open-Mic im Troubadour zu begleiten. Als die beiden hinter der Bühne ein paar Nummern vorbereiteten, konnte man nur staunen, wie »sie mit Körper und Seele in den Sound des schwarzen Blues eintauchte«. Nach der Show »wusste sie nicht, wo sie unterkommen sollte, also lud ich sie in mein Elternhaus ein. Sie war lustig – mit ihr langweilte man sich nie.« Janis sang ihm auch ein paar eigene Songs vor; ein weiterer Aspekt ihres musikalischen Könnens, der ihn faszinierte.

In San José traf Janis Jorma Kaukonen wieder, der kurz zuvor geheiratet hatte und gerade seinen College-Abschluss machte. Er verfolgte weiterhin seine Musikkarriere, spielte dann und wann mit Steve Mann und hatte sich ein Sony-Tonbandgerät gekauft. Um ein paar Songs zu proben, lud er Janis in sein Haus in der Fremont Street ein. »Wir passten gut zusammen«, erzählte Jorma Kaukonen. »Mit Janis machte es immer Spaß, denn ihr ging es allein um die Musik. Die Musik war unsere gemeinsame Leidenschaft.«[6]

Während seine schwedische Frau Margareta im selben kleinen Zimmer saß und einen Brief an ihre Familie tippte, ließ Jorma Kaukonen das Tonbandgerät laufen, um ihre Probe aufzuzeichnen. Auf den sogenannten *Typewriter Tapes,* schwarz gehandelten Mitschnitten, die seit Jahrzehnten im Umlauf sind, hören wir die Musiker, zu denen auch Steve Mann zählte, wie sie beim Zusammenstellen der Songs lachen und Spaß haben, die Reihenfolge der Songs diskutieren und Komplimente austauschen. Janis spielte spaßeshalber eine Tussi und flötete mit hoher Stimme, dass sie bei ihrem nächsten Bühnenauftritt ein Chiffonkleid tragen wolle, wenn sie vor dem »goldenen Lamévorhang« stünde. Auf dem Tape festgehalten sind außerdem ihre Interpretationen von Reverend Gary Davis' *Hesitation Blues,* Bessie Smiths *Nobody Knows You When You're Down and Out* und der aus Janis' Feder stammende Song *Long Black Train Blues* mit einem schwermütigen Text: »That train start off slowly / My tears keep streamin' down / I cried, Oh Lord, why was I left in this God-forsaken town?« Wenn Janis von Jorma Kaukonen begleitet wurde, war sie entspannter als bei Soloauftritten, und sie improvisierte zu seinem famosen Fingerpicking. Unter den Musikern, die hin und wieder hinzukamen, war auch Steve »Richmond« Talbot, ein fähiger Bluesgitarrist (und Bremsenwärter bei der Southern Pacific Railroad). Als sie das von Janis geschriebene *Mary Jane* spielten, hielten es viele fälschlicherweise für einen Titel von Bessie Smith. Der vom Hot-Jazz der 1920er Jahre inspirierte Song handelt von den Vorzügen des Marihuanakonsums:

»Well I have known women that wanted no man / Some that wanted to stay / But I never knew what happened in this world / Til I met up with Mary Jane ... / Oh when I'm feelin' lonesome and I'm feelin' blue / There's only one way to change / I walk down the street now lookin' for a man / One that knows my Mary Jane ...«

Im April 1964, vier Monate nach ihrer Rückkehr, brach Janis erneut aus San Francisco auf, dieses Mal mit Linda Poole, die ihren Musikgeschmack teilte und ebenfalls eine Ex-Freundin von Jae Whitaker war. Janis kaufte einen günstigen Gebrauchtwagen, ein klappriges, gelbes Morris-Mini-Cabrio, und die beiden fuhren zunächst nach Austin, wobei sie unterwegs Speed schluckten. Am 16. April trat eine selbstbewusste und fröhliche Janis zum ersten Mal nach 15 Monaten wieder mit ihrem Mentor Mr. Threadgill und den Waller Creek Boys im Threadgill's auf. Ein Freund machte einen Mitschnitt des Konzerts, bei dem sie neben ihrem alten Repertoire auch Hank Thompsons Honky-Tonk-Nummer *A Six Pack to Go* brachte – eine Kazoo-Einlage eingeschlossen. Der Abend endete mit einer schwungvollen Version von *Can the Circle Be Unbroken (Bye and Bye)* der Carter Family.

Schließlich erreichten die beiden Frauen ihr eigentliches Ziel: New York. Dort schliefen sie in der Wohnung des Barkeepers und Schauspielers Ken Hill in der Lower East Side. Das Viertel mit seinen verlassenen Gebäuden und ausgebrannten Autos bot viel günstigen Wohnraum für Künstler, Musiker, Schriftsteller, ukrainische und polnische Immigranten und Familien aus Puerto Rico. Raubüberfälle standen auf der Tagesordnung, und Drogendealer trieben sich an den Straßenecken herum. Ken Hill arbeitete in der Bar The Old Reliable, einem osteuropäischen Lokal in der Third Avenue zwischen den Avenues B und C, dessen Hinterzimmer ein kleines Off-Off-Broadway-Theater beherbergte. Es wurde zu Janis' Stammkneipe, ebenso wie Slugs' Saloon, ein Musiklokal in der Nähe – denn beide boten spottbillige Getränke an. Jerry Schultz, der Besitzer des Slugs' Saloon ließ vor allem Jazzmusiker auftreten, darunter auch Sun Ra, Ornette Coleman und Sonny Rollins (heute ist in dem Gebäude das bekannte Kulturzentrum Nuyorican Poets Café zu finden). An ruhigen Abenden ließ er Janis vor einer Handvoll Leuten auftreten. Am 25. Mai, einem Montagabend, sang sie im Gerde's Folk City, wo sie sich die Bühne mit dem versierten Folkgitarristen Jerry Silverman teilte.

Als ihr in den Folkclubs in Greenwich Village Musiker mit klangvollen zwölfsaitigen Gitarren auffielen, kaufte sie sich ebenfalls solch ein Instrument und versuchte, sich das komplizierte Spiel beizubringen. Doch in diesem Sommer wurden die USA in der sogenannten *British Invasion* von englischen Beat-Bands mit ihren E-Gitarren erobert, und allerorts dröhnten ihre Songs aus Autoradios und Wohnungen. Die Beatles landeten

1964 sieben Nummer-eins-Hits, und verdrängten die Folkmusik aus den Gedanken der Musikkritiker und -fans.

Janis rief ihre Eltern aus New York an, um ihnen zu versichern, dass sie als Lochkartenstanzerin arbeitete und an den Wochenenden in Clubs sang. Als Zeichen ihrer Unterstützung schneiderte Dorothy Joplin ihrer Tochter ein Bühnen-Outfit, bestehend aus einer Bluse, in die kleine Spiegelsteine und orangefarbene Stickereien eingearbeitet waren, und einem scharlachrot und weiß gemusterten Umhang. Sie schickte die Sachen per Post, doch Janis gab sie weg und trug weiterhin ihr übliches Ensemble: ein schwarzes Shirt und dazu Levi's Jeans. Sie hatte durch ihren ständigen Speedkonsum Gewicht verloren, und die Haare trug sie mittlerweile kurzgeschnitten.

Wie oft Janis in den fast vier Monaten, die sie in New York verbrachte, arbeitete oder Konzerte gab, ist unklar. Einige, die sie kannten, glaubten, sie erwarb sich ein unsicheres Einkommen mit Billardspielen in Stadtteilkneipen. Viel Zeit verbrachte sie in Schwulenbars, wo sie trank und mit »einer untersetzten, kurzhaarigen maskulinen Lesbe« namens Adrianne Pillen schluckte, erzählte Janice Knoll, in deren Wohnung in der East Second Street zwischen den Avenues A und B Janis gelegentlich unterkam.[7] Janice und ihr Ehemann Edward Knoll spritzten sich, wie viele in der Nachbarschaft, regelmäßig Speed. Im Juli beschlossen Janis und Adrianne, »sie wollten Speed drücken«, und Janice Knoll setzte den beiden ihren ersten Schuss.[8] Nur wenige Monate zuvor hatte Ed Sanders, der Poet und Mitbegründer der anarchistischen Rockgruppe The Fugs, eine Dokumentation mit dem Titel *Amphetamine Head: A Study of Power in America* gedreht, in der Abhängige in der Nähe von Knolls Apartment porträtiert wurden. »Jeder, der in der Lower East Side wohnte und in die Straßenkultur eintauchte, kam in Kontakt mit A-Heads«, schrieb Sanders 2012 in seinen Memoiren. »Sie trieben sich auf den Straßen herum, in Bistros und Imbissen, wo sie unmenschliche Mengen an Amphetamin ballerten, schnieften oder schluckten. … In manchen Wohnungen … war eine Injektionsnadel über dem Gasherd etwas so Normales wie die Akustikgitarre neben dem Bett.«[9]

Janis erinnerte sich später an die »erdrückende Atmosphäre« des sommerlichen New York und betrachtete diese Zeit als Teil »meiner lesbischen Phase – erst Jae, dann Linda Poole –, und ich ging nach New York, wo ich mit Lesben abhing und … regelmäßig Dexamyl nahm. Dem bin ich schließlich entkommen …« Sie entschied sich, New York zu verlassen und nach San Francisco zurückzukehren, weil sie, wie sie behauptete, zum ersten Mal den Wunsch verspürte, »mir einen alten Mann zu suchen und glücklich zu werden«. Später betrachtete sie ihren Vorstoß nach New York und ihre Rückkehr nach San Francisco als ihren Weg »hinaus in die Welt voller Elan und Verlangen, nur um jedes Mal richtig fertiggemacht zu werden«.[10]

Auf der Rückfahrt nach Kalifornien im späten August machte Janis Halt in Port Arthur, wo sie ihren Eltern fröhlich von einer tollen Zeit in New York erzählte. Janis holte ihre 14-jährige Schwester Laura von der Probe der Schulband ab und schenkte ihr die verhauene Akustikgitarre, die sie nicht mehr brauchte, da sie nun die zwölfsaitige spielte. »Wir übten im vorderen Schlafzimmer neben der Küche«, so schrieb Laura später. »Janis sang einen kehligen Blues und zeigte mir, wie man Akkorde griff und über die Bünde glitt.«[11] Während des kurzen Besuchs machte ihr »analytischer« Vater Janis auf ein nicht gerade kleines Leck im Öltank ihres Cabrios aufmerksam, aber sie antwortete nur: »Es ist so toll, einfach mit im Wind flatternden Haaren über Land zu fahren.«[12] Um ihre Familie zu beruhigen, schickte Janis zwei Postkarten von unterwegs. Eine kam aus Reno: »Leider war das Nugget [Casino Resort] ausgebucht, deshalb habe ich das Auto an einer Royal-Tankstelle geparkt und auf der Rückbank geschlafen.«[13] Auf die zweite, mit einem Bild der San Francisco – Oakland Bay Bridge darauf, hatte sie in großen Blockbuchstaben geschrieben: »Do. 10:30 Uhr SEUFZ!«[14]

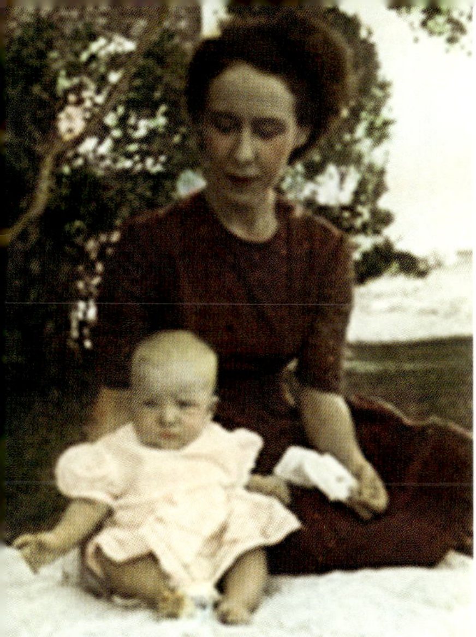

)orothy East Joplin liebte ihre Erstgeborene anis Lyn abgöttisch und tat alles, um ihre Kindheit möglichst vollkommen zu gestalen, wozu auch der Einzug in das Backteinhaus in der Procter Street, Port Arhur, Texas, gehörte; 1943. (© Joplin Family hoto Collection)

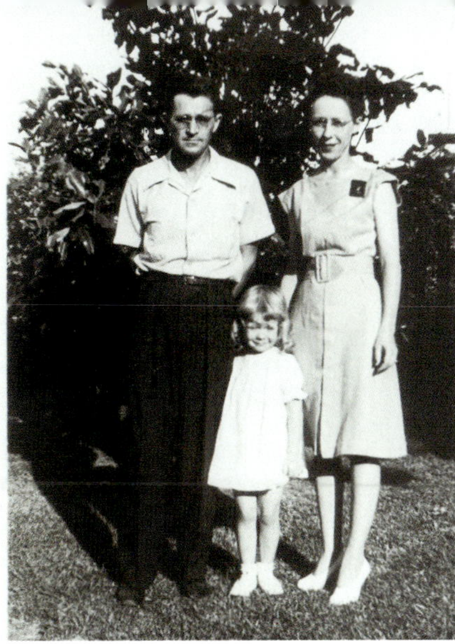

Die dreijährige Janis stand im Zentrum der Aufmerksamkeit von Seth und Dorothy Joplin; um 1946. (© Joplin Family Photo Collection)

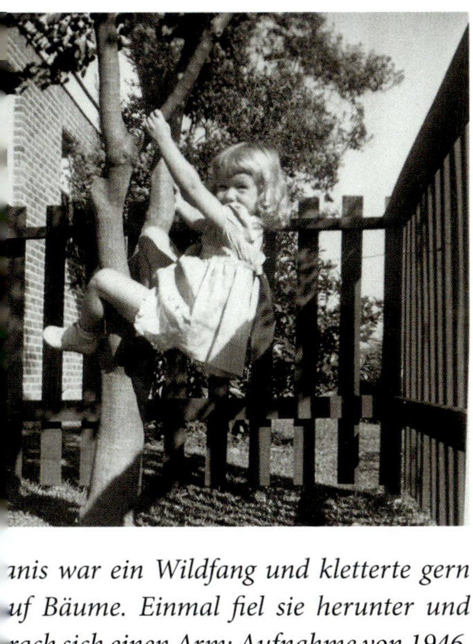

anis war ein Wildfang und kletterte gern uf Bäume. Einmal fiel sie herunter und rach sich einen Arm; Aufnahme von 1946. ⑤ Joplin Family Photo Collection)

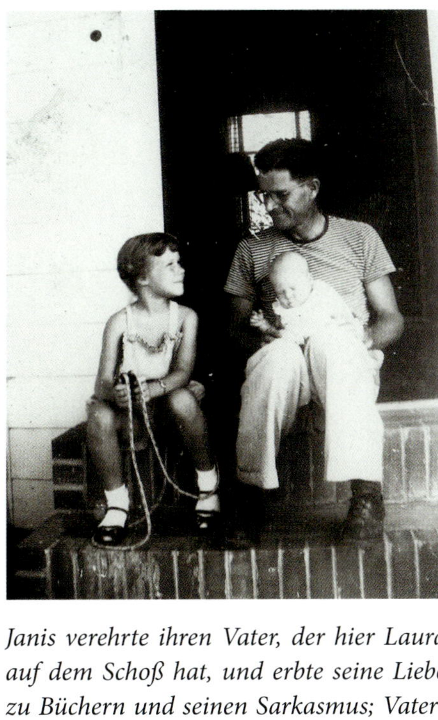

Janis verehrte ihren Vater, der hier Laura auf dem Schoß hat, und erbte seine Liebe zu Büchern und seinen Sarkasmus; Vatertag 1949. (© Joplin Family Photo Collection)

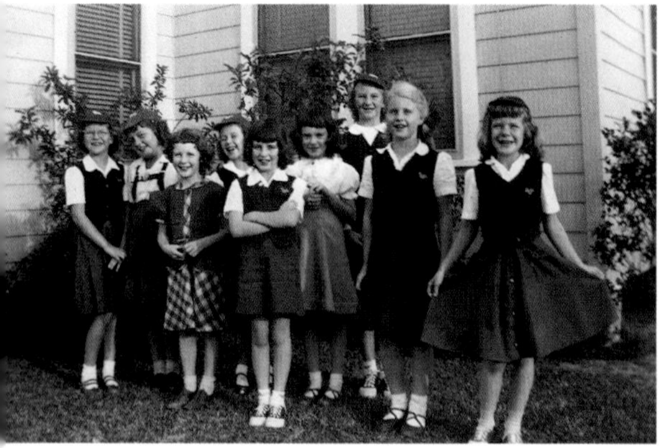

Dorothy wollte ihrer Familie das stabile Mittelschichtsleben verschaffen, das sie selbst vermisst hatte. So lud sie auch Gruppen der Blue Birds in ihr Haus, um deren Organisation sie sich kümmerte; ganz rechts die siebenjährige Janis, einen Knicks machend. (© Joplin Family Photo Collection)

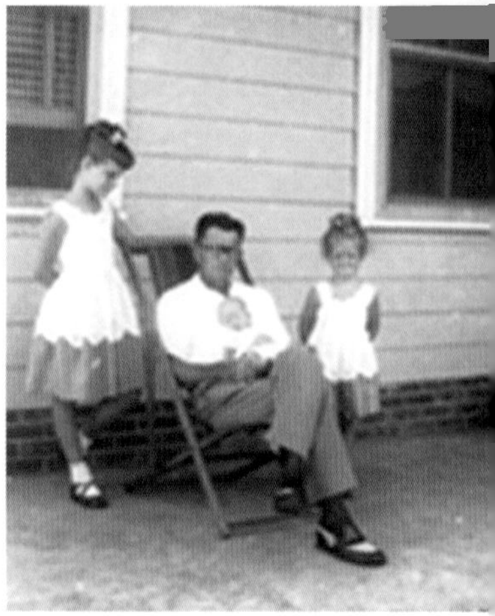

Janis passte oft widerwillig mit ihren Vater auf ihre Geschwister Laur und den neugeborenen Michael au 1953. (© Joplin Family Photo Collection)

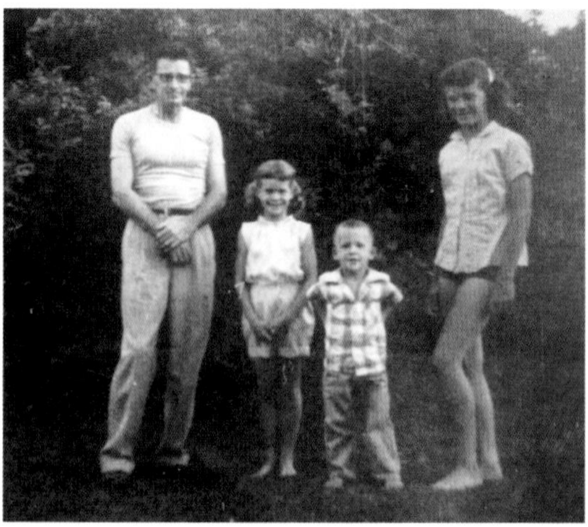

Seth baute für Laura, Michael un die 13-jährige Janis Spielgeräte wi den »Giant Stride«, die im Garte des Hauses in der Lombardy Stree Port Arthur, standen; Juni 1956. (© Joplin Family Photo Collection)

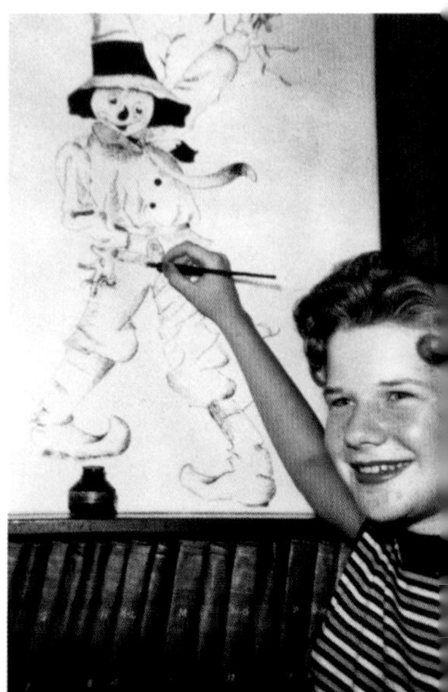

Janis liebte Bücher, zeichnete und malte gern. In den Sommerferien nach Abschluss der 9. Klasse konnte sie beide Interessen miteinander verbinden, als sie ehrenamtlich in der Gates Memorial Library in Port Arthur arbeitete und Plakate für die Kinderabteilung anfertigte. Dieses Foto erschien 1957 zu einem Artikel in den Port Arthur News, *dem ersten Bericht über Janis in der Presse. (Port Arthur News, mit freundlicher Genehmigung von Laura Joplin)*

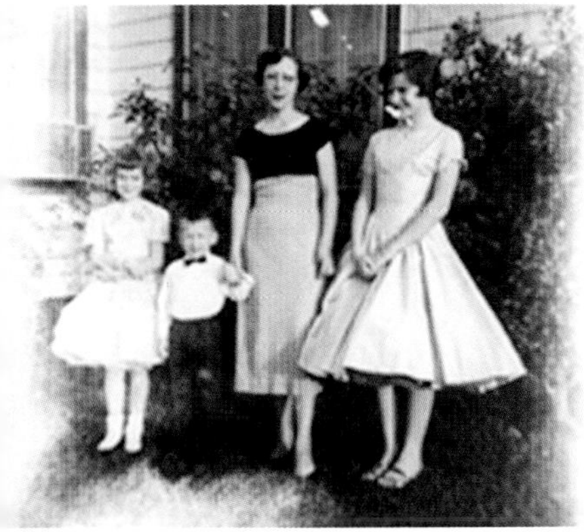

)orothy Joplin und ihre Kinder im Sonn-
agsstaat vor ihrem Haus. Bald nach dem
:ntstehen dieser Aufnahme sollte Janis,
tatt in die Kirche zu gehen, mit ihrem
theistischen Vater zu Hause bleiben. (© Jop-
n Family Photo Collection)

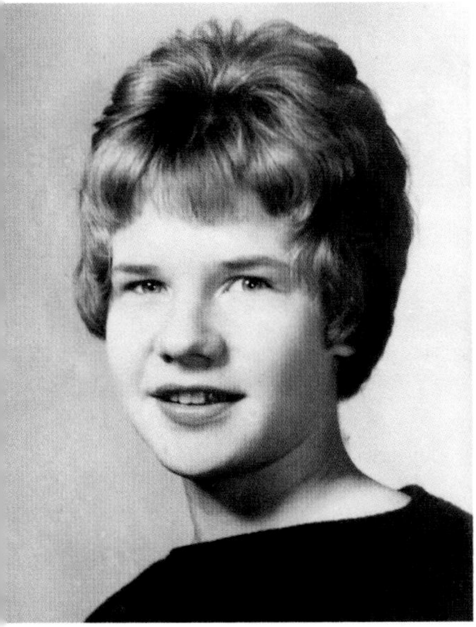

anis im vorletzten Schuljahr, eine Aufnah-
1e, die im Yellow Jacket, dem Jahrbuch
'er Thomas Jefferson High School, erschien.
n Jahr darauf galt Janis wegen ihrer pro-
ressiven Ansichten und ihrer Liebe zur
:hwarzen Musik als Außenseiterin. (© Jop-
n Family Photo Collection)

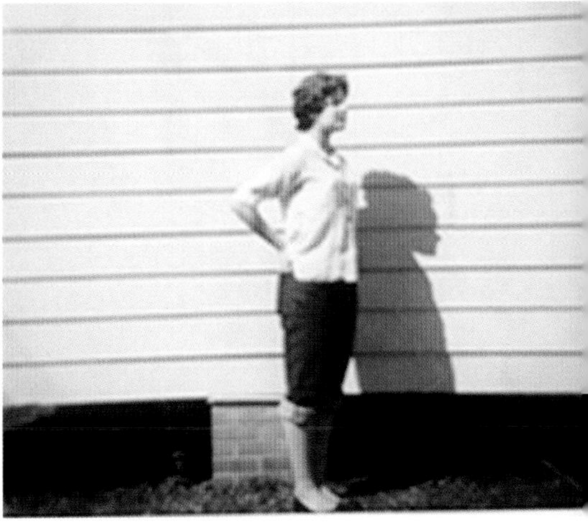

Janis sagte einmal, ihr Vater habe »ständig Gespräche mit [ihr] geführt, und dann wandte er sich plötzlich ab, als ich 14 war – vielleicht wollte er einen gescheiten Sohn oder so etwas«. Hier im Haus der Familie; 1957. (© Joplin Family Photo Collection)

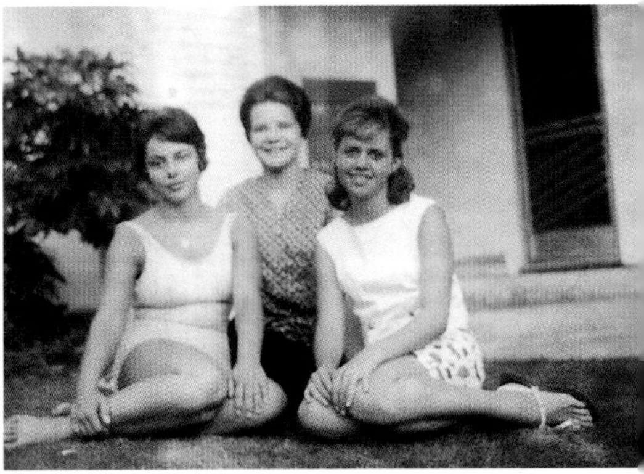

Im Alter von 18 Jahren fuhr Janis mit einem Bus quer durchs Land nach Los Angeles und zog dort vom Haus der einen Tante in das der anderen, bevor sie sich in Venice ein improvisiertes Lager im Beatnik-Stil suchte. Hier mit ihren Cousinen aus Kalifornien Jean Pitney (links) und Donna MacBride (rechts); um 1961. (© Joplin Family Photo Collection; mit freundlicher Genehmigung von Donna MacBride)

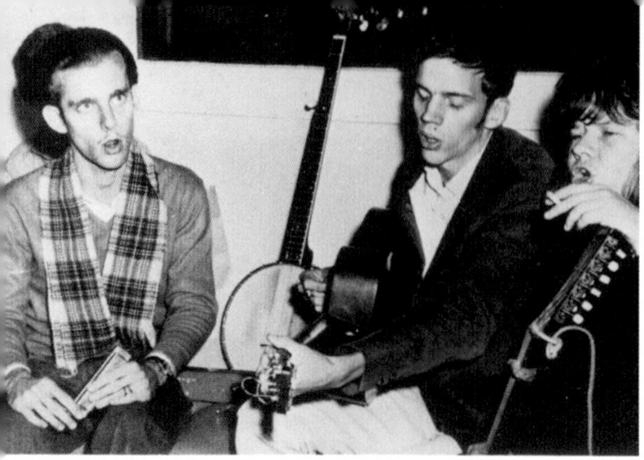

Janis hatte erstmals Fans, als sie mit den Waller Creek Boys, Folkmusikern aus Austin, auftrat, zu denen die Studienkollegen der University of Texas Powell St. John (links), Harmonika, und Lanny Wiggins (Mitte), Gitarre und Banjo, gehörten; 1962. (© Cactus Yearbook, Texas Student Publications; mit freundlicher Genehmigung von Laura Joplin)

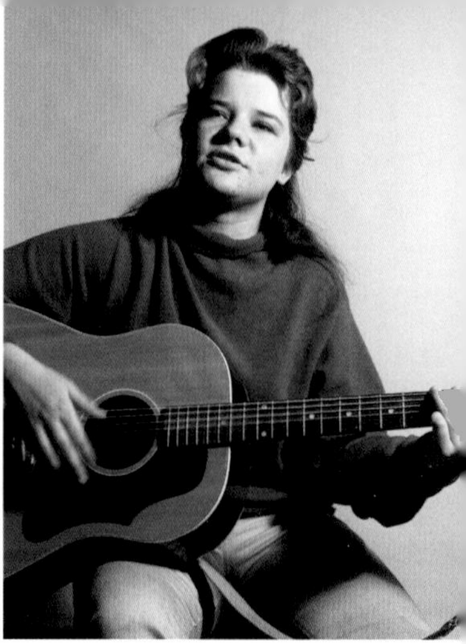

Janis wollte unbedingt in den Cafe von San Francisco als Bluessängeri auftreten und posierte deshalb fü Werbefotos, kaum dass sie 1963 vo Austin in die kalifornische Stadt ge trampt war. (Foto von Marjorie Alette)

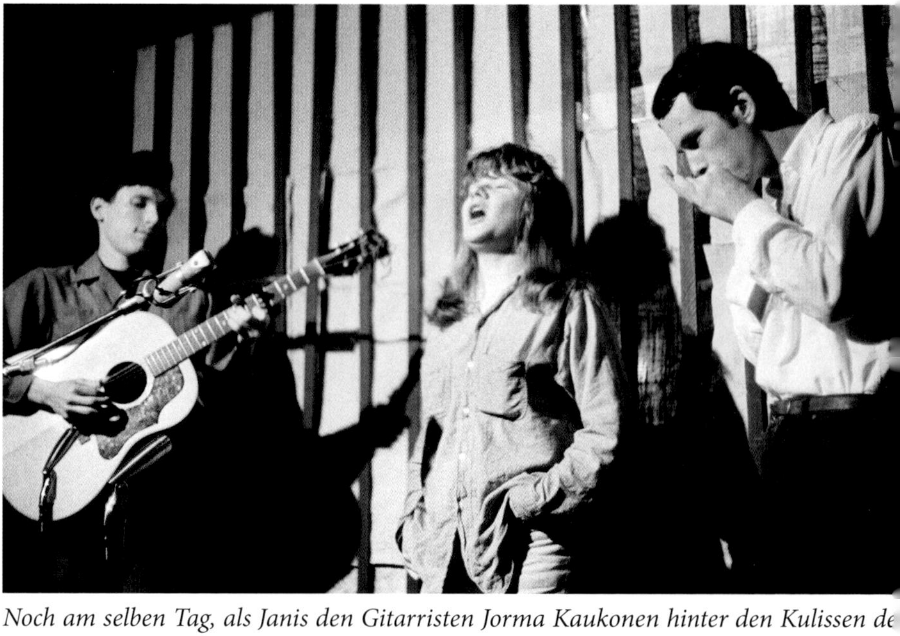

Noch am selben Tag, als Janis den Gitarristen Jorma Kaukonen hinter den Kulissen de Folk Theatre in San Jose, Kalifornien, kennenlernte, bat sie ihn, mit ihr zusammen z spielen. Hier begleitet die beiden ein unbekannter Mundharmonikaspieler. Janis träg ihre Straßenkleidung – ein Herrenhemd aus Chambray-Stoff und eine Latzhose. (Foto vo Marjorie Alette)

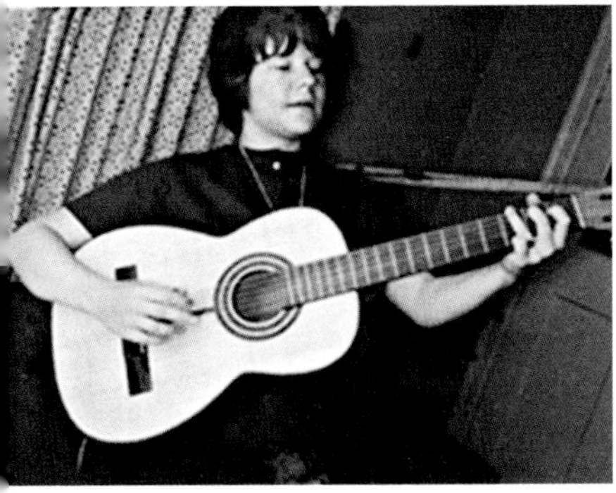

Nach ihrem Aufenthalt in New York im Sommer 1964, den sie hauptsächlich mit Billardspielen und dem Konsum von Speed verbrachte, machte Janis mit ihrer neu erworbenen zwölfsaitigen Gitarre halt in Port Arthur. (© Joplin Family Photo Collection)

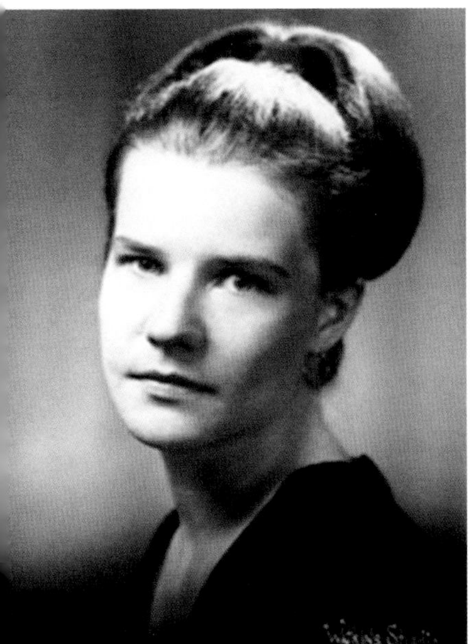

Dieses Verlobungsfoto entstand, während sich Janis 1965 in Port Arthur von ihrem drogenbedingten Zusammenbruch erholte; sie blieb abstinent und kehrte ans College zurück; zur Heirat mit Peter de Blanc, einem Hochstapler und Gauner, sollte es jedoch nicht kommen. (© Joplin Family Photo Collection)

Janis im September 1964 im Wohnzimmer ihres Elternhauses mit Seth, Dorothy und Schwester Laura, bevor sie wieder nach San Francisco fuhr; als sie neun Monate später nach Port Arthur zurückkehrte, war sie ein Drogenfreak und wog nur noch 40 Kilo. (© Joplin Family Photo Collection)

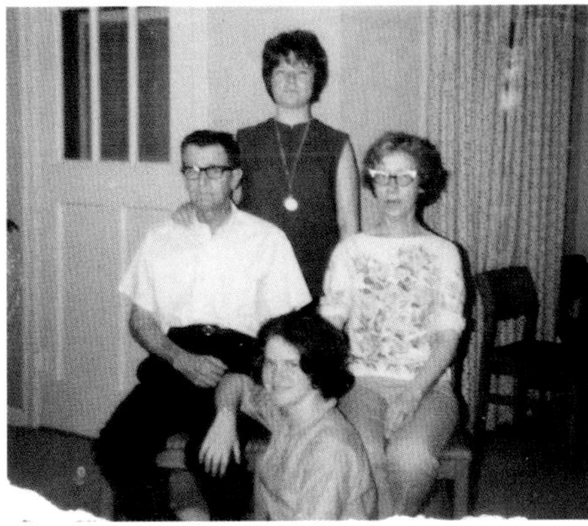

Janis und Chet Helms 1966 in der Pine Street, kurz nachdem Janis nach San Francisco zurückgekehrt war, um in die Band einzutreten, die er managte – Big Brother and the Holding Company. (Foto von Herb Greene)

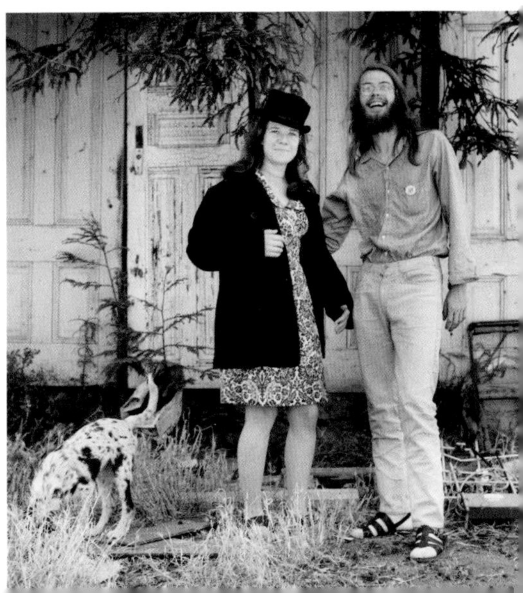

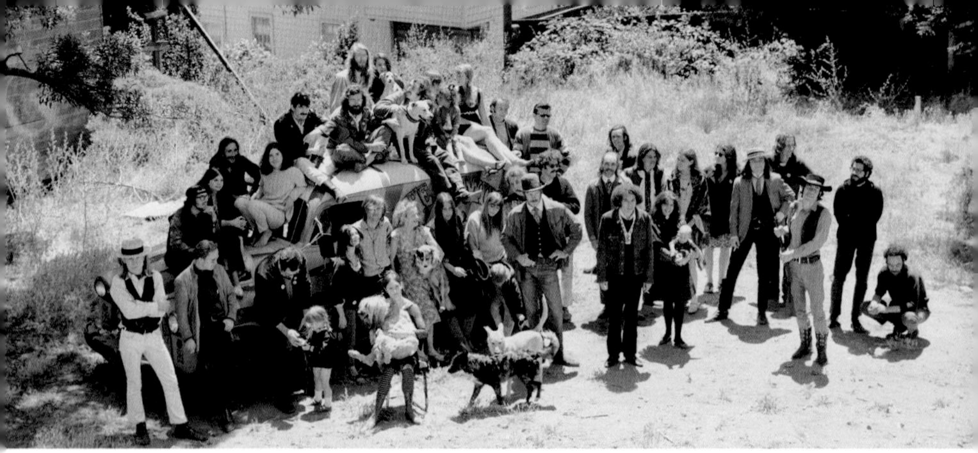

*Die Wohngemeinschaft Family Dog bot Janis ein neues Zuhause. Das Foto zeigt d
Gruppe und ihre Freunde aus der Pine Street im Jahr 1966; Janis ist die Sechste von rech
(mit Sonnenbrille) und steht zwischen James Gurley und Peter Albin, umringt von ve
schiedenen Mitgliedern der Charlatans; auf dem Lkw Chet Helms und Sancho (de
Hund, der das Logo von Family Dog zierte). Sam Andrew steht vor dem Wagen, Nanc
Gurley (in Schwarz) in der ersten Reihe rechts mit Baby Hongo. Janis schickte ihr
Familie die Aufnahme mit den Worten: »Diese Leute sind alle Freunde von mir! Sind s
nicht erstaunlich?!« (Foto von Herb Greene)*

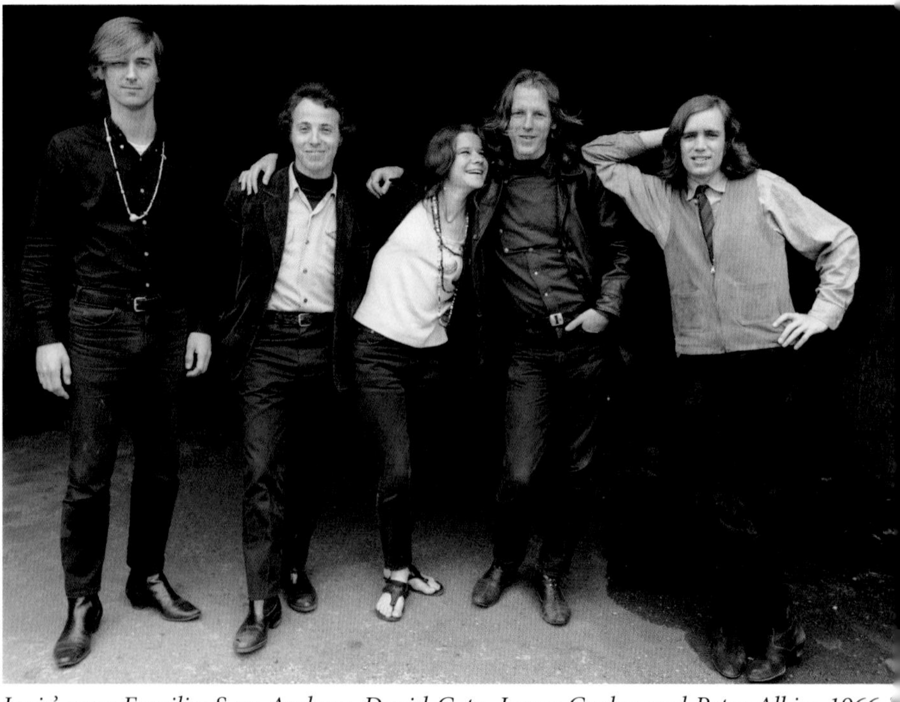

*Janis' neue Familie: Sam Andrew, David Getz, James Gurley und Peter Albin; 1966
San Francisco. (Foto von Herb Greene)*

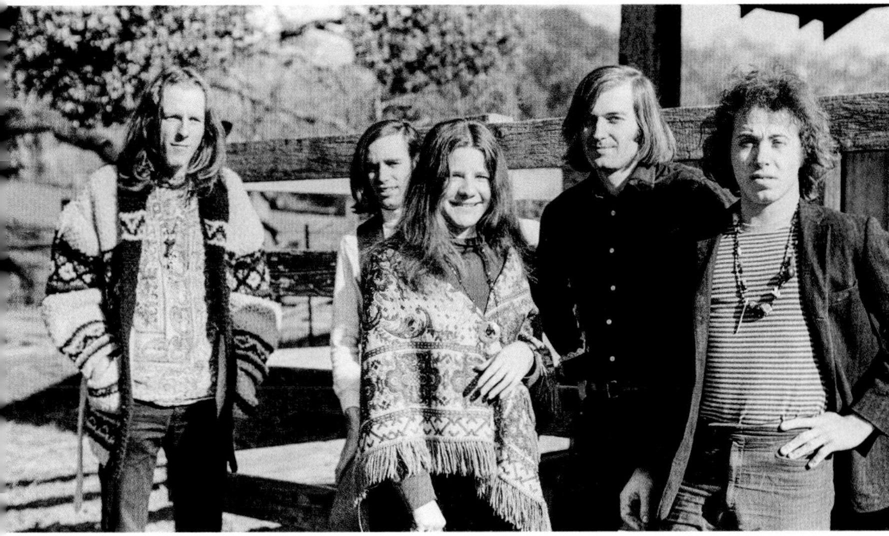

'ach dieser bukolischen Fotosession auf der Dixon Ranch in Woodacre, Marin County, chrieb Janis nach Hause: »… ich denke, sie werden eins der Fotos für ein Plakat von 'amily Dog verwenden! Herr im Himmel, ich freue mich wahnsinnig!« (Foto von Lisa Law/ ache Agency)

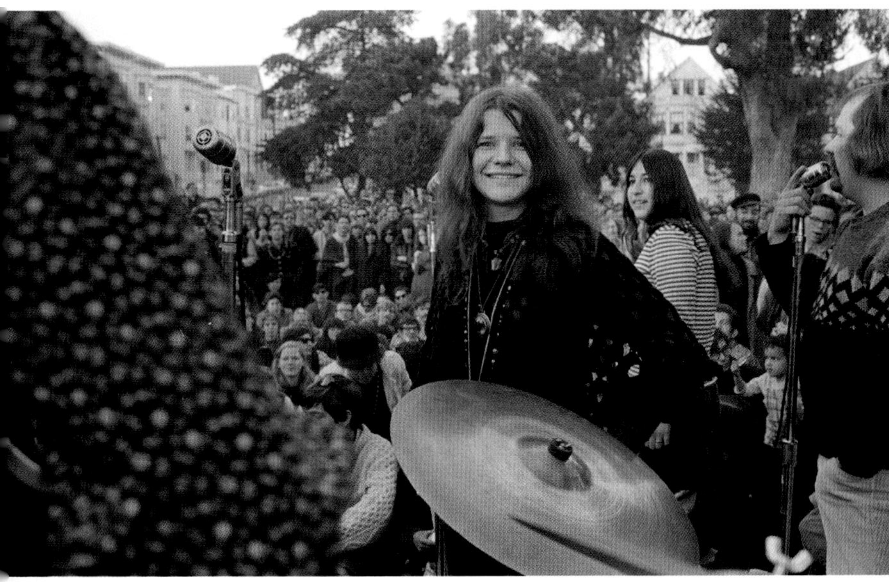

ınis 1966, kurz bevor sie mit den Musikern von Big Brother die Bühne für eins ihrer ielen kostenlosen Konzerte im Penhandle des Golden Gate Park in Haight-Ashbury be- 'at. Links von ihr Gitarrist Sam Andrew, rechts der Freund der Band Ariel Wilcox, am Iikrofon »der Buddha von Muir Beach«, der häufig Shows moderierte. (© Jim Marshall 'hotography LLC)

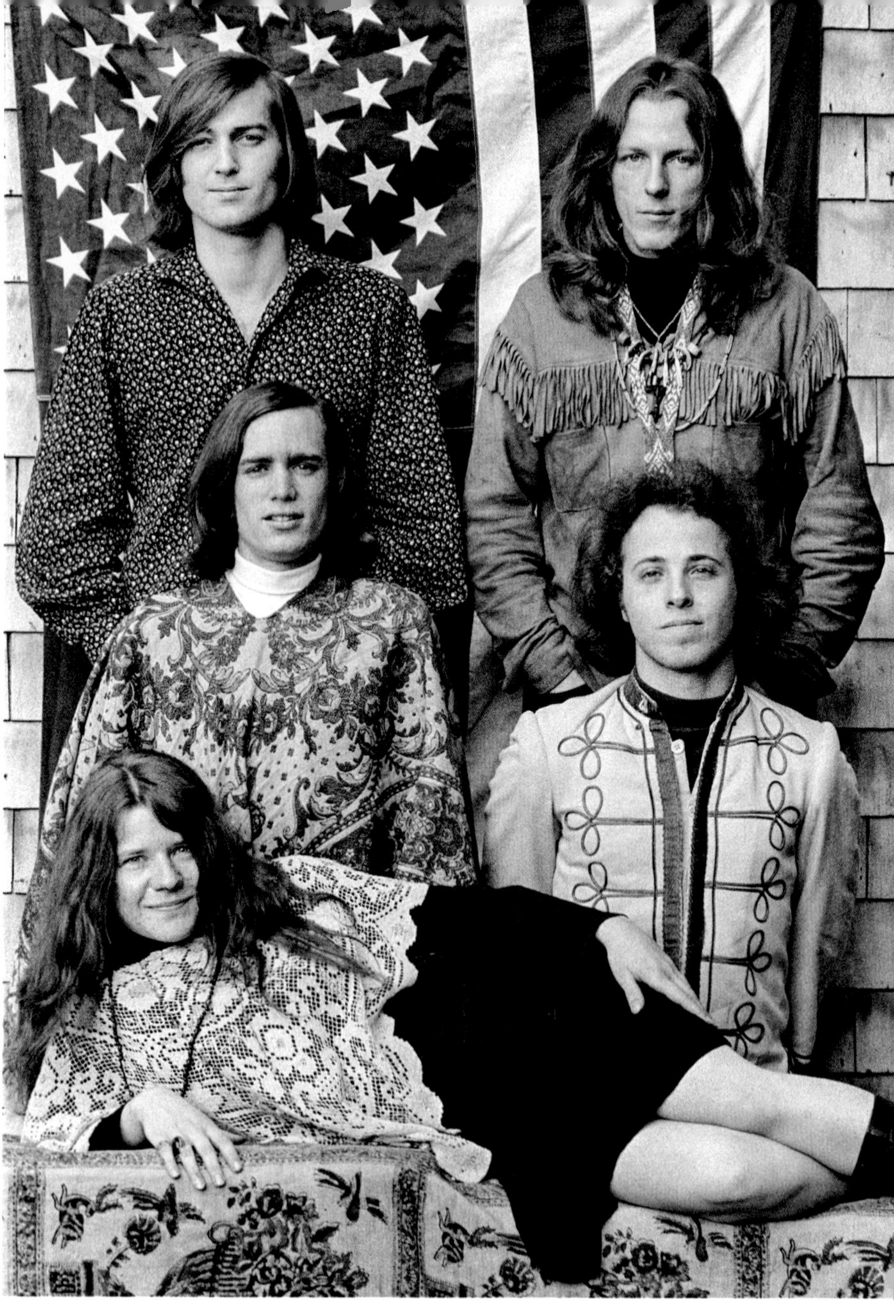

Big Brother and the Holding Company vor dem gemeinsamen Haus »Argentina« i ländlichen Lagunitas, Marin County. Das Porträt wurde von dem Künstler Victor Mo coso arrangiert, der sich auf psychedelische Grafik verlegt hatte. Das Bild verwendete bei der Gestaltung eines Posters für die Gigs der Band im Matrix. Janis trägt eine ihr Lieblingsblusen, die sie aus einem alten Tischtuch genäht hatte; 1966. (Foto von Lisa La Cache Agency)

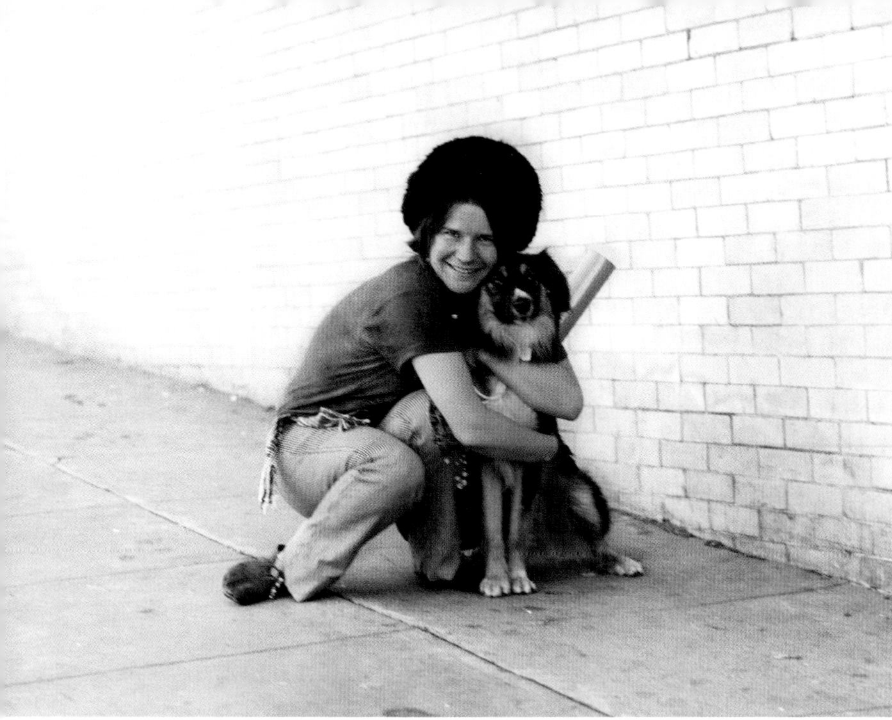

anis und ihr geliebter Hund George, den sie im Welpenalter kurz vor ihrem Umzug von .agunitas nach Haight-Ashbury gerettet hatte. Einmal bezeichnete sie die Schäferhund-nischung als ihre »Rettung«. (Foto von Herb Greene)

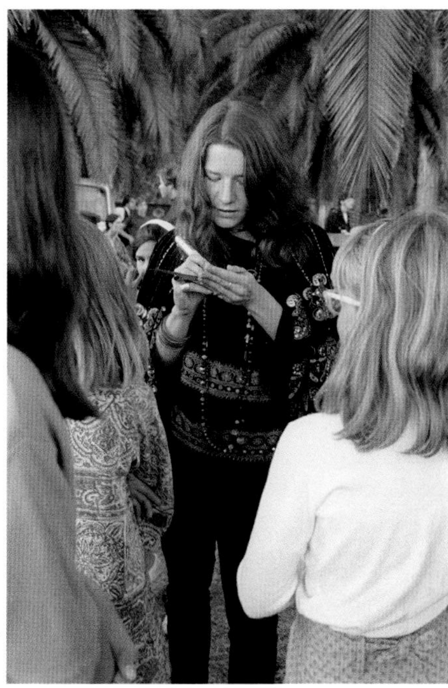

anis mischte sich gern unter ihre Fans und ab Autogramme, hier nach einem Frei-uftkonzert in McNears Beach, Kalifornien. … mir gefällt es. RUHM, RUHM, he, he«, chrieb sie ihrer Mutter. (Foto von Baron Wol-ıan)

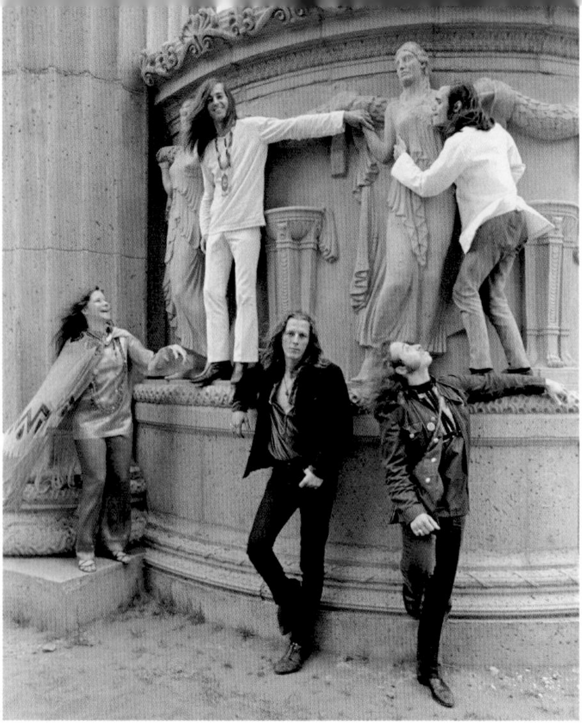

Big Brother bei einer Fotositzung am Palace of Fine Arts San Francisco. Die Bandmitglieder zankten sich manchmal wie Geschwister, liebten einander aber innig. (Foto von Baron Wolman)

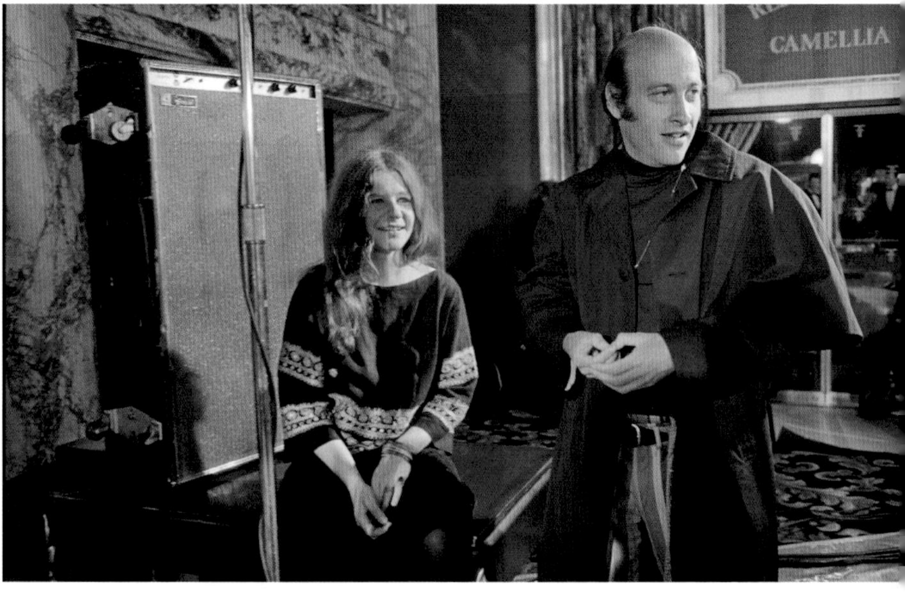

Janis und der britische Regisseur Richard Lester (A Hard Day's Night) *im Fairmont Hotel. Lester castete Big Brother für seinen Film* Petulia *mit George C. Scott, Julie Christie und Richard Chamberlain. Um die hippieske Atmosphäre San Franciscos herzustellen, wurden auch die Grateful Dead für einen Gig im Fillmore engagiert.* (© Jim Marshall Photography LLC)

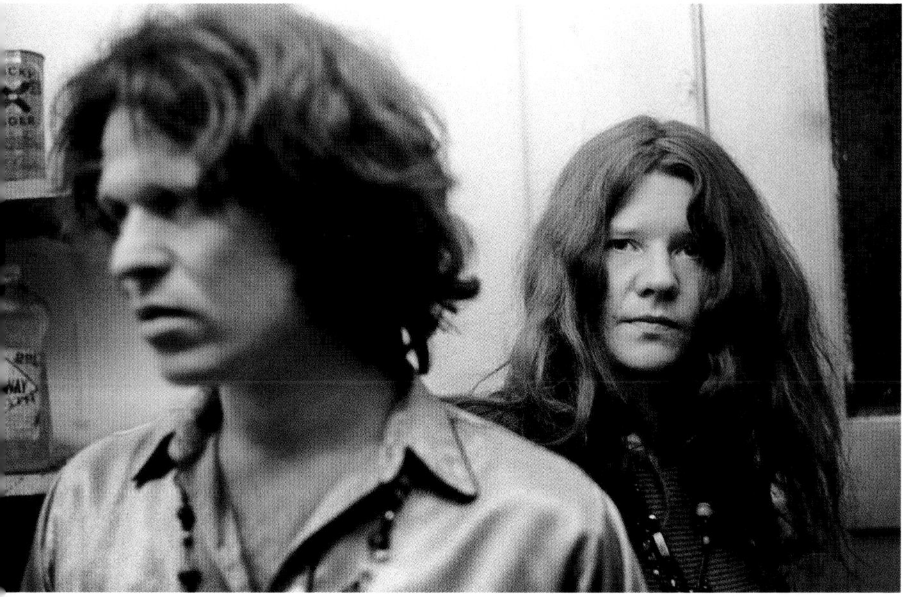

anis und ihr Liebhaber Country Joe McDonald; was als schwindelerregende Liebesaffäre egann, war bald nur noch die Beziehung zweier »Kontrollfreaks« – so McDonald –, leren Egos einander bekämpften. (© Jim Marshall Photography LLC)

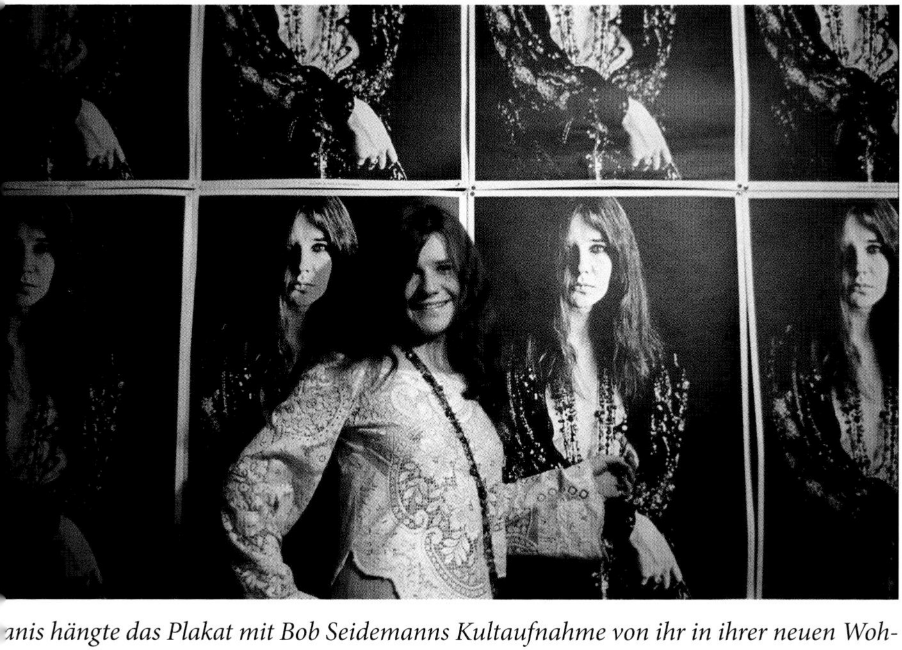

anis hängte das Plakat mit Bob Seidemanns Kultaufnahme von ihr in ihrer neuen Wohung in der Lyon Street auf. »Sehr aufregendes Foto, und ich sehe wirklich schön aus!«, chrieb sie ihren Eltern. (Foto von Baron Wolman)

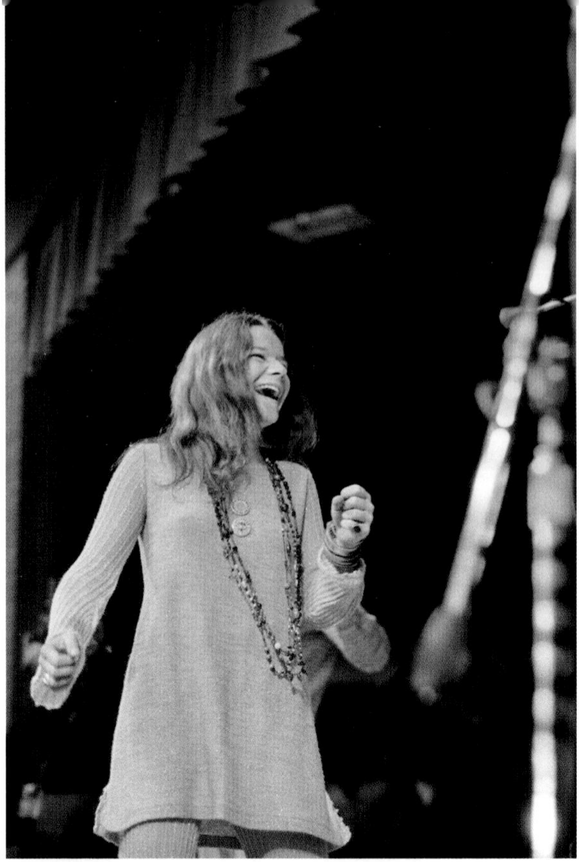

Beim Monterey Internationa Pop Festival im Juni 1967 ge lang Janis mit ihrer spektaku lären Performance der Durch bruch. Ihre Version von Bi Mama Thorntons Ball an *Chain gehörte zu den Höhe punkten der Doku über Mon terey von D. A. Pennebake der Janis unbedingt in seinen Film haben wollte.* (© Jim Ma shall Photography LLC)

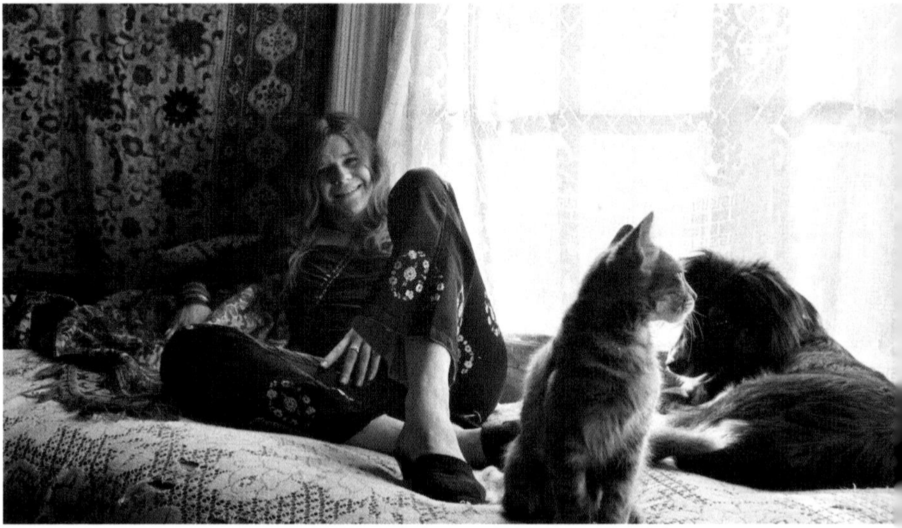

Janis im Schlafzimmer ihrer Wohnung in der Lyon Street mit George (der sie nach Mon terey begleitete) und ihrer namenlosen Katze. Janis bezeichnete die beiden Tiere als ih »Familie«; sie halfen, ihre quälende Einsamkeit zu vertreiben. (Foto von Baron Wolman)

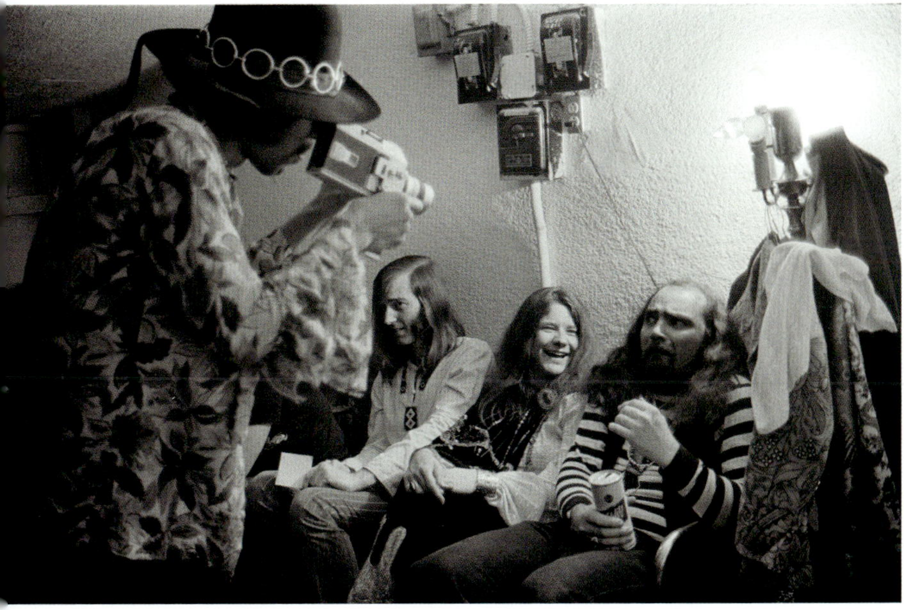

lach Monterey trieb sich Janis mit Jimi Hendrix herum, hier als Hobbyfilmer, der Sam ndrew (links) und Ken Weaver von den Fugs in einer Garderobe des Fillmore aufnimmt. ei einem Gig von Big Brother passte Hendrix auf Baby Hongo Gurley auf. (© Jim Marshall hotography LLC)

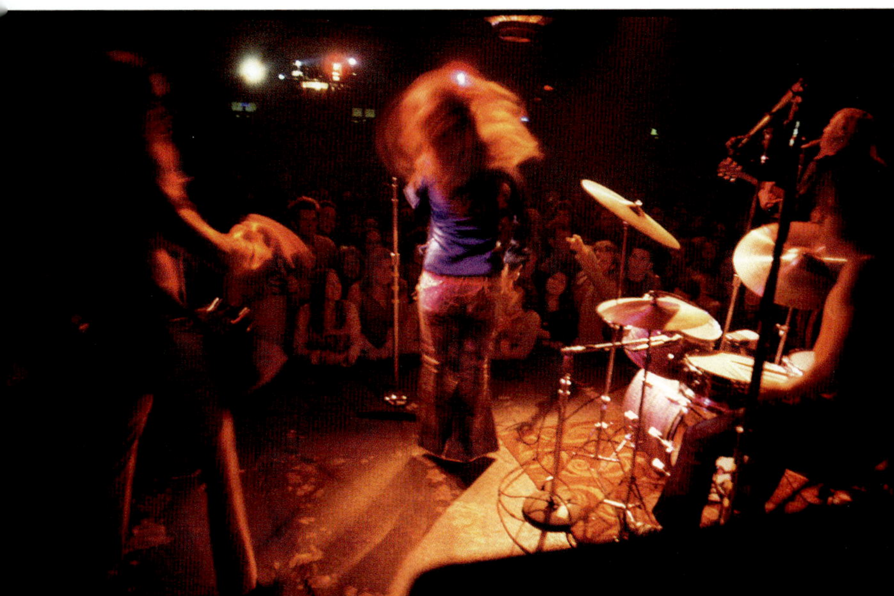

ig Brother live im Carousel Ballroom in San Francisco. Janis stand bei den Auftritten er Band inzwischen im Zentrum. (© Jim Marshall Photography LLC)

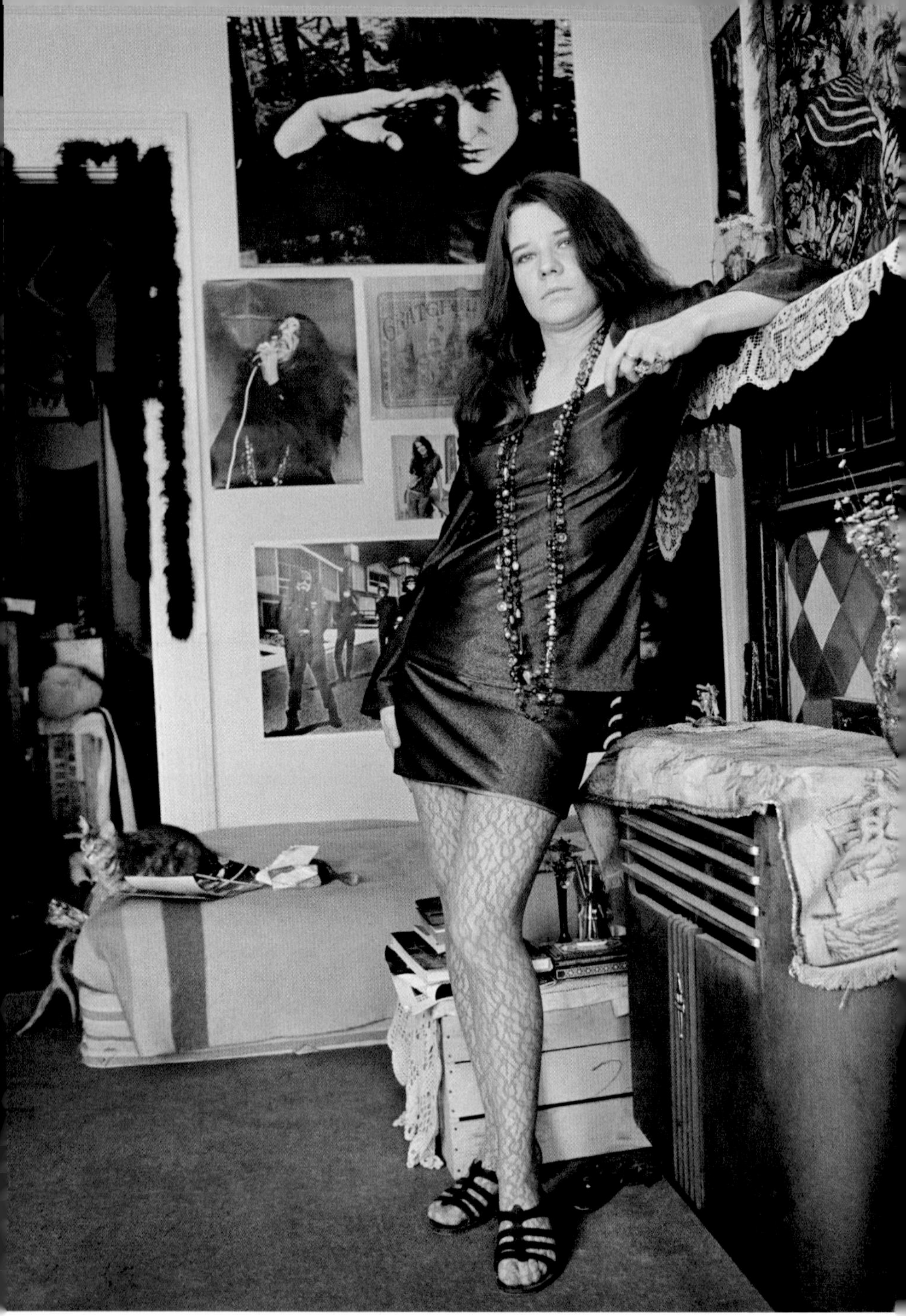

Janis in ihrem Wohnzimmer in der Lyon Street, das behängt ist mit Postern und Fot
von Bob Dylan, den Grateful Dead und ihr selbst. *(© Jim Marshall Photography LLC)*

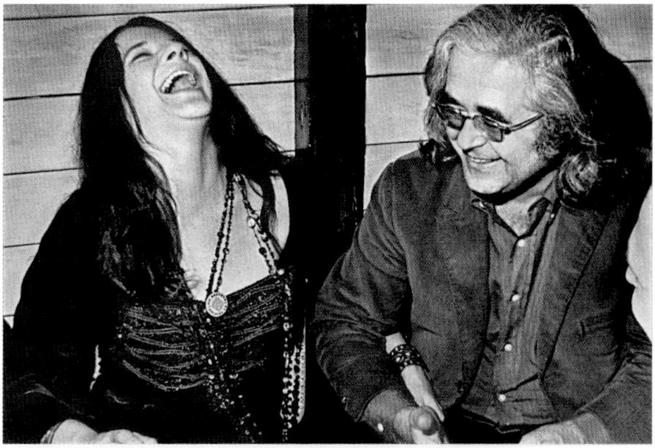

lbert Grossman, Amerikas influssreichster Rockmana-er, wurde für Janis ein zweiter ater, und sie klammerte sich n jedes Wort von ihm. Gross-nan war der Ansicht, dass sie ür eine Band wie Big Brother iel zu talentiert sei. (Foto von lliott Landy)

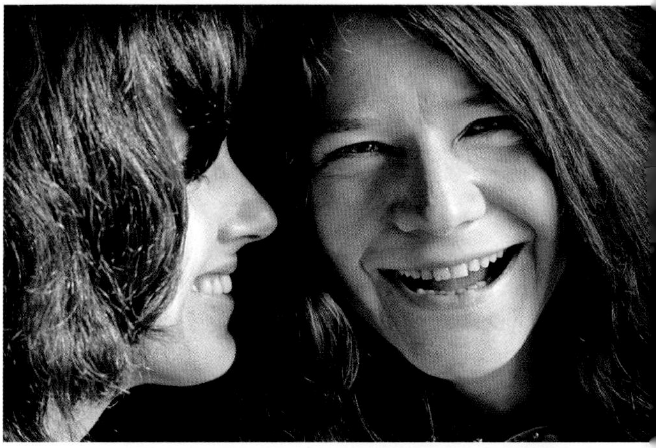

race Slick von Jefferson Air-lane und Janis bei einer Foto-itzung mit Jim Marshall, der ich große Mühe gab, sie zum achen zu bringen, wie sich lick erinnerte – und schließ-ch sein Ziel auch erreichte. © Jim Marshall Photography LLC)

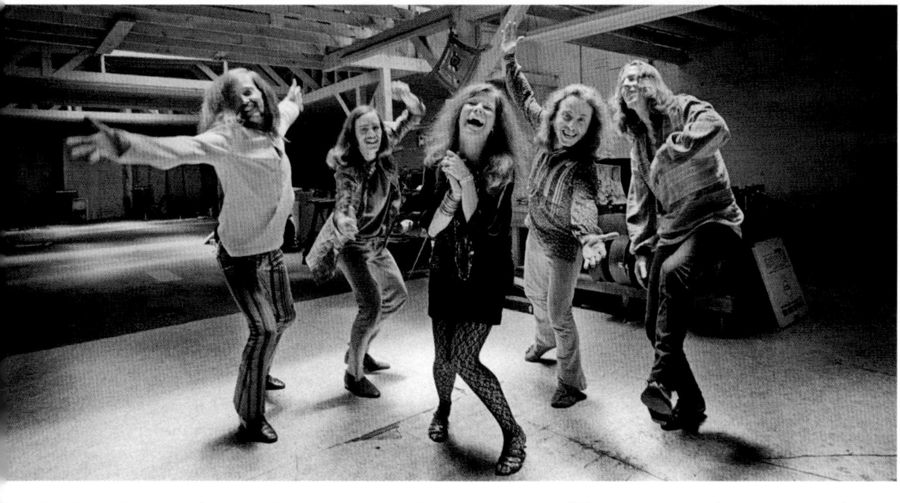

ig Brother feiern »den großen Coup« in ihrem riesigen Übungsraum, den sie Warehouse annten. Inzwischen von Albert Grossman gemanagt und mit einem Vertrag von Colum-ia Records in der Tasche, hauten sie mächtig auf den Putz. (© Jim Marshall Photography LLC)

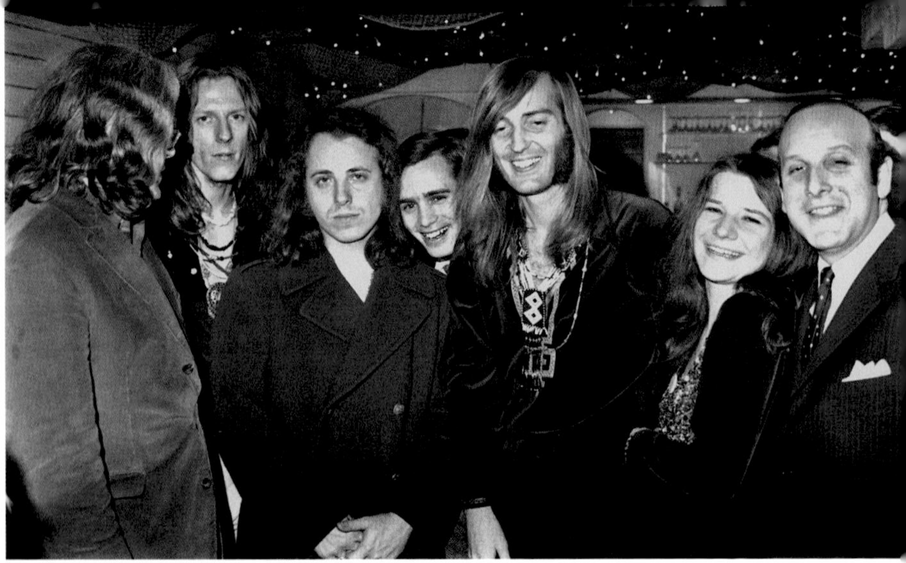

Als frischgebackene Künstler eines großen Labels posieren die Musiker von Big Brothe mit ihrem Manager Albert Grossman (ganz links) und Clive Davis, dem Präsidenten vo Columbia Records, im Restaurant Piraeus My Love in Manhattan am 19. Februar 196 »... haben seit gestern Nachmittag offiziell einen Vertrag von Columbia. Unterschrift i 25. Stock des CBS-Hochhauses, Treffen mit dem Geschäftsführer, Presseparty und ei Rausch«, schrieb Janis nach Hause. (Foto von Elliott Landy)

Big Brother spielten, unterstützt von der Joshua Light Show, im Fillmore East in Ne York City vor einem stürmischen Publikum; 1968. (Foto von Elliott Landy)

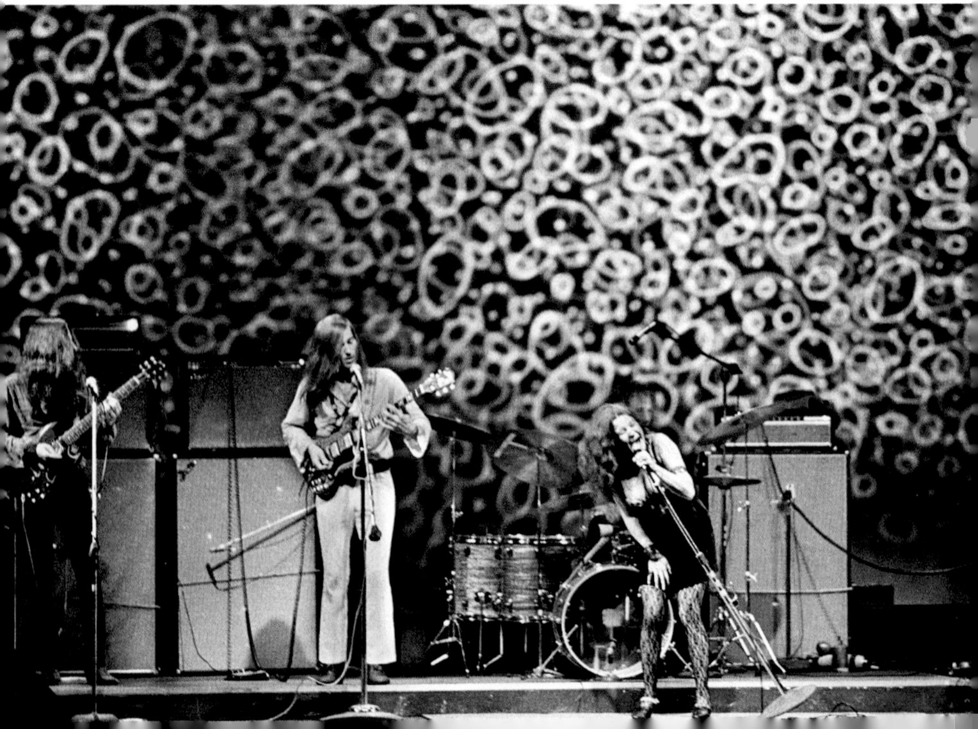

Nach ihrer Ankunft gab ihr Dave Archer vom Coffee and Confusion den Tipp, sich eine Unterkunft im Goodman Building in der Geary Street 1117 in Fillmore, einem Stadtteil mit günstigen Mietwohnungen, zu suchen. »Wenig später hatte sie ein Zimmer auf demselben Flur wie ich«, schrieb Archer 2002 in seinen Memoiren, »ein kleines Kämmerchen mit Schlafboden«.[15] Janis begann eine Beziehung mit Malcolm Waldron, einem Biker aus Detroit, der eine Weile bei ihr wohnte.

Sie sang wieder in den üblichen Lokalen. So lernte sie in Berkeley auch den beliebten 44-jährigen Dixieland-Bandleader und Multiinstrumentalisten Dick Oxtot kennen. Der ehemalige Postbote war einer der wenigen Musiker, der auch Frauen engagierte. Eines Abends, als er mit seiner sechsköpfigen Band im Cabale spielte, fuhr ein »knallhart aussehendes Mädel … auf einem Motorrad vor«, erinnerte sich Oxtot.[16] Nachdem Janis eine Weile mit der Band gejammt hatte, war der Bandleader so beeindruckt, dass er sie als seine neue Sängerin engagierte. Bald darauf lud er sie ein, in einem Studio in Berkeley ein paar Lieder einzusingen. Obwohl Janis bereits häufiger Aufnahmen mit einem Tonbandgerät gemacht hatte, war dies ihre erste richtige Session. Nach einem Intro im New-Orleans-Stil mit Klarinette, Posaune und Kornett gab sie in dem Gospel-Hit *River Jordan* ihr schönstes Vibrato zum Besten. Außerdem brachte sie eine schwungvolle Version von *Walk Right In,* einem Song von Gus Cannon's Jug Stompers aus dem Jahr 1929, mit dem es die Rooftop Singers 1963 in die US-Charts geschafft hatten. Janis »sang mit dem Unterleib« – dies ist zumindest die Wortwahl von Erik Darling, dem Gitarristen der Rooftop Singers. In einer Modulation gegen Ende stimmte sie die höchsten Töne an, die ihr Spektrum hergab. Den Schluss der Zwanziger-Jahre-Auswahl bildete ihr *Mary Jane* mit Klavier- und Hornbegleitung. »Sensationell« waren laut Oxtot aber auch ihre Interpretationen von *Black Mountain Blues* und *Careless Love.*

Um herauszufinden, ob Janis bei ihm als Sängerin arbeiten

könne, spielte Oxtot die Aufnahme dem gefeierten Jazz-Bandleader Turk Murphy vor. Murphy, dem ihr Sound gefiel, versprach Oxtot, ohne sie gesehen zu haben, sie könne bei seinem nächsten Konzert bei einem Song mit ihm auftreten. In einem schwarzen Cocktailkleid, das Oxtots Frau ihr geliehen hatte, setzte sie sich mit Oxtot in die erste Reihe vor der Bühne, doch Murphy ignorierte sie. In einer Pause ging Oxtot auf ihn zu und fragte, wann Janis singen dürfte. Murphy erwiderte: »Ich kann sie hier nicht auf die Bühne lassen. Sie ist ein Beatnik!«[17] Gedemütigt beendete Janis die Zusammenarbeit mit Oxtot.

Bald darauf wandte sie sich wegen musikalischer Begleitung an den Gitarristen Steve Mann. Inzwischen war sie ein Stockwerk höher in eine größere Wohnung gezogen, die sie sich mit Linda Gottfried teilte. Sie bat Mann, sein Tonbandgerät mitzubringen. »Ich packte meinen Rekorder, ein neues Band und ein Mikrophon ein und fuhr mit dem Bus zu ihr«, erinnerte sich Steve Mann. Sie drehte ihm Joints »aus Gras, das ein ganzes Mayonnaiseglas füllte. Ich rauchte einen und hob ab. Sie hatte guten Stoff. Aber wenn sie sang, rauchte sie kein Pot.« Ab und zu nahm sie einen kräftigen Schluck aus einer Flasche, und dann »röhrte sie den Blues und legte all ihre Energie in die Musik«, sagte er. »Ihre Stimme strömte durch mich hindurch und kam mir bei den Fingern wieder heraus. Wir nahmen acht oder neun Songs auf, alles Bluesnummern. Die Lieder stammten aus ihrem Repertoire, nicht aus meinem. Aber was immer Janis singen wollte, ich brauchte nur ihre Tonart zu finden, und schon konnten wir loslegen, denn es war einfach die beste Sorte bodenständiger, alter Blues, die es gab. Sie brauchte nur den kleinsten Hinweis, um zu spüren, wann ihr Einsatz kam oder wann ein Gitarrensolo anstand. Wir beide wussten, wann ein Song aufs Ende zusteuerte, und zuletzt hatten wir ein großartiges Tape. Sie war ein Profi.«

* * *

Seit ihrer Zeit in New York war Janis dazu übergegangen, sich anstelle der Purple-Hearts-Tabletten, die sie geschluckt hatte, Methamphetamin zu spritzen. Was für die später Crystal Meth genannte Droge in New York die Lower East Side war, war in San Francisco die Bay Area. Im vorhergehenden Januar war der Chemie-Autodidakt Augustus Owsley Stanley III. von Los Angeles nach Berkeley gezogen und hatte sich dort ein provisorisches Labor zur Herstellung dieser Droge eingerichtet, um die wachsende Nachfrage zu bedienen. Später mischte er eine Substanz, für die der Name »Owsley« zum Synonym wurde: LSD. In North Beach hingen die Dealer im Hot Dog Palace in der Grant Avenue ab. »Wir liefen direkt in ein Knäuel aus Speed-Junkies«,[18] erzählte Chet Helms später über das rund um die Uhr geöffnete, auch als Amp-Palace bekannte Lokal. »Ich fand Linda [Gottfried] und wurde ein Meth-Junkie!«, hieß es in Janis' Version. »Heilige Scheiße!«[19]

Zu Anfang »glaubten wir, es würde uns beflügeln«, erklärte Linda. »Wow! Wir können Tag und Nacht durcharbeiten … Janis malte, schrieb Songs und studierte die Phrasierung von Bluessängern.«[20] Ihre Wohnung verkam zu einer Galerie für Crystal-induzierte Gemälde. »Janis und Linda hockten da drinnen«, erinnerte sich Dave Archer, »saßen wochenlang Tag und Nacht im Bett und fertigten Hunderte Tuschezeichnungen, die schließlich … auf dem Boden landeten. Ihre Bilder bedeckten die Wände, den Boden, das Bett, die Kommode und die Fensterbank.«[21]

Janis' Euphorie im Crystalrausch verdampfte in schweren Depressionen, die einzig der nächste Schuss wieder vertreiben konnte. Eines Abends schrieb Janis in einer Bar einen leidvollen Brief und adressierte ihn an das Büro ihres Vaters. (Ihre private Korrespondenz existiert nicht länger – Seth hat sie vernichtet.) Später erklärte sie, ihr Brief handelte davon, »wie ihr mir immer erzählt habt, dass es besser werden würde, und ich geglaubt habe, dass es aufwärts geht, dass es sich irgendwann einpendeln wird. Aber weißt du was, Arschloch, nichts pendelt sich ein. Ich hatte das Gefühl, von Gott zum Narren gehalten worden zu sein, und war wirklich angepisst.«[22]

Seth Joplin täuschte eine Betriebsreise vor und flog nach San Francisco, um nach seiner Tochter zu sehen. Vor seiner Ankunft, so erinnerte sich Dave Archer, bat Janis ihre Freunde, ihr zu helfen, die »1800 Bilder« in der Wohnung aufzuräumen und ihre wahre Situation zu verschleiern: »Der Plan war, dass Linda Janis ein Umstyling verpasste: vom ›Beat-Girl auf harten Drogen und Alkohol‹ zur ›halbprofessionellen Beatnik und Lebefrau‹«, schilderte es Dave. »Eines Tages lief ich Janis im Flur über den Weg, und sie war für einen Probelauf eingekleidet; ihr Haar war mehr oder weniger hübsch hochgesteckt, sie trug Make-up, dazu einen netten Rock und vernünftige, flache Schuhe. Ich musste lachen. ›Hör auf zu lachen, du Arschloch!‹ Aber Janis lachte am lautesten … Das wird für immer eine meiner liebsten Erinnerungen bleiben … [Janis] stand da in diesem lächerlichen Aufzug, mit einem Grinsen im Gesicht, und dann lachte sie los, als wäre sie die Hexenpuppe eines Bauchredners.«[23]

Das Täuschungsmanöver ging auf – oder ihr Vater sah nur, was er sehen wollte: »Sie lebte in einer kleinen, alten, heruntergekommenen Wohnung«, sagte Seth später, »und schien gut zurecht zu kommen. Sie war nicht sichtlich auf Drogen. Sie bezog Sozialhilfe. Sie tat einfach, was sie wollte« – zum Beispiel die Steigungen in San Francisco mit ihrem gelben Auto hoch und runter zu rasen, während ihr Vater sich am Sitz festklammerte. Es »machte mir natürlich Angst«, erinnerte er sich. »Sie drosselte das Tempo nie – sie hatte beide Füße auf den Pedalen, den einen auf dem Gas, den anderen auf der Bremse.«[24]

Seth konnte seiner Tochter nicht versichern, dass sich alles zum Guten wenden würde. Ebenso wenig war er in der Lage, gefühlvoll auf ihre Verzweiflung einzugehen. Stattdessen erklärte er, sie habe erkannt, was nach seiner Sichtweise die bittere Wahrheit über das Leben war. Diese Wahrheit nannte er »den großen Saturday Night Swindle« – den großen Samstagabend-Schwindel: Die Leute glaubten fälschlicherweise, dass die harte Arbeit der Woche durch Spaß am Wochenende ausgeglichen werden würde, dass es einen Lohn für die Schinderei und Mühen des Alltags gäbe. Doch tatsächlich bliebe die Belohnung aus; die Launen des Schicksals – oder, wie er es nannte, der »Saturday Night Swindle« – würden uns betrügen, und das hieße, dass wir ein Dasein voller Enttäuschungen und Unglück führen müssten. Seth konnte Janis nur raten, diese traurigen Tatsachen zu akzeptieren und sie zu ertragen, so wie er es tat.

Linda Gottfried erinnerte sich an Seths Besuch. Er war »wirklich intelligent, und er sprach auf sehr direkte Weise mit ihr, sah ihr in die Augen«.[25] Auch Janis vergaß ihr Gespräch über den »Saturday Night Swindle« nie: »Es ist eins der wenigen Dinge, die mir noch klar in Erinnerung sind« aus dieser drogenvernebelten Zeit, erzählte sie dem Journalisten David Dalton fünf Jahre später.[26]

»Es war, als ginge mir plötzlich ein Licht auf«, so Janis. »Darum ging es also …«[27] Die Erkenntnis aber machte sie nur noch zorniger und nährte ihren Alkohol- und Drogenkonsum. Später würde sie dem »Swindle« einen eigenen Namen geben: »Kozmic Blues«, was soviel bedeutete wie, »egal, was du tust, zuletzt liegst du doch am Boden«.[28]

An ihrem zweiundzwanzigsten Geburtstag im Januar hatte sie eine ausgewachsene Methamphetamin-Sucht entwickelt, und mit jedem Tag, der verging, wurde ihr Verlangen nach dem Schuss drängender: »Ich wollte Dope rauchen, Dope nehmen, Dope lecken, Dope lutschen, Dope ficken. Ganz gleich, was ich in die Finger bekam, ich wollte es mir reinziehen. Hey du, was ist das? Das probiere ich mal. Wie nimmt man es? Du lutscht es? Nein? Schluckst du es? Ich schlucke es.«[29]

Janis hielt weiterhin Ausschau nach »einem alten Mann« und probierte auch ein paar aus, zum Beispiel Michael Pritchard, einen ihrer Gitarristen, der ihre ersten gemeinsamen sechs Tage als »ein 24-Stunden-Tag, echt intensiv« beschrieb.[30] Sie schwärmte für Patrick Cassidy, einen hübschen Beat-Literaten, der, wie sich herausstellte, mit einer Frau verheiratet gewesen war, die später Janis' engste Freundin werden sollte. Linda tat sich mit Janis' früherer Liebschaft Malcolm Waldron zusammen, während Janis ein Auge auf eine der schillerndsten Persönlichkeiten im Amp-Palace warf: George »the Beast« Howell. Der Hüne arbeitete hin und wieder als Wachmann im SRO Hotel Dante und war »eine Art Poet. Er schlief, wo er konnte und schloss Freundschaft mit Gangstern, Zuhältern, Dichtern und Dealern, die sich nach Mitternacht im Hot Dog Palace zusammenscharten«, schrieb jemand aus North Beach. Er sah aus wie ein Biker, trug eine Militärjacke und einen goldenen Ohrring und hatte schwere Stimmungsschwankungen, durch die er sich von einem sympathischen Kerl in einen Gewalttäter verwandeln konnte. »Ihre Beziehung war echt stürmisch«, sagte Linda. »Er gab ihr nicht viel Zärtlichkeit.«[31]

Janis dealte mit Speed, um ihre Abhängigkeit zu finanzieren. Pat Nichols, die sich später »Sunshine« nannte, erinnerte sich an »eine ziemlich abgerissene« Janis, »die gegen meine Tür hämmerte. Es war ein dreistöckiges Haus und ich rufe die Treppe runter: ›Wer da?‹ und sie schreit zurück: ›Ich bin's, Janis Joplin! Ich will dir Speed verkaufen!‹«[32] Das Meth forderte körperlich und geistig seinen Tribut: Ihr Gesicht war voller Pickel, sie aß fast nichts mehr und magerte bis auf Haut und Knochen ab.

Janis und Linda Gottfried zogen in eine billigere, fensterlose Erdgeschosswohnung in der Baker Street – die Miete betrug nur 25 Dollar pro Monat –, wo sie sich verkrochen und täglich Crystal spritzten. Eines Nachts wurde Janis vor dem Anxious Asp schlimm von Bikern verprügelt, denen sie vermutlich noch Geld für Drogen schuldete. Sie verlor ihren guten Ruf in den Lokalen, wo sie auftrat, und galt stattdessen als jemand, der um einen Vorschuss bat, in den Set-Pausen einfach verschwand oder gar nicht erst auftauchte. Im Coffee and Confusion hängte

Sylvia Fennell ein handbeschriebenes Schild auf: »Jeder, der dabei erwischt wird, wie er Janis Joplin vor Ende der Show Geld gibt, fliegt raus. Kunden, die ihr Geld geben, werden nicht mehr bedient.«[33] Sie wurde seltener und seltener gebucht.

Als sie versuchte, der Band Mainliners beizutreten, wies sie ihr Gründer George Hunter, ein Kunststudent an der San Francisco State University, ab. »Sie war in keiner guten Verfassung«, sagte Hunter, der sich eine ihrer Jazz-Platten ausgeliehen hatte. »Der Ausdruck ›Meth-Junkie‹ passte in ihrem Fall ziemlich genau. Ich konnte mir nicht vorstellen, sie so heruntergekommen, wie sie war, in meine Band aufzunehmen.«

Über Janice und Edward Knoll, die von East Village nach San Francisco gezogen waren, lernte Janis einen Mann kennen, der das komplette Gegenteil ihrer üblichen Affären zu sein schien: Er war ausgesprochen attraktiv, gut gekleidet und redegewandt. Der New Yorker Peter de Blanc erzählte, er sei Ingenieur mit Master-Abschluss – wie Seth Joplin. Er fuhr einen Landrover und behauptete, aus einer Familie des alten Geldadels zu stammen. »Peter war wirklich ein charismatischer Typ«, erinnerte sich Linda Gottfried, »ein echter Gentleman. Der Mann mit der silbernen Zunge.« Bald waren er und Janis unzertrennlich. »Er liebte Janis und sie liebte ihn«, sagte Linda. »Es war eine ganz große Romanze … zum ersten Mal konnte ich sehen, wie Janis jemandem ihr Herz öffnete.« Und genau wie Janis »war er verrückt nach Crystal Meth«.[34]

Janis hörte fast komplett mit dem Singen auf – Peter interessierte sich nicht für ihren Blues; er bevorzugte hübsche Sopranstimmen. Die Tage und Nächte mit Peter drehten sich hauptsächlich nur noch um Speed und seine Nebenwirkungen. Stundenlang warf Peter einen Gummiball an die Zimmerwand. Janis wog mittlerweile weniger als 50 Kilo, und Peter, der unter Wahnvorstellungen litt, versteckte Pistolen in seinem Auto. »Er hatte eine schwere Paranoia und glaubte, Nachrichten von Leuten auf dem Mond zu bekommen«[35], sagte Linda. Peter erklärte, sobald sie beide clean seien, würde er Janis heiraten. Von Wahnvorstellungen und Halluzinationen geplagt ließ er sich in die Psychiatrie einweisen.

Von Freunden hatte Chet Helms von Janis' Zustand erfahren, und er fuhr zu ihr. »Sie war ausgemergelt, wie erstarrt und kaum noch zu Reaktionen fähig«, erinnerte sich Helms. »Janis änderte ihre Meinung zweihundertmal, bevor sie die Tür öffnete. Das war Speedabhängigkeit im Endstadium.« Linda Gottfried plante, Malcolm Waldron in Hawaii zu besuchen, um clean zu werden, und Janis willigte ein, nach Texas zurückzukehren. Ihre Freunde kratzten etwas Geld für ein Busticket zusammen. Peter, der immer noch unter Wahnvorstellungen litt, wurde erneut ins Krankenhaus eingewiesen. Sie versprachen sich, in Port Arthur zusammenzukommen, sobald sie beide die Sucht überwunden hätten. Nach einer Abschiedsfeier stieg Janis im Mai 1965 in einen Greyhoundbus in Richtung Texas.

Einige Jahre später erzählte sie von ihrer Zeit in San Francisco, spielte jedoch herunter, wie grauenvoll das Ende verlief – und statt der mit Unterbrechungen zweieinhalb Jahre, die sie dort verbracht hatte, hieß es: »Ich blieb dort fünf Jahre und tat, was junge Leute eben tun – Erfahrungen sammeln und sich verändern –, abhängen und gammeln, würdet ihr es wahrscheinlich nennen. Ich beschloss, wieder nach Hause zu fahren und mit mir ins Reine zu kommen, wieder aufs College zu gehen, sogar zu heiraten.« Zum ersten Mal in ihren Leben hatte Janis ohne alle Einschränkungen ihr Herz verschenkt. Leider aber sollte sich herausstellen, dass ihre Beziehung zu Peter de Blanc der größte »Saturday Night Swindle« von allen war.

Kapitel 10

Studentin in Texas

Das Leben hier ist so ruhig und friedlich.
Ich genieße es in vollen Zügen.[1]
Janis Joplin

Als Janis nach der langen Busreise am Lombardy Drive in Port Arthur eintraf, wog sie gerade noch 40 Kilo. Sie ließ sich im Zimmer ihrer 16-jährigen Schwester Laura aufs Bett fallen und schlief tagelang. Während der Entwöhnung von ihrer Amphetaminabhängigkeit litt sie unter Ängsten, Depressionen, Stimmungsschwankungen und Magenproblemen.

Mit ihren 22 Jahren begann sie, sich Gedanken über Vergangenheit und Zukunft zu machen. Dass sie dem Tode so nahe gewesen war, ängstigte sie, deshalb richtete sie ihre Kräfte darauf aus, ihr Leben zu ändern – sich in die »normale« Tochter zu verwandeln, die ihre Eltern sich wünschten, und all das aufzugeben, was beinahe ihren Untergang herbeigeführt hätte: die Musik, den damit einhergehenden Lebensstil und die Drogen. Durch ihre Verlobung mit Peter de Blanc war der »weiße Gartenzaun« in Reichweite gerückt, und ein Leben als Hausfrau und Mutter schien eine sichere Alternative. Sie würde endlich akzeptiert werden und die dunklen Gedanken und den inneren Aufruhr durch Häuslichkeit dämpfen können.

Da jedoch ihr Wunsch, den Eltern zu gefallen, wieder mit ihrer Liebe zum Singen in Konflikt geriet, sollten die Schatten im Verlauf des darauffolgenden Jahres zurückkehren. Obwohl sie sich mit einem Teil ihres Wesens immer nach dem Leben hinter dem weißen Gartenzaun sehnen würde, war da auch noch ihr ungeheures Talent, das sich mit wie auch immer gearteten Grenzen nicht vertrug, auch wenn sie selbst sie zu ziehen versuchte.

Allmählich kehrte ihr Appetit zurück, und sie verschlang Dorothy Joplins tröstliche Hausmannskost. Die Gemüseeintöpfe, die Schweinshaxen mit Pintobohnen, die Rinderbraten und die Grillhähnchen halfen ihr, wieder zuzunehmen und gesund zu werden. Laura fuhr mit ihr ins Einkaufszentrum der Stadt, um neue Kleidung zu kaufen, Unterwäsche, die sie nicht besaß, eingeschlossen. Blusen mit langen Ärmeln sollten ihre Einstiche verbergen.

Beim gemeinsamen Essen sprach Janis mit ihren Eltern über eine mögliche Rückkehr ans Lamar und ihre bevorstehende Heirat mit Peter. In den fünf Monaten nach ihrer Rückkehr schrieb sie de Blanc etwa 70 Briefe, die für sie auch als Tagebuch dienten. In ihnen analysierte sie ihre Gefühle und schloss ganz allmählich Frieden mit der Vergangenheit. Aber sie schilderte ihrem Verlobten auch ihr neues Leben. Janis offenbarte ihm ihre geheimsten Gedanken, so wie es sich Seth einst von Dorothy gewünscht hatte, die jedoch dazu nicht in der Lage gewesen war. Janis klammerte sich an ihre Pläne für eine Zukunft mit Peter, als hinge ihr Leben davon ab. Und mit dem ihr eigenen starken Willen verschloss sie sich gegenüber warnenden Hinweisen, dass er nicht der »weiße Ritter« war, wie sie es sich einst von ihrem ehemaligen Freund Jack Smith erbeten hatte. Als Janis Peter de Blanc kennenlernte, waren wohl ihre vom Speed erzeugten Wahngebilde und die abgerissenen Gedankengänge dafür verantwortlich, dass sie seine zahlreichen Schwächen übersah. Doch auch in Port Arthur, nach ihrem Entzug und trotz allmählicher Genesung, hielt Janis verzweifelt an ihrer Traumvorstellung fest. Sie sah Peter de Blanc als einzigen Weg, ihr Leben zu retten, während ihre außergewöhnliche Singstimme sie nur ins Verderben führen konnte.

»Ich hoffe, Du kannst San Francisco hinter Dir lassen.[2] Wow, das sollte jeder tun – es ist so angenehm hier im wahren Leben, wo die Leute glücklich und stolz auf sich und gut sind«, schrieb sie zu Beginn ihres ersten Briefs an Peter de Blanc. Der aber befand sich weder im »wahren Leben«, noch war er »gut«. Kurz nach Janis' Abreise fuhr er nach Mexiko und begann ein Verhältnis mit der New Yorkerin Debbie Boutellier, einer Angestellten bei einer Fluglinie und Studentin an der San Francisco State University. Die beiden hatten vor, in Debbies Wohnung in Manhattan zu ziehen. Linda Gottfried lernte in San Francisco eine andere Geliebte Peter de Blancs kennen, die schwanger war. Diese Frau behauptete, dass er in New York ganz regulär mit einer weiteren verheiratet war und mit ihr ein Kind hatte. Als Linda dies Janis erzählte, schien es an ihrem Traum von einer Zukunft mit Peter de Blanc nicht rütteln zu können.

»Ich wäre so gern bei Dir«, schrieb sie ihm.[3] »Deine Analogie von den neun Leben einer Katze … macht mir nichts aus. Es interessiert mich nicht, ob Du schon acht Frauen vor mir gehabt hast, denn ich würde die werden, die ich gern sein möchte – die letzte und bleibende –, die, die Du behältst. Ich kam beim Zählen aber nur auf drei oder vier; kannst Du mir bitte erklären, ob es wirklich acht waren? Wow, dann musst Du mich nehmen, denn ich bin Deine letzte Chance …«

Natürlich hielt Janis diese Dinge vor ihrer Familie geheim und schwärmte stattdessen von seinen zahlreichen Qualifikationen, die ihn nach eigener Darstellung auszeichneten: dass er ein genialer Elektroniker sei, einen Magisterabschluss an der McGill University in Montreal gemacht habe, Mitglied der Organisation Mensa sei und Ende der 1950er Jahre im Algerienkrieg in verdeckter Mission für die französische Armee gearbeitet habe. Zudem behauptete er, über eine doppelte Staatsbürgerschaft und den Segen einer wohlhabenden Familie im Bundesstaat New York zu verfügen. Tatsächlich stammte Peter de Blanc aus Niagara Falls im Bundesstaat New York und hatte nie ein College besucht. Bereits als Teenager hatte er sein Talent als Lügner bewiesen. Er hatte früh geheiratet, Frau und Kind jedoch verlassen, danach die Identität eines anderen angenommen und war an die Westküste gezogen, wo er unter verschiedenen Namen gelebt und sich als reicher Geschäftsmann ausgegeben hatte. Er wusste sich bei intelligenten Frauen einzuschmeicheln. »Und du konntest hundertprozentig du selbst sein bei ihm. Ich weiß, dass Janis dieses Gefühl gehabt hat. Er war sehr aufgeschlossen und hat akzeptiert, wer du warst«, erklärte eine seiner ehemaligen Geliebten der Autorin Alice Echols.[4]

In seinen Briefen war Peter de Blanc ebenso charmant wie im persönlichen Kontakt. Und in ihrer Sehnsucht nach Stabilität und Liebe ließ sich Janis von seinen gefühlvollen Äußerungen einnehmen. »Das ist der netteste Brief, den ich je gelesen habe«, schrieb sie ihm einmal zurück.[5] »Ich musste weinen und sagte SEUFZ … Wow, Baby, ich hoffe, Du meinst es auch so.« Auf seinen nächsten Brief antwortete sie: »Ich wollte Dir einfach nur sagen, wie wunderschön Dein Brief war – mein erster Liebesbrief … Es war zauberhaft, Peter, und ich bin so froh, dass Du dies empfindest – ich werde Dich immer und ewig lieben …«

Gelegentlich griff Peter de Blanc auch zum Telefon. Janis wartete oft ebenso verzweifelt auf seinen Anruf wie einst auf den eines Drogenkuriers – als sei die Methadonsucht durch ihre ständige Beschäftigung mit Peter de Blanc ersetzt worden. Schließlich zogen sie einen ersten Besuch Peters in Port Arthur in Erwägung, und sie bereitete ihn in einem langen anrührenden Brief auf ihre Familie vor:

»Meine Mutter – Dorothy – liebt ihre Kinder von Herzen, macht sich jedoch auch solche Sorgen. Sie ist ein ernsthafter Mensch, Republikanerin und Methodistin, benutzt Klischees, die sie wirklich ernst meint, und ist sehr gut zu Menschen. (Sie findet Deine Stimme schön und ist ganz und gar darauf eingestellt, dich zu mögen.)

Mein Vater – reicher, als ich ihn von früher kenne, was ihm irgendwie peinlich ist – ist sehr belesen – mit Geschichte als

Leidenschaft – ein ruhiger Mensch. Er freut sich riesig über meine Rückkehr nach Hause, weil ich klug bin und er mit mir diskutieren kann (sogar über die Antimaterie, was ihn beeindruckt hat)! Ich schildere ihm oft, wie clever Du bist und wie stolz Du mich machst …

Meine Schwester – 15 [sic] Jahre alt – ist ein liebes süßes Mädchen. (Ich habe ihr äußerst großzügig einen Kulturbeutel mitgebracht, musst du wissen – und zeige ihr ein paar Tricks, haha. Du solltest sie mal sehen! Zwei Schubladen voller Lockenwickler – einen Schminktisch mit zwei Spiegeln und drei Fächern Make-up – ganz die junge Dame! Ich lasse mir von ihr Nachhilfe geben.) Sie hat auf der Gitarre, die ich ihr letztes Jahr geschenkt habe, recht gut spielen gelernt und singt mit ihrer feinen Stimme die Balladen von Joan Baez. Heute hat sie sogar einen Auftritt in der MYF [Methodist Youth Fellowship – Jugendorganisation der Methodistischen Kirche], und ich werde sie mir anhören. Sie hält viel von mir – weit mehr, als ich dachte. Als ich mit meinem Vater sprach, erzählte er mir, nach Lauras Ansicht sei nichts von all dem, was ich je getan habe, falsch. Das hat mir gutgetan. Ich verspreche mich ständig und nenne sie ›Linda‹, aber sie nimmt es als Kompliment – so ist sie wie eine Freundin für mich. Wir unterhalten uns über die Folkmusik, und ich erzähle ihr von Dir, und sie freut sich für mich.

Mein Bruder – Michael – ist inzwischen 1 Meter 50 groß! Ein Riese und fast schon ausgewachsen [zwölf Jahre alt] – Er hat ein jungenhaftes Grinsen und glattes Haar – trägt Jeans und fährt Fahrrad. Er hat mich sehr lieb – möchte, dass ich zu Hause wohnen bleibe, und haut gern auf den Putz, um mir zu imponieren. Er ist stolz, schüchtern und buhlt um meine Zuneigung – Wow, was für ein netter Kerl! Ich habe ihn lieb. Habe mir immer gewünscht, so einen Jungen wie Mike zu finden. Ich mag ihn wirklich.«[6]

Janis schrieb sich im Lamar ein und belegte Kurse in Weltgeschichte und englischer Literatur. Sie ging regelmäßig schwimmen und golfen, spielte im Garten Federball und verbesserte ihre Fähigkeiten im Kartenspielen wie Bridge. Mehrere ihrer alten Freunde kamen vorbei, um sie in ihrer alten Heimat willkommen zu heißen. Patti und Dave McQueen wohnten zwar in Houston, aber Patti besuchte Janis in Port Arthur. »Sie wartete auf diesen Typen, in den sie sich verliebt hatte«, berichtete sie.[7] Philip Carter und Diane, die inzwischen geheiratet hatten, wohnten in der Nähe; Gleiches galt für Adrian und Gloria Haston, und als im Juli im Lamar die Sommerkurse begannen, bildete Janis eine Fahrgemeinschaft mit dem Doktoranden Adrian. Meist aber blieb sie zu Hause. Besonders genoss sie es, wenn sie sonntags mit ihrem Vater allein war und mit ihm Beethoven hörte, solange, wie Janis es ausdrückte, die »drei gläubigen Joplins« in der Kirche waren.

In den Briefen an ihren Verlobten sprach Janis von ihrer vergangenen und zukünftigen Persönlichkeit fast schon so, als würde sie eine neue Identität annehmen. »Das Leben hier ist so ruhig und friedlich. Seltsamerweise genieße ich es in vollen Zügen … Gegenwärtig lege ich es nicht darauf an, Spaß zu haben. Komisch, ich hätte nie gedacht, dass ich das einmal sagen würde. Wie Du weißt, bin ich eine von den altmodischen Kids, die verrückt sind nach einem Nervenkitzel. Oder zumindest war ich das. Ich habe es nie für wert befunden, nach irgendwas anderem zu suchen als nach Spaß, doch jetzt – ob Du es glaubst oder nicht – habe ich Besseres zu tun …«[8]

Gegen Ende Juli, als sich Janis auf Peter de Blancs langersehnten Besuch vorbereitete, erzählte sie in ihren Briefen auch detaillierter von ihren Kursen im Lamar (»Wir lesen *Sir Gawain und der Grüne Ritter,* eine Liebesgeschichte aus dem Mittelalter«) und ihren Erfolgen im Studium.[9] Ende August traf de Blanc endlich in Port Arthur ein, nachdem er mit seiner Geliebten Debbie Boutellier einen heimlichen Aufenthalt in New

Orleans eingeschoben hatte. Janis' Familie fand ihn charmant und höflich, und er schien glücklich, Janis zu sehen. Er war »groß, schlank, mit einer würdevollen Ausstrahlung«, schrieb Laura in ihren Erinnerungen *Janis Joplin*. »Er hatte glattes, blondes, seitlich gescheiteltes Haar, das ihm ins Gesicht fiel. Seine Versuche, es aus den Augen zu halten, hatten einen gewissen nervösen Rhythmus. Janis' Freund trug einen zerknitterten Anzug, doch er strahlte ruhige Kraft aus.«[10]

Dorothy ließ nicht zu, dass die beiden in einem Zimmer schliefen. »Er warf Janis einen Blick zu und sie ihm«, berichtete Seth.[11] »Darauf sagte Dorothy: ›Da könnt ihr euch ruhig anschauen – so was wird es in diesem Haus nicht geben.‹« Davon abgesehen aber gelang es Peter de Blanc, Dorothy und Janis' Geschwister für sich einzunehmen. Vor seiner Abreise bat er Seth um ein vertrauliches Gespräch im Garten. »Pop rief uns wieder herein und gab bekannt: ›Peter hat um die Hand meiner Tochter angehalten, und ich habe meine Zustimmung gegeben‹«, erinnerte sich Laura. »Janis machte Luftsprünge, umarmte Peter und klammerte sich an seinen starken Arm, als wäre dies ihre Verbindung zur Realität.«[12] Peter de Blanc kündigte an, zu Weihnachten mit einem Ring wiederzukommen, und bat die Familie, so lange zu warten, bis sie die Verlobung in der Lokalzeitung bekanntgaben.

Nach einem, wie es scheint, vorher abgesprochenen Anruf von Debbie Boutellier aus New Orleans erklärte Peter de Blanc, wegen eines Todesfalls in der Familie vorzeitig abreisen zu müssen. Er werde bei Tante und Onkel sowie »Cousine« Debbie in New York wohnen. Sodann gab er Janis seine neue Anschrift – ein Sandsteinhaus auf der Seventyfifth Street zwischen dem Central Park und der Columbus Avenue.

Auf der Rückfahrt nach New York blieb er seiner Rolle treu, schrieb der Familie Joplin »während des Flugs« auf dem Briefpapier der Eastern Airlines, um sich schmeichlerisch und wärmstens für ihre Gastfreundschaft zu bedanken und sich zu

Dorothys Entzücken für die in diesem Schreiben blamable Grammatik und den Satzbau zu entschuldigen.[13] Kurz darauf schickte er ihr ein versilbertes Kaffeeservice – es war ihr peinlich gewesen, dass sie nichts Passendes gehabt hatte, als sie ihm Kaffee servierte. Während eines Telefongesprächs mit Janis erkundigte er sich, ob ihre Mutter auch an den dazugehörenden Kerzenhaltern interessiert sei. »Nein, wir benutzen Kerzen nur dann, wenn ein Hurrikan aufzieht«, antwortete Janis. Als sie ihrer Mutter von dem Gespräch erzählte, »heulte sie auf«, und Janis beeilte sich, Peter zu schreiben: »Wenn es noch nicht zu spät ist, würde sich Mutter über diese Kerzenhalter freuen … Meine pragmatische Art hat sie ziemlich aufgebracht.«[14]

Dorothy befasste sich in Gedanken mit dem Hochzeitskleid, das sie ihrer Tochter schneidern wollte, und Janis begann, wie einst ihre Mutter in den 1930er Jahren, mit dem Nähen einer Patchworkdecke im »Lone Star«-Quiltmuster. »Meine Mutter fand Deinen Brief bezaubernd (obwohl sie ohnehin ganz vernarrt in Dich ist, wie ich zugeben muss)«, versicherte Janis Peter de Blanc.[15] »Wirklich, Du sollst wissen, wie sehr Du meinen Angehörigen gefallen hast. Mein Bruder … wiederholt ständig: ›Mensch, ich würde Peter wirklich gern als Schwager haben‹, und Laura hat einmal unter ihrem Pony hervorgelugt und gesagt: ›Er hat so schöne breite Schultern. Seufz!‹ Mutter meint, du bist sehr kultiviert und könntest es noch weit bringen – das ist ein Kompliment … Und selbst Daddy hat sich aus seinem Lesesessel aufgerafft (!), um in mein Zimmer zu kommen und mir zu sagen, ich hätte mir wohl einen feinen jungen Mann ausgesucht, dem alle Wege offenstehen – ›einen wirklich cleveren‹. Was mich betrifft, für mich bist Du immer vollkommen … ich liebe Dich. Wie meine Angehörigen.«

In dem sechsseitigen Brief vom 21. August berichtete Janis außerdem von der inzwischen mit Malcolm Waldron verheirateten Linda Gottfried, die eine Anstellung als Lehrerin in Hawaii gefunden hatte. Sie und Dorothy hätten ihr »Unmengen von Ratschlägen« zukommen lassen. Ferner beschrieb Janis ihm ihre neu gekaufte »Uni-Kluft« und ergänzte die Schilderung mit einer Zeichnung. Nach der Abschlussprüfung, so ihr Plan, wollte sie mit ihren Geschwistern zu einem Baseballspiel der Houston Astros fahren, sich neue Kleider nähen, an ihrem Quilt arbeiten, ein Verlobungsfoto aufnehmen lassen und einen Arzt besuchen – »inzwischen vermuten wir ein Magengeschwür«. Mit ungebrochenem Humor stellte sie Vermutungen zu ihrer Aussteuer an. »Mutter meinte, zur Hochzeit schenkt sie mir eine schöne gehäkelte Tagesdecke, die ihre Mutter gemacht hat. Meine Aussteuertruhe füllt sich also allmählich. Ich muss eine haben ... Werden sie noch gemacht? Oh Gott, sind sie womöglich teuer, groß und schwer? Weißt Du, was sie sind? Meiner Meinung nach ein amerikanischer Mythos. Wahrscheinlich muss ich meine ganzen für die Ehe gesammelten Sachen irgendwo in einer Ecke verstauen ...«[16]

Janis plagten auch weiterhin Ängste, und als von Peter de Blanc kurzzeitig keine weiteren Briefe mehr eintrafen, rief sie ihn in New York an. Boutellier nahm den Hörer ab und behauptete, »Cousine Debbie« zu sein. Sie log, de Blanc habe nicht schreiben können, weil ihnen das Briefpapier ausgegangen sei. Janis musste die Täuschung gespürt haben. Später, als »Debbie« nochmals ihren Anruf entgegennahm, schrieb Janis Peter de Blanc: »Als dieses Mädchen antwortete, fühlte ich mich total hintergangen. Ich wollte nur, dass Du sagst: ›Oh wow, Kleine, ich liebe Dich, und natürlich ist sie nur meine Cousine ...‹ Aber das hast du nicht getan. Du saßt da nur beschissen herum und verhieltst Dich so, als wäre es Dir gleichgültig, was ich denke und ob ich verletzt bin.«

Außerdem hatte sie verstanden, dass sie trotz aller Mühe, die sie sich gab, um sich anzupassen, von ihren Kommilitonen im Lamar stets als Spinnerin angesehen werden würde – dass sie nie wirklich zu ihnen gehören konnte: »Dachte, da ich nicht mehr KÖNIG BEATNIK und FRAU BEACHTET-MICH bin«, schrieb sie Peter de Blanc, »und Kleider, Schuhe und Make-up trage, mich ruhig verhalte und … genauso aussehe wie die anderen … bin ich trotzdem irgendwie immer noch anders … All diese geschwätzigen Studentinnen mit Kleidchen aus bedrucktem Baumwollstoff und dem blondierten, toupierten Haar, ihrem texanischen Akzent und ihrer leutseligen Art … wissen, dass ich nicht zu ihnen gehöre. Aber das ist wohl nur fair – denn mir ist klar, dass ich mit ihnen letztlich auch nichts anfangen kann.«[17]

Was die Aufmerksamkeit betraf, die sie brauchte, verließ sich Janis mehr denn je auf ihre Angehörigen. »Mutter macht sich allmählich Sorgen, weil ich zu viel zu Hause bin«, schrieb sie Peter de Blanc.[18] »Ich verbringe ihrer Meinung nach nicht genügend Zeit mit ›Leuten meines Alters‹.« Vielleicht um Janis eine umfassende musikalische Betätigung zu ermöglichen, kaufte Dorothy für die Familie Blockflöten, und sie begannen, abends zu üben. In einem Brief an de Blanc schilderte Janis Dorothy als »die ernsthafteste Blockflötenspielerin, die ich je erlebt habe. Sie klopft trotzig den Takt mit dem Fuß und starrt durch ihre Bifokalbrille auf die Noten.«[19]

Als Peter de Blanc endlich anrief, schmückte er die Lüge von der reichen Familie weiter aus, erzählte von einem Ausflug auf der Yacht eines Onkels und seinem bevorstehenden Erbe. »Unser Gespräch heute Abend über das Geld hat mich irgendwie ernüchtert«, schrieb ihm Janis am 24. August.[20] »Als wir aufgehängt hatten, war mir irgendwie schaurig-schwummrig zumute – du weißt schon, ich ging auf Zehenspitzen durchs Zimmer, rang die Hände, zerfetzte Papierservietten und klagte: ›Oh, STÖHN, Geld! Was soll ich tun? Jammer.‹ Warum kann ich nicht jemanden kennenlernen, der einfach nur schlicht und normal ist? Wir sind zu jung! Ich wollte falschen Hasen und Eintopf kochen, um ganz raffiniert etwas von meinem Haushaltsgeld zu sparen. Ach, warum muss mir das widerfahren? Ich hätte solch eine gute Arme abgegeben … Wie hätte ich das auch wissen sollen? Er sah nicht nach Geld aus. Herr im Himmel, er war ebenso flippig wie alle anderen … Meine Angehörigen saßen nur da und haben ungläubig gelacht. Mutter wiederholte mehrmals: ›Wirklich, Janis, so kannst du glücklich sein und hast auch noch Geld. Ich meine, du brauchst keinen Fischauflauf zu kochen, um eine gute Ehe zu führen.‹ Mike sagte: ›Wow, Janis, innerlich ist er immer noch derselbe, und das Äußere ist noch besser geworden.‹ Daddy hat einfach den Kopf auf die Hände gestützt und gegrinst. Und Laura erklärte: ›Also, sobald du den Eindruck hast, dass es mit euch nicht klappt, sag ihm, du hast noch eine kleine Schwester.‹ … Wenn du tatsächlich Geld hast, werde ich mein ›Peter und ich lassen uns unser Glück nicht nehmen und kämpfen uns nach oben‹-Konzept zwar aufgeben, aber du wirst sicher etwas Sinnvolles damit machen – beispielsweise wieder ein eigenes Unternehmen gründen oder es zur Seite legen, damit die Kinder aufs College gehen können oder es auf einer Hochzeitsreise nach Europa verprassen (eine Möglichkeit, die mir irgendwie gefällt). Und ich würde Dir dabei keine Steine in den Weg legen.

Damit will ich sagen, dass es sehr schädlich sein kann, wenn man keine Beschäftigung hat – verdammt, das wissen wir beide doch nur zu gut –, und mir steht nicht der Sinn nach Langeweile und einem nutzlosen Leben des schnöden Nichtstuns.

Deine Erklärungen haben mich so aus der Fassung gebracht, dass ich in den Garten rausgehen und zügig zwei Sätze Federball spielen musste, um mich wieder zu beruhigen … Später hat mich Daddy zur Seite genommen, mir die Hand auf die Schulter gelegt, mir eindringlich in die Augen geschaut und gesagt: ›Vergiss nicht, Janis, wir haben immer alles für dich getan, was wir konnten.‹ Daraufhin hat er ernst aus dem Fenster gesehen. Dann hat er sich mit funkelnden Augen wieder zu mir umgewandt und ist kichernd ins Wohnzimmer zurückgegangen …«

Janis' Weiße-Gartenzaun-Fantasie und der Umstand, dass sie seit Jahren zum ersten Mal clean war, hatten zur Folge, dass sie noch tiefer in sich hineinschaute und sich mit Gedanken und Gefühlen auseinandersetzte, die sie zuvor in ihren Gesang einfließen lassen oder durch Alkohol und Drogen verdrängt hatte. Als sie im Fernsehen den bemannten Flug der Raumkapsel Gemini auf ihrem Orbit verfolgte, faszinierte sie die Freiheit der Astronauten »um die Erde zu kreisen … ohne ihre Atmosphäre und sie bald ganz zu verlassen« – wenn sie sich nach einem solchen Zustand nicht sogar sehnte.[21] Dies schrieb sie auch Peter de Blanc, der behauptete, sich »für eine Anstellung bei der NASA in Houston« zu interessieren – »das erinnert mich an Deine Unbedenklichkeitsbescheinigung. Wie steht es damit?«

Bei den Schilderungen seiner vorgeblichen Arbeitssuche hatte Peter de Blanc erwähnt, er müsse die Resultate einer Unbedenklichkeitsprüfung abwarten. Dorothy hatte daraufhin sogleich eine Reihe von Technologiefirmen ausfindig gemacht, die jemanden mit de Blancs »Qualifikationen« suchten, und Janis hatte ihm eine Liste geschickt mit »Unternehmen, die Leute einstellen und dringend Techniker brauchen«.[22] Darunter waren Dow Chemical, National Cash Register, IBM und Texas Instruments.

Janis, die sich vor einem Rückfall in die Sucht fürchtete, ließ in der Zwischenzeit einen kompletten medizinischen Check-up von sich machen. »Dies war irgendwie die letzte Auseinandersetzung mit dem ganzen Scheißdreck – um zu sehen, ob ich es wirklich hinter mir habe, oder ob es noch Nachfolgeschäden gibt. Aber ich habe es geschafft! Herr im Himmel, es geht mir richtig gut, und niemand soll mich je wieder runterziehen. Ich habe keine Blutarmut, keine Probleme mit Leber- oder Blutwerten, und mit der Gyn. stimmt auch alles, soweit er sehen kann. Doch wenn sich noch weitere Unregelmäßigkeiten einstellen, will er mir eventuell Hormone verschreiben. Er vermutet bei mir eine hormonelle Störung, weil ich noch nie schwanger geworden bin. [Offenbar sah sie ihre Fehlgeburt von 1962 nicht als Schwangerschaft]. Über diese Dinge (Hormone) zu sprechen ist mir irgendwie peinlich …«[23]

Während der folgenden drei Monate kam Peter de Blanc mit zahlreichen konkreten Ausreden, um die Heirat hinauszuzögern, wie eine Erkrankung und ein Krankenhausaufenthalt, ein neuer Job, in dem er nicht bleiben konnte, und Geldmangel. Unerklärlicherweise machte er sogar den Vorschlag, dass »Cousine Debbie« an seiner statt die Familie Joplin besuchte, was dann jedoch nicht umgesetzt wurde. Ein seltsamer Brief von ihm war in Russisch abgefasst. Janis' Schreiben an ihn wurden immer panischer, und in fast schon hysterischen Anrufen versuchte sie, die Situation zu klären. »Zum Teufel noch mal«, hieß es in einem Brief, »ich habe keine Lust, zwei Jahre oder so zu warten! Meine Hochzeit soll im Februar oder März stattfinden, gleich nachdem ich das Semester beendet habe. … Lass uns also bitte versuchen, zu sparen, damit wir heiraten können. Es ist ja ganz nett, verlobt und alles zu sein, aber als Ehefrau würde ich mich, glaube ich, besser fühlen.«[24]

Irgendwann setzte sich Peter de Blanc mit Seth an seinem Arbeitsplatz in Verbindung und bat ihn um ein Darlehen, bis die langwierige Angelegenheit mit seinem »Erbe« geregelt sei. Seth schickte ihm offenbar einen Scheck, damit de Blanc die Kosten für eine angebliche medizinische Untersuchung im New Yorker Beth Israel Medical Center begleichen konnte. In einem Brief vom 11. September entschuldigte sich Peter de Blanc bei Seth, dass er »sich erdreistet« habe, ihn anzusprechen, in einem anderen dafür, die Verlobung mit Janis noch immer nicht offiziell bekannt gemacht zu haben, und für »all die esoterischen Wortspiele«.[25] Unten auf die Seite hatte er in Großbuchstaben geschrieben: »ICH HABE VOR, IHRE TOCHTER ZU HEIRATEN! IST DAS NICHTS?«

Janis belegte in jenem Herbst im Lamar Kurse für ein Vollzeitstudium, dem sie sich mit großer Konzentration widmete. Stolz schickte sie Peter de Blanc ein Thesenpapier, für das sie die Bestnote bekommen hatte, und ergänzte es mit der humorvollen Bemerkung: »Dabei half es mir wohl, dass ich im Bereich der sozialen Probleme deprimierende Erfahrungen am eigenen Leib gesammelt habe … Mutter meint, ich könnte es ja als Bewerbungsgrundlage für die Position der Ehefrau eines Mensa-Angehörigen einreichen. Hoffentlich findest du es nicht dumm, dass ich es Dir sende.«[26]

Ihr nächster Brief enthielt das Verlobungsfoto, auf dem sie, die Haare sauber aus dem Gesicht zurückgebunden und zu einem Dutt frisiert, ernst und elegant aussah, mit einem verwunderten Ausdruck in den Augen. »Hoffentlich findest du mich darauf auch hübsch genug, dass Du es Deinen Angehörigen und Freunden zeigen kannst. Oje, zum ersten Mal in meiner langen Geschichte als Egomanin bin ich eingeschüchtert … Ich fühle mich verdammt unsicher – muss ständig grübeln.«[27] Im gleichen Brief vom 28. September schilderte sie ihm den *Kozmic Blues:* »Letzthin leide ich unter den Schmerzen, die das Erwachsenwerden begleiten. Alle möglichen Schmerzen. Was mir seit neuestem Kummer macht, sind die sehr realen Schmerzen, die von einem Weisheitszahn stammen. Mein Unterkiefer ist geschwollen, und alles erscheint mir schrecklich. Offenbar gibt es jedoch auch ein fast unerträgliches Maß an weniger greifbaren, aber ebenso starken Schmerzen, die wir (jungen Leute) durchstehen müssen. In letzter Zeit habe ich häufiger erklärt, wie froh ich bin, endlich über den Berg zu sein – mich als glückliche Erwachsene entspannen zu können und nicht ständig leiden zu müssen. Herr im Himmel, ich möchte nicht noch einmal jung sein. Dann müsste ich die ganze Zeit nur heulen. Mein Vater und ich haben neulich abends beim Essen über dieses Thema gesprochen. Er bemühte das alte Klischee, dass die Jugend an die jungen Leute verschwendet wird, und ich entgegnete in vollem Ernst, obwohl die anderen lachten, dass man nicht jung sein sollte, ehe man so alt ist, dass man damit fertigwerden kann. Also lass dir sagen, dass ich inzwischen eine echte, im Leben stehende Erwachsene mit festen Ansichten und Weisheitszähnen bin. Mein Gott, endlich!«

Als Peter de Blanc auch im Oktober fernblieb, wandte sich Janis schließlich wieder der Musik zu. Wie in der Vergangenheit fand sie im Singen ein Ventil, zumal es ihr beim Wiederaufbau ihres Selbstwertgefühls half. »Mein Gitarrenspiel verbessert sich rasant …«, schrieb sie Peter de Blanc.[28] »Ich spiele eine wirklich tolle Version von dem Blues *Come Back Baby* in G-Moll [ein Ray-Charles-Song aus dem Jahr 1955]. Dabei komme ich wirklich ins Klagen. Wenn man es Klagen nennen kann, solange ich es allein im Schlafzimmer tue und die Tür zu ist … Es gibt darin einen hohen Teil für die Kopfstimme, der einfach irre ist. Ich wünschte, ich hätte Fans, die mich dabei ebenso bewundern wie ich mich selbst. Bis dato ist dieser Song mein bester. Ich arbeite auch an einigen anderen und kriege sie ganz gut hin, aber es reicht noch nicht für ein komplettes Set oder so was. Außerdem, wo sollte ich es vortragen? Mein armer Dad wird durch mein Üben in die Verzweiflung getrieben. Laura mit ihrer Gitarre stört ihn weniger. Sie spielt behutsam und singt leise. Ich hingegen! Ich habe einen großen, dicken Daumen, und ich meine es ernst, wenn ich spiele und singe. Dann sitzt er im Wohnzimmer und bemüht sich angestrengt um Ruhe und Gelassenheit, weil er Bach hören will, der Arme.« Einmal gingen Janis und ihr Vater – was selten vorkam – gemeinsam aus und sahen sich den Film *Das Narrenschiff* an, der sich auf Katherine Ann Porters düsteren Roman mit dem gleichen Titel stützt. Doch anstatt »uns auf gute altmodische Art eine Realitätsflucht« zu bieten, schrieb Janis Peter de Blanc, »war er sehr deprimierend, und ich habe mich mit jeder darin auftretenden Figur total identifiziert«.[29]

* * *

Janis besuchte in dieser Zeit auch Frances Vincent, ihre Freundin aus College-Zeiten, die in Beaumont in einem Folklokal namens Halfway House kellnerte. Auf Frances' Empfehlung hin bot man Janis dort einen Gig an, worauf sie an ihrem einstigen

Repertoire zu arbeiten begann. »Die Leute vom Halfway House wollten, dass ich an diesem Wochenende arbeite«, schrieb sie Peter de Blanc, »aber ich fand, dass ich noch nicht genügend geprobt hatte. Außerdem hat es mich nicht groß gereizt.«[30] Philip Carter schlug vor, ihre Songs bei seinem Freund Neil, einem Musiker im Symphonischen Orchester von Beaumont, aufzuzeichnen. Am 10. Oktober schrieb sie Peter de Blanc: »War dort ungefähr neun verdammte Stunden mit der verdammten Sache beschäftigt und habe nur drei Songs fertiggekriegt. Mensch, was für ein Generve! Neil wusste nämlich nicht genau, wie man mit seinem Aufnahmegerät aufnimmt. Es war wirklich ein Theater. Immer und immer wieder singen, und dabei war ich nervös, Herr im Himmel. Eine Zeitlang war ich schwach auf den Beinen und zittrig, bis wir das Ganze schließlich gestoppt haben, um etwas zu essen. Als es mir dann besser ging, gab das Tonbandgerät den Geist auf, und ich bin einfach gegangen. Verdammt, wie bin ich müde! Aber jetzt zu den Aufnahmen. Es sind zwei: *Come Back Baby* und *Once I Lived the Life of a Millionaire* [eine Interpretation von *Nobody Knows You When You're Down and Out*], und eine wirklich hübsche Ballade *Once I Had a Sweetheart* [ein englisches Volkslied, bekannt durch eine Aufnahme von Joan Baez]. Hoffentlich sind sie gut geworden, und hoffentlich mache ich den Leuten mit dem Blues keine Angst. Ich schicke sie dir, sobald ich kann. Auf jeden Fall sind sie mit dem Blut meiner Wangen gezeichnet; ich hoffe also, dass sie Dir gefallen.«[31]

Janis befasste sich auch weiterhin mit ihrem früheren Leichtsinn, als wollte sie sich überzeugen, dass sie sich geändert hatte. Sie bemühte sich, von ihrem »neuen glücklichen Ausgangspunkt aus einen objektiven Blick auf mein Leben zu werfen«, wie sie am 14. Oktober de Blanc schrieb.[32] In Bezug auf ihre turbulenten Episoden in Venice, Austin und San Francisco meinte sie:

Ich habe, wie es aussieht, wirklich versucht, mich umzubringen … Das hat mir ganz schön Sorgen gemacht, aber ich habe

beschlossen, dass es endgültig damit vorbei ist … Was mir damals den Anlass gab, mich zu hassen, ist jetzt fort. Oder ich bin einfach erwachsen geworden … Es ist nicht mehr da … Nach jeder schrecklichen Erfahrung während meiner Genesung hielt ich an der Vorstellung fest, dass das, was ich getan oder gerade hinter mich gebracht hatte, ein ziemlicher Hammer war … Aber verdammt, ich hatte noch nie eine so eindeutige Haltung zu etwas, was nicht wünschenswert ist. Ich glaube, diesmal habe ich meine Einstellung wirklich geändert …
Jeden Abend, wenn ich einschlafen will, füllt sich mein Kopf mit den unglücklichen Gefühlen der Vergangenheit – bin ich davon besessen? Und warum ist das so? Warum grüble ich immer noch über diesen ganzen Mist nach? … Ich glaube, wir beide haben uns durch eine ganze Menge Scheiße gegraben … Genug, um in mir die unumstößliche Entscheidung reifen zu lassen, es diesmal richtig zu machen. Und das tun wir doch, nicht wahr? Wenn wir bloß zusammen sein könnten! Ich sehne mich wahnsinnig danach, glücklich zu sein.

Wenn Janis im Bett lag und Abend für Abend von ihren Gedanken gequält wurde, redete sie sich ein, dass ihre selbstzerstörerischen Tendenzen abgenommen hatten und es ungefährlich war, sich wieder der Musik zuzuwenden. Sie begann, ihre Gefühle in Verse zu fassen, und komponierte dazu Melodien für die Gitarre. In einem ihrer neuen Songs malte sie aus, was sie mit Peter de Blanc zu erreichen hoffte: »Come away with me / And we'll build a dream / Things will seem / Like they never seemed … No one will cry alone in their sleep / There'll be no loneliness hidden down deep … Just like the Pied Piper / I'll walk through the streets / Gathering all the happy people I meet / We'll join hands and / Fly through the sky / Leaving our troubles / Here to die, all alone.« Sie brachte das Lied Laura bei, die davon so begeistert war, dass sie es auswendig lernte. Einige Jahre später machte sich Janis jedoch über die darin enthaltenen Klischees lustig:

»Sing es, so oft du magst, Laura«, erklärte sie ihrer Schwester. »Aber erzähl niemandem, dass ich es geschrieben habe.«[33]

Der *Turtle Blues* zeichnete ein echteres Bild von einer Janis, die sich unter ihrem Panzer verbarg und viel zu viel nachdachte. Der Song erschien 1968 auf der LP *Cheap Thrills:*

I guess I'm just like a turtle
That's hidin' underneath its hardened shell.
Whoa, whoa, oh yeah, like a turtle
Hidin' underneath its hardened shell.
But you know I'm very well protected
I know this goddamn life too well.[34]

Zum ersten Mal seit fast einem Jahr trat Janis wieder vor Publikum auf, und zwar in dem Club mit dem wie dafür geschaffenen Namen Halfway House. »Es war wirklich nett«, schrieb sie Peter de Blanc. »Ein alter blinder Mann namens Patty Green spielt da Klavier. Eventuell werde ich dort an diesem Wochenende arbeiten … Wenn es klappt … singe ich wahrscheinlich einige Balladen und begleite mich selbst. Ich habe mich auf der Gitarre beträchtlich verbessert und brauche mich inzwischen nicht mehr zu verstecken. Mit Lauras Hilfe und aus ihren Büchern habe ich ein paar Balladen einstudiert. Da Dir diese Art des Singens gefallen hat, werde ich sie auch vortragen können … Ich habe fast den ganzen Tag gespielt, und es war recht gut. Aber [Folk] macht mir mehr Angst als Blues. Es könnte sich daraus auch ein Gig fürs Wochenende entwickeln.«[35] In ihrem Zusatz belog sie ihn – oder sich selbst. »Aber es ist lustig. Ich bin längst nicht mehr so ehrgeizig. Trotzdem, es macht mir immer noch Spaß.«

Mitte Oktober teilte ihr Peter de Blanc mit, er müsse erneut zu einer Untersuchung ins Krankenhaus, um herauszufinden, ob Parasiten für seine Probleme mit der Milz verantwortlich seien. Janis drang in ihn, »bitte sorge dafür, dass Deine Cousine Debbie mir schreibt. Gibt es keine Möglichkeit, dass sie mir ein Flugticket schickt, damit ich kommen und Dich besuchen kann?«[36] Sie fügte – nach »Mutters Lieblingsrezept« – selbstgebackene russische Teekuchen hinzu, warnte jedoch, sie seien »sehr reichhaltig, also stell sicher, dass Du sie essen darfst«. Am 19. Oktober schrieb sie ihm einen aufmunternden Brief ins Beth Israel Hospital und beschrieb die neuesten Anschaffungen für ihren zukünftigen Haushalt: »Zwei Laken und zwei Kissenbezüge – aus wirklich edlem Leinen mit einem Bogenrand für 15 $! … Unglaublich teuer, ich weiß … aber sie sind einfach zu schön und halten eine Ewigkeit. (Mutter meinte, in ihrer ganzen Ehe hätte sie niemals so wunderbare Bettwäsche gehabt) … Du glaubst nicht, was ich gestern Abend gemacht habe – ich saß da, habe den Sears-&-Roebuck-Katalog durchgeblättert und aufgelistet, was ich haben möchte und was ich brauche und wie viel es kostet usw. SEUFZ, ich bin wirklich glücklich.«[37] Gegen Ende des Briefes erkundigte sie sich: »Wie geht es voran mit Dir im Krankenhaus? Schlägt die Behandlung an? Fühlst Du Dich schlecht? Nimmt die Zahl Deiner weißen Blutkörperchen ab?«

Kurz nach Erhalt dieses Briefes behauptete Peter de Blanc, sein Psychiater, der ihm auch Tranquilizer verschrieben hatte, habe ihm geraten, erst zu heiraten, wenn es ihm besser gehe. Das »Erbe« stellte sich nie ein, ebenso wenig wie die Diagnose seiner Gesundheitsprobleme. Um damit fertigzuwerden, nahm Janis Librium, ein Beruhigungsmittel, das bei Panikattacken verordnet wird, und suchte den psychologisch geschulten Sozialarbeiter Bernard Giarratano auf. In einer der ersten Sitzungen sagte sie ihm, »sie wolle wie alle anderen sein – das waren ihre Worte«.[38]

Schließlich musste Janis der Wahrheit ins Auge sehen, was Peter de Blanc betraf. Ihr letzter Brief an ihn stammt vom 11. November: »Es … fällt mir schwer, Dir zu glauben und Dich zu verstehen!« Sie schildert ihm ihre Ängste und ihren Schmerz, aber auch ihre Entschlossenheit, den Angstgefühlen mit mehr Bestimmtheit zu begegnen, wobei ihr der Therapeut Giarratano geholfen hatte.

Ich will mich nicht wieder dahin bringen lassen, dass ich mich fertigmache. Nun, inzwischen scheint es sich zu einer ziemlich neurotischen Sache ausgewachsen zu haben. Ich kann keinen Moment mehr abschalten ... Es ängstigt mich zu Tode, dass es so aussieht, als würde es sich nicht wieder einrenken lassen und ich in den höllischen Dschungel zurückfalle, von dem ich besessen bin ... Ich bin zu dem Berater gegangen, weil mir plötzlich klar wurde, dass meine Stabilität und meine Fortschritte auf reinem Terror basierten und dies nicht funktionieren kann. Sie sind nicht stabil genug. Wenn ich im Seminar hocke, halte ich mich an alle Regeln, aber nur deshalb, weil ich so schreckliche Angst habe. Ich spreche oft von dem ›einen Schritt zurück‹, der mein Ende bedeuten würde, und all dem ... Aus meinem ansatzweise objektiven, von Librium und ein paar Tagen sanftem Atmen unterstützten Blickwinkel komme ich zu dem Ergebnis, dass ich wohl auch vor Dir irgendwie unverhältnismäßig große Angst hatte. Ich war wirklich sicher, musst Du wissen, dass das Ganze letztlich zu viel für Dich sein würde, und dass ich Dir nicht vertrauen, also nicht auf Dich setzen kann ... Nun, das war's dann wohl – ich bin jetzt viel ruhiger. Ich gerate nicht mehr in Panik, wenn ich mit Leuten spreche, und ich werde versuchen, diese irrationale Angst unter Kontrolle zu kriegen.[39]

Es ist nicht bekannt, ob Peter de Blanc seine Täuschung je eingestand oder ob Janis ihn mit seinem Doppelleben konfrontierte. Die »Verlobung« jedenfalls war gelöst. Während ihre Hochzeitsträume nach und nach zerplatzten, wurden ihre Gefühle durch das Librium gebändigt. Dennoch sollten de Blancs Betrug und seine Täuschungen langfristige Auswirkungen haben, machten sie es Janis doch fast unmöglich, jenen zu vertrauen, die behaupteten, sie zu lieben.

* * *

In dieser Trauerphase richtete sie ihre ganze Aufmerksamkeit auf die Musik. Sie ließ sich für einen weiteren Gig im Halfway House buchen und besuchte das Jester, einen Folkclub in Houston, in dem der Sänger und Songwriter Townes Van Zandt Blues und Coverversionen von Country-Songs brachte, aber auch schwermütige Titel wie den *Vietnam Blues* und *Waiting Round to Die* vortrug. Janis' Probeauftritt fand gemischte Aufnahme; laut Frank Davis, ihrem alten Schwarm und Stammgast im Jester, »war sie für sie allesamt einfach zu stark«.

Mehr Erfolg hatte Janis im Sand Mountain Coffee House in Houston, einem von der schon etwas älteren Corinne Carrick und ihrem Sohn John geführten Café, das »Mädchen mit hübschen und Jungen mit kräftigen Stimmen« eine Bühne bieten wollte, berichtete der Sänger Don Sanders. Als Janis den *Winin' Boy Blues* vortrug, wusste Sanders »nicht, was zum Teufel [ich] davon halten sollte. Ihr Gesicht lief rot an und sie schaukelte vor und zurück und schlug auf ihre Gitarre und sang mit ihrem ganzen Körper ... Ich dachte, sie hätte nicht die geringste Chance, mit dem Publikum zu kommunizieren, das dort hinkam.« Ihn habe schockiert, dass sie »die Geschlechtergrenze so vehement überschritt. Ich fand, sie hatte nicht den Teufel einer Chance, mit dem Publikum Kontakt aufzunehmen ... Sie war wirklich wild, obwohl John Carrick große Stücke auf sie hielt.«[40] Ihr Probesingen wurde für gut befunden, und man buchte sie für den Dezember.

Janis' Thanksgiving-Konzert im Halfway House in Beaumont brachte ihr die erste lobende Erwähnung in einer Zeitung ein. Ihr alter Freund Jim Langdon war inzwischen Journalist beim *Austin Statesman* und berichtete über ihren Auftritt in seiner Kolumne »Night Beat«. Darin schilderte er zunächst ihre kalifornische Odyssee und bezeichnete Janis dann als »beste weiße Bluessängerin in Amerika«.[41] Nach der demütigenden Erfahrung mit Peter de Blanc bedeutete ihr diese Anerkennung viel; sie half ihr beim Wiederaufbau ihres Selbstwertgefühls und rief ihr erneut ins Bewusstsein, dass das Singen ihr rasch und zuverlässig ein Hoch verschaffen konnte.

Dorothy Joplin, die mehr als alles andere einen Rückfall ihrer Tochter befürchtete, war gegen die Auftritte. Doch Janis ließ sich nicht aufhalten, obwohl sie »sehr besorgt deswegen [war]«, erinnerte sich Frances Vincent.[42] Als sie im Dezember zum Sand Mountain Coffee House nach Houston fuhr, ließ sie ihrer Mutter einen Zettel zurück, auf dem sie ihr genauere Informationen über das Café und ihre Reisegefährtin Frances Vincent und über Corinne Carrick gab, bei der sie für die Nacht unterkommen würde.

Beim Auftritt trug Janis ein schwarzes Futteralkleid und schwarze Pumps und hatte die Haare altmodisch zurückgebunden. Im Lokal drängten sich die Gäste, wie Frances Vincent erzählte. »Es war einfach so unglaublich, all diese Leute zu sehen, die als Folksinger geschätzt wurden. Und sie hat sie natürlich weggeblasen. Die waren bass erstaunt.«[43] Unter ihnen befand sich der Singer-Songwriter und Gitarrist Guy Clar, der Janis schon im Jester gesehen hatte und fand, sie »machte keine halben Sachen … es war der schlichte Wahnsinn«.

Über die Feiertage besuchte Janis die Familie Langdon in Austin und sang unterm Weihnachtsbaum Lieder zur Gitarre für die beiden kleinen Kinder. Es muss ihr wehgetan haben, vor sich zu sehen, was sie sich mit Peter de Blanc erträumt hatte. Als sie im Threadgill's und in anderen Clubs in Austin vorbeisah, entdeckte sie, dass in der Szene inzwischen der Rock dominierte. Selbst Kenneth Threadgill hatte mit der Schlagzeugerin Julie Paul eine Band namens Hootenanny Hoots gegründet. Der frühere Waller Creek Boy Powell St. John spielte in der Rockgruppe Comqueroo, und der aus Beaumont stammende Johnny Winter gab mit seinem Bluesrock-Trio Konzerte in den Clubs. Janis aber hielt an den Blues- und Folksongs fest, die sie mit der Gitarre einstudiert hatte – unter anderem den Song *Wild Women Don't Have the Blues* von Ida Cox, den sie in der Coffee

Gallery von George Hunters Bandkollegen Dan Hicks gelernt hatte.

Der Höhepunkt in Janis' neuem Set war ihre aufregende Interpretation von Buffy Sainte-Maries Song *Co'dine*. Janis hatte zu dem auf Buffy Sainte-Maries Debütalbum 1964 veröffentlichten Lied über Kodeinabhängigkeit einen eigenen Text geschrieben. Sie nannte zwar während des Konzerts die ursprüngliche Autorin, verwies aber auch auf ihre eigenen neuen Verse, wie die erschütternden Zeilen: »On the day I was born the grim reaper smiled … Co'dine became the object of my dreams … it's the reason I breathe, it's the reason I walk, the reason I sleep, the reason I talk / Soon my devotion will all be paid / Co'dine will kill me / That's the bargain that we made.« In ihrer leidenschaftlichen Interpretation zeigte Janis dem Publikum, dass sie selbst eine Variante dieses furchtbaren Schicksals durchgemacht hatte.

* * *

Janis kehrte zwar im Januar zum Studium aufs Lamar Tech zurück, doch ihr Herz gehörte inzwischen wieder ganz allein der Musik. Bei einem Wochenendbesuch in Austin sang sie Powell St. John ihren neuen Song vor: *Women Is Losers,* in dem, wie St. John sagte, »ihre feministische Seite steckte … sie eine Verbindung zu ihrem starken weiblichen Element herstellte. Janis war klug. Es war ein Lamento über das Schicksal, eine Frau zu sein … Janis hatte damit schwer zu kämpfen.«[44] Sie bat St. John, ihr einen seiner Songs beizubringen, und er entschied sich für *Bye, Bye Baby.* Sie lernte ihn gerade noch rechtzeitig für ihren ersten Auftritt in Austins neuem Club in der Red River Street, dem 11th Door. Powell St. John, Tary Owens und andere Freunde waren überrascht von der Persönlichkeit, die Janis auf der Bühne zeigte.

»Sie trat in einem sehr erwachsenen und gedeckten schwarzen Kleid auf«, erzählte St. Johns Bandkollege Bob Brown. »Alles war sehr förmlich, wie du's von 'nem Auftritt vor 'ner Versammlung von Collegeprofessoren … erwartest. Wir waren stolz auf sie und voller Respekt, aber wir konnten es nicht fassen. Es war 'ne tolle Verwandlung von der Jeans und Sweatshirt tragenden, grölenden, fluchenden Janis, die wir gekannt hatten.«[45]

Jim Langdon hatte den Auftritt organisiert, einen Fotografen bestellt und dafür gesorgt, dass das Konzert von einem örtlichen Radiosender aufgezeichnet wurde. Auf der inzwischen veröffentlichten Aufnahme hören wir Janis' routiniert vorgetragene Coverversionen von Blues- und Folksongs und dazu ihre eigenen Kompositionen wie *Apple of My Eye* – einen schnellen, modern klingenden Blues, der möglicherweise von dem Animals-Hit des Traditionals *The House of the Rising Sun* oder von der Stones-Version des von Bobby Womack komponierten Songs *It's All Over Now* inspiriert war – sowie Jelly Mortons *2:19*, einen jazzigen, in schmelzendem Alt gesungenen Blues, und *I Ain't Got a Worry* des Sänger-Songwriters Hoyt Axton, in dem sie in sehnsuchtsvollem Sopran ihre Sehnsucht nach der Bay Area ausdrückte. Ihr *Turtle Blues* war eine Referenz an die von ihr verehrte Bessie Smith, in dem sie sang: »I ain't the kind of woman / Who'd make your life a bed of ease … But if you want to go on drinkin' honey, won't you invite me please.« In den Ankündigungen der Songs klang Janis formell und fast schon ein bisschen akademisch.

Der Abend verlief ziemlich gut, aber Langdon erinnerte sich, dass das Publikum »gemischt war. Viele waren da, weil sie etwas im Stil von Joan Baez oder Caroly Hester erwartet hatten. Stattdessen bekamen sie Janis zu hören, diese Stimme, die einem durch Mark und Bein ging. Die Hälfte der Leute drehte bei ihrem Gesang durch, die andere Hälfte wusste nicht, was sie davon halten sollte – als wären sie von einer Neutronenbombe getroffen worden.«[46]

Am darauffolgenden Sonntag fuhr Janis erneut nach Austin, um bei einer hoch gehandelten Veranstaltung in der Aula des

Methodist Student Center aufzutreten, die Langdon zu Ehren des blinden Geigers Teodar Jackson organisiert hatte. In den sechs Blues- und Rock-Gruppen – wie etwa den neu gegründeten 13th Floor Elevators mit dem wüsten, aber charismatischen jungen Sänger Roky Erickson – war Janis die einzige Frau. Ihr Set fand im ausverkauften Saal mit 400 Plätzen große Resonanz. Besonders galt dies für ihre Zugabe, den *Turtle Blues*, den sie als »halb autobiografisch« ankündigte.

Obwohl sie den anderen »die Schau stahl«, so Langdon, empfand es Janis als Offenbarung, als sie Roky Erickson mit seiner schrillen Stimme hörte.[47] Der jugendliche Sänger präsentierte seine surrealen Texte rückhaltlos unter heiserem Heulen und Kreischen. »Das war das Elektrisierende bei Roky«, sagte Powell St. John, »dass er diese Noten treffen konnte – unheimliche, schrille Klagelaute.«[48] Roky Ericksons emotionaler ungehemmter Gesang sollte sich deutlich auf Janis' erste Versuche in der Rockmusik auswirken.

Nunmehr zielstrebiger und mit größerem Selbstvertrauen schrieb Janis aus Port Arthur einen Brief an Langdon, in dem sie sich für seine Hilfe bedankte und ihn bat, ihr weitere Auftritte zu vermitteln und ihr Zeitungskritiken und Fotos ihres Konzerts zu schicken. Nur fünf Monate nach ihren nervösen Auftritten im Halfway House war sie bereit, sich wieder ins »Showgeschäft« zu stürzen. Sie führte ein neues Tagebuch, das erste seit 1959, und gestaltete die Seiten kunstvoll mit einem Streichholzheftchen vom 11th Door, einem Werbezettel für das Konzert, einem Foto von ihr auf der Bühne und Zeitungsausschnitten ihrer Konzertkritiken.

In ihren Therapiesitzungen bei Bernard Giarratano äußerte sie jedoch die gleichen Befürchtungen wie ihre Mutter, die Auftritte könnten sie eher zerstören als zu ihrer Genesung beitragen. Dorothy erlaubte Laura nicht, Janis' Konzerte zu besuchen, selbst wenn sie in Cafés stattfanden, in denen kein Alkohol ausgeschenkt wurde. Als Giarratano sah, dass Janis wieder fröhlicher wurde, ermutigte er sie zum Gitarrenspielen, und so brachte sie gelegentlich ihr Instrument zu einer Sitzung mit. Unterdessen hatte sie flüchtige Liebschaften mit Männern wie mit Frauen, über die sie offen mit Giarratano sprach. »Sie sagte, es mache ihr Spaß«, erinnerte er sich, »aber sie sei immer schrecklich enttäuscht, wenn die Beziehung zu dem jeweiligen Partner, mit dem sie die Nacht verbracht hatte, nicht so recht funktionierte. Sie sagte, es sei meistens eine Fünfzehn-Minuten-Nummer und so etwas könne man eigentlich vergessen …«[49]

Gleich nach Semesterende fuhr Janis erneut für eine Woche nach Austin zu Jim Langdon und seiner Familie. Zuvor hatte sie ihm bereits geschrieben, sie überlege »ernsthaft, den Sommer über in Austin zu bleiben«, obwohl sie glaubte, es werde »ganz schlimm«. Außerdem fragte sie sich, ob er genügend Arbeit für sie finden konnte, »damit ich nicht verhungere«.[50]

Dann aber traf es sie wie ein Blitz aus heiterem Himmel, als sie von einer Freundin erfuhr, dass ihr inzwischen nach San Francisco übergesiedelter früherer Lover Travis Rivers nach Austin gekommen war, um sie zu besuchen. »Er war im Auftrag von Chet Helms da, der inzwischen in S. F. eine große Nummer ist und Konzerte veranstaltet. Mit bekannten Rock-'n'-Roll-Bands, und Bill Ham macht seine Lightshows«, schrieb Janis Linda Gottfried Waldron. »Ich solle hinkommen und bei seiner Bluesband singen. Deshalb rief ich ihn heute Morgen an, und er war ganz begeistert und versprach mir, dass er mir sogar das Geld für die Heimfahrt geben würde, falls ich es nicht schaffen sollte. Also dachte ich, ich sollte einfach mal hinfahren. Hab mit allen möglichen Leuten gesprochen, und keiner hat mir abgeraten.« Janis war zwar fasziniert, aber sie spürte zugleich auch schaudernd die Gefahr, die damit verbunden war. »Alle meinten, es sei eine gute Idee! Seufz, und ich hatte mir so gewünscht, dass man mir abrät.«[51]

Doch als sie Linda Waldron schrieb, sie wolle gar nicht fort und sei nur von ihren Freunden dazu gedrängt worden, sagte sie nicht die Wahrheit. Jim Langdon jedenfalls war alles andere als begeistert. »Ich habe Travis damals nicht getraut«, erinnerte er sich.[52] Langdon hatte in Austin bereits einige vielversprechende Gigs für Janis gebucht. Und da er fürchtete, sie könnte erneut verletzt werden, riet er ihr, in Austin an ihrer Technik zu feilen und an ihrem Selbstbewusstsein zu arbeiten, ehe sie in das Getümmel von San Francisco zurückkehre. Doch als sich Janis und Travis Rivers im Haus eines Freundes trafen, kam es zu einer leidenschaftlichen Liebesnacht. »Travis … ist ein Irrer, aber absolut super! Wie ein ziemlich wilder Pat Cassidy …«, urteilte Janis über ihren Langzeitschwarm. »Er ist groß und hat lange Haare …«[53] Zu Langdon sagte sie, »dass sie lange nicht mehr richtig gebumst worden sei, und Travis sei in der Hinsicht einmalig gewesen«.[54] Ihrer Ansicht nach war das Grund genug, um mit ihm nach San Francisco zu gehen. »Glaubst du wirklich, dass ich es diesmal schaffe?«, fragte sie Chet Helms in einem Telefongespräch. Der versicherte ihr, dass er davon ausgehe und dass es in der Szene praktisch kein Speed mehr gebe. Von seiner Beteiligung an den LSD-befeuerten Festen in San Francisco sprach er nicht.

Da Travis, der Seth und Dorothy von einem früheren Besuch her kannte, Janis gedrängt hatte, ihre Eltern in den Plan einzuweihen, fuhren sie von Austin ins »Goldene Dreieck«. In einer Sitzung am 27. Mai, so erinnerte sich Giarratano, habe Janis praktisch gesagt: »Ich werde sein, was ich bin.«[55] Sie fühlte sich elend in Port Arthur und musste fort.

Während Travis Rivers am Lombardy Drive im Auto wartete, ging Janis hinein, brachte es jedoch nicht fertig, die Eltern über ihre wahren Absichten zu informieren, und erklärte stattdessen, wieder zu Langdon und seiner Familie zu fahren. Nervös und aufgeregt stieg sie dann mit einem Seesack mit Kleidern, Büchern und ein bisschen Gras in den über zehn Jahre alten Chevy. Allerdings musste sie sich den Beifahrersitz mit einem weiteren Passagier teilen: »Ein total abgefahrener Methadrin-Freak (ganz schrecklich und hässlich und ist ständig mit jeder Menge Dope und Nadeln zugange …)«, erzählte sie in einem Brief an Linda Waldron, den sie nicht abschickte. »Ich bin noch gar nicht richtig aus Austin raus und drehe schon fast durch! Sehr lustig, das Ganze – genau das hatte ich vermeiden wollen – ich bin wahnsinnig sauer! – rede mir ein, ich brauche ja nicht die ganze Zeit mit ihnen zusammen zu sein, und schon ist einer ständig da! Mein Gott, er sieht aus wie so ein niedliches Monster, aber er ist absolut unausstehlich!«[56]

Wie schon in ihren Briefen an Peter de Blanc schilderte Janis anschließend die widerstreitenden Gefühle, die die Wiederaufnahme ihrer musikalischen Karriere in ihr auslösten – ein Comeback mit einem ehemaligen Komplizen, der allerdings – wie Janis – einen Entzug gemacht hatte. »Ich will wirklich was Neues im Rock 'n' Roll versuchen«, schrieb sie Linda, »und Chet meint, er hat schon alles vorbereitet, und ich solle unbedingt singen, die Jungs aus der Band hätten mich gehört und meinten, ich sei genau die Richtige für sie … Ich sage mir, schließlich ist Sommer, und ich kann die Sache noch immer abblasen und so tun, als sei es ein Sommerurlaub, und wieder auf die Schule zurückgehen … ich hab genug Gras mitgenommen, und es ist eigentlich nicht so übel … Ich wünschte mir schon, Du wärst hier. Ich hab ein bisschen Angst vor der Stadt, es wäre schön, ich hätte dort eine Freundin … Linda, kannst Du Dir vorstellen, was für einen Knoten ich im Magen habe? Ich habe schreckliche Angst. Später mehr …«[57]

Kapitel 11

Big Brothers Frontfrau

Ein Auftritt ist der tollste Spaß von allen –
etwas zu fühlen und dann da wirklich reinzugehen.
Das ist es, worauf es ankommt.[1]
Janis Joplin

Das Wichtigste an der Musikszene von San Francisco … ist die Freiheit, hier etwas Neues zu erschaffen«, erklärte Janis neun Monate nach ihrer Ankunft.[2] »Die Musiker insgesamt hatten hier letztendlich die völlige Freiheit, das zu machen, was sie machen wollten [und] erzeugten dann ihre ganz eigene Musik.« Janis sollte in San Francisco ihren Gesangsstil erweitern und in einer eng zusammenhaltenden Gruppe von Nonkonformisten, die zu den Wegbereitern einer neuen Gegenkultur gehörten, ihren anerkannten Platz finden. Big Brother and the Holding Company, ihre musikalische Adoptivfamilie, gab ihr Stabilität und die Möglichkeit, ein ganz eigenes künstlerisches Ego zu entwickeln. Janis ihrerseits verhalf der Gruppe nicht nur zur Berühmtheit, sondern wurde mit ihrer Stimme zum entscheidenden Element für den Erfolg der Band auf dem Weg nach oben, aber auch für ihr Auseinanderbrechen. Big Brother war es bestimmt, auf der Strecke zu bleiben. Janis aber fand nach ihrem Eintauchen in die Szene von Haight-Ashbury schließlich ihre Rolle als eine ganz neue Art von Sängerin.

Als Janis zum dritten Mal nach San Francisco aufbrach, hatte es ihr Reisegefährte Travis Rivers nicht eilig, in ihre Smaragdstadt zu kommen, sondern nahm sich zu ihrer Freude auf der

Strecke Zeit, um sie zu umgarnen. Auf verliebten Zwischenstopps im texanischen El Paso, in Juarez in Mexiko und in der Stadt Golden in New Mexico konnte das Pärchen seine Verbindung festigen. »Wir hatten gerade die Hälfte von New Mexico durchquert«, erklärte Janis im darauffolgenden Jahr, »da bugsierte mich dieser Typ, dieser wahnsinnige Liebhaber, ins Rockbusiness. Durch seine Ficks kam ich zu Big Brother.«[3] In ihrer ganz persönlichen Darstellung geht Janis nicht darauf ein, mit welch brennendem Ehrgeiz sie nach dem Erfolg als Sängerin strebte. Denn in Wahrheit war natürlich Peter de Blanc der große Manipulator in ihrem Leben gewesen – eine qualvolle Erfahrung, von der sie jedoch kaum sprach. Travis Rivers aber ermöglichte Janis mit dieser Fahrt den entscheidenden Schritt in ein Schicksal, für das niemand anderes verantwortlich war als sie selbst.

Am 4. Juni 1966, einem Freitag, trafen sie in San Francisco ein und meldeten sich bei Chet Helms, der kurz zuvor eine aufstrebende Schauspielerin geheiratet hatte. Inzwischen hatte er schulterlange Haare und einen Vollbart und sah mit seiner Nickelbrille und dem Cut aus dem Altkleiderladen aus wie eine Figur aus einem Western. Er mietete zum Preis von 35 Dollar für Janis ein Zimmer an der Pine Street 1947 in dem heruntergekommenen Stadtviertel Haight-Ashbury. Als Janis 1965 fortzog, wurde die Pine Street gerade zum Zentrum der sich entwickelnden Gegenkultur. Chet Helms hatte sich dem Family Dog House angeschlossen, einer Wohngemeinschaft in der Pine Street, die ihren Namen von der Vorliebe der Bewohner für alles Hundeartige bezog – oder vielleicht auch von dem Projekt, die Profite aus dem Dealen in das Family-Dog-Projekt zu investieren, einen geplanten Friedhof für Haustiere (auf einem unbebauten Grundstück), aus dem jedoch nie etwas wurde. Family Dog begann, jeweils unter einem ganz bestimmten Motto stehende Rockfeten zu organisieren. Die erste, die in der Longshoreman's Hall im Hafenviertel Fisherman's Wharf stattfand, hatte den

Titel »Tribute to Dr. Strange«, und zur Musik von Jefferson Airplane und der von Janis' Freunden George Hunter und Dan Hicks gegündeten Band Charlatans gingen die Gäste, den Kick suchend, auf LSD-Trips. Als sich die Szene im Sommer 1966 etabliert hatte, wurden psychedelische Partys Woche für Woche veranstaltet – entweder im Fillmore Auditorium oder seit neuestem auch im Avalon Ballroom.

Am zweiten Abend nach ihrer Ankunft in San Francisco besuchten Janis und Travis Rivers ein Konzert der Grateful Dead im Fillmore Auditorium, dem ehemaligen Tanzsaal in einem vornehmlich von Afroamerikanern bewohnten Stadtviertel. Nachdem sie die baufällige Treppe hochgestiegen waren, mischten sie sich unter die wild tanzenden Gäste – langhaarige Männer und Frauen, die in eine bunte Auswahl von Secondhand-Klamotten, exotischen Stoffen und ethnischen Gewändern gekleidet waren – »sieben verschiedene Jahrhunderte in einem Raum«, wie es eine Eingeweihte beschrieb.

»Die riesigen Feten … waren der reine Wahnsinn!«, lautete Janis' Beschreibung.[4] »Fantastisch – die Klamotten und die Leute! Sinnlichkeit pur – es war ein Ansturm auf deine Sinne, [hat] dich umgerissen.« In der Folkszene von Palo Alto hatte Janis bereits Bekanntschaft mit Jerry Garcia, dem Leadsänger und Gitarristen der Grateful Dead, sowie mit Ron McKernan, dem »Pigpen« genannten Keyboard- und Mundharmonikaspieler der Band gemacht. Da sie *Stealin', Stealin'* von der Memphis Jug Band und einige weitere Songs schon kannte, schloss sie sich ohne weiteres Zögern den ausgedehnten Bluessessions der Band an. Durch deren elektrisch verstärkte Klänge und die von Bill Ham gestaltete Lightshow mit den auf die Band projizierten Farbblasen wurde die Musik für sie etwas bislang noch nie Erlebtes. »(Es) hat mich völlig zugeknallt«, berichtete sie später.[5] »Puh!« Seit den mitreißenden Konzerten auf der Straßenmeile in Louisiana hatte sie sich nicht mehr so energiegeladen gefühlt und seit ihrer ersten Begegnung mit dem Ghetto in Austin hatte sie eine Szene nicht mehr mit solcher Begeisterung aufgenommen.

Von Jim Langdon hörte Janis, dass ihre Mutter außer sich gewesen sei, als sie vom Aufenthaltsort ihrer Tochter erfuhr. So schrieb sie ihren Eltern am Montagmorgen, dem 6. Juni, »äußerst beklommen« einen Brief.[6] Darin entschuldigte sie sich für ihren heimlichen Aufbruch nach San Francisco und erklärte, dass »Chet Helms, ein alter Freund, in S. F. ganz groß herausgekommen ist. Hat drei tolle funktionierende Rockbands mit Namen wie Captain Beefheart & His Magic Band oder Big Brother and the Holding Company usw. … scheinbar [ist] die ganze Stadt auf den Rock abgefahren, und [er] hat mir Geld und Ruhm in Aussicht gestellt.«

Ausführlich schilderte Janis ihre Reise in den Westen: »Nachts draußen am Rio Grande gezeltet, Steine gesammelt usw.« Ihre Begeisterung spielte sie herunter, vielmehr versuchte sie ihre Eltern – und vielleicht auch sich selbst – zu überzeugen, dass sie nicht wieder in jene Lebensweise abtauchen würde, die sie beinahe umgebracht hatte. Sie klang unbeeindruckt, als sie von dem für den gleichen Nachmittag angesetzten ersten Treffen mit Big Brother and the Holding Company berichtete; sie scherzte über seinen Ausgang, verglich sich mit einem der wenigen weiblichen Rockstars jener Tage. »Soll heute Nachmittag mit dieser Band proben. Anschließend werde ich wohl wissen, ob ich hierbleiben und dies eine Zeitlang machen will. Augenblicklich bin ich hin- und hergerissen – froh, gekommen zu sein, glücklich, die Stadt und ein paar Freunde zu sehen, aber ganz und gar nicht darauf festgelegt, die Cher des armen Mannes zu werden …«

Ganz offenbar zeugt der Brief von Janis' Sorge um die Gefühle ihrer Eltern – und um sich selbst:

Ich möchte euch nur sagen, dass ich das alles mit kühlem Kopf aufnehme und mich nicht überschwänglich hinreißen lasse. Sicherlich glaubt ihr beide, dass meine selbstzerstörerische Seite wieder Oberhand gewonnen hat, aber ich versuche mein Bestes. Ich habe fest vor, zum Studium zurückzukommen – allerdings nicht, wie ich zugeben muss, wenn sich dies hier als Erfolg erweist. Chet ist hier inzwischen eine wichtige Person und wollte ganz konkret mich als Sängerin für seine Band haben. Ich habe noch nicht angefangen, deshalb kann ich nicht sagen, wie es weitergeht – bis jetzt bin ich in Sicherheit, satt, und mir ist nichts gestohlen worden … Es tut mir schrecklich leid, euch derartig enttäuscht zu haben. Ich verstehe, dass Euch mein Umzug Sorgen macht, und muss zugeben, dass ich sie teile, aber ich glaube ernsthaft, gute Chancen zu haben, dass ich es diesmal nicht vermassele. Das ist im Augenblick alles, was ich sagen kann … Sicherlich werdet ihr meinen Erfolg genauso sehnlich herbeiwünschen wie ich selbst …[7]

An jenem Nachmittag, ihrem dritten Tag in San Francisco, traf Janis zum ersten Mal Big Brother and the Holding Company in deren Probenraum in einem alten Kutschenhaus, das einst für die von Pferden gezogenen Feuerwehrwagen gebaut worden war. »Es ging dort recht organisch zu«, erinnert sich der damals 24-jährige Gitarrist Sam Houston Andrew III. »In einer Ecke wurden Babys gestillt, und in der anderen bedruckte man Seide.«[8] Einer der Mieter der Räume, der Maler Stanley »Mouse« Miller – der mit seinem Partner Alton Kelley die Poster für Family Dog gestaltet hatte – stammte aus Detroit, desgleichen Big Brothers 26-jähriger Gitarrist James Gurley. Aus ihrer Zeit als Folksängerin kannte Janis noch den Bassisten Peter Albin, 22 Jahre alt, der im Frühling 1965 gemeinsam mit dem damaligen UCLA-Studenten Sam Andrew die Band gegründet hatte. Ursprünglich hatten sie in einem wuchtigen viktorianischen Gebäude an der Page Street 1090, das Albins Onkel Henry gehörte und als Pension genutzt wurde, zusammen gespielt. Die Gruppe wurde rasch entdeckt und bekam ihren Namen von Chet Helms, der zu ihren Jamsessions am Mittwochabend 50 Cent Eintritt verlangte. Später machte er die Bandmitglieder mit James Gurley bekannt, der seine irren Gitarrenläufe bis dahin allein bei sich im Kämmerchen gespielt hatte. Helms besorgte der Band Auftritte in Clubs und bei Veranstaltungen – darunter auch bei dem ersten Trips-Festival – sowie im von Family Dog betriebenen Avalon Ballroom, den er zwei Monate zuvor eröffnet hatte. Nach mehreren Wechseln in der Besetzung fanden Big Brother and the Holding Company im März mit dem 26-jährigen aus New York stammenden David Getz, einem Fulbright-Stipendiaten, zu ihrer endgültigen Zusammensetzung.

Bereits 1963 hatte James Gurley Janis bei einem Konzert in der Coffee Gallery singen hören; »die Kraft und die Macht in ihrer Stimme haben mich umgerissen«.[9] Peter Albin hatte sie zu jener Zeit in Berkeley und Palo Alto gesehen. Sam Andrew kannte keinen ihrer Auftritte, hatte aber durch Freunde von ihr gehört. Nur David Getz hatte bislang keine Erfahrungen mit ihr, träumte aber in der Nacht vor ihrem Eintreffen von einer umwerfenden Frau, die ihre neue Sängerin werden würde.

Janis erschien ihnen, als sie hereinkam, allerdings weniger umwerfend, sondern eher wie ein Wildfang aus Texas. Sie hatte die Haare zurückgebunden, trug abgeschnittene Jeans, ein weites Hemd und wirkte sehr lebhaft. Die Jungen hingegen sahen mit den langen Haaren und den abgefahrenen Klamotten cool aus: James Gurley, der mit den lang herunterhängenden Strähnen, dem schmalen Gesicht und dem stillen, intensiven Blick etwas von einem Schamanen hatte, oder Peter Albin mit dem herausgewachsenen Pagenschnitt und grellbunten Hemd und David Getz mit der ungezähmten dunklen Mähne und seinem ständigen Herumblödeln. Der hochgewachsene schlanke Sam Andrew mit dem zerfurchten schönen Gesicht und dem schütteren Haar strahlte Freundlichkeit und Wärme aus. »Als ich Janis zum ersten Mal sah, war sie für mich keine Fremde«, sagt er.[10] »Durch ihren Akzent, ihr Verhalten und sogar ihre Kleidung erschien sie mir wie eine Schwester oder Cousine von der mütterlichen Seite meiner Familie, die alle aus dem gleichen Teil von Texas stammen wie Janis …«

»Ich habe sie alle kennengelernt, und du weißt ja, wie das ist, wenn du jemandem vorgestellt wirst. Du kannst dich nicht mehr an sein Aussehen erinnern, weil du durch die Ereignisse völlig weggetreten bist«, erzählte Janis.[11] »Ich war auf meinem eigenen Planeten, Mann. Und hatte eine Heidenangst. Ich wusste nicht, wie ich das Zeug hinkriegen sollte. Es war das erste Mal, dass ich zu elektrischen Instrumenten sang, und Schlagzeugbegleitung hatte ich noch nie gehabt.«

Die Lautstärke nach dem Aufdrehen der Verstärker machte sie anfangs fertig. »Ihr kam es so vor, als sei sie von einem durch die Nacht rasenden Güterzug mitgerissen worden, ohne zu wissen, wie sie sich dagegenstemmen konnte«, schilderte es Sam Andrew.[12] »Allerdings hat sie immer ganz ausgezeichnet den Ton halten können … und war niemals schrill oder flach. Sie sang sehr schnell und sprach auch schnell. Janis hatte immer diese totale Unsicherheit und zugleich auch die Sachen total im Griff, und es war schon was, mit beiden Seiten umgehen zu müssen. Man wusste nie, mit welcher man es zu tun hatte.«

Als sie zu spielen begannen, sah Janis, dass die Jungs sie nicht wie eine aussichtsreiche Kandidatin, sondern eher wie ein Bandmitglied behandelten. Big Brother hatten in den vergangenen Monaten zwölf Konzerte gegeben und dabei begeisterte Anhänger gewonnen. Doch sie strebten nach der Art von Erfolg, wie ihn die sechsköpfige Band Jefferson Airplane genoss, die als erste unter den neuen einen Vertrag bei einer bedeutenden Plattenfirma bekommen hatte. Jefferson Airplane trat mit zwei Leadsängern an, dem ehemaligen Folkmusiker Marty Balin und Signe Anderson, die als gemischtes Duo ausgezeichnet harmonierten. Eine weitere aufstrebende Gruppe namens Great Society hatte mit Grace Slick ebenfalls eine charismatische Sängerin. Als Big Brother beschloss, Peter Albins Bariton mit einer Frauenstimme zu ergänzen, bestellten sie diverse Mädchen zum

Vorsingen, konnten sich aber für keine entscheiden – bis Janis kam. »Sie hat uns umgehauen, und zwar vom ersten Augenblick an«, sagte David Getz.[13] Und Janis wurde bei Big Brother aufgenommen.

Deren nächster Auftritt sollte knapp eine Woche danach stattfinden, in einem gemeinsam mit Grateful Dead bestrittenen Konzert im Avalon Ballroom. Sie alle kannten die R&B-Songs *Trouble in Mind* und *CC Rider,* und Janis übernahm den Gesang. »Anfangs klang sie wie Bessie Smith auf einer schneller abgespielten 78er-Scheibe«, erinnerte sich Sam Andrew.[14] »Sehr schrill … und dünn, blieb ganz in den hohen Tonlagen, wie ein Band, das vorgespult wird.« Da sie mit elektrisch verstärkten Gitarren und Schlagzeug noch keine Erfahrungen gesammelt hatte, musste sie ihren Gesangsstil rasch ändern; sie schraubte ihre Stimme hoch, sodass sie die lautstarke Begleitung übertönte, und kreischte gelegentlich wie Roky Erickson von den 13th Floor Elevators in Austin.

»Sie wirkte so verängstigt«, sagte Suzy Perry, eine Bewohnerin der Henry-Street-WG.[15] »Ihr war wahnsinnig daran gelegen, zu gefallen und dazuzugehören. Sie tat mir leid.« Janis fand schließlich zu ihrem Stil in dem Gospel *Down on Me.* »Ich hatte ihn schon vor Längerem gehört und meinte, ihn singen zu können. Die anderen haben die Akkorde gespielt«, berichtete sie.[16] Janis machte aus *Down on Me* allerdings einen weltlichen Song, einen sinnlichen weichen Blues. Außerdem änderte sie den Text, nahm, wie Sam Andrew es schilderte, die religiösen Bezüge heraus. »Janis war von der ersten Minute an genau das, was uns gefehlt hatte.«[17]

»Arbeite noch immer mit Big Brother and the Holding Company, und es macht wirklich Spaß«, schrieb Janis ihrer Familie am Abend vor ihrem Debüt im Avalon Ballroom.[18] »In der Band spielen vier Jungs – Sam, Peter, Dave und James. Wir proben jeden Nachmittag in der Garage eines Lofts, das einem mit ihnen befreundeten Künstler gehört, und ständig kommen Leute vorbei und hören zu – ihnen allen scheint mein Gesang zu gefallen, obwohl ich ein bisschen altmodisch bin. Diese Art von Musik ist anders als die, die ich kannte.«

Sie fügte die aus dem *San Francisco Chronicle* ausgeschnittene Anzeige für das Konzert im Avalon hinzu und ergänzte sie mit einem lustigen Kommentar für ihre Angehörigen: »Ach, ich habe noch seltsamere Namen von Bands gesammelt, die ich euch schicken kann – wie etwa (ihr glaubt es kaum!) Grateful Dead, The Love, Jefferson Airplane, Quicksilver Messenger Service, The Leaves, The Grass Roots … Zu dem Konzert im Avalon Ballroom morgen Abend kommen auch ein paar Leute von Mercury, um sich Grateful Dead (mit einem solchen Namen muss die Band einfach gut sein) und Big Brother usw. anzuhören. Und ich werde singen! Herr im Himmel, ich bin vielleicht aufgeregt! Wir haben in dieser Woche etwa fünf oder sechs Nummern einstudiert – die mit dem Titel *Down on Me* gefällt mir wirklich – ein altes Spiritual, das wir zum Leben erwecken und mit unserer neuen Bearbeitung leicht umgemodelt haben.«

Janis versicherte ihren Eltern, dass es ihr gutging und sie einen anständigen Wohnraum gefunden hatte, »ein Zimmer in einem Wohnheim. Sehr nettes Haus mit einer Küche und Wohnzimmer und Bügeleisen und Bügelbrett. Außer mir wohnen hier noch vier Leute – eine Lehrerin, ein Künstler, die anderen kenne ich nicht.«[19] Sie schilderte ihre Erfolgschancen in rosigem Licht, desgleichen die Professionalität von Helms' »Unternehmen«, obwohl es eigentlich nur der Ein-Mann-Betrieb eines Hippies ohne feste Strukturen war. »Chet Helms führt ein Rockmusik-Unternehmen mit Namen ›Family Dog‹ – ganz regulär mit Firmenlogo und Telefonservice. Wirklich schick. Als mein Vorgesetzter (er hat mich gänzlich ohne Geld hergebracht; ich horte noch immer meine 30 $ in der Bank) hat er für einen Monat dieses Zimmer für mich gemietet. Wenn die Band und ich es nicht schaffen, soll es darauf nicht ankommen, meint er, und andernfalls hätten wir ohnehin Geld genug …«

Sie berichtete von sich, was ihre Eltern hören wollten, machte ihnen weis, sie würde in »einer gewissen Abgeschiedenheit« leben.[20] Außerdem nährte sie deren Hoffnung, dass sie zurückkommen und wieder aufs College zurückkehren würde, und versicherte ihnen, dass sie kein Speed nehme. »Macht euch keine Sorgen – es geht mir nach wie vor gut. Habe weder zu- noch abgenommen, und im Kopf ist weiter alles in Ordnung. Ich überlege auch immer noch, das Studium fortzusetzen, gebt mich also noch nicht ganz verloren.« Dabei verschwieg sie allerdings, dass das College für sie nur eine Notlösung war, falls sie bei den Hippie-Fans der Band durchfiel. David Getz, der sie zu den Proben fuhr, berichtete, dass sie sich unentwegt fragte, ob ihre Entscheidung auch richtig sei. »Sie hatte eine Menge Vorbehalte«, stellte er fest.[21]

Während der Proben aber lernte Janis rasch, mit neuen Gesangstechniken zu experimentieren. Wieder orientierte sie sich an Roky Erickson und begann, Gurleys und Andrews Improvisationen auf der Gitarre mit ungezähmtem Kreischen zu untermalen. Während Peter Albin mit seinem Bariton bei den meisten Songs als Leadsänger fungierte, setzte Janis mit schrillen Tönen die Akzente. In einer schnellen Version von Chris Kenners *Land of 1000 Dances* etwa erinnerte ihre heisere Stimme an Wilson Picketts soulige Version dieses Songs. Big Brothers Rock-'n'-Roll-Nummern kannte Janis bereits aus den Tagen, als sie als Teenager mit dem Auto durch Port Arthur gekurvt war und dazu in voller Lautstärke die Hits im Radio gehört hatte: Little Richards *Ooh! My Soul* oder Shirley and Lees *Let the Good Times Roll*. In Tommy Huckers *Hi Heel Sneakers* trieb Janis ihre Stimme bis an die Grenze, um bloß nicht »altmodisch« wie eine Folksängerin zu klingen. Big Brother polierte einige Bluesstücke auf, sodass man sie kaum wiedererkannte: Janis sang den 1927 aufgenommenen Blues *I know You Rider* von Blind Lemon Jefferson im Call-and-Response-Stil. James Gurley, der wegen seines düsteren, misstönenden Gitarrenspiels auch »Archfiend of the Universe« genannt wurde, begleitete sie dabei mit atonalen abgehackten Tonfolgen. In Howlin' Wolfs *Moanin' at Midnight* spielte Peter Albin nicht nur Bass, sondern schloss sich auch dem Gesang an, der von Janis mit Stöhnen und Jaulen ergänzt wurde. Fünf Tage nach ihrem ersten Treffen war Janis bereit für ihr Debüt.

Der Avalon Ballroom lag im ersten Stock des Gebäudes einer ehemaligen Tanzschule in der Sutter Street, unweit von Janis' ehemaligem Zimmer im Goodman Building. Chet Helms hatte den im April 1966 eröffneten Saal mit Stroboskoplampen ausgestattet, und wenn die Leute auf den polierten Holzdielen tanzten, leuchtete ihre Haut an den Stellen, die sie mit fluoreszierender Farbe bemalt hatten. Bill Ham, ein Bewohner der Pine Street, projizierte vom Balkon aus amöbenförmige Farbblasen auf die jeweils auftretende Band. Eine andere Bühnenbeleuchtung gab es nicht.

Am Freitag, dem 10. Juni, »kamen wir Jungs raus und spielten unser wahnsinnig rasches, jazziges und donnerndes Eingangsstück«, erinnerte sich Sam Andrew an Janis' ersten Auftritt.[22] Nach ihren ersten »Freakrock«-Nummern trat Janis auf die Bühne und stellte sich auf ihren Platz neben Peter Albin, woraufhin der dem Publikum erklärte: »Und jetzt möchten wir euch Janis Joplin vorstellen …«

»Verdammt, bis dahin hatte noch keiner von mir gehört«, erzählte Janis später.[23] »Ich war einfach nur ein Mädchen, hatte nicht mal flippige Kleider oder so was. Ich stellte mich in meinen College-Klamotten vors Publikum und begann zu singen. Puh!«

Für die Zuschauer, die bereits von der Klangmauer mitgerissen waren, stand gewöhnlich James Gurley mit seiner Les-Paul-Gitarre im Mittelpunkt. »Er ließ es richtig krachen«, sagte Bill Ham.[24] Dessen Lightshow warf Farblichter auf Gurleys hagere Gestalt, wenn das Publikum berauscht und hingerissen seinen abstrakten Gitarrenläufen folgte. Doch als Janis sich zu wiegen begann, den Takt mit ihrem Tamburin schlug und *Down on Me* anstimmte, waren die Leute auf der Stelle von ihr gebannt.

»Was für ein Trip, Mann! Ein echter realer Drogentrip!« schilderte Janis begeistert diesen Augenblick.[25] »Woran ich mich erinnere, ist ganz allein das Gefühl – was für ein verdammter Hammer, Mann! Die Musik dröhnte: bum, bum, bum, und alle Leute tanzten, und dann die Lampen, und ich stand da oben und habe ins Mikrofon gesungen, und es war toll! Mann, wie habe ich das genossen. ›Ich glaube, bei euch bleibe ich, Jungs‹, habe ich gesagt.«

Von diesem Abend an drehte sich Janis' Leben ganz allein um Big Brother. »Sie war fabelhaft«, lautete Helms' Urteil über ihren ersten Auftritt.[26] »Das Publikum sah es genauso – etwas in dieser Art hatte man noch nie gehört.« Nachdem Janis »die Prüfung« bestanden hatte, probten sie fast täglich, und sie wurde weiter in die Gruppe integriert. Sie lernte rasch, schrieb sich sorgfältig die Texte auf, und die Band änderte ihr Konzept, um für ihre neue dynamische Sängerin Freiraum zu schaffen. »Wir begannen, zu Janis' Melodien Harmonien zu singen, und wir ergänzten unsere Songs mit gut ausgearbeitetem Anfang und Ende«, berichtete David Getz.[27] Außerdem kürzte die Band ihre ausgedehnten Improvisationen. Janis hingegen erweiterte ihre Gesangstechnik. Da man bei Big Brother demokratisch organisiert war, übernahm außer David Getz jedes Bandmitglied irgendwann einmal den Gesang, sodass Janis nur bei fünf, sechs Nummern Leadsängerin war und die Jungs bei anderen Songs mit Backup-Harmonien unterstützte.

Zwei Wochen nach ihrem Debüt gab Big Brother ein ganzes Wochenende lang Konzerte im Avalon mit zwei Auftritten am Abend. Diese ersten Konzerte sollten das Muster prägen, das Janis' Leben in den darauffolgenden zwei Monaten bestimmte. Mit jedem weiteren Auftritt verlor sie mehr von ihrer Scheu. »Plötzlich füllte diese Person, die [bei einem Auftritt in Texas] noch, die Hände zu Fäusten geballt, stocksteif dagestanden hatte, die ganze Bühne aus«, erinnerte sich Chet Helms.[28] »Roky Erickson hatte sich am kreischenden Gesang von Little Richard orientiert, und da Janis' anfängliche Bühnenpräsentation von Roky stammte, kam sie also letztlich von Little Richard. Es war eine völlig andere Janis.«

Janis hatte sich von einer gehemmten Folkbluessängerin in eine gefühlsstarke sinnliche Bühnenkünstlerin gewandelt. Schon bald drängten sich bei ihrem leidenschaftlichen Vortrag die Zuhörer an den Bühnenrand. »Ich konnte nicht stillstehen«, erklärte sie später.[29] »Ich hatte beim Singen nie getanzt, sondern im alten Stil dagesessen und an der Gitarre gezupft. Hier aber habe ich mich bewegt und bin auf und ab gesprungen. Weil ich nichts hören konnte, habe ich immer lauter gesungen. Bei diesem Background muss man einfach laut sein und in die Moves gehen.« Peter Albin fungierte weiterhin als Frontman, machte die Ansagen oder riss Witze. Janis beugte sich vor und alberte, während sie das Tamburin rasseln ließ: »Was erzählst du da bloß?«[30]

In dem 800 Personen fassenden Avalon drängten sich Big-Brother-Fans und Neugierige, die allesamt die zwei Dollar Eintritt gezahlt hatten. »Die Show bestand eigentlich aus dem ganzen Umfeld«, sagte Chet Helms. Die Zuschauer »waren ein ebenso wichtiges Element der Performance wie die Musiker.«[31] Da die Bühne nicht hoch und kaum beleuchtet war, verschmolz die Band mit der Menge, und in der dadurch entstandenen Ungezwungenheit und Intimität fühlte Janis sich wohl. »Man hatte das Gefühl, Teil des Publikums zu sein«, sagte David Getz, »und da wir Energie vom Publikum bekamen und den Leuten zugleich Energie gaben, fand ein echter Austausch statt. Wir alle waren high!«[32] Janis hatte nicht nur den Platz gefunden, an dem sie sich zu Hause fühlte, sondern auch ihr wahres Ich. »Wenn ich singe, ach, dann fühle ich mich, als wäre ich frisch verliebt«, sagte sie einem Journalisten ein Jahr später.[33] »Wie wenn man jemanden zum ersten Mal berührt. Mit wohligem Schauern und all dem Zeug. Es war so sinnlich, so lebendig, so laut und so wild!«

Auch Musikerkollegen waren von Janis' Talent beeindruckt. Obwohl es auf der Bühne keine Monitore gab, die den Spielern einen Eindruck vom Sound vermittelten, konnte sie gewöhnlich die Tonlage halten – was den meisten lokalen Größen nicht gelang – und die dröhnenden Gitarren übertönen. Ihr alter Freund Jorma Kaukonen, inzwischen Gitarrist bei Jefferson Airplane, lotste seinen Bandkollegen, den Bassisten Jack Casady, zu Janis' Konzert. »Als ich sie zum ersten Mal singen hörte«, meinte Casady, »fand ich sie einfach nur fantastisch – eine der wenigen weißen Sängerinnen, die einen guten Blues bringen konnte. Sie bewegte sich auf dem Level von Bessie Smith, das war ganz klar.«[34] Von Jack Casady, einem eifrigen Schallplattensammler, sollte Janis letztlich den R&B-Song bekommen, der sie in die Top Ten brachte.

* * *

Schon bald knüpfte Janis zu ihren Bandkollegen auch persönliche Bindungen. Peter Albin, der verheiratet war und eine kleine Tochter hatte, zeigte sich ein wenig reserviert, doch zu David Getz und den anderen entwickelte sie bald eine größere Nähe. »Wir haben drei- oder viermal auf dem Rücksitz meines Autos wild herumgeknutscht«, erinnerte sich Getz.[35] »Ich dachte, das würde noch weiter gehen, aber sie wollte sexuell nichts mit mir anfangen. ›Nein, das kann ich nicht‹, hat sie irgendwann gesagt. ›Ich muss los.‹«

Sie und Travis Rivers waren, wie er es sah, immer noch »ein Paar«, aber die Bande lösten sich.[36] Da Janis in der Pine Street wohnte, wo sie früher ihre Drogen gekauft hatte, fürchtete sie, Ausgeflippten oder Dealern über den Weg zu laufen. »Sie hatte Angst vor Drogen«, berichtete David Getz. »›Ich will nicht sehen, wie sich jemand irgendwas spritzt‹, hat sie gesagt.«[37]

Als sie einmal hinzukam, wie sich Travis Rivers und ein Freund in seiner Wohnung einen Schuss setzten, schnappte sie über. Zu seiner Entschuldigung brachte Rivers vor, sie würden sich kein Speed spritzen, sondern Meskalin, doch Janis schnaubte vor Wut. »Sie war so empfindlich«, sagte Travis. »Ich hatte ihre Gefühle schon einmal verletzt, und jetzt musste ich sie an Händen und Füßen festhalten, damit sie nicht über mich herfiel. Sie schrie wie am Spieß. Das habe ich mir nie vergeben.«[38]

Um sie zurückzugewinnen, machte er ihr am nächsten Tag einen Heiratsantrag, doch sie lehnte ab. Mit Sicherheit schmerzten sie immer noch Peter de Blancs falsche Versprechungen und sein Betrug. Laut Travis Rivers antwortete sie: »›Ich bin kurz davor, richtig berühmt zu werden‹, hat sie gesagt. ›Dann kann ich jeden Typen kriegen, den ich haben will. Und das möchte ich ausnutzen.‹«[39]

Janis hatte ihm in den vier Jahren, die sie sich kannten, »zwei Gesichter« gezeigt. »Einmal das wunderbar liebe, gut erzogene, brave Mädchen« – die Janis, die von einem weißen Gartenzaun träumte. Ihre andere Seite war das ungehobelte, große Sprüche klopfende ›Cowgirl‹, die Göre aus Westtexas, die sie hervorholte, wenn sie sich nicht sicher war, wie sie ankommen würde. Und die benutzte sie auch auf der Bühne.«[40]

Travis Rivers verließ Janis in ihrem winzigen Zimmer – ein Bett, ein Waschbecken und kaum mehr – und schlief in einer Kammer am anderen Ende des Flurs in der Nähe des Gemeinschaftsbadezimmers. Janis traf sich nun häufiger mit den Bandmitgliedern. Als sie und David Getz einmal im Anxious Asp vorbeischauten, lief ihnen Janis' frühere Geliebte Jae Whitaker über den Weg. »Sie war ein süßes kleines schwarzes Mädchen, sehr sexy«, erinnerte sich Getz.[41] »Wir haben mit ihr Poolbillard gespielt, und beim Gehen sagte Janis: ›Sie macht mich an, diese Kleine. Wir hatten in der Vergangenheit mal was laufen; ich finde sie wirklich heiß.‹ Janis wollte mich damit nicht schockieren, sondern war einfach nur offen.« David Getz, ein weltgewandter Mann aus New York, hatte zwar am San Francisco Art Institute Kunst studiert, doch trotzdem war »diese ganze Möglichkeit etwas völlig Neues für mich. Ich wusste nicht, was ich davon halten sollte.«[42]

Bald hatte sich Janis mit ihrer einstigen Flamme versöhnt, und Jae kam mit ihrer neuen Freundin zu den Konzerten von Big Brother. Eine weitere Konfrontation mit der Vergangenheit bewirkte ein Brief. Er stammte von Peter de Blanc aus Rochester im Bundesstaat New York, der irgendwie ihre Adresse ausfindig gemacht hatte und Janis nun schalt, das Studium aufgegeben zu haben und wieder in San Francisco zu leben. »Bist du nun allen Ernstes ein Go-Go-Girl geworden?«[43] Mit angeblicher Sorge um »die wahre Janis« appellierte er an ihren »angeborenen Schutzmechanismus und ihre Selbstkontrolle«. Janis hob diesen und andere Briefe de Blancs auf – ob sie ihm geantwortet oder ihn noch einmal wiedergesehen hat, ist unbekannt.

Unter ihren Bandkollegen fühlte sich Janis zu Sam Andrew hingezogen, einem Bücherwurm und ehemaligen Studenten der Linguistik. Besonders hingerissen aber war sie von dem in Detroit geborenen unnahbaren und leicht abgehobenen James Gurley, der in der waghalsigen Autonummer seines Vaters, eines Schaustellers, kurzzeitig als »menschliche lebendige Kühlerfigur« gedient hatte. Gurleys ebenfalls aus Detroit stammende, lebhafte Frau Nancy, eine frühere Lehrerin, gehörte gemeinsam mit ihrem kleinen Sohn Hongo zum regelmäßigen Gefolge der Band. Die Gurleys hatten zu Beginn der 1960er Jahre bei Huichol-Indianern in Mexiko gelebt, und Nancy ließ die anderen nun an ihrem dort und in ihren Studien des Okkulten gelernten esoterischen Wissen teilhaben. Die von Peter Albin als »urtümliche Erdmutter« beschriebene Frau zeigte sich ebenso redselig und extrovertiert, wie ihr Gatte still und nach innen gekehrt war.[44] Während er sich stundenlang mit seiner Gitarre beschäftigte und versuchte, darauf John Coltranes Saxofon und John Lee Hookers Riffs zu kopieren, webte Nancy aus bunter Wolle God's Eyes, die »Gottesaugen« genannten Symbole der alten Indianerkultur. Dieses Totem, das dafür stand, »das Unsichtbare und Unfassbare zu sehen und zu verstehen«, wurde auch zum Markenzeichen von Big Brother and the Holding Company. Nancy und Peter Albins Frau Cindy fertigten riesige vielfarbige »Gottesaugen«, die über den Verstärkern angebracht wurden. Nancys Stil – lange Bauernkleider, ergänzt mit einer Reihe von Hand aufgefädelten Perlenketten – hatte auf Janis einen großen Einfluss, als sie ihren neuen Look kreierte, und sie begann, Nancys Ketten zu tragen.

Am ersten Juliwochenende fuhr die Band – ohne Nancy – nach Monterey, wo sie als Attraktion eines zweitägigen »Independence Dance« auf eben jenem Messegelände auftreten sollte, wo Janis 1963 Bob Dylan getroffen hatte. Diesmal war Joan Baez im Publikum. Janis, die inzwischen selbstsicherer geworden war, tanzte auf der Bühne, wenn die Jungs ihre Instrumentals spielten. Peter Albin, der »nicht gern tanzte«, fühlte sich abgestoßen, als Janis »furchtbar sinnlich und sexy zu sein versuchte« und ihre Bandkollegen und besonders ihn »anmachte«.[45] Wie er es schilderte, »sagte sie: ›Komm, wir tanzen‹, und rieb sich dann aufreizend an mir«.

James Gurley sah das offenbar anders. In der Nacht stahl er sich mit Janis fort, und sie hatten Sex. Als ihre gegenseitige Zuneigung wuchs, zog er zu Janis in ihr Zimmer in der Pine Street. Gurley erklärte später, »wir waren verliebt«.[46] Nach einigen Wochen platzte des Morgens, als sie noch im Bett lagen, Nancy herein und forderte ihren Gatten auf, wieder nach Hause zu kommen. Nancy, die in einem wohlhabenden Elternhaus aufgewachsen war und einen Universitätsabschluss in Literaturwissenschaft hatte, war zwar ein Freigeist und glaubte an das Konzept der freien Liebe, hatte aber ihre Grenzen. James kehrte zu ihr zurück, und obwohl Janis weiterhin für den faszinierenden Gitarristen schwärmte, vertiefte sich erstaunlicherweise zugleich auch ihre Freundschaft mit Nancy.

* * *

Big Brother and the Holding Company war für einige Konzerte in anderen Städten gebucht. Den Anfang machte der Red Dog Saloon in Virginia City, Nevada, wo im Sommer 1965 die Charlatans das Rock-'n'-Roll-Revival der Hippie-Gegenkultur angestoßen hatten. Als Janis bei ihren Eltern in Port Arthur wohnte, hatte sie von Freunden gehört, dass diese 1859 gegründete einstige Goldgräberstadt von Family Dog und deren Kumpel quasi übernommen worden war. Sie wurde zum Testgelände der Haight-Ashbury-Szene; Bill Ham hatte dort in dem im Stil des 19. Jahrhunderts eingerichteten Saloon seine ersten Lightshows gegeben, während die Charlatans – allesamt Kunststudenten – ihren Rock 'n' Roll spielten. Die meisten der Beteiligten berauschten sich mit Pilzen oder LSD. Die von Alton Kelley entworfenen Family-Dog-Plakate prägten eine ganz neue, am Jugendstil orientierte, aber frei gestaltete Richtung in der Werbung für Konzerte im Avalon und Fillmore Ballroom. Janis begann sie zu sammeln, klaute sich die phantasmagorischen Poster von Wänden und Laternenpfosten, um sie in ihrem Zimmer aufzuhängen.

Als Big Brother and the Holding Company zu den für ein Wochenende angesetzten Konzerten in Virginia City eintraf, musste es Janis wie eine Ironie der Geschichte erschienen sein, dass sie aus Texas geflüchtet war, nur um sich im Red Dog Saloon von Möchtegern-Cowboys mit den entsprechenden Hüten, Lederhosen und Revolvergürteln – einige sogar mit echten Waffen – und als Saloontänzerinnen aufgemachten Frauen umgeben zu sehen. Drei Jahre später sollte die Musikzeitschrift *Cashbox* Janis als »Calamity Jane des Rock« bezeichnen.

Big Brother flog außerdem nach Vancouver zum ersten Trips Festival in Kanada. Als niemand am Flughafen auf sie wartete, mussten die Musiker, die fast pleite waren, ihre Ausrüstung selbst tragen und zum Veranstaltungsort in der Exhibition Hall trampen. Andere Bands, die auf dem »Captain Consciousness Presents: The Trip: An Electronic Performance« auftraten, waren Grateful Dead, die ihren Tontechniker Owsley Stanley mitgebracht hatten. Stanley, von dem Janis einst ihr Crystal Meth bezogen hatte, war zugleich auch der erste LSD-Produzent in großem Stil. Wenn er nicht den Sound der Band betreute, schlenderte er durchs Konzertpublikum und verteilte blaue LSD-Pillen. David Getz »warf eine ein und war ungeheuer angeturnt«, wie er sich erinnerte.[47] Janis »traute den psychedelischen Drogen nicht über den Weg«, berichtete Sam Andrew, »weil sie damit zu sehr ins Grübeln kam«.[48]

Janis hatte mit Begeisterung J. R. R. Tolkiens Bücher *Der Hobbit* und die Trilogie *Der Herr der Ringe* gelesen, deshalb war sie Feuer und Flamme, als sie Ende Juli in San Francisco in der California Hall zu »Bilbos Geburtstagsfest« auftreten konnte. In den Mitschnitten jenes Konzerts, die Jahrzehnte später auf CD veröffentlicht wurden, lässt sich erkennen, wie sich ihr Sound nur zwei Monate nach Aufnahme in der Band weiterentwickelt hatte. Janis hatte den anderen Powell St. Johns *Bye, Bye Baby* vorgestellt, in dessen schleppendem Tempo und zurückhaltendem Arrangement sie ihre Stimme so richtig zur Geltung bringen konnte. Am Applaus ließ sich ablesen, dass dieser Song beim Publikum am besten ankam. Die Band brachte aber auch eine psychedelische und zugleich an Vaudeville erinnernde Nummer, die mit dem – von Albin, Andrew und Janis – *a cappella* gesungenen *Amazing Grace* begann. Die Fortsetzung war ein irrsinniger abgehackter Sprechgesang über einen LSD-Trip, in dem ein Prophet der Haight Street ein »Heiliges Sakrament, einen 350-Milligramm-Owsley« anbot.

Janis unterstützte dies mit »Yeahs«, ehe Peter Albin verhieß: »Dann seht ihr Gott, vielleicht auch die Hölle und noch eine Menge anderes.« Begleitet von den modulierenden und sich zu einem Klangrausch steigernden Gitarrenklängen erzählte Peter Albin dann, wie der LSD-Trip einem Konsumenten im Hals steckenblieb. Dazu lieferte er die plastische Schilderung einer Halluzination, in »der ich eine komplette Bill-Ham-Lightshow sah«.

Daraufhin stimmte die Band *Land of 1000 Dances* an, um zuletzt noch einmal *Amazing Grace* aufzugreifen. Janis beendete das Traditional mit einem Solo und ihrem neu entwickelten »Heuler«. »Es war fast unmöglich, sie nicht andauernd anzustarren«, sagte Darby Slick von der Band Great Society. »Sie tänzelte, sie stolzierte, sie schrie, sie flüsterte. Die Mundpropaganda lautete: Ein Star ist geboren.«[49]

Mit jedem neuen Auftritt wuchs Janis' Selbstbewusstsein. Nachdem die Gruppe auf einer viel beachteten Veranstaltung gespielt hatte, schilderte Janis in einem Brief an ihre Familie, wie Big Brother von etablierten Musikern aufgenommen wurde. »Zwei der Bands haben gerade einen Hit laufen – die Grass Roots (zufälligerweise große Fans von uns, die bei einem Konzert sogar unsere Buttons tragen) und Jefferson Airplane. Sie kamen sehr gut an, aber ich/wir haben weitaus mehr Beifall gekriegt als alle anderen Gruppen, und zwar für einen langsamen Blues in Molltonart. Wow, ich kann nicht anders – ich liebe es! Die Leute behandeln mich mit Achtung. Ich bin jemand von Bedeutung. Seufz!«[50] Diese Art von Anerkennung war für Janis etwas Neues – und erzeugte in ihr ein besseres Gefühl als jede Droge. Seit Jahren gab es dieses »Seufz« in ihren Briefen, nun aber stand es für Befriedigung und Glück, die einem auf den Seiten fast entgegensprangen. Mittlerweile wusste sie, dass es richtig gewesen war, sich der Band anzuschließen.

Der »langsame Blues in Molltonart« stammte von einer Künstlerin, die Janis besonders schätzte: Willie Mae »Big Mama« Thornton, die inzwischen ebenfalls in die Gegend von San Francisco gezogen war. Sie war auf dem Monterey Jazz Festival und den Bühnen der Stadt aufgetreten. Janis, Sam Andrew und James Gurley hatten sie im Both/And gesehen, einem kleinen Jazzclub in der Divisadero Street, wo sie ihren berühmten Song *Hound Dog* sang. Besonders gefesselt waren sie von *Ball and Chain*. Fasziniert notierte sich Janis den Text; nach dem Konzert ging sie in die Garderobe der 39-jährigen Sängerin und bat sie um die Erlaubnis, das Lied zu covern. »Eine Frau, abgehärtet wie ein Lkw-Fahrer«, erinnerte sich Andrew.[51] Janis bekam das Okay, allerdings nicht ohne die Warnung: »Aber versauen Sie es nicht!« Bei der nächsten Probe entwickelte Big Brother eine Version, in der die Musiker das Stück in einem extrem langsamen Tempo spielten. Und Janis packte den gesamten Schmerz, der ihr zugefügt worden war, in ihre Interpretation. »I wanted to love you and I wanted to hold you, yeah, till the day I die.« *Ball and Chain* wurde Big Brothers Publikumshit, und ein Jahr später Janis' Einführung in die Welt.

* * *

Wie bei anderen Gruppierungen der Szene war auch aus Big Brother eine Art Familie geworden, und sie beschlossen, nach dem Vorbild von Grateful Dead ins Marin County zu ziehen und zusammenzuleben. Unweit vom Anwesen der Dead fanden sie in einem ehemaligen Ferienlager für Kinder ein ganzes Stück außerhalb des winzigen Orts Lagunitas ein in einem Redwoodhain gelegenes Landhaus. Es war 1904 von dem Botanisten und Ornithologen C. Hart Merriam gebaut worden und hatte ihm als Ausgangspunkt für seine Erkundungen der Pflanzen- und Tierwelt gedient. Der Naturforscher und Gelehrte freundete sich mit den Miwok-Indianern an, die ihm bei der Entscheidung für den auf einer Anhöhe gelegenen und von natürlichen Quellen umgebenen Baugrund geholfen hatten. Zu den ersten Besuchern dieses außergewöhnlichen Grundstücks gehörten der Naturalist John Muir, die Botanikerin Alice Eastwood und Präsident Theodore Roosevelt. In den 1960er Jahren hatte das Haus einem Forstangestellten gehört. Als dessen Ehe zerbrach, vermietete es seine Exfrau für ein halbes Jahr an Big Brother. »Da draußen in Marin County sah man die Langhaarigen und die Hippieszene noch immer mit großer Skepsis«, berichtete Peter Albin, der damals den Vertrag unterzeichnete.[52] Fast ganz am Ende der Auffahrt stand ein riesiger Gastank, auf den jemand »Carlos ist gesund und lebt in Argentinien« gesprüht hatte. Deshalb bekam das Haus den Namen »Argentina«.

Am Tag ihres Einzugs schrieb Janis ihren Eltern, die ihre vorhergehenden Briefe nicht beantwortet hatten. Sie war entschlossen, die pflichtbewusste brave Tochter zu bleiben.

Endlich ein ruhiger Tag und Zeit, Euch von all den guten Nachrichten zu berichten. Ich bin problemlos umgezogen in mein neues Zimmer in unserem wunderschönen Haus auf dem Land. Bis jetzt wohne ich hier als Einzige aus der Band ... sitze in einem bequemen Sessel am Kamin, die Türen stehen weit offen und bieten mir einen 180-Grad-Blick auf die Bäume, auf Redwoods und Tannen. Welche Wonne! Noch nie in meinem Leben habe ich einen solchen Frieden gespürt. Das Haus und seine Lage sind einfach fantastisch ... Dass ich mich so wohlfühle, liegt sicher auch daran, dass ich heute zum ersten Mal seit zehn oder elf Tagen überhaupt abschalten kann. Seit elf Tagen haben wir rund um die Uhr gearbeitet ... Ich habe das beste Schlafzimmer des Hauses bekommen (war als Erste hier), in dem ich den ganzen Tag Sonne habe. Hier draußen ist es viel wärmer als in der Stadt. In S.F. muss man selbst am Nachmittag einen Mantel tragen, aber hier ist es einfach prima. Ich werde mich wunderbar bräunen können. Und anders als in Texas leiden wir hier auch nicht unter der Hitze, sondern haben nette 24–25 Grad. Beneidet ihr mich nicht? Wenn ihr eine Karte habt, sucht an der Küste nach Stinson Beach – von dort aus geht es zu uns etwa 15 km ins Landesinnere.[53]

Das Haus war zwar klein, doch es reichte, um die Musiker und ihre Lebenspartner bequem unterzubringen. David Getz richtete sich in einem Zimmer hinter der Küche ein; Janis' sonniger Raum mit seiner Fensterwand lag im ersten Stock neben dem Zimmer von Peter und Cindy Albin und deren kleiner Tochter.

Die drei Gurleys kamen in einem dritten Raum im oberen Stock unter. In einem Anbau hinter dem Haus wohnten Sam Andrew und seine Partnerin Rita Bergman – eine Freundin von Nancy aus Detroit, die jedermann nur »Speedfreak Rita« nannte. Janis mochte sich zwar bemühen, dem Metamphetamin aus dem Weg zu gehen, doch die Drogen waren überall.

Die neuen Lebensumstände wirkten sich auf Janis' Kleidungsstil aus, und sie orientierte sich an Nancy Gurley und anderen Frauen der Szene. Ganz die brave Tochter, berichtete sie ihrer Mutter von den modischen Entwicklungen in San Francisco und ergänzte es mit Zeichnungen:

> *Eine Anmerkung zur Mode – kann mir vorstellen, Ihr alle wollt wissen, welcher Stil hier gerade angesagt ist. Die Mädchen sind natürlich jung und schön und haben langes glattes Haar. Der Beatnik-Look, wie ich ihn nenne, hat sich definitiv durchgesetzt. Lange Hosen, Sandalen, alle Arten von Capes, abgefahrener handgemachter Schmuck oder weit geschnittene Kleider und Sandalen. Die jüngeren Frauen kommen in ganz engen Hüfthosen mit Schlag und kurzen Oberteilen – der Bauch bleibt frei. Aber die wahren Gockel sind die Männer. Sie alle tragen die Haare zumindest so lang wie die Beatles [Zeichnung] und die meisten aus der Rockszene etwa so [Zeichnung] und einige, zum Beispiel unser Manager Chet, noch viel länger [Zeichnung], womit er sogar mich übertrifft. Und der letzte Schrei – Stiefel, unbedingt Stiefel, tiefgeschnittene enge Hosen in Hahnentrittmuster, kariert, mit Streifen oder sogar mit Punkten. Dazu bunt gemusterte, ausgefallene Hemden mit hohem Kragen und weiten Ärmeln im Tom-Jones-Stil. Schick bedruckte Krawatten. Kappen wie Bob Dylan …*
>
> *Um mich, soweit es meine Mittel zulassen, an diesen Stil anzupassen, habe ich mir eine Hüfthose aus einem extremen Breitcord gekauft, die ich mit geborgten Stiefeln trage. Äußerst modern. Zu einem Auftritt ziehe ich auch weiterhin meine*

schwarzgoldene Spangley-Bluse an, dazu entweder einen schwarzen Rock mit hohen Stiefeln oder eine schwarze Jeans mit Sandalen …[54]

Janis hatte bereits ins Auge gefasst, sich ganz gezielt ein Bühnenimage zu schaffen und wie Bessie Smith perlenbesetzte Kleider und Federhüte und wie Rose Maddox bunte Stickerei und Spitze zu tragen. »Ich möchte mir etwas aus Goldlamé zulegen«, schrieb sie.[55] »Sehr schlicht, aber so, wie man es fürs Showgeschäft braucht. Das Publikum soll mich als echte Performancekünstlerin sehen. Bis jetzt gelte ich nur als eine von ihnen, [die] ›sich auf die Bühne gestellt hat‹.« Es dauerte nicht lange, und sie besaß ein ärmelloses enges Kleid aus einem metallischen Goldstoff.

* * *

Nach dem Umzug nach Lagunitas fuhren die Mitglieder von Big Brother häufiger zum Feiern zu den Musikern von Grateful Dead und Quicksilver Messenger Service, die eine heruntergekommene Ranch im nahegelegenen Olema bezogen hatten. Bei einer dieser Zusammenkünfte bei den Dead tat sich Janis mit Ron McKernan, alias »Pigpen« zusammen, der seine Flasche Southern Comfort mit ihr teilte. Bis zu diesem Zeitpunkt hatte sie abgesehen von Gras keine Drogen mehr konsumiert, aber wieder zu trinken begonnen. Sie mochte den süßen Whiskey, den auch Pigpen bevorzugte. Obwohl er wie ein Rocker der Hells Angels aussah, war er ein scheuer Mensch und fand wie Janis im Hochprozentigen das beste Hilfsmittel, um aus sich herauszugehen. Schließlich intensivierten Janis und Pigpen ihre Freundschaft und teilten sich im Haus der Dead gewöhnlich das Bett. »Oft killten sie gemeinsam zwei Flaschen Southern Comfort, sangen sich in eine romantische Stimmung und trollten sich dann in Pigpens Zimmer«, berichtete Phil Lesh, ein Mitglied von Grateful Dead.[56] »Es lag direkt über meinem, und ich hörte ihr ekstatisches Grunzen und Kreischen. Heute frage ich mich oft, ob die Zeile: ›Did you ever waken to the sound of street cats making love?‹ in Bob [Weirs] Song *Looks like Rain* durch die Klänge inspiriert wurde, die mitten in der Nacht von Pigpen und Janis kamen.«

Obwohl die Affäre nicht lange dauerte, bewahrten sich Janis und Pigpen ihre gegenseitige Zuneigung; sie tranken gemeinsam, spielten Poolbillard und sangen zusammen den Blues. Janis schickte ihren Eltern ein Zeitschriftenfoto, auf dem auch die Dead zu sehen waren und sie sein Gesicht mit einem Kreis markiert hatte. »Ist Pigpen nicht süß? Sie bedrucken für die Fans inzwischen Pigpen-T-Shirts mit seinem Bild. Ich habe auch eins – in Rot.«[57] Bei gemeinsamen Auftritten mit den Dead sang sie mit ihm gelegentlich Bobby Blands *Turn on Your Love Light* im Duett. Die ausgedehnte Jamsession kennzeichnete gewöhnlich das Ende eines Konzerts.

Big Brother probte zu Hause im »Argentina« jeden Tag, um sich neue Songs zu erarbeiten. Außerdem bereiteten sie sich sorgfältig auf ihre Eröffnungsnummer der von der Presse viel beachteten Veranstaltung für ihren Helden Bo Diddley vor, die im Avalon Ballroom am 12. und 13. August stattfinden sollte. »Jeder von uns widmete sich voll und ganz der Band«, erinnerte sich David Getz.[58] »Uns war klar: ›Das ist die Entscheidung‹.« Anlässlich des »Earthquake Dance« drängten sich an jenem Wochenende 2000 zahlende Zuschauer in den Avalon Ballroom. Big Brother and the Holding Company spielte eins ihrer besten Konzerte, und Janis performte und sang, als sei sie für die Bühne geboren. »Wir alle waren irgendwie auf einem High«, sagte Getz.[59] »Der ganze Saal hob ab wie ein Raumschiff.«

Nach der Show bekam die Band in der engen Garderobe Besuch von Paul Rothchild, dem Trendscout der Plattenfirma Elektra Records. Es hatte also kaum mehr als zwei Monate gedauert, bis Janis mit ihrem Talent und ihrer Bühnenpräsenz die

Aufmerksamkeit der Musikmanager auf sich zog. Rothchild hatte sich einen Namen gemacht als Produzent der ersten LP der Paul Butterfield Blues Band aus Chicago, auf die man in San Francisco sehr viel hielt. Rothchild und Elektras Eigentümer Jac Holzman baten Janis um ein Treffen und unterbreiteten ihr das Angebot, sich einer in Los Angeles ansässigen, aus Bluesmusikern gebildeten »Supergroup« anzuschließen. Ein paar Tage später luden sie sie in ein Tonstudio in Berkeley ein, wo sie mit den potenziellen Mitgliedern zusammentraf: Janis' alter Freund Steve Mann an der akustischen Gitarre, der New Yorker Stefan Grossman von der Even Dozen Jug Band, und zur Ergänzung von Janis im Gesang Taj Mahal, der zu jenem Zeitpunkt Ry Cooders Rising Sons aus Los Angeles angehörte.

»Wir waren alle begeistert, gemeinsam musizieren zu können«, berichtete Stefan Grossman.[60] »Und haben uns drei, vier Stunden unterhalten und gespielt. Die Vibes waren gut. Wir nahmen uns Lee Dorseys Song *Get Out of My Life Woman* vor, und Tajs und Janis' Stimmen hörten sich im Duett ganz erstaunlich an.«

Janis fand diese Entwicklung aufregend. Doch wenn sie sich der von Elektra vorgeschlagenen Band anschloss, bedeutete es für sie, Big Brother zu verlassen. Die Band war für sie zu einer Familie geworden, und auch wenn sie ihrer Meinung nach keine großen kommerziellen Aussichten hatte, so hatte sie sie doch ins Herz geschlossen. In einem Brief an ihre Eltern schilderte sie ihren Konflikt, erwog den möglichen Karriereschritt in allen Einzelheiten und bat sie um Rat.

... Rothchild meint, dass der Pop nicht noch abgefahrener und lauter und chaotischer werden kann als jetzt und dass Shuffle und melodiöse Songs wieder angesagt sein werden. Nun, Elektra möchte eine Band gründen, die DAS bietet – und sie wollen mich. Sie würden für uns in L. A. ein Haus mieten und uns finanziell unterstützen, bis wir ausreichend eigenes Material

haben. Dann sollen wir als Erstes eine Single und ein Album aufnehmen. Man kann wirklich gut mit ihnen zurechtkommen – und da wir ihre Band sein sollen, werden sie uns gewaltig unter Druck setzen … Aber er sagt, uns bleibt gar nichts anderes übrig, als Erfolg zu haben. Jetzt weiß ich nicht, was ich machen soll! Ich muss herausfinden, ob R&R [»New Radio & Records« – Zeitschrift der Musikindustrie] meine Verpflichtung gegenüber Big Brother in Frage stellen wird (die Band nimmt es mir ziemlich übel, dass ich überhaupt zu dem Treffen hingegangen bin, was ich gut verstehen kann). Hinzu kommt, dass ich von Anfang an bei der Plattenfirma unter Vertrag bin, also fast ganz oben anfange, aber noch nicht weiß, ob das auch für den Rest der Band (Big Brother) gelten wird. Im Grunde genommen möchte ich hart arbeiten, um so gut zu sein, dass ich mich durchsetzen kann. Und im Augenblick sind wir das, glaube ich, nicht. Mein Gott, ich bin ganz durcheinander vor lauter Unentschlossenheit. Aber eins ist klar: Ich fühle mich geschmeichelt. Rothchild hat gesagt, ich wäre eine der zwei oder drei besten Sängerinnen des Landes, und sie wollen mich.[61]

Als Janis den Musikern von Big Brother von Elektras Angebot erzählte, bekam Peter Albin einen Wutanfall. Im Freien auf der großen sonnenüberfluteten Terrasse ihres Hauses und im Kreis der Bandmitglieder machte er ihr klar, warum sie Big Brother nicht aufgeben dürfe. »Es war schrecklich und traumatisch«, berichtete Peter Albin.[62] »Wir haben zusammengewohnt, waren wie eine Familie. Sie sagte, sie hätte sich schon immer gewünscht, Platten aufzunehmen und ein berühmter Star zu werden.« David Getz betonte, dass in der Band die Ansicht vorherrschte, dass ihr Zusammenschluss heilig sei. »Wir waren davon ausgegangen, sie empfände es als Verpflichtung fürs Leben.«[63]

Big Brother and the Holding Company war gegen Ende August für einen Monat in einem Club in Chicago gebucht. Die Musiker drängten Janis, diese Auftritte wahrzunehmen. »Ich habe sie darauf hingewiesen, dass sie die richtige Entscheidung treffen muss – im Osten zu spielen, war für uns eine große Sache«, berichtete Peter Albin.[64] Janis brach in Tränen aus und erklärte sich bereit, mitzufahren, obwohl sie ihre Aussichten nach wie vor skeptisch sah. »Hoffentlich … zeigt mir der Auftrag in Chicago genauestens, wie gut Big Brother ist … und dann kann ich meine Entscheidung treffen«, schrieb sie ihren Eltern.[65]

Erschwerend kam hinzu, dass die Band beschlossen hatte, Chet Helms zu entlassen, der 16 Monate lang ihr Manager gewesen war. Helms, der der Gruppe ihren Namen gab, stand ihr derart nahe, dass man 1965 noch meinte, er sei »Big Brother« und die Musiker seien die »Holding Company«. Da seine Zeit jedoch immer stärker von den Family-Dog-Konzerten im Avalon Ballroom in Anspruch genommen wurde, konzentrierte er sich weniger auf das Vorankommen von Big Brother. Die Band aber wünschte sich einen professionellen Manager, der sie auf der Karriereleiter weiter nach oben bringen würde. Außerdem hofften sie, Janis damit zum Bleiben bewegen zu können.

»Wir mussten uns hinsetzen und überlegen, wer zu ihm hingeht und es ihm sagt«, erinnerte sich Peter Albin.[66] »Er steckte mit Haut und Haaren in der Avalon- und Family-Dog-Geschichte. Und es war klar, dass wir an zweiter Stelle kamen. Wir aber brauchten jemanden, der sich ganz allein auf unser Vorankommen konzentrierte.« Chet Helms nahm die Kunde gelassen hin und enthielt sich jeden Grolls auf die Gruppe, die er mit Janis bekannt gemacht hatte. »Mir ging es bei diesen Sachen nicht ums Geld«, hatte er einmal voller Idealismus erklärt, »sondern um die Revolution.«[67]

Ohne Manager, mit einer Leadsängerin auf dem Absprung, aber ausgestattet mit Flugtickets, machte sich Big Brother auf den Weg zu einer, wie sie hofften, neuen Etappe. Janis sammelte die ersten Erfahrungen mit einem Leben auf Tournee – und mit den dazugehörigen Zerstreuungen.

Kapitel 12

»Das Idol meiner Generation«

Entweder wir gehen alle pleite und trennen uns,
oder wir werden alle reich und berühmt.[1]
Janis Joplin

Trotz der Verwirrung und der Auseinandersetzungen in der Zeit, bevor Janis Kalifornien verließ, war sie optimistisch, was den Trip der Band nach Chicago betraf, und er stachelte ihren Ehrgeiz an. »Chicago ist der Himmel des Blues, und ich kann ein paar wichtige Leute hören und sie mich«, schrieb sie ihren Eltern. »Ich liebe fliegen – und in einer R&B-Band zu sein. Und zu einem Gig zu fliegen ist noch aufregender. SEUFZ!!«[2] Janis hoffte, den Aufenthalt in Chicago, fern von den Trendsettern in San Francisco, nutzen zu können, um ihre musikalischen Fähigkeiten und ihre Beiträge zur Band zu testen und zu steigern. Und Big Brother wollte seine Zuhörerschaft über den Kokon seiner Fangemeinde an der Westküste hinaus erweitern. Stattdessen wurde der Auftritt in Chicago zu einer Feuerprobe für die Band, zu einer Lehrstunde. Janis reagierte auf die neue Enttäuschung und Ablehnung durch das Publikum, indem sie sich dem Alkohol hingab, und das bis zur Rückkehr nach San Francisco im September. Dennoch entwickelte sie in dieser Zeit eine Bühnenpersönlichkeit und wurde zur entscheidenden Stimme der Band.

Es begann gleich nach der Landung auf dem O'Hare International Airport in der Augusthitze 1966. Die Bandmitglieder hatten keine Unterkunft, keinen Manager und nur sehr wenig Geld. Immerhin schafften sie es mit all ihrem Gepäck und der Ausrüstung zur Old Town an der North Side, wo das Vergnügungsviertel lag, und fanden dort schließlich ein Hotel, das sie aufnahm. »Ständig hörten wir so'n Mist wie ›Ist es für einen Jungen oder ein Mädchen?‹«, erzählte Peter Albin[3] – ein erstes Anzeichen, auf welches Unverständnis sie in der »Windy City« stoßen sollten.

Dann rief Peter Albin seine Tante Leslie und seinen Onkel Roger Rush an, die im Vorort Glenview wohnten, und die Gestrandeten konnten in ihrem Haus in der Pleasant Lane unterkommen. (Sam, mit Speedfreak Rita im Schlepptau, hätte Couchsurfen in der Stadt vorgezogen). Leslie und Roger Rush waren entsetzt über das ungepflegte Bild, das die Band bot, während ihre Kinder Nicky, Cathy und Chris, alle im Teenie-Alter, ganz begeistert waren, leibhaftige Hippies kennenzulernen. Ihre Eltern beschlossen, Urlaub in Florida zu machen und ihr Haus den Kindern und den Kaliforniern zu überlassen – was Janis unterschlug, als sie ihrer Familie schrieb: »Sie sind wirklich nett – mit drei superkreativen und intelligenten Kindern. Haben ein großes Haus mit Klimaanlage in der Vorstadt und uns ein Auto geliehen. Echt fantastisch. Wir sind allerdings alle ein bisschen traurig, dass wir unser Haus auf dem Land verlassen mussten.«[4]

Das Mother Blues an der North Wells Street 1305 war 1966 ein bekanntes Folklokal in Chicago, in dem zunehmend auch Rock gespielt wurde. Kurz zuvor war Jefferson Airplane eine Woche lang mit einigem Erfolg dort aufgetreten – trotzdem verließ deren Sängerin Signe Anderson, die ihr Baby dabeihatte, bald darauf die Band. Der Eröffnungsabend von Big Brother am Dienstag, dem 23. August, hingegen war, da nicht angekündigt und ohne jegliche Presse, ein kompletter Reinfall. Das spärliche Publikum gähnte die Musiker an. Wie in großen Teilen der USA gab es auch in Chicago keine gegenkulturelle Szene, die einen Resonanzboden für den »freakigen Rock« von Big Brother hätte bilden können. Laut Vertrag waren, mit Beginn um 20 Uhr, fünf Stunden Spielzeit pro Abend vorgesehen, wobei Besucher unter 21 Jahren in den ersten beiden Stunden keinen Eintritt bezahlen mussten. Aber, so Peter Albin, »die Teenager zeigten keinerlei Reaktion, weder tanzten noch johlten, kreischten oder applaudierten sie«; nachdem ab 22 Uhr an der Bar Alkohol ausgeschenkt wurde, »kamen dann die Älteren, meist bereits angetrunkene Büroleute – ein furchtbares Pack«.[5]

»Die kiffen alle nicht«, klagte Janis später gegenüber einem Journalisten. »Keiner fand Spaß dran, Mann, sie waren einfach alle nur betrunken.« Statt im Blues-Himmel war sie in einer »seltsamen Stadt« gelandet, wie sie sagte, … »tiefer Mittelwesten!«[6] In einem Brief an ihre Familie bekannte sie, dass »fünf Sets pro Abend, sechs Abende die Woche – KEUCH! wirklich harte Arbeit [sind] … Und unsere Musik kommt auch nicht richtig an. Es gibt so viele gute Bluesbands in Chicago, dass wir daneben blass aussehen, und das macht das Auftreten umso schwerer.«[7] Janis' Band hingegen sah die Schuld woanders. »Sie verstanden die Musik nicht und hatten überhaupt keinen Zugang dazu, … hassten sie regelrecht«, sagte Peter Albin später.[8] Nach einem schweren abendlichen Besäufnis erweckten Janis und James Gurley ihre Affäre zu neuem Leben und schliefen im Haus der Familie Rush zusammen in einem Zimmer.

Während ihres Aufenthalts in Chicago hörte Janis zum ersten Mal wieder etwas von ihrem Vater, seit sie über zwei Monate zuvor Texas verlassen hatte. Es handelte sich um eine äußerst kühle Frage nach ihrer Zukunft: »Da du das Thema so geflissentlich gemieden hast, nehmen wir an, dass Du Deinen gegenwärtigen Versuch für erfolgversprechend hältst und im nächsten Monat nicht wieder aufs College gehst. Wenn diese Annahmen nicht zutreffend sind, teile es uns umgehend mit, wir müssen es wissen. Wenn die Annahmen hingegen richtig sind, können wir wohl nicht mehr tun, als Dir alles Gute und den Erfolg zu wünschen, auf den Du hoffst.«[9]

In ihrer Antwort erklärte Janis lang und breit, warum sie sich entschlossen hatte, sich auf die Musik zu konzentrieren, welche positive Wirkung ihre Auftritte auf ihren psychischen Zustand hatte und dass die Konzerte von Big Brother sie in die Lage versetzt hatten, das Librium abzusetzen, das ihr gegen die Angstzustände verschrieben worden war.

> *Daddy hat das College-Thema angesprochen«*, begann sie, *»und das ist gut, weil ich es in meiner unnachahmlichen erwachsenen Art wahrscheinlich weiterhin gemieden hätte, bis es vom Tisch ist. Ich glaube nicht, dass ich momentan wieder hingehen kann. Ich weiß nicht genau, warum, aber ich denke, dass es wahrhaftiger ist. Wahrhaftig für mich. Viele Konflikte, um deretwegen ich zu Mr. Giarratano [ihr Therapeut] gegangen bin, habe ich gelöst. Ich nehme keine Beruhigungspillen mehr. Ich denke, ich lüge nicht mehr … Ich würde gern wieder zur Schule gehen. Wirklich, aber irgendwie habe ich das Gefühl, dass ich das hier erst begreifen und, wenn ich kann, durchziehen muss. Wenn ich das nicht mache, würde ich immerzu ans Singen denken und dass ich gut darin bin und bekannt und das Gefühl haben, mich selbst verraten zu haben, wisst ihr? Obwohl ich viele Aspekte des Studentenlebens und das Wohnen zu Hause vermisse, glaube ich deshalb trotzdem, ich muss weiter versuchen, Sängerin zu werden. Auch wenn es wenig ist, entschuldige ich mich dafür, die Familie einfach furchtbar schlecht behandelt zu haben. Ich weiß, dass mich meine ständig wechselnden Ziele nicht gerade zu einem zuverlässigen Menschen machen und ich eine Enttäuschung bin und, ja, es tut mir einfach leid.«*[10]

Dass sie sich bei Big Brother wohlfühlte sowie ihr Erfolg, auch wenn er noch begrenzt war, scheinen ihr die Bestätigung gegeben zu haben, die sie brauchte. Wenn sie über ihre Beziehung zur Band sprach, betonte sie ihre persönlichen beruflichen Ziele. Während sie zwischen ihren eigenen Ambitionen und den Wünschen ihrer Eltern hin- und hergerissen war, machte sie klar, dass sie, sollte die Band – ihre neue Familie – es nicht bringen, auch sie verlassen werde. »Die Sache mit der Plattenaufnahme, über die ich euch geschrieben habe, hat in der Gruppe ein ziemliches emotionales Trauma verursacht«, schrieb sie. »Es wurden alle möglichen Fragen wegen meiner Loyalität gestellt. Ich habe beschlossen, bei der Gruppe zu bleiben, möchte aber auch noch über den anderen Weg nachdenken. Werde versuchen herauszufinden, was sich musikalisch gesehen besser vermarkten lässt, denn es reicht nicht, dass ich gut bin, ich muss auch in einem guten Fahrzeug sitzen.«[11]

Die fehlende Resonanz des Publikums trieb Janis an, weiterzugehen, um die Aufmerksamkeit zu gewinnen, nach der sie sich sehnte. Und sie und Big Brother waren auch im buchstäblichen Sinne hungrig, also wollten sie unbedingt eine gute Show liefern. Die lange, schmale Bühne im Mother Blues wurde zu Janis' Werkstatt. Obwohl sie kaum Platz für größere Bewegungen hatte, gelang es ihr, zu experimentieren und verschiedene Rollen auszuprobieren. Bei Instrumentalpausen und während sie sang, verwandte sie ihre enorme Energie auf ein Tamburin oder Maracas, verbesserte ihre Rhythm Chops und grub immer tiefer in ihrer angeborenen Musikalität. Sie verwendete auch den kubanischen Güiro, ein kürbisförmiges hohles Holzinstrument mit Kerben, über die ein Stab gezogen wird, um ein kratzendes Geräusch zu erzeugen. »Sie hatte ein großartiges Gefühl für Rhythmus«, meinte David Getz, der ihr die Percussion-Instrumente geschenkt hatte. »Selbst wenn wir total schnell spielten, in einem Tempo, mit dem man nur schwer mithalten konnte, machte sie ihre Sache ziemlich gut. Sie hatte ein sehr gutes Gehör für den Rhythmus und wusste immer, wie der Takt war.«[12]

Da die Band pro Abend fünf Sets bringen musste, dehnte sie ihr Repertoire auf fast 40 Stücke aus – beginnend mit Coverversionen von Chuck Berry und Little Richard bis hin zu Nina Simones *Rags and Old Iron,* das »Janis einfach wunderbar sang«, wie David Getz sagte.[13] Janis selbst schrieb den beklemmenden Bluessong *The Last Time* mit wechselnden Taktarten und einem abgehackten Rhythmus. Außerdem spielte die Band ältere Songs aus Janis' Set in Austin, unter anderem *Turtle Blues,* der James Gurley Gelegenheit zu seinen langen, verschwommenen, psychedelischen Gitarrenriffs gab. Ihr akustisches Stück *Women Is Losers,* das ursprünglich *Whores Is Losers* hieß, wie sie der Gruppe sagte, wurde zu einem stampfenden psychedelischen Blues mit einem militärischen Takt. Gurley sang bei einigen Nummern Solos in seinem ruhigen Bariton, unter anderem bei einer Coverversion von *All Is Loneliness,* ein düsteres Stück des exzentrischen New Yorker Straßenmusikers und Avantgardekünstlers Moondog, bei dem Janis und Peter Albin im Einklang den jagenden Refrain sangen. Ein weiteres Solo gab James Gurley in einer E-Version der alten appalachischen Ballade *Coo Coo* (auch bekannt unter dem Titel *The Cuckoo*), zu dem Janis, wie seinerzeit in Austin, ihren gleitenden Sopran hinzufügte. Sam Andrews hatte seinen großen Auftritt mit einer von ihm aufgepeppten Version von Edvard Griegs *In the Hall of the Mountain King (In der Halle des Bergkönigs),* die in ein ausgedehntes Lärmspektakel der beiden Gitarren mündete. Dessen Höhepunkt war ein Wirbel von Feedbacks, den James Gurley erzeugte, indem er seinen Verstärker hoch- und runtersteuerte.

Janis freundete sich bald mit einer der Kellnerinnen im Mother Blues an, einer hübschen Afroamerikanerin, die zwischen den Sets Soul-Platten auflegte, »sehr hip war und sich auskannte«, erinnerte sich David Getz.[14] Zu den beliebtesten Singles gehörte die Ballade *I've Been Loving You Too Long (To Stop Now)* von Otis Redding, dessen Musik einen großen Einfluss auf den sich entwickelnden Gesangsstil von Janis haben sollte.

Ein weiterer angesagter lokaler Künstler, Nick Gravenites, sah einmal die Mitglieder der Band auf der Wells Street. Er hatte zuvor in San Francisco gelebt und einen Auftritt von Janis und James Gurley in der Coffee Gallery miterlebt. Inzwischen wieder in Chicago, führte er einen Bluesclub namens Burning Bush. »Ich hatte einen Kurzhaarschnitt, und sie dachten, ich wäre ein großer, schmieriger Gangster, der sich mit ihnen anlegen und sie verprügeln wollte oder so«, erzählte Nick Gravenites. »In der Stadt reagierten viele sonderbar auf die Band.« Als angehender Singer-Songwriter sah sich Gravenites an jenem Abend ihre Show an und merkte dabei, dass »die Leute keine Ahnung hatten, was zum Teufel sie mit ihnen anfangen sollten. Damals waren sie total freakig. Die Zuschauer waren einfach perplex [und] wussten nicht, ob sie aufstehen und tanzen sollten. Sie wussten nicht, ob sie sie mögen sollten oder nicht. Mir ging es auch nicht anders. Sie erschreckten mich zu Tode. Vor allem Janis – sie roch nach Patschuli, trug ein langes Omagewand und war mit Pickeln übersät. Sie hatte diese schräge, kreischende Stimme – ich glaube, damals hatte sie eine Halsentzündung, und deshalb klang es noch verrückter. Mag sein, dass ein Wagemutiger aus dem Publikum aufstand und tanzte. Sie gaben ein Bild ab, als kämen sie vom Mars.«[15] Trotz dieser anfänglichen Zweifel sollte Nick Gravenites, als er wieder nach San Francisco zurückgekehrt war, mit ihnen zusammenarbeiten.

Gelegentlich kamen junge Musiker aus der Gegend vorbei, um sich Big Brother and the Holding Company anzusehen; so auch die Shadows of Knight, die mit ihrem Stück *Gloria* einen Hit gelandet hatten, und ihr Produzent George Badonsky, der Teilhaber beim Plattenlabel Dunwich Records war. Hinterher »[schüttelte Badonsky] den Kopf und sagte: ›Meine Güte, sie sind ganz nett – schade nur, dass niemand sie nehmen wird‹«, erzählte Nick Gravenites. »Für ihn waren sie eindeutig zu chaotisch, als dass jemand mit gesundem Menschenverstand auch nur in Erwägung ziehen würde, Aufnahmen mit ihnen zu machen oder [sie zu verpflichten].«[16]

In San Francisco waren aber bereits ein paar Plattenfirmen wegen eines Vertrags an Chet Helms herangetreten, als er noch Manager der Band war. Mitte August, kurz vor dem Angebot von Elektra, hatte Janis nach Hause geschrieben: »Wir sind mit ESP Records im Gespräch – sie wollen, dass wir ein Album machen.«[17] Das kleine New Yorker Label brachte vorwiegend Free Jazz heraus, etwa Albert Ayler und Sun Ra sowie die Fugs, deren Mitgründer Ed Sanders über die »Knebelverträge« der Firma klagte und dass sie keine Tantiemen zahle. Janis räumte ein, dass ESP »eine Art Underground-Platten-Firma [ist]. Nicht so was Großes und Protziges, sie macht nur Alben [keine Singles] und etwas abseitige Gruppen, als was man uns ehrlich gesagt auch bezeichnen muss. Wir würden keine große landesweite Anhängerschaft gewinnen wie Lovin' Spoonful, aber immerhin hätten wir eine beständige Hippiegemeinde.«[18]

Skeptisch wie er war, hatte Chet Helms den ESP-Deal abgelehnt, und – vorausschauend – auch ein Angebot des 46-jährigen Bob Shad, dem Begründer von Mainstream, einem unabhängigen Jazz-Label. (Der Enkel von Abraham Shadrinsky, so Shads ursprünglicher Name, ist der Regisseur Judd Apatow.) Bob Shad hatte seine Karriere in den 1940er Jahren als Produzent bei dem Jazz- und R&B-Label Savoy Records begonnen, dann war er Redakteur bei Mercury Records, wo er unter anderem mit herausragenden Künstlern wie Sarah Vaughan, Carmen McRae und Gerry Mulligan arbeitete. Der New Yorker gründete 1964 Mainstream Records, um Jazz-Aufnahmen von Commodore Records neu aufzulegen. Im Juli hatte sich Bob Shad im Rock-Underground von San Francisco umgetan und ins Spreckles Mansion beim Buena Vista Park zum Vorspielen eingeladen. Als die Musiker von Big Brother im Vierspur-Studio probten, saß Helms neben Shad, der an Live-Aufnahmen von ihnen und anderen Bands im Avalon interessiert war.

»Sie spielten etwa drei Stücke«, erinnerte sich Chet Helms, »und er sagte: ›He, das ist echt scharf.‹« Bob Shad bot einen sechsmonatigen Vertrag für drei Singles. »Dann fängt er an zu erklären, wie er die Band durch die Veröffentlichung ausquetschen kann«, erzählte Chet Helms. »›Wir werden es da und da aus ihnen herausholen. Sie werden es gar nicht merken.‹«[19] Entsetzt signalisierte Helms der Band, dass das Vorspielen beendet sei, und obwohl die Musiker Zweifel hatten, dass er die richtige Entscheidung getroffen hatte, folgten sie ihm hinaus.

Im September erfuhr Bob Shad, dass sich Big Brother in Chicago aufhielt, und trat erneut auf die Gruppe zu, diesmal natürlich ohne Helms als ihren Vertreter. Das Ergebnis war das schlimmste Desaster, das die Band in Chicago erlebte. Shad hätte keinen besseren Zeitpunkt finden können. Nach zwei frustrierenden Wochen zahlte Mother Blues das vereinbarte Honorar nicht mehr, sodass Big Brother nurmehr die mageren Eintrittsgelder blieben, in der Regel weniger als 100 Dollar pro Abend. Die Band hatte keine Rückflugtickets und auch kein Geld, welche zu kaufen. Sie saß fest. Die Musikergewerkschaft konnte nicht helfen und teilte der Gruppe mit, ihre einzige Möglichkeit sei, Beschwerde einzureichen, was zur Schließung des Clubs führen könne. In dieser Situation trat Bob Shad auf den Plan und bot einen Vertrag und eine Studioaufnahme in Chicago an. In dem Glauben, mit einem Vorschuss ihre Heimreise antreten zu können, zeigte sich die Band interessiert; und Janis wollte ihre Eltern mit einem Plattenvertrag beweisen, dass ihre Entscheidung, bei Big Brother zu bleiben, richtig gewesen war und sie »sich an eine Verpflichtung halten konnte«, wie David Getz erklärte. »Und für uns war es eine Möglichkeit, die Band und Janis zusammenzuschweißen. Ich weiß noch, dass ich dachte: Wenn dieses Chicago-Ding zu einem totalen Desaster wird, wird sie Paul Rothchild anrufen, und dann sind wir als Band erledigt.«[20] Janis rief Rothchild tatsächlich an, jedoch, um ihm zu sagen, dass sie sich in einen ihrer Bandkollegen – James Gurley – verknallt habe und sein Angebot nicht annehmen könne.

»Dieser wirklich durchgeknallte Typ aus New York drängte uns«, erinnerte sich Sam Andrew später, als es um den Vertrag ging, den rückgängig zu machen sündhaft teuer werden sollte.[21] Der Anwalt von Big Brother, den Bob Shad ihnen empfohlen hatte, riet ihnen zu dem Fünfjahresvertrag, der, wie sich herausstellte, keinen Vorschuss vorsah und Mainstream die Hälfte der Veröffentlichungsrechte übertrug, wobei die Band bloß magere fünf Prozent Beteiligung am Verkaufserlös erhielt, aber es war der nicht verhandelbare Standard der Branche. »Wir waren naive Kinder«, meinte Sam Andrews. »Wir baten ihn um tausend Dollar [Vorschuss], und er sagte Nein. Wir sagten: ›Fünfhundert?‹ Er sagte Nein. ›Können wir denn wenigstens das Geld für den Flug nach Hause bekommen?‹ Er sagte: ›Nicht einen Penny.‹«[22]

Mainstream buchte immerhin eine Session in einem Chicagoer Aufnahmestudio, für die die Band den gewerkschaftlichen Mindestsatz erhielt, etwa 90 Dollar pro Mitglied. »Was für ein Erlebnis«, schrieb Janis über die Zeit dort an ihre Eltern.[23] Es wurden vier Songs aufgenommen, wobei jeweils ein anderes Mitglied die Rolle des Leadsängers übernahm: James Gurley bei *All Is Loneliness*, Peter Albin bei seinem selbstverfassten *Blindman*, Janis bei *Down on Me* und Sam Andrew und Janis im Duett bei *Call on Me*, einer gefühlvollen Ballade, die Sam in Lagunitas geschrieben hatte. »Wir haben neun Stunden gebraucht, und heraus kamen weniger als zwölf Minuten«, schrieb Janis über die Einspielung der vier Titel. »Und dabei haben wir nicht einmal viel vermasselt.«[24]

Kein Big-Brother-Mitglied hatte jemals in einem professionellen Aufnahmestudio gearbeitet, und der Tontechniker hatte noch nie eine laute Rockband aufgenommen. Die Lautstärke erwies sich schnell als Problem. »Der Tontechniker [sorgte dafür, dass] der Zeiger der Aussteuerungsgeräts nicht ins rote Feld kam«, erzählte Sam Andrew. Damit wurden die akustischen Verzerrungen, das Kennzeichen der Band, unterbunden. »Die Gitarren klangen total wie in den 1950er Jahren, und James und ich waren unzufrieden damit, wussten aber nicht, wie wir das ändern konnten. Wir wussten nicht, wie wir fordern sollten, was wir wollten, und sie waren nicht bereit, unsere Wünsche zu erfüllen.«[25] Bob Shad wies den Tontechniker an, die Songs kurz zu halten, etwa zwei Minuten lang – wie es für Singles notwendig war –, und das bedeutete, dass es keine langen Gitarrenpassagen gab.

Als eifrige Schülerin genoss Janis den Prozess im Studio. »Sie machte ihre Sache sehr gut«, sagte Sam Andrew, wozu auch gehörte, dass sie ihre Parts zweimal hintereinander genau gleich sang – ein Vorgang, den man als Double-Tracking bezeichnet. In einem Brief nach Hause schilderte Janis das Vorgehen genau: »Zuallererst wird der instrumentelle Teil allein aufgenommen. Wenn man (und der Tontechniker) damit zufrieden ist, legt man den gesungenen Teil auf einer anderen Spur über den instrumentellen. Um eine dynamische Wirkung zu erzielen, dubbt man eine zweite Vokalspur, mit denselben Stimmen, demselben Text über dem ersten, womit die Stimme satter wird.« Dann prahlte Janis damit, welchen Eindruck sie auf Shad gemacht und dass er gesagt habe, sie sei »bei den ersten [Stücken] sehr gut herausgekommen, und [er] denkt, ich bin der vermarktungsfähigste Aspekt der Gruppe und möchte einige meiner Songs haben«.[26] Shad hatte vor, im Herbst eine Single herauszubringen, und dazu sollte Big Brother eine weitere Session in einem Studio in Los Angeles spielen. »Es war aufregend«, erzählte David Getz. »Wir dachten alle, dass wir die Band damit auf ein anderes Niveau bringen und wir berühmt würden.«[27]

* * *

Nach der Rückkehr gelang es Big Brother schließlich, im Mother Blues eine bescheidene Anhängerschaft zu gewinnen, unter anderem ein paar Leute aus der Umgebung und eine Truppe umherziehender Hippies, die in einem Lieferwagen durchs Land reisten – laut David Getz eine »Gefolgschaft sehr seltsamer und komischer Charaktere«. Ihr »Boss war ein sehr hübscher, süßer Kerl«, mit dem Janis ein Techtelmechtel hatte. »Sie himmelte ihn förmlich an.«[28] Die Hippie-Vagabunden rauchten DMT (Dimethyltryptamin), das auch Janis, die gelegentlich Gras rauchte, probierte. DMT ist ein Wirkstoff, der in Ayahuasca enthalten ist, einem natürlichen Halluzinogen. »Ein Zug, und man war fünfzehn Minuten lang high wie auf Acid«, erinnerte sich David Getz. »Man bekam Halluzinationen, eine Art Flash im Gehirn, eine erstaunliche Offenbarung, und dann wie aus heiterem Himmel – bum – ist man wieder in der Wirklichkeit.«[29] Janis aber hatte immer noch Angst vor harten Drogen und blieb beim Alkohol; Freunden sagte sie später, sie verabscheue DMT, und warnte sie vor dem Konsum.

Zu dieser Zeit nahm Big Brother eine ihrer neuen Anhängerinnen, eine hochgewachsene Blondine aus New York, als Go-go-Tänzerin auf. »Miss Proton, das Psychedelic Girl, trug einen Turban aus Kunststofffolie und einen knapp geschnittenen Trikotanzug, und ihre Haut war mit Neonfarbe und Glitter bemalt. »Ich stand singend da«, erzählte Janis später, »und direkt vor mir tanzt diese halbnackte Tussi. Ich hätte mich totlachen können. Es fiel mir sehr schwer zu singen.«[30]

In der letzten Woche im Club, am 16. September 1966, brachte erstmals eine Zeitung einen ausführlichen Bericht über Big Brother and the Holding Company. Es handelte sich um eine gemischte Kritik in der *Chicago Sun Times,* und Teile davon versetzten Janis einen tiefen Stich:

> Auch wenn ihr die Finesse und der Drive von Jefferson Airplane fehlt, ist dies eine spannende Gruppe … und eine hässliche! Die wahre Schönheit der Gruppe ist hörbar wie in Howlin' Wolfs *Moanin' at Midnight* oder [Gurleys] *Easy Rider* oder irgendeinem anderen starken Blues. Wir wären noch länger geblieben, um mehr als ein Set von ihnen zu hören, aber der Schlagzeuger spielte derartig abgeschmackte Licks, dass es uns die Well Street entlangtrieb …[31]

Janis nahm die Kritik persönlich und fragte: »Aber was ist mit Sam? Er ist nicht hässlich!«[32] Wieder in San Francisco, kam sie noch einmal darauf zurück und wiederholte gegenüber einem Autor: »Sie sagten, wir wären nicht so hässlich wie die Grateful Dead, aber dennoch ziemlich hässlich.«[33]

Nachdem die Band fast einen ganzen Monat in Chicago verbracht hatte, führten ihre Schwierigkeiten zu Konflikten untereinander und zu unguten Gefühlen. Nur wenige Tage vor der Abreise hatte Janis einen besonders üblen Streit mit Peter Albin – nachdem sie aus einer Wohnung über dem Mother Blues, wo die Band abhing, einen Kaschmirpullover geklaut hatte. »Sie sagte, sie hätte es getan, weil der Club uns ›nicht richtig behandelt‹«, erzählte Albin. »Ich hatte gesehen, wie sie ihn stahl, und sagte: ›Den musst du wieder zurückbringen.‹ Darauf sie: ›Dieser Typ schuldet uns Geld, das hat er nun davon.‹ Ich erwiderte: ›Da wohnt aber ein Freund [des Clubbesitzers], nicht er selbst.‹ Es war eins der ersten Male, dass wir uns gegenseitig anbrüllten – das hat mir gar nicht gefallen.«[34]

Als der Gig endlich vorbei war, meldete sich die Band für ein Drive-away-Auto zur Überführung an die Westküste an, um in den Genuss einer kostenlosen Rückfahrt zu kommen. Mit Ausnahme von Peter Albin, dessen Tante ihm ein Flugticket bezahlte, quetschten sich die Bandmitglieder und Speedfreak Rita in einen Pontiac Grand Prix, Baujahr 1965. »Es war eine große Limousine, und wir verstauten unsere beiden Danelectro-Verstärker, meinen Trap Case, Gitarren und noch anderes Gepäck im Kofferraum«, erinnerte sich David Getz. »Meine Basstrommel lag auf dem Rücksitz. Sam und Janis lösten sich beim Fahren ab.«[35] Die Heimreise der Band verlief ebenso wenig reibungslos wie die Wochen in Chicago. In Nebraska entdeckte Janis die Abzweigung nach Clay Center, aus dem ihre mütterlichen Vorfahren stammten. »Fast wäre ich hingefahren, um meine Verwandten kennenzulernen«, schrieb sie im Auto an Dorothy, »aber ich konnte mich nicht mehr an ihre Namen erinnern, und so sind wir weiterhin unterwegs.«[36]

Dann, immer noch in Nebraska, kam der Wagen kreischend

zum Stehen. Einer der Insassen hatte ein riesiges Feld entdeckt, auf dem nach übereinstimmender Meinung Marihuana wuchs. Alle sprangen raus, rissen büschelweise die begehrten Pflanzen aus und steckten das, was sich später als unbrauchbar erwies, in David Getz' Basstrommel. Die Freude darüber hielt jedoch nicht lange an. Nur ein paar Kilometer weiter wurden sie mit Sam Andrew am Steuer von einer Polizeistreife angehalten. Sein Führerschein war abgelaufen, aber er war heilfroh, dass das Auto nicht durchsucht wurde und sie lediglich angewiesen wurden, nach Ogallala zu fahren, um einem Richter vorgeführt zu werden. In dem behelfsmäßigen Gerichtsraum verhielten sich die Jungs höflich und zeigten Respekt, Janis hingegen, rebellisch wie einst in Port Arthur, musste sich unbedingt mit den Polizisten streiten. »Nachdem wir fünfzig Dollar Strafe gezahlt hatten, warnten sie uns: ›Seht bloß zu, dass ihr verschwindet – und zwar zügig‹«, erzählte David Getz. »›Wenn ihr irgendwo im Keith County haltmacht, werden wir euch festnehmen und ins Gefängnis werfen! Solche wie euch wollen wir hier nie mehr sehen!‹ Janis scharrte die ganze Zeit mit den Hufen.«[37]

Ende September traten sie schließlich wieder im Avalon Ballroom auf und spielten ein Wochenende lang vor dicht gedrängtem Publikum. »Juhuu! Das sind unsere Leute!«, verkündete Janis von der Bühne aus.[38] Kurze Zeit später bekam Big Brother eine ganze Reihe von Auftritten und zog sich regelmäßig nach Lagunitas zurück, wo die Band täglich probte und Songs schrieb. Peter Albins neue eingängige Acid-Rock-Nummer *Light is Faster Than Sound,* die Janis mit ihren unverwechselbaren »Huaaahs« abschloss, wurde zum Publikumsliebling. »Sie arbeitete mit ihm daran«, erzählte David Getz. »Genauso wie sie mit Sam an ihrem Gesang in *Call on Me* und mit James an seinem *Easy Rider* gearbeitet hatte. Irgendwann sagte sie: ›Dave, warum schreibst Du eigentlich nicht auch einen Song?‹ Also schrieb ich *Harry* – ein eher abstraktes Ding. Ich sagte allen: ›Also, es ist eine rhythmische Phrase, spielt Noten dazu, wie es euch gefällt.‹

Am nächsten Tag gab ich ihnen zwei weitere Takte, und dann haben wir dieses Konzept entwickelt.«[39] Das chaotische Instrumentalstück – ein scharfkantiges hämmerndes Lärmen – endete mit Janis' gesprochenem »Harry, please come home« wie von einer Mutter, die ihren weggelaufenen Teenager anfleht, nach Hause zurückzukehren. »Sie hatte viel Spaß an *Harry*«, meinte David Getz, »und stellte mit ihrer Stimme lustige Sachen an. Die Leute mochten es sehr.«[40]

Janis' häusliche Seite – Kochen und Nähen – kam in Lagunitas zu voller Blüte. Sie schrieb ihrer Mutter, sie möge ihr ein paar Dinge schicken, die sie zurückgelassen hatte, darunter auch ihren Strickbeutel und Garn, ihre teilweise fertiggestellte Quiltdecke sowie ihr Kochbuch und ihre Rezeptkarten. Janis half bei der Zubereitung gemeinsamer Mahlzeiten und kaufte eine gebrauchte Singer-Nähmaschine, um sich zu den 35-Dollar-Stiefeln passende Kleider zu machen, die sie in Chicago gekauft hatte (»So schick! Sie sind altmodisch ... eng, mit Knöpfen die ganze Vorderseite hoch. Schwarz. Ich werde mir ein ausgefallenes Kleid dazu machen.«).[41] Über Modefragen zu schreiben war nach wie vor ihre wichtigste Verbindung zu Dorothy.

Doch ermutigt durch Nancy Gurley und Speedfreak Rita kam auch Janis' dunkle Seite wieder zum Vorschein. Abends reihten die drei stundenlang Perlen auf – für Halsketten, Armbänder, Schmuckvorhänge, Raumteiler –, wobei ihre Fieberhaftigkeit durch Speed befeuert wurde. Es dauerte nicht lange, bis Janis wieder zu der Droge griff, die sie am meisten fürchtete. »Nancy Gurley animierte ... andere ..., eine Menge Speed zu nehmen«, so Pat Nichols, Janis' alte Freundin aus Haight-Ashbury, die sich inzwischen »Sunshine« nannte und zu der sie die Verbindung wieder aufgenommen hatte. »Die Frauen in Nancys Umkreis wurden stark von ihr beeinflusst.«[42] Ob Janis' Rückfall einfach an einem dieser Abende stattfand oder ihre Entschlossenheit allmählich abnahm, nachdem sie wieder angefangen hatte zu trinken, ist nicht bekannt. Sie war seit über einem Jahr clean und dachte deshalb vielleicht, sie könne ruhig ein wenig hineinschnuppern, ohne darauf gleich abzufahren. Jedenfalls schien sie wie ihre Freundinnen begeistert vom Ritual des Abbindens, der Vorbereitung der Spritze und des Schusssetzens. Irgendwann fragte David Getz, der nie gefixt hatte, ob er sich ihnen anschließen könne. »Sie gerieten in einen mordsmäßigen Streit darüber, wer mir den Schuss setzen sollte«, erzählte er. »Ich glaube, Nancy Gurley ging als Siegerin daraus hervor. Sie verpasste mir einen Methedrinschuss, und ich schlief etwa drei Tage lang nicht.«[43]

* * *

Für die Fahrten zwischen Lagunitas und San Francisco kaufte Janis ein gebrauchtes Sunbeam Cabrio, auf dessen Fahrertür ihr gelegentlicher Liebhaber, der Plakatkünstler Stanley Mouse, den Schriftzug BIG BROTHER & THE HOLDING COMPANY und das Symbol des Gottesauges malte. Doch mit dem wenigen Geld, das Janis mit den Gigs verdiente, konnte sie kaum die ständigen Reparaturkosten aufbringen. »Es war ein nettes, sauberes, intaktes kleines Auto«, schrieb sie ihrer Mutter, »und jetzt ist es durch und durch ein Beatnik-Auto und das weiß es auch … Der Anlasser ist durchgebrannt, sodass ich das Auto zum Starten anschieben muss. Armes Ding. Es steht draußen auf einer Anhöhe.«[44]

In Haight-Ashbury verbrachte Janis manchmal die Nacht in Sunshines Wohnung, nachdem die beiden ihre »Freundschaft wieder aufgenommen« hatten, erinnerte sich Sunshine. »Schon bald machten wir zusammen Ausflüge. Sie setzte mich immer auf die Gästeliste.« Sunshine war zwar nur eine Bekannte, hatte aber Janis' Habe aufbewahrt, als sie im Jahr zuvor wieder nach Texas gegangen war. Der Anblick der Überreste ihres vorherigen Lebens muss bittere Erinnerungen in ihr geweckt haben. »Sie war total überrascht, dass sie [sie] zurückbekam«, sagte

Sunshine, »ein bisschen Schmuck, Klamotten, die sie aus Tüchern genäht hatte, und ein passabel großes UKW-Radio.«[45] Sunshine sollte eine der treuesten Freundinnen von Janis bleiben und schließlich auch eine Drogenkumpanin werden.

Janis wurde allgemein bekannt in Haight-Ashbury, vor allem nachdem am 5. Oktober in der achten Ausgabe des von Hand abgezogenen, getippten Fanzines *Mojo Navigator (MN)* das erste Interview mit Big Brother and the Holding Company erschienen war. Das von David Harris und Greg Shaw herausgegebene Blatt war das Sprachrohr der Bay-Area-Musik und im August 1966 gegründet worden, fünf Monate nachdem Paul Williams, Student am Swarthmore College, *Crawdaddy*, die erste seriöse Musikzeitschrift an der Ostküste, gestartet hatte. *MN* und *Crawdaddy* waren für den Rock 'n' Roll das, was *Downbeat* für den Jazz und *Sing Out!* für den Folk war. *MN* und *Crawdaddy* brachten ausführliche Interviews mit Bands. So war in der vorherigen Ausgabe ein Gespräch mit Grateful Dead erschienen, in dem Jerry Garcia Janis als »unglaublich starke Sängerin« bezeichnete, »ihr Stilbewusstsein und ihre Kontrolliertheit sind wirklich phänomenal, ebenso ihr Stimmumfang«. Darüber hinaus fand er, dass »sie mehr Material brauchen, das zu ihrem Stil passt … einen Weg finden müssen, um Janice [sic!] mehr zur Geltung zu bringen, und gutes Material für sie auftreiben. Und sie und Peter sollten zusammenarbeiten … Vor allem aber brauchen sie Erfahrung, und ich glaube, sie werden sehr viel mehr Profil haben, wenn sie aus Chicago zurückkommen.«[46]

Jerry Garcias Vorhersage traf genau ins Schwarze. Als sich Big Brother wieder an der Westküste einlebte und ständig Auftritte hatte, kamen die Früchte ihrer harten Arbeit in Chicago deutlich zum Vorschein. In Gesprächen mit Greg Shaw und David Harris schilderten sie ihren ungemütlichen Aufenthalt in der Windy City, und *MN* erzählten sie von der Szene in San Francisco. Während Jerry Garcia diplomatisch war und gegenüber *MN* erklärte, ihm gefalle das Fillmore – betrieben von dem Konzertveranstalter Bill Graham – genauso wie das Avalon, wo Family Dog auftrat, betonten Peter Albin und Janis, dass sie dem Avalon den Vorzug gaben, eine Äußerung, die sie, einmal schwarz auf weiß gedruckt, später bereuen sollten.

Der streitbare New Yorker und gewiefte Geschäftsmann Bill Graham, ursprünglich Manager der Straßentheatertruppe San Francisco Mime Troupe, hatte Anfang 1966 zusammen mit Chet Helms damit begonnen, Shows im Fillmore zu veranstalten. Doch schon kurze Zeit später bootete er Helms aus, der daraufhin zum Avalon wechselte. Seither waren die beiden Rivalen und kamen sich mit ihren Wochenendveranstaltungen gegenseitig in die Quere. Aus Loyalität zu Helms sagte Janis, das Avalon sei das einzig Wahre, und Fillmore, wo Big Brother nur selten spielte, ziehe eher »Touristen und besoffene Matrosen [an], die Mädchen aufreißen wollen«.[47]

Mojo Navigator berichtete auch über die Szene in Haight-Ashbury sowie über ein geplantes Gesetz, das den Besitz von LSD in Kalifornien unter Strafe stellte und am 6. Oktober 1966 in Kraft trat. Aus Protest wurde die sogenannte Love Pageant Rally im Panhandle Park organisiert, der unmittelbar an den Golden Gate Park angrenzt. Die Teilnehmer, angeführt von den Merry Pranksters und Ken Kesey – verkleidet als Cowboy, weil er von der Polizei wegen Drogenvergehen gesucht wurde –, waren kostümiert und auf LSD. Janis und Sunshine erkannten es sofort, beließen es aber bei billigem Wein. »Alle nahmen Acid«, erzählte Sunshine, aber »sie und ich nicht. Sie sagte, [LSD] versetze sie in einen Zustand, den sie nicht mochte – sie habe sich dann nicht unter Kontrolle.«[48] Speed hingegen brachte ihr die ursprüngliche Euphorie und tiefe Konzentration, die sie immer schon gesucht hatte.

Während der Love Pageant Rally traten Big Brother und Grateful Dead auf einem Pritschenwagen auf, umgeben von »Tausende[n] von dopeverliebten Heads …, [die] den Bullen mit dem Finger im Hirn [rührten], bis die nicht mehr wussten, wo rechts und links war, und alle miteinander in einer einzigen riesigen Fiesta von Liebe und Euphorie«, wie Tom Wolfe in *The Electric Kool-Aid Acid Test* schrieb.[49] Bald folgten zahllose kostenlose Konzerte im Park, die im folgenden Januar in dem Festival Gathering of the Tribes for the Human Be-In gipfelten.

* * *

»Es wird etwas passieren«, sagte Janis dem *MN,* als Mainstream *Blindman,* die Debüt-Single von Big Brother and the Holding Company mit *All Is Loneliness* auf der Rückseite herausbrachte. Obwohl Janis bei beiden nicht die Lead-Stimme sang, war sie allein von dem Gedanken begeistert, dass eine Platte mit ihr herauskam. »Es wird nicht mehr so weitergehen«, meinte sie. »Entweder wir gehen alle pleite und trennen uns, oder wir werden alle reich und berühmt.«[50] Nachdem die Plattenfirma ein einziges Exemplar an die Band in Lagunitas geschickt hatte, schrieb Janis an ihre Familie: »… Wir sollen fünfzig Scheiben kostenlos bekommen, und ich werde euch eine schicken. Bis jetzt haben wir noch keine erhalten – sie hätten schon vor zwei Wochen eintreffen sollen … Wir haben ein Exemplar, das wir so oft gespielt haben, dass ich es nicht mehr hören kann. Ich kann nicht mal sagen, ob die Platte gut ist.«[51] *Blindman* beginnt mit Peter Albins Bariton, und Janis stimmt, unterstützt von klaren Gitarren-, Schlagzeug- und Bassklängen im Hintergrund, in den Refrain ein. Auf der B-Seite, bei *All Is Loneliness* kommt Gurleys Drone-Gitarre, die an einen Raga erinnert, hinter einem Gesang im Stil der Gregorianik zur Geltung, dann übernimmt Janis, wobei ihr Vibrato im Hintergrund in schwirrenden Tönen widerzuhallen scheint. Bei Minute 2:16 klingt der Song mit der Wiederkehr der Refrain-Harmonien aus.

In seiner positiven Kritik stellte *Mojo Navigator* die Frage, »warum die Single hier noch nicht gespielt wird«. Im Gegensatz zu Janis fand David Harris die Platte »sowohl hinsichtlich ihres kommerziellen Potenzials wie auch der Neuerschaffung des persönlichen Sounds [der Band] hervorragend. Die Gesangsharmonie ist womöglich besser als das, was sie live erreicht, und der Gesamtsound der Band besteht die Aufnahmetechnik gut. *Blind Man* erinnert ein wenig an die Mamas and Papas … *All Is Loneliness* zeigt eine hochinteressante vierstimmige Harmonie unter Verwendung übereinandergelegter Tonspuren. Zu beanstanden ist lediglich …, dass die Gitarrensoli viel schlichter sind als die … bei ihren Live-Auftritten, aber das hat wohl kommerzielle Gründe und ist verständlich.«[52]

Die Single wurde zwar nicht im Rundfunk gespielt, aber immerhin erschien die Band in einer neuen Hochglanzzeitschrift namens *I.D. 1966 Band Book*, und zwar in der »First San Francisco Edition«, die Janis ihren Eltern schickte, dazu ein Bild »von mir, auf dem ich schön aussehe, Probedruck eines Fotos, das ein Fotograf von uns gemacht hat«. Sie suchte immer noch die Anerkennung ihrer Eltern und stellte ihnen die freakig aussehenden Leute auf der Foto-Doppelseite als ihre neuen Freunde vor. Da »könnt ihr sehen, wie schick die Menschen in Kalifornien aussehen«, schrieb sie. »Wir sind mit Bands wie den Grateful Dead, Quicksilver Messenger Service, den Charlatans, Outfit und der P. H. Phactor Jug Band befreundet. Schaut sie euch an … und auch das Bild von Family Dog. Der Familienhund ist Sancho, der auf dem Dach des Lastwagens sitzt – das Symbol für all die Leute, die eine Rock-'n'-Roll-Gemeinschaft bilden und jedes Wochenende Tanzveranstaltungen machen. Diese Leute sind alle Freunde von mir! Sind sie nicht erstaunlich?! Die mit Sternen hinter den Namen sind Mitglieder von [Big Brother]. Ich bin hinten rechts zu sehen … Sie haben sich nicht für den Auftritt zurecht gemacht – sie sind die ganze Zeit so gekleidet. In dieser Hinsicht bin ich gar nicht so abgefahren, oder?«[53]

Janis' wachsende Beliebtheit schützte sie jedoch nicht vor dem Zorn Bill Grahams. Nach der Flucht vor den Nazis in seinem Geburtsland Deutschland war Graham (dessen Geburtsname Wolodja Graionca war) unter harten Bedingungen in den Straßen der Bronx großgeworden, ging aber später an die Westküste, wo sein Versuch, Schauspieler zu werden, scheiterte. Stattdessen fand er seine Berufung als cleverer Konzertmanager und schlug mit aggressiven Methoden Kapital aus der aufkommenden Gegenkultur. Janis erkannte bald, dass ihn zu verärgern viel schlimmer war, als einen Streit mit einem typischen Clubbesitzer anzufangen. Als sie Mitte Oktober die Butterfield Blues Band, Jefferson Airplane und Big Mama Thornton im Fillmore ansehen wollte, stand Graham oben auf der Treppe. »Du kommst hier nicht rein«, brüllte er Janis an. »Nach dem, was du in diesem Revolverblatt über das Fillmore gesagt hast! Mach dich vom Acker!«

Janis brüllte zurück: »Du Arschloch!«, wurde schluchzend die Treppe hinuntergedrängt – laut manchen Zeugen gestoßen – und landete auf der Straße. Nick Gravenites, gerade mit der Butterfield Blues Band aus Chicago angereist, war schockiert. Graham »warf des Öfteren Leute aus seinem Club«, erzählte er dem Autor John Glatt. »Er brüllte und tobte und demütigte Leute und jagte sie fort, als wären sie der letzte Dreck. Es war scheußlich … Janis lief weinend die Straße entlang.«[54] Ihre Verwundbarkeit machte solche Zurückweisungen nahezu unerträglich, aber Grahams Groll hielt nie lange an – besonders, wenn er Geld machen konnte. Nach dem Aufstieg von Janis und Big Brother war alles wieder vergessen.

Im Oktober erfuhr Janis, dass man bei ihrer Mutter Brustkrebs festgestellt und sie sich bereits einer Operation unterzogen hatte. Janis sah sich außerstande oder sträubte sich, nach Texas zu fahren, um nach ihr zu sehen. »Goad«, schrieb sie ihr, »ich habe ein furchtbar schlechtes Gewissen, dass ich Dir so lange nicht geschrieben habe« – obwohl sie in den vergangenen Wochen mehrere Briefe nach Hause geschickt hatte. »Und Du hast gerade eine schwere Operation hinter Dir. Es tut mir so leid, so leid. Ich bin so dankbar, dass es Dir gut geht – Deine Briefe klingen putzmunter – und sie glauben, ihn noch rechtzeitig entdeckt zu haben. Ich bin wirklich erleichtert und auch sehr stolz auf Dich, weil Du alles so stoisch bewältigt hast. Ich weiß, es ist etwas spät, all das zu sagen, aber da ich ein Auto habe, bin ich ja ausgesprochen mobil. Deshalb ruf mich bitte an, wenn Du mich brauchst oder sehen willst.«[55]

Unterdessen ging es in Lagunitas drunter und drüber. Die Familie Albin, Frühaufsteher, die großen Wert auf Ordnung und Sauberkeit im Haus legten, kamen mit der Familie Gurley nicht zurecht. Deren Mitglieder schliefen lange, putzten nie, und ihr kleiner Sohn Hong und der nicht stubenreine Deutsche Schäferhund verschärften noch die chaotischen Verhältnisse. Janis erklärte ihrer Mutter, dass »wir alle nur von einem Tag zum anderen taumeln und nichts wirklich erledigen. Ich habe entdeckt, dass ich nichts machen kann, wenn nicht ein Mindestmaß an Ruhe herrscht und mit acht Leuten in einem Haus, die ständig reden und dauernd mit ihren Babys beschäftigt sind, kann ich nicht einmal die banalsten Dinge tun wie Briefeschreiben, Flicken, Nähen, nichts. Jetzt zum Beispiel sind alle weg (Allah sei gelobt), sodass ich das hier schreiben kann.«[56]

Außerdem fühlte sich Janis in Lagunitas isoliert, nachdem die Grateful Dead in ein viktorianisches Haus auf der Ashbury Street 710 im Zentrum des Geschehens gezogen waren. Im Herbst 1966 war Haight-Ashbury zu einem Zentrum der Gegenkultur geworden, wo »Freaks« auf dem »Hippie Hill« im Golden Gate Park zusammenkamen. (Die meisten Anwohner verabscheuten das Wort »Hippie«, das der Kolumnist Herb Caen vom *San Francisco Chronicle* als Bezeichnung für »Babyhipster« geprägt hatte.) Gerade war die erste Ausgabe der Underground-Zeitung *Oracle* erschienen, und sie verlegte ihre Büros bald in einen flippigen Postershop namens Print Mint, betrieben von Janis' altem Verehrer Travis Rivers, der Verleger des *Oracle* werden sollte. Nicht weit davon entfernt in derselben Straße eröffneten die Brüder Jay und Ron Thelin den Psychedelic Shop, den ersten Kifferladen des Landes. Janis freundete sich mit einer Gruppe von Straßenaktivisten namens The Diggers an, insbesondere mit den Mitbegründern Emmett Grogan und Peter Coyote, zwei charismatischen Köpfen, die von der Ostküste kamen. Die »radikal-anarchistische Gruppe«, wie sie sich selbst bezeichnete, war der Ansicht, dass alles kostenlos sein solle.[57] Sie verteilten im Panhandle-Park Nahrungsmittel und eröffneten einen Umsonst-Laden, wo man Waren kostenlos erhielt. Die Diggers wetterten gegen Kapitalismus und Materialismus, und ihre Projekte und Happenings führten schließlich dazu, dass »Haight eine Stadt in der Stadt« wurde, wie Stanley Mouse meinte, zu einer »echten Gemeinschaft«.[58]

Etwa um diese Zeit lernte Janis auch Peggy Caserta kennen, eine Schönheit aus Louisiana, die die erste Boutique in der Haight Street eröffnete, das Mnasidika. Peggy schenkte den Bands oft Kleidung, die sie bei ihren Auftritten und bei Fotoshootings tragen sollten. Während des zweiwöchigen Engagements von Big Brother im Matrix Club wurden die beiden miteinander bekannt. »Es haute mich fast vom Hocker«, erinnerte sich Peggy Caserta. »Auf meinen Armen stellten sich die Haare auf, weil ich noch nie jemanden wie Janis gesehen oder gehört hatte – etwas so Rohes, Gefühlvolles, Herzzerreißendes. Hinterher ging ich zu ihr und sagte: ›Du wirst einmal ein Superstar!‹ Sie lachte und meinte: ›Glaubst du wirklich?‹«[59] Peggy Caserta kam auch an den nächsten beiden Abenden, und in der folgenden Woche ging Janis ins Mnasidika und fragte sie, ob sie auf Anzahlung eine Jeans kaufen könne, die sieben Dollar kostete, wobei sie 50 Cent auf die Theke legte. Schockiert darüber, dass sich eine so talentierte Frau keine Hose leisten konnte, schenkte Peggy Caserta sie ihr. So begann eine Beziehung, die bald eine leidenschaftliche werden sollte.

Immer mehr Menschen reagierten ähnlich wie Peggy Caserta auf Janis' Bühnenauftritte. »Man hatte mir gesagt, dass das Mädchen wirklich singen kann, aber ich glaubte ihnen nicht«, schrieb Ed Denson in der Untergrundzeitschrift *Berkeley Barb*. »Das Mädchen *kann* singen. Sie ist ein Klageweib des Blues … und sie kann schreien und ihren Körper in die Musik werfen.«[60] Grace Slick, die gerade Signe Anderson bei Jefferson Airplane ersetzt hatte, erinnerte sich, dass sie von Janis überwältigt war: »Ein weißes Mädchen aus Texas, das Blues singt? Was für ein Mumm! Was für ein Temperament! Ich glaube nicht, dass ich so furchtlos war.«[61]

Nachdem Big Brother mit der an der Ostküste beheimateten Jim Kweskin Jug Band im Avalon gespielt hatte, besaß Janis endlich das Selbstvertrauen, die Sängerin und Geigerin der Gruppe, Maria Muldaur, zu treffen, auf die zuzugehen sie vier Jahre zuvor in Austin noch zu schüchtern gewesen war. »Sie haute mich um, total«, nachdem sie Big Brothers *Ball and Chain* gesehen hatte, erzählte Maria. »Dann rauchten wir zusammen einen Joint, und als sie dann auch noch fragte: ›He, magst du Etta James?‹, begann unsere Beziehung. In dem Augenblick wurden wir Freundinnen.«[62]

Janis genoss es, dass sie immer mehr wahrgenommen wurde. »Dieses Geschäft macht erst Spaß, wenn man auftreten kann«, schrieb Janis ihrer Mutter. »Natürlich sind auch die Geldaspekte von Bedeutung, aber der eigentliche Wert liegt einfach darin, anerkannt zu werden. Und es ist all die Mühen und misslungenen Proben wert, wenn 1500 Kids wirklich auf einen stehen. Und wenn ein Musiker einer anderen Band [hier könnten viele gemeint sein] zu mir sagt, dass ich die beste Bluessängerin bin, ohne Ausnahme – nicht einmal der von Bessie Smith. Ist an diesem Wochenende tatsächlich passiert. SEUFZ!!«[63] Mit der Anerkennung durch andere Musiker und den zunehmenden Lobeshymnen des Publikums in San Francisco wurden Janis' Träume, die in Chicago noch enttäuscht worden waren, Wirklichkeit.

Kapitel 13

»Das erste Pin-up von Haight-Ashbury«[1]

Das Allerbeste war Monterey.
So etwas wird es nicht noch einmal geben.[2]
Janis Joplin

Die Monate zwischen Herbst 1966 und Janis' Auftritt beim Monterey Pop Festival im Juni 1967, durch den sie zum landesweiten Star wurde, waren die glücklichsten ihres Lebens. »Ich werde unter den Hippies und bei allen, die gern tanzen, ziemlich berühmt«, schrieb Janis Ende 1966 in einem der unzähligen Briefe, in denen sie ihre Erfolge und Freuden festhielt.[3] Während aus »einem der Jungs« bei Big Brother die zentrale Figur der Gruppe wurde, machte sie unmissverständlich klar, welche Ziele sie persönlich verfolgte. Natürlich betonte sie in ihren mit Bedacht verfassten Schreiben die positiven Aspekte und unterschlug ihren neuerlichen Drogen- und verstärkten Alkoholkonsum. Wenn sie die zunehmende Popularität der Band schilderte, streute sie allerdings auch Hinweise auf ihre eigene neue Identität ein, die sie letztlich von der Band und von ihrer Familie trennen sollte.

Ende 1966 erregte Haight-Ashbury landesweit die Aufmerksamkeit der Presse, die sich vor allem auf die wachsende Zahl der Rockbands und die sich ausweitende Gegenkultur richtete. Auftrittsorte schossen wie Pilze aus dem Boden, und das Avalon und der Fillmore Ballroom buchten nun ein breiteres Spektrum von Musikern, darunter auch Otis Redding. Als Epizentrum eines neuen spirituellen Bewusstseins lockte San Francisco Anhänger östlicher Religionen und Weltanschauungen an; im Geist der Diggers gab Big Brother eine ganze Reihe Benefizkonzerte bei freiem Eintritt für alle – von den Buddhisten und Anhängern der Hare-Krishna-Bewegung bis zur Haight-Ashbury Free Clinic und den Hells Angels.

Eine besonders enge Freundschaft verband die Band mit dem San Franciscoer Zweig der Hells Angels, einem wichtigen Bestandteil von »Hashbury«. Janis war fasziniert von dem Außenseiter-Image der Angels und fühlte sich den Bikern näher als den Anhängern östlicher Mystik. Big Brothers Gig bei einem Fest der Angels, erklärte sie ihren Eltern, war »unser bislang krönender Triumph«.[4] Dieses Schwanken zwischen dem Eintreten für Frieden und Liebe und jenen eindeutig chauvinistischen Aussteigern war eigentümlicherweise weit verbreitet. Nur wenige ahnten, dass die beiden Lager der Haight-Szene am Ende aneinandergeraten würden – mit tödlichem Ausgang. Am selben Wochenende, an dem Big Brother ein »Zenefit« zugunsten des San Francisco Zen Center gab, am 12. November, trat die Gruppe auch als Hauptact beim Treffen der Angels in der Sokol Hall auf. Die von »Chocolate George« Hendricks von den Angels – einem Fan von mit Wodka versetzter Schokomilch – organisierte Veranstaltung war der »komplette Wahnsinn«, schrieb Janis ihren Eltern.[5]

»Du hast gedacht, du gehst auf eine Hippie-Party«, erinnerte sich der damals 19-jährige buddhistische Dichter Larry Litt später. »Aber man musste erst durch diese Reihe von Angels an der Tür, ein wahrer Spießrutenlauf. Ich war mit einem Mädchen dort, das ein Fischnetz-T-Shirt ohne etwas darunter trug, und da das den Angels gefiel, wurden wir durchgelassen.« Die Angels hingen im Eingangsbereich herum, »gingen den ganzen Abend rein und raus, tanzten nicht, dealten aber Stoff und tranken Bier«, erzählte Litt.[6]

David Getz musste feststellen, dass die Felle seines Schlagzeugs, das er unbeaufsichtigt gelassen hatte, mit dem Spruch bestempelt waren: »Wenn wir etwas richtig machen, erinnert sich niemand daran. Wenn wir etwas falsch machen, lässt uns das niemand vergessen.«

Etwa in der Mitte des Sets von Big Brother schlurfte ein hochgewachsener Mann auf die Bühne, packte Peter Albins Mikro, brüllte wie ein Irrer hinein und verzog sich dann wieder. Im Vergleich dazu schien Janis' Kreischen geradezu verhalten. Als Albin einen in seiner Nähe stehenden Angel fragte: »Wer war *das* denn?«, sagte der: »Ach, das ist unser Freund Gary the Deaf Mute.«[7]

»Es wurde viel getrunken und gerauft«, erzählte David Getz. »Ich weiß noch, dass ich ein bisschen Angst hatte, aber ich fühlte mich von den Angels beschützt. Freewheelin Frank und Chocolate George waren poetische Charaktere, die die Romantik der Straße hochhielten.« Am Ende des Abends brausten die Biker gemeinsam mit »diesem enormen Krach wie von einem Düsenjet« davon.[8] Der mit dem Beat-Autor Michael McClure befreundete Freewheelin Frank Reynolds malte, schrieb Gedichte und verfasste zusammen mit McClure ein Buch mit seinen Erinnerungen, das vom Verlag Grove Press veröffentlicht wurde. Es dauerte nicht lange, da hockte Janis hinter Freewheelin Frank auf seinem Motorrad. Sie ging mit ihm und anderen Angels ins Bett, aber insgesamt behandelten sie sie als ihre »kleine Schwester«, als Leadsängerin ihrer ureigenen Hausband (dass dies von Big Brother akzeptiert wurde, zeigte sich darin, dass auf dem Cover von *Cheap Thrills* die Insignien der Angels abgebildet waren). Janis blieb den Angels fast vier Jahre lang verbunden, auch als sich andere, ihnen zuvor freundlich gesonnene Bands nach den gewalttätigen Ausschreitungen auf dem Festival in Altamont von ihnen lossagten.

* * *

Obwohl die bei Mainstream veröffentlichte Single von Big Brother floppte, buchte Bob Shad die Band für eine Studioaufnahme in Los Angeles im Dezember 1966. Weil er »mich groß rausbringen will«, schrieb Janis ihren Eltern, »arbeiten wir an meinem Zeug«.[9] Sogar der verehrte Jazzkritiker Ralph Gleason wurde auf Janis aufmerksam und erwähnte sie zum ersten Mal in seiner Kolumne im *San Francisco Chronicle* »On the Town«: »... habe mir vor einiger Zeit ein bisschen von [Big Brother] im Avalon angehört, und sie bekommen allmählich Konturen. Janis Joplin ist eine bemerkenswerte Sängerin mit einer wilden, starken Stimme.«[10]

Janis war auf der Bühne mittlerweile der Kristallisationspunkt, in der Band hatte aber immer noch Peter Albin die Führungsrolle; er handelte Verträge aus und war für Presseinterviews zuständig. In einem *Newsweek*-Artikel vom 19. Dezember über die San Franciscoer Szene mit dem Titel »The Nitty Gritty Sound« (Der Sound der Bodenständigkeit) wurde er sogar namentlich zitiert: »Die Leute befassen sich mit den Grundelementen des emotionalen und persönlichen Lebens. Sie drücken sich durch körperliche Bewegung aus, und so entsteht eine echte Verbindung zwischen Musikern und Publikum.«[11] Janis verfolgte das alles ganz genau. Im Laufe des folgenden Jahres würde sie Peter Albins Rolle übernehmen, eine Meisterin prägnanter Äußerungen und eine gefragte Interviewpartnerin werden.

Nach der Entlassung von Chet Helms sahen sich die Musiker von Big Brother and the Holding Company nach einem neuen Manager um und stellte kurzzeitig einen Mann aus der Gegend namens Jim Killarney ein, der die Band aber wieder verließ, nachdem er bei einem Autounfall Verletzungen erlitten hatte.

Die Gruppe war »völlig desorganisiert«, schrieb Janis ihren Eltern.[12] Sie trat zwar ständig auf, da aber die meisten Gigs Benefizvorstellungen oder nur gering bezahlt waren, mangelte es ständig an Geld. Die Musiker mussten sich Autos leihen, selbst ihren Transport zu Auftritten in Sacramento und Santa Cruz bewerkstelligen und irgendwo auf dem Boden schlafen, weil sie sich kein Motel leisten konnten.

Ein Großteil von Janis' mageren Einkünften ging für Autoreparaturen, ihre Behandlungen beim Dermatologen – er verschrieb ihr Tetracyclin gegen die Akne – und Futter für ihre neue Liebe drauf: einen jungen Hund namens George. »So niedlich! Erst acht Wochen alt und flauschig wie eine Pusteblume!«, vermeldete sie nach Hause. »Teils deutscher Schäferhund, teils English Shepherd. Er wird ziemlich groß werden … Außerdem habe ich, als ich dieses Wochenende in Santa Cruz war, eine Maus gefangen … Wirklich süß. Ich habe ihr noch keinen Namen gegeben …«[13] George wurde Janis' ständiger Begleiter und oft zusammen mit ihr fotografiert. Seth Joplin schickte seiner Tochter regelmäßig Geld, da sie häufig und manchmal scherzend über ihre finanziellen Probleme klagte: »Mein Auto hat in den Straßen von Berkeley einen tragischen Zusammenbruch erlitten; es steht nun auf dem Weg hinter der Werkstatt und wartet darauf, dass ich 75 Dollar (!!) aufbringe. Ich sollte sie haben, sobald wir das Geld für den Auftritt in Stanford bekommen. Doch da meine finanzielle Lage angespannt ist, denke ich, dass ich Daddys Scheck [20 Dollar] aufhebe, damit die Fahrt nach L. A. gesichert ist. Danach werde ich ihn zerreißen! Natürlich erst, nachdem ich mir den Inhalt gut eingeprägt habe.« Dann gestand sie, dass sie die Ferien nicht in Port Arthur verbringen werde, versuchte aber, den Schlag abzumildern, indem sie Überlegungen darüber anstellte, was sie ihren Angehörigen zu Weihnachten schenken könnte und sich selbst wünschte: »ein gutes [Grundkochbuch] von Betty Crocker oder Better Homes« und bunte Strumpfhosen, wie sie sie in der High School getragen hatte.[14]

Bei den zweitägigen Aufnahmen für Mainstream Records Mitte Dezember in einem Studio in Los Angeles fand Big Brother ähnliche Bedingungen vor wie in Chicago. Wieder hatten die Angestellten keine Erfahrungen mit lautem ausgeflipptem Rock. Der altgediente Toningenieur Jackie Mills, der mit Fred

Astaire gearbeitet und die Soundtracks zahlreicher Filme eingespielt hatte, war dennoch von Janis beeindruckt. Sie »hatte enormes Format«, meinte er im Rückblick. »Wenn sie sang, hörte man die Freiheit.«[15] Wegen des schmalen Budgets wurde auf eine Vorproduktion verzichtet, die Titel konnten nur einmal aufgenommen, falsche Töne nicht ausgebessert werden. Die Gruppe musste ihr Material sehr schnell einspielen – in ein oder zwei Takes –, es durfte keine langen Soli geben, und die Dauer der Stücke war auf 2½ Minuten begrenzt.

In etwa zwölf Stunden spielte Big Brother acht Titel ein: James Gurleys gemächliches, countryartiges *Easy Rider* und die surreale Version der appalachischen Folkballade *Coo Coo,* Peter Albins psychedelisches *Light Is Faster Than Sound* und das kindliche *Caterpillar* sowie Janis' unheilschwangeres *Intruder,* ihr bluesiges *Women Is Losers* und *The Last Time* mit dem stotternden Gesang. Bob Shad bestand allerdings darauf, vor der Herausgabe eines Albums Anfang 1967 eine Single mit zwei der Chicagoer Aufnahmen zu veröffentlichen, bei denen Janis' Gesang im Vordergrund stand: *Call on Me* (mit Sam Andrew) und *Down on Me.*

Während der Zeit in Los Angeles trat die Band im Shrine Auditorium auf, und Janis verbrachte den anschließenden Abend mit ihrer Tante Barbara Irwin, die sie seit 1961 nicht mehr gesehen hatte. In einem zuvor abgesandten Brief an ihre Tante warnte sie sie: »Ich bin jetzt eine frischgebackene Modeerscheinung, das Idol meiner Generation, eine Rocksängerin« und lud sie und ihre Familie zum »Tanz« im Shrine ein.[16] Barbara bestand darauf, dass Janis dort einen BH trug, ansonsten aber war die Begegnung durchaus erfreulich; sie spielten sogar eine Runde Golf zusammen. Als Beweis schickte Janis ihren Eltern »eine Punktekarte von dem Match zwischen Barbara und mir« und schrieb dazu, ihre Cousine Donna »erinnert mich sehr an Mimi – genau wie sie … dieselben Eigenheiten und alles«.[17] Obwohl Janis allmählich zur Königin der Gegenkultur aufstieg, gab sie sich gegenüber ihren Eltern nach wie vor als pflichtbewusste Tochter. Sie brauchte die Liebe ihrer Familie auch dann noch – oder vielleicht sogar umso mehr –, als ihre Fangemeinde größer wurde. Ihre Briefe aus dieser Zeit lesen sich nicht nur wie eine Chronik ihres wachsenden Ruhms, sondern auch wie ein Zeugnis ihres Bedürfnisses, eng mit ihren Angehörigen verbunden zu sein – ohne dass sich Janis oder ihre Familie dessen bewusst waren.

Nach den Aufnahmen kehrte Big Brother auf schnellstem Weg nach San Francisco zurück, um eine Reihe sehnlichst erwarteter Konzerte im Fillmore zu geben. Bill Graham hatte Janis inzwischen verziehen. Der Veranstalter hatte Otis Redding für drei Abende Ende Dezember gebucht – er war eigens nach Georgia geflogen, um Redding zu einem Auftritt vor seiner Hippie-Kundschaft zu überreden. Vor der Übernahme durch Graham hatte das Fillmore Auditorium hauptsächlich schwarze Künstler präsentiert, und Redding war dort schon 1965 mit B. B. King aufgetreten. Für seine Dezember-Veranstaltungen gab Bill Graham zwei Plakate in Auftrag, eins, das auf die afroamerikanische Community zugeschnitten war, und eins für sein übliches Publikum in dem typischen psychedelischen Stil, auf dem die Vorgruppen Grateful Dead und Country Joe and the Fish hervorgehoben waren.

Janis, ohnehin bereits ein Otis-Redding-Fan, wurde zur Otis-Verehrerin, nachdem sie sich den 25-jährigen Künstler von Stax/Volt Records und seine achtköpfige Band an allen drei Abenden angehört hatte. Er besaß nicht nur eine legendäre Soulstimme, sondern war auch ein Meister darin, das Publikum auf sinnliche und doch bodenständige Art mitzureißen. »Wollt ihr euch noch mehr bewegen?«, rief er nach einer sehr schnellen Nummer. »Wollt ihr noch ein bisschen mehr schwitzen?« Am meisten berührten Janis seine Balladen wie *Pain in My Heart*, bei der er die Wörter regelrecht massierte und jede Zeile mit einer unterschwelligen Kraft akzentuierte, während er gelegentlich »unkontrollierbare« emotionalen Schreie hervorbrechen ließ. Janis »erzählte mir, sie hätte ihr ›buh-buh-bah-baby‹ [Stottern beim Singen] nach dem Besuch seiner Konzerte erfunden«, erzählte Country Joe McDonald, der bald ihr Liebhaber werden sollte.[18]

Otis Reddings jüngste Single *Try a Little Tenderness,* eine mitreißende Version des durch Bing Crosby und Frank Sinatra bekannt gewordenen Popsongs, war gemäß dem Redding-Biografen Jonathan Gold »der von den Harmonien her komplexeste Song, den Otis je einspielte. Der Titel ist ein musikalischer Mikrokosmos des Stax-Sounds, eine nahtlose Synthese der flehentlichen Balladen mit einem hämmernden Groove.«[19] Janis beobachtete den Sänger, hörte ihm zu, lernte. »Sie wollte wie Otis *sein*«, erklärte Joe McDonald später.[20]

Um einen Platz ganz vorn in der Mitte zu ergattern, erschien Janis schon lange vor Beginn des Konzerts um 21 Uhr im Saal. Wie David Getz erzählte, hatte sie an einem der Abende auf einer Party LSD eingeworfen. Aber das hinderte sie nicht daran, sich intensiv auf Otis Redding zu konzentrieren. Bill Graham schilderte später einen Augenblick während des Auftritts – vielleicht, als Otis Redding *I've Been Loving You Too Long* sang –, in dem der Sänger »eine umwerfende junge schwarze Dame in einem tiefausgeschnittenen Kleid [entdeckte]«, die »anfing zu seufzen, als könnte sie nicht an sich halten … Er ging über die Bühne nach vorn, beugte sich hinunter und blickte sie an. Er war ein kräftiger, gutaussehender Mann, und sie stöhnte ›Oh! Oh!‹. Da sagte er: ›I'm gonna s-s-sock it to you baby‹ [Warte, ich besorg's dir, Baby], … und das ganze Publikum erwiderte: ›Hah!‹ Alle zusammen.«[21] Janis merkte sich das.

In seiner *Chronicle*-Kolumne beschrieb Ralph Gleason Otis Reddings Gesangsstil als »hochemotional und offen sexuell, wodurch seine langsamen Balladen in der Performance beinahe orgiastisch werden … voller Sex und voller Swing, einfach der Wahnsinn …«[22] Zweifellos las Janis diese Kritik. Dusty Street, damals noch College-Schülerin, war Stammgast im Fillmore, ehe sie eine bahnbrechende Musikmoderatorin beim Rundfunk wurde. »Ich fand es fast fesselnder, mir anzusehen, wie Janis Otis beobachtete«, erinnerte sie sich. »Weil klar war, dass sie ihm nicht nur zuhörte, sondern etwas an ihm studierte. Es war, als wollte sie lernen. Ich hüpfte umher, wie es eben ein kleines Hippiemädchen machte, und dachte: ›Wie super ist das denn!‹, als ich plötzlich wie angewurzelt stehen blieb – denn mit einem Mal zog dich [Janis] total tief in das hinein, um das es bei dem Auftritt eigentlich ging. Ihr zuzusehen, wie sie Otis Redding zusah, war selbst ein Lehrstück.«[23]

Fortan sollte Janis Otis Redding stets als ihren Lieblingssänger bezeichnen. »Man kommt nicht von ihm los; er prägt sich in einen ein. Man spürt ihn einfach«, erklärte sie später Nat Hentoff.[24] Einmal tat sie bei der Erwähnung von Otis Redding vor der Fernsehkamera so, als würde sie in Ohnmacht fallen. Auch ihr eigener erotisch aufgeladener Gesang brachte ihr Publikum in Erregung – hin und wieder schrie jemand aus der Menge: »Ich möchte dich vögeln, Janis!« Manche ihrer männlichen Kollegen wie Robert Plant von Led Zeppelin – der sich damals noch in Bluesbands im ländlichen England abmühte – sollte Janis später ebenso nacheifern wie sie Otis.

* * *

Bevor das Mietverhältnis in Lagunitas endete und die Band in getrennte Wohnungen in San Francisco zog, veranstaltete Big Brother and the Holding Company ein riesiges weihnachtliches Zechgelage. Die Band kaufte ganze Kisten Wein und Unmengen von Fertiggerichten und rollte 100 Joints mit dem »Gras«, das sie in Nebraska gepflückt hatten. Es machte jedoch niemanden high, weil es nur schlichter Hanf war, und so gab es jede Menge LSD. Janis zeichnete Weihnachtskarten für ihre Mitbewohner – so entdeckte David Getz ihr künstlerisches Talent, wie er später sagte –, und die Band schmückte einen Weihnachtsbaum, unter dem dann die Mitglieder von Moby Grape, Jefferson Airplane, Grateful Dead und Quicksilver Messenger Service musizierten und mit Big Brother feierten. Weitere Gäste waren einige ausgewählte Hells Angels, Chet Helms, Travis Rivers und der ehemalige Waller Creek Boy Powell St. John, der kurz zuvor von Mexiko nach San Francisco gezogen war. Jemand brachte eine Hausziege mit, die die Hälfte von David Getz' Bettdecke auffraß, und der Weihnachtsbaum fiel mehr als einmal um. Der Dezember ging mit einer Reihe fast allabendlicher Gigs für verschiedene wohltätige Zwecke zu Ende, und es blieb »das gemeinschaftliche Gefühl, dass wir fortan die Verantwortung für uns selbst übernehmen und Probleme aus eigener Kraft lösen mussten«, erklärte Sam Andrew.[25]

Das Jahr 1967 – eins der ereignisreichsten der Rockmusik – begann mit einem weiteren Fest der Hells Angels, bei dem sich dieses Mal eine riesige Menge auf dem Panhandle im Golden Gate Park drängte. Das »New Year's Wail« [Neujahrswehklagen; auf einigen Handzetteln stand »Whale« (Wal)], wurde von den Hells Angels aus Dankbarkeit gegenüber den Diggers ausgerichtet, die für die Biker Chocolate George und Hairy Henry Kot nach deren Inhaftierung im Oktober eine Kaution zur Freilassung aus dem Gefängnis bezahlt hatten. »Die Angels begleichen ihre Schulden«, meinte der Digger Peter Coyote. »Sie baten uns, die Einzelheiten zu regeln, aber sie übernahmen die Rechnung, zum Beispiel für das Bier, das kostenlos ausgeschenkt wurde. Sie boten der Gemeinschaft die Grateful Dead, Janis Joplin und Big Brother and the Holding Company als riesiges Dankeschön. Es war das erste Rockkonzert in großem Stil bei freiem Eintritt in einem Stadtpark, und es war ein großer Tag.«[26] Der Autor Charles Perry sprach von »einem unfassbaren Anblick – die gefürchteten Gesetzlosen tranken und tanzten mit Hunderten geheimnisvollen Acidheads in einem nebelverhangenen Park von San Francisco.«[27] Die Angels wohnten inzwischen in einem Haus gegenüber dem der Grateful Dead in der Ashbury Street.

»Hab gestern bei einer Hippie-Party im Golden Gate Park gespielt«, schrieb Janis ihren Eltern am 2. Januar 1967. »Mitfinanziert von den Hells Angels, die zumindest in S. F. wirklich sehr nett sind. Sie haben einen anderen sozialen Code, aber er scheint sich allein auf sie selbst zu beziehen, und sie versuchen nicht, ihn anderen aufzudrücken.« Außerdem dankte sie ihrer Familie für ihre Weihnachtsgeschenke – darunter auch das gewünschte Kochbuch, ein Kerzenleuchter (»mein schönster … einfach entzückend«) und weitere 20 Dollar von ihrem Vater.[28] Und sie entschuldigte sich dafür, sie zu Weihnachten nicht angerufen zu haben: »Schon um zwei Uhr nachmittags trafen die ersten Leute für das Fest ein, und ich bin einfach nicht dazu gekommen.«

In der Vorfreude darauf, dass ihre Projekte ihr ein erfolgreiches neues Jahr bescheren würden, erzählte sie ihren Eltern von einer kürzlichen Fotosession mit der Fotografin Lisa Law, die »eine ganze Menge aus mir gemacht hat, und ich denke, sie werden eins der Fotos für ein Plakat von Family Dog verwenden! Herr im Himmel, ich freue mich wahnsinnig! Außerdem hat [Stanley] Mouse, der eine Button-Maschine besitzt, Janis-Joplin-Plaketten gemacht. Wie aufregend – sie sind sehr selten, nur Insider haben sie, meine Lieben. Kein Name, einfach nur das Foto, also muss man schon zur Szene gehören, um verdammt noch mal zu wissen, wer ich bin. Aber mir gefällt es. RUHM, RUHM, he, he …«[29] Zu diesem Ziel konnte sie sich zwar gegenüber ihrer Familie bekennen, unter ihren Hippie-Freunden aber musste sie es verbergen.

Big Brother gehörte zu den Bands, die von den Redakteuren der Underground-Zeitung *Oracle* gebeten wurden, am Samstag, dem 14. Januar, beim »Gathering of the Tribes for a Human Be-In« im Golden Gate Park aufzutreten. Auf Plakaten und Anzeigen im *Oracle* wurde angekündigt, dass »alle S. F. Rockgruppen« anwesend sein würden, darüber hinaus Beat-Poeten, LSD-Anhänger und linke Studenten. Aber Big Brother war für diesen Termin bereits andernorts gebucht und verpasste das Ereignis des Jahres: Grateful Dead, Jefferson Airplane und Quicksilver Messenger Service spielten vor einem großen 40 000-köpfigen Publikum, das an jenem Nachmittag friedlich und ausgelassen auf dem Pologelände feierte. Das Be-In, über das die Medien umfassend berichteten, war ein deutlicher Aufruf an angehende Hippies, an Freaks und Drogensüchtige, zuhauf nach Haight-Ashbury zu kommen – um den bald so genannten Summer of Love einzuläuten. Big Brother aber trat in Los Angeles im Shrine auf, und zwar ausgerechnet mit der Gruppe, deren Acid-Tests dem Be-In zur Geburt verhalfen: Ken Keseys Merry Pranksters.

Das neue Jahr brachte Big Brother, was die Gruppe am dringendsten benötigte: einen Manager. Julius Karpen, ein Freund des Quicksilver-Managers Ron Polte – beide stammten aus Chicago –, war von einer Mexiko-Reise mit Ken Kesey nach San Francisco zurückgekehrt. Der ehemalige Funktionär des mächtigen Gewerkschaftsdachverbands AFL/CIO (American Federation of Labor and Congress of Industrial Organizations) kam Mitte Januar zu einem Big-Brother-Konzert im Matrix Club. Dabei fiel ihm auf, dass er Janis, die ihren vierundzwanzigsten Geburtstag auf der Bühne feierte, schon einmal 1964 bei einer Party in North Beach gesehen hatte, wo sie »verblüffenden Country-Western sang … der alle umhaute«. Und er verliebte sich in den Sound von Big Brother. »Sie waren so stark, und das Matrix so klein«, erzählte er. Urplötzlich wurde ihm klar, dass die Band »das größte Ding im Rock« sein würde.[30] Beeindruckt von seinen Referenzen als ehemaliger Merry Prankster stellte ihn Big Brother nach einem Treffen ein.

»Haben einen Manager engagiert, der ganz hervorragend ist«, schrieb Janis voller Optimismus an ihre Eltern, »übernimmt alles und kennt sich wirklich aus in seinem Geschäft – war eine große Hilfe, hat einen Leichenwagen gekauft, um Band und Equipment zu transportieren, und neue Wohnungen für uns in der Stadt gesucht – wir ziehen hier am 15. aus … Bald kommt unsere neue Platte heraus, und das Beste ist, dass wir wirklich besser werden. Neues Material und neue Kenntnisse – es hat uns alle angeturnt: Wir haben jetzt großes Vertrauen in unsere Fähigkeiten, und wir sind unbezähmbar. Na ja, wir sind jedenfalls total euphorisch.«[31]

Eins der ersten Probleme, die Julius Karpen lösten musste, war ein ganzer Stapel unbezahlter Parkknöllchen und Strafzettel, die Janis angehäuft hatte. Sie weigerte sich, die Hunderte Dollar zu tilgen, die sie schuldig war, und entschied sich, stattdessen lieber eine Nacht im Gefängnis zu verbringen. »Je länger wir darüber stritten, desto sturer wurde sie«, erzählte Julius Karpen, der gegen ihren Entschluss war. »Wir können es uns leisten, die Strafzettel zu bezahlen«, erklärte er ihr, aber sie sagte: »Nein, von mir bekommen sie kein Geld!« Als Karpen meinte: »Du bist ein Dickkopf!«, antwortete sie, wie er sich erinnerte: »So *singe* ich einfach nicht, kapiert?«[32] In Janis' widerspenstiger Haltung zeigte sich der Einfluss ihrer gesetzlosen Freunde bei den Diggers und den Hells Angels.

In ihrem nächsten Brief nach Hause erwähnte Janis ihre kurze Inhaftierung nicht, sondern wandte sich anderen Entwicklungen zu: »Bislang hat uns der Umzug in die Stadt wirklich blockiert – wir haben keinen Proberaum. Sehr schwierig, einen Ort zu finden, wo man eine Menge Krach machen kann, nicht allzu viel Miete berappen muss und das Equipment nachts sicher ist. So sitzen wir alle in unseren eigenen Wohnungen, suchen nach irgendeiner Beschäftigung und warten. Und all das kommt zu einem sehr ungünstigen Zeitpunkt – wir haben zusammen nämlich echt etwas aufgebaut – wir werden so viel besser, und es ist furchtbar frustrierend!«[33]

Zweifellos hatte Janis' Frustration auch mit der erzwungenen Distanz zu ihren Drogenpartnern zu tun. Die – wie sich herausstellte, segensreiche – Trennung von Nancy Gurley und Speadfreak Rita führte dazu, dass Janis kein Speed mehr nahm. Bei der Suche nach einer Wohnung lief ihr eine Freundin über den Weg, die in der Haight Street gegenüber der Boutique Mnasidika wohnte, wo Janis oft vorbeischaute, um mit Peggy Caserta zu plaudern.

»Ich sitze herum … und spiele Folksongs auf meiner Gitarre, schaue fern, mache Perlenschmuck und führe George aus«, schrieb sie ihren Eltern. »George! Er ist jetzt meine Rettung. Er bringt mich dazu, dass ich rausgehe, anstatt herumzuhängen und Trübsal zu blasen. Und es ist schön, zu ihm zurückzukehren, wenn ich mich nach einem Job besonders einsam fühle. Ich komme nach Hause, und er freut sich wie verrückt, mich zu sehen! Er kann gar nicht an sich halten – er ist so süß. Er wird größer und größer, aber er ist ein echt guter Hund. Wenn ich ihn ins Auto setze, springt er erst wieder raus, wenn ich es ihm sage, er läuft nie weg und ist stubenrein. Und so goldig – er will weiter nichts, als gestreichelt und geliebt zu werden. (Obwohl es letztlich wohl das ist, was wir alle wollen, nicht wahr? …)«[34] Janis, die Tiere schon von Kindheit an liebte, legte sich im Lauf ihres Lebens eine Reihe von Hunden und Katzen zu. Doch im Gegensatz zu George wurde ihr Bedürfnis, »gestreichelt und geliebt« zu werden, offenbar nie erfüllt.

In den zurückliegenden sechs Monaten hatte Janis zahlreiche Affären mit Fans, Hells Angels und Musikerkollegen gehabt, doch sie sehnte sich nach einem »alten Mann«, wie es im Hippie-Jargon hieß. An einem Februarwochenende spielte Big Brother in der Golden Sheaf Bakery in Berkeley mit Country Joe and the Fish. »Ich war an dem Abend auf Acid und habe mich schlichtweg in Janis verliebt«, erinnerte sich Country Joe McDonald. »Sie war so wunderbar. Wir alberten herum und tanzten, und irgendwann jammten alle Bands zusammen.«[35]

Joe McDonald war ein Jahr älter als Janis und hatte drei Jahre in der Navy gedient. Danach, im Alter von 20 Jahren, war er Folksänger geworden. Er zog von Los Angeles nach Berkeley, beteiligte sich an der Free-Speech-Bewegung und schloss sich den Students for a Democratic Society (SDS) an. 1965 gründete er mit Barry »the Fish« Melton die Band Country Joe and the

Fish. Sie spielten Folkmusik mit politischen Inhalten, unterlegt mit psychedelischen Klängen und wilden Rhythmuspassagen. Janis gefiel McDonalds unwiderstehliche Bühnenpräsenz, seine Intelligenz und sein draufgängerisches Wesen. Nach fünf Ehejahren war er gerade erst geschieden worden, als er und Janis kurz nach einem gemeinsamen Benefizkonzert der beiden Bands am 5. März ein Paar wurden.

»Es ging alles sehr schnell«, erzählte Joe McDonald dem Filmemacher Bob Sarles. »Wir waren einfach verliebt ... und hingen miteinander herum, und schließlich zog ich zu ihr ins Haight.«[36] Als Bewohner von Berkeley, aber ohne Auto, war er oft über die Brücke nach San Francisco getrampt.

Geradezu aufgedreht schrieb Janis ihren Eltern: »Ich habe einen Freund. Wirklich nett. Er ist der Kopf von Country Joe and the Fish, einer Band aus Berkeley. Er heißt Joe McDonald, ist Steinbock wie ich und 25, und bis jetzt kommen wir gut miteinander aus. Alle Leute aus der Rockszene bezeichnen ihn als das Schnuckeligste, was man je gesehen hat. Und er ist wirklich ziemlich schnuckelig.«[37] Janis klebte ein Foto von sich und McDonald – auf dem sie einander ziemlich ähnlich sahen – in ihr neues Tagebuch und schrieb dazu: »Country Brother and the Company Fish«.

Dann brachte Mainstream endlich Big Brothers zweite Single heraus, das gefühlige *Call on Me* – Janis' Duett mit Sam Andrew – und auf der Rückseite *Down on Me* mit einer an Gospel erinnernden Färbung. Janis' eindringlicher Gesang wurde bei beiden Songs mittels Double-Tracking hervorgehoben. Ihre Interpretation und die unkomplizierten Melodien der Titel machten die Single zugänglicher als die früheren Aufnahmen von Big Brother – allerdings waren sie nicht repräsentativ für den krachenden Livesound mit ausgedehnten Gitarrenparts. Wieder waren die Musiker enttäuscht von dem sterilen Popsound der Aufnahme und bedauerten nun ernsthaft, einen Fünfjahresvertrag mit einem Low-Budget-Label geschlossen zu haben, das auf dem Markt keinerlei Zugkraft und kein großes Interesse an der musikalischen Vision der Gruppe hatte.

»Unsere neue Platte ist raus«, schrieb Janis ihren Eltern. »Wir sind ziemlich unzufrieden damit. Ich denke, wir werden versuchen, aus dem Plattenvertrag rauszukommen, wenn wir können. Wir glauben nicht, dass sie wissen, wie man Platten promoted oder arrangiert, und jedes Mal, wenn wir eine für sie einspielen, gehören all unsere Songs ihnen, das heißt, wir können sie nicht bei einer anderen Plattenfirma aufnehmen. Wenn unsere neue Single Erfolg hat, werden wir es uns anders überlegen. Nur glaube ich das irgendwie nicht. Aber wir werden sehen … Viel wichtiger ist, dass ich den Eindruck habe, wir spielen besser denn je. Wie es scheint, verstehen wir es jetzt besser, zusammenzuarbeiten und uns nicht gegenseitig mit unseren Instrumenten zu bekämpfen.«

Als sich Big Brother an einen Anwalt wandte, um zu prüfen, ob sie ihren Vertrag mit Mainstream auflösen konnten, war die Antwort »ziemlich negativ«, berichtete Janis.[38] Da sich die Band von dem Label, zu dem sie, wie Janis meinte, keinen Zugang hatte, »benutzt und ausgebeutet« fühlte, versuchte sie, Kontakt zu Bob Shad aufzunehmen. Dies hatte jedoch keinen Erfolg, und angesichts der mangelnden Unterstützung gewannen sie den Eindruck, in der Falle zu sitzen.

Mainstream schickte die Single an die Mittelwellensender, die wichtigste Maßnahme, um Singles zum Erfolg zu verhelfen. In San Francisco richtete sich die Aufmerksamkeit allerdings mehr und mehr auf einen kleinen UKW-Sender, der allmählich immer mehr Hörer aus Haight-Ashbury von der Mittelwelle abzog. KMPX 106,9 war eigentlich ein Fremdsprachensender, bis der Moderator und Musikveranstalter Tom Donahue dort vier Stunden am Tag Bands aus San Francisco und andere Künstler vorstellte, die auf Mittelwellenstationen nicht gesendet wurden. Und statt an dem dort üblichen Format mit rasch hintereinander aufgelegten kurzen Singles und Werbeeinblendungen festzuhalten, blieb bei Donahue die Nadel auf LP-Songs, die bis zu 15 Minuten lang waren. Außerdem informierte er die Zuhörer in seinem tiefen Bariton über Happenings im Haight, Antikriegsproteste und Konzerte. Bald kam der aus Detroit stammende Larry Miller hinzu, der von Mitternacht bis sechs Uhr morgens auflegte und eher wie ein Drogensüchtiger denn wie ein DJ seine Hörer mit Sprechgesang beglückte. Mit wachsenden Einschaltquoten buchten Firmen aus dem Haight auch Werbezeiten im Programm von Donahue und Miller.

»Janis hatte ein Zimmer in einer Wohnung direkt an der Haight«, erzählte Joe McDonald, »und wir verbrachten dort eine Menge Zeit. Ich weiß noch, wie wir KMPX-Radio hörten, damals noch ein ganz kleiner Sender. Tom Donahue und Larry Miller waren die DJs. Wir lagen im Bett und schalteten das Radio ein, um unsere Songs zu hören, weil Big Brother [eine Single] und wir eine EP rausgebracht hatten. Und als sie dann einen Titel von Big Brother spielten, sagten wir: ›Wow! Wow! Das ist echt klasse!‹ Anschließend brachten sie Country Joe and the Fish, und da hatten wir das Gefühl: ›Wow, das ist echt zu viel!‹«[39]

Am häufigsten spielten die Lokalsender die B-Seite mit *Down on Me*, und in San Francisco erreichte der Song in den Hitparaden Platz 39. Selbst in der *Houston Post* im fernen Texas erschien eine Besprechung. Darin hieß es: »Die Stimme des Mädchens hat mich umgehauen. Ich ahnte nicht, dass es Janis Joplin ist, eine junge Frau, die früher hier im Jester und Sand Mountain gesungen hat.«[40]

Inzwischen wurde Big Brother auch von der etablierten Presse wahrgenommen, unter anderem von dem Musikkritiker Phil Elwood vom *San Francisco Examiner*, der schrieb: »Die dynamischste Stimme unter den Musikern ist die in ein Omakleid gewandete Janis Joplin … Sie singt alles als Blues in der Ma-Rainey-Ida-Cox-Tradition der 1920er Jahre mit einem kleinen Anteil Bessie Smith. Miss Joplin ist eine Freude für einen alten lebenslangen Blues-Fan wie diesen Kritiker. Und die Big Brother Band ist inzwischen ebenfalls in guter Form. Ihre Gitarren-Bass-Mischung ist zu einem harmonischen Gebilde geworden, und der einst schwerfällige Rhythmus bewegt sich nun in einem wogenden Muster, zu dem sich gut tanzen lässt.«[41]

Big Brother war auch bei den aufstrebenden Rock-Fotografen San Franciscos wie Herb Greene gefragt, der bekannt war für seine unverwechselbaren Porträts von Grateful Dead und Jefferson Airplane. Jim Marshall machte eine deutlich auf Janis ausgerichtete Fotoserie während eines Auftritts im Panhandle; dies war der Beginn einer freundschaftlichen Beziehung zwischen den beiden. Der ehemals in New York ansässige Bob Seidemann war eng mit Big Brother befreundet und nahm die Gruppe in ihrem brandneuen Probenraum auf, »dem Warehouse«, einem höhlenartigen Studio im ersten Stock eines dreistöckigen Gebäudes auf der Golden Gate Avenue. Als Vertrauter der Band schoss Seidemann später intime Porträts der beiden Hauptmagnete von Big Brother, James Gurley und Janis. Ein Foto zeigt Gurley mit einem Hemd im Westernstil, das lange Haar mit einer großen Feder geschmückt. Janis liebte das Bild, sie schickte den Werbezettel der Band, den es zierte, ihren Eltern und erklärte: »James ist in der Hip-Szene von S. F. (die laut dem *S. F. Chronicle* 5000 bis 10 000 Leute zählt) eine ziemlich romantische Gestalt, und es heißt, dass bald 3-×-5-Plakate mit seinem Konterfei zum Verkauf stehen. Fantastisch, nicht?«[42]

Während ihrer eigenen Fotosession bei Seidemann präsentierte sie ihm ihre Vorstellungen, wie ein Kultbild von ihr aussehen sollte. Nach einigen Aufnahmen zog sie ihre Kleider aus, bis nur noch ein Dutzend Perlenketten und ein um die Schultern drapiertes glitzerndes Cape übrig blieben. Das provokante Schwarz-Weiß-Foto mit kunstvollem Schattenspiel zeigt Janis mit einer durch die Perlen hervorschimmernden Brust und mit einem ebenso kühnen wie hungrigen Blick in die Kamera schauend. Dieses Bild definierte Janis' endgültiges Image als die unsterbliche Queen von Haight-Ashbury. Auf einem weiteren

Foto, das zu ihren Lebzeiten nicht veröffentlicht wurde, sieht man Janis ohne Cape, ihre Blöße lediglich durch die Perlenketten bedeckt, die Hände auf dem Venushügel übereinandergelegt. Die Porträts zeigen eine Frau, die bald im ganzen Land bekannt sein würde – eine Frau, die sich nicht scheute, auf der Bühne und auf ihren Platten reine Emotion zum Ausdruck zu bringen.

* * *

Ihr erstes richtiges Zuhause fand Janis in Haight-Ashbury, als Julius Karpen für sie eine »wirklich schöne« Wohnung auf der Lyon Street mietete, die aus zwei großen Räumen, einer Küche, Bad und einem gewölbten Erker mit Fenster sowie einem Balkon bestand, von dem aus man auf den üppig-grünen Pandhandle, den beliebten Aufenthaltsort der Hippies und Schauplatz häufiger Konzerte, blickte. »Ich bin hier direkt an der Straße, die am Park entlangführt«, schrieb sie ihren Eltern. »Hier kann man 10 – 20 Blocks gehen, ohne eine einzige Pflanze zu sehen, ich hingegen muss bloß aus dem Fenster schauen oder auf meinen Balkon treten und habe frische Luft und Bäume und Gras! Ganz wunderbar. SEUFZ.«[43] Eine Atemwegsinfektion hatte Janis dazu bewogen, das Rauchen aufzugeben, das sie sich schon mit 14 angewöhnt hatte. Um zu zeigen, dass sie nun, da ihre Karriere startete, auf sich achtgab, berichtete sie ihren Eltern davon. »Ratet mal (besonders Dad), was ich gemacht habe – ich habe das Rauchen aufgegeben!!! Hin und wieder kriege ich noch Lust drauf, aber es ist jetzt etwa einen Monat her. Ich dachte, es ist einfach zu schlecht für meine Stimme. Ich habe zehn Jahre geraucht! Da ich eine wirklich schlimme Erkältung und Bronchitis hatte, konnte ich etwa eine Woche nicht rauchen, und als es mir besser ging, wollte ich nicht wieder anfangen. Vielleicht halte ich es nicht durch, hoffe es jedoch. Es ist wirklich besser für mich.«

Als immer mehr Artikel über Haight-Ashbury und Big Brother erschienen, schickte Janis ihrer Familie einen stetigen Strom von Zeitungsausschnitten sowie einen Fanartikel für ihren Bruder Mike: ein T-Shirt, auf dem vorne das FAMILY-DOG-Logo mit ihrem Maskottchen Sancho prangte und hinten der Schriftzug »Big Brother and the Holding Company«. Janis' Fans aus der Bay Area brachten jetzt ihre Bewunderung deutlicher zum Ausdruck, und sie badete in der Aufmerksamkeit, die sie sich immer gewünscht hatte.

Nach dem Auftritt der Band bei dem gut besuchten Treffen Spring Mobilization for Peace im Kezar-Stadion im Golden Gate Park berichtete sie ihrer Familie nicht von Coretta Scott King, der Frau von Martin Luther King, und dem Bürgerrechtler Julian Bond, die dort Reden hielten, sondern schilderte vor allem ihre Gefühle angesichts ihres sich ankündigenden Status als Star: »Es ist etwas wirklich Erstaunliches geschehen«, erklärte sie. »Als die Jungs ihre Instrumente stimmten, trat ich nach vorn, um die Mikrofone zu testen, und als ich das mittlere Mikro zum Mund führte, applaudierte das ganze Publikum! Ich war überwältigt! Und kurz bevor wir zu spielen anfingen, rief ein Mädchen: ›Janis Joplin lebt!‹ Nun, dagegen lässt sich nichts einwenden, und sie klatschten erneut. Außerdem hat eine Rock-Zeitschrift namens *World Countdown* auf dem Deckblatt eine Kollage mit Fotos von wichtigen Persönlichkeiten in und um die Szene abgebildet, und ich bin auch dabei.«[44]

In der folgenden Woche hatten Janis und Big Brother ihren zweiten Auftritt im Fernsehen. Im November 1966 hatten sie ihre Debüt-Single bei dem Lokalsender Pow! im Playback vorgestellt, diesmal hingegen spielten sie live im Studio für eine Folge der Serie *Come Up the Years*, die am 25. April auf dem KQED-Kanal von PBS ausgestrahlt wurde. Die Produzenten hatten eine Bühne nach Art des Avalon Ballroom mit an die Lightshows erinnernden grafischen Darstellungen im Hintergrund aufgebaut. Die Band, die locker und entspannt wirkte, brachte ein typisch »gleichberechtigtes« Set, bei dem Albin, Gurley, Andrew und Janis bei jeweils einem Titel im Vordergrund standen: *Down on Me, Light is Faster Than Sound, Coo Coo, Blow My Mind, In the Hall of the Mountain King* und *Ball and Chain*. Janis, die ein kurzes Cape, einen Minirock aus Leder, eine bedruckte Bluse und Stiefel trug, saß anschließend mit den Jungs und dem Showmaster bei einer Frage-und-Antwort-Runde zusammen. Sie flachste herum, beschrieb aber auch voller Ernst ihr langweiliges Leben in Port Arthur, ihre kurze Karriere als Folksängerin und ihre Liebe zu San Francisco, wo Musikmachen »am allermeisten Spaß macht«. Die Show endete mit dem Bild von Janis, die in die Kamera blickt und scherzhaft sagt: »Hallo, Mom!«[45]

Dorothy konnte nicht sehen, wie ihre Tochter um elterliche Zustimmung bat, da die Show nur in San Francisco ausgestrahlt wurde, aber Janis schrieb ihr kurz darauf: »Die Dinge laufen für uns und mich persönlich so gut, dass ich es gar nicht richtig glauben kann! Ich hätte nie gedacht, dass sich etwas so Wunderbares entwickelt!« Dann berichtete sie, die Band habe »besser denn je« gespielt, ihre ständigen Auftritte ernteten gute Kritiken, und ihre finanzielle Situation sei nicht mehr so schlimm wie früher. Die Band erhielt über 1000 Dollar für ein Wochenende und 500 bis 900 Dollar für einmalige Gigs. »Nicht schlecht für einen Haufen Beatniks, oder?«, kommentierte Janis. »Und unser Ruf wird auch immer besser. Es ist schon lustig – anhand der Leute, die man auf seiner Seite hat, kann man sehen, wo man steht. Ich meine die Szene-Anhänger, die Leute ›mit dem Finger auf dem Puls der Öffentlichkeit‹ … Ratet mal, wer letzte Woche in der Stadt war – Paul McCartney!!! … Und er kam auch zu unserem Konzert!!!! SEUFZ! Ehrlich! Er kam ins Matrix, hat uns gesehen und zu einigen Leuten gesagt, dass wir ihm gut gefielen! Ist das nicht aufregend!!!! Herr im Himmel, ich war so von den Socken – und bin es immer noch. Stell dir vor, Paul!!! Wenn es doch nur George gewesen wäre … Na gut. Ich konnte ihn ohnehin nicht sehen – wir haben erst hinterher davon erfahren. Wenn ich gewusst hätte, dass er im Publikum war, wäre ich sofort von der Bühne gesprungen und hätte mich lächerlich gemacht.«[46]

Wie sich später herausstellte, befand sich McCartney an jenem Abend nicht im Publikum, aber ein anderer Star der »British Invasion« besuchte die Big-Brother-Konzerte – Eric Burdon von den Animals, darüber hinaus auch die Amerikaner Peter Tork und Mickey Dolenz von den Monkees. Sie alle kamen, um Janis' Stimme zu hören. Der neue Manager Julius Karpen, ganz begeistert von dem Potenzial der Gruppe, dachte, »sie sei von Gott gesandt und ein wichtiger Beitrag zur Revolution von San Francisco«, da sie bei Gigs wie dem Tribal Stomp im Avalon beinahe Hysterie auslöste. »Mein Motto lautete, sie anzuleiten und dafür zu sorgen, dass die Band sich treu blieb.«[47] Angesichts der vielen Buchungen heuerte Big Brother nun auch den ersten Mitarbeiter an, Dave Richards, ein Künstler und Schreiner sowie Taxifahrer, der ihr Roadmanager und ein enger Freund von Janis wurde. Julius Karpen erhöhte die Auftrittsgage der Band, verwaltete ihre Einnahmen, kaufte neues Equipment und zahlte jedem Mitglied 100 Dollar pro Woche aus (nach heutigem Stand etwa 329 Dollar), was Janis ihren Eltern vergnüglich mitteilte (»du lieber Gott!«).

Das Aufregendste aber war ihr neuer Status als »erstes Pin-up von Haight-Ashbury«: »Es gibt ein Plakat von mir!«, triumphierte Janis. »Vielleicht habt ihr im *Time* Magazine von den Personality Posters gelesen. Große, sehr große Fotos, Jean Harlow, Einstein, Belmondo, Dylan und Joplin. Ja, Leute, ich mit einem paillettenbesetzten Cape, Tausenden von Perlenketten und oben ohne. Aber es ist kaum etwas zu sehen wegen der Perlen. Sehr aufregendes Foto, und ich sehe wirklich schön aus! Wenn es euch nicht peinlich ist, schicke ich euch eins. Ich bin begeistert!!«[48]

* * *

Mit jedem Auftritt wurde deutlicher, dass die meisten Zuschauer wegen Janis zu den Konzerten kamen. Big Brother probte fast täglich, erweiterte das Repertoire der Band und überarbeitete ältere Arrangements so, dass die Gitarren nicht mehr mit dem Gesang von Janis kollidierten. Mittlerweile hatten sie fast 50 Titel parat, und bei allen neuen Songs stand Janis im Vordergrund. Sie und Peter Albin arbeiteten zusammen an *Road Block,* einem wilden Rocksong, der im Wesentlichen aus einem weiblich-männlichen Wechselgesang bestand. Sam Andrew schrieb *Combination of the Two,* eine Ode an die San Franciscoer Szene, in dem sein Gesang von Janis' psychedelischem Scat – »whooh-whooh-whoo yeah« und »whoah whoa whoah« – und ihrem von Otis Redding inspiriertem »We're gonna knock ya, rock ya, sock it to ya!« akzentuiert wurde.

Bevor Janis zu Big Brother kam, hatte sich die Gruppe an Gershwins *Summertime* aus der Oper *Porgy und Bess* versucht, einmal als Instrumental und einmal mit Peter Albin als Sänger. Janis hatte das Stück schon in ihrer Mädchenzeit geliebt und stets mitgesungen, wenn zu Hause die LP *Porgy und Bess* lief. Inzwischen hatte sie Nina Simones Version von 1959 entdeckt. Sam Andrew betonte, dass sich *Summertime* für Big Brother besonders gut eignete, »weil es eine Abwechslung war von unserem üblichen wilden Herumgetobe. Es gab Janis die Gelegenheit, zu zeigen, was sie aus einem klassischen Titel machen konnte … ein Moll mit großer Sexte …«[49] Als Einführung für Janis' leise einsetzenden Gesangsteil schrieb er einen Gitarrenpart auf der Grundlage von Bachs *Präludium in c-moll* aus *Das Wohltemperierte Klavier* – Seth Joplins Lieblingssammlung von Bach. »Ich habe das Thema dieses Präludiums im halben Tempo gespielt«, sagte Sam Andrew, der Musiktheorie studiert hatte, »und das war der ideale Ausgangspunkt und das zentrale Motiv für *Summertime.*«[50] Später schrieb Andrew über Janis' »Gesangsleistung« bei ihrer Interpretation: »Es war, als wäre geschmolzenes Metall in die ziemlich konventionelle Form des Songs gegossen worden. Ihre Stimme hatte einen so großen emotionalen Gehalt, dass sie sich in zwei Linien aufsplitterte … in eine modale und in jene andere in einer exotischen Distanz, die wir eher spürten als hörten.«[51]

Sam Andrew hob auch lobend hervor, »was Janis mit Konsonanten machen konnte«. In ihrer Phrasierung »bleibt sie lange auf dem Anfangsbuchstaben ›n‹ von ›nothing's going to harm you‹ … Einen Vokal zu dehnen ist das eine, aber ein ›n‹ zu strecken, ist etwas völlig anderes. Der Mund ist geschlossen, und es scheint nichts zu geben, wo man den Laut unterbringen könnte«, aber Janis »sang eine Art von Konsonantenmelisma – ›n, n, n, n. nnn‹.«[52] Mit ihrem inzwischen gewachsenen Selbstvertrauen erweiterte Janis ihr vokales Repertoire und fügte ihrem Timbre Nuancen und Strukturen hinzu. In den Proben verfeinerte sie Techniken wie die Brechung der Stimme über einer Silbe und experimentierte bei *Combination of the Two* mit hinzugefügtem Vibrato und einem heiseren Raspeln der Stimme. Außerdem arbeitete sie weiter an ihrer Interpretation von *Ball and Chain* und gab dem langsamen, emotionsgeladenen Vortrag mehr Dynamik.

Auf Julius Karpens Insistieren hin arbeitete Janis kurzzeitig mit der Gesangslehrerin Judy Davis aus San Francisco, die bereits Judy Garland, Barbra Streisand und Grace Slick gecoacht hatte. Janis verstand sich offenbar nicht auf Anhieb mit der legendären Pädagogin, die eine Expertin für die Physiologie des Stimmausdrucks war. Immerhin besuchte Janis sie oft genug, um sich Übungen anzueignen, mit denen sie ihre Stimmbänder kräftigen und die Tragfähigkeit ihrer Stimme verbessern konnte. Judy Davis brachte Janis das richtige Atmen und den Einsatz ihres Zwerchfells beim Singen bei. Obwohl Janis den Unterricht bald abbrach, gewann sie doch an Ausdauer und lernte, ihre Stimme zu kontrollieren. Schließlich konnte Janis »einen Schrei nach Belieben über mehrere dynamische Stufen führen (von »ppp« zu »fff« und allem dazwischen) und im Bruchteil einer

Sekunde von einem klaren, kräftigen Ton zu einem vollen, rauen wechseln.«[53]

* * *

Schließlich wurde Big Brother für einen Auftritt im Fillmore gebucht, obwohl Julius Karpen und Bill Graham in ihrer von Rivalität geprägten Beziehung die Kräfte miteinander maßen und über Gagen und andere Einzelheiten stritten. Graham heuerte Big Brother für drei von sechs Abenden für die begehrte Aufgabe als Vorgruppe von Howlin' Wolf an, der kultigen Bluesband, die die Musiker von Big Brother während ihrer Zeit in Chicago gesehen hatten.

Am letzten Aprilwochenende trat Big Brother in der California Hall mit einem anderen Blues-Idol auf, mit Willie Mae »Big Mama« Thornton. Trotz ihres gestiegenen Selbstvertrauens bei Auftritten hatte Janis Befürchtungen, den Titel *Ball and Chain* in Anwesenheit seiner Komponistin zu singen. Auf der Bühne lobte Janis die Autorin voller Begeisterung – so wie sie seit ihrer Zeit als Folksängerin stets die Urheber der Songs würdigte, die sie sang. Thornton, der Janis' Interpretation des Songs offenbar gefiel, sagte zu einem Journalisten: »Das Mädchen fühlt wie ich.«[54] Big Mama schätzte es, dass sich Janis das Stück so zu eigen machte, wie sie es selbst bei Coverversionen tat. »Wenn ich einen Song von Jimmy Reed oder sonst jemandem singe«, sagte sie einmal, »dann in meiner eigenen Art und Weise … Ich möchte ich selbst sein. Ich möchte mich selbst so sehr in all das einbringen, was ich tue, dass ich es in mir spüre.«[55] Janis betrachtete sich als Teil einer Schwesternschaft des Gesangs: Von ihren ersten Vorbildern Ma Rainey und Bessie Smith (die beide auch Willie Mae Thornton beeinflussten) bis zu Odetta, Nina Simone, Etta James, Billie Holiday und schließlich Aretha Franklin und Tina Turner – für alle brachte sie auf der Bühne und in Interviews ihre Wertschätzung zum Ausdruck.

Während Janis in San Francisco immer populärer wurde, ging es mit ihrer Beziehung zu Joe McDonald bergab. Von Anfang an habe ihn ihr Erscheinungsbild, ihr Humor und ihr Intellekt angezogen, sagte er, doch obwohl sie »in beinahe allen Dingen gut miteinander auskamen«,[56] gerieten sie über Politik und LSD in Streit. Janis nahm meist Abstand von der Droge und zog Alkohol vor, während McDonald gern einen Trip einwarf. Sein Engagement in der Antikriegsbewegung nahm großen Raum ein, Janis hingegen »stand überhaupt nicht auf politische Trips«, erklärte er. »Sie war misstrauisch. Das war das große Ding, über das wir ständig stritten.«[57] Wie die Grateful Dead konzentrierten sich Janis und Big Brother auf ihre Musik, statt gegen den Vietnamkrieg zu protestieren.

Aber das vielleicht größte Problem in ihrer Beziehung waren ihre konkurrierenden Egos und die Tatsache, dass sie beide »Kontrollfreaks« waren, wie Joe McDonald es ausdrückte. Wenn Janis und McDonald zusammen durchs Haight schlenderten, kamen häufig Fans auf Janis zu – zu ihrer offensichtlichen Freude. Während der Gigs von Big Brother wurde sie behandelt wie eine Göttin und danach von der Menge belagert. Womöglich ärgerte sich Joe McDonald über die Aufmerksamkeit, die sie erhielt. Auch seine Band hatte eine starke Gefolgschaft, doch sie war mit der von Janis nicht zu vergleichen. Sie war getrieben und ehrgeizig, konzentrierte sich voll auf ihre Musik und ihre Karriere, anstatt sich auf ihren »alten Mann« auszurichten.

Janis' und Joe McDonalds Auseinandersetzungen eskalierten so weit, dass er schließlich seine Koffer packte und wieder nach Berkeley zog. Während er meinte, dass »unsere Karrieren immer mehr Raum einnahmen, sodass wir einfach keine Zeit mehr hatten, ein Paar zu sein«, erinnerten sich Janis' Freunde, dass sie durch die Trennung zutiefst verletzt war und ihr ihre sprunghaft steigende Popularität nicht darüber hinweghalf. »Joe hat Janis sitzen lassen«, sagte Jack »Jaxon« Jackson, ihr alter Freund aus Austin, der inzwischen für Family Dog arbeitete. »Sie war verletzlich, und es machte ihr wirklich zu schaffen.«[58] Janis musste einsehen, dass der Ruhm, auf den sie so versessen war, nicht alle ihre Bedürfnisse erfüllen konnte.

Etwa einen Monat nach ihrer Trennung trat Janis mit einer Bitte an Joe McDonald heran. »Sie sagte: ›Ehe wir uns zu weit voneinander entfernen, würdest du mir den Gefallen tun und einen Song für mich schreiben?‹«, erinnerte er sich.[59] Daraufhin komponierte er die Ballade *Janis* mit Zeilen wie: »Even though I know that you and I could never find the kind of love we wanted together / alone I find myself missing you and I …«

Der Song war wie gemacht für Janis' »schöne Balladenstimme«, meinte Joe McDonald, aber Big Brother spielte ihn nie, weil er für den Geschmack der Bandmitglieder zu sanft und folkig war. Janis wollte ihn zwar ebenfalls nicht singen, aber sie klebte die von Country Joe and the Fish aufgenommene Single in ihr Tagebuch. Der Titel erschien später auch auf dem zweiten Album der Band, das um die Zeit herauskam, als Joe McDonald eine andere Frau heiratete.

Janis ließ den Kummer über die zerbrochene Beziehung in ihre Musik fließen und schrieb zusammen mit der Band das herzzerreißende *I Need a Man to Love*. Sie wechselte im Song den Stil, begann mit einem reinen Blues, steigerte sich dann allmählich in einen reißenden Gefühlsstrom und schrie schließlich: »This loneliness, baby, surrounding me.« Big Brother verwandelte um diese Zeit außerdem eine ältere Bluesnummer in das schnelle *Catch Me Daddy*, bei dem Janis kreischend einsetzte, mit einem ungehemmten Schrei, wie er durch Janis-Verehrer wie Robert Plant von Led Zeppelin, Ian Gillan von Deep Purple, Steven Tyler von Aerosmith in den 1970er Jahren zum Hard-Rock-Standard werden sollte. David Johansen peppte den Titel als Sänger der Glam-Rock-Band New York Dolls auf.

Wenn sie nicht probte oder Auftritte hatte, suchte Janis anderswo nach Ablenkung, gelegentlich auch bei den Hells Angels und bei jungen Bewunderern im Avalon. Als sie eines Nachmittags mit ihrem Hund George durch Haight-Ashbury spazierte, lernte sie den 20-jährigen Studenten des San Francisco State College Mark Braunstein kennen, den Sohn der einflussreichen, in der Bay Area ansässigen Kunsthändlerin Ruth Braunstein. Er organisierte kostenlose Konzerte im Panhandle und arbeitete im Psychedelic Shop. »Es entwickelte sich eine Freundschaft zwischen uns, aber wir quatschten und redeten nur miteinander«, erinnerte sich Braunstein.[60] Janis besuchte ihn oft an seinem Arbeitsplatz und kaufte Kerzen, Plakate und andere ausgefallene Dinge für ihre Wohnung. Ab und zu gingen die beiden ins Kino, wobei Janis gewöhnlich ausländische Filme bevorzugte, und sie liehen sich gegenseitig Bücher. Einer von Janis' Lieblingstiteln war Thomas Hardys *Jude Fawley, der Unbekannte,* dessen dem Untergang geweihter Protagonist ihrer »Saturday Night Swindle«-Philosophie entgegenkam. Obwohl Braunstein eine Freundin hatte, schliefen Janis und er schließlich hin und wieder miteinander. »Sie konnte einfach nicht akzeptieren, dass sie allein war«, erklärte er.[61] Später ließ er sich bei den Roadies von Big Brother anstellen.

* * *

Mehr Bestätigung erfuhr Janis von dem Regisseur der Beatles Richard Lester, der Big Brother um Mitwirkung bei seinem neuen Film bat, der in San Francisco gedreht wurde. Der Engländer – der *A Hard Day's Night, Help!* und die schwarze Komödie *How I Won the War* mit John Lennon gedreht hatte – castete Big Brother für *Petulia* mit Julie Christie, Richard Chamberlain und George C. Scott. Der Film befasste sich mit Themen wie ehelicher Gewalt und psychischen Krankheiten vor dem Hintergrund der Flower-Power-Bewegung. Manager Julius Karpen, der 1500 Dollar für die Band erhielt, beauftragte den in Los Angeles ansässigen Anwalt Bob Gordon, in den Verhandlungen mit Warner Bros. – Seven Arts dafür zu sorgen, dass Big Brother die Rechte an dem Song behielt, der im Film gespielt wird. Gordon sollte Janis' Vertrauter und langjähriger Anwalt werden.

Janis genoss die Arbeit am Film, bei der sie lernte, wie sie vor der Kamera Eindruck machen konnte. Die Big-Brother-Szene gleich zu Beginn von *Petulia* wurde im altehrwürdigen Hotel Fairmont gedreht. »Richard Lester versuchte, in seinem Film die typische San-Francisco-Atmosphäre zu erzeugen«, erklärte David Getz. »Er ließ die Grateful Dead im Fillmore und uns im Fairmont vor all den reichen Leuten spielen, die, so der Plot, eine psychedelische Hippie-Band für ihre wichtige Benefizveranstaltung angeheuert hatten.«[62] In ihrer großen Szene erscheint Janis in einem kurzen schwarzen Kleid und einer violetten Strumpfhose; sie singt, tanzt und spielt Percussion zu dem Song *Road Block,* der laut Sam Andrew wie »Hill-Country-Kirchenmusik« klang. »Janis' Stimme ist laut, einsam und eindringlich mit einem Touch, der einem Schauer über den Rücken jagt.« Nach ihrem A-cappella-Intro stimmt Big Brother mit einem »Rhythm-and-Blues-Lick ein, der an Louis Jordans *Rag Mop* erinnert. Die ganze Machart des Songs stand in krassem Gegensatz zu den in Smoking und Abendkleidern tanzenden Gästen.«[63] *Petulia* wurde zwar kein Kassenschlager, aber er ist auch heute noch sehenswert und das seltene Dokument eines Big-Brother-Auftritts an der Schwelle zum Summer of Love, bevor die Band berühmt wurde.

Im Mai 1967 gaben Chet Helms und andere Hippie-Aktivisten und -Veranstalter eine Pressekonferenz, bei der sie offiziell den Beginn des Summer of Love verkündeten und voraussagten, dass im Juni etwa 100 000 Menschen nach San Francisco strömen würden. Von einer kleinen Gemeinde gleichgesinnter Freaks und Kiffer, die friedlich mit Menschen verschiedenster Ethnien zusammenlebten, war Haight-Ashbury in kürzester Zeit zu einem Hafen für Ausreißer, Obdachlose und psychisch Kranke sowie nicht zuletzt für Drogendealer angewachsen. Wie North Beach und die Beatniks wurde das Viertel zu einer Touristenattraktion, und mit glotzenden Reisenden vollgestopfte Busse der Linie »Hippie Hop« zwängten sich durch die verkehrsreichen Straßen. Solche Spritztouren durchs »Hippieland« wurden als »die einzige Auslandsreise innerhalb der kontinentalen Grenzen der Vereinigten Staaten« angepriesen.

Fast genauso fremd für die Bewohner von Haight-Ashbury waren die Abgesandten aus Los Angeles, die die San Franciscoer Bands beknieten, auf ihrem für Mitte Juni geplanten Musikfestival zu spielen. Lou Adler, Produzent und Präsident eines Plattenlabels, und sein Partner John Phillips, der Gründer der Mamas und Papas, hofften, hier Bands für ihr Monterey International Pop Festival zu gewinnen. Die Veranstalter boten ihnen an, für ihre Auslagen aufzukommen, würden für den Auftritt aber keine Gagen zahlen, da die Einnahmen an verschiedene Wohltätigkeitsorganisationen gespendet werden sollten. Die meisten San Franciscoer interpretierten dies als Versuch, aus ihrer Szene Kapital zu schlagen. »Es sah aus, als wollte Hollywood ein hübsches rosa Band um die Gegenkultur in San Francisco wickeln und an Amerika verschachern«, meinte Sam Andrew.[64]

Nach einem Treffen mit den Veranstaltern und ihrem Team berichtete Rock Scully, der Co-Manager der Grateful Dead: »Wir hatten alle denselben Eindruck … [sie sind] hier, um sich das Hippie/Love-Phänomen zunutze zu machen, indem sie um uns, um Janis, Country Joe, Quicksilver und Airplane herum ein Festival arrangieren.« Die Künstler der Bay Area verachteten den rein kommerziellen, von John Phillips geschriebenen Scott-McKenzie-Hit *San Francisco (Be Sure to Wear Flowers in Your Hair)*.[65] Um ihre Glaubwürdigkeit zu unterstreichen, warben die Veranstalter mit Paul Simon als Mitglied des Festivalkomitees, dem PR-Mann der Beatles Derek Taylor als ihrem Pressesprecher und Bill Graham sowie Ralph Gleason als Berater. Big Brother würde einer von 33 Acts sein, die in drei Tagen insgesamt fünf Konzerte geben sollten: sieben Bands aus San Francisco, Popstars aus Los Angeles wie die Mamas and Papas, das Vorstandsmitglied Johnny Rivers und die Association, als getreue Anhänger des Folk-Rock die Byrds und Buffalo Springfield sowie zahlreiche Künstler aus New York und London wie die damals noch unbedeutende Gruppe Jimi Hendrix Experience und die in den USA wenig bekannte britische Band The Who.

Am 16. Juni fuhren Big Brother und ihre Entourage – darunter auch Janis' Hund George, der kurz zuvor von einem Auto angefahren worden war – auf der Halbinsel Richtung Süden. Das Messegelände in Monterey, wo Janis in den vorhergehenden vier Jahren zweimal aufgetreten war, war jetzt nicht mehr wiederzuerkennen. Der »Midway« (ohne Sitzplätze ein Dollar Eintritt) glich einem exotischen Bazar, in dem Händler Plakate, Kerzen, Kunsthandwerk, Kleidung und Räucherwerk anboten. Die Kartenpreise für die erst kurz zuvor renovierte Arena mit 7000 Sitzplätzen reichten von drei Dollar für Bänke bis 6,50 Dollar für einen Klappstuhl im Orchesterbereich. Große Teile des Geländes waren für Vertreter der Plattenfirmen, VIPs und die Medien abgetrennt, an die Derek Taylor 1000 Presseausweise ausgab. In der Festivalbroschüre hieß es, »das einzigartige Hi-Fi-Soundsystem« garantiere, dass »der Ton weit über die Arena hinaus in den Flanierbereich getragen« werde, und der Toningenieur Wally Heider werde die Konzerte aufnehmen.

Am Eröffnungsabend traten vornehmlich Popgruppen aus Los Angeles sowie Eric Burdon and the Animals und Simon and Garfunkel auf. Auf dem fast zehn Hektar großen Gelände mischten sich die Bands unter die Fans – sowohl Leute in Hippieaufmachung als auch Besucher mit Kurzhaarschnitt und Rundhalspullover –, und spät abends wurde auf improvisierten Bühnen und dem Campingplatz auf dem Gelände eines nahegelegenen Colleges gejammt. Im Lauf des Wochenendes kamen Schätzungen zufolge 80 000 Fans aufs Messegelände. Augustus Owsley Stanley verteilte Tausende »Monterey Purple«-LSD-Trips. »Das waren echte Blumenkinder«, erzählte Janis später voller Wehmut. »Sie waren wirklich schön und sanft und absolut offen.«[66]

Big Brother spielte als zweite Gruppe am Sonnabend, der als »Underground-Tag« galt. Nur wenige im Publikum kannten die Band. »Seltsamerweise war Janis furchtbar nervös«, erinnerte sich John Phillips. »Hinter der Bühne sagte Lou Rawls zu ihr: ›Es wird schon klappen. Mach dir keine Sorgen.‹ Sie bebte und zitterte. Doch kaum hatte sie die Bühne betreten, stampfte sie mit dem Fuß auf und wurde reinstes *Texas.*«[67]

Nachdem Chet Helms die Band begeistert vorgestellt und Janis dabei herausgehoben hatte, sang sie stark und selbstsicher *Down on Me,* womit sie die Menge auf der Stelle fesselte. All die Nachmittagsshows im Golden Gate Park hatten sie und die Band auf diesen Augenblick vorbereitet. *Combination of the Two* begann damit, dass Janis zu Sam Andrews Gitarrensolo rhythmisch über das Güiro strich; darauf folgten ihre Freudenschreie, während Andrew seine Ode an San Francisco sang. Ihr durchdringender Scatgesang schwebte zwischen den Textzeilen. Vor dem wie gebannt staunenden Publikum spielte James Gurley noch ein kantiges Solo, dem zum Abschluss Janis' »We're gonna sock it to ya!« folgte. Gleich darauf ging Big Brother zu dem chaotischen *Harry* über und beendete den Song, bevor dem Publikum klar wurde, mit was es da bombardiert wurde. Peter Albin, der die Titel ansagte, verkündete den Beginn von *Road Block.* Nur begleitet von David Getz' Schlagzeug fügten sich die Stimmen von Janis und Albin bei dem folkigen Intro »trying to find my road« gut zusammen. Als sich dann das Tempo beschleunigte, sang Albin die Leadstimme und nahm ein Call and Response mit Janis auf, das dem Ganzen noch mehr Energie verlieh.

Ihr letztes Stück, den langsamen Blues *Ball and Chain,* eröffnete James Gurley mit seinen langen, verzwickten Gitarrenläufen. Wie entrückt, die Augen geschlossen, so als sänge sie nur für sich selbst und nicht vor Tausenden Menschen, intonierte Janis leise die Anfangszeilen, dann ging sie allmählich von ihrem verletzlichen Alt zu einem souligen Stottern über, bis sie sich schließlich unter mehrfach variiertem Kreischen und Heulen bis zum kathartischen Höhepunkt steigerte. Das Publikum war überwältigt. Dass es ihr so intensiv folgte, trieb Janis noch weiter an, und sie steigerte die Dynamik, indem sie vor ihren Klagen einer Verwundeten kurze Pausen einlegte. Die Zuschauer sprangen von den Sitzen und applaudierten ihrer Stimmakrobatik. Mühelos von einem glockengleichen Vibrato zu einem inbrünstigen »Tell me why!« gleitend, entrang Janis dem Song jedes Quäntchen Gefühl. Sie stampfte im Takt der Worte mit dem Fuß auf und beendete den Kampf mit »I'm gonna love you till the day I die …« Während Janis mit weicher Stimme die Titelzeile intonierte, brach wie in einer Explosion der Applaus los und übertönte die letzten Klänge des Stücks.

»Es war, als hätte sich die Erde geöffnet«, schrieb Joel Selvin 25 Jahre später in seiner Chronik des Festivals. »Das Publikum war hingerissen, verblüfft über die krude Kraft, die sich entfesselte … Sie war der erste echte Hit des Festivals, endlich das, weshalb sie alle gekommen waren.«[68] Der Dokumentarfilmer D. A. Pennebaker hielt die Reaktion der Zuschauer fest, zoomte auf das Gesicht von Mama Cass Elliott, deren Lippen ehrfüchtig das Wort »Wow« formten. Janis »hat alle in Bann geschlagen«, sagte sie. »David Crosby hatte mir von diesem Mädchen aus Texas erzählt, das sich die Seele aus dem Leib sang. Und ich hatte noch nie jemanden ohne BH arbeiten sehen. Sie war sexy. Es war ein elektrisierender Auftritt.«[69]

»Als sie von der Bühne kam, weinte sie«, erinnerte sich John Phillips. »Sie konnte nicht glauben, dass sie so gut rübergekommen war. Es war eine ungeheure emotionale Erfahrung für sie. Janis riss die Show an sich – sie *übernahm* sie einfach!«[70] Später, auf der Seitenbühne, fragte sie den Keyboarder Mark Naftalin von der Butterfield Blues Band: »Glaubst du, dass ich es schaffe?«[71]

Was Pennebaker und seine Kamera nicht einfingen, war der Auftritt von Janis und Big Brother selbst. Adler und Phillips hatten den Regisseur des Dokumentarfilms *Don't Look Back* über Bob Dylans Konzerttournee im Jahr 1965 engagiert, um einen

»Film der Woche« für den Fernsehsender ABC zu drehen (für einen 400 000-Dollar-Deal zwischen dem Sender und den Produzenten). Die Musiker von Big Brother, nach wie vor auf der Hut, sich von den »Gaunern« aus Los Angeles nicht über den Tisch ziehen zu lassen, hatten sich geweigert, die Einverständniserklärung zu unterzeichnen, die ihnen überreicht wurde, bevor sie auf die Bühne gingen. Da die Bands kostenlos auftraten, wollten ihre Manager – Julius Karpen, Rock Scully sowie Danny Rifkin (von den Grateful Dead) und Ron Polte (von Quicksilver) – nicht erlauben, dass ihre Gruppen gefilmt wurden, ohne dass sie von dem Geld etwas abbekamen und die letzte Kontrolle über die Aufnahmen behielten. Pennebaker aber, der 35-jährige New Yorker, der eine Zeitlang in Chicago gelebt hatte, war entschlossen, Janis auf Film zu bannen.

»Als sie rauskam und sang, bekam ich eine Gänsehaut«, erzählte Pennebaker. »Man hatte uns gesagt, wir dürften es nicht aufnehmen, aber ich wusste, wenn wir Janis nicht mit draufhaben, wird der Film ein Reinfall. Hinterher sagte ich zu [Dylans Manager] Albert Grossman: ›Sprich mit ihrem Manager oder brech ihm die Beine oder was immer nötig ist, wir müssen sie in diesem Film drin haben. Ich kann ihn mir ohne die Frau, die ich gerade gesehen habe, nicht vorstellen.‹«[72]

Hinter den Kulissen hörte David Getz, wie die Paupers, Klienten von Grossman, die am Abend zuvor gespielt hatten, sagten: »Wow! Habt ihr Big Brother and the Holding Company gesehen?«[73] Phillips wandte sich unverzüglich an Janis und erklärte ihr, die Band könne am Sonntagabend ein zweites Set spielen, wenn sie bereit sei, den Filmvertrag zu unterschreiben. Da entdeckte Janis Albert Grossman, dessen Klienten Paul Butterfield and Mike Bloomfields Electric Flag am Samstagnachmittag aufgetreten waren; sie lief zu ihm hinüber und fragte ihn: »Sollen wir zulassen, dass wir für ABC gefilmt werden?« Der 41-jährige Manager, bekannt für seine gerissenen Verhandlungstaktiken, sagte darauf nur: »Ja, ich denke schon.«[74]

Janis, die sich innerhalb eines Jahres vom Band-Neuling zur Hauptattraktion entwickelt hatte, drängte die Musiker von Big Brother, einzuwilligen. Julius Karpen aber blieb bei seinen Bedingungen – nur wenn die Gruppe Geld dafür bekam und die kreative Kontrolle über die Aufnahmen erhielt. Im Verlauf der nächsten Stunden wurde Janis immer hektischer; entschlossen vertrat sie die Ansicht, eine landesweite Ausstrahlung sei viel wichtiger als ein Honorar. Aber Karpen ließ sich nicht umstimmen. David Getz erinnerte sich an »all diese Treffen. Janis sprach mit uns und anschließend mit Albert. Dann trafen wir uns mit Julius. Schließlich lief es auf die Konfrontation zwischen Janis und Julius hinaus. Sie sagte: ›Wir müssen in diesem Film drin sein, und wenn das heißt, dass wir uns von Julius trennen, dann ist es eben so.‹«[75] Schließlich stimmte die Band zu, und Julius Karpen waren die Hände gebunden.

Big Brothers zweiter Auftritt war für den Sonntag, den letzten Abend des Festivals, angesetzt. Während der Nachmittagsvorstellungen drehten sich die Gespräche in der Menge weiterhin um Janis' Auftritt am vorhergehenden Tag. »Ich habe in der ersten Reihe gesessen, im Pressebereich«, erinnerte sich Richard Goldstein von *Village Voice,* einer der ersten Rock-Kritiker. »[Der Journalist Robert] Christgau saß direkt neben mir. Als wir sie sahen, haute es uns aus den Socken. Kaum hatte sie die ersten Töne gesungen, konnte ich über diese Stimme mit ihrer Urkraft nur staunen … Mir war auf Anhieb klar, dass Janis ein großer Star werden würde.«[76]

»Die erste Riesensensation war Janis Joplin«, berichtete Christgau in seiner Reportage über Monterey für den *Esquire,* »… ein gutes altes Mädchen aus Port Arthur, Texas, die vielleicht beste Rocksängerin seit Ray Charles … mit einer Stimme, die sich zu zwei Dritteln aus Willie Mae Thornton und zu einem Drittel aus Kitty Wells zusammensetzt, und einer fantastischen Bühnenpräsenz. Die linke Brustwarze aufgerichtet … und offenbar so hart, dass sie einem die Augen hätte ausstechen können, während sie rockte und stampfte und jeden Augenblick das Mikrofon zu zerschmettern oder zu verschlingen drohte. Sie bekam die einzige wirklich große echte, nicht künstliche Reaktion des Wochenendes, die ganz allein nur auf ihr süßes, hartes Ich zurückzuführen war.«[77]

Michael Lydon, Reporter bei *Newsweek,* der von London nach San Francisco versetzt worden war, schrieb: »In der strahlenden Sonne des Samstagnachmittags … erlebten wir eins der wunderbarsten Ereignisse des Ganzen: die Stimme von Janis Joplin … Janis sprang, beugte sich tief hinunter und verzerrte das reizlose Gesicht, während sie sang wie ein dämonischer Engel. Es war der Blues im Big-Mama-Stil, hart, roh und mutig … Die Gruppe hinter ihr trieb sie an und nährte sich an ihr, drehte zu voller Lautstärke auf, ein Sound, der zum Markenzeichen San Franciscos geworden ist. Die letzte Nummer, *Ball and Chain,* in dem Janis lange Soli sang (sang? Sprach, schrie, stöhnte, heulte), riss das Publikum zum ersten Mal von den Sitzen.«[78]

Auch Manager der Plattenfirmen wurden auf Janis aufmerksam, wie etwa Clive Davis, der neue Präsident von Columbia. »Janis war nicht eigens angekündigt worden«, erinnerte er sich. »Es hieß nur Big Brother and the Holding Company. Sie war so absolut fesselnd, hypnotisch, unwiderstehlich und herzergreifend und für mich zweifellos eine Offenbarung, die den Rest meines Lebens veränderte.«[79]

Janis' eigener Favorit des Wochenendes war der Höhepunkt des Samstagabends: Otis Redding, der vor einem Publikum sang, das seine anregende, gefühlvolle Musik noch nicht erlebt hatte, davon aber unmittelbar angesprochen wurde. Seit Janis ihn im Fillmore gesehen hatte, war er mit der ausgezeichneten Hausband von Stax und unterstützt von Booker T. and the MG's und den Trompeten der Mar-Keys erfolgreich durch Europa getourt. »Shake!«, forderte Otis das Publikum auf, prächtig herausgeputzt in einem enganliegenden grünen Anzug. Zum ersten Mal nach *Ball and Chain* riss es die Zuschauer wieder von den

Sitzen. Wegen der fortgeschrittenen Zeit und der Lärmschutzbestimmungen sang Otis im Anschluss an *Shake* nur noch vier weitere Titel, aber sie alle hatten es in sich: Seine Komposition *Respect* war interpretiert von Aretha Franklin soeben ein Hit geworden, der zweite nach ihrem Debüt bei Atlantic Records. Bei dem Intro zu *I've Been Loving You Too Long* fragte Redding, der vor dem Auftritt einen Joint geraucht hatte: »Ihr seid alle Menschen der Liebe, ja?« Begleitet von schmetternden Bläsern verwandelte Redding den Rolling-Stones-Titel *Satisfaction* in einen Soulsong. Janis wiegte sich, und als Redding gegen ein Uhr mit einem pulsierenden *Try a Little Tenderness* schloss, stand sie neben Mark Braunstein auf ihrem Klappstuhl. In seinen Erinnerungen *Living with the Dead* verbreitete Rock Scully, Janis habe an jenem Abend Otis' Motelzimmer aufgesucht, Peter Albin aber bezeichnete es als Gerücht, da Janis vor ihren Bandkollegen sicher mit einer solchen Eroberung geprahlt hätte. Wie auch immer, erneut sog sie die emotionale Kraft und sexuell aufgeladene Performance des Sängers in sich auf, um sie in ihren eigenen Soul-Power-Stil zu übersetzen.

Nach einem handwerklich soliden Set der New Yorker Band The Blues Project trat Big Brother am Sonntagabend schließlich erneut auf die Bühne, wurde aber diesmal von dem sehr angesagten Comedian Tommy Smothers vorgestellt. Bekleidet mit einem eng anliegenden weißen, mit Goldfäden durchwebten Minikleid und einer dazu passenden Schlaghose, also genauso wie am Tag zuvor, erstrahlte Janis im Licht der Scheinwerfer. Sie hatte die blauen Augen mit Kajal umrahmt und das Haar um die Schultern aufgebauscht. Als Schmuck trug sie lediglich ein paar Perlenstränge und Ansteckbuttons. Die Band hatte nur halb so viel Zeit wie am Tag zuvor, wobei sich Pennebaker *Combination of the Two* und *Ball and Chain* gewünscht hatte. Zuschauer, die beide Auftritte erlebt hatten, fanden den zweiten weniger gut als den ersten, dennoch hielten die Kameras der Filmcrew eine starke und ihr Leben entscheidende Performance fest.

»Was sie in Monterey mit *Ball and Chain* machte«, meinte Pennebaker, »war schlichtweg erstaunlich und doch ganz einfach. Ich stand hinter ihr auf der Bühne und beobachtete, wie sie mit dem Hintern wackelte, sie nahm einfach den Song aus wie eine Weihnachtsgans.«[80] Bob Neuwirth, der an jenem Wochenende mit Pennebaker zusammenarbeitete, erinnerte sich: »Sie bei ihrem Auftritt zu sehen war, als würde man einem großen Geiger zuschauen – sie streckte sich nach den Tönen, und das macht das ganze Drama aus.«[81]

Vor der noch laufenden Kamera hüpfte Janis in bester Laune von der Bühne und hopste auf und ab, als sie die Seitenbühne erreichte. Irgendwann saß sie zwischen zwei Sets mit Pennebaker am Bühnenrand und plauderte mit ihm über die Zukunft der Band. Kurz darauf schloss sie sich unter der Bühne einer Jam-Session an, die von Jimi Hendrix geführt wurde und an der Mama Cass, Brian Jones von den Rolling Stones, Roger Daltrey von The Who und Eric Burdon teilnahmen. Die Musiker sangen überschwänglich und laut *Sgt. Pepper's Lonely Hearts Club Band.* »Wir haben ganz schönen Krach gemacht«, sagte Eric Burdon, »und Bill Graham kam von der Bühne herunter und sagte: ›Haltet gefälligst die Klappe! Ihr macht die anderen Acts kaputt!‹« Jimi Hendrix und The Who sollten an jenem Abend zwar noch eine explosive Show hinlegen, aber die meisten Journalisten und Fans hatten, als sie abreisten, den Namen Janis Joplin auf den Lippen.

Auch ein anderer Künstler, der an diesem Wochenende seinen Durchbruch erlebte, war sichtlich beeindruckt. Der indische Sitar-Meister Ravi Shankar sagte: »Ich habe ihre Energie und ihr Gefühl, gefoltert zu werden, gespürt«, sagte er, »aber zugleich auch ihr ungeheures musikalisches Können. Wirklich, wirklich stark.«[82] Und Lou Adler resümierte, dass »Otis ihre Seelen ergriff, und Ravi Shankar haute sie vom Hocker. Janis aber riss ihnen das Herz heraus.«[83]

Kapitel 14

Auf dem Absprung

Ich bin vielleicht eines Tages ein »Star«.
Weißt du, es ist komisch – jetzt, wo es näher rückt und wahrscheinlicher wird, hat das Star-Sein seine Bedeutung verloren.
Aber was es auch bedeutet, ich bin bereit![1]
Janis Joplin

Janis war nicht mehr bloß ein lokales Aushängeschild für die aufregende neue Musik, die in Monterey vorgestellt wurde. Zeitungen und Magazine in den USA und Großbritannien druckten ihr Foto neben Artikeln mit Lobeshymnen auf ihre Stimme. Phil Elwood traf mit seinem Bericht in der Montagsausgabe des *San Francisco Examiner,* überschrieben mit »Dreams Come True in Monterey«, den Nagel auf den Kopf. Janis sei »die wahre Königin des Festivals«, schrieb Elwood, die »ihren Triumph vom Samstagnachmittag … mit einem Zusatzauftritt am letzten Abend wiederholte.«[2] Die meisten Journalisten priesen Janis, ignorierten aber ihre Bandkollegen oder erwähnten sie bestenfalls als ihre Begleitband. Richard Goldstein bezeichnete sie in der *Village Voice* gar als »Gastmusiker«, die »sich ganz auf Janis konzentrierten, sie mit ihren Riffs wiegten und ihre stimmlichen Höhenflüge umschmeichelten«. Eine der für Janis wichtigsten Anerkennungen erhielt sie am 22. Juni per Telegramm von ihren Eltern. »Glückwunsch zur Titelseite des Monterey Festival Report in der *Los Angeles Times.* Barbara schickt uns eine Kopie.« Das Telegramm war unterzeichnet mit »Dein Fanclub aus Port Arthur«.[3] Auch hieß es dort, die Joplins planten einen Familienausflug in die Stadt, in der ihre Tochter zum Star geworden war.

So sehr ihre Bandkollegen den kommerziellen Durchbruch auch genossen, begeistert darüber, dass von nun an bei Big Brother allein Janis das Sagen haben sollte, waren sie nicht. Ihnen schwebte vielmehr eine Art Demokratie innerhalb der Band vor. Doch Janis' Rang hatte sich gleichsam über Nacht verändert, und Bob Gordon, der Anwalt der Band, gewann den Eindruck, dass »sie wirklich Karriere machen wollte. Jeder in der Band trug eine Menge bei, aber Janis war ganz klar die Chefin.«[4] Als fest etablierter Mittelpunkt von Big Brother wurde sie zur Wortführerin der Band – die Journalisten wollten vor allem mit ihr reden. Als Peter Albin und James Gurley ihren Status einbüßten, begann sich immer mehr Unmut zu regen. Was Janis betraf, so »begann ihre gesamte Persönlichkeit eine schon fast Angst einjagende Intensität auszustrahlen«, wie Sam Andrew es formulierte. Der Ruhm, den sie immer gewollt hatte, war zum Greifen nahe, und das wusste sie.

In den Wochen nach dem Festival in Monterey nahm nicht nur Clive Davis von Columbia Records Kontakt mit Bob Gordon und Julius Karpen auf, auch Talentsucher von Mercury und Atlantic Records wandten sich telefonisch an die beiden. Karpen und Gordon wurden schließlich zum Jahreskongress von Columbia nach Florida eingeladen, wo Davis ihnen zunächst ein Angebot für die Übernahme der Band unterbreitete, das allerdings recht niedrig war.

Bob Shad von Mainstream jedoch dachte gar nicht daran, über den Verkauf des Bandvertrags zu verhandeln. Stattdessen veröffentlichte er, um aus der guten Monterey-Presse Kapital zu schlagen, postwendend *Big Brother & the Holding Company,* ein eilig zusammengestelltes Album – und erneut ohne Absprache mit der Band. Heute hat diese LP einen gewissen Charme dank ihres Folkrock-Sounds und der skurrilen Songs, die Janis' frischen, selbstsicheren Gesang demonstrieren – das offensichtlichste Qualitätsmerkmal des Albums. Im August 1967 jedoch entsprach die ein Jahr zuvor aufgenommene Platte *Big Brother*

& the Holding Company nicht mehr der aktuellen Musik der Band; die zehn Titel der LP waren insgesamt zeitlich kürzer als nur einer ihrer Live-Improvisationen.

Die Band distanzierte sich sofort von dem Album und verweigerte jegliche Teilnahme an Werbemaßnahmen. Gegenüber einem Reporter des *Berkeley Barb* erklärten sie, sie hofften, das Album werde floppen, damit sie aus ihrem Vertrag mit Mainstream herauskämen. Trotzdem schaffte es die LP am 2. September in die *Billboard*-Albumcharts und landete dort schließlich auf Platz 60, was den Bandmitgliedern allerdings keine Tantiemen einbrachte. Die meisten Kritiken waren verhalten und bemäkelten, die Songs würden nicht so klingen, wie die Band live spielte. Der *Playboy* lobte Janis' »großartigen« Gesang auf *Bye, Bye Baby, Women Is Losers* und »ihrem eigenen, intensiven *Intruder*«, bezeichnete das Album dennoch als insgesamt »enttäuschend« und beklagte, dass Janis nicht bei jedem Titel Leadsängerin war.

* * *

Im Juli kamen Janis' Cousine Jean und ihr Mann aus L. A. angereist, um sich einen der vielen Auftritte von Big Brother anzusehen – eine Doppelvorstellung mit der 16-jährigen Singer-Songwriterin Janis Ian, deren umstrittener Titel *Society's Girl* über eine gemischtrassige Liebesbeziehung gerade ein Hit war, obwohl zahlreiche Radiosender ihn mit einem Bann belegt hatten. Janis und die aus der Bronx stammende Ian, die zum ersten Mal an der Westküste tourte, verstanden sich auf Anhieb und blieben von da an in Kontakt. »Sie war sieben oder acht Jahre älter als ich«, erzählte Ian, »aber das spielte keine Rolle. Wir hatten beide eine schlechte Haut, und wir fühlten uns zu dick. Wir waren zwei Außenseiter.«[5] Nach dem Konzert besuchten die Bandmitglieder von Big Brother eine Party, die unter dem Motto »Komm als Hippie« stand und von Gurleys Schwägerin veranstaltet wurde. Die Musiker kleideten sich wie typische Spießer, während sich Janis' Verwandte als Freaks kostümierten – »es war zum Brüllen«, erinnerte sich Janis.

Zu dieser Zeit war der Briefwechsel mit ihrer Familie eingeschlafen, sie hatte den Joplins seit Monaten nicht mehr geschrieben. Der Besuch ihrer Cousine motivierte sie, dies wieder einmal zu tun. Es wurde ein längerer Brief, dem sie Zeitungsausschnitte beilegte, die »einen echten Umschwung« dokumentierten, wie sie anmerkte. »Ich hoffe, Du erinnerst Dich nach der langen Zeit noch an mich – was soll ich sagen? … Seit Monterey ist Folgendes passiert: Gleason hat für uns Reklame gemacht und einen neuen Stil mit mir definiert (der unnachahmliche Joplin-Stil) … Jetzt werden wir interviewt, und mein Foto wird in *Esquire* und im *Playboy* erscheinen (kein Poster, sondern etwas übers Festival), und Julius (unser Manager) hat gesagt, dass eine Frau von *McCalls* angerufen hat und mich vielleicht für einen Artikel braucht über ›Junge Frauen, die den Durchbruch schaffen‹ oder so was. Oh, die Sache in *Time* habt Ihr gesehen, aber nicht die in *Newsweek* – da war ein Foto von mir drin! Ich hoffe, dass all dies und meine Begeisterung Dir nicht oberflächlich erscheinen, mich haut es wirklich um. Wow, ich hab zwei von den Rolling Stones kennengelernt, die meisten von den Animals (und das sind große Bands – respektiert und reich, Baby), und sie sagen, ich sei das Beste, was sie je gehört haben! Lieber Himmel!!! Ahhh … Na, jedenfalls bin ich völlig weg!! … Diese Band ist jetzt mein ganzes Leben. Unser aller Leben. Ich bin wirklich von ganzem Herzen dabei, und es gefällt mir. Ich bin ziemlich stolz auf mich, weil ich wirklich mein Bestes gebe.«

Janis bekannte sich zu ihrem Ehrgeiz, offenbarte aber auch ihre tiefsitzende Angst, dass es mit ihrem Glück plötzlich wieder vorbei sein könnte. »Bevor ich hierherkam, wollte ich einfach nur rumhängen und Spaß haben und eine gute Zeit haben, aber jetzt ist das alles nebensächlich (aber klar, ich will immer noch eine gute Zeit haben), aber das Singen gibt mir so viel Befriedigung. Ja, die Anerkennung gibt mir auch eine Menge Befriedigung, ich gebe es zu. Gut, kurz gesagt, Big Brother ist klasse, und irgendwann bin ich vielleicht ein ›Star‹. Weißt du, es ist schon komisch – je näher das kommt und wahrscheinlicher wird, desto mehr verliert es seine Bedeutung. Aber was es auch bedeutet, ich bin bereit!«[6]

Vielleicht stellte Janis die Bedeutung ihrer Berühmtheit deshalb in Zweifel, weil sie schon jetzt Seth Joplins »Saturday Night Swindle« fürchtete – einen Weg in die Enttäuschung oder ins Unglücklichsein oder schlimmer noch in eine lebensbedrohliche Entwicklung. Aber wie man an ihrem Namedropping auch klar ersieht, genoss sie den Beifall von diversen Rock-Größen, zu denen auch Jimi Hendrix gehörte. Kurz nach Monterey hatte er an sechs Abenden im Fillmore vor einem ekstatischen Publikum gespielt. Am letzten Abend, dem 26. Juni, war Big Brother als Vorgruppe mit dabei gewesen. »Das Publikum ist bei ihm schier ausgerastet«, erinnerte sich Peter Albin an Hendrix' erotisch aufgeladene Vorstellung.[7] Später erzählte Janis ihren Bandkollegen, Frauen hätten für einen Quickie mit Hendrix im Badezimmer hinter der Bühne Schlange gestanden – aber sie wollte da nicht mitmachen. Dennoch hielt sich hartnäckig das Gerücht, Hendrix und Janis hätten backstage im Fillmore »es getan«, wie der Hendrix-Biograf Charles Cross schreibt, dessen Recherchen zufolge aber »keiner der beiden jemals direkt ein solches Stelldichein bestätigte«.[8] Doch zwischen Jimi und Janis bestand eine Beziehung, ob sie nun sexueller Natur war oder nicht. Als Hendrix sie um Rat fragte, ob er in West Virginia auf einem Tieflader ein von Mark Braunstein organisiertes Gratiskonzert geben solle, riet ihm Janis zu, und so spielte Hendrix ein Konzert, das bis heute zu seinen besten gezählt wird. Wann immer sich ihre Wege kreuzten, zeigten Janis und Jimi Zuneigung und Respekt füreinander – ihre Karrieren und Lebenslinien schienen parallel zu verlaufen.

Mit einem anderen vielversprechenden Künstler, Jim Morrison, kam sie weniger gut zurecht. Im Juli lernte Janis den Sänger der Band The Doors kennen, als diese an einem Wochenende im Fillmore auftrat. *Light My Fire,* die Debütsingle der in L. A. beheimateten Band, war gerade ein Superhit, und Leadsänger Jim Morrison galt mit seiner Mischung aus Teenageridol und Dionysos als Sexsymbol. Nach einem Abendessen der Band, zu dem auch Janis eingeladen war, zechten Morrison, seine Freundin Pamela Courson, Sam Andrew und Dave Richards in Janis' Wohnung weiter. Es wurde stundenlang getrunken, bis Morrison und Janis schließlich ins Schlafzimmer verschwanden, woraufhin die in Tränen aufgelöste Courson zurück in ihr Hotel lief, begleitet von Sam Andrew. Später beschwerte sich Janis über Morrisons mangelnde Leidenschaft im Bett und darüber, dass er beim Aufwachen sofort Alkohol in sich hineinschüttete. Die Beziehung zwischen Janis und Morrison, diesen zwei kämpferischen Egos, war von Anfang an vergiftet und konnte nur noch schlimmer werden.

* * *

Mitte August trafen die Joplins – Seth und Dorothy, beide Ende 50; Laura, 18, und Michael, 14 – in San Francisco ein. Schon Monate zuvor hatte Janis sie zu dieser Reise ermutigt, übersprudelnd vor Begeisterung: »Du wirst San Francisco lieben, da bin ich ganz sicher. Ich habe eigentlich immer gehofft, Laura würde versuchen, hier aufs College zu gehen, sodass sie ein paar Uni-Konzerte sehen könnte. Und natürlich werde ich Dich zu einer der großen Partys mitnehmen … Und Du kannst uns spielen sehen! Oh, bitte, bitte komm! … Oh, es gibt so viele Orte, zu denen ich Dich mitnehmen und die ich Dir zeigen will!«[9] Doch gegenüber Freunden gab Janis zu, dass sie nervös war, weil sie vor allem bei ihrer Mutter einen guten Eindruck machen wollte.

»Wir waren die einzigen Teenager, die mit ihren Eltern zum Summer of Love gingen«, witzelte Laura später.[10] Kurz bevor die

Joplins eintrafen, kehrten Big Brother and the Holding Company vom Einweihungskonzert für Chet Helms neue Veranstaltungshalle in Colorado, das Denver Dog, zurück. Nachdem sie am vorangegangenen Abend in Santa Clara aufgetreten war, stand Janis am Sonntag, den 13. August, früh auf, um sich mit ihrer Familie zu treffen. »Janis war ganz zappelig vor Aufregung«, schreibt Laura in *Janis Joplin. Ein wildes kurzes Leben,* »und gab stolz mit dem Lebensstil von Haight-Ashbury und ihrem eigenen Ausnahmestatus an. Wir schlenderten die Straßen entlang, und Janis zeigte uns ihre Lieblings-Head-Shops, Boutiquen, Ballrooms und die Parade der interessanten Leute auf der Straße. Sie konnte gar nicht aufhören, uns ihre Begeisterung über George Harrisons kürzlichen Besuch auf der Szene kundzutun, der auf genau den Gehsteigen herumgeschlendert war, auf denen sie jetzt ging.«[11]

In der Woche zuvor, am 7. August, hatten George Harrison, seine Frau Pattie und ihre Entourage den Nachmittag in Haight zusammen mit Patties Schwester Jenny Boyd verbracht, die damals in San Francisco lebte. Sie waren beim Herumspazieren auf einem LSD-Trip, und als die Leute auf der Straße George Harrison erkannten, wollten sie, dass er sang. »Es dauerte kaum eine Minute, und schon waren fünf, dann zehn, zwanzig, dreißig, vierzig Leute hinter uns her«, berichtete Pattie. »Es war entsetzlich … grausliche Freaks, Penner, picklige Jugendliche, allesamt ausgeflippt. Alle sahen zugedröhnt aus – selbst Mütter und ihre Babys –, und sie waren so dicht hinter uns, dass sie uns praktisch an den Fersen klebten. Es ging so weit, dass wir fürchteten, niedergetrampelt zu werden. Dann sagte jemand ›Gehen wir zum Hippie Hill!‹. Wir überquerten den Rasen [des Golden Gate Park], und unsere Gefolgschaft starrte uns an, als stünden wir auf einer Bühne. Sie warteten gespannt, als wäre George eine Art Messias.«[12]

Die Joplins machten keine so schreckliche Erfahrung wie die Familie Harrison, aber ihre Erlebnisse waren auf andere Art verstörend. Janis lud sie in ihre Wohnung ein, wo sie die »Familie« kennenlernen sollten, von der sie ihnen geschrieben hatte: »… ich habe George immer noch, und ich habe ein neues Kätzchen, noch ohne Namen, grau mit ein bisschen Braun und Weiß und sehr aggressiv – wenn sie Hunger hat, läuft sie mir hinterher und quietscht mich an. George kümmert sich sehr um sie – leckt sie, trägt sie im Maul herum, und als Gegenleistung frisst sie nur Hundefutter und kaut an seinen Knochen. Es ist eine seltsame Familie, aber es ist meine.«[13]

Den Joplins erschien Janis' Wohnung – geschmückt mit Stoffbahnen aus Seide, Brokat und Spitze, Decken mit Indianermustern und Handzetteln von Family Dog und dem Fillmore – so exotisch wie eine Szene aus *Tausendundeiner Nacht.* Janis' Freunde bewunderten sie für die Dekoration ihres Zuhauses, doch ihre Eltern waren entsetzt. Wortlos betrachteten sie eine Zimmerwand, die sie mit zahllosen ihrer Bilder in halbnackter Pose tapeziert hatte, wobei Janis jeder Bemerkung über ihre nackten Brustwarzen zuvorkam: »Man sieht es kaum, Mutter … Ich schenke Mike eins, wenn er es behalten darf.«[14] Anders als bei der Nackten, die Janis als Teenager auf ihre Schranktür gemalt hatte, konnte Dorothy gegen diesen Verstoß gegen den Anstand nicht einschreiten. Aber sie verbot Mike – der so alt war wie Janis, als sie zum ersten Mal rebelliert hatte – eines der Fotos mitzunehmen, die seine Schwester ihm anbot.

Für diesen Abend war Big Brother nicht im Avalon gebucht, doch Janis sorgte dafür, dass sie während des Auftritts von Moby Grape einige Songs spielen durften, damit ihre Familie sie auf der Bühne sehen konnte. In einem früheren Brief hatte sie mit süßen Worten, aber vergeblich, versucht, ihre Eltern davon zu überzeugen, ihre »Reisepläne ein bisschen [zu ändern], sodass Ihr … uns irgendwo spielen sehen könnt. Wir arbeiten nämlich jedes Wochenende … und ihr könnt alle zur Party kommen und Perlen tragen und uns sehen und eine Lightshow sehen und stolz auf mich sein …«[15]

Nachdem sie die Treppe zum Avalon hinaufgestiegen waren, wurden die Joplins drinnen von Chet Helms willkommen geheißen, »der uns die Eintrittsgebühr erließ«, wie Laura sich erinnerte, während Janis »einen regelrechten Freudentanz [aufführte], als sie ihm sagte, wir seien ihre Familie. Als ich den Saal betrat, war ich wie betäubt von dem überwältigenden Lärm und den hier herumwimmelnden Leibern ... Ich fühlte mich wie eine Fremde ... die durch ihre Kleidung und dadurch, dass sie nicht stoned war, herausstach ... Big Brother spielten ein paar Stücke, die sie mit den wirbelnden Lichtern koordinierten ... Ich war von dem ganzen Erlebnis eingeschüchtert, wenn auch die Musik nur ein kleiner Teil davon war.«[16]

Das andere Familienmitglied, das sich öffentlich zu dem Auftritt von Big Brother im Avalon an jenem Abend äußerte, war der Bach- und Beethoven-Liebhaber Seth Joplin. In einem Interview mit Chet Flippo von *Rolling Stone* sagte er 1970: »Ich hätte mir nicht vorstellen können, wie laut die Musik war – wirklich unglaublich. ... Aber sie [Janis] war gut. Die Band machte eine Sondervorstellung, eigens für uns.«[17]

Nach dem Auftritt von Big Brother versuchte Mike, der nach eigenen Worten »sehr aufgeregt« gewesen war, erfolglos einige Pot-Raucher davon zu überzeugen, mit ihm backstage einen Joint zu teilen. Nachdem Janis signalisiert hatte, es ihm nicht zu erlauben, »gab ... niemand seinen Bitten nach«,[18] berichtete Laura, und die Familie machte sich auf den Weg Richtung Ausgang. »Ich weiß noch, dass ich zufällig mitbekam, wie sich meine Eltern miteinander unterhielten«, erzählte Laura später der Filmemacherin Amy Berg. »›Weißt du, Schatz, ich glaube nicht, dass wir noch viel Einfluss auf sie haben werden.‹«[19]

Draußen auf der menschenleeren Sutter Street merkte Janis, wie negativ ihre Eltern auf das Erlebnis im Avalon reagierten, und fasste das als persönliche Zurückweisung auf, als würde ihr Missfallen bedeuten, dass sie auch sie selbst und ihren Status als die unumstrittene Königin der Szene missbilligten. Als waschechte Joplin hatte sie ihren Eltern gegenüber ebenso viele Vorurteile wie diese ihr gegenüber. Von diesem Moment an zog sie sich mehr und mehr von ihrer Familie zurück, so wie sie auch damit aufhörte, »einer der Jungs« von Big Brother zu sein. Janis wandte sich fortan ihrer wachsenden Fangemeinde zu, einem immer größer werden Kreis von Freunden und diversen betäubenden Substanzen – Alkohol und schließlich Heroin –, um sich von dem Schmerz zu befreien, den ihr der Verlust dieser Bindung bereitete. Zwar rief sie noch gelegentlich zu Hause an, aber sie schrieb den Joplins rund fünf Monate lang nicht mehr – und ihre Familie kam nie mehr nach San Francisco zu Besuch.

* * *

Bald darauf erhielt ihre Familie in der Lyon Street Zuwachs: Die vier Jahre ältere Linda Gravenites, Noch-Ehefrau des Chicagoer Freundes der Band, Nick Gravenites, war 1959 nach San Francisco gezogen. Wie Dorothy Joplin war sie eine ausgezeichnete Schneiderin, und sie entwarf und fertigte Kostüme für die Improvisationsgruppe The Committee an. Janis gab bei ihr ein Ensemble für den bevorstehenden Auftritt der Band beim Monterey Jazz Festival in Auftrag. Linda Gravenites, eine Brünette von klassischer Schönheit, die kurzzeitig in North Beach als Oben-ohne-Tänzerin aufgetreten war, hatte schon zahlreiche Vorstellungen von Big Brother gesehen, kam aber anfänglich mit Janis nicht zurecht, denn sie fand sie »unnahbar«, wie sie sagte. »Mir war, als wollte sie mir den Kopf abbeißen – sie jagte mir Angst ein.«[20]

Jetzt aber taten sich die beiden zusammen, vor allem nachdem Janis entdeckt hatte, dass Lindas erster Ehemann der in North Beach wohnende Patrick Cassidy war, eine von Janis' Liebesaffären im Jahr 1964. »Sie sagte: ›Oh, wie wunderbar! Einer meiner mythischen Männer!‹«, erzählte Linda Gravenites. »Diese Verbindung war der Grund, warum sie anfing, sich für mich zu interessieren, und wir wurden Freundinnen.«[21] Linda Gravenites hatte für die auf Tour befindlichen Grateful Dead das Haus in 710 Ashbury gehütet, und nach der Rückkehr der Band lud Janis sie ein, auf ihrer Couch zu pennen, bis sie die Bühnenkostüme für Monterey fertiggenäht hatte. Linda Gravenites' Stellung als Janis' Wohngenossin und Gehilfin wurde eines Tages »offiziell«, als Janis »sich das schmutzige Geschirr ansah und jammerte: ›Ich brauche eine Mutter‹, und ich erwiderte: ›Das kann ich doch machen‹«, so Linda Gravenites.[22] »Ich [konnte] mich um die Dinge kümmern, um die sie sich nicht kümmern wollte oder die ihr nicht in den Sinn kamen.« Der Zeitpunkt hätte nicht günstiger sein können. Janis brauchte einen Ersatz für die stets energiegeladene und gut organisierte Dorothy Joplin, ebenso wie sie ein Unterstützungssystem und eine Stimme der Vernunft brauchte. Im Laufe der folgenden Jahre wurde Linda Gravenites noch viel mehr als nur Janis' Kostümdesignerin, Ersatzmutter und Wohngenossin; sie wurde ihre engste Gefährtin, die stets ihre Meinung äußerte – ob Janis sie hören wollte oder nicht.

Zu ihrer Überraschung stellte Linda Gravenites fest, dass Janis den Haushalt fest im Griff hatte und sorgfältig Buch führte – zweifellos ein von ihrer Mutter geerbter Wesenszug. Sie zahlte pünktlich die Monatsmiete von 75 Dollar und »wusste auf den Penny genau«, wofür sie die 100 Dollar, die sie wöchentlich bezog, ausgegeben hatte, berichtete Linda Gravenites.[23] Zu Hause war Janis eine eifrige Leserin; in jenem Herbst fesselte sie vor allem das Buch *Ekstase und ich. Mein Leben als Frau,* die Erinnerungen der verkannten Schauspielerin Hedy Lamarr. Die sexy Leinwandgöttin aus Österreich erhielt nie die Anerkennung, die sie für ihre intellektuellen Leistungen verdient hätte (in den 1940er Jahren war sie an der Erfindung eines Funkfernsteuerungssystems beteiligt, das später zur Entwicklung des WLAN und von Bluetooth führen sollte), ein Problem, das auch Janis betraf, deren Image als nicht zu bändigende Frau die Tatsache überschattete, dass sie einen scharfen Verstand besaß. Als eingefleischter Bücherwurm hatte Janis auf Reisen immer Lesestoff dabei; Linda Gravenites entwarf und schneiderte ihr schließlich eine prächtige, perlenbesetzte Tasche, in der sie die Reiseliteratur bequem verstauen konnte, von Bestsellern wie Ira Levins *Rosemaries Baby,* Janis' Lieblingsromane von Thomas Wolfe und F. Scott Fitzgerald bis hin zu Sachbüchern, darunter eine Sammlung von Briefen von Scott Fitzgerald und Nancy Mitfords Biografie über seine Frau Zelda.

Linda Gravenites war mit vielen Männern befreundet, und einer von ihnen, der charismatische Milan Melvin, ein großer, schlaksiger Mann mit langem schwarzem Haar, wurde Janis' neuer Liebhaber. Melvin verkaufte für den Radiosender KMPX Werbezeiten und trieb sich oft mit Mitgliedern von The Committee herum. Niemand wusste zu dieser Zeit, dass er zwischen 1960 und 1964, als er in Berkeley studiert hatte, als bezahlter Spitzel des FBI kommunistische und aktivistische Studentengruppen infiltriert hatte. Schließlich gab er seine Spitzeldienste auf und versuchte in die Wüste von Nevada abzutauchen, wo er den Red Dog Saloon entdeckte und den kosmischen Cowboy-Look mit Stetson, Stiefeln, Westernhemd und türkisem Schmuck übernahm. Er war zwar kein Peter de Blanc, hatte aber etwas von einem Falschspieler an sich und war in die Wohnung des Committee-Mitglieds (und späteren Drehbuchautors von *Der weiße Hai*) Carl Gottlieb gezogen, wo er und Janis sich kennenlernten.

»Das Erste, was ich an Janis attraktiv fand, war ihr Lachen«, erinnerte sich Melvin. »Nur schlimme Mädchen warfen ihren Kopf in den Nacken und lachten so hemmungslos drauf los. Ich weiß noch, wie Janis und ich wie durchgeknallte, liebestolle Wildkatzen uns aufeinander stürzten, tretend und kratzend und beißend und bumsend … bis wir halb tot waren und dann aufstanden und wieder Drogen einschmissen und alles wieder von vorn losging.«[24] Melvin gehörte zu den wenigen, mit denen zusammen Janis LSD nahm.

Hatte Janis keinen Auftritt, streifte sie gern zusammen mit Linda Gravenites und oft in Begleitung von Sunshine und Suzy Perry in Haight herum, wo sie Bier tranken und mit Passanten flirteten. »Vier Steinbock-Ladys, die von Minute zu Minute lauter wurden«, erzählte Linda Gravenites. »Die Leute wichen uns aus, wenn wir mit unserem Rainier Ale in Papiertüten die Straße entlangkamen.«[25] Manchmal spazierten sie nach North Beach, wo sie die Hafenarbeiter neckten und in Ginos & Carlos Pool-Saloon 8-Ball spielten, wobei Janis gewöhnlich gewann.

Zu Janis' neuem Freundeskreis zählte auch der aus Philadelphia stammende Künstler Robert Crumb, den sie über Gilbert Shelton kennenlernte, ihren Kumpel aus der Zeit in Austin. Crumb und Shelton waren die führenden Köpfe der damaligen Underground-Comicszene in San Francisco. Janis »mochte mich und S. Clay Wilson und diese anderen Cartoonisten«,[26] erinnerte sich Robert Crumb, der scheue und eher tollpatschige Erschaffer des »Mr. Natural«, der zusammen mit Wilson und Shelton regelmäßig Beiträge für die Serie *Zap Comix* lieferte. Janis, die in Robert Crumb ihr ehemaliges, ungeschicktes Malerinnen-Ich sah, fühlte sich von dem talentierten Künstler und Bluesfan angezogen. Im Kreis der Comiczeichner konnte Janis sie selbst sein – sich entspannen, trinken, lachen und flirten. »Einmal habe ich sogar mit ihr rumgeknutscht«,[27] erzählte Crumb, der zugab, fasziniert gewesen zu sein von Janis und »der Gruppe von … großmäuligen, trinkfesten Hippie-Südstaaten-Mädchen, die irgendwie taff und rüde, irgendwie einschüchternd waren«. Wenn Janis in der Stadt war und von Robert Crumb einen Anruf erhielt, kam sie sofort »mit ihren Freundinnen« zu ihm, so Crumb. »Sie waren aufgetankt, sie waren ausgelassen, sie machten bei allem mit.« Robert Crumb scheint von Janis und ihren Kumpeln, »die ein paar Stunden bei mir … abhingen«, zu den lüsternen, dickarschigen Weibspersonen inspiriert worden zu sein, für die er berühmt wurde. »Sie waren die ultimativ hippsten, coolsten Mädchen weit und breit.«[28]

»Ich nannte sie die ›Steinbock-Frauen‹, wild und verrückt – laute, trinkfeste, emanzipierte Frauen!«, erklärte Lindas Noch-Ehemann Nick Gravenites. »Wenn sie ausgingen, war die Hölle los; sie fluchten wie die Holzfäller. Niemand konnte es mit ihnen aufnehmen.«[29]

Nach Monterey hatte sich das Verhältnis zwischen Big Brother und ihrem Manager Julius Karpen noch weiter abgekühlt. Janis hatte ihm seinen hartnäckigen Widerstand gegen das Filmprojekt von Pennebaker nicht vergessen, und sie gewann allmählich den Eindruck, dass der marihuanasüchtige Karpen zu sehr Hippie war, als dass er die geschäftlichen Angelegenheiten der Band ordentlich regeln konnte. Sie wollte ein landesweiter Star werden, und er schien nicht in der Lage zu sein, dieses Ziel anzusteuern. Oft nörgelte er an Janis herum, sie trinke zu viel, was sie zusätzlich ärgerte. Alle in der Band waren sich einig, dass es nicht in Ordnung war, wenn er sie nicht in seine Geschäftsbücher sehen ließ oder nicht verriet, wie viel Geld sie eingenommen hatten. Anstatt ihre Gagen zu erhöhen, »sagte er, wir müssten einen guten Teil zurücklegen, um damit die Ausgaben der Band zu decken«, erzählte James Gurley. »Wir fragten ihn: ›Wie viel Kohle haben wir denn, Julius?‹, und er antwortete: ›Weiß ich nicht.‹ Und nie war etwas aus ihm herauszubringen.«[30] Schließlich erklärte Peter Albin seinen Bandkollegen, sein Onkel Henry, ein gewiefter Geschäftsmann, habe zu ihm gesagt, sie »verdienten, bis aufs Hemd ausgezogen zu werden«, wenn sie nicht darauf bestehen würden, Einblick in die Finanzen ihres Managers zu bekommen.[31]

Der endgültige Bruch kündigte sich Mitte September an, als Bill Graham Big Brother and the Holding Company für einen Auftritt im Hollywood Bowl buchte, wo das Großereignis »Bill Graham Presents the San Francisco Scene« stattfinden sollte, mit Jefferson Airplane, den Grateful Dead und Big Brother als Vorgruppe. Da dieses Konzert für den Abend vor ihrem Auftritt auf dem renommierten Monterey Jazz Festival geplant war, bot

Graham an, für sie ein Flugzeug zu chartern. Auf Plakaten und Werbemitteln war Big Brother bereits angekündigt, doch in letzter Minute verweigerte Julius Karpen seine Unterschrift unter dem Vertrag, weil Graham der Band nur eine Auftrittsdauer von 20 Minuten einräumen wollte. Grahams Angebot, zum Ausgleich für die Kürze der Vorstellung die Gage zu erhöhen, lehnte Karpen rundweg ab. Daraufhin setzte sich Graham mit Peter Albin in Verbindung und brachte ihn dazu, den Vertrag zu unterzeichnen, aber der erboste Karpen verbot ihnen, dort zu spielen: Big Brother »sprang ohne vorherige Ankündigung ab«, schrieb Pete Johnson, Musikjournalist der *Los Angeles Times,* in seinem Bericht über das Konzert im Hollywood Bowl.[32]

Janis war wütend, diese Chance verpasst zu haben, aber noch zorniger wurde sie über einen späteren Vorfall beim Monterey Jazz Festival am 16. September, der erneut mit Julius Karpen zu tun hatte. Big Brother sollte am Samstagnachmittag in dem Segment »Big Blues Bag« auftreten, zusammen mit B. B. King, dem einflussreichen texanischen Gitarristen T-Bone Walker und den Gospelgrößen der Clara Ward Singers. Der legendäre A&R-Mann von Columbia Records John Hammond – der unter anderem Billie Holiday und Bob Dylan »entdeckt« hatte – lud Janis ein, in ihrer auftrittsfreien Zeit seinen Logenplatz mit ihm zu teilen.

Das Publikum, eine Mischung aus schwarzen und weißen Jazz- und Bluesliebhabern, war ruhiger als die Popfans drei Monate zuvor. Janis hatte wieder angefangen, Zigaretten zu rauchen, und sie paffte nervös, bis es für Big Brother an der Zeit war, auf die Bühne zu treten. »Sie drehte vor Angst halb durch«, erzählte Ralph Gleason, der sie für das Jazzfestival gebucht hatte. »Ich glaube, sie drehte jedes Mal vor Angst halb durch, wenn sie auf die Bühne ging.«[33]

»Da stand sie, dieses verrückt aussehende weiße Kind aus Texas, auf der Bühne zusammen mit allem, was in der traditionellen Blueswelt Rang und Namen hatte«, schrieb Gleason später, »vor einem Publikum, das von der Bluestradition durchdrungen war, das älter war als ihr gewöhnliches Publikum und das von jeher dazu neigte, elektrische Musik entschieden abzulehnen. Das Erste, was sie tat, war, ›Shit‹ zu sagen, und damit hatte sie sofort alle für sich eingenommen. Dann stampfte sie mit dem Fuß auf, warf ihr Haar zurück und begann zu kreischen. Ein paar Sekunden lang blieb es im Publikum still, aber dann begannen da und dort in der großen, sonnenbeschienenen Arena Langhaarige aufzustehen und in den Gängen mit der Band im Takt zu stampfen. Nach der ersten Nummer war die ... Arena voll mit Leuten, die sich wiegten und drehten und herumschlängelten ... Es war ein unglaublicher Anblick. In den zehn Jahren, seit es das Festival gab, war so etwas noch nie passiert. ... Es war Janis' Tag, ohne Zweifel ... Alt und jung, lang- oder kurzhaarig, schwarz oder weiß – sie alle reagierten, als hätte ihnen jemand einen heißen Draht in den Hintern gesteckt.«[34]

Nach dem Auftritt wollte Janis von Gleason wissen, ob die Kameramänner den Auftritt für das Special von PBS TV gefilmt hatten. »›Haben sie es aufgenommen?‹«, fragte sie, als sie zitternd von der Bühne kam«, erinnerte sich Gleason. »Ich musste das verneinen. Sie war enttäuscht. Sie wusste, was sie da hingelegt hatte. Und bei Gott, die Welt hat etwas verpasst, dass wir diese unglaubliche Vorstellung nicht filmen konnten. ... [Aber] Janis' damaliger Manager hatte in einem beispiellosen Anfall von Paranoia die Genehmigung, Janis' Auftritt zu filmen, verweigert.«[35]

Zornentbrannt verlangte Janis', dass die Band Julius Karpen feuert. Als die Musiker nach ihrer Rückkehr nach San Francisco erneut Einblick in die Finanzen forderten, blockte Karpen wie schon zuvor ab. Wie sich herausstellte, hatte er zwar Berge von Belegen gehortet, aber nicht ansatzweise professionell Buch geführt. Sechs Wochen später einigten sich die Band und Karpen, getrennte Wege zu gehen.

Zu den Spannungen, die Julius Karpens Entlassung begleiteten, trug auch eine fiese Kritik an Janis' Bandkollegen in der einflussreichen Untergrundzeitung *Los Angeles Free Press* bei, die auf ihr sechstägiges Engagement im Golden Bear in Huntington Beach folgte. In dem mit »Janis Joplin, Too Full of Soul for Holding Company Partners« überschriebenen Artikel pries Larry Kopp Janis für ihr Talent und schrieb, sie habe »den Mumm einer Ma Rainey und Bessie Smith, die Ausdrucksstärke und Präzision einer Nancy Wilson oder Billie Holiday und einen Stil, der James Brown aussehen lässt wie die Ziegfeld Follies«.[36] Big Brother hingegen, beklagte Kopp, »kann auf ihrem Niveau nicht mithalten«, was er an den Schwächen jedes einzelnen der Instrumentalisten belegte. Janis jedoch »betritt die Bühne, als wäre für sie alles nur ein Spaß, sie spielt auf Drogen an, reckt die Zeigefinger wie Betty Boop, verzieht niedlich das Gesicht, was keine Beziehung zur Musik zu haben scheint. Ihr Stil wirkt aufgesetzt, bis etwas klick macht und … ihre Hände den Beat finden und … sie zu ihrer Musik wird.« Diese Kritik bestätigte Janis' schlimmste Befürchtungen über ihre Bandkollegen: Sie entsprachen nicht ihrem Talent.

Das Engagement in Huntington Beach war auch noch aus anderen Gründen belastet. Weil Big Mama Thornton als Erste auftrat und somit den Abend eröffnete, war Janis nicht ganz wohl dabei zumute, dass sie der Hauptact war; sie befürchtete, »neben ihr keine gute Figur zu machen«, berichtete Julius Karpen.[37] Sie trank an diesem Abend derart viel, dass Thornton, die selbst Alkoholikerin war, backstage zu Janis sagte: »Schätzchen, hör besser auf zu trinken. Es ruiniert deine Stimme.«

Dann, eines Nachts nach einem Auftritt, nahm Janis' Leben eine hässliche Wendung, die zum schlimmstmöglichen »Saturday Night Swindle« führte: James Gurley machte sie mit dem Heroin bekannt. Sicherlich trugen dieselben Belastungen, die zu ihrem übermäßigen Alkoholkonsum führten, auch dazu bei, dass sie sich mit Gurley einen Schuss setzte – der enorme Druck durch ihre sich abzeichnende Karriere, die schmerzliche Entfremdung von ihren Eltern und der wachsende Neid der übrigen Bandmitglieder auf ihre Aura als Star. »Als ich das [ihren Heroinkonsum] herausfand, haute es mich regelrecht um«, erzählte Karpen später dem Autor Joel Selvin. »Janis hatte eh schon ein [Alkohol-]Problem, aber das war noch eine Nummer größer.«[38]

Als Janis Linda Gravenites gestand, Heroin gespritzt zu haben, drängte ihre Wohngenossin sie, die Finger davon zu lassen. Aber Janis hatte ein Gefühl der Betäubung erlebt, nach dem sie sich schon bald wieder sehnte. Besser als alles andere konnte das Heroin ihre Einsamkeit, Angst, Unsicherheit und ihre Orientierungslosigkeit kurieren – all das mit einem einzigen Schuss. James Gurley, der Junkies wie die legendären Jazzmusiker John Coltrane und Charlie Parker verehrte, die beide früh starben, tat seinen eigenen Heroinkonsum später als »Erkundung einer neuen Welt … eher so etwas wie ein Abenteuer« ab. Heroin sei nützlich als Mittel, »um herunterzukommen … die Energie zu verbrennen. Damit man k. o. wird und schlafen kann. Nach einem Auftritt waren wir randvoll mit Adrenalin. Ich habe es nie geschafft, vor Morgengrauen einzuschlafen.«[39] Noch im Jahr zuvor hatte Janis einen Rückfall erlitten und sich zusammen mit Nancy Gurley Speed gespritzt, doch nun folgte sie James, der schon eine ganze Weile auf Heroin war.

Bald darauf nahm Janis laut Linda Gravenites erneut Heroin, diesmal zusammen mit Paul Whaley, dem blonden 21-jährigen Schlagzeuger der Band Blue Cheer – benannt nach einer LSD-Sorte und gemanagt von einem früheren Hells Angel.[40] Janis übernachtete manchmal in dem Haus von Blue Cheer in Marin. Dort, so erinnerte sich der Gitarrist Leigh Stephens, fanden sie und Whaley einmal einen Skorpion, den sie spaßeshalber neben Stephens Zahnbürste setzten. Das Heroin und mit den »süßen Typen« herumzuhängen, sagte Linda Gravenites, half Janis, mit dem steigenden Druck in ihrem Leben zurechtzukommen.[41]

Im Haight nahmen Lärm, Kriminalität und Drogen überhand, und die Polizei begann hart durchzugreifen. Im Oktober schlitterten die Bandmitglieder von Big Brother knapp an einer Verhaftung wegen Ruhestörung vorbei, als sie im Matrix spielten. Der Laden musste aufgrund von Beschwerden wegen Lärmbelästigung kurzzeitig dichtmachen. Drogenfahnder filzten das Haus von Grateful Dead in der 710 Ashbury Street. Obwohl die Polizei dort nur eine kleine Menge Gras fand, wurden Mitarbeiter, Freunde und zwei Bandmitglieder festgenommen, Pigpen und Bob Weir, die beide kein Marihuana rauchten. Am 6. Oktober traten die Diggers bei der »Death of Hippie«-Parade auf, die am Psychedelic Shop endete, wo anschließend die Inhaber Jay und Ron Thelin sämtliche Artikel verschenkten und den Laden schlossen. Janis schmerzte es, die Zerstörung und den Verlust ihrer früher so wunderbaren Gemeinschaft zu erleben – ein weiterer Grund für sie, sich zu betäuben.

Im November traf aus New York Albert Grossman in San Francisco ein, der berühmteste aller Rockmanager. Er war gekommen, um sich mit den Musikern von Big Brother zu treffen. Dem Kontakt mit Grossman waren hitzige Diskussionen innerhalb der Band und gemeinsam mit Freunden über ihre Möglichkeiten vorausgegangen. Die Bandmitglieder hatten sogar mit Bill Graham darüber gesprochen, der ihnen schließlich Albert Grossman vorschlug. »[Janis] brauchte jemand, der sich wirklich um ihre Karriere und ihr Leben kümmerte«, sagte Graham später. »Ich hatte nicht das Zeug dazu, Janis zu managen … Ich weiß noch, dass ich gesagt habe, wenn sie wirklich jemand Starken wollten, sollten sie zu Albert gehen.«[42] Julius Karpen behauptete später, er sei es gewesen, der Albert Grossman empfohlen und mit ihm telefonisch ein Treffen vereinbart habe. Auch Linda Gravenites kannte Grossman über Nick und andere Chicagoer Musiker. Als Janis sie um ihre Meinung fragte, ob sie San Francisco verlassen und bei ihm unterschreiben solle, meinte Linda Gravenites: »Wenn du einfach hier herumspielen willst, dann nicht. Wenn du aber ein internationaler Star werden willst, dann *auf jeden Fall.*«[43] Über den Juristen Bob Gordon, der früher für Grossman gearbeitet hatte, nahmen sie mit New York Kontakt auf.

Albert Grossman, die oberste Instanz des Angesagten, war bekannt für seinen ausgezeichneten Geschmack, sein Verhandlungsgeschick und seine Undurchschaubarkeit. 1926 in Chicago geboren, begann er seine Karriere im Showbusiness als Mitgründer des Clubs Gate of Horn, dann wechselte er ins Management und betreute Folkkünstler wie Bob Gibson und Janis' frühes Vorbild Odetta. 1959 arbeitete er mit dem berühmten Jazz-Impresario George Wein beim ersten Newport Folk Festival zusammen, um wenig später, 1961, nach New York zu ziehen. Er stellte das Trio Peter, Paul and Mary zusammen, mit dem er seinen ersten großen kommerziellen Erfolg erzielte. Bob Dylan nahm er kurz nach dessen Debüt bei Columbia Records unter Vertrag, und von da an wurden die beiden nahezu unzertrennlich; Grossman, der wie eine Kreuzung aus Benjamin Franklin und einer weisen alten Eule aussah, war für Dylan, den abgerissenen, brillanten Neuling, eine Vaterfigur. Am Verhandlungstisch kam ihm seine Undurchschaubarkeit zugute, und mit seinem häufigen Schweigen schaffte er es oft, seinem Gegenüber bessere Konditionen abzuringen. Neben vielen anderen Leistungen war Grossman der erste Musikmanager, der darauf bestand, dass seine Klienten in den Verträgen als »Künstler« bezeichnet wurden – nicht als »Auftretende« oder »Unterhalter« –, was heutzutage in der Branche Standard ist.

Ende 1969 hatte Albert Grossman eine ganze Riege von Musikern aus Chicago, New York und Kanada unter Vertrag. Bis dahin hatte ihn noch kein Künstler aus San Francisco interessiert – das änderte sich erst, als er Janis in Monterey sah. Als sie sich im November in ihrer Wohnung in der Lyon Street zusammenfanden, verunsicherte das kühle Verhalten des reservierten Grossman die Band. Er selbst sprach nicht viel, sondern stellte vor allem Fragen und hörte aufmerksam zu. Das einzige Thema, das bei ihm Emotionen zu wecken schien, war Heroin. Sein Klient Mike Bloomfield war wie viele andere dem Heroin verfallen, und auch Albert Grossmans erste Frau war ein Junkie gewesen. Eine Bedingung für eine Zusammenarbeit, erklärte er den Musikern, sei »no *schmeeze*«.[44] Als er diese althergebrachte Bezeichnung verwendete, nickten alle zustimmend.

»Er war ein sehr furchteinflößender, seltsamer Kerl«, erinnerte sich David Getz, bis hin zu seiner eigentümlichen Angewohnheit, die Zigarette zwischen Ringfinger und kleinem Finger zu halten. »Er sagte nicht viel, aber er war groß und hatte viel Präsenz und Charisma. Wir fanden es natürlich einschüchternd, dass er Bob Dylans Manager war. Für die meisten von uns war Bob Dylan wie ein Gott – übermenschlich.«[45] Janis hatte in ihrer Wohnung ein großes Schwarzweiß-Plakat des salutierenden Bob Dylan hängen.

An dem Treffen nahm auch der Anwalt Bob Gordon teil, der nun Big Brother vertrat, obwohl er früher für Albert Grossman gearbeitet hatte. Ihr angehender neuer Manager verlangte 20 Prozent der Einnahmen seiner Klienten anstatt der üblichen 15 Prozent. Als sie sich über diesen hohen Prozentsatz beschwerten, machte Grossman ihnen ein Angebot: Wenn es ihm nicht gelänge, ihnen im ersten Jahr Einnahmen von 100 000 Dollar zu verschaffen, könnten sie den Vertrag zerreißen, ohne ihm einen einzigen Penny zu schulden. In den Augen der Band, die bisher laut David Getz kaum 25 000 Dollar im Jahr verdient hatte, war das eine riesige Summe.

Als die Verträge am 11. November unter Dach und Fach waren, begann Albert Grossman, ihre Finanzen in Ordnung zu bringen. Wie bei seinen anderen Klienten gründete er für Big Brother einen von Bob Gordon geleiteten Musikverlag, an dem jedes Bandmitglied persönlich und mit einem Aktienteil beteiligt war. Auf diese Weise konnten sie mit dem Songwriting mehr verdienen. Von Karpen erhielt er die Belege, sodass Grossmans Buchhalter ihre Unterlagen in Schuss bringen konnte. Und er verhandelte mit Clive Davis darüber, wie sich genügend Geld auftreiben ließe, um Big Brother aus ihrem Vertrag mit Mainstream herauszukaufen, damit sie zu Columbia wechseln konnten. Inzwischen hatten sich die Bezüge der Bandmitglieder auf 200 Dollar die Woche verdoppelt.

Wieder zurück in New York heuerte Albert Grossman einen Roadmanager für die Band an, ihren ersten überhaupt. Die Wahl fiel auf John Byrne Cooke, einen 25-jährigen Folkmusiker, Harvard-Absolventen und Sohn des aus Großbritannien stammenden Journalisten und Rundfunkmanns Alistair Cooke. Die Empfehlung für John Cooke kam von seinem früheren Wohngenossen – einem Vertrauten Bob Dylans – Bob Neuwirth, der dieses Jobangebot ausgeschlagen hatte. Cooke galt als aufstrebender Filmemacher, hatte für Pennebaker in Monterey gearbeitet und den Durchbruch von Big Brother erlebt. Als Roadmanager war der New Yorker zwar unerfahren, aber er hatte genug von Cambridge und war zu etwas Neuem bereit. John Cookes wöchentliches Gehalt von 150 Dollar sollte aus den Auftrittsgagen von Big Brother bestritten werden, wobei Grossmans Büro die Buchungen für die Westküste und eine Tour an die Ostküste und in den Mittleren Westen organisierte, die für den Februar 1968 geplant war. Vor seiner Reise an die Westküste holte sich John Cooke bei Neuwirth Tipps für seine neue Aufgabe. »Trag ihnen nicht die Gitarren hinterher und mach ihnen nicht den Laufburschen für Bier oder Zigaretten«, riet ihm Neuwirth. »Belass es beim Geschäftlichen – du bist der *Roadmanager*, nicht der Roadie. Und schließ keine Freundschaft mit ihnen, sonst wird es schwierig, ihnen zu sagen, wo's langgeht.«[46] Das verbindliche Auftreten des gebildeten Cooke machte ihn zum perfekten Kandidaten für diese Aufgabe.

Bei seinem ersten Treffen mit der Band am 1. Dezember in ihrem Probenraum zeigte sich sofort, dass John Cooke mit seiner Größe von 1,85, seinem kurzen, dunklen Haar und dem gepflegten Schnurrbart das komplette Gegenteil der hippiemäßigen Roadcrews verkörperte, die die Band gewohnt war. Er kleidete sich wie ein Absolvent einer Elite-Uni, von der er ja auch tatsächlich kam. Er war ein »Connaisseur, ein Geschichtenerzähler und ein ziemlich guter Fotograf«, berichtete seine frühere Flamme und langjährige Freundin, die Sängerin Judy Collins.[47] Nachdem Janis John Cooke nach seinem Sternzeichen gefragt hatte (Waage), erwiderte sie abschätzig: »Ich mach mir eh nicht viel aus Waagen.«[48] Doch sein gutes Aussehen, das einem klassischen Männlichkeitsideal entsprach, zog sie an, und später gestand sie David Getz, dass sie ihn süß fand.

Im Dezember pendelte die Band zwischen San Francisco und Los Angeles hin und her, angefangen mit einem Auftritt im Cheetah Club, auf den mehrere Buchungen im berühmten Whisky a Go Go auf dem Sunset Strip folgten. Der erste Abend im brechend vollen Whisky verlief nicht so gut, wie die Musiker gehofft hatten: An Sam Andrews Gitarre riss eine Saite, sodass er die Töne nicht mehr richtig traf, und Janis trank zu viel Southern Comfort. Trotzdem gelang es ihnen, »die emotionale Atmosphäre der Stadt … dauerhaft zu verändern«, wie Ron Koslow von der Musikzeitschrift *KYA Beat* meinte. »Wir werden nicht mehr dieselben sein, bis Janis und ihre Stimme zu uns zurückkommen. Sie ist eine Kreuzung aus Bessie Smith, Johanna von Orleans und einem bengalischen Tiger, ein sehr, sehr schönes Tier, das einen gleichzeitig zum Lachen, Weinen und zum Kreischen vor Angst bringen will.«[49]

* * *

Zum ersten Mal seit 16 Monaten flog Janis zur Weihnachtszeit nach Hause nach Port Arthur.[50] Ihre Familie hieß sie willkommen, und ihre alten Freunde Adrian und Gloria Haston gaben ihr zu Ehren eine Party. Janis war begeistert, die alte Gang wiederzusehen, die so stolz auf ihren Erfolg war. Aber in Port Arthur hatte sich nicht viel verändert: In ihrem freakigen Outfit ging sie in einen Laden, um Zigaretten zu kaufen, und wurde vom Verkäufer wegen ihrer Klamotten verspottet. Janis »geriet in Rage«, erzählte Gloria, »aber davon ließ sie sich nicht runterziehen. Sie war sehr forsch und draufgängerisch.«

Ihrer Familie brachte sie Singles von Big Brother mit und überschüttete sie mit Weihnachtsgeschenken. Auf dem Couchtisch der Joplins stapelten sich zahlreiche Zeitschriften mit Artikeln über Janis, darunter ein Exemplar von *Look* mit einem ganzseitigen Bild von Big Brother und den Grateful Dead, aufgenommen von dem berühmten Fotografen Irving Penn. Eine Farbbeilage des *San Francisco Examiner* zeigte Janis in einem gelben Poncho – und ihr zu Füßen ihr Hund George – neben anderen Frauen aus der Bay Area, die Ensembles eines aufstrebenden Designers aus San Francisco präsentieren.

Dorothy hatte die *Port Arthur News* über die triumphale Rückkehr ihrer Tochter informiert, woraufhin der Reporter Leonard Duckett einen Nachmittag bei der Familie verbrachte und Janis zu ihrer Karriere interviewte. Ein Foto, auf dem Dorothy und Seth ziemlich verstört dreinblicken, während Janis, Mike und Laura strahlen, begleitete den Artikel, der mit »Janis Joplin Drawing Acclaim, Blues Singer With Soul« überschrieben war. Darin schilderte Duckett, dass sie »ihr Haar lang und zerzaust, in der Art von Hippies trug, und ihre Kleidung auch dem entsprach, was sie bei Auftritten bevorzugt … lange Perlenketten und Ringe über Ringe«.[51]

»Ich will außerhalb der Band nichts machen«, versicherte sie Duckett. »Ich habe Angebote bekommen, wegzugehen, aber ich will nur in der Band singen. Die Band verdient richtig Geld. Darum geht es doch, oder?« Duckett beendete seinen Bericht mit der Bemerkung, dass »Janis Joplin zurück in San Francisco ist und die Musik macht, die sie so liebt …«

Was Leonard Duckett nicht wissen konnte, war, dass Janis Port Arthur und die Joplins für immer verlassen hatte. Sie kam zwar wieder zu Besuch, aber ihre Familie hatte keinen Einfluss mehr auf sie; mit ihrer Bemerkung zu ihrer finanziellen Lage wollte sie das womöglich durchblicken lassen. Zwar waren ihre Eltern stolz auf ihren Erfolg, ihren Lebensstil aber missbilligten sie – und das wusste Janis. Je öfter sie gegenüber der Presse provokante Bemerkungen und abschätzige Äußerungen über Texas fallen ließ, desto mehr ärgerten sich ihre Eltern. Aber Janis hatte eine neue Familie von Bewunderern gefunden, die nicht mit dem ersehnten Beifall oder Ratschlägen sparten. Gut möglich, dass sie das Gefühl hatte, mit Albert Grossman und Linda Gravenites einen Ersatz für Seth und Dorothy Joplin gefunden zu haben.

* * *

Bei einem erneuten Auftritt in Los Angeles im Whisky a Go Go wurde sie noch mehr wie ein Star hofiert. Ihr guter Freund Peter Tork von den Monkees gab für Big Brother eine Party auf seinem Anwesen im Laurel Canyon, bei der »alle bunte indianische Kleidung trugen und auf dem Boden schliefen, wo überall Kissen und Haschischpfeifen lagen«, wie Janis Ian berichtete, die ebenfalls zu Gast war. »Dutzende nackte Leute lümmelten herum; ich zuckte nur mit den Achseln und versuchte cool zu wirken.«[52]

Big Brother hatte für Dave Richards und den Roadie Mark Braunstein einen Lastwagen für die technische Ausrüstung gekauft. Beide sollten sie auf der bevorstehenden Tour an die Ostküste begleiten. Die Band und die Crew wohnten in dem billigen, schäbigen Hollywood Sunset Motel, aber John Cooke versprach, dass sie künftig in besseren Unterkünften logieren würden.

Als die Musiker von Big Brother nach Bel Air zu John und Michelle Phillips eingeladen wurden, wurde ihnen deutlich vor Augen geführt, was der Status als Popstar einbrachte. Mit den Hits der Mamas and Papas und den Einnahmen aus dem Songwriting konnten sich die Phillips ein Anwesen leisten, das zuvor dem beliebten Leinwandpaar Jeanette MacDonald und Nelson Eddy gehört hatte, einschließlich umherstolzierender Pfauen. »John bewirtete uns voll und ganz wie Stars«, berichtete David Getz. »Er hofierte uns, stellte uns allen Leuten vor. In diesem Moment spürten wir, dass wir in L. A. ganz oben angekommen waren. Wir wurden von allen Seiten umschmeichelt.«[53]

Im Vorführraum versammelte sich die Band, um sich Pennebakers Rohschnitt des Films über das Monterey Pop Festival anzusehen. Als ABC die Szenen gesichtet hatte, in denen Jimi Hendrix scheinbar mit seinem Verstärker kopuliert und danach seine Gitarre anzündet, hatte der Sender von seinem Vorhaben, den Film als »Movie of the Week« zu präsentieren, abgelassen und Lou Adler und Phillips die Rechte an dem Film übertragen. Die Produzenten schlossen daraufhin 1968 einen Vertrag über die Vorführung des Films in Kinos, wobei in dessen Trailer Janis zu sehen war und Big Brother mit *Combination of the Two* den Titelsong beisteuerte.

John Cooke kannte bereits »viele Ausschnitte, aber nicht den geschnittenen Film in der Endfassung«, wie er sagte, und die Musiker hatten von dem Film noch überhaupt nichts gesehen.[54] Cooke fiel auf, dass Janis' Augen zu leuchten begannen, als gezeigt wurde, wie die Band *Ball and Chain* spielte. Die Sequenz beginnt mit David Getz an den Drums, gefolgt von Peter Albin am Bass, aber dann fixiert sich die Kamera auf Janis – und bleibt fast ausschließlich auf sie gerichtet. James Gurleys langes Gitarrensolo wurde herausgeschnitten. Der Film gibt eindrucksvoll Janis' grandiosen Auftritt und ihr stimmliches Talent wieder, während die Band im Hintergrund verblasst. Als Janis die Großaufnahme der hingerissenen Mama Cass sah, die Janis' Auftritt begeistert verfolgte, rief sie: »Super! Wie hat er das [diese Aufnahme] nur hinbekommen?«[55]

Die Band war verständlicherweise wenig begeistert, dass die Kamera Janis in den Mittelpunkt stellte. »Es war nicht die Band, was alle sehen wollten, sondern Janis. Wir hatten angenommen, der Film würde uns als eine Gemeinschaft zeigen, aber als wir ihn sahen, waren wir schockiert. Es ging nur um Janis. Man sieht sie als künftigen Superstar. Mir wurde klar, dass wir jetzt zwar endlich Geld verdienen und ein höheres Niveau erreichen würden, aber dies auch bedeutete, dass unsere kleine Familie auseinanderbrach – auf der einen Seite Janis, auf der anderen die Band«, sagte David Getz.[56]

Die Offenbarung, die Big Brother in jenem Vorführraum erlebte, markierte den Beginn des wirklichen Erfolgs der Band – und ihr Ende.

Kapitel 15

»Der neue Rockstar von der Second Avenue«[1]

Wir müssen lernen, den Erfolg zu kontrollieren, ihm den gebührenden Platz zuzuweisen, und dürfen nicht aus den Augen verlieren, worum es uns geht – um die Musik.[2]
Janis Joplin

Die Zusammenarbeit mit dem berühmtesten Musikmanager Amerikas und das Vertragsangebot des bedeutendsten Plattenlabels der Welt weckte in Janis nicht nur Freude, sondern auch ebenso viele Ängste. Konnte sie den Erwartungen gerecht werden, die man in sie setzte? Hatte sie die Auszeichnungen verdient, die sie empfing? Und dies, solange sie mit Musikern verbunden war, denen zwar größeres Talent fehlte, die sie aber liebte wie ihre Brüder? Als ihre Machtposition in der Band wuchs, zeigten sich in der Familie von Gleichgestellten erste Brüche. Eine neue Platte musste produziert werden, ihnen stand eine Tournee an die Ostküste bevor, und Janis war entschlossen, härter zu arbeiten denn je. Ein Bandmitglied, das ihr am meisten am Herzen lag, und zugleich – vielleicht nicht zufällig – der Mann, der sie mit dem Heroin bekannt gemacht hatte, James Gurley, teilte diesen Vorsatz jedoch ganz und gar nicht.

Vor ihrem Aufbruch nach New York im Februar erweiterte die Band ihr Repertoire. Jack Casady, der Bassist von Jefferson Airplane, ein begeisterter Soulfan, stellte den Musikern von Big Brother den Song vor, der ihnen den kommerziellen Durchbruch bringen sollte: *Piece of My Heart*, geschrieben von Jerry Ragovoy und Bert Berns, von dem bereits eine Aufnahme von

Aretha Franklins Schwester Erma existierte. Während die Popsender den Song ignoriert hatten, war er in den R&B-Charts nach seinem Erscheinen im November bis auf Platz 10 gestiegen. Als Jack Casady Erma Franklins Platte mit dem langsamen jazzigen Gesang vor dem schlichten Hintergrund von hauptsächlich Keyboard und Saxofon hörte, konnte er sich sogleich vorstellen, wie Janis diese herzzerreißende Ballade interpretieren würde. »Da Erma eine Altstimme und keinen Sopran hat wie Aretha, war ihr Gesang viel brüchiger«, bemerkte Jack Casady. »Einmal, als Peter Albin bei mir war, hörten wir uns Platten an, und ich spielte ihm ein paar Dinge auf dem Bass vor. ›Hier wäre der ideale Song für Janis‹, habe ich gesagt und ihn aufgelegt. Dann habe ich ihm die Single gegeben, und er hat sie für Janis mitgenommen. Für ihre typische mitreißende und überströmende Art gab es nichts Besseres.«[3]

»Wir haben ihn ›ge-Big-Brothert‹.«[4] So beschrieb David Getz die von der Band erarbeitete Version des Songs: Sam Andrew entwickelte zur Einleitung einen rauen Gitarrenlauf, in den sich Janis' flehendes »Come on! Come on!« mischte. »Didn't I make you feel …« Durch Sam Andrews Gitarrensoli verdoppelte die Band die zweieinhalb Minuten des Songs auf fünf. *Piece of my Heart* gab Janis die Möglichkeit, ihren außergewöhnlichen Stimmumfang und ihre Vielseitigkeit zu zeigen, wie »ihre gestotterte Wiederholung von Wörtern und Phrasen, eine Salve von Rat-a-tat-tat, in der sie eine Textzeile brachte« und ihre Fähigkeit, sich urplötzlich in eine »kreischende Gesangslage« zu steigern, schrieb Professorin Tracy McMullen vom Bowdoin College in einer wissenschaftlichen Analyse des Songs.[5]

Eine Zeile hatte Janis an »Otis« angelehnt – »Never, never, never, never, never hear me when I cry at night babe, and I cry all the time!« Für Janis hatte sie etwas Besonderes, denn sie war Ausdruck ihrer Trauer über den tragischen Tod von Otis Redding und den meisten Mitgliedern seiner Band am 10. Dezember bei einem Flugzeugunfall, als seine Maschine nach einem

Auftritt in Wisconsin in einen See stürzte. In Erinnerung an den Musiker hörten sich Janis und Sam Andrew eine ganze Nacht lang in ihrer Wohnung seine Platten an.

Zu allem Überfluss musste Janis in dieser schwierigen Zeit feststellen, dass sie schwanger war. Nach Aussage von Linda Gravenites spielte sie mit dem Gedanken, das Baby zu behalten. Sein Erzeuger war wohl »dieser Schlagzeuger von Blue Cheer«, Paul Whaley, der inzwischen schon wieder weitergezogen war.[6] Doch angesichts des wachsenden Erfolgs und ihres turbulenten Privatlebens beschloss Janis, die Schwangerschaft abzubrechen, obwohl sie »sich dabei mies« fühlte, wie sich Linda Gravenites erinnerte.[7] 1967, gute sechs Jahre vor dem Grundsatzurteil »Roe v. Wade« des Obersten Gerichtshofs war die Abtreibung in weiten Teilen der Vereinigten Staaten verboten. Der Bundesstaat Kalifornien erlaubte sie nur in Extremfällen wie nach einer Vergewaltigung, bei Inzest oder wenn das Leben der Mutter durch Austragen des Kindes gefährdet war. So blieb Janis nur die – riskante, wie sich zeigen sollte – Alternative Mexiko. Sie plante, nach einer Reihe von Konzerten in Los Angeles zu dem Eingriff dorthin zu reisen.

Die Zusammenarbeit zwischen dem selbstherrlichen Roadmanager John Cooke und Big Brother begann nicht gut, da seine distanzierte und autoritäre Art die Bandmitglieder irritierte. Nachdem sie sich bei Albert Grossman beschwert hatten, trafen sie sich mit ihm, um über ihre »unterschiedliche Lebensweise« zu sprechen, berichtete Cooke. »›Also wenn ihr jemanden sucht, der ebenso lange Haare hat wie ihr, der herumhängt und die ganze Zeit Shit raucht und die Gitarrenkoffer trägt, können wir jemanden einstellen, der das für dreißig oder vierzig Dollar die Woche macht‹, habe ich ihnen gesagt. ›Ich hingegen brauche einen gewissen Bewegungsspielraum. Ich kann nicht einfach nur abhängen – also lasst es uns noch mal miteinander versuchen.‹«[8] Letztlich fanden John Cooke und die Gruppe zueinander – obwohl er den Spitznamen »Road-Nazi« bekam –, und er war in den folgenden drei Jahren fast ausschließlich für Janis tätig.

Albert Grossman steckte bis zum Hals in Verhandlungen mit Bob Shad von Mainstream Records und Clive Davis von Columbia für Big Brothers Plattenvertrag. Columbia war schließlich bereit, die Band mit den von Shad verlangten 200 000 Dollar freizukaufen (die zur Hälfte von den Platteneinnahmen der Band abgezogen wurden), außerdem sollte Shad zwei Prozent der Tantiemen von Big Brothers ersten beiden Columbia-LPs erhalten. Das neue Label zahlte der Band einen Vorschuss von 50 000 Dollar zur Bestreitung der Kosten während der Aufnahmen ihres ersten Albums bei Columbia. Laut Clive Davis hatten die meisten Bands in San Francisco Verträge mit 20 000 bis 50 000 Dollar Vorschuss. »Columbia investierte eine Viertelmillion Dollar« in Big Brother, schrieb Davis später in seiner Autobiografie, »in jenen Tagen ein Vermögen – und 40 Prozent dieser Summe waren (nicht rückerstattbare) Aufwendungen … Es war ein kämpferischer und auf dem Markt der Talente wohl bisher noch nie da gewesener Schritt, doch wenn man die seltene Gelegenheit hat und auf einen außergewöhnlichen – wenn nicht gar einzigartigen – Künstler trifft, muss man etwas wagen.«[9] Clive Davis, der sich vom Debütalbum höchste Verkaufszahlen versprach, erklärte sich mit dem von Albert Grossman ausgesuchten Produzenten John Simon einverstanden.

Der 1941 geborene John Simon war Sohn eines Arztes, der in der Stadt Norwalk in Connecticut ein Symphonieorchester gegründet hatte, und spielte ausgezeichnet Keyboard. Nach einem Studium in Princeton begann er bei Columbia Records als angestellter Produzent. In dieser Zeit gelang ihm ein Hit mit dem von Paul Simon geschriebenen und The Cycle gespielten Song *Red Rubber Ball.* Zu seinen frühen Erfolgen als Produzent gehören außerdem die Debütalben von Leonard Cohen (das erschütternde *Songs of Leonard Cohen*) und von Blood, Sweat & Tears (die Jazzrock-LP *Child is Father to the Man* mit ihren starken Bläsersätzen). Albert Grossman hatte Simon als Produzenten der Demobänder von The Band herangezogen, die ihnen dann den Plattenvertrag bei Capitol einbrachten. Als er Big Brother im Studio Golden State Recorders in San Francisco kennenlernte, arbeitete er gerade an *Music From Big Pink,* dem Debütalbum von The Band. Da Simon psychedelische Musik nicht sonderlich mochte, lehnte er es auf der Stelle ab, als Sam Andrew vorschlug, eine Freakrock-Version von *The Star Spangled Banner* zu produzieren (was dann von Jimi Hendrix in seiner berühmten Version von 1969 eingespielt wurde). Nach Sam Andrews Darstellung war Simon »unerbittlich«. »Ihm konnte man es einfach nicht recht machen … Er gab uns das Gefühl, wir müssten uns glücklich schätzen, dass er aus dem Osten hergekommen war, um bei diesem ungeschliffenen Haufen von der Westküste aufzuräumen. Man hätte wohl niemanden finden können, der uns unähnlicher war.«

Obwohl für Big Brother immer mehr auf dem Spiel stand, ging es mit James Gurley weiter abwärts. Er trank Unmengen, war abhängig von Heroin und Beruhigungsmitteln. Er hatte sein Selbstvertrauen als Musiker verloren, und nachdem er gesehen hatte, wie meisterhaft Jimi Hendrix sein Instrument beherrschte, wurde er unsicher. So übernahm Sam Andrew immer häufiger die Leadgitarre und schrieb neue Lieder wie *Flower in the Sun* und *Farewell Song*. Gurley hingegen war alles andere als kreativ. Als sich die Medien zunehmend auf Janis konzentrierten, »war James derjenige, der am meisten unter ihrem Aufstieg litt««, wusste David Getz zu berichten. »Er zog sich zurück und begann mit selbstzerstörerischem Verhalten, das ihn wirklich kaputt machte. Man konnte sich nicht mehr auf ihn verlassen.«[10]

Mitte Januar 1968 war James Gurley einmal dermaßen zugedröhnt, dass er im Golden Bear beinahe von der Bühne gestürzt wäre. Albert Grossman, der aus New York angereist war, bekam diesen Vorfall mit. Nach dem Konzert setzte der neue Manager für die Band, jedoch ohne Gurley, kurzfristig eine Besprechung an, in der er vorschlug, für den Gitarristen einen Ersatz zu suchen, ihm 10 000 Dollar zu zahlen und ihn ein halbes Jahr für seinen Entzug zu beurlauben. Die Musiker lehnten diesen Vorschlag spontan ab; sie protestierten: »Wir sind eine Band, und er hat darin eine wichtige Funktion. Wir können nicht ohne ihn auskommen.« Wie David Getz berichtete, stellten sie James Gurley niemals zur Rede. »Jeder von uns ist davor zurückgeschreckt, hat es geleugnet, hat weggesehen.«[11]

Janis und Sam Andrew konsumierten ebenfalls Heroin, laut Andrew wie »Dilettanten«, heimlich und in der Freizeit. »Wir gingen auf Heroin, weil wir dachten, dass es dazugehört – so wie bei Charlie Parker und all diesen Größen«, berichtete er. »Es hatte etwas Magisches, in der Art der Heiligen Kommunion … wie ein warmes Bad in den Eingeweiden.« Janis hatte inzwischen das Buch *Lady Sings the Blues* gelesen, Billie Holidays Autobiografie aus dem Jahr 1956, in der sie in allen Einzelheiten ihre Abhängigkeit schilderte, die drei Jahre später zu ihrem Tod führen sollte. Wie Linda Gravenites berichtete, machte Janis aus dem Heroinkonsum etwas Romantisches, sah es als Beweis ihrer Authentizität – als brauchte sie eine Wunde im Arm, um auf die Wunde in ihrer Seele hinzuweisen.

An ihrem fünfundzwanzigsten Geburtstag stand sie auf der Bühne des Kaleidoscope Club in Los Angeles und wurde anschließend von ihrem Gefolge gefeiert. John Cooke hatte für Champagner und eine Geburtstagstorte gesorgt, und die Clubbesitzer hatten drei Dutzend rote Rosen auf die Bühne gestreut. Vier weitere Dutzend bekam sie von der Band, von Freunden, darunter auch von Peter Tork. Janis war hingerissen.

Kurze Zeit später stahl sie sich fort zur Abtreibung in Mexiko. Sie kehrte zwar rechtzeitig zu ihrem nächsten Auftritt nach Los Angeles zurück, hatte aber Blutungen und heftige Schmerzen. Ihr Agent Todd Schiffman schlug den Bandmitgliedern vor, das Konzert mit der Begründung angeblicher Probleme mit dem Soundsystem des Clubs abzusagen. Janis aber riss sich zusammen. »Ich konnte es nicht glauben«, erzählte Schiffman der Autorin Alice Echols. »Sie hat eine einstündige Show abgeliefert und du hättest nicht gedacht, dass es ihr schlecht ging. Ich konnte meinen Augen nicht trauen ... wie sehr sie sich der Sache verschrieben hatte und wie verrückt sie war.«[12]

Zurück in San Francisco nahm sich Janis Zeit, um sich zu erholen. Am 31. Januar schrieb sie ihren Eltern nach Monaten wieder einen Brief, in dem sie über ihren fünfundzwanzigsten Geburtstag nachsann: »Ein Vierteljahrhundert! Ach, wie unglaublich das alles ist! Ich hatte nie gedacht, dass ich so lange lebe ...«[13] Sie berichtete, eineinhalb Wochen krank gewesen zu sein, wodurch der Band Einnahmen von 8000 Dollar verloren gingen, weil ein Konzert im Fillmore abgesagt werden musste:

> *Endlich konnte ich mich wunderbar ausruhen ... Jetzt fühle ich mich entspannt und prima. Es war das erste Mal seit Monaten, dass ich frei hatte! Komischerweise war es auch das erste Mal, seit ich von zu Hause fort bin, dass ich lieber daheim im Bett blieb und krankfeierte. Das wurde mir erst klar, als ich eines Nachmittags im Bett ein Bier trank. Plötzlich durchfuhr es mich, dass dies die Art und Weise ist, wie man krank sein sollte: im Bett liegen und Bier trinken! ... Die Leute haben mir Blumen geschickt (drei Vasen voll) und eine ganze Menge charmanter junger Männer haben mir die Aufwartung gemacht. Linda und ich ließen es uns gutgehen.*

Von ihrer Mutter hatte Janis den Ausschnitt eines Zeitungsartikels über die um ein Jahr ältere Aretha Franklin bekommen, die unter ihrem Label Atlantic Records ihren Durchbruch gehabt und mit den Hits *I Never Loved a Man (The Way I Loved You)* und *Respect* der Soulmusik eine neue Richtung gewiesen hatte. Janis sprach von Arethas Stimme nur mit Ehrfurcht – »sie ist mit ungeheurem Abstand das Beste in der heutigen Musik« – und strebte danach, mit ebensolcher Inbrunst zu singen.[14] Sie meinte, sich allmählich dem Level der großen Künstlerin anzunähern, und schrieb den Joplins, »*Rolling Stone,* eine überregionale Rockzeitschrift«, die im November 1967 in San Francisco gegründet worden war, »hat mich als ›womöglich beste Sängerin ihrer Generation‹ bezeichnet. Ich glaube jedoch, dass [Aretha Franklin] und ich nicht der gleichen Generation angehören.« Da sie demnächst für Aretha Franklins ehemaliges Label Columbia Records aufnehmen würde, meinte Janis, »sollten wir unsere Kräfte sammeln«.[15]

Im gleichen Brief gab Janis ihrem Bruder Michael mit seinen künstlerischen Ambitionen, in dem sie offensichtlich eine vertraute Seele sah, genau die Art von herzlichem Lob und die Ermutigung, nach der sie sich stets gesehnt hatte:

> *Dein Plakat war einfach GROOVEY, und ich wünsche Dir wirklich alles Gute mit Deiner Lightshow. Eine tolle Idee, wie es scheint. Wenn Du Rat brauchst, schreibe mir, denn ich kenne viele, die so was machen. Einige von ihnen haben das Ganze sogar erfunden. Willst du auch mit Liquid-Oil-Projektionen beginnen? Die kommen am besten, weil sie die Stimmung der Musik übertragen und das Tempo halten. Wenn Du da irgendwie rankommen und die Glasscheiben damit kombinieren kannst, hast Du wirklich etwas in der Hand. Dein Freund und Du solltet Euch die Ausrüstung besorgen und mit Platten üben. Noch einmal, viel Glück! Es ist eine gute Idee.*

Janis schickte ihrem Bruder auch weiterhin liebevolle Briefe, zumal sein Projekt, eine Untergrundzeitung ins Leben zu rufen, zweifelsfrei von seinem Ausflug nach San Francisco beeinflusst waren. In einem Schreiben heißt es: »Gratulationen, mein Süßer, bin voller Liebe und stolz auf Deine Arbeit in *Agape,* besonders das Gedicht – wie schön es ist! Hängt bei mir an der Wand.«[16]

* * *

In der zweiten Februarwoche 1968 flogen Big Brother and the Holding Company – in dicke Mäntel gehüllt und Janis mit einer weißen bauschigen Fellmütze – endlich nach New York. Begleitet wurden die Musiker von John Cooke, Dave Richards und Mark Braunstein. Im ehrwürdigen Chelsea Hotel an der West Twenty-Third Street schlugen sie ihre Zelte auf. Janis beschrieb ihren Eltern ihr »berühmtes Hotel der Intellektuellen und der Literaten«, in dem schon Dylan Thomas und Brendan Behan gewohnt hatten.[17] Die spanische Restaurantbar El Quijote neben der Hotellobby und der nahegelegene Club Max's Kansas City wurden Janis' Anlaufstellen, wenn sie sich in New York aufhielt. Das Max's – ursprünglich ein Treffpunkt abstrakt-expressionistischer Maler – hatte ein Hinterzimmer, in dem Andy Warhol, Rockstars und ihr Gefolge Hof hielten. Als Big Brother mit Albert Grossman zum ersten Mal hereinkam, spielte die Musikbox gerade Country Joes Song *Janis:* »Into my life on waves of electric sound and flashing light she came.« Die Leute verdrehten die Hälse, um die Crème de la Crème aus Haight-Ashburys Hippieszene zu begaffen, oder, wie Janis ihre Abordnung nannte: »'ne schlampige Gruppe von Straßenfreaks.«[18] Eine Kellnerin des Max's stellte fest: »Sie alle wirkten so glücklich verglichen mit den Leuten hier in New York.« Janis und Big Brother entdeckten bald Manhattans »hektische Energie«. Im Gegensatz zum lässigen San Francisco »machte die Stadt … uns alle verrückt«, sagte Janis einige Wochen später. »Sie zerstörte die Eintracht in der Band.«[19]

Albert Grossmans Büro befand sich in einem Stadthaus an der East Fifty-Fifth Street, und dort lernte die Band Myra Friedman kennen, ihre neu engagierte Pressereferentin. Zuvor hatte die 35-jährige, aus St. Louis stammende Frau mit einem abgeschlossenen Studium in klassischer Musik in der Presseabteilung von Columbia Records gearbeitet. Sie war von Janis hingerissen; Myra Friedman beschrieb sie als »großartig, roh, machtvoll, basierend auf Verachtung und Sexualität«.[20] Friedman war die

Nächste, die in Dorothys Rolle schlüpfte; sie schalt Janis, wenn sie über die Stränge schlug, hatte sie zugleich aber auch in ihr Herz geschlossen. Und Janis hatte eine neue Ersatzmutter gefunden.

Janis fühlte sich geborgen in Albert Grossmans innerem Heiligtum – »einen trübsinnigen Raum, als eine Art Mausoleum, in dem seltsame und düstere Geheimnisse verborgen waren … seine dunkle Stille ein Spiegelbild seiner Persönlichkeit«, wie Myra Friedman es schilderte.[21] Nach einer langen Umarmung las ihm Janis jedes Wort von den Lippen ab – und das waren nicht viele. Wie ihr Vater war Grossman von einer scharfen Intelligenz und einem gewitzten Zynismus geprägt; gewöhnlich sprach er seltener als alle anderen, die im Raum waren.

Albert Grossman mietete für die Band ein Loft in der Innenstadt als Probenraum, damit sie sich auf ihr Ostküstendebüt im Palestra, einer Sporthalle der University of Pennsylvania, vorbereiten konnten. Für den darauffolgenden Abend, den 17. Februar, war ihr erstes New Yorker Konzert angesetzt, das in dem einstmals mit jiddischen Vaudeville-Shows hervorgetretenen und seit neuestem für Rockkonzerte genutzten Anderson Theatre an der Second Avenue 66 stattfinden würde. An diesem Samstag sollte Big Brother um 20 und um 23 Uhr auftreten, also sogar zwei Sets spielen. Das Vorprogramm bestritt B. B. King. Während des Soundchecks war Janis nervös, und Konzertveranstalter John Morris versuchte sie zu beruhigen. Seit ihrem triumphalen Erfolg in Monterey waren acht Monate vergangen, und auch wenn in der Presse viel über sie berichtet worden war, musste sie sich in New York erst noch beweisen.

Das Konzert begann mit Janis' vokalem Feuerwerk in *Catch Me Daddy,* und während die Band dröhnend in den Song einstimmte, pulsierte im Hintergrund Josh Whites Lightshow. Das Publikum ging begeistert mit, als Big Brother mit *Magic of Love, Brownsville* und *Light Is Faster Than Sound* fortfuhr. Aber dann »nahm sie den Saal auseinander«, berichtete John Morris Jahrzehnte später. »Ich glaube, ich hab ungefähr vierhundert Konzerte gemacht in meinem Leben und vielleicht achthundert gesehen, und dieses gehört zu den zwei oder drei besten von allen.«[22]

Elliot Landy war ein 26-jähriger aufstrebender Fotograf, der vornehmlich für eine Bostoner Untergrundzeitung gearbeitete hatte. Er war platt. »Was für ein wunderbares Motiv diese Frau abgab! So jemanden wie Janis hatte ich noch nie gesehen! Sie war so furchtlos, so couragiert. Sie gab da oben alles.«[23] Im Publikum befanden sich auch der Aufnahmetechniker Elliot Mazer (ebenfalls Klient von Albert Grossman) und Fred Catero aus der Personalabteilung von Columbia. Beide waren von John Simon – der dem Konzert fernblieb –, vor »der mangelnden Musikalität und dem fehlenden Zusammenspiel der Band« gewarnt worden.[24] Doch Catero und Mazer fanden Big Brothers Auftritt, vor allem Janis' kraftvolle Stimme, aufregend.

Nach der Show füllte sich der Backstage-Bereich mit Musikern und Journalisten. Unter ihnen waren Richard Goldstein und Linda Eastman, eine mit Sam Andrew befreundete Fotografin, die bereits die Rolling Stones abgelichtet hatte und später Paul McCartney heiraten würde. Goldstein schrieb für die folgende Ausgabe der Wochenzeitung *Village Voice* eine begeisterte Kritik; in einem Artikel der *Vogue* einige Monate später bezeichnete er Janis als »atemberaubend« – sie »attackiert einen Song mit den Augen, mit den Hüften, mit dem Haar. Die Tonarten lässt sie hinter sich, sie kreischt sich durch die eine Zeile, sprudelt sich durch die nächste und umklammert den Song beim Ausklang mit den Knien, als wollte sie ihn anflehen zu bleiben.«[25] Goldstein fühlte sich auch persönlich zu Janis hingezogen, und nach einem Abendessen im Rattner's begleitete er sie zu einem Gutenachtkuss zurück ins Chelsea Hotel.

Robert Shelton, der Kritiker der *New York Times,* dessen Bericht über ein Bob-Dylan-Konzert 1961 dazu geführt hatte, dass der Musiker bei Columbia unter Vertrag genommen wurde, schrieb einen Artikel mit der Überschrift: »Janis Joplins rauschender Aufstieg in das Rock-Firmament«. Das ergänzende

Foto zeigt sie ganz allein – der Rest der Gruppe fehlt in dem Bildausschnitt. »So wundervoll dieser Abend war, so gehörte er doch im Wesentlichen der lebhaften, temperamentvollen Miss Joplin … In der Popmusik hört man nur selten eine Stimme, die mit einer solchen Kraft, Flexibilität und Virtuosität eingesetzt wird. Zuweilen scheint Miss Joplin zwei harmonierende Töne zugleich anzuschlagen. Und während ihre Stimme den einen Augenblick noch voller Ekstase oder Wut zu uns drang, versank sie im nächsten in koketten Koloraturen. Sie glitt von Sopran in den tiefsten kehligen Alt … In den Solopassagen von *Love Is Like A Ball and Chain* führte uns Miss Joplin zu Höhen, die entweder einer Violinkadenz gleichen oder dem Höhepunkt einer Flamencoshow. Und in *Light is Faster Than Sound* und *Down on Me* entfaltete sie mehr Energie als mancher Sänger während seines gesamten Auftritts …«[26]

Nachdem sie sich einen Stapel von Ausgaben der *New York Times* besorgt hatten, fuhren Janis und die Musiker zum Sitz von CBS und Columbia Records, einem imposanten Wolkenkratzer an der Sixth Avenue und Fifty-Third Street, der auch »Black Rock« genannt wurde. Albert Grossman, dem Janis am Samstagabend scherzhaft einen Privatauftritt vorgeschlagen hatte – »Oh Albert, ich bin so glücklich, ich will dich ficken!«[27] –, rief Clive Davis an und teilte ihm mit, dass Janis mit ihm ebenfalls »ins Bett« wollte, um den Vertragsabschluss zu besiegeln.[28] Davis lehnte höflich ab.

Zunächst zeigte man der Band die Büros, und dann wurde ihnen Bob Catero vorgestellt, der künstlerische Leiter der Firma, der ihr Plattencover gestalten sollte. Anschließend fuhren sie in den 25. Stock, um den Vertrag mit Davis zu unterzeichnen. Was in der Folge geschah, lässt sich nicht mehr rekonstruieren, aber entweder legte James Gurley irgendwann sämtliche Kleider ab, um sich für den Presseempfang jenes Abends umzuziehen, oder er war bereits nackt, als sie am Konferenztisch saßen. Wie Davis es schilderte, war er gerade dabei zu erklären, wie locker das Label sein konnte, als ihm auffiel, dass James Gurley nicht nur ohne Hemd, sondern auch ohne Hosen bei ihnen am Tisch saß. »Als Janis sah, wie geschockt ich war, lachte sie«, erinnerte sich Davis in seinem mit dem Co-Autor Anthony DeCurtis geschriebenen Buch *The Soundtrack of My Life*.[29] »›Tja‹, sagte sie augenzwinkernd, ›und dies zeigt, wie locker *wir* sind!‹.«

Auf der Party am Abend im Piraeus, My Love, einem griechischen Restaurant in der Fifty-Seventh Street, drängten sich Journalisten und Insider, die vom Artikel der *New York Times* jenes Tages angelockt worden waren. Die Mitglieder der Band betranken sich. Janis war eine Sensation. Am darauffolgenden Tag, dem 20. Februar, schrieb Janis entzückt einen Brief an Linda Gravenites: »Sieh dir das an! Unsere erste New Yorker Kritik über unser erstes New Yorker Konzert. Wahnsinn! Einfach wundervoll … Wir haben einen Vertrag [bei Columbia] und es großartig verkündet, du kannst es also allen erzählen. Es ist offiziell! So bald wie möglich beginnen wir mit Live-Aufnahmen, die Dinge entwickeln sich also äußerst zügig. Bis jetzt haben wir N.Y. wirklich gefallen. Die Leute waren nett, und es gab genug zu trinken. Das ist es, was zählt, wenn man in N. Y. zurechtkommen will. Eine Menge trinken und sich daran gewöhnen, viel Zeit in Bars zu verbringen. Und: Wow, wir sind die angesagte Band! …«[30]

Begleitet von einem begeisterten Kommentar schickte Janis die Kritik auch ihren Eltern:

> *Wahnsinn, nicht wahr? Jetzt sind wir also dabei, die Ostküste im Sturm zu erobern. Außerdem haben wir seit gestern Nachmittag offiziell einen Vertrag von Columbia. Unterschrift im 25. Stock des CBS-Hochhauses, Treffen mit dem Geschäftsführer, Presseparty und ein Rausch. Bin gegenwärtig in Alberts Büro und habe gerade ein Interview gegeben. Sieht ganz danach aus, als würde ich reich und berühmt werden. Unglaub-*

lich! Von allen möglichen Zeitschriften kommen Anfragen für Fotoaufnahmen und Artikel über mich. Ich werde sie samt und sonders annehmen. Wow, was habe ich für ein Glück – als Jugendliche (und als junge Erwachsene) und völlig gestört taumele ich nun in dies hier. Endlich sieht es so aus, als würde etwas für mich laufen.[31]

Dies war die Geburt von Janis' selbstinszeniertem Mythos, in dem sie ihre schwierige Jugendzeit hervorhob und ihr ehrgeiziges Streben nach Erfolg als große Sängerin und die jahrelange harte Arbeit herunterspielte. Rasch perfektionierte sie ihr Verhalten in Interviews, gab Journalisten provozierende Antworten und fütterte sie mit übertriebenen Erlebnissen der gequälten Heranwachsenden, die nur aus Zufall in den Erfolg stolperte. Bald hatte sie es heraus, wie sie die Leute nicht nur auf der Bühne verblüffen konnte, sondern auch in Artikeln. Keine Frau hatte vor ihr auf diese Weise performt – und keine auf diese Weise zur Presse gesprochen. »Wenn ich singe … ist das wie ein Orgasmus«, erzählte sie dem Autor Michael Thomas nach einem Konzert in Providence, Rhode Island. »Man kann sich nicht daran erinnern, aber man vergisst ihn nie.«[32]

Beim ersten Auswärtstrip der Band nach Boston – zu einem Wochenende mit Auftritten im Psychedelic Supermarket – wurde Big Brother nach dem Freitagskonzert aus dem Club Ausrüstung im Wert von 5000 Dollar gestohlen. John Cooke musste sich das Material für die noch anstehenden beiden Shows zusammenleihen. Vier Tage später flogen sie nach Detroit. Von Columbia stieß Aufnahmetechniker Fred Catero zu ihnen, der Big Brothers Konzerte im Grande Ballroom – einem flippigen alten Saal mit einer ähnlichen Atmosphäre wie der Avalon Ballroom – für die geplante Live-LP mitschneiden sollte. Zur Aufzeichnung der beiden Konzerte stellte er im Tanzsaal mobiles Equipment auf. Die Vorgruppe, die stolze politische Protopunk-Hardrock-Band MC5 (Motor City 5) ließ es derart krachen, dass Big Brothers Auftritt dagegen blass wirkte. Eingeschüchtert, und wohl auch müde, fand die Band – ganz im Gegensatz zu ihrem Triumph in New York – keinen rechten Zugang zum Publikum. Die Musiker spielten mehr falsche Noten als gewöhnlich, verpatzten Einsätze und gelangten zu keinem Zusammenspiel. Dass von den Zuschauern im Grande Ballroom nur eine lauwarme Antwort kam, war ein weiterer Faktor, der die Live-Aufnahmen unbrauchbar machte. Normalerweise kann die Reaktion des Publikums eine Band zu neuen Höhenflügen treiben und sogar Fehler verdecken. Janis ging nach dem Konzert in die Tonkabine, um kurz in den Mitschnitt reinzuhören. Als Catero ihr das Band vorspielte, sagte sie, wie er sich erinnerte: »O Scheiße!«, verschüttete ihren Drink und stapfte wortlos nach draußen.

Das Konzert am darauffolgenden Abend war nicht viel besser, obwohl Janis nach Cateros Schilderung »sang, wie man es noch nie gehört hatte«,[33] und das Spiel der Band »okay« war. Als sie später in niedergeschlagenem Schweigen mit Catero an der Bar saßen, goss Janis nacheinander fünf Drinks in sich hinein. James Gurley fiel beim Aufstehen von seinem Barhocker ein Tütchen Heroin aus der Tasche. Bis zu diesem Zeitpunkt hatte sich Janis auf ihrem Trip an die Ostküste auch an dieses Ultimatum von Grossman gehalten und auf harte Drogen verzichtet. Linda Gravenites hatte sie in einem Brief von dem »großartigen Vortrag« mit »Alberts darin enthaltener Drohung zu Dope (Finger weg oder er lässt uns fallen)« erzählt.[34] In einem anderen Brief bestätigte sie, »bis jetzt wenigstens habe ich kein Dope mehr genommen«.[35] Trotz ihres regelmäßigen Konsums in San Francisco hatte sie noch keine Abhängigkeit entwickelt. Und da sie wusste, wie viel in den kommenden Wochen mit Plattenaufnahmen und Konzerten für sie auf dem Spiel stand, ging sie dem Heroin in dieser Zeit aus dem Weg.

Nach New York zurückgekehrt, traf sich die Band bei Albert Grossman im Büro, um die Mitschnitte aus dem Grande Ballroom anzuhören. Da ihnen bewusst war, wie schlecht sie gespielt hatten, hörten sie nichts als Fehler, schiefe Gitarrentöne und verschleppte Tempi. Entnervt schlug ihr Manager vor, Sam Andrew zukünftig den Bass zu überlassen und Peter Albin, wie bereits bei einigen Songs geschehen, an die Leadgitarre zu stellen. Die Bandmitglieder lehnten dies zwar ab, aber sie waren sich einig, dass die Live-Aufnahmen unbrauchbar und eine teure Fehlentscheidung gewesen waren – sie würden ihre LP in den Columbia Studios in Manhattan und Los Angeles einspielen müssen.

Albert Grossman zog Janis nach dem Treffen zur Seite und erklärte ihr, dass sie mit erfahreneren Musikern besser dran sei. Als Columbia jedoch Jahre später Teile der abgelehnten Grande-Mitschnitte veröffentlichte, schwärmte der einflussreiche Kritiker Lester Bangs von der »ungenauen, aber legitimen« Interpretation von *Piece of My Heart* und dem »rasenden Metalldonner in *Down on Me* … James Gurleys Gitarrensolo [in *Ball and Chain*] ist eins der besten, die wir auf Platte hören können; ein mitreißender Klangsturm wie auf *Cheap Thrills*, aber beschleunigt, ausgeführt mit einer Art fröhlichen Rage.«[36]

Zum damaligen Zeitpunkt aber hatten die enttäuschenden Mitschnitte böse Worte und Schuldzuweisungen zur Folge. So herrschte in Janis' Brief an ihre Mutter vom 5. März auch ein ganz anderer Grundton als in dem davor: »Viel Arbeit, und New York ist wirklich seltsam – auf Konkurrenz bedacht und hässlich, und es macht uns ganz konfus. An meinem freien Abend bin ich ausgegangen und habe mir *Hello Dolly* mit Pearl Bailey angesehen. Sie ist wunderbar.«[37]

»Viele Sorgen mit der Band« schrieb Janis am nächsten Tag Linda Gravenites, »was daran liegt, dass ich, wie ich meine, alle umgehauen habe (was mir die anderen, mit Albert angefangen, hinter dem Rücken der Band versichern), während die Band schlampt. Wir werden es wohl überstehen, aber weil wir so schlecht gespielt haben (ich war okay), wurde das Live-Album nach dem ersten Versuch aufgegeben. Mein Gott, ich bin ganz durcheinander!«[38]

Nun richteten sich alle Hoffnungen auf ein Konzert am 8. März im Fillmore East. Bill Graham hatte mit diesem ehemaligen jiddischen Theater an der Second Avenue 105 seinen ersten Veranstaltungsort außerhalb San Franciscos eingerichtet. Im Vorprogramm des großartig angekündigten Konzerts sollten der Singer-Songwriter Tim Buckley und der Bluesmusiker Albert King auftreten. Graham, der zur Eröffnung nach New York gekommen war, wollte Janis' Namen auf der Reklametafel über dem Eingang des Fillmore East breit hervorheben, sie aber bestand darauf, dass nur der Name der Band darauf stand.

Für viele, die Big Brother and the Holding Company noch nie zuvor gesehen hatten, war das Konzert eine Offenbarung. »Es hat mich umgehauen, als Janis zu singen begann«, erinnerte sich der Fotograf Bob Gruen. »Sie war nicht so sehr Performerin, als vielmehr ganz sie selbst, wie eine Besessene. Es ging allein um das Gefühl, das sie mit uns teilen wollte. Das war kein Auftritt – das war echt. Diese Erfahrung habe ich sonst nur noch einmal gehabt, und das war bei Tina Turner.«[39] Ein junger Saalordner, der Künstler und Fotograf Robert Mapplethorpe, eilte nach Hause nach Brooklyn und erzählte seiner Mitbewohnerin Patti Smith von der elektrisierenden Sängerin, deren Konzert er soeben gesehen hatte. Verglich man es jedoch mit dem aufregenden New-York-Debüt im Anderson Theatre, hatte sich die Band nicht mit Ruhm bekleckert. Der Sound war schlecht, und gelegentlich wurde Janis' Gesang von der Lautstärke der Gitarren übertönt, was sie mit schrillen Schreien zu bekämpfen suchte. »Wie ein Fischweib«, schrieb ein Autor.[40] Trotzdem war bei dem angesehenen Jazzkritiker Nat Hentoff das Interesse so weit geweckt, dass er um ein Interview bat, weil er einen ausführlichen Artikel in der Sonntagsausgabe der *New York Times* über sie veröffentlichen wollte.

Am folgenden Wochenende begleitete Richard Goldstein, ein

Musikkritiker von der *Village Voice* Big Brother zwei Tage lang zu Konzerten in Philadelphia. Sie fanden in der Electric Factory statt, einer »riesigen, zum psychedelischen Tummelplatz umgebauten Garage, besucht von ordentlichen Kids, die mal die Hippies begaffen wollten«, schrieb er damals.[41] Er beobachtete Janis in ihrer Anspannung vor dem Auftritt, wie sie »durch das winzige Zimmer stapft, mit den Fingern auf den Tisch trommelt … [Sie] lugt durch eine Spalte in der Garderobentür und stöhnt: ›Oh Scheiße! Diese Typen können wir nie rocken. Willst du sehen, wie wir untergehen? Dann guck mal da raus!‹« Doch nachdem sie sich einen Schluck Southern Comfort aus ihrer Teetasse gegönnt und sich hinter der Bühne an einen Mann im Gorillakostüm gekuschelt hatte, sah sie das Ganze entspannter. Erneut betrachtete sie das Publikum: »Die jungen Leute drängten sich um die Bühne, ergriffen und voller Begeisterung«, schrieb Goldstein. »Denn wenn man Janis mit *Ball and Chain* hören kann, fühlt man sich wie nach einer wunderbaren und gefühlvollen Liebesnacht.«

* * *

Am 9. März erschien Big Brother um sieben Uhr morgens im Columbia Studio B, um mit den Aufnahmen für ihre LP zu beginnen. Als Titel des Albums hatten sie sich (angelehnt an den Werbespruch auf einem Plakat des Antidrogenfilms *Reefer Madness* aus den 1930er Jahren) *Sex, Dope and Cheap Thrills* ausgesucht. Die Musiker mühten sich ab bis nachmittags um vier, versuchten sich an mehreren Takes von *Combination of the Two* und anschließend *Catch Me Daddy*, ohne dass ihnen etwas Brauchbares gelang. »Jedes Mal, wenn [Janis] aufgenommen wurde, war es sensationell«, beobachtete Fred Catero.[42] »Aber die Band war einfach noch nicht soweit. Sie hätten mindestens noch fünf Jahre gebraucht, um auf ihr Level zu kommen.« Seinen Schilderungen nach vergaßen die Musiker teilweise ihre

Parts oder machten bei jedem Mitschnitt zahlreiche neue Fehler. John Simon verschwieg nicht, wie sehr es ihn ärgerte. »Ihr müsst euch zusammenreißen.«

Da sich die Musiker über die sterile Atmosphäre des Studios beschwert hatten, ließ man von Technikern eine provisorische Bühne bauen, um das Ambiente eines Clubs zu erzeugen. Für den folgenden Abend standen die Aufnahmen von *Piece of My Heart* und *Summertime* auf dem Plan. Unterstützt wurde die Live-Atmosphäre dadurch, dass die Musiker keine Kopfhörer benutzten, sondern sich mittels einer PA-Anlage direkt hören konnten. Außerdem wurden die jeweiligen Instrumente nicht, wie sonst üblich, separat in einer schalldichten Kabine aufgezeichnet, um zu verhindern, dass sich die verschiedenen Klangspuren überlagerten. Stattdessen spielten Big Brother gemeinsam auf der »Bühne«. Dadurch hatte der Produzent keine Möglichkeit mehr, die Tonfrequenz der einzelnen Instrumente zu regulieren.

»James kam am schlechtesten zurecht«, erinnerte sich David Getz. »Es war manchmal wirklich mühsam, ein gutes Solo von ihm zu bekommen, eins, das er nicht vermasselte oder in dem er nicht falsch spielte.«[43] Zu Beginn äußerte Janis keine Kritik an James Gurley oder den anderen, wie Getz registrierte. »Sie hatte eingesehen, dass sie den Rest von uns nicht herumkommandieren konnte. Sie konnte keine persönlichen Anweisungen geben, im Stil von: ›Dave, du spielst dies, Peter, du spielst das.‹ So was gab es bei Big Brother nicht. Keiner sagte dem anderen, was er zu tun hatte. Das war nicht die Art, wie wir miteinander umgingen.« Catero aber entging nicht, dass sie gelegentlich die Geduld verlor: »Sie sang sich die Seele aus dem Leib, aber irgendwann hörte sie auf, ging in den Kontrollraum und sagte: ›Mit diesen Arschlöchern da draußen singe ich nicht mehr!‹« Dann schnappte sie sich ihre Flasche Southern Comfort.[44]

Die Band musste sich nicht nur mit Simons Nörgeleien abfinden, sondern auch mit der Anwesenheit des Filmemachers D. A.

Pennebaker, der für eine geplante Dokumentation über Janis (ein Projekt, das er später wieder aufgab) die Musiker bei den Sessions zu *Summertime* filmte. Die Aufnahmen zeigen, wie Janis trotzig behauptet, ein einzelner falscher Ton auf der Gitarre spiele kaum eine Rolle, weil es ihr Gesang sei, was die Leute vor allem hören wollten. Außerdem ist zu sehen, wie Sam Andrew, der eine Ausbildung in klassischer Musik absolviert hatte und Noten lesen konnte, gegenüber Simon seinen von Bach inspirierten Gitarrenlauf verteidigt. James Gurley wiederum war bei den Playbacks oft abgelenkt, weil Janis mit ihm schwatzte. Wenn Pennebaker die Kamera auf sie richtete, schnitt sie Grimassen. »Trotzdem war Janis eine starke Persönlichkeit im Studio«, erzählte John Simon später.[45] »Sie hielt mit ihren Ansichten keineswegs hinterm Berg« – und zwar nicht nur bei den Gitarrenparts und den Tempi, sondern auch beim Soundmix und bei der Auswahl der Songs.

»Es läuft hier immer noch reichlich schräg«, schrieb Janis Linda Gravenites über die Studiosessions.[46] »Die Aufnahmen gestalten sich schwierig – zwei Tracks sind fertig – *Combination of the Two* und *Piece of My Heart*. Es wird eine langwierige Angelegenheit, aber irgendwann haben wir es sicher geschafft.« Janis schilderte die Probleme im Studio auch in ihrem Interview mit Nat Hentoff. »Es war nicht einfach, diese Platte zu machen«, sagte sie.[47]

»Technisch gesehen sind wir nicht gerade die Besten. Wir gehören nicht zu den leidenschaftslosen Berufsmusikern, die ins Studio kommen und auf die Schnelle etwas fein Poliertes fertigstellen. Wir sind leidenschaftlich – einer wie der andere. Und wir versuchen, das auf die Platte zu bringen, was wir gut können – dass wir nicht lockerlassen, bis wir die Leute vom Hocker reißen. Aber es gibt noch etwas anderes, was John Simon zu schaffen macht … dass wir irgendwie schludrig sind, wenn es uns gut geht. Gestern Abend, als er etwas abschließen wollte, fragte er: ›Also, Leute, wer ist der Chef dieser Band?‹ Daraufhin herrschte Schweigen, denn … wir haben keinen. Wir stimmen ab. Wir sind demokratisch.« Als die Kritik an ihrer Bruderschaft immer lauter wurde, beschwor Janis heftiger denn je die Einheit, die sie als Band angeblich bildeten. Sie fürchtete, dass auch diese ihre neue Familie zerbrach, obwohl sie tief im Herzen wusste, dass es unweigerlich geschehen würde. »Sie versuchte, so zu bleiben, wie sie immer gewesen war«, stellte David Getz fest, »aber das konnte sie nicht mehr.«[48]

Die Band unterbrach die Plattenaufnahmen für ein Konzert in Chicago. Es war ihr erster Aufenthalt seit ihrer Mother-Blues-Zeit im Jahr 1966 in dieser Stadt. Im Agora/Cheetah waren 3000 Menschen zusammengekommen; das Vorprogramm gestaltete der junge Bob Seger mit seiner Band. Zu ihrem Missfallen entdeckten sie, dass die Anzeigen und Plakate für das Konzert mit der Aufschrift *Janis Joplin/Big Brother* warben. So begann die Band ihr Konzert voller Ärger. Aber »als wir nach dem ersten Set die Bühne verließen, war die Welt wieder in Ordnung«, sagte Janis. »Wir haben uns angesehen und dabei gedacht: ›Weißt du noch?‹ Und dann war uns wieder klar, worum es uns ging.«[49] Janis trug an diesem Abend einen der aufreizenden neuen Entwürfe von Linda Gravenites – ein Minikleid aus Goldlamé mit dazu passenden Strapsen. (Als sie den Modemagazinen *Vogue* und *Glamour* ein Interview gab, lobte sie Lindas Kreationen in den höchsten Tönen.) In einem Artikel für *Downbeat* konzentrierte sich Mark Wolf jedoch auf ihren körperlichen Einsatz und den schmuddeligen Eindruck, den sie machte: »Ihr Haar ist ungepflegt, sie schwitzt extrem, und ihr Atem geht so schwer, als hätte sie gerade einen Langstreckenlauf hingelegt.«[50]

Im Interview mit Mark Wolf spielte Janis die harte Arbeit und die intensive Vorbereitung herunter, die in ihren Auftritt eingeflossen waren. »In der Musik geht es nur ums Gefühl«, erklärte sie. »Wir wollen mit unserem Spiel erreichen, dass wir an die alten Zeiten anknüpfen, in denen man es sich gutgehen ließ, wo man auf und ab gehüpft ist, sich angeturnt hat und nicht mehr aufhören konnte – ›Hey, Baby, komm rauf hier, wir legen los. Raus auf die Bühne!‹«[51] Anschließend nahm sie getreu ihren Worten einen »wirklich süßen Knaben«, wie sie sagte, mit auf ihr Hotelzimmer.

Nach dem Konzert kehrte die Band nach New York zurück und setzte die Aufnahmesessions fort. Als Janis einmal spätabends im Chelsea Hotel den Fahrstuhl betrat, stieß sie auf einen geschäftsmäßig wirkenden Mann mit melancholischem Blick – den 33-jährigen Leonard Cohen. Das darauffolgende Stelldichein sollte er später in den beiden Variationen seines Songs *Chelsea Hotel* würdigen. In der zweiten Version beschreibt er ihre sexuelle Begegnung in den Versen: »You were talkin so brave and so sweet / giving me head on the unmade bed / while limousines wait in the street.«

Janis hatte weniger zärtliche Erinnerungen an diese Begegnung. Im darauffolgenden Jahr sprach sie bei einer Fotosession mit dem berühmten Richard Avedon und dem gleichzeitig stattfindenden Interview durch seinen Assistenten Doon Arbus über die Hochs und Tiefs ihres Liebenslebens. »Manchmal … bist du mit jemandem zusammen und überzeugt, dass die Person dir etwas … zu sagen hat. Oder … du willst mit ihr zusammen sein. Dann kann es sein, dass gar nichts passiert, obwohl du dir beständig einredest, dass etwas passiert. Unausgesprochene Kommunikation, Sie wissen schon. Er sagt einfach nichts. Er hat seine Launen oder so was. Du bleibst also da, zerrst, investierst, plapperst … Bis dir urplötzlich um vier Uhr nachts klar wird, dass der Hurensohn einfach nur platt wie eine Flunder daliegt. Ohne mich zu vögeln. Ich meine, das ist mir wirklich passiert. Es war ganz real, wie ein Schlag ins Gesicht. Zweimal. Mit Jim Morrison und mit Leonard Cohen. Seltsamerweise waren das die einzigen beiden Berühmtheiten, die mir einfallen, mit denen ich es versucht habe … ohne sie anfänglich zu mögen, denn ich wusste ja, wer sie waren, und wollte sie besser kennenlernen … Und dann haben die beiden mir nichts gegeben … Keine Ahnung, was das zu bedeuten hat. Vielleicht, dass sie einfach nur auf einem schlechten Trip waren.«[52]

Wie sich herausstellte, hatte Leonard Cohen allerdings doch mehr an ihr gefunden. Im Text und in der schwermütigen Melodie, die er in den Monaten nach ihrem Tod komponierte, würdigte er ihre Intelligenz und ihr lebenslanges gespaltenes Verhältnis zu Schönheit: »And clenching your fist / For the ones like us / Who are oppressed by the figures of beauty / You fixed yourself, you said, ›Well, never mind / We are ugly but we have the music‹.«

Leonard Cohen machte später den Namen seiner in *Chelsea Hotel* beschriebenen Muse öffentlich, doch jeder, der Janis kannte – zu deren weiteren Hotelromanzen ein »charmanter« irischer Gitarrist, ein 19-Jähriger »aus der Meute einer New Yorker Straßengang« und einer der Musiker der Chambers Brothers gehörten – wäre ohnehin auf sie gestoßen, wenn er die Zeilen hörte: »You were famous, your heart was a legend / You told me again you preferred handsome men / But for me you would make an exception.«

Zu Janis' weiteren Eroberungen gehörte der »schöne Mann« Jim Morrison, den sie traf, als sie in Steve Pauls Nachtclub The Scene an der West Forty-Sixth Street Station machte, in dem sich Musiker nach ihren Shows zum Jammen trafen. Einer der Stammgäste war Jimi Hendrix, der dort häufig bis in die Morgenstunden spielte. Eines Nachts gegen drei, als Janis Jimi Hendrix' Auftritt mit den Chambers Brothers (sie war mit einem aus der Band liiert) auf der Bühne verfolgte, stolperte Jim Morrison betrunken herein. Wie es Danny Fields, der damalige Pressereferent der Doors schilderte, »torkelte Jim auf die niedrige Bühne, fiel auf den Bauch, umschlang Jimis Oberschenkel mit den Armen und sagte: ›Lass mich deinen Schwanz lutschen‹.«[53] Um Jimi zu verteidigen, »lief Janis hinzu und schrie: ›Du Arschloch!‹ Dann zog sie Jim Morrison eine Flasche über den Kopf.

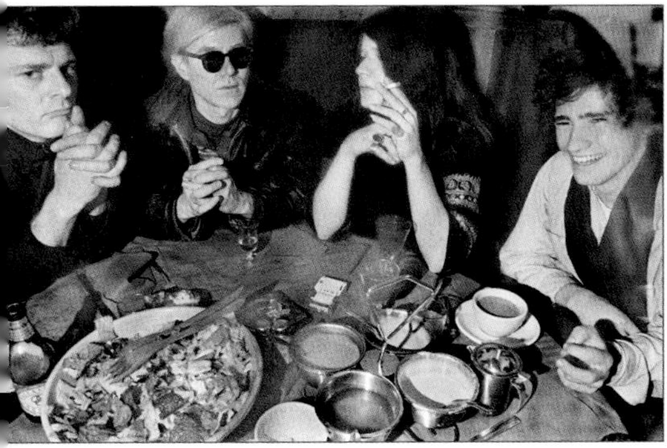

'n New York hielt sich Janis im Chelsea Hotel und 'm Nachtclub Max's Kansas City auf, hier in einem Hinterzimmer des Max mit Regisseur Paul Morrissey, Andy Warhol und Tim Buckley (der mit Big Brother im Fillmore East auftrat); 1968. (Foto von Elliott Landy)

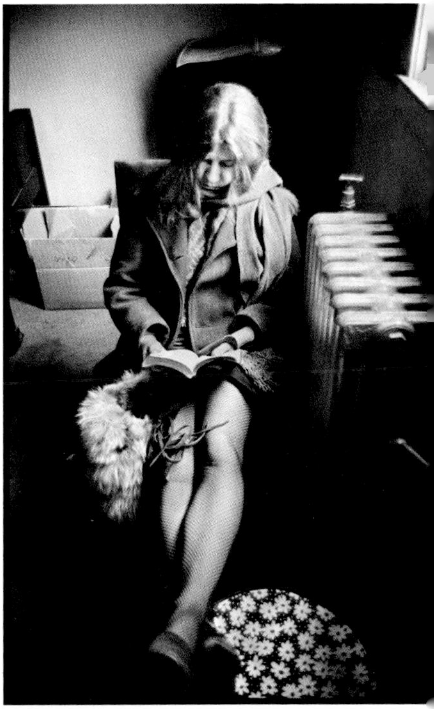

'anis reiste nie ohne Bücher und las, während sie ın Flughäfen wartete oder zwischen Gigs. (Foto von Elliott Landy)

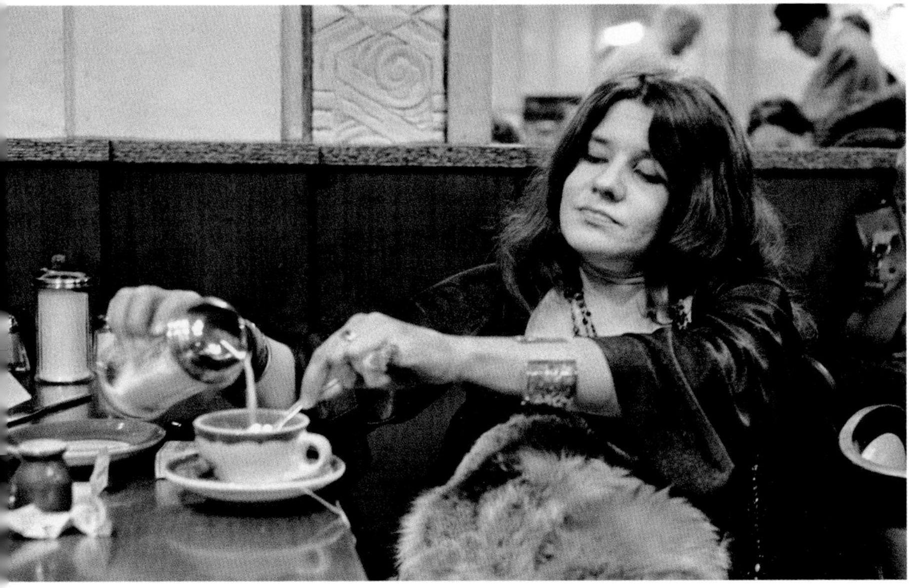

Nach Auftritten im Fillmore East begab sich Janis häufig ins jüdische Milchrestaurant Ratner's in der Second Avenue 111, um spätabends noch eine Kleinigkeit zu essen. Bill Graham bot an den Imbissständen im Fillmore Backwaren von Ratner's an. (Foto von Elliott Landy)

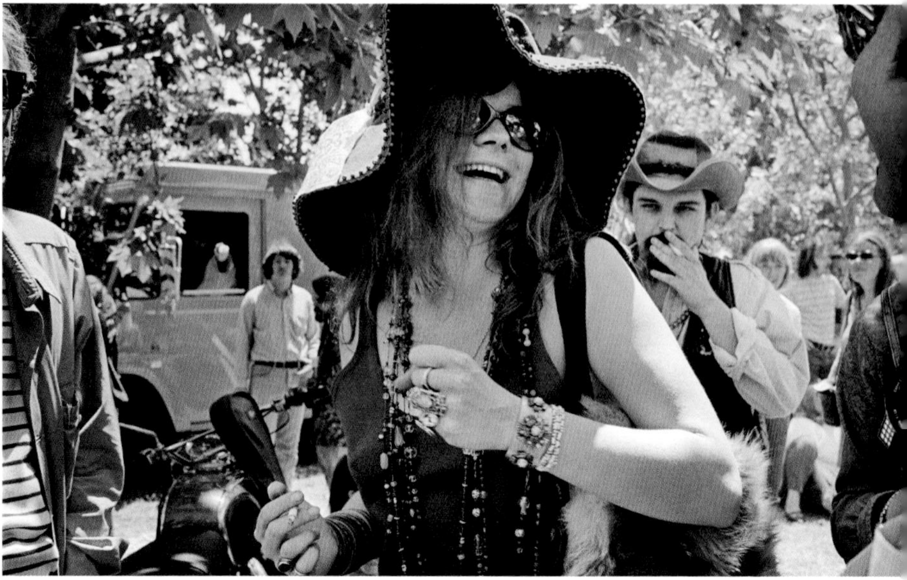

Janis unterhielt eine lange Freundschaft mit Pigpen (hinter ihr mit Hut) und sang be Turn On Your Love Light *oft im Duett mit ihm, wenn Big Brother und die Grateful Deac gemeinsam auftraten wie hier beim Northern California Folk-Rock Festival in Santa Cla ra County am 18. Mai 1968.* (© Jim Marshall Photography LLC)

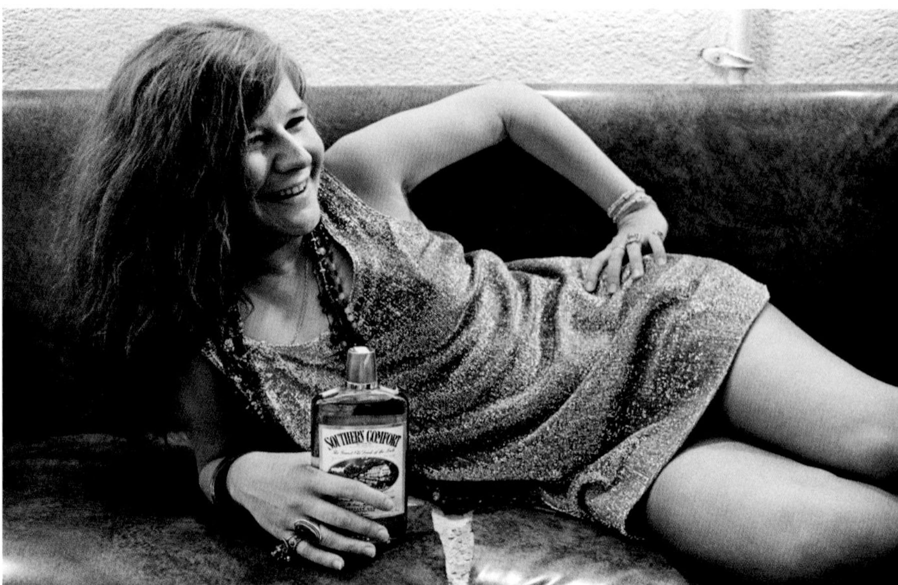

Janis wurde so oft mit einer Flasche Southern Comfort in der Hand fotografiert, dass di Firma ihr einen Pelzmantel schenkte. Jim Marshall schoss dieses Kultfoto in der Garde robe des Winterland 1968. (© Jim Marshall Photography LLC)

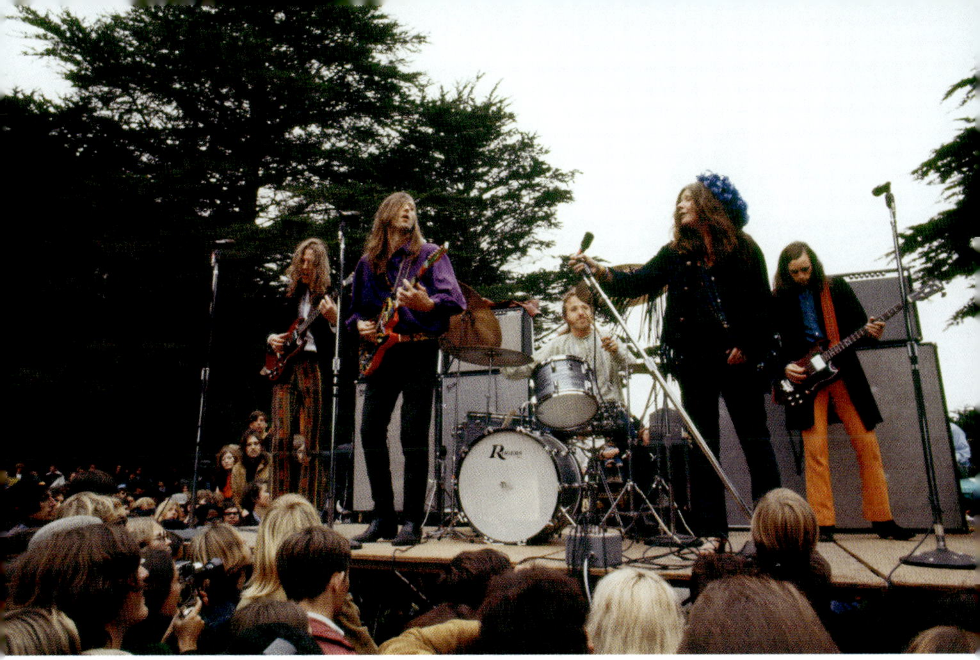

Nach der Zeit an der Ostküste waren die Musiker von Big Brother froh, im Mai 1968 wieder in ihr vertrautes Kalifornien zurückzukehren, wo sie mit Grateful Dead, Jefferson Airplane und den Doors beim Northern California Folk-Rock Festival auftraten. (© Jim Marshall Photography LLC)

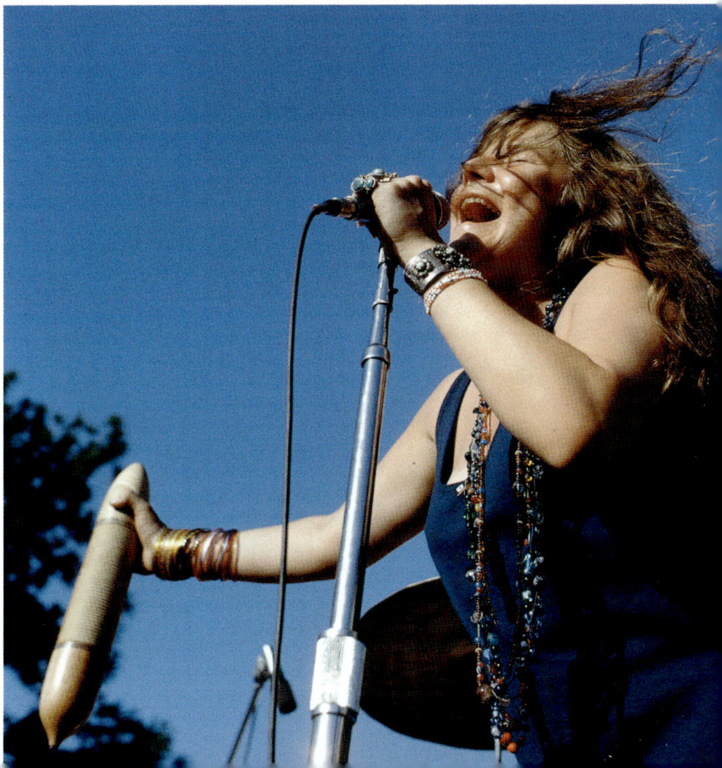

»Janis war die Göttin von San Francisco«, sagte Mick Fleetwood, dessen Band 1968 als Vorgruppe von Big Brother and the Holding Company auftrat. (© Jim Marshall Photography LLC)

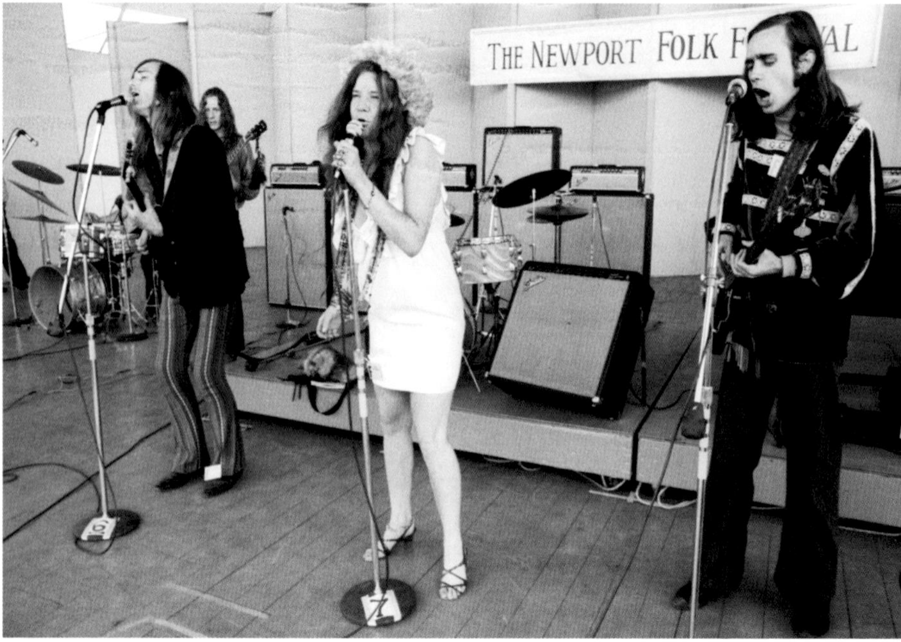

Big Brother beim Soundcheck zum Newport Festival, das zu besuchen sich Janis seit 196
gewünscht hatte. Die Band trat am Samstag, dem 17. Juli 1968, als Hauptact auf. (Foto vo
David Gahr)

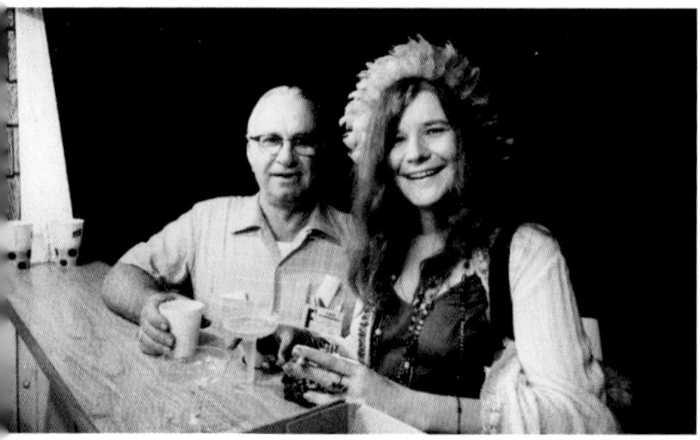

Zu den vielen erfreulichen Aspekten von Newport gehörte für Janis das Wiedersehen mit ihrem Mentor Kenneth Threadgill, der ebenfalls bei dem Festival auftrat. (Foto von David Gahr)

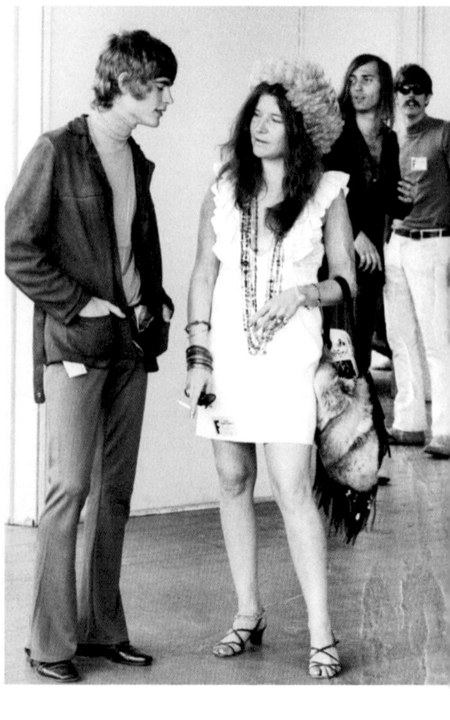

Kurz nach ihrem Eintreffen beim Newport Folk Festival im Juli 1968 traf sich Janis vor den Augen von Sam Andrew und Roadmanager John Cooke mit einem Geliebten. (Foto von David Gahr)

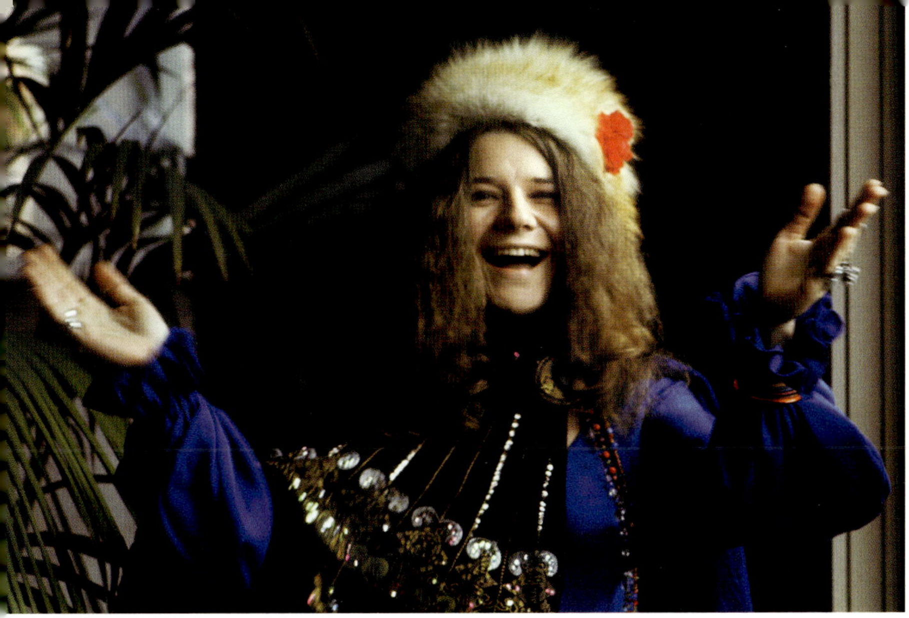

Die Königin des Rock 'n' Roll in der Studiolobby des Fotografen Baron Wolman, dem Cheffotografen der Zeitschrift Rolling Stone. *Einmal brachte Janis ein Mikro und einen Kassettenrekorder mit, um zu den Aufnahmen zu singen. »Sie begann damit, dass sie etwa fünf Minuten lang lippensynchron sang«, erzählte Wolman, »dann sang sie weitere fünf Minuten lang einfach laut, sodass sie sich selbst hören konnte, und danach lieferte sie mir ein volles Konzert, eine Stunde lang – nur für mich.«* (Foto von Baron Wolman)

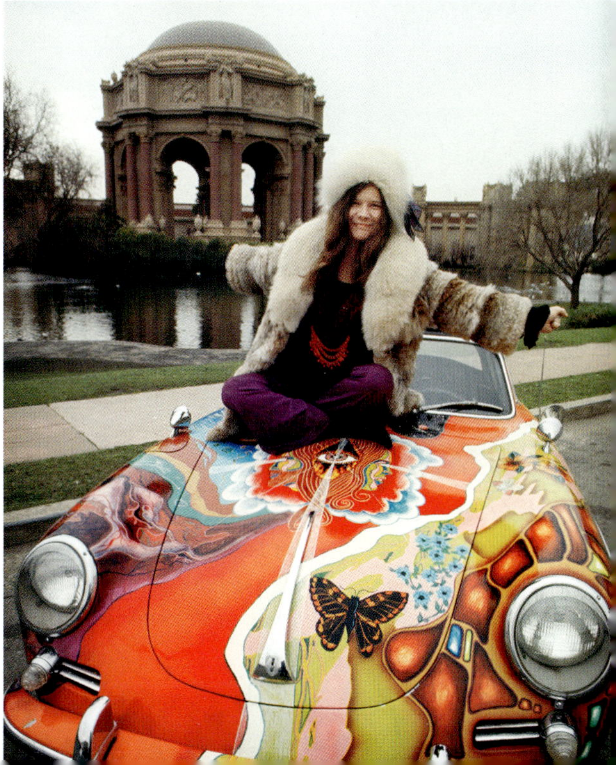

Janis mit Pelz auf ihrem Porsche – einem Cabriolet Super 90, Baujahr 1965 –, dem Symbol ihres Erfolgs und gemäß ihren Wünschen bemalt von ihrem engen Freund und ehemaligen Roadie Dave Richards. (© Jim Marshall Photography LLC)

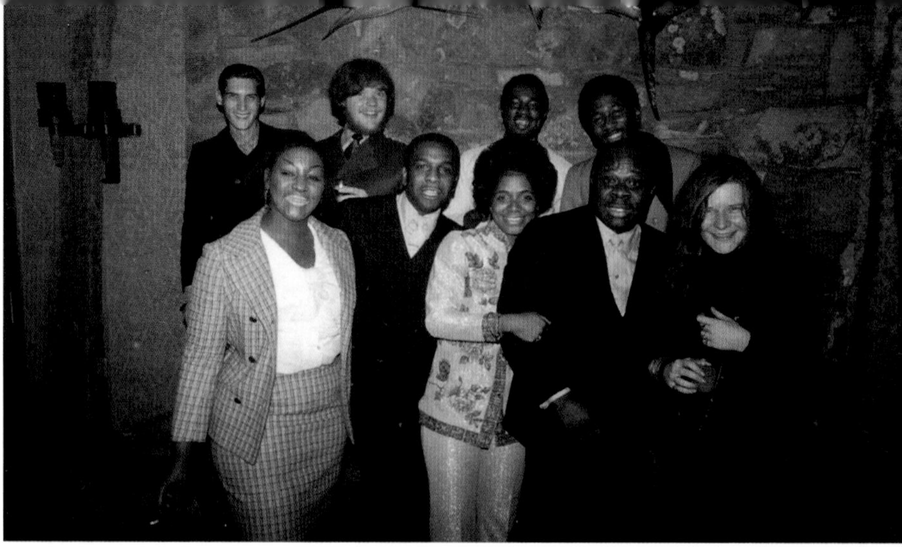

Ihren ersten Gig nach ihrer Trennung von Big Brother hatte Janis in Memphis beim Stax/ Volt-Konzert Yuletide Thing im Dezember 1968. Während einer Party im Haus des Stax-Präsidenten Jim Stewart entstanden Aufnahmen mit den Stax-Künstlern Judy Clay, William Bell, Carla Thomas, Rufus Thomas (vordere Reihe, von links nach rechts), Steve Cropper, Donald »Duck« Dunn, Ben Cauley und James Alexander (hintere Reihe von links nach rechts). (Mit freundlicher Genehmigung des Stax Museum of American Soul Music)

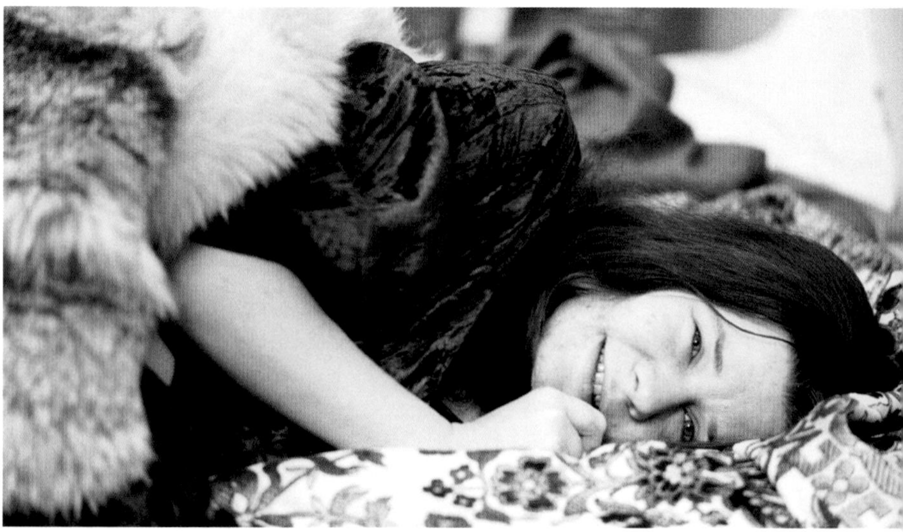

Janis in ihrem Lieblingszimmer im New Yorker Chelsea Hotel in der West 23rd Street. Zwischen dem Fotografen David Gahr und Janis bestand von der ersten Sitzung an eine besondere Beziehung, als sie erfuhr, dass er für Time *arbeitete, die Zeitschrift, die in ihrer Kindheit ein Grundbestandteil des elterlichen Haushalts gewesen war. (© Estate of David Gahr)*

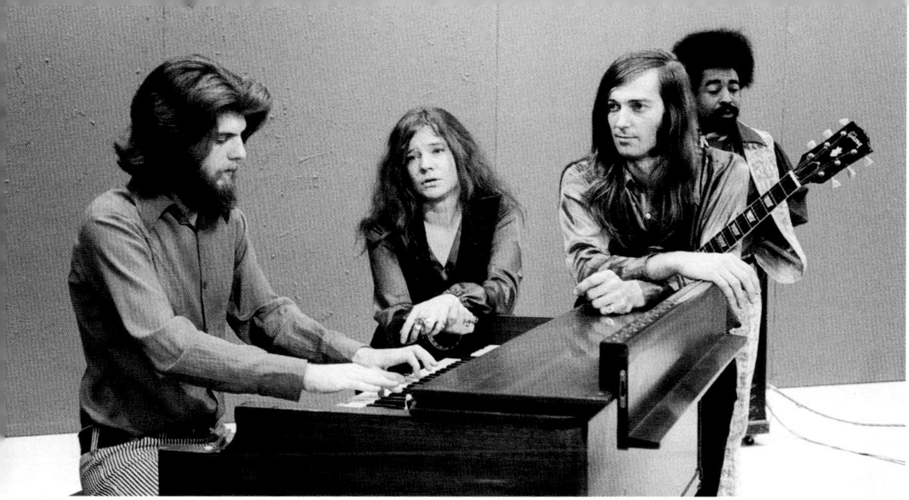

Mitglieder von Janis' neuer Band, die sich später Kozmic Blues Band nennen sollte (von links: Keyboarder Richard Kermode, Gitarrist Sam Andrew und Saxofonist Snooky Flowers), begleiten die Sängerin bei einer Probe vor dem Auftritt in der Ed Sullivan Show; 16. März 1969. (© Estate of David Gahr)

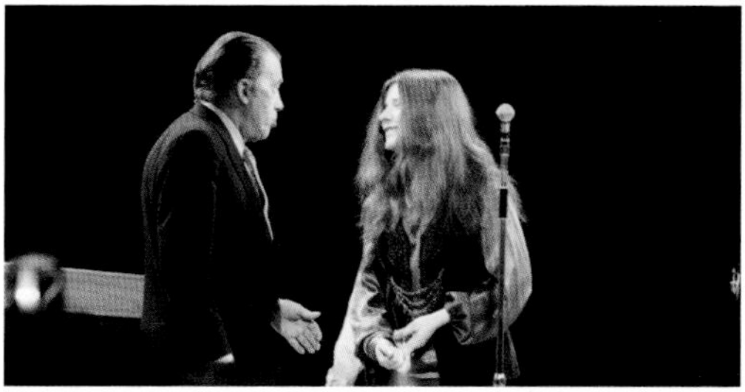

Janis war begeistert, auf der Fernsehbühne mit dem legendären Entertainer Ed Sullivan plaudern zu können, dessen Show sie und ihre Familie in den 1950er Jahren regelmäßig verfolgt hatten. (© Estate of David Gahr)

Auftritt mit der Kozmic Blues Band im Fillmore East, 1969. Amalie R. Rothschild, Mitglied der Joshua Light Show und inoffizielle Hausfotografin des Fillmore East, machte mehrmals Aufnahmen von Janis. (© Foto von Amalie R. Rothschild)

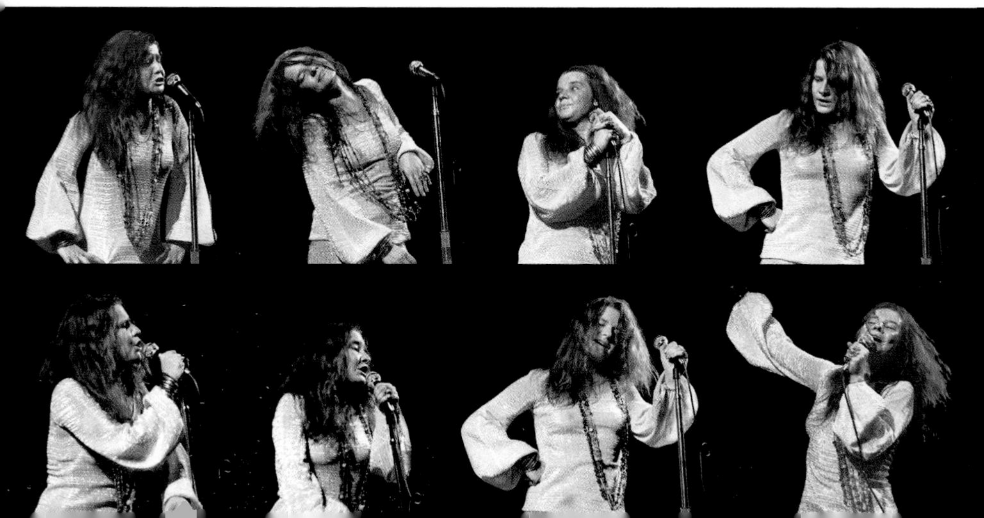

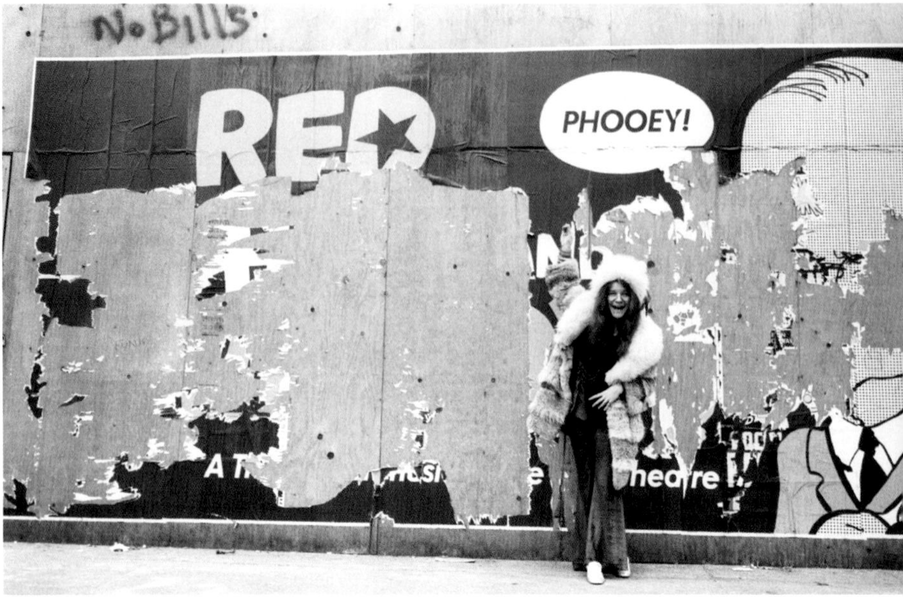

Janis vor einem abgeblätterten Werbeplakat für ein Off-Broadway-Stück über den konservativen Politiker Lester Maddox aus Georgia. (© Estate of David Gahr)

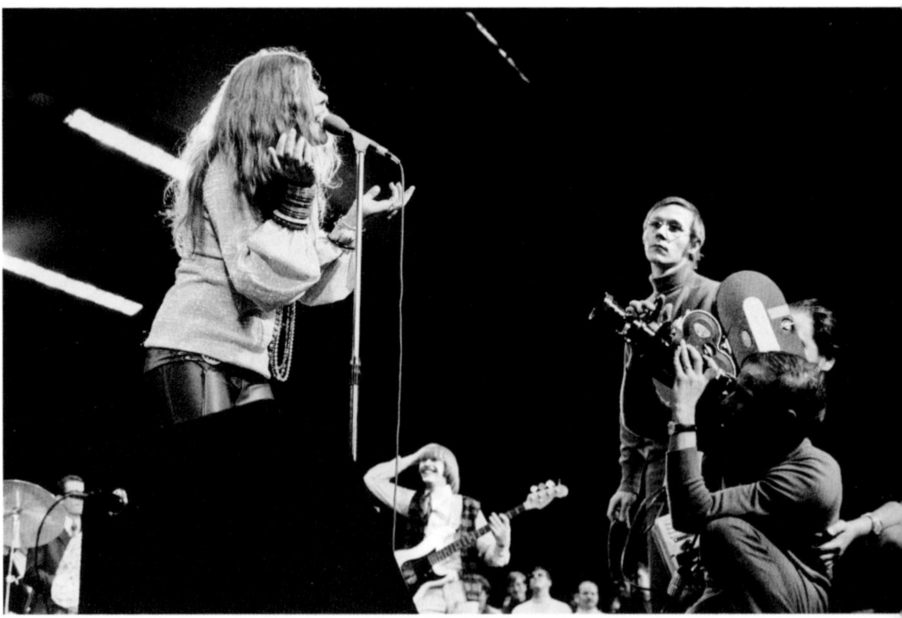

Einer der Höhepunkte von Janis' Europatournee 1969 war ein Konzert in Frankfurt am Main im April; der Bassist Brad Campbell war ebenso perplex über ihren Auftritt wie die Zuschauer, von denen einige am Ende des Sets die Bühne stürmten. (Foto von John Byrne Cooke)

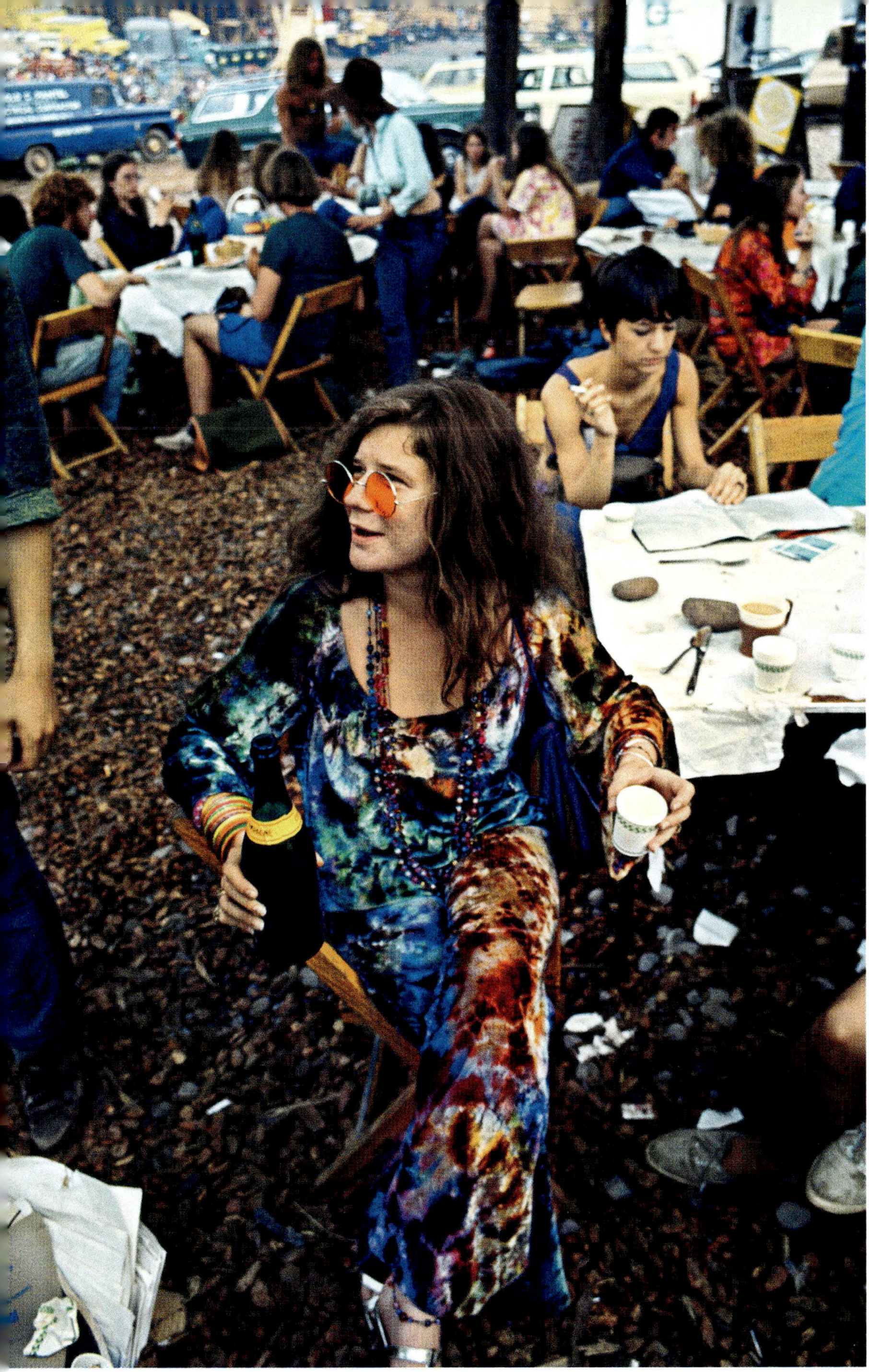

n Woodstock zeigte sich Janis im Künstlerpavillon sehr kontaktfreudig und schenkte roßzügig Champagner aus. (Foto von Elliott Landy)

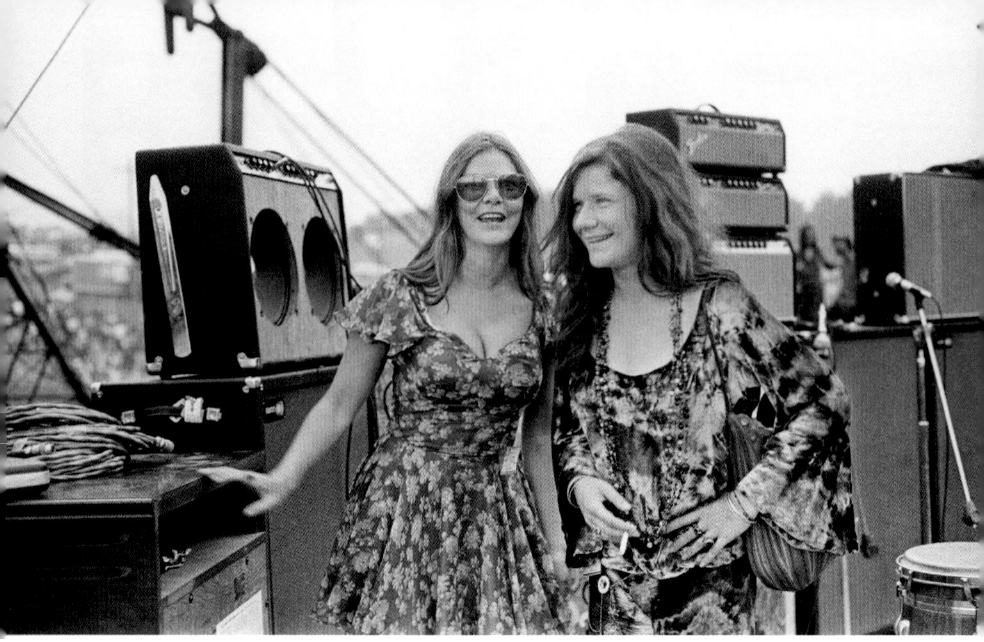

Zum Woodstock Festival wurde Janis von ihrer Freundin und Geliebten Peggy Casert begleitet; August 1969. (© Jim Marshall Photography LLC)

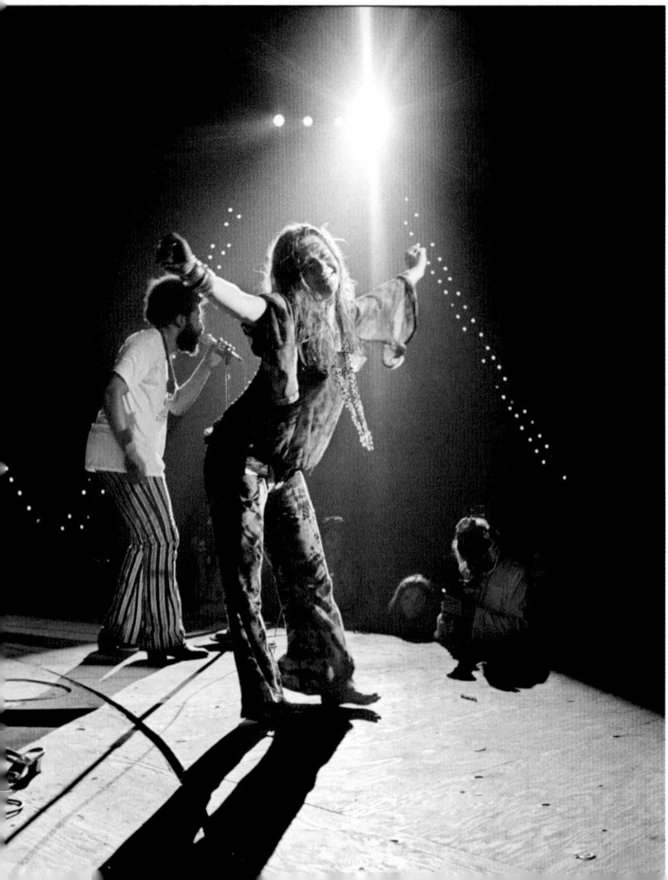

Beim Konzert von Janis un der Kozmic Blues Band i Woodstock, das um drei Uh morgens begann, sang Snoc ky Flowers Don't Turn M Loose, *während Janis barfu dazu tanzte.* (Foto von Ellio Landy)

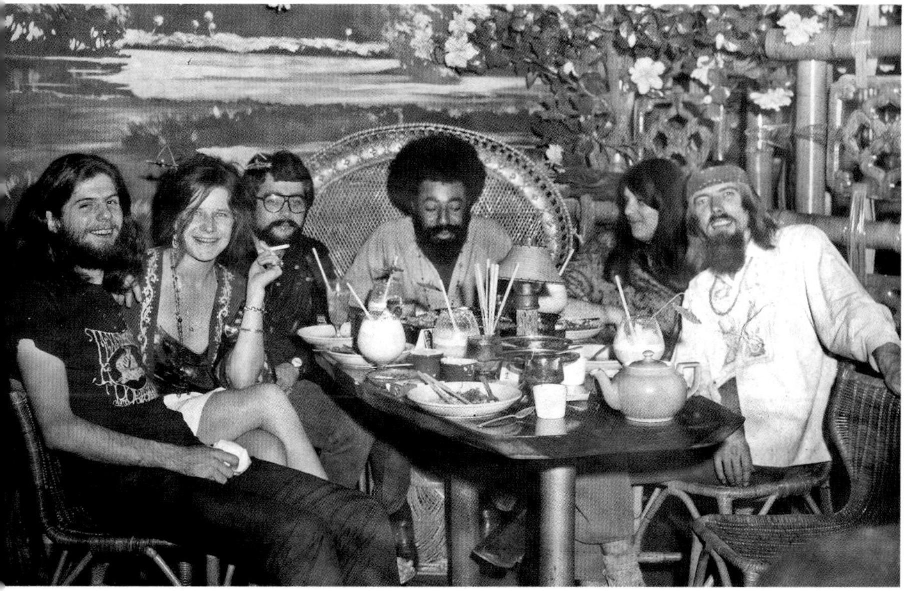

In Florida verbrachte Janis ihre freie Zeit mit Mitgliedern der Kozmic Blues Band und deren Entourage (von links: Richard Kermode, Roadmanager Joe Crowley, Snooky Flowers, Linda Gravenites und der Saxofonist Terry Clements). (Foto von Terry Clements)

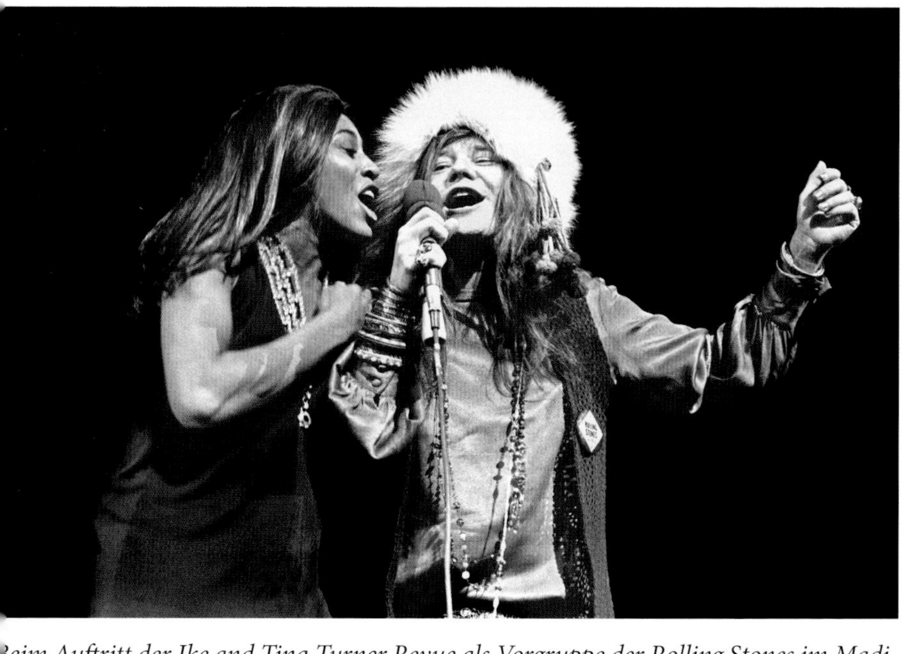

Beim Auftritt der Ike and Tina Turner Revue als Vorgruppe der Rolling Stones im Madison Square Garden am 27. November 1969 kam Janis auf die Bühne und sang mit Tina Turner ein Stück im Duett. (© Foto von Amalie R. Rothschild)

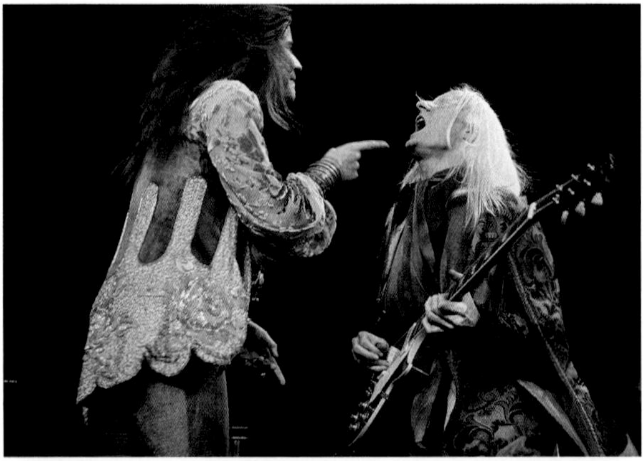

Beim letzten Auftritt de Kozmic Blues Band im Madison Square Garden an 19. Dezember 1969 teilte Janis die Bühne mit dem au Beaumont, Texas, stammenden Johnny Winter. *(© Photograph by Steve Banks)*

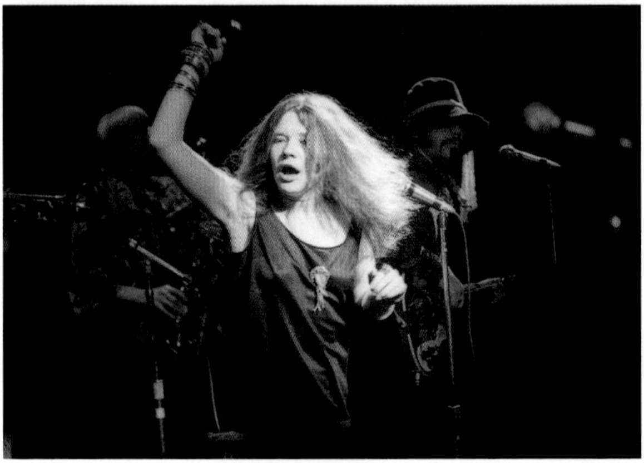

Der Schwanengesang de Kozmic Blues Band: Jani mit Terry Clements an ihre Seite (links von ihr); Gitarris John Till (rechts) und Bassis Brad Campbell sollten sic 1970 Janis' neuer Grupp Full Tilt Boogie Band anschließen. *(Foto von Jay Good Frank White Agency)*

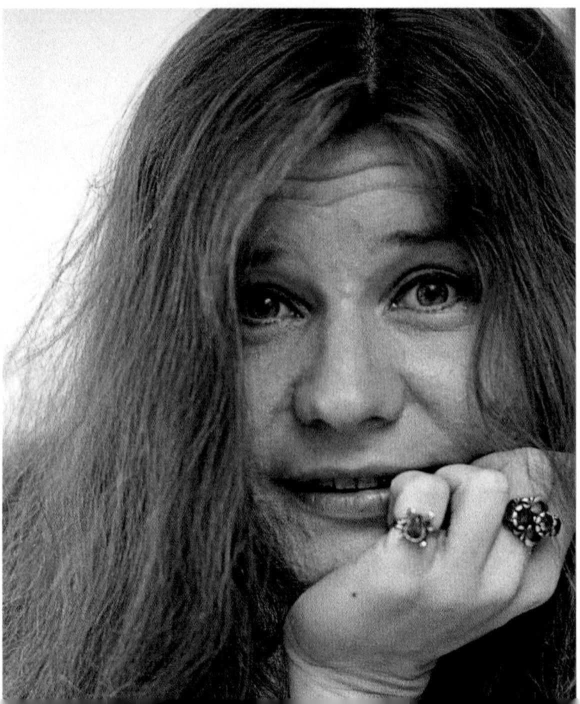

Janis mit wachem Blick an 19. Dezember 1969 in ihren Zimmer im Hotel One Fift Avenue nach ihrem Konzer im Madison Square Garden an jenem Abend hatte sie einen Rückfall und spritzte sic wieder Heroin. *(Jay Good/Fran White Agency)*

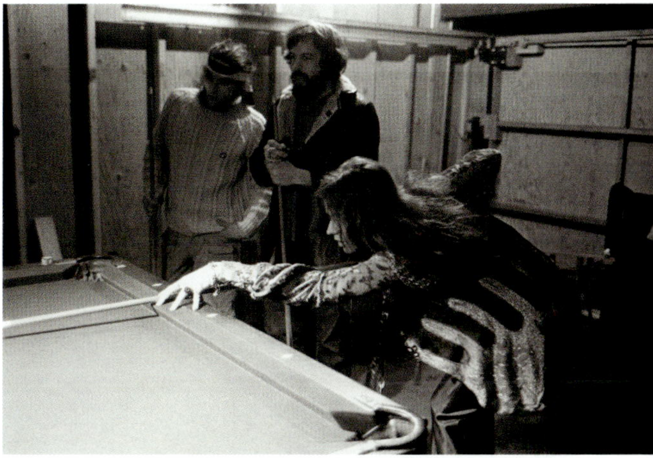

'n ihrem neuen Heim in Larkspur spielte Janis gern n der Garage Billard. Bald ollte sie in diesem Raum lie Proben mit ihrer neuen Gruppe leiten. *(Foto von Baron Volman)*

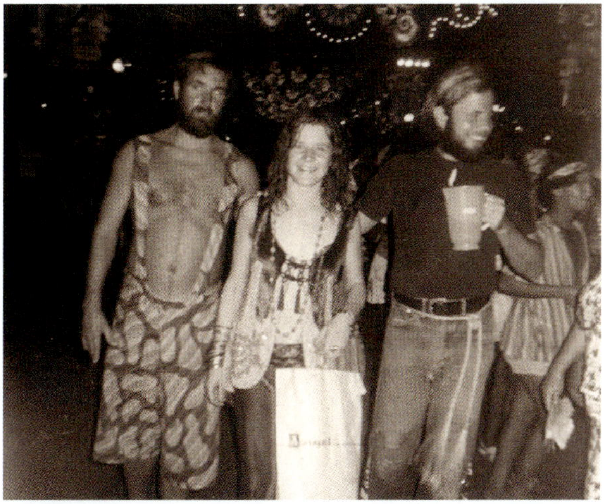

anis verliebte sich wie verückt in den aus Ohio stammenden David Niehaus rechts), den sie zusammen nit Ben Beall (links) beim Karneval in Rio de Janeiro cennenlernte. *(© Fantality Corp. oto von Linda Gravenites)*

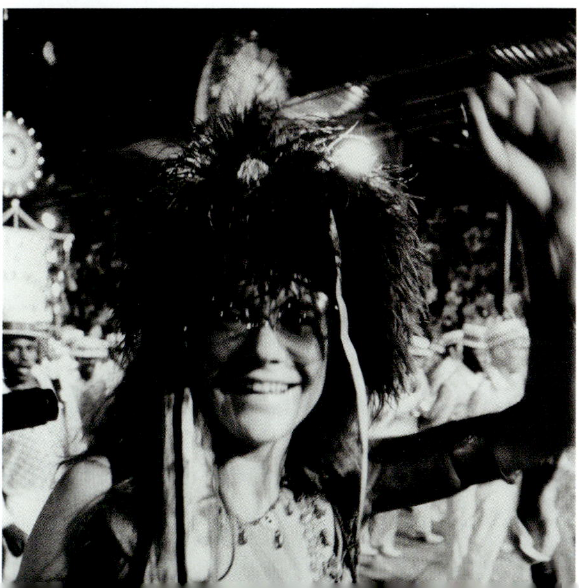

)ie Schönheit des Karnevals, 'ebruar 1970. Janis und Jiehaus versuchten vergebich, das erste Rockfestival Brasiliens zu organisieren, m die Party in Gang zu halen. *(© Fantality Corp.; Foto von Haroldo Silva Filho)*

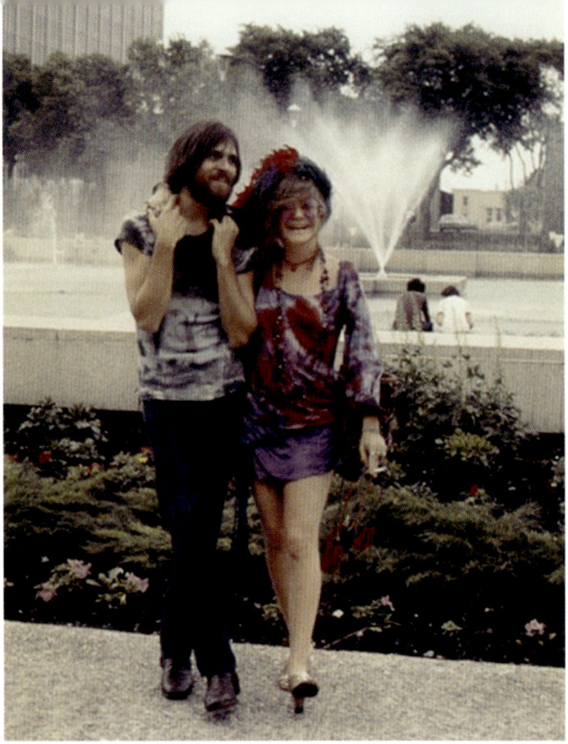

Bei der Festival-Express-Tou freundete sich Janis mit den aus New York stammender Singer-Songwriter Eric Ander sen an, hier bei einem Stopp ir Winnipeg. Kurz nach de Tournee schrieb er den Son; Pearl's Good Time Blues *übe Janis.* *(mit freundlicher Genehmi gung von Eric Andersen)*

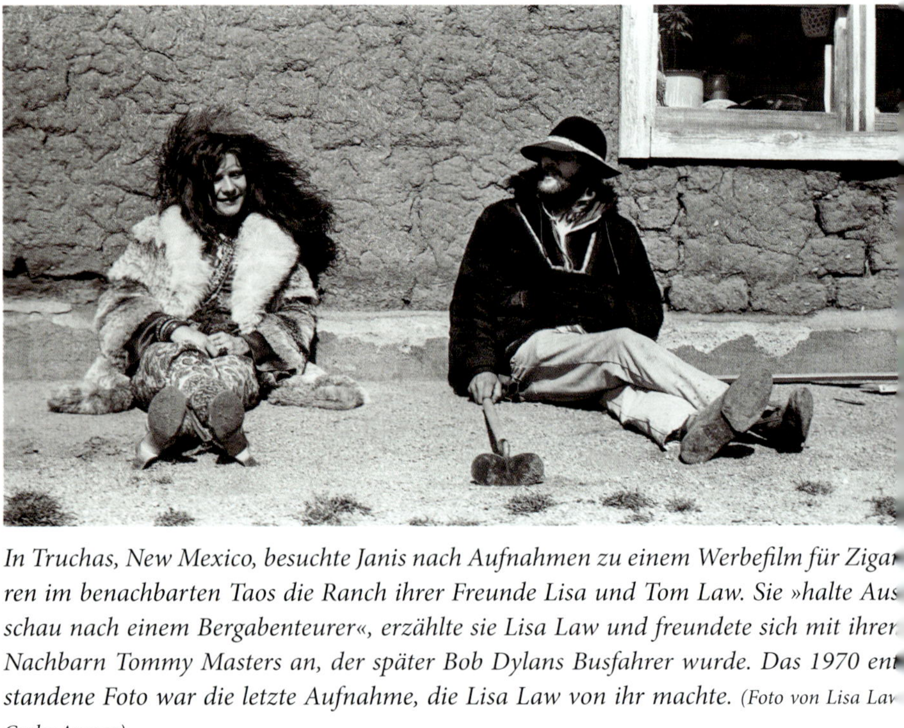

In Truchas, New Mexico, besuchte Janis nach Aufnahmen zu einem Werbefilm für Ziga ren im benachbarten Taos die Ranch ihrer Freunde Lisa und Tom Law. Sie »halte Aus schau nach einem Bergabenteurer«, erzählte sie Lisa Law und freundete sich mit ihrer Nachbarn Tommy Masters an, der später Bob Dylans Busfahrer wurde. Das 1970 ent standene Foto war die letzte Aufnahme, die Lisa Law von ihr machte. *(Foto von Lisa Lav Cache Agency)*

'anis gewann den Respekt ınd die Liebe des Pearl-Proluzenten Paul Rothchild. Allerdings sagte er zu ihr: ›Vögeln wir lieber auf dem Band.« (Foto von Clark Pierson)

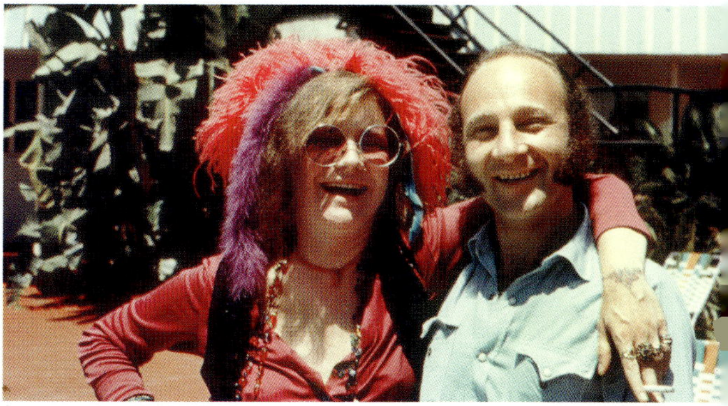

'anis bewunderte Kris Krisofferson und traf sich immer vieder mit dem ungebundeten Autor des Songs Me and Bobby McGee in Kalifornien. Foto von Clark Pierson)

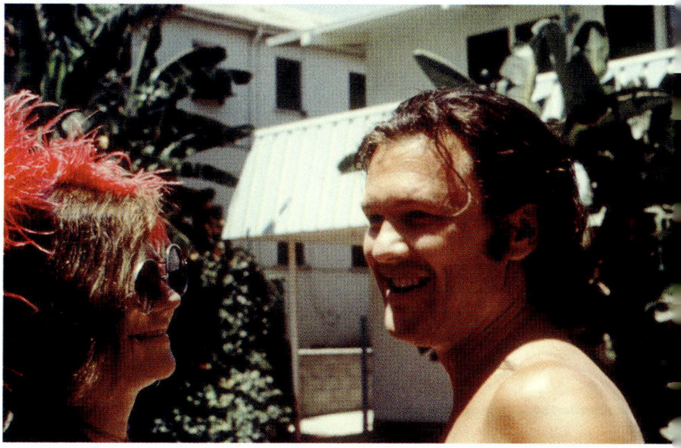

'or dem Konzert der Full Tilt Boogie Band im Garden State Arts Center in Holmdel, New Jersey, entspannte sich Pearl (wie Janis von den Bandmitgliedern genannt wurde) nit dem Keyboarder Ken Pearson und dem Bassisten Brad Campbell, aufgenommen om Schlagzeuger Clark Pierson am 11. August 1970. (Foto von Clark Pierson)

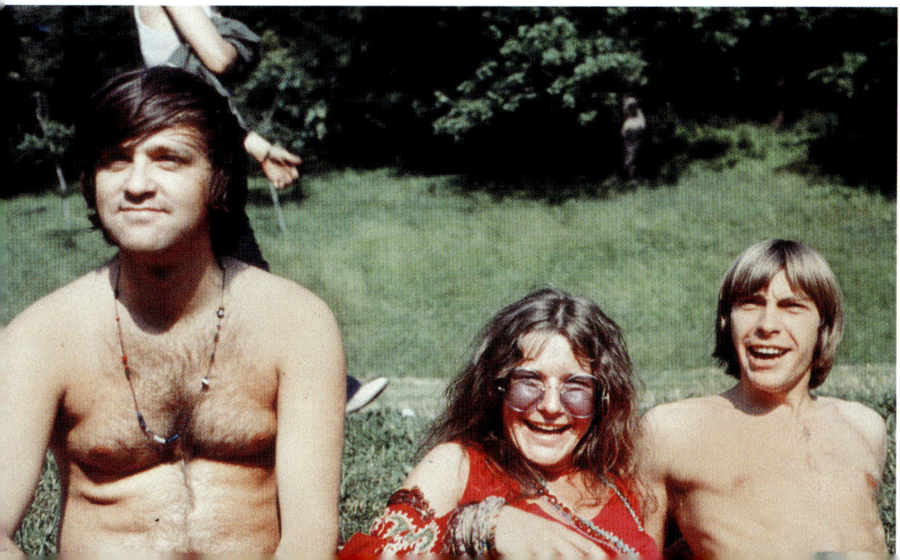

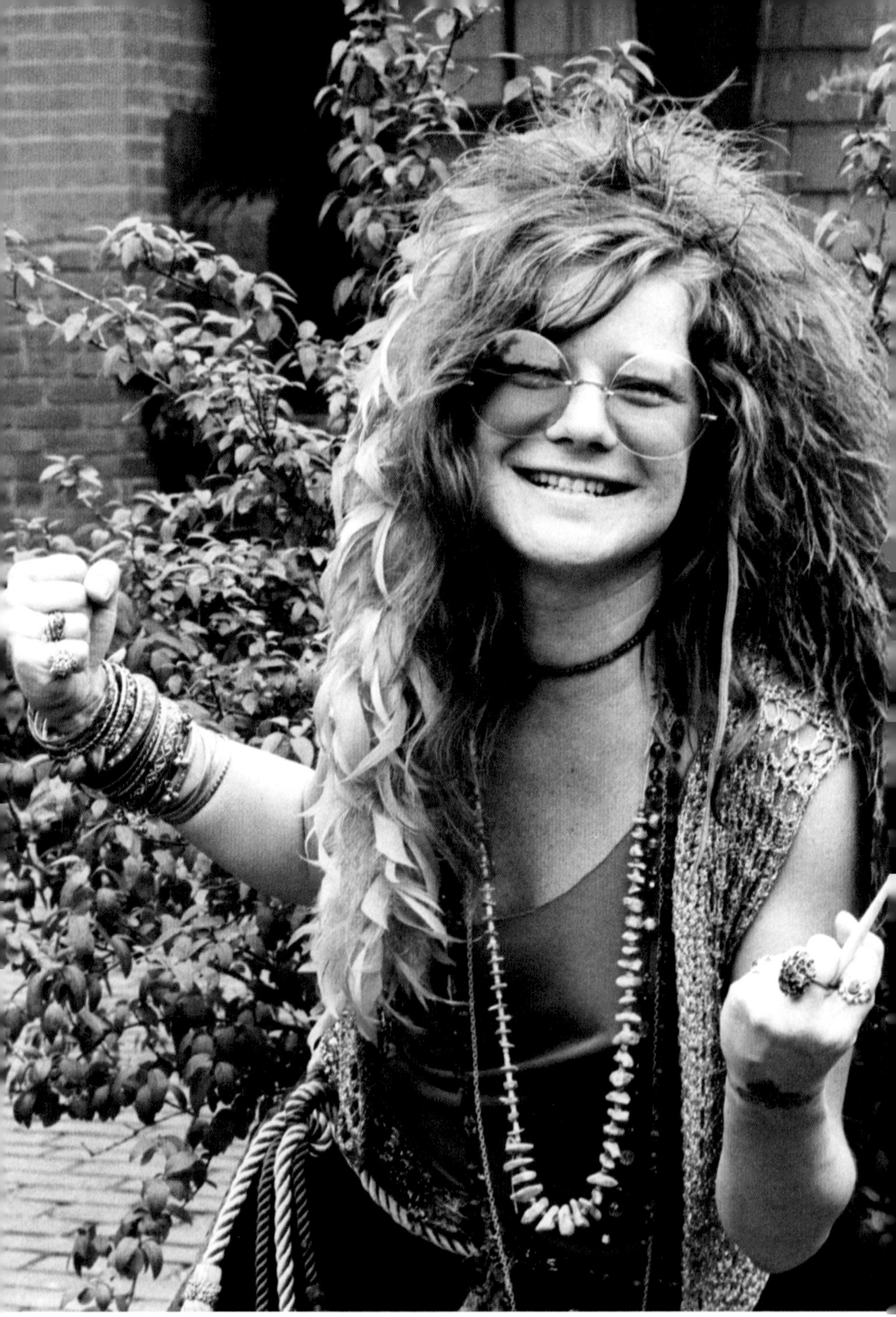

Janis Joplin auf der Dachterrasse des Chelsea Hotel; 1970. Sie sagte einmal: »Mach kein Kompromisse mit dir selbst. Du bist alles, was du hast.« (© Estate of David Gahr)

Die drei waren auf dem Boden ineinander verknäult … Ihre Betreuer eilten herbei, zogen sie auseinander und brachten sie nach Hause.« An die wüsten Auseinandersetzungen in den Kneipen Louisianas gewöhnt, tat Janis diese alkoholisierte Episode achselzuckend als eins ihrer normalen Abenderlebnisse ab.

Als Big Brother am 28. März endlich die Aufnahme von *Summertime* gelungen war, schrieb Janis freudig gestimmt an Dorothy Joplin: »Aber die drei Tracks, die wir aufgenommen haben, klingen wirklich gut.«[54] Obwohl sie von den New Yorkern als Entdeckung gefeiert wurde, sehnte sie sich noch immer nach der Anerkennung der Mutter: »Ich kann Dir gar nicht sagen, wie viel mir Deine Briefe hier bedeutet haben – sie waren so nett. Deine Erstgeborene schlägt sich weiterhin tapfer im Musikgeschäft. Habe ich dir von all meinen Kritiken berichtet? Darf ich es noch einmal tun? Das alles ist für mich so aufregend.« Nachdem sie dann in allen Einzelheiten die umfangreiche Liste der über sie erschienenen Artikel aufgezählt hatte, fügte sie hinzu: »IST DAS NICHT DER WAHNSINN?«[55]

Wie in der Vergangenheit versuchte Janis auch weiterhin, mit ihrer Mutter über Mode in Kontakt zu treten – und nun, da sie es sich leisten konnte, auch über das Thema Wohnungsdekoration: »Habe mir gerade für 115 $ Felle gekauft – eine Hirschhaut für die Wand, fünf getragene Mäntel, die auseinandergeschnitten und zu einer überdimensionalen Decke zusammengenäht werden sollen, und eine wunderschöne, ungefähr zehn Zentimeter dicke und riesige weiße Alpakadecke! Fantastisch, ich liebe Fell und weiche Sachen. Habe keine Klamotten gekauft, seit ich hier bin – nur Schuhe. Im Grunde ist außer im Musikgeschäft gar nichts gelaufen. Die Zeit hier ist voll und ganz für Aufnahmen, Konzerte, Interviews und Fotosessions draufgegangen … Mach es gut für heute – versuche, wieder zu schreiben, wenn ich nicht so sehr mit mir selbst beschäftigt bin.«[56]

In der Woche bevor Big Brother nach Kalifornien zurückkehrte, war die Band gemeinsam mit B. B. King für eine Reihe von Konzerten im angesagten neuen Club Generation im Greenwich Village gebucht. Das Lokal an der East Eighth Street hatte keine Ausschankgenehmigung für Alkohol. Zwei Jahre später richtete Jimi Hendrix in dem Gebäude des Generation Club sein Electric Lady Studio ein. Pennebaker filmte Big Brothers erstes Konzert, darunter auch eine gut gespielte Version von *Summertime*. Nach dem entsetzlichen Attentat auf Martin Luther King in Memphis wurde der Club zu einer Anlaufstelle für die Trauernden. »B. B. King [saß] auf seinem Gitarrenverstärker auf der Bühne und [spielte] Gospelsongs. Er rührte das Publikum zu Tränen«, erzählte John Cooke.[57] Der Club blieb die ganze Nacht geöffnet; Jimi Hendrix und der Bluesmusiker Buddy Guy kamen vorbei und spielten. Zu einer besser organisierten Gedenkfeier für Martin Luther King lud John Cooke bei Big Brothers letztem Konzert im Generation Club Musiker wie Jimi Hendrix, Buddy Guy, Al Kooper, Paul Butterfield, Elvin Bishop, Ritchie Havens und Joni Mitchell zum Mitspielen ein.

* * *

Im Frühling 1968 hatte es Big Brother geschafft. In nicht einmal zwei Monaten hatte die Band durch ihre Konzerte über 40 000 Dollar eingenommen, nach heutigen Verhältnissen fast eine Viertelmillion, und man gab sich eine Gehaltserhöhung. Das Tempo blieb allerdings auch in Kalifornien hektisch. Nachdem sie am 10. April ein Konzert im Anaheim Convention Center gegeben hatten, kehrten sie nach San Francisco zurück. »Wir sind ungeheuer froh, hier bei euch zu sein«, erklärte Janis während ihrer dreitägigen Auftritte für Bill Graham, zunächst im Fillmore West und anschließend, für ein noch größeres Publikum, im Winterland Ballroom. »Sie marschierte aufgedreht schnatternd über die Bühne und stampfte mit dem Fuß auf, was sie tat, wenn sie wirklich glücklich war«, beobachtete Sam Andrew.[58]

David Getz meinte: »Die triumphale Rückkehr nach Hause

war für uns alle etwas Großartiges. Eine Zeitlang kam es uns echt so vor, als wären wir losgezogen und hätten die Welt erobert.«[59] Und tatsächlich hört man die Band voller Elan und in Höchstform in dem Mitschnitt, der für eine eventuelle Verwendung auf ihrer LP angefertigt worden war. »Die Live-Versionen enthalten mehr von der reinen, irren, rohen Energie, die unser Markenzeichen ist, die wir im Studio aber herunterschrauben mussten«, erklärte David Getz. Peter Albin, der nach wie vor mit Janis auf der Bühne Sprüche klopfte, dankte dem begeisterten Publikum für seine »Geduld« – an der es den New Yorkern gefehlt habe.

In der Geborgenheit San Franciscos nahm Janis ihre Beziehung zum kosmischen Cowboy Milan Melvin wieder auf, der inzwischen zu dem angesagten neuen UKW-Sender KSAN gewechselt war. Und als Janis Peggy Caserta in ihrem Haus in Stinson Beach besuchte, wurde aus der platonischen Freundschaft zu der Boutiquenbesitzerin eine sexuelle. Peggy hatte bereits während eines Einkaufsbesuchs in New York eine gemeinsame Nacht mit Janis im Chelsea Hotel verbracht, und als sie sich näherkamen, machte Janis sie mit dem Heroin bekannt, das sie sich wieder spritzte. Beim ersten Schuss, den sie Peggy gab, murmelte sie: »Nun verabschiede dich von deinen Schmerzen«, erinnerte sich Peggy. Sie hatte zu jener Zeit eine Beziehung zu einer körperlich gewalttätigen Frau. »Bis zu diesem Abend verstand ich nicht, warum Janis sich zum Heroin hingezogen fühlte«, schrieb Peggy in ihren Memoiren *I Ran Into Some Trouble*. Sie suchte »verzweifelt nach einer Möglichkeit, dieses Gefühl einer offenen Wunde nicht mehr spüren zu müssen«, und Janis »bot mir voller Zärtlichkeit und Güte die Lösung an … eine, zu der sie selbst gegriffen hatte, um ihren Schmerz und vielleicht auch gewisse Ängste zu lindern«.[60] Peggy Caserta listete anschließend in allen Einzelheiten Janis' gut gepflegte Ausrüstung auf: ihre Spritze, den Löffel und das rote Seidentuch zum Abbinden des Arms. Als sie selbst Junkie wurde, »trug die Droge … noch auf zusätzliche Weise zu unserem Zusammenhalt bei«, schrieb sie.[61] Gelegentlich genossen die beiden Frauen, was Sex und Drogen betraf, einen flotten Dreier mit Milan Melvin, der kurze Zeit später Joan Baez' Schwester Mimi Fariña heiraten würde. Peggy Caserta berichtete, dass sich Janis ironisch »die Königin der unerwiderten Liebe« nannte. Trotz all ihrer Verhältnisse sehnte sie sich nach dem einen, in dem sie jene uneingeschränkte, bedingungslose Liebe finden würde, von der sie so sehnsüchtig bei ihren Auftritten sang. »Du brauchst dir nur all die Liebeslieder anzuschauen«, sagte sie zu Peggy. »Wie viele handeln vom Glück?«

Weil Janis auf Tournee (wegen ihres Hundes George) ihre Mietwohnung in der Lyon Street verloren hatte, zog sie gemeinsam mit Peggy in die Noe Street im Gebiet zwischen dem Castro und dem Mission District. Ihre größere Dreizimmerwohnung lag im zweiten Stock in einem auf einer Anhöhe gelegenen Haus und bot einen herrlichen Ausblick über das Stadtviertel Noe Valley. An der Wand ihrer neuen Küche hing ein Bild von »Onkel Albert« – ein aus einer Quaker-Haferflocken-Packung ausgeschnittenes Foto von William Penn, der Janis' Meinung nach Albert Grossman ähnelte.

In den restlichen Aprilwochen und Anfang Mai gab die Band Konzerte in Kalifornien und fuhr zwischenzeitlich in die Columbia Studios in Los Angeles, um die Arbeit an der LP zu beenden. Obwohl sie versuchten, den anspruchsvollen Simon zufriedenzustellen, kam es erneut zu Spannungen. Er warf Janis vor, beim Singen nicht den Ton zu halten, und kritisierte vor allem, dass sie bei jeder Aufnahme die gleiche Phrasierung brachte – was sie sich während der Sessions im Mainstream Studio mittels Double-Tracking – Singen zur eigenen Tonbandaufnahme – ganz bewusst angeeignet hatte. Für die Aufzeichnungen bei Columbia hatte sie ihre Partie derart sorgfältig einstudiert, dass sie sie mit jedem neuen Take fehlerlos wiederholen konnte. Simon hingegen vermisste bei Janis die Authentizität, denn seiner Meinung nach sollten Jazz- und Bluessänger improvisieren, sobald sie zu singen ansetzten.

Doch Janis' schon bald als richtungweisend geltender Gesangsstil beruhte auf gezielten Überlegungen und Proben. Im Interview mit Nat Hentoff erklärte sie: »Meine Phrasierungen sind meinem Gefühl nach nicht frei genug, um mich als Jazzsängerin einzuordnen. Mein Takt ist eher fordernd, wenn ich singe, und eher regelmäßig als synkopisierend. Und ich gehe nicht über die Band hinweg, sondern versuche, mit meiner Stimme rhythmische Akzente zu setzen.«[62]

Simon, im Studio Perfektionist, schätzte bestimmte Aspekte von Janis' Talent und ihr intensives Proben. Doch er hatte wohl nicht wirklich verstanden, worum es ihr ging. Die beiden hatten einfach keinen Draht zueinander. Er fühlte sich von ihrer Ungeschliffenheit und bodenständigen Art abgestoßen. »Sie sagte: ›Hey, Arschloch!‹ – So rief sie mich, anstatt mich ›John‹ zu nennen«, beschwerte er sich später.[63] Als Janis John Simon bei einer Aufnahmesession mit Electric Flag am Keyboard hörte, bestand sie allerdings darauf, dass er beim *Turtle Blues* Barrelhouse Piano spielte. Um den von Simon gewünschten Eindruck einer Live-Aufnahme zu erzeugen, gingen James Gurley und Sam Andrew mit einem Tonbandgerät ins Barney's Beanery, ihre Lieblingskneipe, und nahmen die Hintergrundgeräusche des Lokals auf. Anschließend im Studio zerschlugen John Cooke, Bob Neuwirth und Howard Hesseman – der mit dem Committee-Mitglied Carl Gottlieb nach Los Angeles gezogen war – Gläser und fegten die Scherben zusammen, um diese Geräusche in die Aufnahme einzubauen. Zwar ließen sich die meisten Hörer in die Irre führen – dem Barney's Beanery wird auf dem Cover der LP für die »Vibes« gedankt –, doch Simon rümpfte die Nase über den Track und nannte seinen Klavierpart »einen meiner beiden peinlichen Auftritte auf Platte«.[64] Mit dem intensiven *I Need a Man to Love* und *Oh, Sweet Mary* und einer umgeschriebenen Version von *Cuckoo* – einschließlich der von Janis neu verfassten, sich wohl auf Texas beziehenden Zeilen »Why is it so hard / Breathing the Air?« – stellte Big Brother das Album schließlich fertig.

Für die Zeit der Studiosessions war die Band nach Hollywood in das Landmark Motor Hotel an der Franklin Avenue gezogen, einem angesagten Stützpunkt von Rockmusikern, das ihnen von Bob Neuwirth – der zu jener Zeit für die Doors arbeitete – empfohlen worden war. Durch sein künstliches Südsee-Ambiente und die dicken Teppiche wirkte es ein bisschen kitschig, andererseits hatte die Hotelleitung nichts gegen nächtliche Partys einzuwenden. An seinem abgeschiedenen Swimmingpool hatten sich bereits Jimi Hendrix und die Chambers Brothers getummelt. Wann immer Janis dort unterkam, wählte sie das Zimmer 105 in der Nähe der Lobby, von dem sie nur einen kurzen Weg zum Pool hatte. Es wurde ihr zweites Zuhause, wenn sie sich in Los Angeles aufhielt. In dieser Zeit schloss sie sich näher an Neuwirth an, der sie mit einem ganz neuen Kreis von Freunden bekannt machte. Darunter war auch der Schauspieler Michael J. Pollard, der seit seiner Rolle als C.W. Moss in *Bonnie und Clyde* hoch gehandelt wurde. Er drängte darauf, Janis eine Rolle in einem unabhängig produzierten Western zu geben, der jedoch nie realisiert wurde.

An einem verrückten Nachmittag kreuzte Janis mit ihrer Entourage bei einer Party der Freundinnen von Hesseman und Gottlieb auf, die das Haus des Entertainers John Davidson in Calabasas betreuten. Nach stundenlangem Alkoholkonsum kam es zu einem weiteren Zusammenprall zwischen Janis und Jim Morrison. Als sie Poolbillard spielte und ihn dabei bewusst ignorierte, packte er sie plötzlich beim Haar und drückte ihr Gesicht nach unten auf einen Couchtisch. Janis lief weinend ins Badezimmer. Kurz darauf kam sie wieder heraus, schnappte sich eine Whiskeyflasche, und als Jim Morrison zur Tür stolperte, schlug sie sie ihm über den Schädel. Der erzählte: »Jims Urteil [über Janis] lautete: ›Was für eine prachtvolle Frau! Sie ist großartig …‹ Er hatte sich verliebt. Er stand auf Gewalt.«[65] Die Feindschaft zwischen Janis und Jim Morrison blieb bestehen. Als Janis einige Zeit später in Dick Cavetts Fernsehsendung zu

Gast war, gab ihr der Moderator mit den Worten Feuer: »Let me light your fire!« Janis warf ihm einen vernichtenden Blick zu und sagte mit vor Sarkasmus triefender Stimme: »Er ist mein *Lieblingssänger,* musst du wissen.« Weiter führte sie es nicht aus.

Für die Bühne legte sich Janis ein Image zu, das einzelne Züge ihrer Persönlichkeit grob übertrieb. Einmal fragte sie Linda Gravenites: »Was ist, wenn sie herausfinden, dass ich nur Janis bin?«[66] In der Öffentlichkeit und bei Konzerten wurde ihr Auftreten jedoch immer gewagter. Zwischen den Songs gab sie im Stil von Mae West gelegentlich Sprüche zum Besten, die ihre Bandkollegen irritierten. »Mir fiel auf, dass Janis den Presseberichten Glauben schenkte«, stellte Peter Albin fest, nachdem man in Artikeln ihr Talent hervorgehoben hatte.[67] Sie gab sich wie eine Diva, was wohl auch darauf beruhte, dass »ihre Entourage, diese Clique von Typen aus L. A. – Paul Rothchild, Bobby Neuwirth, Michael Pollard – so was ermutigte. Janis war nicht mehr authentisch, sondern eine Karikatur ihrer selbst.«

Clive Davis hatte geplant, Janis' Namen auf dem Plattencover über dem der Band zu setzen – in Janis' Auftrag lehnte Albert Grossman dies jedoch ab. Big Brothers erste Scheibe bei Columbia erhielt letztlich den Titel *Cheap Thrills,* ohne die von Columbia verworfenen Begriffe »Sex« und »Dope«. In New York waren die Bandmitglieder in einer Fotosession für das geplante Cover abgelichtet worden, wie sie sich nackt im Bett tummelten – alle, bis auf Peter Albin, der lange Unterwäsche trug. »Wir haben echt gestaunt, als wir die New Yorker Oberklassenversion eines psychedelischen Schlafzimmers sahen«, erzählte Sam Andrew in Bezug auf das Setting.[68] »Etwas, was von Peter Max stammen könnte, ganz in Rosa, also das komplette Gegenteil … von dem, was eigentlich in dunklen Farben, wenn nicht sogar in Schwarz gehalten sein sollte.« Als Janis eintraf, »brauchte sie nur einmal hinzuschauen, um laut aufzujauchzen, auf ihre texanische Art loszulachen und zu sagen … ›Dann wollen wir es mal trashen, Jungs!‹« Damit wirkte der Raum zwar nicht mehr so künstlich, aber da Janis' nackte Brüste auf dem Foto zu sehen waren, hielt Columbia seine Verwendung für zu riskant.

Daraufhin wandte sich Big Brother an Janis' alten Freund Robert Crumb. Seine gewagten Zeichnungen zum Inhalt der Songs der LP und zu den einzelnen Bandmitgliedern wurden zu einem aufsehenerregenden Cover zusammengebaut. Crumb, der selbst Bluesaufnahmen aus den 1920er und 1930er Jahren sammelte, fand zu einer Kombination seines eigenen Stils mit den rassistisch gefärbten Werbedarstellungen aus der Zeit der Anfänge des Blues – wie etwa die »Mama« für *Summertime* oder die ausladende Darstellung von Janis mit überzeichneten Brüsten, Taille und Hüften. Für die Rückseite entschied sich das Label für ein Schwarzweißfoto des aus San Francisco stammenden Fotografen Thomas Weir. Es zeigt Janis mit einem strahlenden Lachen und mit wehenden Haaren, die Füße breitbeinig aufgestützt. Im Inneren des Aufklappcovers sehen wir die gesamte Band auf der Bühne des Fillmore East vor dem Hintergrund der Lightshow in einer Aufnahme von Elliott Landy.

Weil Clive Davis John Simons ursprüngliche Zusammenstellung von *Cheap Thrills* nicht absegnete, musste Big Brother im Juni noch einmal ins Studio zurückkehren. Zum einen ging es um den Soundmix, für den nun Elliot Mazer zuständig sein sollte, und zum anderen um das die zweite Seite einleitende anarchistische und drängende *Harry*, das von Clive Davis abgelehnt wurde – obwohl Crumbs Illustration zu dem Song, ein Swami mit Glubschaugen und »*Harry Kirshner*« in der Sprechblase auf dem Cover erhalten blieben. John Simon brach an diesem Punkt seine Mitarbeit an dem Projekt ab und ging mit Taj Mahal auf Tournee. Er verzichtete auf die Nennung seines Namens auf dem Cover, erhielt jedoch Tantiemen aus den Verkäufen der LP. Im Lauf der Jahre gab er verschiedene Gründe für seinen Schritt an; anfänglich erklärte er einem Reporter, er habe »der Band nur ausgeholfen« und es sei ohnehin »nicht seine Art von Musik« gewesen.[69]

Unter den im Covertext aufgeführten Namen ist auch der von Janis. Wie schon bei Big Brothers Aufnahmen für Mainstream vertiefte sie sich in die Vorgänge im Studio. Sie schrieb ihren Eltern, dass es im Soundmix darauf ankomme, »alle einzelnen Instrumente und Stimmen miteinander auszubalancieren. Das kann sehr einfach, aber auch sehr kompliziert sein.«[70] Mazer bezeichnete Janis' Engagement als »unglaublich, wenn das überhaupt reicht. Zwei Wochen lang waren Janis, ich und der Tontechniker von zwei Uhr nachmittags bis sieben am Morgen ausschließlich damit befasst ... Keiner der Künstler, die ich kenne, hat so schwer geschuftet.«[71] Sam Andrew erinnerte sich, dass Janis ohne Unterbrechung 36 Stunden mit Mazer zusammensaß, um den endgültigen Mix der LP fertigzustellen.

Cheap Thrills vermittelt uns letztlich einen Eindruck von dem Aufruhr und der ungeschliffenen Spontaneität, die Big Brother auf der Bühne entfaltete. Und über dem Sturm erhebt sich Janis' Stimme. Die Besonderheit des Albums besteht unter anderem in den Bruchstücken der realen Klangkulisse, die in die Mischung einflossen und die Wirkung einer Live-LP erzeugen. Zu Beginn hören wir Bill Grahams donnernde Ankündigung: »Vier Herren und eine aufregende Wahnsinnsfrau«, ehe die Studioaufnahme von *Combination of the Two* einsetzt. Viele Kritiker gelangten zu der irrigen Annahme, beim gesamten Album handele es sich um eine Live-LP. Nachdem *Harry* vom Beginn der zweiten Seite gelöscht worden war, enthält sie nur noch drei Tracks. Den Abschluss bildet das live im Fillmore aufgenommene *Ball and Chain*. »Man musste zwar eine umfangreiche Bearbeitung vornehmen, aber was *Cheap Thrills* enthält, ist einfach unglaublich«, sagte David Getz. »Von der ganzen Quälerei ist nichts zu spüren. Einige Takes waren so schrecklich, dass es echt wehtat, sie sich anzuhören. Aber irgendwie haben John Simon und wir alle gemeinsam – mit Millionen von Aufnahmen für die Bearbeitung – daraus etwas Einzigartiges gemacht.«[72]

Durch seine mit ausgefeilten Produktionstechniken erzeugte

Ungeschliffenheit unterschied sich das Album von einem Großteil der bei Columbia produzierten Platten jener Tage. Clive Davis lud die Band zu einem Auftritt bei der Ende Juli in Puerto Rico stattfindenden jährlichen CBS-Hauptversammlung ein, um damit die für August geplante Veröffentlichung von *Cheap Thrills* zu unterstützen. Janis schlenderte die meiste Zeit mit Albert Grossman, der zweifelsfrei von ihr begeistert war, durch die Veranstaltung. Während sie mit den Managern aus der Führungsetage schöntat, wurden die Musiker von Big Brother wie eine Begleitband behandelt. Dave Richards, der Verantwortliche für ihr Equipment, nahmen die Animositäten in der Band dermaßen mit, dass er nach dem Konzert in Puerto Rico seinen Job hinwarf. »Es gab keine Freundschaft mehr«, erinnerte er sich. »Davor haben wir alle herumgealbert, aber dann herrschte vor jedem Auftritt nur noch diese eisige Stimmung.«[73] Zwar bot Big Brother auf der Versammlung eine gute Performance, die die Mitarbeiter bei Columbia begeisterte, aber trotzdem »herrschte in der Band viel Missgunst«, sagte David Getz. Da inzwischen eine Menge auf dem Spiel stand, »wurden Fehler nicht mehr leicht hingenommen – auch wir machten uns gegenseitig einen Haufen Vorwürfe. Es war nicht nur Janis gegen den Rest der Band.«[74]

Auf der fröhlichen Postkarte, die Janis ihren Eltern schickte, war davon jedoch nichts zu spüren: »Musste Euch eine Karte aus Puerto Rico schreiben. Leider habe ich bis jetzt nicht mehr als das Innere von drei Hotels und einen kurzen Streifen Strand gesehen – aber es gibt jede Menge Rumpunsch auf Kosten von Columbia. Wir spielen heute Abend um sieben, fliegen morgen früh nach Newport, aber wenigstens kriege ich die Insel aus der Luft zu sehen …«[75]

* * *

Janis hatte lange von einem Auftritt auf dem Newport Folk Festival geträumt. In ihrer Zeit bei den Waller Creek Boys hatte sie von Austin nach Rhode Island trampen wollen und dafür eine Begleitung gesucht. Das Festival, das für den akustischen Blues sowie die traditionelle Country-, Bluegrass- und Folkmusik bekannt war, buchte nur selten Gruppen, die mit elektrischen Verstärkern arbeiteten – Bob Dylan wurde 1965 bekanntlich ausgebuht, als er seine Elektrogitarre anstimmte. Janis' Vorliebe für Bessie Smith, mit der im Festivalprogramm geworben wurde, und Grossmans langjährige Verbindung zu den Veranstaltern bewirkten, dass Big Brother ins Programm aufgenommen wurden – ebenso wie die zunehmende Beliebtheit der Band unter Collegestudenten.

Janis schlenderte über das Gelände und schaute sich die Nachmittagsveranstaltungen an. Zu ihrer Freude traf sie Kenneth Threadgill, der mit seiner Combo Hootenanny Hoots, einschließlich der Schlagzeugerin Julie Paul, auf dem Festival auftrat. Janis umarmte und küsste den Mann, den sie als ihren ersten Mentor ansah. Sie verfolgte aber auch ein Set der aus den Appalachen stammenden Balladensängerin Jean Ritchie, die sie bereits als Jugendliche bewundert hatte. Schließlich gelang es ihr, sich den »umwerfenden« Assistenten des Musikmanagers Danny Fields zu schnappen, der sie auf ihr Hotelzimmer begleitete.

»Ich habe euch alle beobachtet, und es war himmlisch – aber ich bin ganz geil darauf, für euch zu spielen … «, erklärte Janis dem Publikum während ihres ausverkauften Konzerts am Samstag, den 27. Juli. Sie trug ein neues Linda-Gravenites-Modell, ein enges schwarze Minikleid mit einem sehr tiefen bestickten Ausschnitt und dazu Netzstrümpfe. Die Band, deren Auftritt mitgeschnitten wurde, begann mittelmäßig, steigerte sich gewaltig und flaute dann qualitätsmäßig wieder ab. Der erste Titel, ihre neue Single *Piece of My Heart,* klang noch unsicher, aber bei *Summertime* kamen sie in Fahrt. Das traditionelle *Cuckoo* ging besser über die Bühne als ihre umgearbeitete Version von *Oh, Sweet Mary*. Bei *Combination of the Two* verloren sie während eines langen misstönenden Gitarrensolos jedoch den Faden. Big Brother beendete die Performance mit einem schwungvollen *Ball and Chain* – und die 20 000 Menschen im Publikum klatschten begeistert Beifall. Als Janis für die Zugabe wieder auf die Bühne kam, gestand sie: »Seit ich siebzehn war, wollte ich dieses Festival besuchen, hatte aber nie die nötige Knete. Das ist die Wahrheit …« Als der Jubel der Menge nach einem gospelgefärbten *Down on Me* nicht aufhören wollte, griff die Band noch einmal den Refrain von *Piece of My Heart* auf, der ihnen besser gelang als beim ersten Mal. »Ich danke euch, danke, unsere Zeit ist um – ihr seid so wunderbar, Leute!«, rief Janis ins Mikrofon, als die Verstärker zum Ende der Show bereits heruntergeregelt wurden. Der Applaus aber hielt noch an, als die Musiker schon längst im Triumph von der Bühne abgetreten waren.

Doch dann wurde für Peter Albin und David Getz eine Textzeile aus *Down on Me* zur bitteren Wahrheit: »Everywhere I go, they're down in me.« Als sie backstage auf Albert Grossman trafen, fragten sie: »War das nicht toll?« Grossman runzelte die Stirn. »Die Rhythmusabteilung lässt nach wie vor zu wünschen übrig«, sagte er. Dass er dieses Urteil im Beisein der Musiker von The Band vorbrachte, machte das Ganze nur noch peinlicher. Sie schwiegen peinlich berührt.

»Das war ein Schock«, erzählte Peter Albin. »Was für ein Tiefschlag.«[76] John Cooke, dem das Konzert gut gefallen hatte, gab seine positive Meinung zum Besten, aber der Manager schüttelte nur den Kopf. Wie Cooke berichtete, bat ihn Grossman nie wieder um eine musikalische Einschätzung.

Einige Tage später in New York, wieder zu Gast im Chelsea Hotel, trommelte Janis die Bandmitglieder zu einer Besprechung zusammen.

Kapitel 16

Kozmic Blues

Wenn man als Musiker wachsen will, muss man eine neue Art von Musik machen. Darum geht es bei uns – besser werden in dem, was man tut.
Janis Joplin

Janis war klar, dass sie sich von Big Brother trennen musste. Die Frage war nur, wann.

Albert Grossman hatte ihr den Gedanken, eine neue Band zu gründen, vier Monate zuvor, im März, nahegelegt, als die Aufnahmen im Grande Ballroom gescheitert waren. Für ihn war sie das einzige echte Talent bei Big Brother, und er hielt ihre Bandkollegen für austauschbar. Auch erkannte Grossman nicht die wichtige Rolle der Band als Ersatzfamilie, oder er glaubte, Janis sei aus diesem Bedürfnis herausgewachsen. Er sah Big Brother schlicht als Hindernis für Janis' – und seinen – Erfolg.

Seit 1966, als Janis beinahe bei Paul Rothchilds Bluesband eingestiegen wäre, war ihr bewusst, dass diese Möglichkeit existierte. Aber nach der langen gemeinsamen Geschichte und angesichts der Vertrautheit mit Big Brother war das Gefühl, zusammen groß geworden zu sein, stärker als die Tatsache, dass die Gruppe ihren musikalischen Maßstäben nicht gerecht wurde.

Bei ihrem nächsten Abenteuer, als Kopf einer eigenen Band, würde sie feststellen, dass die Zusammenarbeit mit herausragenden Musikern ebenfalls problematisch sein konnte.

Im Sommer 1968 hätten die Animositäten zwischen den Bandmitgliedern die familiären Bande zwischen ihnen beinahe zerschnitten. »Wir lebten jeweils in unserer eigenen Welt«, erzählte David Getz. »Wenn wir nicht gerade spielten, war jeder total allein, und mit der Eintracht war es vorbei.«[1]

Monatelang diskutierte Janis mit Freunden, ob sie sich von ihrer Band trennen sollte. Bei einem Festival in Nordkalifornien am 18. Mai schnappte sie sich Marty Balin von Jefferson Airplane und Jerry Garcia von den Grateful Dead. Die drei stiegen in die Kabine eines Pick-ups und Garcia setzte sich ans Steuer. Dann erzählte Janis den beiden, Grossman dränge sie, sich eine bessere Band zu suchen. »Sie wollte unseren Rat, ob sie ihre alten Kumpel verlassen sollte oder nicht«, erzählte Marty Balin. »Janis war ganz durcheinander, weil es doch ihre Freunde waren. Big Brother hatte etwas Rohes und Abgefahrenes. Sie passten einfach absolut gut zu ihr, vor allem James Gurley mit seiner verrückten Heroingitarre. Aber Grossman versprach ihr, sie zu einem wirklich großen Star zu machen. Wir sagten ihr, sie solle ihrem Herzen folgen und den Weg gehen, der am besten für ihre Musik war.«[2]

Andere Musiker sahen diese Qualitäten der Band nicht. »Janis war die Göttin von San Francisco«, meinte der Schlagzeuger Mick Fleetwood. Bei der ersten USA-Tour ließ Fleetwood Mac im Juni im Carousel (aus dem bald Bill Grahams Fillmore West werden sollte) Big Brother als Vorband spielen. Mick Fleetwood und der brillante Bluesgitarrist Peter Green kritisierten die Technik von Big Brother: »Als Musiker verstanden wir echt nicht, worauf sie hinauswollten«, bemerkte Mick Fleetwood. »Es klang falsch und schludrig. Wir sagten: ›Sie hätte eine bessere Band verdient.‹«[3] Der Gitarrist Mike Bloomfield zog sogar gegenüber einem Reporter des *Rolling Stone* über die Spielweise von Big Brother her.

Vor allem aber hatte Grossman die Nase voll. Nach dem Newport-Festival zitierte er Janis in New York zu einem Treffen. Peggy Caserta, die Janis im Chelsea Hotel besuchte, begleitete sie zu seinem Büro. »Sie hatte eine wilde Nacht hinter sich«, erzählte Peggy Caserta. »Er sagte: ›Ich denke, wir sollten einiges verändern – und zwar sofort.‹ Sie schaut ihn an, und er sagt: ›Die Band muss gehen.‹ Sie schnappte nach Luft, aber sie hatte gewusst, dass das kommen würde. Sie antwortete: ›Aber Albert, das sind meine Jungs. Ich kann das nicht.‹ Sie war aufgebracht, und er sagte: ›Hör zu, du hast mich engagiert, um einen bestimmten Job zu übernehmen, und ich habe die Absicht, diesen Job auszuführen. Sie genügen den Anforderungen nicht. Ich kann dir Musiker beschaffen, die für diesen Job geeignet sind. Wir werden sie sorgfältig auswählen.‹« Janis fühlte sich schrecklich. »Als wir gingen, zitterte sie. Im Aufzug nahm sie meine Hand und fing an zu weinen, sodass ihr Wimperntusche übers Gesicht lief. Sie sagte: ›Peggy, ich kann das nicht machen.‹«[4]

Dann nahm sie Kontakt mit Clive Davis auf. »Ich wollte mich aus den ganzen Überlegungen, was Janis' Trennung von der Band betraf, raushalten«, sagte Davis später, »nachdem Grossman das Thema aufgebracht hatte und wir schon darüber diskutiert hatten. Dann rief Janis ausgerechnet mich an … Ich hatte den Eindruck, dass sie bereits eine Entscheidung getroffen hatte und einfach wollte, dass ich sie darin bestätige. Ihr Wunsch, mit fähigeren Musikern zusammenzuarbeiten, schien mir nachvollziehbar … Sie war eindeutig der Star der Band, und Kritiker und sogar andere Musiker äußersten sich offen abfällig über die musikalischen Grenzen von Big Brother.«[5]

Janis konfrontierte die Band mit ihrer Entscheidung erst nach ihrer ausverkauften neuerlichen Show im Fillmore East am Abend des 2. August. Sie war nervös und gespannt auf ihren Auftritt mit den Staple Singers, deren dynamische Leadsängerin Mavis Staples sie sehr bewunderte. »Niemals werde ich so singen wie sie«, flüsterte sie Myra Friedman zu, als sie die Gospel-Soul-Gruppe sah.[6] Die Staples kehrten nach ihrem Set auf die Bühne zurück, um Big Brother bei Sister Rosetta Tharpes *Down by the Riverside* zu begleiten. »Die Staple Singers hatten für den Abend einen Flug gebucht«, erzählte Sam Andrew. »Wir wollten mit ihnen jammen und zogen sie in der Mitte unseres Sets hinzu. Es war ein alles überstrahlender Augenblick. Mavis Staples stand neben Janis am Mikrofon. Sie waren sehr unterschiedliche Sängerinnen. Mavis singt sehr ruhig und bedacht, und ihre Stimme ist satt und volltönend, was ein interessanter Kontrast zu Janis' überschallmäßigem Stil war.«[7]

In der folgenden Woche traf sich die Gruppe in Janis' Zimmer im Chelsea Hotel. Dort teilte sie mit, dass sie Big Brother nach der *Cheap-Thrills*-Tour, die bis Dezember dauern sollte, verlassen werde.

Wie bei der Kraftprobe in Lagunitas genau zwei Jahre zuvor platzte Peter Albin vor Wut. »Er sagte, das sei mies und hinterhältig«, erinnerte sich David Getz.[8] Er selbst war nicht überrascht von Janis' Ankündigung und blieb ruhig, ebenso James Gurley und Sam Andrew. Nach all den Auseinandersetzungen »waren wir erleichtert«, erklärte James Gurley.[9] Im November, nach einem der letzten Konzerte, sagte Janis zu einem Journalisten: »Sie sind meine Familie. Ich liebe sie sehr. Aber wir sind einfach schon zu lange zusammen. Im Lauf von zweieinhalb Jahren sind wir uns wirklich sehr nahegekommen. Noch nie habe ich mich jemandem so nahe gefühlt.«[10]

* * *

Um ihre Zukunftsängste abzuschütteln, griff Janis zu bewährten Mitteln – alte Freunde und Heroin. Emmett Grogan und Peter Coyote, die charismatischen Rädelsführer der radikalanarchistischen Diggers, kamen nach Manhattan, um sich »in der Szene umzusehen, um abzuchecken, was wir dort ausrichten konnten, und … Abenteuer zu erleben«, schrieb Coyote in seinen Erinnerungen *Sleeping Where I Fall.* »Janis Joplin, eine gute Freundin, gelegentliche Bettgefährtin, manchmal Dope-Partnerin, stets zuverlässiger Kumpel, war in New York, als Emmett und ich dort eintrafen. Wir trieben uns gemeinsam … herum, brachten sie zu Konzerten toller Jazz- und Bluessänger …«[11] Grogan und

Coyote nahmen regelmäßig Heroin, das in Haight-Ashbury ebenso leicht zu haben war wie LSD.

»Treffe mich jetzt öfter mit Emmett und Peter«, schrieb Janis in dieser Woche Linda Gravenites. »Am ersten Abend gleich eine Wahnsinnsparty – mit Dope – in meinem Hotelzimmer. Wenn ich es mir jetzt so überlege, vor allem auch mit meinem Stoff. Ach, aber ich war so verliebt in sie alle! Sie hatten so interessante Trips – ich liebe es, einfach nur dazusitzen und zuzuhören! Oh mein Gott, an dem Abend bin ich bei Emmett gelandet (nur zwei Jahre zu spät, sagte er nur, und es war toll), hab also eine Menge Zeit mit ihnen verbracht und war total glücklich. Letzte Woche habe ich eines Nachmittags Emmett angerufen und ihm gesagt, dass mir langweilig ist, und siehe da, er hat Peter rübergeschickt und meine Süße!! Jetzt weiß ich, dass wir denselben Geschmack haben. Du meine Güte, ich bin wirklich in ihn verliebt.«[12]

Als Big Brother Mitte August zu ihrer Tournee in den Mittleren Westen aufbrachen, kamen die Diggers nicht mit. »Emmett und ich blieben in ihren Zimmern im Chelsea Hotel und gaben uns als Manager aus«, erinnerte sich Coyote, der später ein erfolgreicher Schauspieler werden sollte. »Aber der Trick nutzte sich ab, und wir mussten von Zimmer zu Zimmer ziehen, die windigen Schlösser der freien Zimmer aufknacken und die Zimmermädchen mit Southern Comfort schmieren, die Gratulanten kistenweise an Janis geschickt hatten ...«[13] Coyote und Grogan waren dick mit Grossman befreundet, der progressive Ideen vertrat und ihnen kostenlos ein Büro zur Verfügung stellte. Von dort »vermittelten sie ein Friedenstreffen« zwischen den New Yorker Rädelsführern und Kripobeamten der Stadt. Heraus kam eines Abends zu später Stunde eine Art Abkommen im Penthouse-Büro von CBS, das ebenfalls von Grossman eingefädelt wurde.

* * *

Janis hatte beschlossen, einen ihr nahestehenden Freund in ihre zukünftige Band aufzunehmen, und überraschte Sam Andrew mit dem Angebot, sich ihr anzuschließen. Sie war ein wenig nervös, weil sie von nun an auf sich selbst angewiesen war und fähige Musiker finden musste, die ihr den Rücken stärkten – und die auf derselben Wellenlänge waren wie sie. »Ich möchte eine größere Band, die höher hinaufsteigt, eine größere Leiter, und ich möchte mehr Boden unter den Füßen«, erklärte sie dem Journalisten Al Aronowitz, der ein Porträt von ihr für die Zeitschrift *Life* schreiben wollte. »Ich kann wirklich singen, aber ich weiß auch, dass ich noch viel lernen muss. Ich glaube, für mich ist das alles zu früh gekommen. Das heißt, dass ich alles, was ich noch lernen muss, vor den Leuten lernen muss. Das ist beängstigend.«[14]

Janis ging mit dieser Angst auf die Art und Weise um, wie sie es immer getan hatte – indem sie stark trank und Drogen nahm. Nach einem Gig in Cincinnati gingen die Bandmitglieder – ausgenommen Peter Albin – zu einer Party in einer Hippie-Wohnung und spritzten sich mit den Gastgebern Heroin. »Anfangs gibt einem Heroin eine Art Freiheitsgefühl«, erklärte David Getz. »Ganz plötzlich ist der ganze Schmerz weg, die Sorgen und der Stress. Man ist völlig gelassen, alle Anspannung fällt von einem ab, man kann einfach herumhängen und mit den Leuten quatschen. Für einen Künstler, für jemanden, der so unter Spannung stand wie Janis – sie empfand die Wirkung als positiv.«[15]

Als die übrigen Bandmitglieder erfuhren, dass sich Sam Andrew Janis anschließen würde, waren sie außer sich. »Das war der schwerste Schlag«, erinnerte sich David Getz, »als Sam sagte: ›Ach übrigens, ich komme mit Janis mit‹, und das, nachdem wir darüber diskutiert hatten, die Band mit einer neuen Sängerin weiterzuführen. Das hat mir echt die Sprache verschlagen.«[16] Bei einem Konzert im Guthrie Theater von Minneapolis spitzten sich die Spannungen während des Auftritts zu. Nachdem sie wild getanzt und gesungen hatte, keuchte Janis ins Mikrofon. »Da ich ein bisschen boshaft drauf war, fing ich an, mich über sie lustig zu machen«, erinnerte sich Peter Albin. »Das ist ihre Lassie-Imitation«, sagte er ins Mikrofon. Dann begann er selbst, laut zu keuchen. Janis war gekränkt und schrie: »Fuck you!«

»Es sollte ein Scherz sein, aber sie fasste es falsch auf«, erklärte Albin. »Als sie mich dann auf der Bühne anbrüllte, war ich stocksauer.«[17] Ein Journalist des *Rolling Stone* war Zeuge des Schlagabtauschs und der aggressiven Stimmung hinter der Bühne und berichtete darüber in seinem Artikel über das Konzert. In New York gab Big Brother ein aufsehenerregendes Konzert mit Jimi Hendrix, den Chambers Brothers und Soft Machine in der Singer Bowl, zu dem 18000 Besucher kamen. »Die große Sängerin, Miss Joplin, war nicht in Topform«, schrieb Robert Shelton in seiner Besprechung in der *New York Times.* »Sie passte sich nicht gut in ihr Quartett ein ... [Sie] wird die Gruppe Ende November verlassen und eine neue Band gründen.«[18]

Der zermürbende Gig fiel mit der heiß ersehnten Veröffentlichung des Albums *Cheap Thrills* zusammen, auf dem sich auch die beiden Titel der ersten Single *Piece of My Heart* und *Turtle Blues* befanden. Damit *Piece of My Heart* auch im Rundfunk gespielt wurde, beauftragte Clive Davis seinen Toningenieur, einige Einschnitte vorzunehmen und unter anderem Andrews Gitarrenpart zu kürzen. Damit hatte die gestutzte Nummer die radiofreundliche Länge von etwas mehr als zwei Minuten anstatt der ursprünglichen mehr als vier Minuten. Obwohl Big Brother ähnliche Aktionen von Mainstream früher verurteilt hatte, gab Janis jetzt ihr Placet – sie wollte um jeden Preis einen Hit. *Piece of my Heart* schaffte es auf Anhieb in die Hot 100 der amerikanischen Hitparade, blieb dort drei Monate und erreichte Platz 12. Auch ohne die psychedelische Gitarrenpartie war es ein packendes Blues-Rock-Stück – wie man es im Radio noch nicht gehört hatte.

Die enorm hohe Zahl von Vorbestellungen katapultierte *Cheap Thrills* in die Billboard-Charts, wo das Album schon nach einem Monat auf Platz 1 landete. Den Spitzenplatz konnte es acht Wochen lang halten, blieb über ein Jahr lang in den Albumcharts und verkaufte sich innerhalb kürzester Zeit eine Million Mal. Im Rundfunk warb das Label für die Platte mit Sprüchen wie: »Niemand kann Ihnen sagen, wie sie ist. Sie müssen es selbst spüren. Holen Sie sich ihr *Cheap-Thrills*-Album von Columbia Records.«

Das Album knistert vor Spannung und Leidenschaft. Janis' Stimme stampft durch den gelegentlichen Gitarrensumpf. Die sieben Nummern klangen wie Live-Aufnahmen, obwohl sie mit Ausnahme von *Ball and Chain* in mühevoller Kleinarbeit im Studio zusammengebastelt worden waren. Die laute schnelle Musik scheint heute wie ein Vorbote von Punk und Grunge, und Janis' Gesangsstil sollte Robert Plant, Steven Tyler, David Johansen, Ann Wilson, Axl Rose, Kurt Cobain und andere Vertreter des Hard Rock und seiner Subgenres stark beeinflussen.

Doch unmittelbar nach Erscheinen wurde *Cheap Thrills* von vielen Kritikern verrissen. Der Bostoner Korrespondent des *Rolling Stone* Jon Landau – Bruce Springsteens zukünftiger Produzent und Manager – mochte die meisten Bands aus San Francisco ohnehin nicht und hatte eine negative Besprechung zum Auftritt von Big Brother in Newport geschrieben. In seiner Kritik des »enttäuschenden« Albums – »ziemlich ähnlich der San Franciscoer Szene mit all ihrer lauten, rasanten, schludrigen Pracht« – stellte er fest, dass bei den Credits der Name des Produzenten John Simon fehlte. Simon, schrieb Landau, »weiß, dass dieses Album nur so gut ist wie die Band, und genau darum geht es. Tatsächlich gefällt ihm die Mainstream-LP besser.«[19] Landau schloss sich Simons Urteil an. 30 Jahre später aber sollte *Cheap Thrills* vom *Rolling Stone* auf die Liste der 500 besten Alben aller Zeiten und *Piece of My Heart* auf die der Top-500-Singles gesetzt werden.

Eine geradezu vernichtende Kritik brachte die *New York Times.* Der Jazzspezialist William Kloman bezeichnete Big Brother darin als »weiße Mittelschichtskinder mit langen blonden Haaren, die so tun, als wären sie Schwarze. Das ganze Ding erweist sich als Parodie, als eine Art Plastik-Soul, dem es an Humor und der relativen Integrität der, sagen wir mal, ›Amos n Andy‹-Shows fehlt.«[20] Das Thema der Aneignung schwarzer Musik wurde in einer *Downbeat*-Besprechung unter dem Titel »Burnt Cork Again« wieder aufgenommen, in der Big Brother als »peinlich schwarz geschminkt« und als »Blender« hingestellt wurden.

In seinem *Life*-Porträt von Janis, der »Sängerin mit der Bordellstimme«, übte auch Al Aronowitz harsche Kritik an der LP und tadelte Janis dafür, dass sie die Band verlassen würde. »Janis Joplin hat beschlossen, Big Brother nach San Francisco zurückzuschicken, während sie sich nach einer anderen Band umsieht. ›Sie helfen dem Text nicht, entweder kämpfen sie gegen ihn an, oder sie liegen da wie ein toter Fisch‹, erklärte sie.«[21] Janis trug ihren Frust über Big Brother in die Öffentlichkeit.

Damals erkannten nur wenige, dass Janis eine klare Vorstellung von der neuen Gruppe hatte. Sie wollte eine vom Rhythm and Blues inspirierte Band mit Blasinstrumenten – eine Kreuzung zwischen dem Funky-Soul-Sound von Stax/Volt Records und dem »Brass-Rock« ihrer Künstlerkollegen bei Columbia, Blood, Sweat & Tears und insbesondere der siebenköpfigen Band Chicago, mit denen sie sich bei einem gemeinsamen Auftritt angefreundet hatte.

Im September schrieb sie ihren Eltern von »meiner schwierigsten Aufgabe. Ich hatte euch ja, wie ihr euch sicher erinnert, mitgeteilt, dass ich Big Brother verlasse und etwas Eigenes auf die Beine stellen werde. Ich muss die besten Musiker der Welt suchen … und mit ihnen zusammenfinden und arbeiten. Es wird viel Stress geben wegen der ›Stimmung‹, die entstanden ist, weil ich Big Brother verlasse und auch einfach dadurch, dass ich jetzt so beliebt bin. Also müssen wir gleich am Anfang einfach super sein – aber das werden wir.«[22]

Zunächst hatte Janis eine Rhythmusabteilung, bestehend aus Harvey Brooks von Electric Flag und dem kanadischen Schlagzeuger Skip Prokop, im Auge, der bei den Grossman-Klienten The Paupers gespielt hatte. »Albert bestellte mich in sein Büro und sagte zu mir: ›Ich möchte, dass du Janis' neue Band zusammenstellst‹«, erzählte Prokop. »Und dann: ›Ich möchte, dass es eine tolle, heiße Band wird – wie die, die [im Studio] Muscle Shoals produzieren und bei Aretha Franklin spielen könnten.‹«[23]

Janis verstand sich auf Anhieb mit Prokop, der vorschlug, statt Brooks den Paupers-Bassisten Brad Campbell zu verpflichten, einen 23-jährigen Kanadier. Albert Grossman arrangierte eine Demo-Session in einem Studio im Zentrum von Manhattan mit dem Produzenten Elliott Mazer und Studiomusikern. »Wir spielten Sachen, die man von Janis noch nie gehört hatte«, erzählte Prokop. »*Hey Joe* und ein paar Aretha-Songs. Sie war erstaunlich – der Toningenieur meinte: ›Sie ist unglaublich!‹«[24]

Am 7. September, dem Tag, nachdem Big Brother als Hauptact im Hollywood Bowl gespielt hatte, unterzeichnete Janis ein schlichtes Schreiben, in dem es hieß: »Hiermit reiche ich mit heutiger Wirkung meinen Rücktritt als Direktorin und Vizepräsidentin von Big Brother and the Holding Company ein.«[25] Bob Gordon gründete nun ihre Fantality Corporation (eine Wortzusammensetzung aus *fantasy* und *reality,* die Janis erfunden hatte) sowie das Label Strong Arm Music. »Eine Menge Druck«, schrieb Janis ihrer Familie, »wegen der Art und Weise, wie es diesmal geplant ist – ich bin jetzt ein Unternehmen namens Fantality, das auch mehr Gelegenheit bietet, Geld zu verdienen, da mein Preis steigt, ich kassiere den Überschuss, besser gesagt, Fantality bekommt ihn. Albert hat zu mir gesagt – haltet euch fest! –, nächstes Jahr müsste ich eine halbe Million!! an Plattentantiemen kriegen.«[26]

Bob Gordon begleitete Janis zu Zipper Motors in Beverley

Hills, wo sie für 3500 Dollar ein gebrauchtes Cabriolet kaufte, einen Porsche 356, Model S-90 des Baujahrs 1965. »Sie hatten dort gerade bis zu siebzehn Schichten austerngrauen Lack aufgebracht, alle einzeln geschmirgelt«, erinnerte sich Gordon.[27] »Der Wagen sah umwerfend aus, wie eine Perle!« Janis berichtete ihrer Familie von ihren Erwerbungen: »Ich verdiene bereits ganz gut. Aber ich neige dazu, sofort auszugeben, was ich bekomme, aber in letzter Zeit habe ich so viel verdient, dass ich einfach nicht anders kann – ich habe alles, was ich brauche, dazu mehrere Tausend auf der Bank. Letzte Woche habe ich ein Porsche-Cabrio gekauft – sehr ausgeflippt und hochklassig und überhaupt ein großartiges Auto. Und eine neue Stereo-Anlage und einen Farbfernseher und wieder neue Kleidung, und Linda und ich machen jetzt Urlaub – Lake Tahoe und Reno. Unglaublich. Wer hätte das gedacht?!!«[28]

Janis beauftragte ihren ehemaligen Roadmanager Dave Richards, den Porsche umzulackieren, woraufhin er eine kaleidoskopartige Collage mit einem Porträt von Big Brother, der Landschaft der Bay Area und, neben anderen surrealistischen Elementen, einer Darstellung des Kosmos schuf und ihr den Titel »Geschichte des Universums« gab. Jeder Zentimeter der Karosserie war bemalt, sogar der Bereich unter der Benzinklappe und das Armaturenbrett. So wurde Janis' Porsche zum auffälligsten Auto San Franciscos – womöglich sogar ganz Kaliforniens.

Janis' Aufstieg zum Rockstar war in ihren Augen besiegelt, als Big Brother wenige Monate vor ihrer Trennung von der Band bei der »American Music Show« auftrat, einem Festival, das am 15. September im Rose Bowl in Pasadena stattfand. Neben etwa einem Dutzend anderen Gruppen wie den Byrds, Country Joe und Buddy Guy sowie weiteren Künstlern, die Janis beeinflusst hatten, etwa Buffy Sainte-Marie, Joan Baez und Wilson Pickett, gehörte Big Brother zum Hauptprogramm. »Das Fantastischste überhaupt geschah«, schrieb sie ihren Eltern:

Wir traten bei einem großen Pop-Festival als Letzte auf – nach vielen großen Acts. Die Bühne befand sich in der Mitte des Footballfelds, und die Polizei wollte die Kids nicht auf die Rasenfläche vor uns lassen – so waren eben die Regeln. Doch bei unserer Zugabe bat ich sie immer wieder, die Kids tanzen zu lassen, aber sie wollten nicht; ich stand da und schaute in die Menge und sang Down on Me, *und ganz plötzlich brachen sie sich Bahn, wie eine Welle und strömten auf das Spielfeld. Sie liefen zum Rand der Bühne und versuchten, mich zu berühren. Ich langte hinunter und schüttelte ein paar Hände, dann drehte ich mich zur Hintertreppe um, aber als ich dort war, nichts als Kids, Tausende, mit ausgestreckten Händen, mir entgegengestreckten Händen. Sie zogen an meinen Kleidern, meinen Ketten und riefen: ›Janis, Janis, wir lieben dich.‹ Ich war total umringt und wurde herumgeschubst, dann rettete mich die Polizei und steckte mich in ein Auto – musste zur Garderobe gefahren werden. Das Auto wurde die ganze Zeit von Kids umringt, Fenster, Dach, Kotflügel, Motorhaube. Flüchtete mich wie die Beatles in die Garderobe, und sie versuchten, die Hintertür aufzubrechen. Unglaublich! Kann aber nicht sagen, dass mir das nicht gefiel. Mann, ich liebte es!!«*[29]

Dorothy sandte eine Glückwunschkarte: »Jubel zu Deinem Bericht, dass Singen Dich glücklich macht und Dein Traum wahr wird! Wir wissen zwar nicht, welche Teile der verschiedenen Zeitungsberichte Zitate sind, usw., aber wir wissen, dass Du auf einem Gebiet, das Du selbst gewählt hast, einen riesigen Erfolg erzielt hast, und jeder Deiner Schritte hat das möglich gemacht.«

Dorothys Gratulation folgten unmissverständliche Worte der Besorgnis um ihre Tochter. »Deine Familie begrüßt also Dein Glück und Deinen Erfolg und Deinen sich entwickelnden Geschäftssinn und auch, dass Du Dir der anhaltenden Notwendigkeit bewusst bist, auf dem Gebiet Deiner Wahl zu wachsen, wie Du erwähnt hast, als Du am Telefon davon sprachst, dass Du in der Band neue Instrumente einführen willst und sie professionell werden und zugleich bodenständig bleiben soll. Wir würden also gern regelmäßig von Dir hören, informiere uns doch über alle Schritte, Pläne, Touren, Formate, Stile und Dein weiteres Glück. Schön, mit Dir zu sprechen – Mutter.«[30]

Janis hütete Dorothys Karte wie einen Augapfel, aber die Zeit, in der sie Zeitungsausschnitte und Fotos in ein Tagebuch klebte, waren vorbei. Es gab zu viele Artikel, und sie hatte nicht mehr die Zeit – oder die Energie –, sie zu sammeln. Sie schrieb auch weniger Briefe und griff dafür häufiger zum Telefon; schließlich konnte sie sich jetzt Ferngespräche leisten. Der deutliche Zweifel ihrer Mutter an der Echtheit der Zitate in der Presse zeigt das wachsende Unbehagen der Eltern angesichts der Medienberichte, laut denen Janis verbreitete, wie sehr sie während ihrer Jugend in Port Arthur gelitten habe. Es ist unwahrscheinlich, dass Janis Dorothys Bedenken überhaupt zur Kenntnis nahm.

Während der letzten beiden Monate, in denen sie mit Big Brother auftrat, arbeitete Janis bereits mit ihren neuen Musikern. Skip Prokop zog wieder nach San Francisco und traf sich dort mit ihr, um musikalisches Material zu entwickeln. Eines Abends nach einem Gig im Fillmore trat ein Hells Angel an ihn heran. »Er stellt sich direkt vor mich hin und sagt: ›Da möchte dich jemand sprechen!‹«, erzählte Prokop. »Dann werde ich in einen Pulk schwarzer Lederjacken eskortiert, der sich öffnete und hinter mir schloss wie das Rote Meer, und der Typ sagt: ›Du bist also Skip Prokop? Der, der Janis' neue Band zusammenstellt, stimmt's?‹ Ich antworte: ›Yeah, deshalb bin ich hier.‹ Und er: ›Du wirst auf unsere kleine Schwester aufpassen, nicht wahr?‹ Ich darauf: ›Yeah, natürlich!‹«[31] In diesem Augenblick dämmerte Prokop, dass Janis in gewisser Weise ihre eigenen Bodyguards hatte.

Außerdem entdeckte Prokop, dass sie sich ziemlich regelmäßig Heroin spritzte. »Wir waren bei ihr zu Hause, und da kommt ihre Freundin vorbei«, erzählte er. »Und plötzlich ziehen sie sich aus und sagen: ›Wir setzen uns einen Schuss.‹ Janis wurde so stoned, dass sie fast vom Stuhl fiel. Also nahm ich sie, brachte sie ins Bett und vergewisserte mich, dass alles in Ordnung war mit ihr, bevor ich hinausging. Ich weiß noch, wie sie meinen Arm packte und in ihrem typischen Flüsterton sagte: ›Skip, bitte erzähl Albert nichts davon.‹«[32]

* * *

Am 29. September trat Big Brother zum ersten und einzigen Mal beim überregionalen Sender ABC auf: Dessen Varieté-Show *Hollywood Palace* schien einem anderen Zeitalter entsprungen, als gäbe es die Gegenkultur nicht. Der Moderator und Star der populären Comedy-Serie *Get Smart,* Don Adams, präsentierte die Band mit den abgedroschenen Worten: »Okay, Leute, darf ich euch die schärfste Gruppe des Landes vorstellen, Janis Joplin mit Big Brother and the Holding Company!« Dann setzte die Band vor dem Hintergrund einer fingierten Lightshow mit wechselnden Farben zu einem verkürzten *Summertime* an, dem *I Need a Man to Love* folgte. Aber die Musiker spielten zu Playback, während Janis live sang. Sie sah hübsch aus und schwebte in violetter Satinbluse und einer weiten Schlaghose über die Bühne. Am Ende interviewte sie der zweifellos angewiderte Moderator und las seinem sitzenden, puritanischen Publikum voller Herablassung ein Zitat von Janis aus einer Reportage in *Life* vor. Er gab sich irritiert über ihre darin erwähnte Vorliebe für Zuschauer, die tanzten und nicht auf ihren Sitzen hocken blieben. Adams bat sie, das zu erklären. »Wenn das Publikum tanzt«, antwortete sie ernst, »dann ist das eine Art Feedback … die Leute kommunizieren mit einem …« Adams rollte mit den Augen und schüttelte den Kopf. Die Zuschauer brachen in schallendes Gelächter aus.

»Ich war völlig down«, sagte sie später zu einem Journalisten. »Bei diesem Sender wird einem keine Liebe entgegengebracht. Ich wusste, dass es schwierig werden würde, deshalb sagte ich mir: ›Mach einfach die Augen zu und sing … Spiel keine Spiele mit ihnen. Sing einfach, dann wird es schon klappen, kapiert?‹ Als ich bei einem Song mitten im Refrain war, mich mit geschlossenen Augen ganz darauf konzentrierte und das Gefühl hatte, die Kurve zu kriegen, machte ich die Augen auf und blickte ins Publikum. Sie lachten. All die kleinen alten Ladys aus Kansas lachten mich aus. Das hat mich einfach fertiggemacht.«[33] Vielleicht lachten sie nicht wirklich während ihres Auftritts, aber der unübersehbare Spott der provinziellen Besucher weckte schmerzliche Erinnerungen.

* * *

Der Terminplan der Band war gespickt voll, um den Erfolg des Albums zu nutzen und bis zum Ende der Tournee so viel wie möglich Geld zu machen. »Ich verdiene 100 Dollar in der Minute«, behauptete David Getz bei einem Konzert im Philadelphia Spectrum.[34] Janis gab alles – »Sie fluchte, stöhnte, kreischte, stampfte, hüpfte, polterte, wand sich, tanzte und riss sich und 17 000 andere in Stücke, als sie den Blues rausschmetterte, wie es niemand sonst kann«, berichtete die Tageszeitung der University of Pennsylvania.[35] Vor dem Konzert erklärte sie einem Reporter, ihre neue Musik werde »etwas subtiler sein. Mit Bläsern und Keyboard … Von der Art, die eher alles aus den Leuten herausholt, statt auf sie einzuhämmern.«[36]

Aber was Ellen Willis im *New Yorker* über den Auftritt im Fillmore East im August beschrieb, konnte man nur als Hämmern bezeichnen: »Janis Joplin gab das göttlichste, aufreibendste Konzert, das zu sehen, hören und fühlen ich je das Privileg hatte. Euphorisiert von Bill Grahams Sekt sang sie vier Zugaben, und die Zuschauer, die auf den Sitzen standen, wollten nicht nach Hause gehen. Schließlich kam sie noch einmal auf die Bühne: ›Ich liebe euch, ihr Süßen‹, sagte sie keuchend, ›aber ich habe einfach nichts mehr zu bieten.‹ Wir waren uns sicher, dass das eines Tages wirklich eintreten würde – und zwar bald, wenn sie sich weiter so verausgabte. Ich hatte Zweifel, dass ich die Verantwortung übernehmen wollte, so ein Geschenk anzunehmen. Ich fühlte mich ein wenig wie ein Vampir. Von nun an, beschloss ich, höre ich nach zwei Zugaben auf zu klatschen.«[37]

Bei ihrem letzten Konzert in New York am 15. November im Hunter College war die Band »höchst zerfahren«, wie es in der *New York Times* hieß.[38] Die Stimmung war schlecht: Richard Nixon hatte gerade die Präsidentschaftswahlen gewonnen; Janis war die ganze Nacht auf Speed gewesen; David Getz nahm LSD, bevor es losging. Und dann kam es auf der Bühne erneut zu einer Auseinandersetzung. Als David Getz bei *Mr. Natural* sein langes Schlagzeugsolo hinlegte, verließen die anderen Musiker das Podium, während sich die Scheinwerfer auf ihn richteten. Dann tanzte Janis wieder auf die Bühne, in den Händen eine kleine Congatrommel, die sie neben Getz stellte. »Ich kam nicht dran, also trat ich dagegen, und die Trommel flog ungefähr drei Meter weit«, erzählte der Schlagzeuger. Als das Instrument an ihr vorbeischoss, glaubte Janis irrtümlich, sie sei das Ziel, und kreischte: »Fuck you, Mann!« Nach dem Konzert stritten sich David Getz und sie lauthals hinter der Bühne, wobei Janis sagte: »Ich wollte nur nett sein, Mann, als ich dir die Trommel gebracht hab, und du hast mich vor 3000 Menschen bloßgestellt!«[39]

Nach einem Auftritt auf Long Island am nächsten Abend kam Janis kaum aus dem Bett und bat ihre Pressefrau Myra Friedman um Hilfe. Es wurde eine Bronchitis diagnostiziert, und Big Brother sagte die nächsten Konzerte ab, darunter auch das in Austin, Texas, auf das sich Janis schon gefreut hatte. Eine Woche später hatte sie sich so weit erholt, dass sie bei einem Ersatztermin in Houston auftreten konnte. Ihre Eltern fuhren die fast 150 Kilometer von Port Arthur zum Konzert, ebenso ihre alte Freundin Kristin Bowen; auch die Houstoner Dave und Patti McQueen kamen. Nach dem Konzert wurden Janis' Angehörige und Freunde Zeugen, wie sie hinter der Bühne einen Wutanfall bekam und einen Bühnenarbeiter anbrüllte. Er hatte den Vorhang geschlossen, während sie noch sang, sodass sie allein und verlegen dastand und die Band hinter dem Vorhang verborgen war. Im Coliseum wurde strikt auf die Sperrstunde geachtet – wie an den meisten amerikanischen Spielorten –, und die Zuschauer durften nicht von ihren Plätzen aufstehen und tanzen, ein weiteres großes Ärgernis für Janis. Kurze Zeit später untersagte die Stadt Rockkonzerte ganz. Und selbst als das Verbot wieder aufgehoben wurde, schloss die Stadt Houston – Janis' altes Revier – sie wegen »ihrer generellen Einstellung« von Auftritten aus.[40]

Der Besuch der Eltern war noch zusätzlich belastet, weil Dorothy und Seth Janis die negativen Äußerungen über ihre Heimatstadt und ihre Jugend gegenüber der Presse übelnahmen und auch ihre Witzeleien, bei denen sie das Singen mit dem Konsum »starker Drogen« und einem Orgasmus verglich. Einmal ging sie sogar so weit zu sagen, ihre Eltern hätten sie im Alter von 14 Jahren rausgeschmissen, schrieb Laura Joplin in ihrer Biografie *Janis*. Ihre Eltern seien völlig verzweifelt gewesen. Janis setzte sich nicht nur über die meisten moralischen Grundsätze hinweg, die in deren Generation hochgehalten wurden, sie log auch in der Öffentlichkeit, was die Beziehung zu ihrer Familie betraf. Sie fühlten sich machtlos und fanden, dass sie ihnen unrecht tat.«[41] Als dann auch noch Autogrammjäger Janis und ihre Angehörigen bis zum Auto verfolgten, gerieten die Eltern noch mehr aus der Fassung, und ihr gemeinsames spätes Abendessen in Janis' Motel war für alle unangenehm.

* * *

Am 1. Dezember endete Big Brothers letzte Tournee dort, wo zweieinhalb Jahre zuvor alles begonnen hatte: bei einem Family-Dog-Auftritt zugunsten des Avalon – das im November aus finanziellen und rechtlichen Gründen geschlossen worden war. Das Publikum verbarg nicht seinen Groll über Janis' Entscheidung, Big Brother zu verlassen, und besonders die eingeschworene Gemeinde aus der guten alten Zeit von Haight-Ashbury fühlte sich verraten. An den Mauern des Viertels tauchten Graffiti auf, die Janis drängten, mit der Band zusammenzubleiben. Manche Fans und Freunde warfen ihr vor, die Band im Stich zu lassen und der Hippie-Gemeinschaft, die Big Brother gefördert habe, den Rücken zu kehren. Nachdem sie ihre Liebe gewonnen hatte, drohte Janis sie jetzt wieder zu verlieren – für sie eine unerträgliche Aussicht. Selbst diejenigen, die sich hinter sie stellten wie Ellen Willis, fürchteten um ihre Zukunft: »Wir machen uns Sorgen: Wird der Erfolg Janis schaden?«, schrieb Willis im *New Yorker.* »Wird sie übermütig werden, bequem und hohl? Hat Big Brother ihr mehr gegeben, als wir geahnt haben? Wird sie das – *das* – ohne sie verlieren?«[42]

Der *Rolling Stone,* der seinen Sitz in Janis' Heimatstadt hatte, prophezeite, ihre neue Band werde eine aalglatte Truppe im Vegas-Stil sein, und schrieb in einem Artikel seiner Novemberausgabe über die Sängerin, auf der Bühne »posiert sie wie eine gebieterische Hure«.[43] »Ich dachte, sie wären meine Freunde«, sagte sie später zu einem Reporter, »aber [der *Rolling Stone*] hat sich von mir abgewandt.« Obwohl Linda Gravenites sie anflehte, die Finger vom Heroin zu lassen, konsumierte Janis die Droge weiterhin als Puffer gegen all den Aufruhr: »Ich will einfach nur meine Ruhe!«[44]

Aber sie bekam keine Auszeit, sondern musste nach dem Ende der Big-Brother-Tournee sofort mit der neuen Gruppe proben, und die war noch nicht einmal komplett. Da Janis darauf bestand, Sam Andrew in die neue Band aufzunehmen, hatte sich Skip Prokop aus dem Projekt zurückgezogen. »Ich sagte zu ihr: ›Ich glaube, Sammy ist nicht gut genug, um in dieser Art von Band zu spielen‹«, erklärte Prokop. Als sie darauf erwiderte: »Sammy ist nicht verhandelbar«, packte Prokop seine Koffer, kehrte nach Kanada zurück und gründete die Band Lighthouse.[45]

Für das Keyboard hatte Grossman den aus Indiana stammenden Bill King vorgesehen, der eine Hammond-B3 spielte und zusammen mit dem Schlagzeuger Roy Markowitz in Village-Clubs auftrat. Markowitz sollte Prokop ersetzen. Die beiden flogen nach San Francisco, um sich mit dem Bassisten Brad Campbell zu treffen, der in der Wohnung von Mark Braunsteins Mutter lebte. »Wir drei hatten dieselbe Wellenlänge, und das gefiel uns total«, erinnerte sich King. »Roy und Brad waren wirklich in Ordnung und nicht drogenabhängig.«[46] Als Janis sie zum Essen in ihre Wohnung einlud, fiel ihr Blick als Erstes auf die Skulptur eines großen Phallus im Wohnzimmer. Dann trafen mehrere rüpelhafte Hells Angels ein; es wurde immer mehr gekifft und getrunken, und »die Dinge liefen total aus dem Ruder«, erzählte King, »also verzogen wir uns«.[47]

Für die Bläserabteilung der Band heuerte Albert Grossman den ehemaligen Tenorsaxofonisten von Electric Flag, Terry Clements, und den Trompeter Marcus Doubleday an, der heroinsüchtig war. Am ersten Probentag kam Doubleday zu spät, und in seiner Trompete steckte eine Spritze. Grossman hatte bereits einen Gig für die Band gebucht. Sie sollte in Memphis, der Hauptstadt des Soul, beim »Yuletide Thing«-Konzert spielen, das Otis Reddings Label Stax Records organisiert hatte. Grossman beauftragte Mike Bloomfield, die Proben dafür zu leiten, für die sie lediglich drei Tage Zeit hatten, bevor sie nach Memphis flogen.

Während Bloomfield und der Schlagzeuger der Band Levon Helm, der sich eine der Proben ansah, Grossman berichteten, die Gruppe finde sich zusammen, hatte Terry Clements die Sache anders in Erinnerung. Der 29-jährige Engländer empfand die Proben als »chaotisch und unproduktiv, und niemand nahm wirklich die Zügel in die Hand«.[48] Sam Andrews erinnerte sich vor allem daran, dass sie vor jeder Session Heroinkugeln kauften. Janis schlitterte weiter auf eine Abhängigkeit zu und mit ihr Andrew und ihre Geliebte Peggy Caserta.

Am 20. Dezember 1968 trafen Janis und ihre neue Band in Memphis ein, um bei Stax zu proben. Es war aufregend für Janis, in dem Studio zu sein, in dem Otis Redding seine Songs einspielte, aber auch anstrengend, weil sie die Verantwortung für die Proben hatte. »Sie sprang mit fliegenden Haaren herum, schrie und brüllte: ›Zu langsam! Immer noch zu langsam‹, dann ›Nein, zu schnell!‹«, erzählte Ralph Garcia, ein junger Autor und Fotograf, der für die Zeitschrift *Circus* über das Debüt der Band in Memphis berichtete. »Sie probten fast vier Stunden lang unter Mike Bloomfields Aufsicht, der herumhüpfte, schrie und sie nach und nach auf Linie brachte.«[49]

Der Mord an Martin Luther King im Motel Lorraine, einem Treffpunkt für die Künstler von Stax, lag nur acht Monate zurück. Auf dem Konzertplakat wurde Janis vor »all diesen großen Stax-Künstlern als Hauptact angekündigt«, erzählte Bill King, »und das erzeugte schlechte Stimmung. Ich glaube, manche dachten: ›Da kommt diese Janis Joplin in die Stadt und verlangt gleich mal einen Spitzenplatz in der Werbung.‹ Sie fühlte sich mies dabei und wollte sich bei allen entschuldigen.«[50] Am Vorabend des Konzerts trafen sich Janis und die Band mit anderen Künstlern der Plattenfirma bei einer Party im Haus des Stax-Präsidenten Ian Stewart. Janis schlürfte in bester Laune Cocktails und posierte für Fotos mit Rufus Thomas und dessen Tochter Carla Thomas, Judy Clay, William Bell und einigen Mitgliedern von Booker T. and the MG's sowie den neu gegründeten Bar-Kays (den überlebenden Mitgliedern von Reddings Band). Außerdem lernte sie den Journalisten Stanley Booth kennen, der »diesen Dünnschiss im *Rolling Stone*« über das Konzert schreiben sollte, wie Janis sich ausdrückte.[51]

Es lief nicht gut an jenem Samstagabend. Beim Soundcheck wurden Janis und die Band durch die dumpfe Akustik im Mid-South Coliseum aus der Spur gebracht, und die Verstärker wie die PA-Anlage bereiteten ihnen immer wieder Probleme. In ihrem mit Federn besetzten kirschfarbenen Overall »sah [Janis] aus wie ein großer Vogel, ziemlich sexy«, meinte Ralph Garcia.[52] Nach einer kraftvollen Eröffnung durch die Bar-Kays, alle in Anzügen mit Zebrastreifen, bei dem sie einen Tanz namens Sideway Pony aufführten, traten ihre Kollegen von Stax in rascher Folge mit ausgesprochen unterhaltsamen Sets auf, die von der Menge laut bejubelt wurden.

Janis' Band, die nach Eddie Floyd an der Reihe war, ließ sich erst einmal Zeit und fummelte am Equipment herum, während das Publikum ungeduldig wurde. Schließlich eröffnete Janis ihr Programm mit neuen Coverversionen, die sich die Band erarbeitet hatte: Floyds *Raise Your Hand* und *To Love Somebody* von den Bee Gees, das Janis im Otis-Stil sang. Der Applaus fiel mager aus: Das vorwiegend afroamerikanische Publikum war mit Janis' Stimme nicht vertraut, und die geringe Zahl jugendlicher Rockfans kannte nur Big Brothers *Piece of My Heart* und *Ball and Chain* – die Songs, die Janis als Zugabe bringen wollte. Nach einem lustlosen *Summertime* schlurften Janis und die Band ab, ohne dass jemand ihre Rückkehr verlangte. Stattdessen stürmte Johnnie Taylor auf die Bühne und beendete das Konzert mit einer dynamischen Version seines Superhits *Who's Making Love*. Obwohl ein paar wohlwollende Menschen hinter der Bühne sie zu beruhigen versuchten, war Janis am Boden zerstört. »Zumindest haben sie keine Gegenstände geworfen«, murmelte sie Stanley Booth zu.[53]

Nach dem Konzert spritzten sich Janis, Doubleday und Andrew Heroin. »Es war verrückt von uns, im Tempel des Soul zu spielen«, sinnierte Andrew später. »Wir hatten die Band gerade erst aus der Taufe gehoben und spielten sehr schlecht.«[54] Während Ralph Garcia in seinem *Circus*-Bericht schwärmte, Janis' Auftritt sei »fantastisch« gewesen, tadelte Stanley Booth sie im *Rolling Stone* und empfahl ihr, »noch einmal von vorn anzufangen mit Musikern, die bereits wissen, wie man den Sideways Pony tanzt«.[55]

Das Fiasko von Memphis war ein Omen für das, was das

kommende Jahr bringen würde: eine Band mit fluktuierender Mitgliedschaft und ohne echte Führung. Gefangen in ihrem Alkohol- und Drogenkonsum und dem Mangel an Erfahrung als Bandleader war Janis die Kapitänin eines steuerlosen Schiffs. Sie wünschte sich die Kameradschaft der alten Big Brother, allerdings mit ihr selbst als Star, der den Ton angab. Wie sich herausstellte, bekam sie weder das eine noch das andere – zumindest vorerst nicht.

Eine Woche später verschwand Bill King. Ohne dass die Band davon erfuhr, nahm ihn das FBI wegen Kriegsdienstverweigerung fest; um einer Haftstrafe zu entgehen, trat er in die Armee ein (später entfernte er sich dann unerlaubt von der Truppe und ging nach Kanada, wo er blieb). Der drogensüchtige Doubleday verließ die Band ebenfalls. In San Francisco entdeckte Janis den 22-jährigen Keyboarder Richard Kermode in einer Oben-ohne-Bar in North Beach, und jemand empfahl ihr den Trompeter Terry Hensley, der halbtags Taxi fuhr. Im folgenden Monat probte die Band Big-Brother-Songs und neue Stücke. Zu den Memphis-Nummern kam noch ein Song des Koautors von *Piece of My Heart,* Jerry Ragovoy, mit dem Titel *Try (Just a Little Bit Harder)* hinzu. Nick Gravenites, einer der Band-»Berater«, brachte den Musikern sein sensationelles, vom Gospel beeinflusstes *Work Me, Lord* bei.

Trotz des ihr durchaus angemessenen Stoffs war Janis noch nicht in der Lage, ihrer Band zu vermitteln, welche Musik ihr vorschwebte: eine Mischung aus dem Swampland-Raststätten-Soul von Jerry LaCroix und ihrer Interpretation des Stax-Sounds. Gesanglich strebte sie den Stil von Etta James, Aretha Franklin und Tina Turner an – Frauen, die sie inzwischen als Inspirationsquellen würdigte wie früher Bessie Smith und Big Mama Thornton. »Sie erwies mir ihren Respekt«, sagte Etta James später über Janis. »Als ich sie singen hörte, erkannte ich meinen Einfluss auf sie, aber ich hörte auch die Kraft und Wut in ihrer eigenen Stimme.«[56] Janis wurde allmählich bewusst, dass sie ihren Rollenvorbildern schon sehr nahe war, was sie jedoch auch einschüchterte.

Ihr Alkohol- und Drogenkonsum war da nicht gerade hilfreich. Beides milderte zwar ihre Ängste, ihre Schuldgefühle und ihre Unsicherheit, tat aber zugleich ihrer Fähigkeit, mit ihren Musikern in Kommunikation zu treten und einen echten Kontakt zu ihnen aufzubauen, Abbruch und raubte ihr die Energie, die sie gebraucht hätte, um das Kommando über eine Band zu führen. Außerdem verfügte sie jetzt über die Mittel, sich so viel teure Rauschmittel zu beschaffen, wie sie wollte. Im Wettstreit zwischen ihren Ambitionen und ihren selbstzerstörerischen Tendenzen trugen Letztere den Sieg davon.

Als der Autor Michael Lydon Janis für eine Reportage im *New York Times Magazine* interviewte und sie nach ihrem neuen musikalischen Kurs fragte, sagte sie zu ihm: »Ich habe Angst, aber ich bleibe nicht stehen. Ich begebe mich immer an die äußersten Grenzen der Möglichkeiten.«[57] Während ihrer langen Unterhaltung, die bei einer feuchtfröhlichen Probe begann, dann in einem Billardsalon und ihrer Wohnung fortgesetzt wurde, räumte sie ein, dass ihr der Alkohol half. »Wenn ich Angst bekomme und mir Sorgen mache, sage ich mir, Janis, lass es dir gut gehen. Also besaufe ich mich.« Dann fügte sie noch einen prophetischen Satz hinzu. »Mann, lieber habe ich zehn Jahre lang ein bombiges, aufregendes extremes Leben, als siebzig zu werden, indem ich mich den ganzen Tag in so einen Sessel setze und fernsehe.« Sie deutete auf ihren neuen Luchsfellmantel: »Dieser Pelz gehört auch dazu. Weißt du, wie ich an den gekommen bin? Durch Southern Comfort. Irre Sache! Ich habe das Mädchen im Büro meines Managers jeden einzelnen Zeitungsausschnitt kopieren lassen, in dem ich Southern Comfort erwähnt habe, und an die Firma geschickt. Die hat mir daraufhin 'ne Menge Geld überwiesen. Wie kann jemand mit gesundem Menschenverstand mich für sein Image wollen? Oh Mann, das war die beste Abzocke, die ich je durchgezogen habe – kannst du dir vorstellen, dass man dafür bezahlt wird, dass man zwei Jahre lang besoffen rumläuft?« Lydon stellte in seinem Artikel die Frage: »Wird sie es schaffen? … Janis Joplin hat die Weichen umgestellt. Statt auf Rock setzt sie jetzt auf Soul.«[58]

Im Februar, zwei Wochen nach Janis' sechsundzwanzigstem Geburtstag, flogen sie und ihre sechsköpfige Band an die Ostküste, um einen neuen Versuch zu unternehmen. John Cooke blieb ihr Roadmanager, und Bobby Neuwirth wurde informell zu Janis' rechter Hand, die Rolle, die er zuvor schon bei Bob Dylan übernommen hatte. Zu Braunstein kamen die Roadies George Ostrow und Vince Mitchell hinzu, der auch Janis' gelegentlicher Liebhaber werden sollte. In einem rasenden Schneesturm trafen sie in New York ein, wo sie mit Beginn am 11. Februar vier ausverkaufte Konzerte im Fillmore East spielten. Janis gab Mike Wallace ein Backstage-Interview für eine Sequenz über das Fillmore in der CBS-Sendung *60 Minutes,* die unter dem Titel »Carnegie Hall for Kids« ausgestrahlt wurde. Wie eine Schülerin, die einen Erwachsenen überzeugen will, betonte sie die Ehrlichkeit des Blues und erklärte Wallace, warum junge Menschen »sich für schwarze Musik interessieren, für jede Art von Musik, die aufrichtig ist«.

Zum Stress des Eröffnungsabends in New York kam noch hinzu, dass Brad Campbells Visum abgelaufen war und die Band Sorge hatte, er könne auf der Bühne erkannt und nach Kanada zurückgeschickt werden. Deshalb sollte er nicht voll sichtbar sein, und Friedman erklärte der Presse, »Keith Cherry« spiele anstelle von Brad Campbell. Neuwirth färbte Campbells/Cherrys blonden Schnurrbart und Koteletten mit einem Augenbrauenstift dunkel, er bekam eine Sonnenbrille, und Janis' Pelz vervollständigte die Tarnung.

Auf der Bühne übertönte die laute Bläserabteilung manchmal Janis' Gesang oder trat mit ihr in Wettstreit. Extrem nervös, wie sie war, überkompensierte sie, strapazierte ihre Stimme bis zum Äußersten und »strangulierte förmlich die Songs«, wie der Kritiker Paul Nelson im *Rolling Stone* schrieb. Er verglich sie mit Richard Burton und einem Mitglied der Rockettes, der Tanztruppe der Radio City Hall, und beklagte, dass es Janis und der Band nicht gelungen sei, sich miteinander zu verzahnen.[59] Andrews Gitarre und die Bläser waren nicht auf derselben Linie, und manche der neuen Big-Brother-Arrangements waren einfach nur peinlich. In Anlehnung an die Stax-Künstler und die Ike and Tina Turner Revue tanzte Janis, ein Tamburin in der Hand, während der Instrumentensoli im Boogaloo-Stil. Nach dem Konzert gab sie, obwohl Myra Friedman ihr abgeraten hatte, Nelson ein Interview. In seiner Titelgeschichte »Janis: The Judy Garland of Rock?«, malte Nelson das Bild eines neurotischen Kuddelmuddels, bei dem Janis in Bezug auf ihr neues Repertoire quälend defensiv aufgetreten sei. Es habe, wie er schrieb, Ähnlichkeit mit »einer Tingeltangel-Show mit Blasmusik«.[60]

Sechs Wochen später, wieder in San Francisco, verlangte das verhaltene Publikum bei einem Auftritt der Band in Bill Grahams Winterland keine Zugabe – zum ersten Mal bei einem Heimspiel von Janis. Dem Journalisten John Bowers, der nach dem Konzert zu ihr in die Garderobe ging, fiel auf, dass »sie blass war, als hätte sie einen Schock erlitten«. Sie sagte zu ihm: »San Francisco hat sich verändert, Mann. Wo sind meine Leute geblieben? Sie waren immer so wild. Ich weiß, dass ich gut gesungen habe! Ich weiß es!«[61]

Sie sollte »diese Band fallenlassen und sofort zu … Big Brother zurückkehren«, fauchte Ralph Gleason am Schluss seiner hämischen Kritik im *Chronicle,* »wenn sie sie noch nehmen«.[62] Am folgenden Abend ergänzte Janis ihr Programm durch ein paar Songs von Big Brother, was die Resonanz ein wenig verbesserte. Aber Janis trafen solche Kränkungen hart, und sie flüchtete sich mit Peggy Caserta und ihrer alten Freundin Sunshine, die inzwischen voll auf Droge war und mit Janis und Linda Gravenites zusammenwohnte, in ihren Heroinnebel. Kurz nach den Auftritten im Winterland fanden Janis' Mitbewohnerinnen sie bewusstlos und mit blau angelaufener Haut. Erstmals hatte sie sich eine Überdosis Heroin gespritzt, aber es gelang den beiden Frauen, sie wiederzubeleben. Im Dezember erklärte Janis einem Arzt, sie habe sich in jenem Jahr mehrmals eine Überdosis eingefangen und sei von Linda Gravenites und anderen gerettet worden. Aber sie befand sich so sehr im Griff des Heroins, dass selbst diese beinahe tödlichen Erfahrungen sie nicht vom Konsum der Droge abhielten.

* * *

Janis nannte ihre neue Band gelegentlich Main Squeeze, aber einen festen Namen hatte sie noch nicht, vielleicht weil es an einem echten Gruppengefühl mangelte und die einzelnen Musiker nur ausgewählt worden waren, um die Sängerin zu unterstützen. Ein bemerkenswerter Neuzugang war der Altsaxofonist Cornelius »Snooky« Flowers, ein ehemaliges Mitglied der Soulgruppe Johnny Tolbert & De Thangs aus Oakland, der bereits mit Mike Bloomfield zusammengearbeitet hatte. Der Afroamerikaner und Navy-Veteran Flowers war in Leesville, Louisiana, in der Nähe von Port Arthur aufgewachsen. Im September bot Janis ihm an, er könne bei ihrer Familie unterkommen – es war das erste Mal, dass ein Schwarzer dort übernachtete –, und er begleitete Janis in Soul-Clubs im Schwarzenviertel von Port Arthur.

»Noch nie hatte ich ein weißes Mädchen so gut singen hören«, sagte Flowers bereits 1967, als er erstmals ein Konzert von Big Brother besuchte. »Aber zugleich war die Band die armseligste, die ich je gehört hatte. Ich dachte: ›Mann, sie singt Funk, und diese Band spielt was weiß ich für einen Mist.‹«[63] Kurz nachdem sich Flowers Mitte Februar in New York der Tournee angeschlossen hatte, entstand eine enge Beziehung zwischen ihm und Janis. »Als sie die Tür ihres Hotelzimmers öffnete, trug sie nur einen BH und einen Slip und sagte: ›He, Baby!‹«, erzählte er. Eines Abends gingen sie ins Village, um den Jazz-Multiinstrumentalisten Roland Kirk zu sehen, der von der Bühne aus verkündete: »Wir haben heute Abend einen Star in unserer Mitte.« »Sie flippte aus, als sie das hörte«, erzählte Flowers, »doch dann sagte er: ›Komm her und sing mit uns.‹ Sie ängstigte sich zu Tode, aber sie spielten dann *Piece of My Heart* besser als wir.«[64]

Flowers' Verantwortungsbewusstsein machte ihn zum geborenen Anführer, und er fühlte sich so in die Gruppe ein, dass er sogar bei jedem Set selbst ein paar Stücke sang. Als Janis und die Band bei der *Ed Sullivan Show* am 16. März einen Live-Auftritt hatten, bekam er breiten Raum – und das in einer Zeit, als man im Fernsehen nur selten Bands mit Mitgliedern unterschiedlicher Hautfarbe zu sehen bekam. Die Gruppe war am Abend zuvor in Ann Arbor aufgetreten, und danach hatte Janis die ganze Nacht in einem Bluesclub gefeiert. »Ich wollte heute Abend für Ed Sullivan so abgefahren wie möglich aussehen«, erzählte sie John Bowers, »aber jetzt sehe ich wohl *zu* abgefahren aus.«[65]

Bei der Sullivan-Show wirkte sie jedoch energiegeladen, obwohl ihre Stimme wie ein Reibeisen klang bei den beiden Titeln, die die Band spielte – *Maybe,* die Ballade der Chantels aus dem Jahr 1958, die sie als Teenager geliebt hatte, und *Raise Your Hand,* zu dem sie Shimmy tanzte, während die Bläser improvisierten. Als Sullivan, dessen Show sie sich so oft zusammen mit ihrer Familie angeschaut hatte, danach ihre Hand nahm, fühlte sie sich wie im siebten Himmel – war doch der Händedruck ein sicheres Zeichen der Anerkennung, wie Janis der Band erklärte. John Bowers, der die Band begleitete, stellte fest, dass Janis in den vergangenen zwei Tagen nur eineinhalb Stunden geschlafen hatte.

Kurz darauf, nur Tage bevor die Band zu einer Europatournee aufbrach, trat der erfahrene Luis Gasca – er hatte unter anderem für Count Basie und Mongo Santamaria gearbeitet – an die Stelle Hensleys. In den ersten drei Aprilwochen profilierte sich die

Band bei Auftritten in Stockholm, Amsterdam, Frankfurt, Kopenhagen, Paris und London mehr und mehr. In London, wo die Band acht Tage lang probte, wurde Janis empfangen wie das Mitglied des Königshauses eines anderen Planeten. Laut einem Grossman-Protegé, einem jungen Schotten namens Ian Kimmet, reizte sie Journalisten der Boulevardpresse und Rundfunkmoderatoren mit ihrem starken Alkoholkonsum und koketten Draufgängertum, perfektionierte aber zugleich ihre Rolle als derbe Bluesmama. »Sie stellte eine alle schockierende Fassade zur Schau«, schnaubte ein Journalist, »und produzierte ein Trommelfeuer vulgärer Adjektive ohne jeden Gehalt. In dieser Woche hätte ihr *Newsweek* die Titelgeschichte widmen sollen, aber wegen des Todes des ehemaligen Präsidenten Eisenhower musste die Reportage zurückgestellt werden. Sie hatte ein paar sehr unamerikanische Dinge über Eisenhower zu sagen.«[66] »So 'ne Scheiße, vierzehn Herzinfarkte, und dann muss er ausgerechnet in der Woche sterben, in der ich groß rauskommen sollte.« Eine der folgenden *Newsweek*-Ausgaben erschien dann mit der Titelzeile »Rebirth of the Blues« und dem verschobenen Artikel.

An einem Abend wurden Janis und Linda Gravenites, die sich um die Garderobe der Sängerin kümmerte, von George Harrison und seiner Frau Pattie zum Essen eingeladen – Janis lernte also doch noch ihren Lieblings-Beatle kennen. Bei den Proben gab Janis den Kommisskopp, erzählte Kimmet, und peitschte die Musiker in Form. Angesichts dessen, dass die Band jetzt deutlichere Konturen besaß, blickte das europäische Publikum nicht zurück und rief nach Big Brother, und das positive Feedback trug zum wachsenden Zusammenhalt bei. Beim Intro zu *Summertime* und *Combination of the Two* stimmten die Bläser in Sam Andrews Gitarrenlauf ein und verliehen den Stücken mehr Biss, auch wenn Janis nicht immer die hohen »Whoah whoas« gelangen. Während sie ihrer Stimme eine Ruhepause gönnte, sang Flowers zwei Nummern: einen von ihm selbst stammenden Song mit dem Titel *Me* – zu dem Janis eine Kuhglocke anschlug – und eine Coverversion von Otis Reddings *Can't Turn You Loose,* bei dem Janis den aus Louisiana stammenden Dirty Bop tanzte. In Kopenhagen kam sie im Vorprogramm auf die Bühne und sang eine Nummer mit Fleetwood Mac.

Mehrere der Konzerte in Europa wurden mitgeschnitten, in Frankfurt trat die Gruppe sogar ein zweites Mal für eine Fernsehaufnahme auf. »Ich habe es mir zum Grundsatz gemacht, nicht zu sagen, dass alle sitzenbleiben sollen, also könnt ihr alle aufstehen!«, erklärte sie dem Publikum, das aus amerikanischen Armeeangehörigen und ihren Frauen sowie ein paar langhaarigen Deutschen bestand. »Ich will euch tanzen sehen!«, verlangte sie. Als Janis am Ende der Show *Piece of My Heart* sang, war sie umringt von GIs und Frauen in Miniröcken, die wie verrückt umherwirbelten.

Beim ausverkauften Schlusskonzert in der Royal Albert Hall trieb Janis das üblicherweise zurückhaltende britische Publikum an, aufzustehen und zu tanzen. Unter den Zuschauern befanden sich auch Eric Clapton und Fleetwood Mac. Mick Jagger hingegen soll gesagt haben, er werde nicht hingehen, denn: »Wenn ich schwarze Musik hören will, höre ich mir schwarze Sänger an.« Der hochenergetische Auftritt war ein uneingeschränkter Sieg, und Bob Neuwirth und John Cooke erzählten hinterher, dass Janis munter geplappert habe: »Mein Gott, ich bin so glücklich! Ich hab sie alle dazu gebracht, ihren Arsch hochzukriegen! Ich glaube, ich rufe meine Mutter an!«

Das tat sie nicht, stattdessen verabschiedete sie sich von den Gästen bei der abendlichen Party, um sich mit Sam Andrew im Badezimmer einen Schuss zu setzen. Sie hatte auch während der Tour heimlich Heroin gefixt und sogar das Risiko auf sich genommen, es über die Grenze zu schmuggeln. Die beiden aus San Francisco stammenden Bob Seidemann und Stanley Mouse, die in London unter den dicht gedrängten Partybesuchern waren, merkten irgendwann, dass etwas nicht stimmte. Sie überraschten Janis und Gravenites dabei, wie sie Andrew, der eine Überdosis erwischt hatte, nackt in eine Badewanne mit eiskaltem Wasser steckten. Als sich ein Groupie namens Suzie Creamcheese rittlings auf ihn setzte, erwachte er wieder zum Leben. Seidemann warnte Eric Clapton, der ebenfalls im Begriff war, sich einen Schuss zu setzen, er solle lieber das Haus verlassen, für den Fall, dass die Polizei anrücke.

Für Linda Gravenites – die schon immer Janis' Heroinkonsum kritisiert hatte – war die grauenhafte Szene der Tropfen, der das Fass zum Überlaufen brachte. Sie beschloss, in London zu bleiben, statt mit Janis in die USA zurückzukehren. Pattie und George Harrison hatten sie beauftragt, eine perlenbesetzte Handtasche und eine ebensolche Jacke anzufertigen, und sie zog in die Villa der beiden ein. »Ich komme erst nach Hause, wenn du mit dem Heroin aufhörst«, erklärte sie Janis.

In die Vereinigten Staaten zurückgekehrt, ging die Band erneut auf Tournee, aber Janis ließ ihre Wut über Gravenites' Treuebruch an der Band aus und machte ihr Vorhaltungen wegen ihrer Spielweise. Die demoralisierten Musiker wiederum kritisierten ihre Auftritte. Markowitz nahm seinen Abschied, an seine Stelle trat der Rockschlagzeuger Maury Baker. Janis' langjähriger Freund Mark Braunstein war so beunruhigt wegen der Streitigkeiten, dass er ebenfalls den Rückzug antrat. Janis hatte mit dem Keyboarder Richard Kermode angebandelt, aber die Beziehung verlief bald im Sand. Während der ganzen Zeit blieb ihr Verhältnis zu Sam Andrew, der auch fixte und damit seine musikalische Leistung schwächte, so eng wie zuvor.

Im Juni besuchte Janis – sie bekam jetzt ein Gehalt von 300 Dollar die Woche, die sie zu einem erheblichen Teil anlegte – erneut das Studio von Columbia Records in Los Angeles, um ein neues Album aufzunehmen. Dieses Mal entschied sich Grossman für Gabriel Mekler als Produzenten, der das zweite Album der Paupers sowie Hits von Three Dog Night und Steppenwolf produziert hatte. Um clean zu werden und sich auf die Aufnahmen vorzubereiten, zog Janis zu ihm und seiner Familie. Ihre Stimme war durch die Tournee, das viele Schreien und Kreischen auf der Bühne, vom Rauchen und Trinken schwer beeinträchtigt. Mekler, der eine klassische Pianistenausbildung genossen hatte, laut Chuck Negron von Three Dog Night ein »netter Kerl«, war bereit, bei der Vorproduktion und beim Aufnahmeprozess mit Janis zusammenzuarbeiten. Negrons erste Begegnung mit ihr im Whisky a Go Go hatte mit einem Streit im Suff geendet. In der Zeit, als Janis bei Mekler wohnte, schaute Negron einmal bei ihm zu Hause in Hollywood vorbei. »Sie stand in der Küche und half seiner Frau beim Kochen«, schrieb er in seinen Erinnerungen *Three Dog Nightmare.* Mit ihrer Schürze und den hochgebundenen Haaren »wirkte sie auf mich wie ein völlig anderer Mensch ohne die … Drogen und den Alkohol … ein wenig hilflos, scheu und verletzlich. Sie war definitiv sehr hübsch, richtig süß.«[67]

Die Aufnahmen fanden Mitte Juni statt und dauerten zehn Tage. Mekler betrachtete das Album als Janis' Solo-Debüt und ihre Musiker lediglich als mittelmäßige Begleitmusiker. Als er ihnen Anweisungen gab, krachte es. Mekler hatte noch nie im Studio D von Columbia Records gearbeitet, wo nur gewerkschaftlich organisierte Toningenieure zugelassen waren. Einmal löschte ein Tontechniker aus Versehen einen ganzen Take, woraufhin die Band in Wut geriet. Das und die Tatsache, dass Albert Grossman ihre Forderung nach einer Lohnerhöhung ablehnte, steigerte noch ihren Unmut. »Jeder legte sich mit jedem an«, sagte Bassist Brad Campbell. »Es war ein furchtbares Durcheinander, absolut unerträglich.«[68] Dennoch entstanden hervorragende Versionen von Songs, die die Gruppe bislang live gespielt hatte: *Try, Maybe, To Love Somebody* und *Work Me, Lord.*

Während ihrer Zeit bei Mekler und seiner Frau schrieb Janis neue Stücke wie *One Good Man,* ihre Neufassung eines Bluestitels von Bessie Smith, das Mike Bloomfield im Studio mit großartiger Gitarrenarbeit – Bottleneck Slide, dazu ein grandioses Solo – lebendig werden ließ. Übrigens fehlte sein Name auf der LP. Nick Gravenites' *As Good as You've Been to This World* hatte ein langes Intro der Bläserabteilung mit Luis Gascas Trompete und den Saxofonen von Terry Clements und Cornelius »Snooky« Flowers. Janis' kratziger Gesang setzt in der Mitte mit einer Zeile ein, in der sie ihre Philosophie offenbarte: »Live your loving life / Live it all the best you can.«

In den letzten Sessions perfektionierte die Band die Spitzentitel des Albums. Der Song *Little Girl Blue* von Richard Rodgers und Lorenz Hart, den Janis zu ihren Lieblingstiteln in ihrem Repertoire zählte, war für alle eine Herausforderung. Mike Bloomfield und Gabriel Mekler arrangierten Partien für Streicher, und Janis' Stimme klang nie verletzlicher. Das Stück ist zwar inspiriert von einer Aufnahme mit Nina Simone aus dem Jahr 1959, aber Janis machte es wirklich zu ihrem eigenen Song. (Die bekanntermaßen kritische Nina Simone lobte Janis' Version, als sie den Song 1974 beim Montreux Jazz Festival vortrug, und erwähnte Janis sogar noch ein weiteres Mal 1976, ebenfalls in Montreux.) Sam Andrews Gitarrenlicks wurden, ähnlich wie bei seinem Intro zu *Summertime,* knappgehalten, langsam einfließende Streicher und dezentes Schlagzeug. Janis lieferte hier eine ihrer stärksten Gesangsleistungen in einem Studio und brachte am Ende des Songs ein exakt proportioniertes Melisma in genau der richtigen Länge. Dies war *fast* die »hübsche« Stimme, die ihre Mutter so sehr liebte. »Mein Gott! Wie sehr wünschte sie sich, singen zu können, als ständig nur zu schreien«, erinnerte sich Gabriel Mekler, »… sie wollte ihre Stimme ausbilden und ein höheres künstlerisches Level erreichen.«[69]

Eine Zeitlang hatte Janis vom »Kozmic Blues«, der existenziellen Finsternis gesprochen, die sie als eine Folge der quälenden Saturday-Night-Swindle-Erlebnisse überfiel. Schließlich packte sie diese depressiven Gedanken in den Text eines umwerfenden Songs, der sie zum Titel ihres neuen Albums anregte: *I Got Dem Ol' Kozmic Blues Again Mama!*

Time keeps moving on
Friends they turn away,
Well, I keep moving on
But I never found out why
I keep pushing so hard a dream,
I keep trying to make it right

Well, I'm twenty-five years older now
So I know it can't be right
And I'm no better baby and I can't help you no more
Than I did when I was just a girl.
I'm gonna hold it yeah,
I'm gonna use it till the day I die.

Gabriel Mekler schrieb mit an der Musik für *Kozmic Blues* und zog den Schlagzeuger Jerry Edmonton und den Keyboarder Goldy McJohn, beide von Steppenwolf, für die Studioaufnahmen hinzu. Im Anschluss an Meklers hinreißende Klavierpassage setzt Janis' Stimme mit verhaltener Emotion ein: »I keep pushing too hard …«; dann dehnt sie die Wörter und merkt, dass ihre anfängliche Zurückhaltung das Emotionale des Songs steigert. Bei dem ergreifenden Refrain stimmen dann die Bläser ein. Janis' von Verzweiflung erfüllter Gesang endet in einem herzzerreißenden Pathos.

* * *

Janis widmete das Album »Nancy G.«. Nancy Gurley starb am 4. Juli während einer Campingtour in der Wildnis an einer Überdosis Heroin, nachdem James sich und seiner Frau die Droge gespritzt hatte. Als er wegen Totschlag inhaftiert wurde, spendete Janis 20 000 Dollar für seine Verteidigung; er wurde freigesprochen. Als Janis und Sam Andrew von Nancys Tod erfuhren, setzten sie sich umgehend einen Schuss – die typische

Reaktion eines Süchtigen auf eine solche Tragödie. Kurz darauf, vielleicht auf Grossmans Rat hin, feuerte Janis Sam Andrew. Nachdem sie sich erneut gespritzt hatten, erklärte sie ihm freiheraus: »Deine Dienste werden nicht mehr benötigt.« Der Gitarrist zeigte keine Reaktion. Als sie ihn fragte: »Möchtest du nicht wissen, warum?«, erwiderte Andrew: »Das würde ja doch nichts ändern.« Als Teil ihrer Abschiedszeremonie schliefen sie zum ersten – und einzigen – Mal miteinander. Sam Andrew erklärte sich bereit, dem neuen Gitarristen, dem Kanadier John Till, seine Gitarrenpartien beizubringen. Albert Grossman hatte ihn von Ronnie Hawkins Begleitgruppe, den Hawks, abgeworben, deren ehemalige Mitglieder sich mit The Band selbstständig machten.[70]

Der 23-jährige John Till stieg gerade rechtzeitig zum Atlanta Pop Festival in die Band ein. Es war eins der ersten amerikanischen Festivals, bei denen auch Led Zeppelin auftrat. Danach spielte Janis' Gruppe, die sich jetzt Kozmic Blues Band nannte, im Tennisstadion von Forest Hills auf, wo Bob Dylan 1965, begleitet von The Band, ausgebuht worden war. Es war Sam Andrews letzter und John Tills zweiter Gig. »Janis betrat unter tosendem Beifall die Bühne«, berichtete die Journalistin Ellen Sander. »Ganz das hitzköpfige Blues-and-Dues-Luder, summte und heulte sie, ihr Inneres nach außen kehrend. Sie tanzte zu jeder Nummer, und die Band hinter ihr legte sich mächtig ins Zeug.«[71] Inzwischen galten landesweit strikte Sicherheitsregeln für Konzertbesucher, die sie daran hindern sollten, die Bühne zu stürmen. Janis fand diese Vorschriften unerträglich. Als das Publikum in Forest Hills nach dem letzten Song Zugaben verlangte, »marschierten die Sicherheitsleute von beiden Seiten der Bühne auf und formierten sich zu einem festen Riegel zwischen Bühne und Publikum«, berichtete Ellen Sander. »Als Janis das sah, fielen ihr fast die Augen aus dem Kopf. Zuerst, noch ohne das Mikro zu benutzen, beschimpfte sie die Männer mit einem Schwall von Flüchen, die sie erstarren ließen. ›Haut ab!‹, rief sie ihnen zu. ›Verpisst euch!‹, brüllte sie, diesmal direkt ins Mikrofon. Ihre Worte hallten im ganzen Stadion wieder, und das Publikum jubelte. Schließlich machten die Uniformierten auf demselben Weg kehrt, den sie gekommen waren, und Janis erklärte dem Publikum: ›Sie müssen kapieren, dass das, was hier passiert, für uns ist, nicht für sie – diese Schweine!‹«[72]

Vier Monate später, am 16. November in Tampa, führten solche Äußerungen zu keinem guten Ende. Als mitten in *Summertime* ein Polizist mit einem Megafon die Bühne betrat und das Konzert noch vor der Sperrstunde beendete, rastete Janis aus. »Runter von meiner Bühne, du Arschloch! Wie kannst du es wagen, mich mitten in einem Song zu unterbrechen!«, plärrte sie in ihr Mikro. Sie wurde festgenommen und wegen Unflätigkeit angeklagt. Sie trug noch ihr Bühnenkostüm, als um 1:15 Uhr ihr Polizeifoto aufgenommen wurde – ihr erstes, seitdem sie sechs Jahre zuvor in Berkeley wegen Ladendiebstahl festgenommen worden war. Die Sache wurde schließlich außergerichtlich beigelegt, indem Janis eine Strafe von 200 Dollar zahlte – und ein deftiges Anwaltshonorar. Inzwischen stand sie wegen des Verdachts der Unruhestiftung bereits auf der Beobachtungsliste des FBI.

Im Frühsommer 1969 hieß es überall, das unter dem Motto »drei Tage des Friedens und der Musik« stehende Festival mitten auf dem Land im Norden des Bundesstaates New York werde gigantisch werden. Am 15. August trafen Janis und die Kozmic Blues Band im Bethel Holiday Inn einen Tag vor ihrem geplanten Auftritt bei der Woodstock Music and Arts Fair ein. In der Motel-Lounge traf sich Janis mit Freunden von Grateful Dead und Jefferson Airplane; man trank, spielte Poker und ließ wiederholt *Hey Jude* von den Beatles in der Musikbox laufen. In Janis' Motelzimmer kam es zu einer kurzen Wiedervereinigung zwischen ihr und Joe McDonald, die mit einem »Blowjob« endete, wie Joe erzählte.[73] Nach ihrer Liaison mit dem Roadie Vince Mitchell übernahm Peggy Caserta die Rolle als Janis'

Spielgefährtin. Einmal fasste Janis bei einem Gespräch mit Presseleuten Peggy Caserta verführerisch an die Brust. Manchen Berichten zufolge spritzten sich die beiden Bettgenossinnen in der langen Wartezeit bis zum Auftritt von Janis und der Band Heroin. Doch im Künstlerbereich am Veranstaltungsort war Janis am Samstag heiter und mitteilsam wie immer, flitzte umher und schenkte allen Champagner ein.

Nach dem Auftritt von Grateful Dead und Creedence Clearwater Revival am späten Abend betrat in den frühen Morgenstunden des 17. August endlich die Kozmic Blues Band die Bühne. Als Janis in die Dunkelheit blickte und die halbe Million Leute mit ihren kleinen Lichtern sah, die flackerten, so weit das Auge reichte, streckte sie der Menge die Arme entgegen wie eine Erdmutter. »Habt ihr genug Wasser und einen Platz zum Schlafen?« Für John Till war es der erste Gig als einziger Gitarrist, und er zeigte sich der Situation durchaus gewachsen. Er spielte seine Leads im Wechsel mit der Bläserabteilung und den Keyboards. Um 3 Uhr morgens und nach einigen Tagen, während denen sie kaum geschlafen hatte, machte Janis nicht mit ihrem üblichen elektrisierenden *Raise Your Hand* den Auftakt, dennoch weckte ihr Kreischen und Schreien zweifellos all jene, die eingenickt waren. Bei *As Good as You've Been to Me* tanzte sie während der Instrumentalsoli größtenteils barfuß. Bekleidet mit einem farbenprächtigen Zweiteiler aus Batikstoff und einer langen, goldfarben gesäumten Weste brachte Janis ein gefühlvolles *To Love Somebody* und ein sinnliches *Summertime,* explodierte förmlich bei *Try (Just a Little Bit Harder)* und drosselte dann das Tempo für *Kozmic Blues,* das sie mit den Worten ankündigte: »Hier geht es um den kosmischen Blues. Wenn ihr nicht wisst, was ich damit meine, werdet ihr bald genug davon haben.«

Nachdem sie bereits fast eine Stunde auf der Bühne gestanden hatte, war sie erschöpft, als sie zu *Ball and Chain* ansetzte. Ihre Stimme klang dünn und völlig aufgebraucht, sie zog den

Schluss in die Länge, während ihre Bandkollegen in dissonante Akkorde wechselten. Dennoch kehrte sie noch einmal auf die Bühne zurück und sang als Zugabe ein beschleunigtes, aber starkes *Piece of My Heart*. Ellen Sander schrieb: »Janis Joplin tanzte mit [dem Publikum], als wäre sie eins mit ihm. Sie riefen ihr zu, sie würden sie nicht gehen lassen, ehe sie nicht jeden Tropfen Energie aus ihr herausgeholt hätten.«[74] Da Albert Grossman nicht die Genehmigung erteilte, Janis' Auftritt in den ursprünglichen Dokumentarfilm über Woodstock aufzunehmen, der im März 1970 erschien, ging das Gerücht, dass sie gefloppt sei – aber die Tonaufnahmen und die Berichterstattung beweisen, dass beim Großteil ihrer 60-minütigen Performance das Gegenteil der Fall war.

Im Sommer 1969 schossen Festivals wie Pilze aus dem Boden, und Janis und die Kozmic Blues Band spielten bei solchen Veranstaltungen in Texas, Ohio und Louisiana. In der Convention Hall von Asbury Park, New Jersey, trat der 19-jährige Bruce Springsteen mit seiner Band Child im Vorprogramm auf. Er war genau Janis' Typ, was sie ihm deutlich zu verstehen gab, aber Springsteen wollte nichts von ihr wissen. »Hilfe, sie ist hinter mir her«, sagte er entsetzt zu seinem Gitarristen Steven Van Zandt, der amüsiert erzählte, dass sich sein Bandkollege versteckt habe, um Janis' Avancen aus dem Weg zu gehen.

Das ständige Touren trug nicht gerade zur Moral der Band bei. Als der Saxofonist Terry Clements einmal die seltene Gelegenheit hatte, unter vier Augen mit Janis zu sprechen, eröffnete er ihr, dass er gehen wolle. Auch Luis Gasca nahm seinen Abschied; er wurde durch den Trompeter Dave Woodward ersetzt. Dann reichte auch ihr enger Freund und Roadmanager John Cooke nach dem neuerlichen Auftritt der Band im Winterland seine Kündigung zum 5. Oktober ein. An seine Stelle trat der aus Seattle stammende Joe Crowley, ein junger Konzertveranstalter.

Glücklicherweise hatte Janis immer noch Bob Neuwirth an ihrer Seite, der ihr im Herbst das wunderbarste Geschenk machte. Als er einmal in Grossmans Büro mit dem kanadischen Sänger Gordon Lightfoot geplaudert hatte, wies der ihn auf einen fantastischen Song hin, den er soeben in Nashville gehört hatte. »Er holte seine Gitarre heraus und spielte *Me and Bobby McGee*«, erzählte Neuwirth. »Ich sagte: ›Das ist ein verdammt gutes Stück. Bring es mir bei.‹ Dann schrieb ich mir den Text auf und fragte ihn, wer der Autor sei. Er antwortete: ›Ein Typ aus Nashville, er heißt Kris Kristofferson. Er hat einen ganzen Haufen guter Songs auf Lager.‹ Damals gab es noch keine Aufnahmen von ihm – vielleicht hatte Roger Miller den Titel eingespielt, aber ich hatte nichts dergleichen gehört. Am selben Abend wollte ich mit Janis zum Essen gehen. Ich holte sie ab, und während sie und ihre Freundin sich fertig machten, spielte ich das Stück auf Janis' Gitarre. Darauf sie: ›Was ist das für ein Song, Mann? Bring ihn mir bei!‹ Und das tat ich dann auch.«[75]

Janis übte *Bobby McGee* auf ihrer Akustikgitarre, und als sie mit ihrer Band am 16. Dezember im Fairgrounds Coliseum in Nashville spielte, glaubte sie, die Zeit sei reif dafür. Ohne Vorankündigung stimmte sie, begleitet von der Band, den fesselnden Song an. Als sie dem Publikum mitteilte, der Titel stamme von einem Songwriter aus Nashville, brach tosender Beifall aus.

Nachdem Janis im Palomino Club in Nord-Hollywood die Flying Burrito Brothers und andere Countryrock-Gruppen gesehen hatte, gab sie bei Nudie the Rodeo Tailor, dem Erfinder der mit Strass besetzten Westernkleidung, maßgeschneiderte Kleidungsstücke in Auftrag wie jene, die Gram Parsons von den Burritos auf der Bühne trug. »Hast du im *Rolling Stone* den Artikel über ihn gelesen?«, fragte sie Linda Gravenites in einem Brief. »Er macht unglaublich schrille Westernmode – ganz verrückte Sachen. Genau das, was ich mir vorstelle! Ich bekomme eine Kombination aus Hose und Weste, violett mit Blumen und Stickereien, dazu jede Menge Strasssteine. Ich bin so aufgeregt – richtig leuchtend bunter Strass!« Janis flehte Linda Gravenites an, nach Kalifornien zurückzukehren. »Aber viel lieber hätte ich etwas von Dir …«[76] Doch Linda blieb, wo sie war, zumindest vorerst.

I Got Dem Ol' Kozmic Blues Again Mama! kam erstmals am 11. Oktober in die Billboard-Charts, hielt sich dort 28 Wochen lang und kletterte nach und nach auf Platz 5. Obwohl kein Spitzenhit, wäre *Kozmic Blues* um ein Haar in die Top 40 gekommen – der Titel erreichte Platz 41. Die Kritiken fielen lauwarm aus, und wieder wurde Janis wegen ihrer neuen musikalischen Ausrichtung gescholten. Manche Kritiker warfen ihr vor, sie wolle »unbedingt eine zweite Aretha Franklin werden«, und übergossen sie wegen ihrer Trennung von Big Brother mit Spott und Hohn.[77] »Die Journalisten vergewaltigen sie mit Worten, als wäre das die einzige Art, die sie verdient«, bemängelte die australische Kritikerin Lillian Roxon.[78] Eine Ausnahme war ein einfühlsamer Artikel in *Village Voice* von Johanna Schier. Sie schrieb, Janis' Gesang sei »stärker und besser gewesen (denn je). Ihr oberster Stimmbereich ist gefestigter, und sie hat ihre Stimme immer besser im Griff … Sie dringt in jeder Hinsicht zu Größe vor«.[79] Tatsächlich klingt das Album auch heute noch jung und frisch, und es enthält einige ihrer besten Gesangsleistungen, vor allem bei *Little Girl Blue, Maybe* und *Kozmic Blues*.

Doch der relativ geringe Erfolg des Albums bestätigte Janis und Grossman in ihrem Gefühl, die Gruppe müsse aufgelöst werden. Die Kozmic Blues Band hatte bei den aufsehenerregendsten Terminen in Janis' Karriere gespielt und war auch mehrmals in überregionalen Fernsehsendern aufgetreten, unter anderem auch mit einem umwerfenden Live-Act in der Fernsehshow von Tom Jones. Janis präsentierte dort ein atemberaubendes *Little Girl Blue,* und ihr *Raise Your Hand,* das sie mit dem gefühlsbetonten Waliser im Duett sang und bei dem die beiden während des Trompetensolos Boogie tanzten, war ein bis heute unerreichtes Fernsehereignis.

Die Endstation der Kozmic Blues Band war ein Konzert im Madison Square Garden, wo Janis kurz zuvor beim Auftritt der

Rolling Stones getanzt hatte, nachdem sie im Vorprogramm mit Ike and Tina Turner ein improvisiertes Duett mit Tina gesungen hatte. Bei Janis' ausverkauftem Konzert am 19. Dezember begleiteten alte Musikerfreunde sie zu *Bo Diddley:* Johnny Winter, das Ausnahmetalent an der Gitarre, der gerade einen Vertrag mit Columbia geschlossen hatte, und der Sänger Paul Butterfield, der auch Bluesharmonika spielte. Es war ein verrückter Abend, wie John Bowers erzählte. Der Garden »versank fast unter all dem Taumel und Herumgehopse« des in Ekstase geratenen Publikums. Janis widmete ihren Auftritt den New York Jets, hatte sie doch kurz zuvor einen One-Night-Stand mit dem Quarterback der Mannschaft, »Broadway Joe« Namath, gehabt.

Nach dem Konzert gaben Clive Davis und seine Frau in ihrer Luxuswohnung am Central Park eine Party, die legendär werden sollte. Janis, gekleidet in schwarzen Chiffon und voll mit Heroin, begegnete hier erstmals wieder Bob Dylan, seit sie sich ihm 1963 in Monterey vorgestellt hatte. »Eines Tages werde ich berühmt«, hatte sie damals zu ihm gesagt. Ob die beiden an jenem Abend die Schattenseiten des Ruhms bedauerten, ist unbekannt, doch laut Davis zog Bob Dylan weder seine Handschuhe noch seinen Mantel aus.

Kapitel 17

Pearl

Auf der Bühne mache ich mit 25 000 Leuten Liebe,
und dann gehe ich allein nach Hause.[1]
Janis Joplin

Ihr letztes Lebensjahr verbrachte Janis mit der Suche nach neuen Songs und Mitarbeitern, aber vor allem mit dem Bemühen, ihren Ehrgeiz als Sängerin mit ihrem verzweifelten Verlangen in Einklang zu bringen, dem »Saturday Night Swindle« durch eine wie auch immer geartete Liebesbeziehung zu entgehen. Mitte 1969 erklärte sie einem Journalisten, sie versuche, sich »selbst gegenüber wahrhaftig zu sein«. Aber »wahrhaftig« gegenüber welcher Janis? Derjenigen, die schließlich sich ganz ihrem Ehrgeiz widmete, als Künstlerin zu brillieren und sich vollständig ihrer Musik und Karriere hinzugeben? Oder jener Janis, der von ihrem Vater und anderen vor Augen geführt wurde, dass einem nichts jemals dauerhaftes Glück bringen wird, auch wenn man noch so sehr danach strebt? Diese Fragen bewegten sie, als sie ihren Eltern einige Tage nach ihrem siebenundzwanzigsten Geburtstag schrieb: »Ich hab mich umgeschaut, und mir ist etwas aufgefallen. Wenn man ein gewisses Talent bewiesen hat … ist der entscheidende Faktor Ehrgeiz, oder, wie ich es sehe, wie viel man wirklich *braucht*. Wie sehr man es braucht, geliebt zu werden und stolz auf sich zu sein … und ich glaube, das ist es, was den Ehrgeiz ausmacht – das ist nicht nur der skrupellose Kampf um eine Position … oder Geld, sondern eher vielleicht um Liebe. Viel Liebe!«[2] Janis' Fazit: Der Erfolg und der Ruhm, nach denen sie immer gestrebt hatte, konnten den Abgrund an Einsamkeit nicht füllen.

Die vergangenen zwei Jahre hatte Janis ihr Leben hauptsächlich auf Tournee verbracht. 1969 wollte sie endlich Wurzeln schlagen, und im Herbst des Jahres kaufte sie sich erstmals etwas Eigenes: ein bescheidenes einstöckiges Haus in der West Baltimore Avenue 380 in dem kleinen Ort Larkspur im Marin County. Die ländliche, von Redwoodbäumen geprägte Umgebung in einer Sackgasse ähnelte dem Anwesen, das sie einst mit Big Brother in Lagunitas geteilt hatte. Und wie »Argentina« verfügte das mit Holzschindeln gedeckte Gebäude über einen steinernen Kamin und offen liegende Holzbalken – »wirklich mächtige und derbe«,[3] wie Janis schrieb. Es gab in unterschiedlichen Teilen des Hauses zwei geräumige Schlafzimmer mit jeweils einem eigenen Bad. Besonders gern mochte Janis die große Sonnenterrasse »mit Bänken rundum, einem eingebauten Grill, mit Blick auf einen Fluss und Redwoodbäume, die direkt durch den Fußboden wachsen«, berichtete sie Linda Gravenites in London.

Für Janis stellte das Haus im Marin County sowohl ihren Erfolg dar als auch das Bedürfnis, diesem Erfolg zu entfliehen. Sie beschwor Linda Gravenites, in die USA zurückzukehren, und versicherte ihr, dass dieses »absolut ruhige« Haus eine Zuflucht bieten und ihr, Janis, helfen würde, den Drogen fernzubleiben.

> *Du weißt doch noch, wie wir uns darüber unterhielten, wie man am besten mit dem Kozmic Blues fertig wird? Entweder man ist dauernd stoned und versucht eine so angenehme Zeit wie möglich zu haben, oder man versucht, damit fertig zu werden. Nun, ich werde es mal mit Nr. 2 versuchen. Kein Dope, sondern Waldspaziergänge, ich werde Yoga lernen, vielleicht (lach nicht!) fange ich an zu reiten, und ich lerne Klavierspielen – ich glaube all das und die Aufregung, ein Haus zu besitzen, und der Frieden rundherum wird einfach wunderbar. Wir könnten dort so glücklich sein, ich weiß es, und ich brauche Dich wirklich. Bitte komm.*[4]

Janis' Überzeugung, ein abgelegenes, schönes Zuhause könne zu ihrer Erholung beitragen, war keineswegs eine Illusion. Kurz vor dem Woodstock-Festival hatte sie eine Woche zur Entspannung – und zum Feiern – mit Freunden auf der Karibikinsel Saint Thomas verbracht. Und im Herbst war sie mit dem Roadie Vince Mitchell in den Bergen von Texas campen gegangen, wobei sie zu ihren Jeans silberne Cowboystiefel trug. Unter dem Sternenzelt zu schlafen und an einem Lagerfeuer zu kochen hatte ihr Aufschwung gegeben. Als sie kurz darauf an der University of Texas in Austin auftrat, trank sie jedoch wieder maßlos. Backstage sagte sie zu ihrer früheren Geliebten Julie Paul: »Weißt du, es ist nicht einfach, ›Janis Joplin‹ gerecht zu werden.« Sie brauchte eine Pause vom Image der ungehobelten Blues-Mama, das sie sich erschaffen hatte. Doch ihre Bühnenpersönlichkeit war in ihrem Alltagsleben inzwischen fest verwurzelt und gewann mehr Kontrolle über ihr Urteilsvermögen und Empfinden als ihr wahres Ich. »Wenn du die Maske lange genug trägst, wirst du früher oder später zu der Maske«, erklärte Bob Neuwirth, als er mit Laura Joplin über Janis sprach.[5]

Im November flog Linda Gravenites in die USA zurück, um Janis wieder einmal als Wohngenossin, Vertraute und Kostümdesignerin zur Seite zu stehen. Wie sie schon befürchtet hatte, entdeckte sie bald, dass Janis weiterhin Heroin konsumierte. Linda und Janis' Presseagentin Myra Friedman stellten sie wütend zur Rede. Im Laufe der langen, qualvollen Nacht ihrer Konfrontation stritt Janis zunächst alles energisch ab, gab aber schließlich nach und versprach wieder einmal, mit dem Heroin aufzuhören. Albert Grossman empfahl ihr den New Yorker Endokrinologen Dr. Ed Rothschild, einen Spezialisten für Drogensucht.

Am 9. Dezember 1969 untersuchte er Janis und verschrieb ihr eine zehntägige Einnahme von Dolophin – ein Methadonpräparat in Tablettenform – für die Dauer des Entzugs. Rothschild hatte den Eindruck, dass Janis zwar gewillt war aufzuhören, ihr aber letztlich der Wille fehlte, dann auch clean zu bleiben. »Sie deutete an, dass sie nur auf den Wunsch anderer Leute und auch nur widerstrebend zu mir gekommen sei«, berichtete er.

Als Janis' Blutuntersuchung normale Leberwerte ergab, sagte sie selbstgefällig zu Rothschild: »Nun, das zeigt wohl, dass ich noch ein starker, gesunder Mensch bin, denn so wie ich trinke, sollte man eigentlich annehmen, dass meine Leber längst den Geist aufgegeben hat!«[6] Laut Rothschild hatte Janis »schreckliche Essgewohnheiten«, sie stopfte sehr viele Süßigkeiten in sich hinein, und ihr Gewicht schwankte zwischen 50 und 70 Kilogramm. Mit ihrem exzessiven Konsum von Alkohol, Drogen und Zucker lege sie »ein Verhalten an den Tag … mit dem sie sich letztendlich selbst schadete«, erklärte ihr Rothschild. Er könne ihr bis zu einem gewissen Punkt helfen, aber »darüber hinaus käme es einzig und allein auf sie an«.[7] Janis suchte Rothschilds Praxis schließlich noch ein weiteres Mal auf, aber als ihr nach ihrem Konzert im Madison Square Garden am 19. Dezember jemand backstage Heroin anbot, wurde sie sofort rückfällig.

* * *

Nach ihrem Auftritt in New York löste Janis die Kozmic Blues Band auf und nahm eine dreimonatige Auszeit. In ihrem neuen Zuhause, in dem jetzt auch Linda Gravenites wohnte, begann sie das neue Jahr, indem sie sich hin und wieder und gewöhnlich gemeinsam mit ihren Freundinnen Sunshine und Peggy Caserta Heroin spritzte. »Solange ich glaube, dass du irgendwann damit aufhörst, kann ich es ertragen … Dann bleibe ich hier«, erklärte ihr Linda. »Wenn ich aber glaube, dass es immer so weitergeht, dann schaffe ich es nicht mehr … Dann bin ich weg.«

Janis beschäftigte sich vor allem damit, »viele fantastische und teure Sachen am Haus« zu machen, schrieb sie ihren Eltern. »Es wird langsam zu einem Palast – lauter Felle und Holz und buntes Glas und Samtsofas und Chaiselongues und sogar ein

Kronleuchter, der mitten aus einem Meer von Rotholz herabhängt.«[8] Sie nahm auch erstmals seit ihrer Kindheit, als ihre Mutter sie unterrichtet hatte, wieder Klavierstunden. Die beiden kanadischen Mitglieder der Kozmic Blues Band – den Bassisten Brad Campbell und den Gitarristen John Till – hatte sie unter Vertrag behalten, und als sie sich wieder an die Arbeit machte, begann Albert Grossman, Kandidaten für die Zusammenstellung einer neuen Band zu rekrutieren.

In ihrer ersten ausgedehnten Pause von der Bühne seit sie im Juni 1966 zu Big Brother gekommen war, feierte Janis am 19. Januar 1970 ihren Geburtstag. Ihrer Familie schrieb sie: »Ich habe es geschafft, meinen – schluck – siebenundzwanzigsten Geburtstag zu überstehen, ohne es richtig zu merken. Im Moment mache ich nicht viel – genieße einfach das Haus. Ich habe den ersten von drei Monaten meines Urlaubs hinter mir …«[9]

Janis dachte auch über die Unbeständigkeit ihres Ruhms als Rockstar nach: »Ach, es ist schon seltsam … wenn man ein Niemand und arm ist, macht es einem nichts aus – man kann sich einfach treiben lassen, aber wenn man eine gewisse Position und ein bisschen Geld hat, tut man alles, um mehr davon zu kriegen, und dann, wenn man Numero Uno ist, muss man sich den Arsch aufreißen, damit einen niemand einholt! Einholt?! Vor zwei Jahren hat mich das alles noch nicht interessiert! Nein, das stimmt nicht.«[10]

Endlich schien Janis die komplizierte Kombination ihrer Bedürfnisse zu durchschauen; sie erkannte, wie leicht es war, Ehrgeiz und das Verlangen nach Liebe miteinander zu verbinden. Dies verstandesmäßig zu erfassen füllte aber noch nicht die Leere, minderte nicht ihre grundsätzliche Einsamkeit und änderte nicht entscheidend das destruktive Verhalten, das ihr viele Probleme verursachte.

In jenem Frühling sagte sie mit einer gewissen Vorahnung zu einem Journalisten: »Der Kozmic Blues hatte mich wirklich schlimm im Griff … Man muss kapieren, dass man nie so viel haben wird, wie man haben möchte, und wenn man stirbt, ist man allein … Wenn man das einmal wirklich akzeptiert hat, tut es nicht mehr so weh.«[11] Sie zitierte eine Strophe aus einem neuen Song, den sie seit kurzem im Repertoire hatte: »Get it while you can – cause it may not be there tomorrow.« Gefühle dieser Art waren das Ergebnis der Lehren, die sie aus Seth Joplins »Saturday Night Swindle« gezogen hatte. Janis redete sich zwanghaft ein, wenn sie diese düstere Weltsicht akzeptierte, würde das ein wenig ihren Schmerz lindern.

Ihr Kozmic Blues wurde durch den Verlust eines weiteren »Familienmitglieds« im Jahr zuvor verstärkt: Ihr geliebter zweijähriger Hund George war aus ihrem Porsche verschwunden, als sie den Wagen vor dem Probenraum geparkt hatte. Sie gab Suchanzeigen auf, lobte einen Finderlohn aus und ließ auf dem Sender KSAN verbreiten, dass er vermisst wurde, hatte jedoch keinen Erfolg. Albert Grossman schenkte ihr daraufhin ein flauschiges weißes Hündchen, das sie »Georges Tochter« nannte. Ihren Eltern schrieb sie, sie wolle »ganz viele Hunde«. So legte sie sich im Frühjahr zwei Katzen und drei Hunde zu, darunter einen Pyrenäenhund, eine »Kreuzung aus Bernhardiner und Mastiff«, wie sie ihren Eltern mitteilte.[12] Sie habe ihren riesig großen neuen Hund Thurber genannt, nach dem Humoristen James Thurber, dessen Werk ihr Vater seit Langem bewunderte. Im Mai erklärte sie einer Reporterin: »Hunde sind besser als Menschen. Sie sind meine besten Freunde.«[13] Die bedingungslose Liebe der Tiere und ihre unkomplizierten Bedürfnisse vermittelten Janis das Gefühl, eine Familie um sich zu haben.

Seit Janis den französisch-brasilianischen, Ende der 1950er Jahre während des Karnevals in Brasilien entstandenen Film *Orfeu Negro* gesehen hatte, war es ihr Wunsch, dieses Spektakel in Rio de Janeiro einmal selbst zu erleben. Sie hielt es außerdem für die beste Gelegenheit, vom Heroin loszukommen. Dieses Mal, schwor sie sich, werde sie clean bleiben, und überließ ihre Drogen Peggy Caserta, die keine Absicht hatte aufzuhören. Mit einem weiteren zehntägigen Vorrat an Dolophin im Gepäck flogen Janis und Linda Gravenites in der ersten Februarwoche 1970 nach Rio. Als erster weiblicher Rockstar, der Brasilien besuchte, wurde Janis von der örtlichen Prominenz gefeiert und zu exklusiven Partys eingeladen. Myra Friedman telegrafierte sie, sie fühle sich »wie Brigitte Bardot. Ich hatte noch nie so unglaublich viel Presserummel … so viele Paparazzi, dass ich eine Pressekonferenz gab. Jede Zeitung, jede Zeitschrift, alle überschlagen sich.«

Auf der Pressekonferenz erzählte Janis von den »wundervollen« Gratiskonzerten in San Francisco, zu denen »alle kommen und tanzen«. Sie liebe Brasilien, »weil die Leute hier netter miteinander umzugehen scheinen als die in New York«, und behauptete, wenn sie nicht Sängerin wäre, würde sie »ein Beatnik sein«; sollte irgendwann ihre Stimme versagen, werde sie »eine Gammlerin am Strand«.[14]

Eines Nachmittags, als sie am weißen Strand von Ipamena faulenzten, lernten Janis und Linda Gravenites die beiden Amerikaner David Niehaus und Ben Beall kennen. Der blonde, bärtige Niehaus hatte ein Jahr lang allein den Amazonas bereist, bevor er sich mit Beall traf, einem Freund an der University of Notre Dame. Der in Cincinnati geborene Niehaus, der so alt war wie Janis, hatte nach dem College im Friedenskorps in der Türkei gedient und danach Jura studiert. Als er Janis entdeckte, die sich im Bikini sonnte, war er von ihrem freundlichen »Hallo, Süßer« bezaubert und merkte schnell, dass »sie klug war und viel Sinn für Humor hatte«.[15] Erst am zweiten Tag ihres Zusammenseins verriet sie Niehaus, wer sie war. Obwohl sie ihre Berühmtheit durchaus genoss, war es für sie viel wichtiger, dass David sie um ihrer selbst willen mochte und nicht, weil sie ein Rockstar war.

Das Karnevalstreiben – die Umzüge der Sambaschulen, die farbenfrohen Kostüme und das ausgelassene Tanzen – faszinierte Janis. Wenn sie mit Niehaus durch die Straßen zog, imitierte sie gekonnt die sinnlichen brasilianischen Tanzfiguren. »Wir haben viel gelacht«, erzählte Niehaus.[16] Am 10. Februar endete der Karneval, doch Janis wollte die Party mit einem Gratiskonzert weiterführen. Es sollte »Unending Carnival, Get It On« heißen, schrieb sie Myra Friedman. »Hier hat es noch nie ein Gratiskonzert gegeben – deshalb wollen wir es machen. Komisch, der Karneval dauert … nur vier Tage – danach ist es nicht mehr erlaubt. Daher unser Plan.«

Doch aus Janis' Vorhaben, »das erste Rockkonzert in Südamerika auf die Beine zu stellen«, wurde nichts, weil es die Behörden untersagten, so Niehaus. »In Brasilien herrschte eine Militärdiktatur, und die hat es einfach verboten. Man wollte einen Haufen Langhaariger nicht rocken lassen.«[17] Trotz dieser Enttäuschung waren die beiden entschlossen, Brasilien weiter zu erkunden; Linda Gravenites hingegen kehrte nach Kalifornien zurück, um die Umbauten im Haus zu beaufsichtigen. Janis und David Niehaus planten eine Reise in den nordöstlichen Bundesstaat Bahia.

Als Janis' Vorrat an Dolophin zu Ende ging und die Entzugserscheinungen ihr alle Kraft raubten, stand ihr Niehaus bei dem grauenvollen Entgiftungsprozess bei, der sie, wie er sagte, »fast umbrachte«[18]. Diese Erfahrung festigte ihre Bindung. Nachdem Janis clean geworden war, schien sie entschlossen, es auch zu bleiben. Verstärkt wurde ihr Entschluss, die Finger von den Drogen zu lassen, vom anfänglichen Rausch ihrer Verliebtheit sowie von der räumlichen Distanz zu ihren Fixerkumpanen und den Drogen an sich. Sie telegrafierte Myra Friedman: »Ich habe mich schließlich daran erinnert, dass ich ein Beatnik bin, und wir sind herumgetrampt, haben am Strand geschlafen, einfach eine Zeitlang nur gelebt. Und die Drogen kommen mir nicht mal mehr in den Sinn.« In den »Random Notes« der Zeitschrift *Rolling Stone* berichtete Friedman den Lesern, Janis treibe »sich im Dschungel mit einem Riesenbär von Beatnik namens David Niehaus herum«,[19] und zitierte sie mit den Worten: »Mir ist endlich klar geworden, dass ich nicht zwölf Monate im Jahr auf der Bühne stehen muss. Ich habe beschlossen, ein paar Wochen lang noch andere Dschungel auszukosten.«

Gleichzeitig schickte sie Albert Grossman ein Telegramm, in dem sie ihm mitteilte, sie sei clean und auf dem Weg, ihr wahres Ich zu finden, in dem sie ihn aber auch um seine väterliche Unterstützung bat: »Ich bin die echte Janis … wieder Janis geworden und so glücklich für eine Weile oder für immer … Bitte lass mich nicht im Stich, aber kannst du dich auch für mich freuen?«

Die beiden Verliebten ließen ihre Habseligkeiten im Hotel zurück und mieteten für einen Fünf-Tage-Trip ein Motorrad. »Wir haben nördlich von Rio an einem Strand namens Calafrio geschlafen, sind, als es dunkel wurde, mit dem Motorrad dort angekommen«, erzählte Niehaus.[20] Auf dem Weg nach Bahia streiften sie mit dem Motorrad einen Fahrbahnteiler aus Beton und kamen derart ins Schleudern, dass sie stürzten. Janis blieb mit einer Gehirnerschütterung bewusstlos liegen. Niehaus hielt ein Auto an und brachte sie ins Krankenhaus, wo man sie behandelte und bald darauf wieder entließ. Daraufhin setzten sie ihre Reise nach Salvador per Anhalter fort. Unterwegs machten sie in kleinen Dörfern Station – »einfach als zwei Beatniks *on the road*«, erzählte sie später Dick Cavett in seiner Talkshow. In einer dieser Ortschaften hörten sie, wie aus den Lautsprechern an einer maroden Bushaltestelle *Piece of My Heart* plärrte. Janis war begeistert von der afrikanischen Kultur in Bahia, und in Salvador kaufte sie örtlich gefertigten Schmuck, darunter ein Armband und ein eng anliegendes Halsband aus roten Perlen mit einem kleinen Herz als Anhänger. Sie trug diese Teile ständig, weil sie sie an ihre glückliche Zeit in Brasilien erinnerten.

* * *

Nach ihren Abenteuern planten sie, gemeinsam nach Kalifornien zu fliegen, doch am Flughafen stellte sich heraus, dass Niehaus sein Visum überzogen hatte. Janis schrie die Beamten an, doch es war vergeblich; Niehaus musste zurückbleiben, um erst einmal seine Papiere in Ordnung zu bringen. Plötzlich wieder allein und zurück in dem Land, wo sie leichten Zugang zu Heroin hatte, unterbrach sie ihren Rückflug in Los Angeles, rief ihren Dealer George an und ließ sich Stoff bringen. Als Niehaus ein paar Tage später in Larkspur eintraf, war sie high. Sie stritten sich, sie versprach aufzuhören, er beschloss, ihr zu glauben, und die Liebesaffäre nahm ihren Fortgang.

Wie Niehaus in seinem Tagebuch schrieb, war dies für ihn seine »erste Liebe, seine erste richtige Frau«. Janis hingegen habe ihm anvertraut, sie habe zwar schon vorher »die wahre [Liebe erlebt], aber sie sei gescheitert, deshalb habe [sie] beschlossen, überhaupt nicht mehr zu lieben.« Ob sie damit auf Peter de Blancs Verrat anspielte oder einen anderen Liebhaber meinte, ist unklar. Doch trotz all ihrer Gefühle für Niehaus hielten ihre früheren Enttäuschungen, ihre Unsicherheit und vor allem der ihr innewohnende Fatalismus sie davon ab, sich voll und ganz auf ihn einzulassen.

Sicherlich kam seine Hingabe und sein Wunsch, dass sie clean wurde, ihren Gefühlen in gewissem Sinne entgegen, zugleich waren sie aber auch eine Bedrohung für ihre stets im Hintergrund lauernde »Blues Mama«-Persönlichkeit, der sie ihre so intensiv herbeigesehnte Karriere verdankte und die sie – wie sie im Alter von 27 Jahren meinte – im Interesse ihres Erfolges bewahren musste.

Doch so wie sie sich 1965 für Peter de Blanc als angehende Hausfrau neu erfunden hatte, versuchte sie nun für Niehaus eine »gute Ehefrau« zu sein: »Sie behandelte mich wirklich lieb«, erzählte er, »besser als jede andere Frau zuvor. Sie ließ alles liegen und stehen, um mich glücklich zu machen – kochte mir abends Essen und schrubbte mir den Rücken, wenn ich ein Bad nahm.«[21] Die andere Seite von Janis' Persönlichkeit zeigte sich, als das Paar eines Nachts durch Geräusche in der Küche aufgeweckt wurde. Niehaus ging nachsehen und stand plötzlich vor mehreren bulligen Hells Angels, die dabei waren, den Kühlschrank zu plündern. »Sie hatten Pistolen im Gürtel stecken«, erzählte er, »und wollten wissen, wer zum Teufel ich bin.« Er lief ins Schlafzimmer zurück und sagte Janis Bescheid, die ohne zu zögern in die Küche stapfte und die Rocker zusammenstauchte. »Janis machte ihnen rasch klar, wer hier das Sagen hatte«, erklärte Niehaus. »Sie konnte diese unbezwingliche Stärke zeigen. Die Kerle zogen nicht nur ab, sondern kamen später mit unzähligen Tüten voller Lebensmittel zurück. Das waren keine netten Jungs – aber sie machte sie dazu.«[22]

Vom Heimchen am Herd bis zur wilden Biker-Braut – beide Seiten von Janis faszinierten Niehaus. Aber er war nicht darauf vorbereitet, mit ihrer Berühmtheit umzugehen. »Wenn wir in eine Bar fuhren«, erzählte er, »ich den Porsche parkte und wir dann zurückkamen, hatten sich 150 Leute am Auto versammelt. Das sprach sich in Windeseile herum.«[23] Um den Kopf wieder klar zu bekommen, ging er ein Wochenende lang Ski laufen. Bei seiner Rückkehr fand er Janis zusammen mit Peggy Caserta im Bett, beide zugedröhnt. Er habe es satt, sagte er zu Janis, es reiche ihm, er verschwinde und gehe wieder auf Reisen in Nordafrika und Asien. »Sie antwortete: ›Ich höre auf mit dem Heroin, ich tue es nie wieder, wenn du dableibst‹«, erzählte Niehaus.[24] Ihr Angebot, bei der bevorstehenden Sommertournee als ihr Roadmanager zu arbeiten, lehnte er ab und bat sie stattdessen, ihn auf seiner Weltreise zu begleiten.

»David liebte sie wirklich«, meinte Linda Gravenites. »Janis liebte ihn auch … Sie sagte ›Bleib bei mir‹, und er erwiderte ›Komm mit mir‹. Sie konnte es nicht und er auch nicht.«[25] Schließlich erklärte Niehaus: »Du findest mich im Himalaja, dort können wir dann weitermachen.«[26] Schließlich kam es zu einer Szene wie in einem herzzerreißenden Liebesfilm: Sie einigten sich, getrennte Wege zu gehen, versprachen sich aber, einander nach eineinhalb Jahren wiederzusehen.

Ihre letzten gemeinsamen Tage verbrachten Janis und David Niehaus in Los Angeles. Am 28. März kehrte Janis mit Niehaus im Schlepptau in das Columbia Studio D in Hollywood zurück, um dort einen Song einzuspielen, den sie mit Paul Butterfield und seiner siebenköpfigen Band als Begleitmusiker aufnahm. Produziert wurde die Aufnahme von einem weiteren Klienten Grossmans, dem 21-jährigen Todd Rundgren, der 1968 mit *Hello It's Me* einen kleinen Hit gelandet hatte. In Grossmans Augen war dieser revolutionäre Multiinstrumentalist, Produzent und Singer-Songwriter ein »Wunderknabe«. Rundgren aber ärgerte sich über die Einschränkungen, die im Columbia Studio herrschten, wo nur gewerkschaftlich organisierte Toningenieure das Mischpult bedienen durften. Vor allem aber missfiel ihm Butterfields Band, die er »schwierig zu lenken«[27] fand. Auch zu Janis hatte er keinen guten Draht – er hielt sie für »launisch«. Dessen ungeachtet konzentrierte sie sich wie üblich bei der Studioarbeit auf das Singen und blendete alles andere aus; zwischen den Takes trank sie heiße Schokolade und Tequila-Cocktails.[28]

Vor dem Hintergrund einer Bläsergruppe und Butterfields Blues-Harmonika klang Janis' Stimme in dem souligen *One Night Stand* ausgeruht und eindringlich. Als Niehaus den Song hörte, wurde ihm klar, unter welcher Einsamkeit sie als Musikerin auf Tournee gelitten hatte: »Playin' in a town without a name / And I'm feelin' low an' everybody looks the same / Well, you catch my eye, and then you come on strong an' try to make your play / Just because we loved tonight, please don't you think it's gonna stay that way / Don't you know that you're nothin' more than a one night stand / Tomorrow I'll be on my way, an' you can catch me if you can.« Der Song stammte von Barry Flast, der für Albert Grossmans Musikverlag arbeitete. Janis hatte den Text überarbeitet, bis er zu ihr passte; sie sang also ganz offen als Frau über die sexuellen Begegnungen während ihrer Tourneen.

Als sie mit Niehaus einmal allein im Studio war, bat sie den Toningenieur, die Instrumentaltracks früherer Songs von ihr abzuspielen. »Wir stellten uns in diese Tonkabine mit ihrem perfekten Sound«, erzählte Niehaus. »Sie setzte die Kopfhörer auf und sang für mich Liebeslieder. Ich fühlte mich wie ›the only man‹, wie es in einem ihrer Songs heißt.«[29]

Janis fuhr ihn zum Flughafen. Zum Abschied umarmten und küssten sie sich mit dem »Versprechen, uns weiter zu lieben und eine Familie zu gründen, was ich ebenso wollte wie sie«, vertraute Niehaus seinem Tagebuch an.[30] »Es war Liebe«, sagte er über die beiden Monate, die sie zusammen verbracht hatten. »Wir dachten, es würde für immer sein, aber zuerst wollte sie noch weiter an ihrer Karriere arbeiten, und ich wollte die Welt sehen.«[31]

Janis, die sich immer noch nach der Anerkennung durch ihre Familie sehnte, berichtete ihren Eltern von Niehaus: »Hab einen wirklich feinen Mann in Rio kennengelernt, aber ich musste wieder zur Arbeit, also ist er weg und schaut sich den Rest der Welt an – zurzeit Afrika oder Marokko, glaube ich, aber er hat mich wirklich geliebt und hat so gut zu mir gepasst und will zurückkommen und mich heiraten! Ich dachte, ich würde nicht mehr erleben, dass mich einer fragt, der kein Fan ist. Aber er hat es ernst gemeint, und wer weiß, vielleicht hab ich irgendwann die Nase voll vom Musik-Biz, aber zurzeit läuft es echt super …«[32]

Die leidenschaftliche Beziehung mit Niehaus beschäftigte sie auch weiterhin. Gegenüber dem *San Francisco Chronicle* erklärte sie: »Es gibt da einen Mann, den ich liebe … Er wollte die Welt sehen, und ich wollte Sängerin sein. Wir versuchen herauszufinden, worum es uns wirklich geht.«[33] Und bald »erschien« Niehaus in den neuen Songs, mit denen sie ihr Repertoire ergänzte. In Jerry Ragovoys *Cry Baby* rief sie nach einem Mann, der sie verlassen hatte, »to go find myself«. In einer Improvisation fügte sie hinzu: »But like the Capricorn I am, I'll be standing there waiting [when he] returns from Casablanca.« Niehaus inspirierte sie auch zu ihrer ersten neuen Komposition nach langer Zeit. In *Move Over* heißt es: »Make up your mind / You know you're playing with me.« Als sie diesen Song in der *Dick Cavett Show* vorstellte, erklärte sie, er handle von einer Frau, die von einem Mann enttäuscht wurde, weil er »mehr versprochen hat, als er zu geben bereit war«. Trotz seiner Beteuerung, sein Leben mit ihr verbringen zu wollen, habe Niehaus es vorgezogen, die Welt zu bereisen, anstatt bei ihr zu bleiben.

Am 4. April trat Janis zusammen mit Big Brother im Fillmore West in San Francisco bei einer Reunion-Show auf, die von Bill Graham organisiert und aufgezeichnet wurde. Vor dem begeisterten Publikum spielten sie gemeinsam elf Songs aus ihren beiden Alben, beginnend mit einem chaotischen *Combination of the Two*. Obwohl sie erkältet war, klang Janis umwerfend, und sie wechselte sich mit Nick Gravenites, der nun in der Band sang, bei den Songs ab. Ihre alte Band begleitete sie bei den beiden gekürzten Versionen von Titeln aus Janis' *Kozmic Blues*: *Try* – mit Brad Campbell am Bass – und *Maybe*. Während einer jazzigen, 20-minütigen Version von *All Is Loneliness* improvisierte Janis den Text über »the loneliness waiting for me at home«. Höhepunkt war eine gemeinsame Improvisation von Janis und Nick Gravenites eines weiteren langen Bluestitels, den sie *Ego Rock* nannte und in dem sie über ihren Heimatstaat vom Leder zog: »I had to get out of Texas baby / Lord it was bringing me down / I been all around the world / But Port Arthur is the worst place that I'd ever found.« Die erste Strophe beendete Janis mit der Erklärung: »I'm going to live to be an old lady and never go back to Texas.«

Zum ersten Mal seit 15 Monaten wieder mit Big Brother zu spielen, »war ein Riesenspaß«, sagte sie, »wir soffen Tequila und haben gekuschelt«.[34] Doch obwohl es sie ausgesprochen traurig machte, musste sie einsehen, dass sie so etwas wahrscheinlich nie wieder erleben würde. »Es führt kein Weg zurück«, zitierte sie Thomas Wolfe.[35] Big Brother und deren heimisches Publikum wussten, dass es das nostalgische Vergnügen dieser Nacht nur einmal geben würde. Dass es überhaupt zustande kam, zeugte von ihrer tiefen Verbundenheit.

Nach Verbundenheit dieser Art strebte Janis, als sie Musiker einstellte, die zusammen mit Brad Campbell und John Till ihre neue Band bilden sollten. Grossman verpflichtete hierfür den kanadischen Keyboarder Ken Pearson, der an einem Album von Grossmans Klienten Jesse Winchester mitgewirkt hatte, sowie den 24-jährigen Organisten Richard Bell, der John Till seit ihrer gemeinsamen Zeit bei den Hawks kannte. Bell und Pearson kamen zum Vorspielen zu Janis nach Hause, und sie stellte fest, dass der Keyboard- und Pianostil der beiden perfekt zu dem von ihr anvisierten Klang passten. Janis' ehemaliger Saxofonist Snooky Flowers empfahl ihr außerdem den aus Minnesota stammenden Drummer Clark Pierson, mit dem er in North Beach in einem Oben-ohne-Club namens Galaxy zusammengespielt hatte.

Die Proben mit dem neuen Material begannen in Janis' Garage. Die vier Kanadier kamen auf Anhieb gut miteinander aus; sie waren eine organische Einheit und keine künstliche Zusammenstellung von Studiomusikern. Janis fühlte sich wohl bei ihnen, und sie pflegten einen respektvollen Umgang miteinander. Obwohl Janis unstrittig der Boss war, konnte sie nun auch wieder »einer der Jungs« sein.

Auf der Suche nach einer Alternative zu ihrem Rockstar-Image als »Janis«, einen Namen, den die Fans riefen und den sie in – zuweilen auch verächtlichen, sexistischen Artikeln – in der Presse gedruckt sah, kam Janis auf den Gedanken, sich einen Spitznamen zuzulegen, den nur ihre engsten Vertrauten verwenden sollten. Dieses andere Ich sollte ihr helfen, die eher bodenständige Seite ihrer Persönlichkeit zu stärken. Als ihr Dave Richards »Pearl« vorschlug, stimmte sie zu. Dieser Name war allein den Mitgliedern ihrer neuen Band und engen Freunden vorbehalten – jene, die den Menschen Janis Joplin kannten, und nicht nur die Berühmtheit. »Verwende nicht das Wort ›Star‹«, sagte sie zu Dick Cavett, nachdem er sie so bezeichnet hatte. »Da könnte ich die Wände hochgehen.«

Manchmal erhielt die Band bei den Proben Besuch von Johanna und John Hall, der ebenfalls Musiker und Singer-Songwriter war. Nach deren positiver Kritik von *Kozmic Blues* in der New Yorker Wochenzeitung *Village Voice* hatte sich Janis mit der 22-jährigen Journalistin Johanna Schier Hall angefreundet. Einige Wochen später verbrachten die beiden zwölf Stunden miteinander für ein geplantes (aber nie erschienenes) Porträt in der *Village Voice.* »Sie war unglaublich aufgeweckt und fröhlich, es hat großen Spaß gemacht«, erinnerte sich Johanna Hall. Janis besuchte die Halls oft spontan im East Village. »Ich betrachte Janis aus einem feministischen Blickwinkel«, erzählte Johanna Hall. »Sie hat sich als diese frivole Blues Mama dargestellt – so etwas hatte es noch nicht gegeben. Sie erschuf sich selbst und ging ihren eigenen Weg, der steinig war. Es herrschte ja damals ein starker Sexismus.«[36]

Nachdem die Halls, die kurz zuvor geheiratet hatten, ins kalifornische Mill Valley umgezogen waren, nahmen sie wieder Verbindung mit Janis auf. Wie Johanna Hall erzählte, »schmachtete [sie] nach diesem Typen, der Liebe ihres Lebens, der nach Kathmandu gegangen war. Sie sagte ›Schreib mir einen Song! Du bist eine Frau. Du bist Schriftstellerin … Du kannst das!‹« So kam es, dass Johanna zum ersten Mal einen Text zu einer Melodie verfasste, die ihr Mann komponiert hatte. »Weil ich dachte, dass sie eventuell über diesen Kerl singen möchte, legte ich den Song dementsprechend an. Er sollte wie eine Zauberformel klingen.«[37] Halls Text zu *Half Moon,* der ursprünglich *Seven Song* hieß, enthält sehnsuchtsvolle Passagen wie »I hope to bring your sweet love home to me«. Der Titel war einer der ersten, die Janis' neue Band einstudierte. Als John Hall ihn der Band vorstellte, beobachtete Johanna, wie Todd Rundgren »ungezogen hinter Janis' Rücken Grimassen schnitt. Ich hatte großen Respekt für sie und verehrte sie und wollte sie vor Todds Benehmen in Schutz nehmen. Ich glaube nicht, dass er Janis mochte, und das ärgerte mich.« Bald danach »nahm [Janis] die Sache schleunigst in die Hand« und entließ Rundgren.[38] Sie brauchte einen erfahrenen Produzenten, mit dem sie kooperieren konnte, einen, der ihr dabei half, ihre ganz eigene Mischung aus Soul, Blues und Rock auf Schallplatte zu bringen – und sie entschied sich dafür, es selbst zu machen.

Mit ihren bodenständigen Bandmitgliedern hatte Janis großes Glück. Sie waren von der Zusammenarbeit genauso begeistert wie Janis und wurden schnell enge Freunde. Die entspannte Art, die alle an den Tag legten, machte den Umgang untereinander einfach, und auf musikalischer Ebene arbeiteten sie ohnehin hochprofessionell. Ihre Form des souligen Rock ermöglichte Janis, sich noch besser auszudrücken. Brad Campbell und Jon Till mit ihrem Erfahrungsschatz als ehemalige Mitglieder der Kozmic Blues Band gaben den anderen Hilfestellung und zeigten ihnen, worauf es ankam. In einem Brief vom April an ihre Eltern klang Janis begeistert: »Hetzte echt durch die Proben, hab eine neue (zwei alte, drei neue Jungs) kleinere Band, und es läuft wirklich fantastisch! Tolle neue Songs – hab dringend neue Songs gebraucht –, und so werden wir auf der nächsten Tour ein neues Album aufnehmen. Albert hat meinen Zeitplan etwas aufgelockert wegen meines hohen Alters und weil ich ihm den Marsch geblasen habe! Zwei Monate auf Tour, dann zwei frei, zwei auf Tour, zwei frei etc. So habe ich ein bisschen Privatleben, hoffe ich.«[39]

Doch ein Rückfall in die Drogensucht schien unvermeidlich. Während ihrer gemeinsamen Zeit hatte sie Niehaus erklärt, Heroin sei das einzige Mittel, durch das sie Frieden finden könne, wenn ihre Gefühle sie quälten. Gegenüber Nat Hentoff beschrieb sie die Auswirkung dieser Empfindungen: »Ich war wohl nie fähig, meine Gefühle zu kontrollieren, sie beiseitezuschieben. … Wenn du so viel fühlst, hast du unvorstellbar grauenhafte Downs. Ich habe falsch gehandelt, bin dann weggelaufen, ausgeflippt und verrückt geworden … Jetzt kann ich meine Gefühle durch die Musik für mich arbeiten lassen, sodass sie mich nicht mehr zerstören. Gäbe es die Musik nicht, hätte ich mich wahrscheinlich schon umgebracht.«[40] Aber nach drei Jahren mit Singen, Plattenaufnahmen und Tourneen reichte ihr die Musik allein nicht mehr. Sie konnte der Versuchung nicht widerstehen, wieder unter die Decke der Betäubung zu kriechen, die das Heroin ihr anbot.

Bei einem Gelage nachts in Larkspur zusammen mit Peggy Caserta und Mike Bloomfield erwischte der Gitarrist eine Überdosis und musste von den Frauen wiederbelebt werden – elf Jahre später, 1981, sollte er dann an einer Überdosis sterben. Daraufhin rastete Linda Gravenites aus. Sie hielt Janis vor, dass sie niemals endgültig aufhören werde, und zog gemäß ihrer Drohung aus. »Linda hatte wirklich die Nase voll davon, ihr beim Drogenmissbrauch zuzusehen«, berichtete Johanna Hall. »Janis sagte zu mir: ›Linda hat all die Kleider hiergelassen, die ich ihr gekauft habe – es kommt mir vor wie eine Anklage.‹«[41] Dafür nahm sie 300 Dollar mit, die man ihr noch geschuldet hatte. Janis war am Boden zerstört; Linda Gravenites war für sie weit mehr gewesen als nur ihre rechte Hand. Sie hatte Dorothy Joplin ersetzt, als ihre enge Beraterin fungiert und ihr stets die Wahrheit gesagt. Auch wenn Janis ihre Vorhaltungen wegen des Heroins auf die Nerven gingen, brauchte sie diese vermeintliche Retterin, so wie sie 1965 während ihrer Genesung ihre Mutter gebraucht hatte. Aber jetzt hatte Janis ihre mütterliche Stütze vertrieben.

Vor ihrem Aufbruch sprach Linda Gravenites gegenüber Janis noch die Befürchtung aus, sie könne ihr Leben lang nicht mehr vom Heroin loskommen. Der Verlust eines entscheidenden Ankers und die Eindringlichkeit dieser Warnung veranlassten Janis erneut, ihre ganze Willenskraft aufzubieten, um von der Droge loszukommen. Albert Grossman versuchte zu helfen, indem er sie in ein Kurhotel schickte – damals eine gängige Ersatzlösung für eine Entzugsklinik. Bald schon war Janis wieder auf Methadon, und sie informierte Sunshine und Peggy Caserta, dass sie die beiden erst dann wiedersehen könne, wenn sie ebenfalls clean seien.

Weil Janis nicht allein leben wollte, wandte sie sich an Lyndall Erb, eine junge Modedesignerin aus San Francisco, die kürzlich aus New York ins Marin County gezogen war. Die Frau hatte sich im Jahr zuvor um Janis' Wohnung in der Noe Street gekümmert, für Janis einige Kleider entworfen und war mit Country Joe and the Fish befreundet. Sie nahm Janis' Einladung an, in Gravenites' früheres Zimmer zu ziehen.

Nicht lange danach standen zwei betrunkene Gäste auf der Schwelle: Bob Neuwirth hatte endlich den Komponisten von *Bobby McGee* kennengelernt – den in Nashville beheimateten Singer-Songwriter Kris Kristofferson. Die beiden freundeten sich an, und nachdem sie mehrere Nächte durch die New Yorker Bars gezogen waren, bestiegen sie betrunken ein Flugzeug nach San Francisco, um Janis zu besuchen. Während des gemeinsamen Besäufnisses, das Neuwirth als »the Great Tequila Boogie« bezeichnete, nahm Janis den kräftigen, gut aussehenden blauäugigen Texaner mit seiner Lederkluft näher in Augenschein und war von ihm hingerissen. Am Ende der Party stolperten sie gemeinsam ins Bett, und in den folgenden Wochen wiederholte sich das immer mal wieder. Später lachte Janis darüber, dass er mit seinen Cowboystiefeln ihre rosafarbenen Satinlaken zerrissen hatte.

Während Janis allmählich das Methadon absetzte, trank sie übermäßig. »Ich hatte die feste Absicht, zu verschwinden«, erzählte Kris Kristofferson, »und dann kam sie herein mit den Frühstücksdrinks, und schon bald war man soweit hinüber, dass es einen nicht mehr interessierte, ob man abreiste oder dablieb.«[42] Auch die Musik hielt ihn bei ihr fest. Sie studierte sein umwerfendes *Sunday Morning Comin' Down* ein, ein Porträt des Zerfalls, den er und Janis nur zu gut kannten. Kris Kristofferson bewunderte ihre Version von *Me and Bobby McGee* sehr, bei der sie sich selbst mit ihrer Gibson-Hummingbird-Akustikgitarre begleitete. »Bei *Me and Bobby McGee* mag ich immer noch am ehesten Janis' Version«, erzählte Kristofferson Jahre später.[43] »Die Strophe ›freedom's just another word for nothing left to lose‹«, erklärte er, »drückte die Zweischneidigkeit von Freiheit aus – du magst vielleicht frei sein, aber diese Freiheit kann auch wehtun.«[44]

Durch Bob Neuwirth fand Janis auch einen Namen für ihre Band. »Sind alle bereit für einen Full Tilt Boogie?«, rief er eines Abends. »Das ist es!«, sagte Janis. Die Musiker der Full Tilt Boogie Band gehörten neben Bob Neuwirth und Kris Kristofferson zu den Zechern auf Janis' rauschhafter Tattoo-Party Mitte Mai. Seit ihr ein englischer Beau auf den rechten Fuß eine blaue Kornblume tätowiert hatte, wünschte sich Janis ein weiteres Tattoo. In San Francisco hatte sie Lyle Tuttle entdeckt, einen renommierten Tattoo-Künstler, der ihr auf die linke Brust ein kleines rotes Herz stach. Auf das linke Handgelenk tätowierte ihr Tuttle ein Armband, das jenem ähnelte, welches sie während ihrer Reise mit Niehaus in Bahia gekauft hatte. Janis war eine der ersten Frauen, die zu Tuttle kamen, und nachdem es sich herumgesprochen hatte, rannten ihm Frauen die Tür ein. »Dadurch waren Tattoos plötzlich wieder angesagt«, erklärte Tuttle. »Als die Frauen sich eine neue Freiheit eroberten, konnten sie sich auch tätowieren lassen, wenn ihnen danach war. Drei Jahre lang habe ich fast nur Frauen als Kunden gehabt.«[45] In der Talkshow von Dick Cavett schwärmte Janis von Tuttle, der selbst am ganzen Körper tätowiert war, und schilderte vergnügt, wie sie ihn eingeladen hatte, ihre Partygäste zu stechen, von denen letztendlich dann 18 neuen Hautschmuck trugen.

Bis Mitte Mai war Janis clean geblieben, und die Band bereitete sich auf ihr erstes Konzert vor – das erste von zwei Dutzend, die sie in den folgenden drei Monaten geben sollten. Bennett Glotzer, Albert Grossmans neuer Managementpartner, reiste nach San Francisco, um Janis' Fortschritte zu prüfen. Er war nicht begeistert von dem Ort, den Janis für den Debütauftritt der Full Tilt Boogie Band ausgewählt hatte: eine Party der Hells Angels im Pepperland, einem Tanzsaal in San Rafael. Im Dezember zuvor hatten die Rolling Stones auf Empfehlung von Grateful Dead die Hells Angels als »Ordner« für ihr Gratisfestival in Altamont angeheuert, von dem die Veranstalter gehofft hatten, es werde zu einer Art Westküsten-Woodstock werden. Doch die Angels schlugen brutal Leute aus dem Publikum zusammen und gingen sogar gegen Marty Balin vor, den Sänger von Jefferson Airplane, der von der Bühne gestiegen war und der Gewalt Einhalt gebieten wollte. Während des Auftritts der Rolling Stones erstachen die Angels Meredith Hunter, einen Zuschauer afroamerikanischer Herkunft. Der Mord und die Brutalität dieser Rockergruppe sind in dem Dokumentarfilm *Gimmie Shelter* festgehalten. Die Grateful Dead, die sich aufgrund der Gewalt in Altamont geweigert hatten aufzutreten, hatten sich von den Rockern distanziert.

Loyal, wie sie war, erklärte sich Janis jedoch bereit, für die Angels zwei Konzerte zu geben. Als sie an jenem Abend mit einer Flasche Tequila in der Hand Richtung Bühne ging, kam ein Biker aus einer anderen Motorradgang auf sie zu und verlangte den Schnaps von ihr. Sie blaffte ihn an: »Vergiss es, Mann. Den brauche ich für den Auftritt.« Bevor Brad Campbell helfend eingreifen konnte, sah er, wie der Biker Janis angriff; »der Typ riss ihr die Flasche aus der Hand und verpasste ihr eine, dass sie zu Boden ging«, erzählte er. »Sofort war der Teufel los. Die ganze Meute Hells Angels stürzte sich auf den Kerl; sie riefen: ›Hey, Mann, das ist Janis Joplin!‹ Sie verprügelten ihn nach Strich und Faden. Ich dachte mir, mein Gott, das sind ja richtige Tiere!«[46] Obwohl sie angeschlagen und benommen war, schaffte es Janis zu singen, aber sie kippte so viel Tequila in sich hinein, dass sie sich am nächsten Tag nicht mehr an ihren Auftritt erinnern konnte. Ihre Bandmitglieder erzählten ihr, während des Konzerts habe ein Hells Angel den Drummer Clark Pierson bedrängt, sein Hemd auszuziehen, obwohl er gerade spielte. Der Biker hatte sich drohend hinter ihm aufgebaut und »angefangen, ihm auf die Schulter zu tippen – ›Du siehst toll aus! Zieh dein Hemd aus‹«, berichtete Campbell. Pierson versuchte, ihn zu ignorieren und sich nicht aus dem Takt bringen zu lassen, aber der Angel ließ nicht locker: »Ich hab gesagt, du siehst wirklich toll aus – zieh endlich dieses Hemd aus!«[47] Daraufhin folgte Pierson der Aufforderung.

Nachdem Janis am 23. Mai John Cooke telefonisch mitgeteilt hatte, sie habe mit dem Heroin aufgehört, kehrte er nach Kalifornien zurück, um wieder mit ihr zu arbeiten. In ihrem Namen nahm er Kontakt zu Paul Rothchild auf, dem Produzenten der Doors, den sie in Los Angeles kennengelernt hatte. Janis wollte ihn nun ebenfalls als Produzenten ihres neuen Albums haben, wogegen Grossman nichts einzuwenden hatte. Rothchild zögerte jedoch, weil Janis, wie er gegenüber Cooke sagte, »beim letzten Mal, als ich sie gesehen habe, ein Junkie war und sich nicht auf ihre Kunst konzentrieren konnte und die Leute um sie herum mies behandelt hat. Damals lag ihre Stimme, wie ich gehört habe, schon in den letzten Zügen.«[48] Immerhin erklärte sich Rothchild bereit, sich einen Liveauftritt im Juli anzusehen, bevor er seine endgültige Entscheidung traf.

Die Proben mit der Band hatten Janis neuen Schwung verliehen, und sie versuchte sich mittlerweile in einer subtileren stimmlichen Herangehensweise. Gegenüber Julie Smith vom *San Francisco Chronicle,* die zu ihr nach Larkspur kam, sagte sie: »Mann, ich hatte noch nie einen solchen Spaß im Leben! Ich bin wie ein Kind, das auf und ab hüpft. Ich lerne singen. Ich habe Power – aber jetzt lerne ich, wie ich sie *nicht* einsetze.«[49]

Janis wandte sich außerdem an Ben Fong-Torres, einen Redakteur des *Rolling Stone,* der nebenbei für eine chinesisch-amerikanische Zeitung schrieb. Gegen Mitternacht rief sie ihn an. »Zwischen Janis und dem *Rolling Stone* herrschte ein ziemlich angespanntes Verhältnis«, erklärte Fong-Torres. Umso mehr erstaunte es ihn, als sie plötzlich am Telefon war – vor allem, weil er bereits einmal erfolglos versucht hatte, sie zu interviewen. Sie berichtete ihm freundlich von ihren brasilianischen Abenteuern, ihren Tattoos, ihrer neuen musikalischen Ausrichtung und ihrer neuen Band. Fong-Torres betitelte seinen Artikel, der daraus entstand, mit »Hey, Janis Is Feeling Great«. Bald darauf beauftragte das Magazin den Autor David Dalton, Janis auf der bevorstehenden Tournee zu begleiten, die am 29. Mai beginnen sollte. Und der *Rolling Stone* widmete ihr zum ersten Mal seit der höhnischen Titelgeschichte von Paul Nelson im März 1969 wieder einen umfangreichen Artikel.

Während der Tournee übernahm Janis die Führungsrolle in der Band und lenkte die Mitglieder diplomatisch in die musikalische Richtung, die ihr vorschwebte. »Sie war immer bestens drauf, guter Laune, war immer bereit, loszulegen, zu spielen, es anzupacken, Musik zu machen«, erzählte der Gitarrist John Till. »Es war nicht so, dass es hier Janis gab und dort die Full Tilt Boogie Band. Sie verstand sich einfach als Teil der Gruppe … und ihr gefiel das.«[50] Zu einem Reporter sagte Janis, sie habe seit ihrem Beginn als Sängerin bei Big Brother nicht mehr so viel Spaß gehabt wie jetzt. Endlich gelang es ihr, erfahrenen, aber aufgeschlossenen Mitspielern die Feinheiten und Nuancen der ihr vorschwebenden Musik zu vermitteln und auf Menschen zu stoßen, die ihre Vorstellungen bereitwillig umsetzten.

Die Auftritte, die bis zum 12. August gebucht waren, fanden meist an den Wochenenden statt; in den Tagen dazwischen hatte Janis reichlich freie Zeit. »Vom ersten Augenblick an, als wir mit Full Tilt Boogie aufgebrochen waren«, erzählte John Cooke, »war Janis wie ausgewechselt … Sie hatte herausgefunden, wie man ein Bandleader ist.«[51] Nach den ersten fünf Konzerten in Florida und dem Mittleren Westen, als die Band auf dem Weg zu einem Halt in Louisville, Kentucky, war, stieß David Dalton zu ihnen. »Die spürbare Zuneigung, die zwischen Full Tilt und

Janis bestand, zeigte sich in der Spielfreude, die sie auf der Bühne demonstrierten«, schrieb Dalton, der ein halbes Dutzend Konzerte miterlebte.[52]

»Diese Jungs sind auf derselben Wellenlänge wie ich«, erklärte Janis. »Es ist wieder so etwas wie eine Familie.«[53] Im Gespräch mit einem Journalisten in Louisville schwärmte sie vom »richtig großen Talent« der Band und dass sie verdammt stolz auf sie sei. »Ich habe einfach dermaßen Bock, mit ihnen zu arbeiten, dass ich sie jeden Tag knutsche und ihnen sage, wie sehr ich sie liebe.«[54] Full Tilt Boogie »war für sie eine tolle Band«, erklärte Johanna Hall, die Janis seit dem ersten Mal mit Big Brother im Generation bei Auftritten mit allen drei Gruppen gesehen hatte. »Sie haben sie wirklich geliebt.«[55]

Im Juni stellten Janis und die Full Tilt Boogie Band in der *Dick Cavett Show* ihren neuen Song *Get It While You Can* vor. Die grellen rosa- und petrolfarbenen Federn in Janis' Haar bildeten einen starken Kontrast zur Wehmut des Songs, in dem sie den Zuhörer anfleht, das »Wagnis« der Liebe einzugehen – »because we may not be here tomorrow«. Die von Janis' Lieblingssongschreiber Jerry Ragovoy verfasste Ballade war ursprünglich vom Soulsänger Howard Tate aufgenommen worden. Janis verwandelte sie in einen dramatischen Knaller à la Kozmic Blues, der vom Keyboard und dem Klavier angetrieben wurde. Janis und der in Nebraska geborene Dick Cavett verstanden sich ausgezeichnet, und gegenüber Freunden brüstete sie sich, sie habe mit dem angesagtesten der Talkshow-Moderatoren geschlafen. Cavett, der dieses Gerücht lange Zeit weder bestätigte noch bestritt, war augenscheinlich von Janis sehr angetan. Sie trat allein in seiner Talkshow auf und lehnte Angebote von dem Entertainer Johnny Carson und anderen ab; zu Cavett kam sie 1969 mit Kozmic Blues und 1970 zweimal mit Full Tilt. In den Gesprächen mit den anderen Gästen schlug sie sich wacker: Raquel Welch (Janis: »Jeder will gemocht werden – keiner hat je genug von den Fans«), die Schauspielerin Gloria Swanson (mit der sie über Rocklängen debattierte) und der britische Darsteller Laurence Olivier (den sie über F. Scott Fitzgeralds Zeit in Hollywood ausfragte). Beim Auftritt von The Committee beteiligte sie sich an deren Stegreif-Performance, bei der jeder eine Emotion darstellen musste; Janis brachte eine meisterhafte Verkörperung der »Frustration«.

Der stets gut informierte und witzige Dick Cavett ging respektvoll mit Janis um, auch wenn er mit ihr scherzte, und sie beantwortete seine Fragen aufrichtig:

> *»Warum gibt es nicht mehr Frauen in deinem Metier?«*
> »Mir kommt das ganz normal vor. Vielleicht liegt es Frauen nicht so sehr … bis zum Grund der Musik zu gehen, zum Gefühl der Musik.«
> *»Ist es nicht ein Widerspruch, Geld zu machen und sich trotzdem unglücklich zu fühlen?«*
> »Musik hat überhaupt nichts mit Geld zu tun – beim Spielen geht es um Gefühl, darum, sich einzufühlen in das, was du versuchst zu verdrängen.«
> *»Hasst du es, auf Tournee zu sein?«*
> »Man ist da viel allein – aber man gibt auch viele Konzerte. Letztlich gehört das zu dem Preis, den du zahlen musst, wenn du Musik machen willst.«
> *»Hattest du es jemals satt?«*
> »Es ist das Beste, was mir je passiert ist.«

Der Höhepunkt jenes Sommers war für Janis die Zeit vom 28. Juni bis zum 4. Juli, als das Transcontinental Pop Festival per Zug quer durch Kanada von Toronto über Winnipeg Station bis nach Calgary zog. Für dieses »Woodstock auf Rädern«, wie John Cooke es bezeichnete, mieteten die Veranstalter für die mehr als ein Dutzend Bands und Solokünstler einen ganzen Zug, später bekannt als der Festival Express. Janis und Full Tilt erhielten 75 000 Dollar als Hauptgruppe eines vielseitigen Programms, zu dem unter anderen Grateful Dead, The Band, New Riders of the Purple Sage, die kanadischen Folksänger Ian & Sylvia (Tyson) mit ihrer neuen County-Rock-Band Great Speckled Bird, der Singer-Songwriter Eric Andersen und die Country-Soul-Band Delaney & Bonnie gehörten. In Toronto sagte Janis im Interview mit der Zeitschrift *Circus,* sie sei »nie so glücklich gewesen« wie mit Full Tilt. »Sie rocken und rollen und wackeln mit dem Arsch, wenn ich es tue, und wenn ich eine Ballade singe, sind sie ruhig und einfühlsam. Und sie spielen für ihr Leben gern, zu jeder Tages- und Nachtzeit, solange ich will … In den paar Stunden [auf der Bühne] spüre ich, dass ich alles machen kann. Ich fühle mich dann, als wäre ich das Empire State Building.«[56]

Nicht lange zuvor, in Maryland, musste Janis wegen ihrer sportlichen Einlagen während ihres Auftritts in die Notaufnahme gebracht werden. Nachdem sie mit extremen Schmerzen von der Bühne gegangen war, wurde sie im Krankenwagen in eine Klinik gefahren, denn beim letzten Titel hatte sie derart heftig mit dem Bein aufgestampft, dass sie sich einen Muskel in der Leiste gezerrt hatte. Bis zum Festival Express aber war sie völlig wiederhergestellt, und über ihren Auftritt in Toronto schrieb Roger Keene von *Circus,* sie sei »die reine Energie, sie verausgabt sich, schlägt um sich … Man begreift, dass Janis heute vermutlich die aufregendste Popsängerin Nordamerikas ist.«[57]

John Cooke, David Dalton und eine von den Veranstaltern beauftragte Filmcrew fertigten über Janis' Auftritte beim Festival Express und ihre Zeit im Zug eine Dokumentation an: zwei Speisewagen voller betrunkener Musiker, die jammen. Selbst die Musiker von Grateful Dead, die sonst kaum tranken, ließen sich volllaufen. Laut dem Gitarristen von New Riders of the Purple Sage wurden 400 Flaschen geleert. Aber »man bekam auch Vitamintabletten und Speed, damit man die Konzerte durchstand«, erinnerte sich Eric Andersen. »Wir hatten so an die fünf Ärzte an Bord. Es war an alles gedacht.«[58]

In einer der Filmaufnahmen von den Jamsessions im Speisewagen sieht man eine betrunkene Janis, eingezwängt zwischen dem besoffenen Rick Danko und dem grinsenden John »Marmaduke« Dawson (New Riders of the Purple Sage), mit dem sie damals eine Affäre hatte, wie sie auf ihrer Gibson Hummingbird klimpert. Gegenüber von Janis sitzen Jerry Garcia und Bob Weir mit ihren Gitarren. In einer Atmosphäre wie bei einem Familientreffen jaulen sich die fünf buchstäblich durch den alten Sträflingssong *Ain't No More Cane*. Als jemand ihre baldige Ankunft in Alberta ankündigt, beugt sich Janis zu Jerry Garcia hinüber und bittet ihn, *Alberta, Let Your Hair Hang Low* anzustimmen, woraufhin der grinst und murmelt: »Janis, ich liebe dich, seit ich dich zum ersten Mal gesehen habe.«

Im Zug schloss Janis Bekanntschaft mit Bonnie Bramlett, und während einer ihrer Unterhaltungen, die David Dalton auf Janis' Wunsch hin aufzeichnete, sprechen sie über ihre Erfahrungen, was es für sie als Frauen bedeutete, auf Tournee zu sein, mit ihren Bands zu arbeiten und welche Opfer sie als Musikerinnen bringen mussten. Die aus dem Mittleren Westen stammende Bonnie Bramlett, die als eine der Ikettes, der Backgroundsängerinnen von Ike and Tina Turner begonnen hatte, erzählte Janis, sie habe ihr ganzes Leben dafür gekämpft, Sängerin zu sein. Zur Antwort wiederholte Janis ihre mystifizierte Darstellung vom zufälligen Erfolg – dass sie nie diesen Ehrgeiz gehabt, sondern nur davon geträumt habe, ein »Beatnik« zu sein, bis »mich ganz plötzlich jemand in diese Rock-'n'-Roll-Band gesteckt hat. Mann, sie haben mich diesen Musikern zum Fraß vorgeworfen, und der Sound kam von hinten. Der Bass hat mich fast umgehauen. Und dann habe ich auf der Stelle gemerkt, dass es genau das Richtige war. Ich wollte nie mehr etwas anderes machen. Es war besser als alles, was ich je mit einem Mann hatte … vielleicht ist das das Problem.«[59]

In Calgary, ihrer letzten Station, überreichte Janis auf der Bühne dem Tourveranstalter fröhlich einen Spielzeugzug und dankte ihm überschwänglich für das tolle Erlebnis. Doch die Tournee wurde zu einem finanziellen Desaster, da die Hippies gegen den Ticketpreis von 10 Dollar protestierten und drohten, den Einlass zu stürmen. Schließlich kamen deutlich weniger Zuschauer als erwartet. Für die Künstler hingegen war es eine erstklassige Gelegenheit, abzuhängen, zu jammen und einen Mordsspaß zu haben.

Der Chicagoer Bluesman Buddy Guy, der lieber Whiskey trank als Gras zu rauchen, erzählte, es habe »in dem Zug so viele Drogen gegeben, dass es ein Wunder war, dass das Ding nicht von den Schienen abhob und in den Himmel schwebte«.[60] Er war von Janis bezaubert, »die süßer nicht hätte sein können«, so Guy. »Sie sang wie eine Schwarze. Dies bewies, dass deine Hautfarbe nicht das Geringste damit zu tun hat, wie tief deine Seele ist.« Dann wiederholte er eine bereits früher geäußerte Einschätzung von B. B. King, mit dem Janis sich schon mehrfach die Bühne geteilt hatte: »Janis Joplin singt den Blues so leidenschaftlich wie Schwarze.«

Ein weiterer Höhepunkt dieses Sommers war für Janis ein schneller Abstecher nach Austin zur Feier des einundsechzigsten Geburtstags von Kenneth Threadgill. Sie kürzte ihren Urlaub auf Hawaii ab, brach schon bald nach ihrem Auftritt in Honolulu zusammen mit John Cooke auf, um nach einem Nachtflug rechtzeitig am 10. Juli zur Feier in der Party Barn westlich der Stadt einzutreffen. Da es sich herumgesprochen hatte, dass sie vielleicht kommen würde, warteten auf der Wiese vor dem Lokal Tausende Einwohner Austins, die hofften, einen Blick auf das erfolgreiche Mädchen aus ihrer Heimatstadt werfen zu können. Auf der provisorischen Bühne von Threadgills Geburtstagsparty überreichte sie ihrem hocherfreuten Mentor ein Souvenir aus Honolulu und meinte kichernd: »Bitte sehr, Mr. Threadgill, ich möchte dir einen guten hawaianischen Lei überreichen.« Dann setzte sie sich auf einen Heuballen und spielte zu ihren countryartigen Titeln Akustikgitarre, während Threadgills Band – darunter ihre frühere Geliebte Julie Paul und deren Mann, der Gitarrist Chuck Joyce – sie begleitete. *Me and Bobby McGee* stellte sie mit den Worten vor, der Song stamme »von einem guten Freund von mir … Er wird einmal richtig berühmt sein, ich schätze so in etwa einem Jahr.« Darauf folgte das von Kris Kristofferson komponierte melancholische *Sunday Morning Comin' Down;* in ihrem Intro bekannte sie sich zum Kozmic Blues, der sie ständig verfolge: »Er ist immer schlimm … *jeden Tag.*«

Unter den Geburtstagsgästen fiel Janis ein junger Mann aus Houston auf, Bill Bentley, ein Musikfan und Autor, der später in der Musikindustrie Karriere machte. »Sie hat mich irgendwie aufgelesen«, erzählte er. »Ich war schüchtern und hatte nicht viele Freundinnen, aber ich dachte mir, versuch ich's eben. Sie hatte diese Ausstrahlung – auf der Bühne war sie wie elektrisch geladen. So was hatte ich bei keinem anderen weißen Mädchen erlebt. Sie war magisch. Es war ihre Heimkehr nach Austin, und dort war sie wirklich die Queen – ganz obenauf. Sie trank Bier, aber sie ließ sich nicht volllaufen.«[61] Die beiden besuchten noch einige andere Partys, wo sie über die Beats und den Blues sprachen, und beendeten den Abend dann im Holiday Inn. »Janis liebte die Musik einfach«, sagte Bentley, der später unter anderem mit Neil Young und ZZ Top zusammenarbeitete. »Musik war ihr Lebenselixier.«

Am Abend darauf besuchte Janis' künftiger Produzent Paul Rothchild ihr Konzert in San Diego. Der 35-jährige Sohn einer Opernsängerin, war von ihrem Liveauftritt mit der Full Tilt Boogie Band beeindruckt: »Ihre Augen strahlten hell und klar, und sie war bester Stimmung«, erinnerte er sich. Bevor sie auf die Bühne ging, drückte sie ihm backstage eine Stoppuhr in die Hand und sagte: »Also, ich kann nur 35 Minuten lang wirklich gut sein. Wenn ich anfange zu singen, starte die Uhr. Ab und zu sehe ich dann zu dir hinüber, und du lässt mich wissen, wie viel Zeit ich noch habe.«[62]

Der erfahrene Produzent fühlte sich bei Janis an einen Marathonläufer erinnert, der sich seine Kräfte klug einteilt. »Und innerhalb der ersten zehn Sekunden hörte ich wieder ›the voice‹ … dieses tiefe Hineingehen in die Songs, die ganz allein von ihr abhängig waren – und nicht sie von den Songs. Ich war hingerissen, denn ich lauschte einer der brillantesten Vokalistinnen, die ich je in der Klassik, im Pop oder im Jazz gehört hatte.« Ihre geschickte Kommunikation mit den Zuschauern in San Diego – ein Publikum von 3000 ursprünglichen »Sesselpupsern«, das »aufsprang und die folgenden 40 Minuten wie verrückt kreischte« – überzeugte Rothchild zusätzlich, dass sie »eine Sängerin war, die vollkommen in die Magie jenes Moments der Kreativität eintauchte«.[63]

Rothchild vereinbarte mit Janis ein Treffen in Larkspur, um dort über ihre Zusammenarbeit zu sprechen. Janis mixte Piña coladas, wie sie es auf Hawaii gelernt hatte, und er war beeindruckt von ihrem Intellekt und ihrer Bereitschaft, sich stimmlich zu erweitern. Er riet ihr, auch mit der »Kirchenchor-Stimme zu singen wie zu der Zeit, als sie zehn war«,[64] berichtete John Cooke, der an dem Treffen teilnahm. Rothchild sagte zu Janis: »Wir wollen diesen Teil deiner Stimme in die Songs einarbeiten und sie zu voller Leidenschaft entwickeln, sodass der Effekt noch dramatischer wird.« Janis stimmte zu: »Toll, das machen wir!«, und auf die Frage, wie weit sie in 30 Jahren sein wollte, erklärte sie ihm: »So weit wie die größte Bluessängerin der Welt, Bessie Smith.«[65] Das werde sie schaffen, versprach er ihr, sogar mehr als das – und unterschrieb den Vertrag als ihr Produzent.

Zwar war Janis längst über ihre Phase der Folkmusik und die Interpretation der Songs dieser einzigartigen Bluessängerin hinausgewachsen, aber sie schätzte Bessie Smiths Musik immer noch sehr. Erst kurz zuvor hatte sie sich an den Kosten für einen Grabstein für deren letzte Ruhestätte beteiligt, die seit ihrer Beerdigung am 4. Oktober 1937 anonym geblieben war. Die

Inschrift darauf lautete: THE GREATEST BLUES SINGER IN THE WORLD WILL NEVER STOP SINGING – BESSIE SMITH – 1895-1937.

* * *

Janis hatte ihren reisefreudigen Geliebten David Niehaus keineswegs vergessen und schrieb ihm von unterwegs zu einem Auftritt in Albuquerque einen Brief. Als Erstes teilte sie ihm das mit, was ihn, wie sie meinte, am meisten beeindrucken würde: »Ich hab aufgehört!!! Vor 4 Monaten! … Jetzt ist Janis wieder da! Sie ist absolut (wenn ich das so sagen darf) herrlich verrückt, aber ich liebe das! … Hoffe, du hast verstanden, dass ich kein Junkie mehr bin und wieder voller Gefühle. Es ist fantastisch, und es tut weh, aber um nichts in der Welt möchte ich wieder schlafwandeln.« Sie hoffte, im Oktober zu ihm zu stoßen und ihn auf seinem Abenteuer in weiter Ferne zu begleiten, sobald die LP fertig sei.[66]

Janis freute sich auf die bevorstehenden Aufnahmesessions. Rothchild hatte Clive Davis davon überzeugt, dafür in das Sunset Sound Studio in Hollywood zu gehen, wo er die ersten beiden Doors-Alben produziert hatte, statt ins CBS Studio in Los Angeles. »Wir wollen es richtig machen«, sagte er zu Davis, »in einer Umgebung, die Rock 'n' Roll ist.«[67] Wie Todd Rundgren vermied er lieber die Zusammenarbeit mit Columbias fest angestellten Toningenieuren, und Janis schätzte die lockere Atmosphäre des Sunset Sound, einem garagenartigen Studio in einem schäbigen Viertel. Im Juli machten Rothchild und die Band in beiden Studios Probeaufnahmen, wobei das Ergebnis aus dem Sunset Sound – eine Version von *Me and Bobby McGee* – allen Beteiligten besser gefiel. »Die Musiker waren samt und sonders gut«, sagte der Bassist Brad Campbell. »Man braucht nur die richtigen Mitspieler, um Magie zu erzeugen. Und Paul wusste, wie man mit Musikern arbeitet. Er konnte das Beste aus ihnen herausholen.«[68] Und sie machten den Plan, im September mit den Aufnahmen für das Album im Sunset Sound Studio zu beginnen.

In L. A. wohnte Janis im Tropicana Motel, und dort traf sie sich ein letztes Mal mit Kris Kristofferson. Sie hatte von Niehaus keine Antwort erhalten und sehnte sich nach mehr als einem flüchtigen Wochenende mit Kristofferson – aber der ungebundene Songwriter, dessen Karriere bald Fahrt aufnehmen sollte, erteilte ihr ungerührt eine Absage. Er »liebte« sie – war aber nicht in sie verliebt.

Nach ihrer Rückkehr nach Larkspur später im Sommer begann Janis eine Beziehung mit einem betuchten Kokaindealer, den sie seit Mai kannte. Der 22-jährige Berkeley-Student Seth Morgan stammte aus dem Osten und war der Sohn des Dichters und Literaturkritikers Frederic Morgan. Er lebte von einem kleinen Treuhandfonds und seinen Einkünften aus dem Dealen und ließ die Leute glauben, er sei mit J. P. Morgan verwandt. Obwohl Janis Kokain mied, mochte sie den gut aussehenden Taugenichts, der eine »überreich verchromte« Harley Davidson fuhr, »goldfarben lackiert, mit orangefarbenen Flammen«.[69] Janis fühlte sich »von meiner Schroffheit angezogen«, erzählte er später, »und ich habe schnell gelernt, diese Schwäche auszunutzen«. Er machte Janis klar, dass er sich nicht für ihre Musik interessierte, aber das schien sie nicht zu stören. Vielleicht gefiel es ihr auch, dass er denselben Vornamen wie ihr geliebter Vater trug. Bis Ende des Sommers verbrachte Morgan jede Nacht in ihrem Haus in Larkspur – »nicht aus Liebe, sondern aus einer unwiderstehlichen körperlichen und emotionalen Verwandtschaft«, wie er meinte.[70]

Seth Morgan genoss es, sich mit Janis in den Szenevierteln des Marin County zu zeigen und als ihr Liebhaber Eindruck zu schinden. Sie hingegen ging lieber »in abgelegene Kaschemmen am Stadtrand mit Resopaltischen und Frank Sinatra in der Musikbox und einem Neonschild in Form eines Martiniglases vor dem Eingang«, beschwerte er sich. »Aber das alles wurde schnell schal, und so blieben wir immer öfter zu Hause, schauten fern, spielten Poolbillard auf ihrem antiken Brunswick-Tisch und tranken. Getrunken haben wir immer.«[71]

Anfang August brach Janis zu ihrer – wie sich herausstellen sollte – letzten Tournee auf, die mit einer triumphalen Rückkehr nach New York begann. Vor 15 000 Menschen sang sie im Forest Hill Tennis Stadium. »Wenn das Konzert vom Sonntagabend … etwas verdeutlicht hat, dann die Tatsache, dass Janis Joplin endlich von einer Band begleitet wird, die ihrer wert ist«, schrieb Mike Jahn in der *New York Times*. »Full Tilt Boogie hat, wie der Name schon andeutet, die Emotion und den Schwung, die nötig sind, will man mit Miss Joplin mithalten, und die Band besteht aus guten Musikern. Schwierig, aus der Fülle dieses großartigen Abends Einzelleistungen hervorzuheben, aber John Till an der Gitarre und Richard Bell am Piano scheinen sich besonders auszuzeichnen … Full Tilt Boogie hielten sich an das grundlegende Bluesformat und füllten es mit ihrer enormen Kraft, die dem wahrhaft souligen Schreien, Stöhnen und Keuchen ihrer Bandleaderin entsprach.«[72]

Ihr letzter Auftritt im Umland von New York fand am 8. August im Capitol Theater in Port Chester statt. Zuvor begleitete Janis Bob Neuwirth und die mit ihm befreundeten Schauspieler Rip Torn und Geraldine Page in die nahe gelegenene Vahsen's Bar, wo sie ein Liedchen von Michael McClure zu klimpern begann, das sie von Emmett Grogan von den Diggers gelernt hatte. Sie hob mit einem Sprechgesang »wie bei einem Seemannslied«[73] an, erzählte Neuwirth – »Oh Lord, won't you buy me a Mercedes Benz« –, während er auf eine Serviette Textzeilen kritzelte und Torn und Page mit ihren Biergläsern den Takt klopften. Janis »ersann noch eine zweite Strophe, über einen Farbfernseher«, sagte Neuwirth. »Ich schlug da und dort bestimmte Wörter vor und dachte mir die dritte Strophe aus – darüber, den Herrn zu bitten, uns einen Abend in der Stadt und eine zweite

Runde Drinks zu spendieren. Janis und ich kicherten und zogen ein wenig eine Show ab.«

An diesem Abend auf der Bühne überraschte Janis alle – vor allem ihre Band – mit der Ankündigung: »Ich möchte einen Song spielen, der für mich eine gewisse Bedeutung hat … Ich habe ihn gerade in einer Bar an der Ecke geschrieben, darum kenne ich den Text noch nicht so gut. Ich werde ihn *Acapulco* singen« – Neuwirths witzige Bezeichnung für *a cappella*. »Janis schlug mit dem Fuß den Takt und begann loszuschmettern«, erzählte Neuwirth, »so, wie sie es in der Bar gemacht hatte. Die Band versuchte so gut es ging mitzuhalten.«[74]

Zwei Tage später im ausverkauften Garden State Arts Center stand »Mercedes Benz« bereits auf der Setlist. Dort überbot die Band den bisherigen Rekord von 8500 Zuschauern, der bis dahin von Schnulzensänger Andy Williams gehalten worden war. Während der 90-minütigen Vorstellung ging Janis auf die Wünsche des Publikums ein und trieb es mit ihrer zweiten Zugabe *Get It While You Can* »an den Rand des Wahnsinns«. Am nächsten Nachmittag, dem 12. August, hatte sie schließlich ihren letzten Auftritt im Harvard Stadium in Cambridge vor 40 000 Fans. Die an einem heißen Augusttag im Freien stattfindende Vorstellung hatte nicht die besten Voraussetzungen für eine gelungene Bühnenshow. Zudem kontrollierte die Polizei das Gelände – Janis stand immer noch auf der Überwachungsliste des FBI. Dennoch verlief das Konzert ohne Zwischenfälle, und als Janis und Full Tilt abtraten, riefen die Zuschauer nach weiteren Zugaben. »Meine Musik will die Leute nicht zur Randale anstacheln, sondern zum Vögeln!«, erklärte sie gegenüber der Untergrundzeitung *Boston Phoenix*.

Anschließend flog Janis nach Texas. Im Mai hatte sie beschlossen, zum Zehnjahrestreffen ihres High-School-Jahrgangs nach Port Arthur zu reisen. Den ganzen Sommer über hatte sie nach Freunden gesucht, die sie begleiten wollten. Sie hatte Johnny Winter aus Beaumont gefragt – mit dem sie 1969 ein Techtelmechtel gehabt hatte – und Tary Owens, der während seiner Zeit in San Francisco heroinsüchtig wurde. Doch es war vergeblich. Im Juni erzählte sie in der Talkshow von Dick Cavett, den sie ebenfalls einlud, in bissigen Worten, die nichts Gutes ahnen ließen, von dem bevorstehenden Klassentreffen. »Ihr Spott hat mich aus der Klasse getrieben, aus der Stadt und aus dem Staat – also fahr ich nach Hause.«[75] Das Studiopublikum spendete ihr dafür johlend Beifall. Als ihr in jenem Sommer im Club Max's Kansas City zufällig Robert Rauschenberg über den Weg lief, versuchte er, ihr die Rückkehr in ihre bigotte Heimatstadt auszureden, aber »ich konnte sie nicht überzeugen, es bleiben zu lassen«, berichtete er später.[76] »Ich wusste, es würde eine Katastrophe werden.«

Begleitet wurde sie schließlich von Bob Neuwirth und John Cooke sowie von John Fisher, dem Inhaber des New Yorker Fahrservice Love Limousines, der ein enger Freund geworden war, nachdem er sie zwei Jahre lang chauffiert hatte. Sie setzte sich am liebsten vorn auf den Beifahrersitz neben Fisher und lugte aus dem lavendelfarben getönten Seitenfenster.

Die Zeitungen in Texas berichteten seit Wochen über Janis' bevorstehenden Besuch. In einem Artikel hieß es, die »örtliche Bevölkerung ist überrascht, dass Janis, die für ihre unkonventionellen Ansichten bekannt ist, an etwas so Konventionellem wie einem High-School-Klassentreffen teilnehmen [will].«[77] Auch ihre Freunde fanden es erstaunlich, wie entschlossen sie dazu war. Manche dachten, sie wolle mit ihrem Status als Star vor ehemaligen Klassenkameraden protzen, die sich, wie sie es gegenüber einem Reporter darstellte, mühsam als »Tankwart« durchschlugen. Womöglich sehnte sie sich noch immer nach der Anerkennung der Menschen, die sie ein Jahrzehnt zuvor verhöhnt hatten, und wollte beweisen, dass sie sie für sich gewinnen konnte, so wie sie das Publikum im ganzen Land für sich gewonnen hatte. 1969 hatte sie über Port Arthur gesagt: »Ich wollte nur, dass man mich liebt.«[78]

Wie Rauschenberg geahnt hatte, wurde das Wochenende zu einer Abfolge qualvoller Enttäuschungen, die bereits begannen, als ihre Eltern sie am Donnerstagabend vom Flughafen abholten. Vielleicht um sie für ihre sarkastischen Kommentare in der *Dick Cavett Show* zu bestrafen oder sie in gewisser Weise zu demütigen, bekam sie als Schlafplatz eine Liege im Hobbyraum anstatt Michaels oder Lauras Schlafzimmer. »Meine Eltern waren ihr gegenüber recht kühl«, berichtete ihr Bruder Michael. »Sie haben sich über ihre Äußerungen in Bezug auf sie und die Stadt geärgert, sodass im Haus eine ziemlich angespannte Atmosphäre herrschte.«[79] Als am nächsten Abend Janis' Begleiter eingetroffen waren, luden die Joplins sie zu einem Dinner in ihren Country-Club ein, bei dem John Cookes Tischdame Margaret, die aus einer wohlhabenden Familie in Austin stammte, den Großteil der Konversation bestritt.

Danach fuhren Janis und ihr Anhang zu einem Kneipenbummel auf die gegenüberliegende Seite des Sabine River in Louisiana. Sie wollte ihnen die Lokale zeigen, wo sie als Teenager gefeiert hatte, aber manche wie das Big Oak gab es nicht mehr. Schließlich landeten sie in einem voll besetzten Schuppen, in dem eine Countryband spielte. Janis' Stimmung sank jedoch auf den Tiefpunkt, als sie von Autogrammjägern bedrängt wurde. Diese Form der Aufmerksamkeit hatte sie sich an einem solchen Abend nicht gewünscht.

Am nächsten Morgen verließen Seth und Dorothy demonstrativ die Stadt, um an einer Hochzeitsfeier teilzunehmen. Janis bereitete ihren Gästen, die in einem Motel in der Nähe wohnten, einen Brunch zu. Für Michaels Undergroundmagazin *Agape* schrieb sie die Botschaft: »Mach keine Kompromisse mit dir selbst. Du bist alles, was du hast!«

Bei dem Klassentreffen selbst wurde deutlich, dass Janis eine Wiedergutmachung von ihrer Heimatstadt erwartete, dies aber nicht deutlich genug ausdrücken konnte. Stattdessen schlüpfte sie in die Rolle der zurückgewiesenen Außenseiterin, die nach ihrem Triumph zurückgekehrt war, um mit ihrem Erfolg großzutun. Beim Interview mit einem örtlichen Fernsehreporter wechselte sie in ihre »Mae West trifft W.C. Fields«-Stimme, während sie die Straße entlangstolzierte und dabei flapsig seine Fragen beantwortete.

Vor dem abendlichen Fest zum Klassentreffen gab Janis im Petroleum Room des damals piekfeinen Goodhue Hotel eine Pressekonferenz, bei der ihre Schwester Laura neben ihr am Tisch saß. Zwar gab sie sich anfangs launig und ließ wie ein eingebildeter Star schneidende Bemerkungen fallen, aber als man sie nach ihren verletzenden Erfahrungen in der High School fragte, wurde sie nervös. Als stünde sie wieder wie zehn Jahre zuvor im Direktoratszimmer, blaffte sie: »Ich weiß nicht – warum fragen Sie nicht die anderen?«, als die Journalisten wissen wollten, ob ihre Klassenkameraden sie »ausgegrenzt« hätten. »Ich … ich habe mich als Außenseiterin gefühlt«, stotterte sie, als würde sie gleich zu heulen beginnen. Laura, die sich zu Wort meldete, erklärte, ihre Eltern hätten Janis als »außergewöhnlich« betrachtet, worauf Janis sie überrascht ansah.

Während des Dinners zum Klassentreffen wusste niemand so recht etwas mit Janis anzufangen. Sie erhielt nur höflichen Beifall, als man sie mit einem vergoldeten Autoreifen allein dafür ehrte, dass sie die weiteste Anreise gehabt hatte. Insgesamt wurde sie entweder links liegengelassen oder von Heuchlern belagert, an die sie sich kaum erinnerte. Keiner ihrer engen Freunde war gekommen, weder Karleen noch die jungen Rebellen; sie sahen keinen Grund, an etwas so Spießigem wie einem Klassentreffen teilzunehmen – nicht einmal, um dort Janis zu treffen und sie zu unterstützen.

Bald nach dem Essen machten sich Janis und ihre Begleiter auf den Weg zum Pelican Club, einem Bierlokal, wo an diesem Abend Jerry Lee Lewis als Hauptattraktion auftrat. Mit 15 hatte Janis Lewis in einem Leserbrief an die Zeitschrift *Time* verteidigt. Bereits zuvor in diesem Sommer war sie in Louisville zu einem Auftritt des »Killers« gekommen und hatte dort versucht, seinen jungen Bassisten aufzureißen, der, wie sich dann herausstellte, Lewis' Sohn war. Mit Jerry Lee selbst hatte sie ein paar Worte gewechselt, aber er war nicht besonders freundlich zu ihr gewesen, nicht einmal, als sie ihren gemeinsamen Freund Kris Kristofferson erwähnte.

Lewis, der zu dieser Zeit in einem Karrieretief steckte und schlecht bezahlte Auftritte wie den im Pelican Club absolvieren musste, war mürrisch, als Janis fröhlich backstage erschien, um ihn in ihrer Heimatstadt »willkommen zu heißen« und ihn ihrer Schwester vorzustellen. Überhaupt mochte Lewis keine Hippiefrauen wie Janis, die ungepflegt aussahen und kein Make-up trugen. Als er eine gemeine Bemerkung über ihr und ihrer Schwester Aussehen machte, rief Janis »Du Arschloch!« und verpasste ihm eine Ohrfeige. Worauf Lewis kräftig zurückschlug. »Wenn du dich benimmst wie ein Mann, behandle ich dich auch so«, knurrte er.[80]

John Cooke und Bob Neuwirth brachten Janis, die hysterisch schrie, schleunigst nach draußen. Im Haus der Joplins leerten sie eine weitere Flasche Tequila. Anschließend legte sich Neuwirth zum Schlafen draußen ins Auto – mit laufendem Motor –, und John Fisher machte es sich auf der Couch neben Janis' Liege bequem. Als ihre Eltern am nächsten Morgen die Betrunkenen entdeckten, waren sie außer sich.

Nachdem sich ihre Freunde zum Flughafen aufgemacht hatten, gerieten Janis und Dorothy in einen Streit, in dessen Verlauf die Mutter schrie: »Ich wünschte, du wärst nie geboren worden!« Janis hatte gemeint, von ihrer Familie akzeptiert zu werden, nachdem sie gesehen hatte, wie ihre Heimatstadt sie feierte, doch nun war genau das Gegenteil eingetreten – und sie hatten einander noch mehr Schmerz und Verletzungen zugefügt.

»Beim Jahrestreffen hatten wir tatsächlich das schlimmste Zerwürfnis mit Janis«, erklärte Seth Joplin später. »Sie hatte zwei oder drei Interviews gegeben … Dorothy gefielen ihre Äußerungen nicht, und sie sagte ihr das auch. Sie ist durchgedreht und abgereist – hat sogar ein früheres Flugzeug genommen … und ich kann es ihr nicht verdenken.«[81] Nicht einmal ihr geliebter Vater versuchte sie zum Bleiben zu überreden.

»Ich war eine richtige Pessimistin, eine echt zynische Zicke«, vertraute Janis einem Reporter kurz nach dem Fiasko von Port Arthur an. »Dann habe ich irgendwo die Definition gelesen: ›Ein Pessimist ist nie enttäuscht, ein Optimist dagegen ständig.‹ Nach dieser Definition bin ich also eine Optimistin.«[82]

Wieder zurück in Kalifornien stürzte sich Janis bis Anfang September in ihre Beziehung mit Seth Morgan. Dann begannen die Aufnahmen in Los Angeles. Morgan blieb in Larkspur, wo er sich in Janis' Schlafzimmer mit anderen Frauen vergnügte. Gelegentlich flog er nach L. A., aber er mochte das Landmark Motor Hotel nicht mit seiner »grausam miesen, orangefarbenen Auslegeware und den nachgemachten polynesischen Kunstwerken überall«, schrieb er im *Berkeley Barb.* Seiner Ansicht nach war Janis' Hotelzimmer Nr. 105, »ein Einzelzimmer mit einer Kochnische … deutlich schlechter als die Zimmer, die die Musiker, Roadies und … John Cooke bewohnten«.[83] Auch die »endlosen und nervtötenden Wechsel zwischen dem Zimmer im Landmark, Barney's Beanery und dem Aufnahmestudio« passten ihm nicht. Die Spannungen zwischen Janis und Morgan nahmen mit jedem seiner Besuche zu, aber stets bat sie ihn wiederzukommen. Das Alleinsein war ihr unerträglich.

Im Sunset Sound Studio jedoch erschien Janis meist fröhlich und konzentriert. Wenn Janis und Rothchild an den Arrangements, Tempi und Instrumentalparts der Songs feilten, hörte er sich aufmerksam ihre Vorschläge an. Der erfahrene Produzent war so beeindruckt von Janis' Überblick und musikalischen Vorstellungen, dass er zu ihr sagte, sie würde eine tolle Produzentin abgeben – eine Äußerung, die sie beherzigte. Sie nahm sich vor, selbst einmal eigenständig eine Aufnahmesession zu leiten.

»Paul war schwer in Janis verliebt«, meinte der Toningenieur Bruce Botnick, der mit Rothchild an den Doors-LPs gearbeitet hatte. »Zu mir sagte er, bei den Aufnahmen hätten sie sich gleich von Anfang zueinander hingezogen gefühlt. Aber ihm sei klar gewesen, wenn er [eine Affäre begonnen hätte], hätte er kein Album bekommen. Deshalb hat er Janis erklärt: ›Also, ich liebe dich sehr und möchte mit dir zusammen sein, aber vögeln wir lieber auf dem Band.‹«[84] Gelegentlich lieferten sie sich nach einer langen Session mit ihren Porsches auf dem Pacific Coast Highway ein Rennen.

Janis war nach wie vor von ihrer Band begeistert – zu Ken Parson sagte sie, »solltet ihr mich mal verlassen, bringe ich dich um!« Aber sie schaffte es nicht, ihren Alkoholkonsum einzuschränken, obwohl sie wusste, dass er ihrer Stimme nicht guttat. 1969 hatte sie bei den Aufnahmen von *Kozmic Blues* Vokaltakes neu einsingen müssen, nachdem sie in der Nacht zuvor so schwer gezecht hatte, dass ihre Stimme versagte. Sie wusste, sie musste sich Rothchild gegenüber beweisen, und falls sie es stimmlich verpatzte, würde er das Projekt hinschmeißen. Deshalb versuchte sie sich wenigstens im Studio zu beherrschen und es dort bei einigen wenigen Drinks zu belassen. Danach in Barney's Beanery wurde es schwieriger mit dem Verzicht.

Eines Abends entdeckte sie in der Lobby des Landmark ihren Dealer George. Er telefonierte gerade mit Peggy Caserta, die ebenfalls im Hotel wohnte, was Janis nicht gewusst hatte. Schließlich landete Janis in Peggy Casertas Zimmer und setzte sich dort nach etwa fünf Monaten zum ersten Mal wieder einen Schuss. Später redete sie ihren Rückfall gegenüber Seth Morgan mit der Begründung schön, das Heroin helfe ihr, vom Alkohol wegzukommen. Wenn sie nicht mehr »die ganze Zeit so gottverdammt betrunken« sei, erklärte sie, »werden wir richtig gute Aufnahmen hinkriegen«.[85]

Im Sunset Sound war sie weiterhin voll auf die Musik konzentriert. »Es war immer ein Mordsspaß«, erzählte Rothchild.

»Ständig wurde gegrinst und gelacht.«[86] Eines Abends nahmen Janis und die Band eine überschwängliche Version von *Happy Birthday* für John Lennons dreißigsten Geburtstag (am 9. Oktober) auf, das in ein verdrehtes *Happy Trails* überging, bei dem Janis wie Dale Evans – der Komponist dieses Songs – ausgelassen im Sopran trällerte.

Die Session hatten sie mit Aufnahmen von Titeln begonnen, die die Band den Sommer über während der Tournee auf Tauglichkeit geprüft hatte – *Move Over*, *Get It While You Can*, *Half Moon* und *Cry Baby*. Bei Songs wie *Me and Bobby McGee* konzentrierten sie sich darauf, eher ein »Country-Blues-Feeling« durchklingen zu lassen, wie Janis es nannte. »Hört man meinen texanischen Akzent heraus?«, fragte sie Rothchild. »Ich hoffe es«, antwortete er.

Janis hatte nicht nur Gram Parsons mit den Flying Burrito Brothers im Palamino Club gehört, sondern im Troubadour auch Linda Ronstadt entdeckt, die dort ihr Country-Rock-Repertoire vorstellte. Und Rothchild hatte bei einer Session der Everly Brothers den in Alabama geborenen Songwriter und Keyboarder Spooner Oldham angesprochen und ihn um einen Song für Janis gebeten. Oldham spielte ihm auf dem Piano *A Woman Left Lonely* vor, dessen Anfang er zusammen mit seinem Partner Dan Penn geschrieben hatte. »Paul sagte: ›Du schreibst den Song zu Ende, dann bin ich mir sicher, dass ich ihn mit Janis aufnehme‹«,[87] berichtete Oldham aufgeschlossen. Der kalifornische Neubürger flog zu Penn nach Tennessee, wo ein Demo aufgenommen wurde. »Ich brachte das Band dann ins Sunset Sound Studio und wurde Janis vorgestellt, die mit Paul in der Tonkabine saß«, erzählte Oldham. »Wir verstanden uns auf Anhieb, ich umarmte sie und sagte: ›Du hast es geschafft, Janis, deine Karriere läuft toll. Ich bin furchtbar stolz auf dich.‹ Da sah sie mich an, als wäre ich mit dem Messer auf sie losgegangen, und erwiderte: ›Weißt du, Spooner, ich glaube, es kann jeden Tag vorbei sein.‹«[88]

Vielleicht hatte Janis das Gefühl drohenden Unheils, weil es ihr nicht gelungen war, clean zu bleiben. Sie fing an zu begreifen, dass sie nicht unsterblich war, so stark sie sich auch fühlte. Außerdem hatte sie den frühen Tod von Freunden und Weggefährten erlebt, die zum Teil bereits in ihrem Alter – mit 27 Jahren – gestorben waren. Wie etwa Jimi Hendrix. Erst wenige Tage zuvor, am 18. September, war er in London nach einer Überdosis Barbiturate an seinem Erbrochenen erstickt. Als Myra Friedman Janis telefonisch um einen Kommentar zu Hendrix' Tod für die Presse bat, meinte sie erst ratlos: »Ich weiß nicht, was ich …« Dann sinnierte sie: »Ich bin mal gespannt, was sie nach *meinem* Tod über *mich* sagen werden.«[89] Zwei Wochen vor Jimi Hendrix' Tod war Al Wilson, der Sänger und Gitarrist von Canned Heat, an einer Überdosis gestorben, und ein Jahr zuvor war Brian Jones von den Rolling Stones mit 27 Jahren in seinem Swimmingpool ertrunken.

Was ihre Musik betraf, war Janis weiterhin optimistisch und vom Ergebnis der Sessions sehr angetan. »Wir machen während der Aufnahmen eine gewaltige Entwicklung durch«, sagte sie zu Richard Bell. Sie rief Clive Davis von Columbia an und ließ ihn einige grobe Abmischungen hören. »Sie schien von dem Ergebnis so begeistert zu sein«, erinnerte sich Bell. »Sie war aufgedreht, beflügelt von ihrer wunderbaren Version von … *Me and Bobby McGee.*«[90]

Als Janis in L. A. zufällig Marty Balin, den Sänger von Jefferson Airplane traf, bestand sie darauf, dass er sich im Studio ein paar Titel anhörte. »Janis war die beste Sängerin, die ich je gehört habe«, sagte Marty Balin, der schon als Teenager Schallplatten veröffentlicht hatte. »Niemand konnte es mit ihr aufnehmen.«[91] Nachdem die beiden während des Probehörens »zwei Flaschen Schnaps gekillt hatten«, so Marty Balin, fragte sie ihn, Zustimmung erwartend: »Bin ich nicht eine tolle Sängerin?« »Ja, das bist du«,[92] antwortete er, und es war ernst gemeint.

Obwohl Janis bereits mit *My Baby* einen dritten Ragovoy-

Titel ins Album aufgenommen hatte, rief sie den Songwriter an, um sich nach weiterem Material zu erkundigen. Der hatte – vielleicht inspiriert durch Hendrix' Tod – den Song *I'm Gonna Rock My Way to Heaven* geschrieben, den er ihr nun am Telefon vorsang; er versprach, ihr davon ein Demo zu schicken. Janis wandte sich auch an Nick Gravenites, der schließlich mit einer halb fertigen Komposition ins Sunset Sound kam, die den mysteriösen Titel *Buried Alive in the Blues* trug. Er brachte ihn der Band bei; dann arbeitete er gemeinsam mit Janis am Text. Es war unheimlich, aber irgendwie hing der Tod in der Luft.

Ein weiterer Songwriter, den Janis kontaktierte, war der 26-jährige Soulsänger und Gitarrist Bobby Womack, dessen *It's All Over Now* 1964 einer der ersten Hits der Rolling Stones gewesen war. Womack kam mit seiner Akustikgitarre ins Sunset Sound Studio, um Janis einige unveröffentlichte Songs vorzuspielen. »Ich fing mit *Trust Me* an«, erinnerte er sich. »Als ich fertig war, sprang sie von ihrem Stuhl hoch und rief ›Fantastisch! … Das ist mein Song!‹«[93] Womack sang der Band den Titel aus dem Stegreif, sodass sie ihn gleich im Studio ausarbeiten konnten. Janis lernte rasch den Text, und dann wurde der Song mit Womack an der Akustikgitarre aufgenommen. Während der Session sah er, wie in Janis der Kozmic Blues erwachte. »Kurz zuvor war Jimi Hendrix gestorben, und sie konnte an nichts anderes mehr denken«, erzählte Womack. »Sie heulte und sprach ständig über den Tod … Janis war völlig am Boden. Einmal telefonierte sie mit ihrem Freund. Nach dem, was ich gehört habe, bat sie ihn zu kommen. Der aber wollte das erst, wenn sie ihm zuvor telegrafisch Geld geschickt hatte. Da schrie sie ins Telefon: ›Du willst immer nur Geld von mir! Nichts als Geld!‹«[94]

Da Janis betrunken war, habe Womack ihr angeboten, sie ins Landmark zu fahren, schrieb er 2006 in seinen Erinnerungen. Während der Fahrt in seinem Mercedes sang sie »*Oh Lord, won't you buy me a Mercedes Benz?*«, und plötzlich hatte sie eine Inspiration, sodass sie kehrtmachten und ins Studio zurückfuhren, wo sie nur noch Rothchild vorfanden. Er war einverstanden, mit Janis ein gesprochenes Stegreif-Intro aufzunehmen, dem die pointierte A-cappella-Version von *Mercedes Benz* folgte. Später rief Janis Michael McClure, den Urheber dieses Titels, an, um ihm ihre Interpretation des Songs vorzusingen und ihn zu fragen, ob er ihr die Verwendung des Songs gestattete. Er antwortete, ihm gefalle seine eigene Version zwar besser, aber sie habe »freie Hand«.

Später im Landmark bemitleideten sich Bobby Womack und Janis gegenseitig. Er gestand ihr, auf Kokain zu stehen, während sie ihm anvertraute, dass sie Heroin vorzog, weil es »ihre Gedanken begrub und die Welt vor ihr abschirmte«.[95]

Trotz ihrer großen Fortschritte als Musikerin und ihrer Freude über die Band verspürte Janis nach wie vor die Sehnsucht, mit einem anderen Menschen eng verbunden zu sein und ein normales »Privatleben« zu führen. Zum Gitarristen John Till sagte sie, sie »wollte mehr sein als nur eine Rocksängerin. Sie wollte eine Familie haben. Und heiraten.«[96] Das Niehaus gegebene Versprechen schien sie vergessen zu haben, desgleichen ihren Stolz, vom Heroin losgekommen zu sein. Denn sie hielt an ihrer schwierigen Beziehung mit Morgan fest und brachte in nahezu jedem Gespräch der beiden das Thema Heirat aufs Tapet. Er willigte halbherzig ein, doch nur unter der Bedingung, dass sie eine offene Ehe führten. Bei einer ihrer zahlreichen Streitereien soll er sie mit den Worten gestichelt haben: »Du wirst dir jemand anderen suchen müssen, der dein Mr. Joplin wird.«[97] Doch Janis, die sich nach Stabilität sehnte, ließ nicht locker und beantragte im Rathaus von Los Angeles die nötigen Papiere für die Eheschließung; außerdem ließ sie von ihrem Anwalt Bob Gordon einen Ehevertrag aufsetzen. Als ahnte sie, was kommen würde, hatten sie mit Gordon über eine Änderung ihres 1968 verfassten Testaments gesprochen, dem zufolge ein Großteil ihres Besitzes nach ihrem Tod an ihren Bruder Michael und ein gewisser Geldbetrag an Linda Gravenites gehen sollte, die aber inzwischen aus ihrem Leben verschwunden war. In ihrem neuen Testament verfügte sie, dass ihre Eltern die Hälfte ihres Besitzes bekamen sowie Laura und Michael jeweils ein Viertel. Für Linda Gravenites war nichts mehr vorgesehen, stattdessen wollte Janis, dass nach ihrem Ableben 2500 Dollar für eine Party bereitgestellt wurden, die ihre Freunde veranstalten sollten. Ende September hatte Gordon die von ihr gewünschten Änderungen im Testament vorgenommen.

Die folgende Woche – die letzte ihres Lebens – verbrachte Janis mit Aufnahmen im Sunset Sound Studio und dem Schmieden von Plänen. Im Monat zuvor hatte sie Morgan mit Peggy Caserta und mit dem Heroin bekannt gemacht, und für den Samstag hatte sie eine Ménage-à-trois im Landmark vereinbart. Sie suchte einen Friseur auf, um sich in ihre hellbraunen Locken blonde Strähnen färben zu lassen, und am Freitag, den 2. Oktober, fuhr sie mit ihrem Porsche nach Beverly Hills, wo sie in Gordons Büro ihr geändertes Testament unterzeichnete. Er überreichte ihr den Ehevertrag, damit ihn Morgan an diesem Wochenende unterschreiben konnte.

Am 3. Oktober, einem Samstag, besorgte sich Janis nachmittags Heroin und verstaute es in ihrem Hotelzimmer in der Schreibtischschublade neben ihren Papieren. Dann traf sie sich mit der Band im Sunset Sound, wo sie sich gemeinsam die Aufnahmen von *Buried Alive in the Blues* anhören wollten. Dort stritt sie sich am Telefon mit Morgan, der angerufen hatte, um sein Kommen um einen Tag zu verschieben; sie wusste noch nicht, dass sie abends auch von Peggy Caserta versetzt werden würde. Da man beschloss, Janis' Gesangstrack am folgenden Tag, dem Sonntag, aufzunehmen, beendeten sie und ihr Keyboarder Ken Pearson den Abend in Barney's Beanery mit einigen Screwdrivers. Anschließend kehrten die beiden ins Landmark zurück, wo Janis allein auf ihr Zimmer ging.

Gegen ein Uhr morgens am Sonntag, dem 4. Oktober, injizierte sie sich die übliche Dosis unter die Haut ihres linken Arms anstatt wie sonst in die Vene. Es ist unklar, warum sie es subkutan tat, denn dadurch verzögerte sich die Wirkung des Heroins um etwa zehn Minuten, und sie wurde nicht wie gewohnt – und wie sie es vorzog – augenblicklich high. Nachdem sie sich den Schuss gesetzt hatte, ging sie mit einem Fünfdollarschein in der Hand in die Lobby, um sich Münzgeld für den Zigarettenautomaten wechseln zu lassen. Sie plauderte kurz mit dem Rezeptionisten, dem nicht aufgefallen war, dass ein schon lang erwarteter Brief in ihrem Postfach lag. Er stammte von David Niehaus, war auf den 17. August datiert und kam aus Asien. »Mach dich auf, Mama! Wäre toll, wenn du hier sein könntest … Komm her und sieh dir was von Asien an. Nepal im Oktober soll wirklich klasse sein … schreib mir … ob du für ein paar Wochen oder für paar Jahre kommen kannst … Du fehlst mir sehr. Allein ist es nicht dasselbe … Ich liebe dich, Mama, mehr als du weißt.«[98]

Als sie wieder in ihrem Zimmer war, sich auf die Bettkante gehockt und die Packung Marlboro auf den Nachttisch gelegt hatte, setzte schlagartig die Wirkung des Heroins ein. Die vier Dollar 50 Wechselgeld noch in der Hand, kollabierte sie. Sie schlug mit dem Gesicht auf dem Nachttisch auf, zog sich dabei eine blutende Verletzung zu und sackte schließlich zwischen Bett und Nachttisch auf den Boden. Das Heroin brachte ihren Herzschlag und die Lungenfunktion zum Stillstand, und sie starb.

Janis hatte nicht geahnt, dass das Heroin, das sie sich gespritzt hatte, China White war. Diese Sorte war von einem jungen französischen Grafen ins Land gebracht worden, zu dessen Kunden auch Keith Richards von den Rolling Stones gehörte. Die Charge, aus der Janis' Heroin stammte, hatte einen Reinheitsgrad von 40 bis 50 Prozent statt der üblichen etwa 10 Prozent, was sie jedoch nicht wusste. Hinzu kam vermutlich eine verringerte Toleranz gegenüber dem Stoff, weil sie monatelang clean gewesen war. Anders als bei früheren Überdosen war niemand anwesend, der sie hätte wiederbeleben können.

18 Stunden später, am Sonntag gegen 19 Uhr 30, fand John Cooke ihre Leiche, nachdem Rothchild ihm mitgeteilt hatte, dass sie nicht im Studio erschienen war. Noch unter Schock bat Cooke Vince Mitchell, mit ihm wieder in Janis' Zimmer zurückzugehen, bevor er Bob Gordon anrief, der wiederum die Polizei verständigte.

Nach Eintreffen der Beamten dauerte es nicht lange, bis auch die Medien zur Stelle waren. Die Presse wusste Janis' Tod zunächst nicht recht zu deuten, da sie im Ruf einer Trinkerin stand und ihr Heroinkonsum nur wenigen Journalisten bekannt war. Manche dachten, Janis habe Selbstmord verübt; andere mutmaßten einen Mord, und da auch Jimi Hendrix kurz zuvor gestorben war, ließen Verschwörungstheorien nicht lange auf sich warten.

Die Aufzeichnungen von Janis in ihrer Kommodenschublade, die Cooke noch gesehen hatte, waren irgendwann spurlos verschwunden. Stattdessen fand man in einem Abfalleimer ein leeres Heroinbeutelchen, das vorher nicht dort gelegen hatte – ein Freund hatte es offenbar zunächst an sich genommen und sich später eines Besseren besonnen. Die folgenden polizeilichen Ermittlungen, die Autopsie und der gerichtsmedizinische Bericht, verfasst von dem Rechtsmediziner Thomas Noguchi, der bereits den Tod von Judy Garland und Marilyn Monroe untersucht hatte, kamen zu dem Schluss, dass Janis an einer selbst verabreichten, versehentlichen Überdosis Heroin gestorben war.

Am 7. Oktober hielten Seth und Dorothy Joplin in Los Angeles ohne Janis' Geschwister, ohne ihre Bandkollegen und Freunde eine private Trauerfeier ab. Wie Janis in ihrem Testament verfügt hatte, wurden ihre sterblichen Überreste vor der Küste des Marin County im Meer verstreut, und am 26. Oktober fand im Lion's Share in San Anselmo die von ihr finanzierte Party statt. Die Mitglieder von Big Brother and the Holding Company und andere Musiker spielten vor einem rund 200 Menschen zählenden Publikum, in dem sich auch Janis' Schwester Laura befand.

Acht Tage zuvor, am 18. Oktober, war *Pearl,* Janis' letztes Album fertiggestellt worden. Nach ihrem Tod hatten Rothchild und Full Tilt im Studio die Instrumentalbegleitung zu mehreren Gesangstracks von Janis noch einmal neu eingespielt. Außerdem nahm sich Rothchild unvollendete Aufnahmen vor und schnitt Gesangspassagen zu endgültigen Versionen einzelner Songs zusammen. Darunter befand sich auch die Instrumentalspur von *Buried Alive in the Blues.* Als Rothchild sich an das spontan entstandene *Mercedes Benz* erinnerte, machte er es zum zehnten Titel, der mit Janis' gesprochenem »That's it« und einem fröhlichen Kichern endete. Janis' Band und Freunde wie Kris Kristofferson kamen zusammen, um sich das fertige Album anzuhören. »Wir alle hatten das Gefühl, sie wäre irgendwie hier«, erklärte Brad Campbell. »Wir spürten, dass sie hier war.«[99]

Drei Monate nach Janis' Tod, im Januar 1971, wurde *Pearl* veröffentlicht. Mit mehr als acht Millionen verkauften Exemplaren wurde es ihr erfolgreichstes Album. Von den drei Single-Auskoppelungen stand *Bobby McGee* zwei Wochen lang auf Platz eins der Charts, *Cry Baby* und *Get It While You Can* kamen beide in die Hot 100. Auch für *A Woman Left Lonely* war eine Single-Auskoppelung geplant gewesen, aber nach Janis' Tod beschloss Columbia, dass dieser Song einfach zu traurig sei.

Immer wenn Paul Rothchild Janis im Radio hörte, versetzte es ihm einen Stich. »Janis' Tod war das schlimmste Ereignis in meinem Leben«, erklärte er später. »Wir hatten vorgehabt … für immer zusammenzubleiben. So viel Spaß gab es im Studio noch nie. Sie war immer hundertprozentig da.«[100] Auch Monate nach Janis' Tod war er noch voller Trauer; deprimiert löste er seinen Vertrag mit den Doors und lehnte es ab, ihr sechstes Album, *L. A. Woman,* zu produzieren. Im Juli 1971 starb Jim Morrison in Paris ebenfalls an einer Überdosis Heroin – angeblich stammte das Rauschgift von demselben Dealer, dessen Stoff Janis umgebracht hatte. Er wurde 27 Jahre alt.

Albert Grossman, der schon seit dem Ende seiner Arbeit für Bob Dylan 1969 seine Managementtätigkeit zurückgeschraubt hatte, konzentrierte sich auf sein Aufnahmestudio im Hudson Valley und sein neues Label Bearsville Records. Ihm nahestehende Menschen hatten den Eindruck, dass Grossman, der 1986 an Herzversagen starb, über Janis' Tod nie hinweggekommen ist.

Seth Morgan wurde heroinabhängig und landete wegen bewaffneten Raubüberfalls im Gefängnis. Nach seiner Freilassung veröffentlichte er 1990 mit *Homeboy* einen hochgelobten Roman. Wenige Tage nach dessen Erscheinen starb er, als er betrunken mit seinem Motorrad in New Orleans einen Brückenpfosten rammte; auch seine damalige Geliebte kam dabei ums Leben.

David Niehaus erfuhr von Janis' Tod durch eine alte Ausgabe der Zeitschrift *Time*, die ihm in Kabul in die Hände fiel. »In den vergangenen Tagen, seit ich das von Janis erfahren habe, war mein Leben ein einziger Schmerz«, schrieb er in sein Tagebuch. »Wie dumm war es doch von uns beiden, zuzulassen, dass dieser letzte Moment, in dem wir uns in den Armen lagen, tatsächlich unser letzter gemeinsamer Moment war.«[101] Niehaus ist überzeugt, dass Janis »zu sensibel war für diese Welt. Das hat sie umgebracht. Weil sie das abstellen musste.«[102] Nach Janis' Tod bereiste er weiter die Welt und heiratete später eine Ärztin, mit der er inzwischen seit mehr als 40 Jahren verheiratet ist.

1969 bezeichnete *Newsweek* Janis als »den ersten weiblichen Superstar der Rockmusik«.[103] In den fast fünf Jahrzehnten seit ihrem Tod haben nur wenige Künstler die unbändige Kraft ihrer Bühnenauftritte erreicht. Ihre Musik lebt in den immer wieder neuen Generationen ihrer Fans weiter. Und ihr Einfluss zeigt sich nicht nur bei Künstlern, die in den 1960er Jahren ihre Auftritte miterlebt haben, sondern auch bei jenen, die sie erst später für sich entdeckten. Eine von ihnen, Alicia Keys, erklärte gegenüber der *Chicago Tribune:* »Für mich ist Janis Joplin ein Vorbild – ihre totale Preisgabe in ihrem Gesangsstil. Man spürt, dass sie nichts zurückhält.«[104]

Ray Charles sagte einmal, Sänger würden ihr volles Potenzial erst ab einem Alter von 50 Jahren erreichen, weil sich dann ein ganzes Leben in der Stimme abbildet. Vielleicht hätte sich Janis' Hoffnung erfüllt, und sie wäre »wie die weltgrößte Bluessängerin Bessie Smith« geworden. Womöglich aber hätte sie auch eine ganz andere Musikrichtung eingeschlagen.

Drei Monate vor ihrem Tod bezeichnete Janis die Musik als den einzigen Aspekt in ihrem Leben, der sie nie enttäuscht habe; die Musik sei nie von dem »Saturday Night Swindle« überlagert worden. Singen sei der wahre Ausdruck ihres Ichs, davon war sie überzeugt. Die Leute »fragen mich: ›Wie hast du es gelernt, auf diese Weise den Blues zu singen?‹« Die Antwort darauf lautete: »Ich habe einfach den Mund geöffnet, und dann hat es halt so geklungen … Man kann nicht etwas vorgeben, was man nicht fühlt.« In einem Gespräch mit der Sängerin Bonnie Bramlett an Bord des Festival Express 1970 bekannte sich Janis mit einem neuen, tieferen Grad an Selbsterkenntnis zu der Wahl, die sie getroffen hatte, um zu der zu werden, die sie war – einschließlich der Grenzen, die diese Wahl mit sich brachte:

»Du verzichtest auf jedwede Beständigkeit in deinem Leben außer der Musik«, erklärte sie. »Sie ist das Einzige auf der Welt, was du hast.«[105]

Dank

Beim Schreiben dieser Danksagung wurde mir plötzlich etwas klar: Die Zeit, in der ich an Janis' Biografie gearbeitet habe, entspricht im Großen und Ganzen der Dauer ihrer viel zu kurzen Karriere vom Juni 1966, als sie zu Big Brother and The Holding Company stieß, bis zu ihrem Tod im Oktober 1970.

Die Entstehungsgeschichte dieses Buches reicht allerdings weiter zurück: Es beruht auf der Anregung meiner Literaturagentin Sarah Lazin, die mich bereits 2009 auf die Idee brachte, eine neue Janis-Joplin-Biografie zu schreiben. Sarah hatte Janis in den 1960er Jahren in San Francisco des Öfteren auf der Bühne gesehen, und ich empfinde es als Ehre, dass sie die Aufgabe, von Janis' Leben und Musik zu erzählen, mir übertrug. Sarah, danke für das Vertrauen – und für die Geduld!

Meine Recherchen zu Janis' Werk begannen sogar noch viel früher, nämlich als mich Robert Santinelli, der ehemalige Vizepräsident des pädagogischen Programms des Museums der Rock & Roll Hall of Fame, einlud, im Zuge eines Symposiums unter dem Titel »Remembering Janis« in Cleveland 1999 an einer Podiumsdiskussion teilzunehmen. Dort lernte ich nicht nur Janis' Geschwister Laura und Michael Joplin kennen, sondern auch Persönlichkeiten, die inzwischen von uns gegangen sind: Janis' geliebten Bandkollegen und Gitarristen bei Big Brother and the Holding Company Sam Andrew, und Chet Helms, Mitbegründer von Family Dog und Besitzer des Avalon Ballroom, der 1963 mit Janis von Texas nach San Francisco trampte. Die wunderbare Wochenendveranstaltung zur Würdigung von Janis und ihrer Musik war die erste dieser Art in Cleveland. Als die

Hall of Fame 2009 Janis in der Kategorie »American Music Masters« ehren wollte, bat mich die stellvertretende Kuratorin Lauren Onkey, gemeinsam mit meinen Kolleginnen, den Autorinnen Ann Powers und Lucy O'Brien, die Festrede zu halten. Erneut trat ich mit Laura Joplin in Kontakt, aber auch mit anderen, die Janis nahegestanden hatten, wie dem legendären Songwriter und Produzenten Jerry Ragovoy, der einige von Janis' Lieblingssongs geschrieben hat; mit John Cooke, drei Jahre lang Janis' Roadmanager; dem großartigen Bob Neuwirth, ihrem guten Freund und Co-Autor von *Mercedes Benz;* mit dem Waller Creek Boy Powell St. John, mit Country Joe McDonald, mit der Moderatorin Dusty Street und vielen mehr. Ein weiteres faszinierendes Ereignis führte mich noch tiefer in Janis' Welt.

Unter dem Titel *The Pearl Sessions* sollte eine Doppel-CD mit den Studioaufnahmen veröffentlicht werden, und man bat mich, zu dieser Ausgabe den Text für das Begleitheft zu schreiben. Als ich mir 2013 diese Mitschnitte von Columbia Records anhörte, wurde mir Janis' Können im Studio noch einmal deutlicher nahegebracht. Zu diesem Zeitpunkt hatte mir Sarah Lazin bereits den Kontakt zu Laura Joplin und zu Jeff Jampol vermittelt, den Gründer von JAM Inc., der Kanzlei, die Janis' Musik und Erbe verwaltet. Wie sehr mir Lauras und Jeffs Vertrauen halfen, lässt sich gar nicht in Worte fassen. Freundlich und großzügig ermöglichte mir Laura den Zugang zu Janis' Hinterlassenschaften und zu ihrem Archiv. Sie ließ mich an ihren Erinnerungen und an ihrem Schatz teilhaben: Janis' Korrespondenz, Souvenirs, künstlerische Arbeiten, Tagebücher, Familienfotos, und selbst solche Dinge wie ihren Rechenschieber aus der Schulzeit, ihre sagenhaften Federboas sowie ihre Outfits des Designers Nudie Cohn sowie ihre private Büchersammlung. Außerdem stellte mir Laura die Abschriften der zahlreichen Interviews zur Verfügung, die sie für ihre eigene 1992 erstmals erschienene Janis-Biografie – *Janis Joplin. Ein wildes kurzes Leben* – mit Familienangehörigen, Janis' Freunden aus den Kindertagen, Bandkollegen und Freunden geführt hatte. Sie verzichtete sogar auf ihr Recht, das Imprimatur für mein Manuskript zu erteilen. Ich bin Laura und Michael Joplin sowie Jeff Jampol ungeheuer dankbar und danke Sarah für den Kontakt.

Janis' Freunde von einst schenkten mir viel Zeit. Ich danke Karleen Bennett, Herman Bennett, Arlene Elster, Jack Smith, Jim Langdon, Sam Monroe, Ray Solis und seiner Frau Angel (die mich zu Janis' Elternhaus begleitete), Henry »Wali« Stopher, Stephanie Chernikowski, Travis Rivers, Jae Whitaker, Peggy Caserta und David Niehaus. Neben Janis' Studiobands berichteten mir auch andere Musiker, die mit ihr aufgetreten waren, von ihren gemeinsamen Erlebnissen: Larry Hanks, Jorma Kaukonen und Stefan Grossman. Ich hatte außerdem das Glück, dass sich Janis' »offizielle« Bandkollegen zu Interviews bereit erklärten: Powell St. John von den Waller Creek Boys (und seine wunderbare und stets hilfsbereite Frau Toby St. John); David Getz und Peter Albin (mit seiner Frau Karen) von Big Brother and the Holding Company; Skip Prokop, Bill King, Snooky Flowers und Terry Clements von der Gruppe, aus der sich letztlich die Kozmic Blues Band herausbildete; sowie Brad Campbell von der Full Tilt Boogie Band (und Kozmic Blues Band) und der Roadmanager John Cooke. Andere unverzichtbare Gesprächspartner waren der legendäre Country-Forscher Bill Malone sowie Johanna Hall, Richard Goldstein, Clive Davis, Herb Pedersen, Barbara Dane, Jesse Cahn, Marty Balin, Jack Casady, Grace Slick (mit freundlicher Genehmigung von Stacie Huckeba), Mick Fleetwood, Eric Andersen, Lenny Kaye, Kris Kristofferson, Spooner Oldham, Bob Neuwirth, Elvin Bishop, Maria Muldaur, David Nelson, Jim Fouratt, Danny Fields, Cyndi Lauper, Michael Lydon, Ben Fong-Torres, Eddie Wilson, Rhoney Stanley, Yvonne Ruskin, Ian Kimmet, Lotti Golden, Pegi Young, Tony Foutz, Jeremy Wilber, Michael Lang, Elliott Landy, Baron Wolman, Bob Gruen, Sylvia Tyson, Johnny Winters' Manager Paul Nelson, Fritz Kraai, Sally Grossman, Bill Ham, Bill Bentley,

Bruce Botnick, Larry Litt und Robert Gordon (der mir Janis' Haus in Larkspur zeigte). Darüber hinaus konnte ich mich, wenn auch nur kurz, mit John Simon und Ed Sanders unterhalten und sie befragen. Ähnlich war es mit D. A. Pennebaker, den ich bei Filmvorführungen traf und interviewte. Während eines kurzen Gesprächs erzählte mir Little Steven Van Zandt humorvoll von Child, seiner Band in alten Zeiten, der auch Bruce Springsteen angehörte und die 1969 gemeinsam mit Janis in Ashbury Park auftrat. Und ich danke allen Fans, die Janis' Konzerte zwischen 1962 und 1970 persönlich erlebt und mir davon erzählt haben.

Mein großer Dank gilt auch den vielen hervorragenden Journalisten, die mir ihre Interviews zur Verfügung stellten: Joel Selvin, Autor einiger ausgezeichneter Bücher über die Musikszene von San Francisco, dem ich nicht nur eine Reihe von Interviews, sondern auch reichhaltiges anderes Material verdanke; Ben Fong-Torres, von dem ich 1989 lernte, wie man eine Biografie schreibt, als ich seine Sekretärin war, während er für sein wegweisendes Buch *Hickory Wind: The Life and Times of Gram Parsons* recherchierte und an den Texten arbeitete. 1970 interviewte er Janis; neben Büchern über Musiker aus San Francisco verfasste er Artikel für den *Rolling Stone* und andere Publikationen. Er stellte mir großzügig seine Rechercheergebnisse zur Verfügung. John Glatt überließ mir die Interviews, die er für seine beiden umfassenden Berichte über Bill Grahams Fillmore-Auditorien geführt hatte. Ich danke Jas Olbrecht für seine ausführlichen Interviews mit James Gurley und Sam Andrew; Bob Sarles von Ravin' Films Inc. für die Filmaufnahmen von Gesprächen mit Big-Brother-Musikern, Joe McDonald und anderen Persönlichkeiten aus Haight-Ashbury und Dave Harmon, der für einen hervorragenden Artikel im *Austin American-Statesman* Janis' Freunde aus der High School interviewte. Dankbar bin ich auch Alice Echols, die in ihrem sorgfältig recherchierten Buch *Janis Joplin – Piece of My Heart: Die Biographie* zahllose

Details liefert; ebenso der inzwischen verstorbenen Myra Friedman sowie John Byrne Cooke, von deren Büchern ich profitieren konnte. Letzerer überließ mir seine transkribierten Interviews aus den 1970er Jahren, die mir eine große Hilfe waren. Ich danke dem Journalisten John Bowers für die Schilderungen der Zeit, die er mit Janis verbracht hat.

Julie Haas gab mir eine wunderbare Führung durch »Argentina« und erzählte mir von der Vergangenheit des Anwesens und ihren eigenen Erlebnissen im Fillmore und im Avalon Ballroom. Bruno Ceretti schickte mir aus Italien eine Mail mit seiner sorgfältig recherchierten Diskografie von Janis Joplin und Big Brother and the Holding Company. Janny Thomas, die Archivarin der Rock & Roll Hall of Fame, und Tom Tierney, Archivar bei Sony Music, leisteten mir unschätzbare Hilfe; desgleichen der Musikhistoriker Dan Del Fiorentino der National Association of Music Merchants, der sich auf Oral History spezialisiert hat. Sarah Bellian, Kuratorin des Gulf Coast Museum in Port Arthur, schilderte mir ihre Sicht von Janis' Heimatstadt und besorgte mir entscheidendes Material. Auch Michael Gray von der Country Music Hall of Fame and Museum unterstützte meine Recherchen. Dennis McNally gab mir eine private Führung durch die von ihm kuratierte Ausstellung zum 50-jährigen Jubiläum des Summer of Love; und Peter Albin begleitete mich durch die legendäre Ausstellung des De Young Museums unter dem Titel »Summer of Love: Art, Fashion and Rock & Roll«. Außerdem halfen mir Exponate in der San Francisco Library und des Gay Lesbian Bisexual Transgender History Museum im Stadtteil Castro.

Ich danke den vielen, die mir auf unterschiedliche Art geholfen haben: Cash Edwards, dem Manager der New Riders of the Purple Sage, Peter Aaron, Tony Fletcher, David Dalton (der von Janis verehrte Rockautor), der aus Austin stammenden Filmemacherin Tara Veneruso *(Janis Joplin Slept Here)*, David Kraai, Susan Brearey, Sparrow, Jann S. Wenner, Petrine Mitchum, Bob

Oermann, Parke Puterbaugh, Sylvie Simmons, Brian Hassett, Roberta Bayley und Doug Wygal. Weitergebracht hat mich auch Amy Bergs Dokumentarfilm *Janis: Little Girl Blue* und der Film *Janis: The Way She Was* (der mir von Sally Grossman zur Verfügung gestellt wurde); desgleichen *Festival Express* und die Filme *Monterey Pop, Nine Hundreds Nights, The Life and Times of the Red Dog Saloon* von D. A. Pennebaker sowie die Ausgabe zum 40-jährigen Jubiläum von Michael Wadleighs *Woodstock* (mit Material über Janis). Zahlreiche bis ins Jahr 1962 zurückreichende, offiziell veröffentlichte Mitschnitte oder Bootlegs dokumentieren Janis' Entwicklung als Sängerin und ihre Bühnenpräsenz. Ich danke allen, die mir dieses kostbare Material zugänglich gemacht haben.

Meine große Wertschätzung gilt den Fotografen, die Janis ablichteten, und jenen, die es mir ermöglichten, ihre einzigartigen Aufnahmen in mein Buch aufzunehmen: dem großartigen inzwischen verstorbenen David Gahr, der mir viel von Janis erzählte, wie auch sein Freund und Kollege Jim Marshall; Bob Seidemann, der ein hervorragendes Porträt von Janis aufgenommen hat (Dank an Belinda Seidemann); Elliott Landy, Baron Wolman (Dank an Diane Duery), Herb Green, Lisa Law (Dank an Geary Chansley), Amalie Rothschild, Marjorie Alette, Steve Banks, Jay Goode (Dank an Frank While), John Cooke (Dank an Susan und Charlotte), Terry Clements (der seine Reisen als Mitglied der Kozmic Blues Band virtuos dokumentiert hat) und Clark Pierson (Schlagzeuger der Full Tilt Boogie Band und zugleich Bandfotograf). Besonderer Dank gilt Joel Siegel und Bobby Ward, den Verwaltern von David Gahrs Nachlass (die es mir ermöglichten, Davids umfangreiches Fotoarchiv zu durchstöbern) sowie Jay Blakesberg und Amelia Davis, die Jim Marshalls Nachlass verwalten.

Ohne die Erfahrung und die Unterstützung meiner brillanten Lektorin Priscilla Painton würde es dieses Buch nicht geben. Mit Geduld, Sorgfalt und großer Aufmerksamkeit für Details brachte sie mein Manuskript in die einer Biografie angemessene Form. Außerdem danke ich bei Simon & Schuster Jonathan Karp, Richard Rhorer, Cary Goldstein, Jonathan Evans (danke für die Wahl Phil Bashes!), Megan Hogan, Madeline Schmitz, Jackie Seow und Elise Ringo. Als Biografin könnte man sich keine genauere und inspiriertere Redaktion wünschen als die von Phil Bashe, der nicht nur meine entsetzlichen Patzer herausfilterte, sondern dessen umfangreiche Kommentare, Anmerkungen und Recherchen mich oft schmunzeln ließen. Ich danke dem umtriebigen Team bei JAM Inc.: Kenny Nemes, Alicia Yaffe, Matt Abels und John Logan. Für die ausgezeichnete Transkription danke ich Judy Whitfield; außerdem bin ich Margaret Schultz, Catharine Strong, Liz DeSiena, Dan Smith zu Dank verpflichtet, den Mitarbeitern der Phoenicia Library und der Sojourner Truth Library des SUNY New Paltz, sowie Laura Claridge, John Milward und Richard Hoffman aus meiner unglaublichen Schreibgruppe. Letzterer scheute keine Mühen, um meinen Stil zu verbessern.

Mein Mann Robert Burke Warren unterstützte mich mit seinen herausragenden Kompetenzen als Autor, Lektor, Musikhistoriker, Mitarbeiter und Kritiker. Ohne seine Hilfe wäre dieses Buch nicht das, was es ist. Dafür, dass Du mich an Deinen Talenten teilhaben ließest, werde ich immer in Deiner Schuld stehen. Dank außerdem an unseren vielversprechenden Sohn Jack Warren, der ein Janis-Joplin-Fan wurde – obwohl er bei mehreren langen Autofahrten gezwungen war, sich statt seiner eigenen Musikauswahl unzählige Aufnahmen von Big Brother und Janis anzuhören

Vor allem aber danke ich Janis Joplin, deren Musik mein Leben verändert hat, indem sie dafür sorgte, dass sich einer für Rockmusik begeisterten Dreizehnjährigen in einer Kleinstadt in North Carolina eine Welt voller Möglichkeiten eröffnete. (Hätte ich doch 1968 ihr Konzert an meiner späteren Universität, der University of North Carolina Chapel Hill, und an der meines

Sohnes, der Wesleyan University, miterleben können …) Mein Weg mit Janis, der 1970/71 begann, als ich sie in der *Dick Cavett Show* sah und danach meine *Pearl*-LP verschliss, führte mich schließlich zu diesem Buch.

Anmerkungen

Einführung

1 Laura Joplin, *Janis Joplin. Ein wildes kurzes Leben,* München 1995, S. 16.
2 DeCurtis, Anthony, James Henke und Holly George-Warren (Hg.): *The Rolling Stone Illustrated History of Rock & Roll,* New York, Random House 1992, S. 383.
3 Lou Adler in *The Complete Monterey Pop Festival,* Box-Set, Criterion Collection, 2017.
4 Chet Helms in *The Complete Monterey,* Criterion Collection, 2017.
5 Janis Joplin gegenüber Howard Smith: https://dangerousminds.net/comments/janis_joplin_talks_about_rejection_four_days_before_she_died_in_1970// (zugegriffen 1.3.2019).
6 George-Warren, Holly (Hg.): *The Rock and Roll Hall of Fame: The First 25 Years,* New York 2009, S. 97.

Kapitel 1
Starke Gene

1 Laura Joplin, Janis Joplin. *Ein wildes kurzes Leben,* München 1995, S. 31.
2 Big Brother and the Holding Co. in Zusammenarbeit mit Janis Joplin, *Nine Hundred Nights,* DVD, Eagle Vision, 2001.
3 Laura Joplin, *Janis Joplin,* S. 23.
4 Laura Joplin, *Love, Janis,* S.15.
5 Dorothy Joplin im Gespräch mit Laura Joplin.
6 Dorothy Joplin im Gespräch mit Laura Joplin.
7 *Amarillo Globe News,* N. D.(Zeitungsausschnitt in einer gerahmten Collage, die Dorothy Joplin von ihrer Schwester geschenkt bekam)
8 »Miss Dorothy East Can Sing«, *Amarillo Globe News,* N. D. (Zeitungsausschnitt, ebd.)
9 Dorothy Joplin im Gespräch mit Laura Joplin.
10 Ebd.

11 Ebd.

12 Ebd.

13 Laura Joplin, *Janis Joplin*, S. 3.

14 Lonn Taylor, »Oil on Canvas: The Art of the Spindletop Gusher«, *Texas Monthly*, Juni 2012.

15 Keith L. Bryant Jr., *Arthur Stilwell: Promoter with a Hunch,* Nashville, Vanderbilt University Press 1971, S. 96.

16 Bryan Burrough, The Big Rich: The Rise and Fall of the Greatest Texas Oil Fortunes, New York, Penguin Press 2008, S. 87.

17 Laura Joplin, *Janis Joplin*, S. 35

18 Ebd.

19 Dorothy Joplin im Gespräch mit Laura Joplin.

20 David Dalton, *Janis,* New York, Simon & Schuster 1971, S. 54.

21 Dorothy Joplin im Gespräch mit Laura Joplin.

Kapitel 2
Der Wildfang

1 Janis Joplin, Tagebuch 1956-1959 (Sammlung Laura Joplin).

2 Dorothy Joplin im Gespräch mit Laura Joplin.

3 Roger Pryor im Interview mit Laura Joplin.

4 Ebd.

5 Ebd.

6 Ebd.

7 Ebd.

8 Ebd.

9 Dalton, *Janis*, S. 54

10 Kristin Bowen, Aufzeichnungen aus dem Gedächtnis (Sammlung Laura Joplin).

11 Roger Pryor im Interview mit Laura Joplin.

12 Seth Joplin im Gespräch mit Laura Joplin.

13 Pryor im Interview mit Laura Joplin.

14 Dorothy Joplin im Gespräch mit Laura Joplin.

15 Kristin Bowen im Interview mit Laura Joplin.

16 Roger Pryor im Interview mit Laura Joplin.

17 Diese Bemerkung wie auch die anderer Lehrer der Tyrell Elementary School befinden sich auch auf Zeugnissen für Janis Lyn Joplin, 1949-1954 (Sammlung Laura Joplin).

18 Grace Mealious, *Peyton Place,* New York, Dell 1958.
19 Karleen Bennett und Herman Bennett im Interview mit der Autorin.
20 Jack Smith im Interview mit der Autorin.
21 Jack Smith im Interview mit Laura Joplin.
22 Jack Smith im Interview mit der Autorin.
23 Janis Joplin, Tagebuch 1956-1959 (Sammlung Laura Joplin).
24 Dorothy Robyn auf dem Zeugnis der Woodrow Wilson Junior High School für Janis Lyn Joplin, 1956-1957 (Sammlung Laura Joplin).
25 Janis Joplin, Tagebuch, Mai 1957 (Sammlung Laura Joplin).
26 »Library Job Brings Out Teenager's Versatility«, *Porth Arthur News,* 14. Juli 1957.
27 Ebd.
28 Laura Joplin, Janis, S. 85.
29 Chet Flippo, »An Interview with Janis' Father«, *Rolling Stone*, 12. November 1970.

Kapitel 3
Bloß keine Langeweile

1 Brief an Peter de Blanc, 1965.
2 Janis Joplin, *Tell Mama,* Toronto, 29. Juni 1970.
3 John Bowers, »Janis: All She Needs Is Love«, *The Golden Bowers,* New York, Tower Publications, 1971, S. 52.
4 Kristin Bowen im Interview mit Laura Joplin.
5 Karleen Bennett im Interview mit der Autorin.
6 Ebd.
7 Ebd.
8 Grant Lyons im Interview mit Laura Joplin.
9 Jim Langdon im Interview mit der Autorin
10 Ebd.
11 Adrian Haston im Interview mit Laura Joplin.
12 Im Interview mit Laura Joplin.
13 Im Interview mit Laura Joplin.
14 Randy Tennant im Interview mit Laura Joplin.
15 Im Interview mit der Autorin.
16 Dave Moriaty im Interview mit Dave Harmon.
17 Grant Lyons im Interview mit Laura Joplin.
18 John Bowers, S. 52.

19 Karleen Bennett im Interview mit der Autorin.
20 Karte von Janis Joplin an Dorothy Joplin, 1957 (Sammlung Laura Joplin).
21 Im Interview mit der Autorin.
22 Im Interview mit der Autorin.
23 Herman Bennett im Interview mit der Autorin.
24 Karleen Bennett im Interview mit der Autorin.
25 Ebd.
26 Ebd.
27 Ebd.
28 Dave Moriaty im Interview mit Dave Harmon.
29 Jack Kerouac, *On the Road – Die Urfassung,* S. 221.
30 Jack Kerouac, S. 78.
31 Karleen Bennett im Interview mit der Autorin.
32 Ebd.
33 Janis Joplins High-School-Jahrbuch 1958, *The Yellow Jacket* (Sammlung Laura Joplin).
34 Karleen Bennetts High-School-Jahrbuch 1958, *The Yellow Jacket.*
35 Karleen Bennett im Interview mit der Autorin.
36 Seth Joplin im Gespräch mit Laura Joplin.
37 Aus Kristin Bowens Tagebuch (Sammlung Laura Joplin).
38 Joplin, *Janis Joplin,* S. 63.
39 David Dalton, *Piece of My Heart: The Life, Times, and Legend of Janis Joplin,* New York, St. Martin's Press, 1985, S. 151.
40 Ebd., S. 152.
41 Ebd.
42 Im Interview mit der Autorin.
43 Ron Benton, »Janis Says Town Has Loosened Up«, *Port Arthur News,* 16. August 1970.
44 Dave Harmon, »Rocker Joplin Sped Through ›Driven‹ Life«, *Austin American Statesman,* 25. April 1979.
45 Im Interview mit Laura Joplin.

Kapitel 4
»Beatnik-Schlampe«

1 Janis Joplin im Briefwechsel mit Peter de Blanc, 1965.
2 »Rebirth of the Blues«, *Newsweek,* 26. Mai 1969.
3 Im Interview mit der Autorin.

4 Tary Owens im Interview mit Laura Joplin.
5 Herman Bennett im Interview mit der Autorin.
6 Janis Joplin, zitiert in *Time,* 9. August 1968.
7 Laura Joplin, *Janis Joplin,* S. 74.
8 David Dalton, *Piece of My Heart,* S. 162.
9 Ebd.
10 Karleen Bennett im Interview mit der Autorin.
11 Aus Kristin Bowens Tagebuch (Sammlung Laura Joplin).
12 Karleen Bennett im Interview mit der Autorin.
13 Jim Langdon im Interview mit der Autorin.
14 Karleen Bennett im Interview mit der Autorin.
15 Ebd.
16 Tary Owens im Interview mit Dave Harmon.
17 Jim Langdon im Interview mit der Autorin.
18 Michael Buffalo Smith, »Talkin' Trash with Jerry LaCroix«, www.swampland.com, Januar 2000; aufgerufen am 29. 7. 2016.
19 Im Interview mit Laura Joplin.
20 Im Interview mit Laura Joplin.
21 Ellis Amburn, *Pearl The Obsessions and Passions of Janis Joplin,* New York, Warner Books 1992, S. 19.
22 Grant Lyons im Interview mit Laura Joplin.
23 Karleen Bennett im Interview mit der Autorin.
24 Ebd.
25 Roger Pryor im Interview mit Laura Joplin.
26 Grant Lyons im Interview mit Laura Joplin.
27 Alle Einträge aus Janis Joplins High-School-Jahrbuch 1959, *The Yellow Jacket* (Sammlung Laura Joplin).
28 Adrian Haston im Interview mit Laura Joplin.
29 Michael Joplin im Gespräch mit Laura Joplin.
30 Im Interview mit Laura Joplin.
31 Laura Joplin, *Janis Joplin*, S. 85.
32 Dorothy Joplin im Gespräch mit Laura Joplin.
33 Tary Owens im Interview mit Dave Harmon.
34 Jimmy Johnson in Ed Hinton, *Turning the Thing Around: My Life in Football* (New York, Hyperion 1993, S. 62.
35 Ed Hinton, »Deep into the Job«, *Sports Illustrated,* 7. September 1992.
36 Ebd.
37 Patti Skaff im Interview mit Laura Joplin.
38 Karleen Bennett im Interview mit der Autorin.

39 Mrs. Roger Pryor im Interview mit Laura Joplin.
40 Don Benton, »Janis Says Town Has Loosened up«, *Port Arthur News,* 16. August 1970.
41 Chet Flippo, »An Interview with Janis' Father«, *Rolling Stone,* 12. November 1970.
42 Michael Joplin im Gespräch mit Laura Joplin.
43 Dorothy Joplin im Gespräch mit Laura Joplin.
44 Nat Hentoff, »We Look at Our Parents and …«, *New York Times,* 21. April 1968
45 Don Benton, »Janis Says Town Has Loosened up«, *Port Arthur News,* 16. August 1970.
46 Jim Langdon im Interview mit Dave Harmon.
47 Clyde Wade im Interview mit Laura Joplin.
48 Ebd.
49 Tary Owens im Interview mit Dave Harmon.
50 Laura Joplin, *Janis Joplin,* S. 86.

Kapitel 5
»18 Jahre und im Arsch«

1 Im Briefwechsel mit Peter de Blanc, 1965.
2 Alice Echols, *Janis Joplin – »Piece of My Heart«,* Frankfurt am Main 2000, S. 60
3 Gloria Lloreda Haston im Interview mit Laura Joplin.
4 Ebd.
5 Ebd.
6 Ebd.
7 Patti Skaff im Interview mit Laura Joplin.
8 Gloria Lloreda Haston im Interview mit Laura Joplin.
9 Ebd.
10 Ebd.
11 Jim Langdon im Interview mit der Autorin.
12 Travis Rivers im Interview mit der Autorin.
13 Henry Stopher im Interview mit der Autorin.
14 Ebd.
15 Karleen Bennett im Interview mit der Autorin.
16 Patti Skaff im Interview mit Laura Joplin.
17 Ebd.

18 *Tell Mama,* Sprechgesang, Toronto, Kanada, 29. Juni 1970.
19 Janis Joplin im Briefwechsel mit Peter de Blanc, 1965.
20 Alice Echols, *Janis Joplin,* S. 64.
21 Patti Skaff im Interview mit Laura Joplin.
22 Henry Stopher im Interview mit der Autorin.
23 Carl van Vechten, »A Night with Bessie Smith«, erstmals veröffentlicht in *Vanity Fair,* März 1926, Wiederabdruck in Peter Guralnick, Holly George-Warren u. a. (Hg.), *Martin Scorsese Presents the Blues,* New York, Amistad 2003, S. 112.
24 Don Benton, »Janis Says Town Has Loosened Up«.
25 Ebd.
26 Albertson, *Bessie,* New Haven, Yale University Press 2003, S. 278. Columbia Records war anlässlich der Enthüllung des Grabsteins für Bessie Smith am 7. August 1970 um Publicity bemüht, doch Janis blieb der Feier fern, weil sie laut Albertson »bei diesem Ereignis nicht im Zentrum der Aufmerksamkeit stehen wollte«. Sie habe gesagt: »Ich weiß, dass die Leute von Columbia mich dabeihaben wollen, aber das wäre gar nicht toll, weil man dann sagen würde, ich wollte nur Publicity oder solchen Mist.« Dies war jedoch genau das, was ihr Myra Friedman in ihrer Biografie *Buried alive* unterstellte.
27 Patti Skaff im Interview mit Laura Joplin.
28 Janis Joplin im Briefwechsel mit Peter de Blanc, 1965.
29 Myra Friedman, *Buried alive: The Biography of Janis Joplin,* New York 1973, S. 47.
30 Patti Scaff im Interview mit Laura Joplin.
31 Alice Echols, *Janis Joplin,* S. 65 f.
32 Don Benton, »Janis Says Town Has Loosened Up«, *Port Arthur News,* 16. August 1970.
33 Patti Scaff im Interview mit Laura Joplin.
34 Jack Smith im Interview mit der Autorin.
35 Laura Joplin, *Janis Joplin,* S. 103.
36 Dorothy Joplin im Gespräch mit Laura Joplin.
37 Ebd.
38 Laura Joplin, *Janis Joplin,* S. 95.
39 Ebd., S. 96.
40 Dorothy Joplin im Gespräch mit Laura Joplin.
41 Lawrence Lipton, *The Holy Barbarians,* New York, Julian Messner 1959, S. 40.
42 »Squaresville U.S.A. Vs. Beatsville«, *Life,* 21. September 1959.

43 John Arthur Maynard, *Venice West: The Beat Generation in Southern California,* New Brunswick, NJ, Rutgers University Press 1991, S. 147.
44 Janis Joplin im Briefwechsel mit Peter de Blanc, 1965.
45 Laura Joplin, *Janis Joplin,* S. 99.
46 Janis Joplin im Briefwechsel mit Peter de Blanc, 1965.
47 Dave Archer, »Any Port Arthur in a Storm«, Dave Archer Studios online 2002. www.davearcher.com/Joplin.html (zugegriffen 20.8.2017).
48 Janis Joplin im Briefwechsel mit Peter de Blanc, 1965.
49 Rae Langdon im Interview mit Laura Joplin.
50 Henry Stopher im Interview mit der Autorin.
51 Seth Joplin im Gespräch mit Laura Joplin.

Kapitel 6
Den Teufel im Leib

1 Nat Hentoff, »We Look at Our Parents and …«, *New York Times Magazine,* 21. April 1968.
2 Jim Langdon im Interview mit der Autorin.
3 Ebd.
4 Tary Owens im Interview mit Laura Joplin.
5 Patti Skaff im Interview mit Laura Joplin.
6 Jack Smith im Interview mit der Autorin.
7 Patti Skaff im Interview mit Laura Joplin.
8 Alice Echols, *Scars of Sweet Paradise,* S. 71.
9 Langdon im Interview mit Dave Harmon.
10 Patti Skaff im Interview mit Laura Joplin.
11 Gloria Haston im Interview mit Laura Joplin.
12 Adrian Haston im Interview mit Laura Joplin.
13 Jim Langdon im Interview mit Laura Joplin.
14 Alice Echols, S. 73.
15 John Clay im Interview mit Dave Harmon.
16 Powell St. John im Interview mit der Autorin.
17 John Clay im Interview mit Dave Harmon.
18 Powell St. John im Interview mit der Autorin.
19 Jack Smith im Interview mit der Autorin.

Kapitel 7
Waller Creek Boy

1 »The Queen Bees«, *Newsweek,* 15. Januar 1968.
2 Jack Smith im Interview mit der Autorin.
3 Janis Joplin Briefwechsel mit Peter de Blanc, 1965.
4 Ted Klein im Interview mit Laura Joplin.
5 Powell St. John im Interview mit der Autorin.
6 Powell St. John; Rock & Roll Hall of Fame »American Music Masters« (RRHOF AMM) Symposium, November 2009
7 Powell St. John im Interview mit der Autorin.
8 David Dalton, *Piece of My Heart,* 95.
9 John Clay im Interview mit Laura Joplin.
10 Bill Killeen im Interview mit Laura Joplin.
11 Stephanie Chernikowski im Interview mit der Autorin.
12 Henry Stopher im Interview mit der Autorin.
13 Stephanie Chernikowski im Interview mit der Autorin.
14 Ebd.
15 Ebd.
16 Powell St. John im Interview mit der Autorin.
17 Powell St. John im Interview mit der Autorin.
18 Pat Sharpe, »She Dares to Be Different!«, *Summer Texan,* 27. Juli 1962.
19 John Clay im Interview mit Laura Joplin.
20 Bill Killeen im Interview mit Laura Joplin.
21 Jack Jackson im Interview mit Laura Joplin.
22 John Clay im Interview mit Dave Harmon.
23 Alice Echols, S. 112.
24 John Clay im Interview mit Dave Harmon.
25 Bill Killeen im Interview mit Laura Joplin.
26 Ebd.
27 Ebd.
28 Ebd.
29 Ebd.
30 Alice Echols, S. 112.
31 Bill Malone im Interview mit der Autorin.
32 Powell St. John im Interview mit der Autorin.
33 Bill Killeen, im Interview mit Laura Joplin.
34 David Dalton, *Piece of My Heart,* S. 95.
35 David Dalton, *Janis,* S. 133.

36 Bill Malone im Interview mit der Autorin.
37 Jack Jackson im Interview mit Laura Joplin.
38 Joplin Live-Aufnahme im Threadgill's.
39 Jack Jackson im Interview mit Laura Joplin
40 Bill Killeen im Interview mit Laura Joplin.
41 Powell St. John im Interview mit Laura Joplin.
42 Bill Killeen im Interview mit Laura Joplin.
43 Powell St. John im Interview mit der Autorin.
44 Ebd.
45 Alice Echols, S. 110.
46 Ebd., S.109.
47 Powell St. John im Interview mit der Autorin.
48 Jack Jackson im Interview mit Laura Joplin.
49 Alice Echols, S. 110.
50 John Clay im Interview mit Dave Harmon.
51 Travis Rivers im Interview mit der Autorin.
52 Dave Moriaty im Interview mit Dave Harmon.
53 Brad Buchholz, »Echoes of 1962: When the Threadgill's Faithful Gather for Reunions, the Music Is Familiar and the Memories Are Bittersweet«, *Austin-American Statesman,* 29. Mai 2000.
54 Travis Rivers im Interview mit der Autorin.
55 Ebd.
56 Powell St. John, *Janis: Little Girl Blue,* Regie Amy Berg, 2016.

Kapitel 8
Die Bluessängerin

1 »Come Up the Years«, *KQED TV,* 25. April 1967.
2 Chet Helms, Rock and Roll Hall of Fame, RJ, 7. März 1999.
3 David Dalton, *Piece of My Heart,* S. 96.
4 Chet Helms, Rock and Roll Hall of Fame, RJ.
5 Ebd.
6 »Come Up the Years«, *KQED TV,* 25. April 1967.
7 Laura Joplin, *Janis Joplin,* S. 145.
8 Steve Martin, *Born Standing Up: A Comic's Life,* New York, Scribner 2007, S. 5 f.
9 John Gilmore, Laid Bare: A Memoir of Wrecked Lives and the Hollywood Death Trip, Los Angeles, Amok Books 1997, S. 5.

10 Chet Helms, Rock & Roll Hall of Fame, RJ.
11 Barbara Dane im Interview mit der Autorin.
12 John Gilmore, *Laid Bare,* S. 7.
13 Ebd., S. 6.
14 Chet Helms, Rock and Roll Hall of Fame, RJ.
15 Larry Hanks im Interview mit der Autorin.
16 Ebd.
17 Ebd.
18 Gil Turner, »Bob Dylan: A New Voice Singing New Songs«, *Sing Out!* Vol. 12, Nr. 4, Okt.–Nov. 1962.
19 Larry Hanks im Interview mit der Autorin.
20 Ebd.
21 Ebd.
22 Peter Albin im Interview mit der Autorin.
23 Larry Hanks im Interview mit der Autorin.
24 Ebd.
25 John Gilmore, unveröffentlichtes Manuskript *Janis,* 1992.
26 Larry Hanks im Interview mit der Autorin.
27 Herb Pederson im Interview mit der Autorin.
28 David Dalton, *Janis,* S. 141.
29 Jorma Kaukonen im Interview mit der Autorin.
30 Gabe Meline, »Jorma Kaukonen on Janis Joplin and Recording the 1964 ›Typewriter Tape‹«, *KQED Arts online,* 3. Mai 2016.
31 David Nelson im Interview mit der Autorin.
32 Jorma Kaukonen im Interview mit der Autorin.
33 John Gilmore, unveröffentlichtes Manuskript.
34 Ebd.
35 Linda Gottfried Waldron im Interview mit Laura Joplin.
36 Jae Whitaker im Interview mit der Autorin.
37 Ebd.
38 Ebd.
39 Ebd.
40 Ebd.
41 Ebd.
42 Christopher John Farley, »Bessie Smith: Who Killed the Empress?« *Martin Scorsese Presents the Blues,* S. 105; deutsche Quelle: *Das Jazzbuch: Von New Orleans bis ins 21. Jahrhundert. Fortgeführt von Günther Huesmann* von Joachim-Ernst Berendt, S. 108, S Fischer Verlag, 2009.
43 Chris Albertson, *Bessie,* S. 6.

44 Jae Whitaker im Interview mit der Autorin.

45 Mac McDonald, »Times Have Changed Since Bob Dylan's '64 Show in Monterey Fairground«, *Monterey Herald*, 21. August 2010.

46 Jae Whitaker im Interview mit der Autorin.

Kapitel 9

Crystal-Junkie und »Saturday Night Swindle«

1 David Dalton, *Janis*, S. 53.

2 Janis Joplin im Briefwechsel mit Peter de Blanc, 1965.

3 Jim Fouratt im Interview mit der Autorin.

4 Bob Neuwirth, Country Music Hall of Fame, Songwriter Sessions, 2016.

5 Chet Helms, Rock and Roll Hall of Fame, RJ.

6 Jorma Kaukonen im Interview mit der Autorin.

7 Alice Echols, *Janis Joplin*, S. 137.

8 Ebd.

9 Ed Sanders, Fug You: An Informal History of the Peace Eye Bookstore, the Fuck You Press, the Fugs and the Counterculture in the Lower East Side, New York, Da Capo, 2012, S. 54.

10 Janis Joplin im Briefwechsel mit Peter de Blanc, 1965.

11 Laura Joplin, *Janis Joplin*, S. 142.

12 Ebd., S. 141.

13 Janis Joplin im Briefwechsel mit ihren Eltern, 1964.

14 Ebd.

15 Dave Archer, »Any Port Arthur in the Storm«.

16 Alice Echols, *Janis Joplin*, S. 143.

17 Ebd.

18 Chet Helms, Rock and Roll Hall of Fame, RJ.

19 Janis Joplin im Briefwechsel mit Peter de Blanc, 1965.

20 Linda Gottfried Waldron im Interview mit Laura Joplin.

21 Dave Archer, »Any Port Arthur in the Storm«.

22 David Dalton, *Janis*, S. 54.

23 Dave Archer, »Any Port Arthur in the Storm«.

24 Seth Joplin im Gespräch mit Laura Joplin.

25 Linda Gottfried Waldron im Interview mit Laura Joplin.

26 David Dalton, *Janis*, S. 54.

27 Ebd.

28 David Dalton, *Janis*, S. 53.

29 David Dalton, *Janis,* S. 55.
30 Alice Echols, *Janis Joplin,* S. 144.
31 Linda Gottfried Waldron im Interview mit Laura Joplin.
32 Pat Nichols im Interview mit Laura Joplin.
33 Dave Archer. »Any Port Arthur in a Storm«.
34 Linda Gottfried Waldron im Interview mit Laura Joplin.
35 Ebd.

Kapitel 10
Studentin in Texas

1 Janis Joplin im Briefwechsel mit Peter de Blanc, 1965.
2 Ebd.
3 Ebd.
4 Alice Echols, *Janis Joplin,* S. 148.
5 Janis Joplin im Briefwechsel mit Peter de Blanc, 1965.
6 Ebd.
7 Patti Skaff im Interview mit Laura Joplin.
8 Janis Joplin im Briefwechsel mit Peter de Blanc, 1965.
9 Ebd.
10 Laura Joplin, *Janis Joplin,* S. 151.
11 Seth Joplin im Gespräch mit Laura Joplin.
12 Laura Joplin, *Janis Joplin,* S. 152.
13 Peter de Blanc im Briefwechsel mit Seth und Dorothy Joplin, 1965.
14 Janis Joplin im Briefwechsel mit Peter de Blanc, 1965.
15 Ebd., 21. August 1965.
16 Ebd.
17 Ebd.
18 Ebd.
19 Ebd.
20 Ebd., 24. August 1965.
21 Ebd.
22 Ebd.
23 Ebd.
24 Ebd.
25 Peter de Blanc im Briefwechsel mit Seth Joplin, 11. September 1965.
26 Janis Joplin im Briefwechsel mit Peter de Blanc, 1965.
27 Ebd., 28. September 1965.
28 Ebd., Oktober 1965.

29 Ebd. *Das Narrenschiff* unter der Regie von Stanley Kramer kam im Oktober 1965 in die Kinos. Zu der herausragenden Besetzung gehörte unter anderem Simone Signoret als drogensüchtige Gräfin. Der Film erhielt mehrere Oscar-Nominierungen.
30 Ebd.
31 Ebd., 10. Oktober 1965.
32 Ebd., 14. Oktober 1965.
33 Laura Joplin, *Janis Joplin*, S. 156.
34 Janis Joplin, Copyright Cheap Thrills Music.
35 Janis Joplin im Briefwechsel mit Peter de Blanc, Oktober 1965.
36 Ebd.
37 Ebd., 19. Oktober 1965.
38 Alice Echols, *Janis Joplin,* S. 163.
39 Janis Joplin im Briefwechsel mit Peter de Blanc, 11. November 1965.
40 Don Sanders, Sand Mountain; Alice Echols, *Janis Joplin*, S. 184.
41 Jim Langdon: »Jim Langdon's Nightbeat«, *Austin Statesman,* 11. Dezember 1965.
42 Alice Echols, *Janis Joplin,* S. 184.
43 Ebd., S. 184.
44 Powell St. John, Rock & Roll Hall of Fame.
45 Alice Echols, *Janis Joplin,* S. 183.
46 Jim Langdon im Interview mit der Autorin.
47 Ebd.
48 Powell St. John im Interview mit der Autorin.
49 Myra Friedman, *Die Story,* S. 79.
50 Ebd., S. 83.
51 Ebd., S. 87.
52 Jim Langdon im Interview mit der Autorin.
53 Myra Friedman, *Die Story von Janis Joplin,* St. Andrä-Wördern 1992, S. 87.
54 Ebd., S. 85.
55 Alice Echols, *Janis Joplin,* S. 204.
56 Myra Friedman, *Die Story,* S. 87.
57 Ebd.

Kapitel 11
Big Brothers Frontfrau

1 *Come Up the Years,* KQED, 25. April 1967.
2 Ebd.
3 David Dalton, *Piece of My Heart,* S. 98.
4 Janis Joplin im Briefwechsel mit ihren Eltern, 1966.
5 Ebd.
6 Ebd., 6. Juni 1966.
7 Ebd.
8 Sam Andrew, »Janis Joplin Remembered: Recollections of Janis Seen Through the Eyes of Big Brother's Sam Andrew«, www.swampland.com, Sommer 2000.
9 James Gurley im Interview mit Jas Obrecht.
10 Sam Andrew, »Janis Joplin Remembered«.
11 David Dalton, *Piece of My Heart,* S. 99.
12 Sam Andrew, »Janis Joplin Remembered«.
13 David Getz im Interview mit der Autorin.
14 Sam Andrew, »Janis Joplin Remembered«
15 John Bowers, *Golden Bowers,* S. 64.
16 David Dalton, *Piece of My Heart,* S. 99.
17 Sam Andrew, »Janis Joplin Remembered«.
18 Janis Joplin im Briefwechsel mit ihren Eltern, Juni 1966.
19 Ebd.
20 Ebd.
21 David Getz im Interview mit der Autorin.
22 Sam Andrew, »Janis Joplin Remembered«.
23 David Dalton, *Piece of My Heart,* S. 99.
24 Bill Ham im Interview mit der Autorin.
25 David Dalton, *Piece of My Heart,* S. 99.
26 Chet Helms, Rock and Roll Hall of Fame, JR.
27 David Getz im Interview mit der Autorin.
28 Chet Helms, Rock and Roll Hall of Fame, JR.
29 Michael Lydon, »The Janis Joplin Philosophy – Every Moment She Is What She Feels«, *New York Times Magazine,* 23. Februar 1969.
30 Peter Albin im Interview mit der Autorin.
31 Chet Helms, Rock and Roll Hall of Fame, JR.
32 David Getz im Interview mit der Autorin.
33 »Queen Bees«, *Newsweek,* 15. January 1968.

34 Jack Casady im Interview mit der Autorin.
35 David Getz im Interview mit der Autorin.
36 Travis Rivers im Interview mit der Autorin.
37 David Getz im Interview mit der Autorin.
38 Travis Rivers im Interview mit der Autorin.
39 Ebd.
40 Ebd.
41 David Getz im Interview mit der Autorin.
42 Ebd.
43 Peter de Blanc im Briefwechsel mit Janis Joplin, 22. Juni 1966.
44 Peter Albin im Interview mit der Autorin.
45 Ebd.
46 James Gurley im Interview mit Laura Joplin.
47 David Getz im Interview mit der Autorin.
48 Sam Andrew, »Janis Joplin Remembered: Recollections of Janis Seen Through the Eyes of Big Brother«, http://swampland.com/articles/view/title:janis_joplin_remembered (zugrgriffen 24.2.2019).
49 Alice Echols, *Janis Joplin,* S. 212.
50 Janis Joplin im Briefwechsel mit ihren Eltern 1966.
51 Sam Andrew, »Janis Remembered«.
52 Peter Albin im Interview mit der Autorin.
53 Janis Joplin im Briefwechsel mit ihren Eltern, 13. August 1966.
54 Ebd.
55 Ebd.
56 Phil Lesh, *Searching for the Sound: My Life With the Grateful Dead,* New York, Little Brown 2005.
57 Janis Joplin im Briefwechsel mit ihren Eltern, 1966.
58 David Getz im Interview mit der Autorin.
59 Ebd.
60 Stefan Grossman im Interview mit der Autorin (per E-Mail).
61 Janis Joplin im Briefwechsel mit ihren Eltern, 22. August 1966.
62 Peter Albin im Interview mit der Autorin.
63 David Getz im Interview mit der Autorin.
64 Peter Albin im Interview mit der Autorin.
65 Janis Joplin im Briefwechsel mit ihren Eltern, 22. August 1966.
66 Peter Albin im Interview mit der Autorin.
67 Chet Helms, Rock and Roll Hall of Fame, JR.

Kapitel 12
»Das Idol meiner Generation«

1 Greg Shaw, »Big Brother and the Holding Co.: Interview mit James Gurley, Peter Albin, David Getz, Sam Andrew and Janis Joplin«, *Mojo-Navigator R&R News,* Bd. 1, Nr. 8, 5. Oktober 1966.
2 Janis Joplin im Briefwechsel mit ihrer Familie, 22. August 1966.
3 Greg Shaw, »Big Brother and the Holding Co.«
4 Janis Joplin im Briefwechsel mit ihrer Familie, September 1966.
5 Greg Shaw, »Big Brother and the Holding Co.«
6 Ebd.
7 Janis Joplin im Briefwechsel mit ihrer Familie, September 1966.
8 Greg Shaw, »Big Brother and the Holding Co.«
9 Seth Joplin im Briefwechsel mit Janis, 1966.
10 Janis Joplin im Briefwechsel mit ihrer Familie, September 1966.
11 Ebd.
12 David Getz im Interview mit der Autorin.
13 Ebd.
14 Ebd.
15 Nick Gravenites im Interview mit Laura Joplin.
16 Ben Fong-Torres, »The Saddest Story in the World«, *Rolling Stone,* 29. Oktober 1970.
17 Janis Joplin im Briefwechsel mit ihrer Familie, August 1966.
18 Ebd.
19 Chet Helms im Interview mit der Autorin.
20 David Getz im Interview mit der Autorin.
21 »Janis: 1943-1970«, *Rolling Stone,* 29. Oktober 1970. Bemerkenswert ist, dass Bob Shads unabhängiges Label Time 1957 die Single *Leave Her for Me* mit Lou Reeds High-School-Band, den Shades, aufnahm.
22 Ebd.
23 Janis Joplin im Briefwechsel mit ihrer Familie, September 1966.
24 Ebd.
25 Sam Andrew, »Janis Remembered«.
26 Janis Joplin im Briefwechsel mit ihrer Familie, 20. September 1966.
27 David Getz im Interview mit der Autorin.
28 Ebd.
29 Ebd.
30 Greg Shaw, »Big Brother and the Holding Co.«
31 Zeitungsausschnitt ohne Überschrift und Verfasserzeile aus »Sundays

with Sam«, *Sun Times Chicago,* 16. September 1966. Siehe Sam Andrews Website, Sundays with Sam: http://samandrew.com/big-brother-and-the-holding-company-part-one-1965-1966 (aufgerufen am 8.02.2019).

32 Greg Shaw, »Big Brother and the Holding Co.«

33 Ebd.

34 Peter Albin im Interview mit Laura Joplin.

35 David Getz im Interview mit der Autorin.

36 Janis Joplin im Briefwechsel mit ihrer Familie, 20. September 1966.

37 David Getz im Interview mit der Autorin.

38 John Poppy, »Janis Joplin: Big Brother's White Sound«, *Look,* 3. September 1968.

39 David Getz im Interview mit der Autorin.

40 Ebd.

41 Janis Joplin im Briefwechsel mit ihrer Familie, 20. September 1966.

42 Pat Nichols im Interview mit Laura Joplin.

43 David Getz im Interview mit der Autorin.

44 Janis Joplin im Briefwechsel mit ihrer Familie, 1966.

45 Pat Nichols im Interview mit Laura Joplin.

46 Greg Shaw, »Grateful Dead Exclusive Interview, Part Two«, *Mojo-Navigator R&R News,* Bd. 1, Nr. 5, 7. September 1966.

47 Greg Shaw, »Big Brother and the Holding Co.«

48 Pat Nichols im Interview mit Laura Joplin.

49 Tom Wolfe, *The Electric Kool-Aid Acid Test,* München, Heyne 2009, S. 496.

50 Greg Shaw, »Big Brother and the Holding Co.«

51 Janis Joplin im Briefwechsel mit ihrer Familie, Oktober 1966.

52 David Harris, »Blind Man/All Is Loneliness Mainstream 45«, *Mojo-Navigator R&R News,* November 1966.

53 Janis Joplin im Briefwechsel mit ihrer Familie, Oktober 1966.

54 John Glatt im Gespräch mit Nick Gravenites.

55 Janis Joplin im Briefwechsel mit ihrer Familie, Oktober 1966.

56 Ebd.

57 Peter Coyote, *Sleeping Where I Fall,* New York, Counterpoint 1988, S. 64.

58 Sheila Weller, »Suddenly That Summer«, *Vanity Fair,* 14. Juni 2012.

59 Peggy Caserta im Interview mit der Autorin.

60 Ed Denson, »The Folk Scene«, *Berkeley Barb,* Oktober 1966.

61 Sheila Weller, »Suddenly That Summer«.

62 Maria Muldaur im Interview mit der Autorin.

63 Janis Joplin im Briefwechsel mit ihrer Familie, 2. November 1966.

Kapitel 13
»Das erste Pin-up von Haight-Ashbury«

1 Janis Joplin im Briefwechsel mit ihren Eltern, April 1967.
2 Rasa Gustaitis, »Janis Joplin«, *Los Angeles Times West* Magazine, 24. November 1968.
3 Janis Joplin im Briefwechsel mit ihren Eltern, 20. November 1966.
4 Ebd.
5 Ebd.
6 Larry Litt im Interview mit der Autorin.
7 Peter Albin im Interview mit der Autorin.
8 Steve Getz im Interview mit der Autorin.
9 Janis Joplin im Briefwechsel mit ihren Eltern, 20. November 1966.
10 Ralph Gleason, »On the Town«, *San Francisco Chronicle,* 1966.
11 Hendrick Hertzberg, »The Nitty Gritty Sound«, *Newsweek,* 19. Dezember 1966.
12 Janis Joplin im Briefwechsel mit ihren Eltern, 20. November 1966.
13 Ebd.
14 Janis Joplin im Briefwechsel mit ihren Eltern, Dezember 1966.
15 Jackie Mills, Zeitzeugengespräch mit Dan Del Fiorentiono/NAMM, 2010.
16 Janis Joplin im Briefwechsel mit Barbara Irwin, Dezember 1966.
17 Janis Joplin im Briefwechsel mit ihren Eltern, Januar 1967.
18 Joe McDonald, RRHOF AMM (Rock & Roll Hall of Fame)
19 Jonathan Gould, *Otis Redding,* S. 365.
20 Ebd., S. 372
21 Bill Graham und Robert Greenfield, *Bill Graham Presents: My Life Inside Rock and Out,* New York, Doubleday 1992, S. 174.
22 Jonathan Gould, *Otis Redding: An Unfinished Life,* New York, Crown Archetype 2017, S. 373.
23 Dusty Street, RRHOF AMM.
24 Nat Hentoff, »We Look at Our Parents and…«, *New York Times,* 21. April 1968.
25 Sam Andrew, RRHOF RJ.
26 Peter Coyote, *Sleeping Where I Fall,* S. 97.
27 Charles Perry, *The Haight-Ashbury: A History,* New York, Random House 1985, S. 113.
28 Janis Joplin im Briefwechsel mit ihren Eltern, Januar 1967.
29 Ebd.
30 Julius Karpen im Interview mit Laura Joplin.

31 Janis Joplin im Briefwechsel mit ihren Eltern, Februar 1967.
32 Julius Karpen im Interview mit Selvin.
33 Janis Joplin im Briefwechsel mit ihren Eltern, März 1967.
34 Ebd.
35 *Rolling Stone,* 27. Mai 1971; wieder abgedruckt in Dalton (Hg), *Janis.*
36 Ebd.
37 Janis Joplin im Briefwechsel mit ihren Eltern, April 1967.
38 Ebd.
39 Joe McDonald im Interview mit Sarles.
40 Scott Holzman, »Now Sounds«, *Houston Chronicle,* 26. März 1967.
41 Phil Elwood, *San Francisco Examiner*, 22. März 1967
42 Janis Joplin im Briefwechsel mit ihren Eltern, März 1967.
43 Janis Joplin im Briefwechsel mit ihren Eltern, April 1967.
44 Ebd.
45 »Come Up the Years«, KQED, 25. April 1967.
46 Janis Joplin im Briefwechsel mit ihren Eltern, April 1967.
47 Julius Karpen im Interview mit Laura Joplin, April 1967.
48 Janis Joplin im Briefwechsel mit ihren Eltern, April 1967.
49 Sam Andrew, »Janis Remembered«.
50 Ebd.
51 Ebd.
52 Ebd.
53 Tracy McMullen, »Bring It On Home: Robert Plant, Janis Joplin, and the Myth of Origin«, *Journal of Popular Music Studies,* Bd. 26, Heft 2-3, Juni – September 2014, S. 368-396.
54 Willie Mae Thornton im Interview mit Chris Strachwitz.
55 Ebd.
56 *Rolling Stone,* 27. Mai 1971.
57 Ebd.
58 Jack Jackson im Interview mit Laura Joplin.
59 *Rolling Stone,* 27. Mai 1971.
60 Mark Braunstein im Interview mit Joel Selvin.
61 Ebd.
62 David Getz im Interview mit der Autorin.
63 Sam Andrew, »Remembering Janis«.
64 Ebd.
65 Rock Scully und David Dalton, *Living with the Dead: Twenty Years on the Bus with Garcia and The Grateful Dead,* New York, Little, Brown 1996, S. 99 f.

66 Rasa Gustaitis, »Janis Joplin«, *Los Angeles Times,* 24. November 1968.
67 John Phillips, *The Complete Monterey Pop Festival,* Criterion Collection DVD, Special Features.
68 Joel Selvin, *Monterey Pop,* S. 37.
69 *The Complete Monterey Pop Festival,* DVD, Extra.
70 Ebd.
71 Joel Selvin, *Monterey Pop,* S. 39.
72 D. A. Pennebaker, Frage- und Antwortrunde mit der Autorin.
73 Steve Getz im Interview mit der Autorin.
74 Ebd.
75 Ebd.
76 Richard Goldstein im Interview mit der Autorin
77 Robert Christgau, »Monterey«, *Esquire,* Januar 1968.
78 Michael Lydon, »Monterey Pops! An International Pop Festival«, unveröffentlicht; geschrieben für *Newsweek,* 20. Juni 1967.
79 Clive Davis im Interview mit der Autorin.
80 Pennebaker in einer Frage-Antwort-Runde mit der Autorin.
81 *Monterey International Pop Festival,* CD Box Set, Booklet, Rhino 1992.
82 Ebd.
83 Ebd.

Kapitel 14
Auf dem Absprung

1 Laura Joplin, *Janis Joplin,* S. 226.
2 Phil Elwood, »Dreams Come True at Monterey«, *San Francisco Examiner,* 19. Juni 1967.
3 Telegramm der Joplins an Janis, Juni 1967.
4 Robert Gordon im Interview mit der Autorin.
5 Janis Ian, *Society's Child: My Autobiography,* New York, Jeremy P. Tarcher/Penguin 2008, S. 67.
6 Laura Joplin, *Janis Joplin,* S. 226.
7 Peter Albin im Interview mit der Autorin.
8 Charles Cross, *Room Full of Mirrors; A Biography of Jimi Hendrix,* New York, Hyperion 2005, S. 196.
9 Laura Joplin, *Janis Joplin,* S. 212 und 218.
10 *Little Girl Blue,* Regie Amy Berg.
11 Laura Joplin, *Janis Joplin,* S. 227.

12 Pattie Boyd, *Wonderful Tonight: George Harrison, Eric Clapton and Me,* New York, Three Rivers Press 2008, S. 104 f.
13 Laura Joplin, *Janis Joplin,* S. 226.
14 Ebd., S. 227.
15 Ebd., S. 226 f.
16 Ebd., S. 228.
17 Chet Flippo, »An Interview with Janis' Father« *Rolling Stone,* 12. November 1970.
18 Laura Joplin, *Janis Joplin,* S. 228.
19 *Little Girl Blue,* Regie Amy Berg.
20 Linda Gravenites im Interview mit Laura Joplin.
21 Ebd.
22 Ebd.
23 Ebd.
24 Peter Laufer (Hg.), *Highlights of a Lowlife: The Autobiography of Milan Melvin,* Portland, Jorvik Press 2016, S. 61.
25 Linda Gravenites im Interview mit Laura Joplin.
26 Robert Crumb im Interview mit Tony Baldwin, »Radio Eye«, *ABC Radio National.*
27 Ebd.
28 Ebd.
29 Nick Gravenites im Interview mit Laura Joplin.
30 James Gurley im Interview mit Laura Joplin.
31 Peter Albin im Interview mit Laura Joplin.
32 Pete Johnson, »S.F. Rock Groups in Bowl Show« *Los Angeles Times,* 15. September 1967. Anmerkung: 15 000 Menschen besuchten das Konzert, das von Johnson eine verhaltene Kritik bekam, der hauptsächlich schlecht funktionierende Mikros und die stimmlichen Fähigkeiten von Grateful Dead und Jefferson Airplane bemängelte.
33 Ralph Gleason, »Another Candle Blown Out«, *Rolling Stone,* 29. Oktober 1970.
34 Ebd.
35 Ebd.
36 Larry Kopp, »Janis Joplin, Too Full of Soul for Holding Company Partners«, *L. A. Free Press,* 29. September 1967.
37 Julius Karpen im Interview mit Selvin.
38 Ebd.
39 James Gurley im Interview mit Laura Joplin.
40 Linda Gravenites im Interview mit Laura Joplin.

41 Ebd.
42 Bill Graham und Robert Greenfield, *Bill Graham Presents,* S. 205.
43 Linda Gravenites im Interview mit Laura Joplin.
44 David Getz im Interview mit der Autorin.
45 Ebd.
46 John Cooke, *On the Road with Janis Joplin,* New York, Berkeley Books 2014, S. 79.
47 Judy Collins, *Trust Your Heart: An Autobiography,* Boston, Houghton Mifflin 1987, S. 123.
48 John Cooke, *On the Road With Janis Joplin,* S. 99.
49 Ron Koslow, »Big Brother & the Holding Co.«, *KYA Beat,* 27. Januar 1968.
50 Gloria Haston im Interview mit Laura Joplin.
51 Leonard Duckett, »Janis Joplin Drawing Acclaim, Blues Singer With Soul«, *Port Arthur News,* Dezember 1967.
52 Janis Ian, *Society's Child,* S. 67.
53 David Getz im Interview mit der Autorin.
54 John Cooke, *On the Road with Janis Joplin,* S. 99.
55 Ebd.
56 David Getz im Interview mit der Autorin.

Kapitel 15

»Der neue Rockstar von der Second Avenue«

1 Robert Shelton, » Janis Joplin Is Climbing Fast in the Heady Rock Firmament: Singer Makes her New York Debut with Big Brother and the Holding Company«, *New York Times,* 19. Februar 1968. Derselbe Artikel wurde in der *New York Times* auch unter dem Titel » Rock Star Born on Second Avenue« veröffentlicht.
2 Nat Hentoff, »We Look at Our Parents and …«
3 Jack Casady im Interview mit der Autorin.
4 David Getz im Interview mit der Autorin.
5 Tracy McMullen, »Bring It On Home«.
6 Linda Gravenites im Interview mit Laura Joplin.
7 Ebd.
8 John Cooke, *On the Road With Janis,* S. 108.
9 Clive Davis und Anthony DeCurtis, The *Soundtrack of My Life,* New York, Simon & Schuster 2016, S. 69.
10 David Getz im Interview mit der Autorin.

11 Ebd.
12 Alice Echols, *Janis Joplin,* S. 279.
13 Janis Joplin im Briefwechsel mit ihren Eltern, 31. Januar.
14 Ebd.
15 Ebd.
16 Janis Joplin im Briefwechsel mit ihren Eltern, Juli 1968.
17 Janis Joplin im Briefwechsel mit ihren Eltern, 20. Februar
18 Alice Echols, *Janis Joplin,* S. 298
19 Janis Joplin im Briefwechsel mit Linda Gravenites, Februar 1968.
20 Myra Friedman, *Buried Alive,* S. 119.
21 Ebd., S. 118.
22 Alice Echols, *Janis Joplin,* S. 299.
23 Elliott Landy im Interview mit der Autorin.
24 Elliot Mazer im Interview mit Laura Joplin.
25 Richard Goldstein, »Pop Music: Ladies Day«, *Vogue,* 1. Mai 1968.
26 Robert Shelton, »Rock Star Born …«.
27 Alice Echols, *Janis Joplin,* S. 300.
28 Clive Davis und Anthony DeCurtis, *The Soundtrack*, S. 70.
29 Ebd.
30 Janis Joplin im Briefwechsel mit Linda Gravenites, 20. Februar 1968.
31 Janis Joplin im Briefwechsel mit ihren Eltern, 20. Februar 1968.
32 Michael Thomas, »Janis Joplin: Voodoo Lady of Rock«, *Ramparts,* August 1968.
33 Alice Echols, *Janis Joplin,* S. 308.
34 Janis Joplin im Briefwechsel mit Linda Gravenites.
35 Janis Joplin im Briefwechsel mit Linda Gravenites, 6. März 1968.
36 Lester Bangs, »In Concert«, *Rolling Stone,* 8. Juni 1972.
37 Janis Joplin im Briefwechsel mit ihren Eltern, 5. März 1968.
38 Janis Joplin im Briefwechsel mit Linda Gravenites, 6. März 1968.
39 Bob Gruen im Interview mit der Autorin.
40 Michael Thomas, »Voodoo Lady «.
41 Richard Goldstein, »Next Year in San Francisco«, http://www.richardgoldsteinonline.com/uploads/2/5/3/2/25321994/richardgoldstein-janis.pdf (aufgerufen am 15. Mai 2015).
42 Fred Catero im Interview mit Dan Del Fiorentino, National Organization of Music Merchants.
43 David Getz im Interview mit der Autorin.
44 Fred Catero im Interview mit Dan Del Fiorintino, National Organization of Music Merchants.

45 John Simon im Interview mit Peter Aaron.
46 Janis Joplin im Briefwechsel mit Linda Gravenites, März 1968.
47 Nat Hentoff, »We Look at Our Parents and …«.
48 David Getz im Interview mit der Autorin.
49 Mark Wolf, »Janis Joplin: Queen of Rock, an Intimate Talk«, *DownBeat,* November 1968.
50 Ebd.
51 Ebd.
52 Richard Avedon und Doon Arbus, *The Sixties,* New York, Random House 1999.
53 Danny Fields im Interview mit der Autorin.
54 Janis Joplin im Briefwechsel mit ihren Eltern, 4. April 1968.
55 Ebd.
56 Ebd.
57 John Cooke, *On the Road with Janis,* S. 145.
58 Sam Andrew, »Remembering Janis. «
59 David Getz im Interview mit der Autorin.
60 Peggy Caserta, *I Ran Into Some Trouble,* Deadwood, Wyatt-McKenzie 2018, S. 95.
61 Ebd.
62 Nat Hentoff, »We look at Our Parents and …«.
63 John Simon im Gespräch mit der Autorin.
64 Ebd.
65 James Riordan und Jerry Prochnicky, *Break on Through: The Life and Death of Jim Morisson,* New York, Quill/William Morrow, S. 229.
66 Linda Gravenites im Interview mit Laura Joplin.
67 Peter Albin im Interview mit der Autorin.
68 Sam Andrew, *»Remembering Janis«.*
69 Al Aronowitz, »Janis Joplin: Singer with the Bordello Voice«, *Life,* 20. September 1968.
70 Janis Joplin im Briefwechsel mit ihren Eltern, 1968.
71 Elliot Mazer im Interview mit Laura Joplin.
72 David Getz im Interview mit der Autorin.
73 Dave Richards im Interview mit Joel Selvin.
74 David Getz im Interview mit der Autorin.
75 Janis Joplin im Briefwechsel mit ihren Eltern, Juli 1968.
76 Peter Albin im Interview mit der Autorin.

Kapitel 16
Kozmic Blues

1 David Getz im Interview mit der Autorin.
2 Marty Balin im Interview mit der Autorin; Ben Marks: »From Folk to Acid Rock: How Marty Balin Launched the San Francisco Music Scene«, *Collectors Weekly,* 16. Oktober 2017.
3 Mick Fleetwood im Interview mit der Autorin.
4 Peggy Caserta im Interview mit der Autorin.
5 Clive Davis und Anthony DeCurtis, *Soundtrack,* S. 95.
6 Myra Friedman, *Die Story,* S. 143.
7 Sam Andrews, »Janis Joplin Remembered«.
8 Steve Getz im Interview mit der Autorin.
9 James Gurley im Interview mit Jas Obrecht.
10 Al Sorensen: »Janis«, *Georgia Straight,* Vancouver, B.C., 6.-12. Dezember 1968.
11 Peter Coyote: *Sleeping Where I Fall,* S. 103.
12 Janis Joplin im Briefwechsel mit Linda Gravenites, 1968.
13 Peter Coyote: *Sleeping*, S. 103.
14 Al Aronowitz: »Singer with a Bordello Voice«.
15 David Getz im Interview mit der Autorin und mit Laura Joplin.
16 David Getz im Interview mit der Autorin.
17 Peter Albin im Interview mit der Autorin.
18 Robert Shelton, »Rock Fete with Jimi Hendrix Draws 18,000 to Singer Bowl« *New York Times*, 1968.
19 Jon Landau: »Cheap Thrills«, *Rolling Stone,* 14. September 1968.
20 William Kloman: »The 50s Come Back«, *New York Times,* 1. September 1968.
21 Al Aronowitz: »Singer with a Bordello Voice«.
22 Janis Joplin im Briefwechsel mit ihren Eltern, 28. September 1968.
23 Skip Prokop im Interview mit der Autorin.
24 Ebd.
25 Aus der Sammlung Laura Joplin, 28. September 1968.
26 Janis Joplin im Briefwechsel mit ihren Eltern, 28. September 1968.
27 Bob Gordon im Interview mit der Autorin.
28 Janis Joplin im Briefwechsel mit ihren Eltern, 1968.
29 Ebd.
30 Dorothy Joplin im Briefwechsel mit Janis, 1968.
31 Skip Prokop im Interview mit der Autorin.

32 Ebd.
33 Al Sorensen: »Janis«, *Georgia Straight,* o. D.
34 David Getz im Interview mit der Autorin.
35 »Janis Rocks Festival«, *Daily Pennsylvanian,* o. D.
36 Al Sorensen: »Janis«, *Georgia Straight.*
37 Ellen Willis: »Changes«, *New Yorker,* 15. März 1969.
38 Mike Jahn: »Big Brother and the Holding Company: Hunter College«, *New York Times,* 17. November 1968.
39 David Getz im Interview mit der Autorin.
40 Alice Echols, *Janis Joplin,* S. 399.
41 Laura Joplin: *Janis,* S. 333.
42 Ellen Willis: »Changes«.
43 Tony Glover: »Bands Dust to Dust«, *Rolling Stone,* 23. November 1968.
44 Alice Echols: *Janis Joplin,* S. 349.
45 Skip Prokop im Interview mit der Autorin
46 Bill King im Interview mit der Autorin.
47 Ebd.
48 Terry Clements im Interview mit der Autorin.
49 Ralph Garcia: »Oh, Mama! Janis Joplin in Memphis«, *Circus,* 1969.
50 Bill King im Interview mit der Autorin.
51 Stanley Booth: »The Memphis Debut«, *Rolling Stone,* 1. Februar 1969.
52 Ralph Garcia: »Oh Mama!«
53 Stanley Booth: »The Memphis Debut«.
54 Sam Andrew: »Remembering Janis«.
55 Stanley Booth: »The Memphis Debut«.
56 Etta James und David Ritz: *Rage to Survive,* New York, Villard Books 1995, S. 192.
57 Michael Lydon: »The Janis Joplin Philosophy – Every Moment She Is What She Feels«, *New York Times Magazine,* 23. Februar 1969.
58 Ebd.
59 Paul Nelson: »Janis: The Judy Garland of Rock & Roll?«, *Rolling Stone,* 15. März 1969.
60 Ebd.
61 John Bowers: *Golden Bowers,* S. 58.
62 Ralph J. Gleason: »No Opening Night Encores for Janis«, *San Francisco Chronicle,* 24. März 1969.
63 Snooky Flowers im Interview mit der Autorin.
64 Ebd.
65 John Bowers: *Golden Bowers,* S. 58.

66 Brian Connolly: »Janis Joplin«, *Melody Maker*, Mai 1969.
67 Chuck Negron: *Three Dog Nightmare: The Chuck Negron Story*, Selfpublishing 2017, S. 82.
68 Myra Friedman: *Buried Alive*, S. 171; Brad Campbell im Interview mit der Autorin.
69 Myra Friedman: *Buried Alive*, S. 175.
70 Sam Andrew: »Remembering Janis«.
71 Ellen Sander: *Trips*, S. 138.
72 Ebd.
73 »Country Joe's Place«, https://www.countryjoe.com (aufgerufen am 25.02.2019).
74 Ellen Sander: *Trips: Rock Life in the Sixties*, New York, Charles Scribner's Sons, 1973, S. 156.
75 Bob Neuwirth, RRHOF AMM.
76 Janis Joplin im Briefwechsel mit Linda Gravenites, 1968 (Friedman, *Buried Alive*, S. 179).
77 Ralph J. Gleason: »No Opening Night Encores for Janis«.
78 Anwen Crawford: »The World Needs Female Rock Critics«, *New Yorker*, 26. Mai 2015.
79 Johanna Schier: »Riffs«, *Village Voice*, 2. Oktober 1969.

Kapitel 17
Pearl

1 David Dalton, *Janis*, S. 28.
2 Laura Joplin, *Janis Joplin*, S. 299.
3 Janis Joplin im Briefwechsel mit Linda Gravenites, 1969.
4 Myra Friedman, *Buried Alive*, S. 180.
5 Bob Neuwirth im Interview mit Laura Joplin.
6 Myra Friedman, *Buried Alive*, S. 187.
7 Ebd.
8 Laura Joplin, *Janis Joplin*, S. 309.
9 Ebd., S. 299.
10 Ebd.
11 David Dalton, *Janis*.
12 Laura Joplin, *Janis Joplin*, S. 310.
13 Julie Smith, »What Makes Janis Sing – Ol' Kozmic Blues«, *San Francisco Chronicle*, 26. Mai 1970.

14 John Cooke, *On the Road,* S. 282.
15 David Niehaus im Interview mit der Autorin.
16 Ebd.
17 Ebd.
18 Ebd.
19 »Janis Joplin 1943-1970«, *Rolling Stone,* 29. Oktober 1970.
20 David Niehaus im Interview mit der Autorin.
21 Ebd.
22 Ebd.
23 Ebd
24 Ebd.
25 Myra Friedman, *Buried Alive,* S. 198.
26 David Niehaus im Interview mit der Autorin.
27 Paul Myers, *A Wizard, a True Story*, S. 40.
28 Blog von Randy Nauert, http://www.nauert.com/ (aufgerufen am 18. Oktober 2017).
29 David Niehaus im Interview mit der Autorin.
30 David Niehaus, Tagebuch, wie er es der Autorin vorlas.
31 David Niehaus im Interview mit der Autorin.
32 Laura Joplin, *Janis Joplin,* S. 309.
33 Julie Smith, »What Makes Janis Sing«.
34 David Dalton, *Janis,* S. 50.
35 Ebd.
36 Johanna Hall im Interview mit der Autorin.
37 Ebd.
38 Ebd.
39 Laura Joplin, *Janis Joplin,* S. 309.
40 Nat Hentoff, »We Look at Our Parents and ...«.
41 Johanna Hall im Interview mit der Autorin.
42 Myra Friedman, *Buried Alive,* S. 208.
43 Kris Kristofferson im Interview mit der Autorin.
44 Mikal Gilmore, »Kris Kristofferson: The Complete Monument & Album Collection«, CD-Set-Booklet, Sony/Legacy, 2016.
45 Katie Vidan, »Janis Joplin: The First Tattooed Celebrity«, 30. Dezember 2015, www.tattoodo.com/a/2015/12/janis-joplin-the-first-tattooed-celebrity (aufgerufen am 4. Mai 2016).
46 Brad Campbell im Interview mit der Autorin.
47 Ebd.
48 John Cooke/Paul Rothchild im Interview mit Laura Joplin.

49 Julie Smith, »What Makes Janis Sing«, *San Francisco Chronicle,* 26. Mai 1970.
50 John Till, »Final 24«, Session 2, Episode 3, 2007.
51 John Cooke, *On the Road,* S. 303.
52 David Dalton, »Janis Joplin's Full Tilt Boogie Ride«, *Rolling Stone,* 6. August 1970.
53 Ebd.
54 Ebd.
55 Johanna Hall im Interview mit der Autorin.
56 Roger Keene, »Janis Joplin's Full Tilt Boogie Band«, *Circus,* Oktober 1970.
57 Ebd.
58 Eric Andersen im Interview mit der Autorin.
59 David Dalton, *Janis,* S. 81.
60 Buddy Guy mit David Ritz, *When I Left Home: My Story,* New York, DaCapo 2012, S. 206.
61 Bill Bentley im Interview mit der Autorin.
62 Paul Rothchild im Interview mit Laura Joplin.
63 Ebd.
64 John Cooke, *On The Road,* S. 361.
65 Paul Rothchild im Interview mit Laura Joplin.
66 Briefwechsel zwischen Janis Joplin und David Niehaus, 24. Juli 1970.
67 Laura Joplin, *Janis Joplin,* S. 351.
68 Brad Campbell im Interview mit der Autorin.
69 Seth Morgan, »Janis«, *Berkeley Barb,* 7.–20. Dezember 1978.
70 Ebd.
71 Ebd.
72 Mike Jahn, »Janis Joplin and Her New Group Give Rousing Forest Hills Show«, *New York Times,* 4. August 1970.
73 Marc Myers, »The Story Behind Janis Joplin's ›Mercedes-Benz‹«, *Wall Street Journal,* 7. Juli 2015.
74 Ebd.
75 Laura Joplin, *Janis Joplin,* S. 328.
76 Alice Echols, *Janis Joplin,* S. 426.
77 »Janis Joplin Returns to Port Arthur«, *Houston Chronicle,* 14. August 1970.
78 John Bowers, *The Golden Bowers,* S. 51.
79 »Final 24«, Session 2, Episode 3, 2007
80 Myra Friedman, *Buried Alive,* S. 291.
81 Seth Joplin im Gespräch mit Laura Joplin.

82 David Dalton, *Janis,* S. 24.

83 Seth Morgan, »Janis«, *Berkeley Barb.*

84 Bruce Botnick im Interview mit der Autorin.

85 Seth Morgan, »The Last Days of Janis Joplin«, *Berkeley Barb,* 21. Dezember 1978 bis 3. Januar 1979.

86 Paul Rothchild im Interview mit Laura Joplin.

87 Spooner Oldham im Interview mit der Autorin.

88 Ebd.

89 Myra Friedman, *Buried Alive,* S. 311.

90 Clive Davis im Interview mit der Autorin.

91 Marty Balin im Interview mit der Autorin.

92 Ben Marks, »From Folk to Acid Rock«.

93 Bobby Womack mit Robert Ashton, *Bobby Womack: My Story, 1944–2014,* London, John Blake 2014, S. 157.

94 Ebd., S. 158.

95 Ebd., S. 162.

96 »Janis Joplin«, *Final 24,* Season 2, Episode 3, 2007.

97 Seth Morgan, »The Last Days of Janis Joplin«, *Berkeley Barb.*

98 Briefwechsel zwischen David Niehaus und Janis Joplin, 17. August 1970.

99 Brad Campbell im Interview mit der Autorin.

100 Laura Joplin, *Janis Joplin,* S. 348.

101 David Niehaus, Tagebuch, wie er es der Autorin vorlas.

102 David Niehaus im Interview mit der Autorin.

103 »Rebirth of the Blues«, *Newsweek,* 26. Mai 1969.

104 Greg Kot, »Old School Gets Some Pop«, *Chicago Tribune,* 28. Februar 2010.

105 David Dalton, *Janis,* S. 80.

Literatur

Albertson, Chris, *Bessie,* New Haven 2003.

Amburn, Ellis, *Pearl: The Obsessions and Passions of Janis Joplin,* New York 1992.

Avedon, Richard und Doon Arbus, *The Sixties,* New York 1999 (Deutsche Ausgabe: *The Sixties,* München 1999).

Barger, Sonny, in Zusammenarbeit mit Keith und Kent Zimmerman, *Hell's Angel: The Life and Times of Sonny Barger and the Hells Angels Motorcycle Club,* New York 2000 (Deutsche Ausgabe: *Hell's Angel. Mein Leben,* Hamburg, Wien 2001).

Bookstein, Ezra, *The Smith Tapes: Lost Interviews with Rock Stars & Icons, 1969-1972,* New York 2015.

Bowers, John, *The Golden Bowers,* New York 1971.

Boyd, Pattie, in Zusammenarbeit mit Penny Junor, *Wonderful Tonight: George Harrison, Eric Clapton, and Me,* New York 2008.

Bragg, Rick, *Jerry Lee Lewis: His Own Story,* New York 2014.

Bryant Jr., Keith L., *Arthur Stilwell: Promoter with a Hunch,* Nashville 1971.

Burrough, Bryan, *The Big Rich: The Rise and Fall of the Greatest Texas Oil Fortunes,* New York 2008.

Calhoun, Ada, *St. Marks Is Dead: The Many Lives of America's Hippest Street,* New York 2016.

Caserta, Peggy, in Zusammenarbeit mit Dan Knapp, *Going Down with Janis,* New York 1980 (1973).

Caserta, Peggy, in Zusammenarbeit mit Maggie Falcon, *I Ran Into Some Trouble.* Deadwood/Oregon 2018.

Christgau, Robert, *Going Into the City: Portrait of a Critic as a Young Man,* New York 2014.

Collins, Judy, *Trust Your Heart: An Autobiography,* Boston 1987.

Coolidge, Rita, in Zusammenarbeit mit Michael Walker, *Delta Lady: A Memoir,* New York 2016.

Cooke, John Byrne, *On the Road with Janis Joplin,* New York 2014.

Coyote, Peter, *Sleeping Where I Fall,* New York 1988.

Cross, Charles R., *Room Full of Mirrors: A Biography of Jimi Hendrix,* New York 2005 (Deutsche Ausgabe: *Jimi Hendrix. Hinter den Spiegeln,* Höfen 2006).

D'Allesandro, Jill, und Colleen Terry, *Summer of Love: Art, Fashion and Rock and Roll*, San Francisco 2017.

Dalton, David, *Janis*, New York 1971.

Dalton, David, *Piece of My Heart: The Life, Times, and Legend of Janis Joplin*, New York 1985.

Davis, Clive, und Anthony DeCurtis, *The Soundtrack of My Life*, New York 2016.

DeCurtis, Anthony, *Lou Reed*, New York 2017.

DeCurtis, Anthony, James Henke, Holly George-Warren (Hg.), *The Rolling Stone Illustrated History of Rock & Roll*, New York 1992.

Diehl, Gaston, *Modigliani*, New York 1969 (Deutsche Ausgabe: *Modigliani*, München 1990).

Douglas, Susan J., *Where the Girls Are: Growing up Female with Mass Media*, New York 1994.

Downing, Michael, *Shoes Outside the Door: Desire, Devotion, and Excess at San Francisco Zen Center*, New York 2001.

Drummond, Paul, *Eye Mind: The Saga of Roky Erickson and the 13th Floor Elevators, The Pioneers of Psychedelic Sound*, Los Angeles 2007.

Echols, Alice, *Scars of Sweet Paradise: The Life and Times of Janis Joplin*, New York 1999 (Deutsche Ausgabe: *Janis Joplin – »Piece of My Heart«*, Frankfurt am Main 2000).

Egan, Timothy, *The Worst Hard Time: The Untold Story of Those Who Survived the Great American Dust Bowl*, Boston 2006.

Fleetwood, Mick, und Anthony Bozza, *Play On: Now, Then and Fleetwood Mac*, New York 2014 (Deutsche Ausgabe: *Play on: Fleetwood Mac und ich. Die Autobiografie*, München 2014).

Fong-Torres, Ben, *Becoming Almost Famous: My Back Pages in Music, Writing, and Life*, San Francisco 2006.

Fong-Torres, Ben, *Not Fade Away: A Backstage Pass to 20 Years of Rock & Roll*, San Francisco 1999.

Friedman, Myra: *Buried Alive: The Biography of Janis Joplin*, New York 1973 (Deutsche Ausgabe: *Die Story von Janis Joplin*, St. Andrä-Wördern 1992).

George-Warren, Holly (Hg.), *The Rock & Roll Hall of Fame: The First 25 Years*, New York 2009.

Gilmore, John, *Laid Bare: A Memoir of Wrecked Lives and the Hollywood Death Trip*, Los Angeles 1997.

Glatt, John, *Live at the Fillmore East & West: Getting Backstage and Personal with Rock's Greatest Legends*, Guilford (Connecticut) 2015.

Glatt, John, *Rage & Roll: Bill Graham and the Selling of Rock*, New York 1993.

Goldberg, Danny, *In Search of the Lost Chord: 1967 and the Hippie Idea,* Brooklyn 2017.
Goldstein, Richard, *Another Little Piece of My Heart: My Life of Rock and Revolution in the '60s,* New York 2015.
Gould, Jonathan, *Otis Redding: An Unfinished Life,* New York 2017.
Graham, Bill, und Robert Greenfield, *Bill Graham Presents: My Life Inside Rock and Out,* New York 1992.
Goodman, Fred, *Mansion on the Hill,* New York 1997.
Greenfield, Robert, *Bear: The Life and Times of Augustus Owsley Stanley III,* New York 2016.
Guralnick, Peter, Robert Santelli, Holly George-Warren, Christopher John Farley (Hg.), *Martin Scorsese Presents the Blues: A Musical Journey,* New York 2003.
Guy, Buddy, in Zusammenarbeit mit David Ritz, *When I Left Home: My Story,* New York 2012.
Helm, Levon, in Zusammenarbeit mit Stephen Davis, *This Wheel's on Fire: Levon Helm and the Story of the Band,* Chicago 1993/2000.
Hochschild, Adam, *Spain in Our Hearts: Americans in the Spanish Civil War, 1936-1939,* Boston 2016.
Holiday, Billie, mit William Duffy, *Lady Sings the Blues,* New York 1956 (Deutsche Ausgabe: *Lady Sings the Blues,* Hamburg 2013).
Hoskyns, Barney, *Small Town Talk: Bob Dylan, The Band, Van Morrison, Janis Joplin, Jimi Hendrix, and Friends in the Wild Years of Woodstock,* New York 2016.
Hynde, Chrissie, *Reckless: My Life as a Pretender,* New York 2015 (Deutsche Ausgabe: *Reckless. Mein Leben,* München 2015).
Ian, Janis, *Society's Child: My Autobiography,* New York, 2008.
James, Etta und David Ritz, *Rage to Survive,* New York 1995.
Johnson, Jimmy, in Zusammenarbeit mit Ed Hinton, *Turning the Thing Around: My Life in Football,* New York 1993.
Joplin, Laura, *Love, Janis,* New York 2005 (Deutsche Ausgabe: *Janis Joplin. Ein wildes kurzes Leben,* München 1995).
Kaukonen, Jorma, *Been So Long: My Life and Music,* New York 2018.
Kerouac, Jack, *On the Road,* New York 1955 (Deutsche Ausgabe: *On the Road. Die Urfassung,* Reinbek 2011).
Knight, Tim, *Chantilly Lace: The Life & Times of J.P. Richardson,* Port Arthur, Texas 1989.
Knight, Tim, *Poor Hobo: The Tragic Life of Harry Choates, a Cajun Legend,* Port Arthur, Texas 2013.

Kruth, John, *To Live's to Fly: The Ballad of the Late, Great Townes Van Zandt,* New York 2007.

Landau, Deborah, *Janis Joplin: Her Life and Times,* New York 1971.

Laufer, Peter (Hg.), *Highlights of a Lowlife: The Autobiography of Milan Melvin,* Portland, Oregon 2016.

Lesh, Phil, *Searching for the Sound: My Life With the Grateful Dead,* New York 2005.

Lipton, Lawrence, *The Holy Barbarians,* New York 1959 (Deutsche Ausgabe: *Die heiligen Barbaren,* Düsseldorf 1960).

Lydon, Michael, *Rock Folk: Portraits from the Rock 'n' Roll Pantheon,* New York 1990.

Martin, Steve, *Born Standing Up: A Comic's Life,* New York 2007.

Maynard, John Arthur, *Venice West: The Beat Generation in Southern California,* New Brunswick, New Jersey 1991.

McNally, Dennis, *A Long, Strange Trip: The Inside History of the Grateful Dead,* New York 2002.

Metalious, Grace, *Peyton Place,* New York 1958 (Deutsche Ausgabe: *Rückkehr nach Peyton Place,* München 1960).

Modigliani, Jeanne, *Modigliani: Man & Myth,* New York 1958.

Modigliani: Paintings, Drawing, Sculpture, New York 1951.

Mouton, Todd, *Way Down in Louisiana: Clifton Chenier, Cajun, Zydeco, und Swamp Pop Music,* Lafayette 2015.

Myers, Paul, *A Wizard, a True Story: Todd Rundgren in the Studio,* London 2010.

Negron, Chuck, *Three Dog Nightmare: The Chuck Negron Story,* Selfpublishing 2017.

Obrecht, Jas, *Talking Guitar,* Chapel Hill 2017.

Perry, Charles, *The Haight-Ashbury: A History,* New York 1985/2005.

Porterfield, Nolan, *Last Cavalier: The Life & Times of John Lomax,* Urbana/ Chicago 1996.

Powers, Ann, *Good Booty: Love and Sex, Black & White, Body and Soul in American Music,* New York 2017.

Reid, Jan, in Zusammenarbeit mit Shawn Sahm: *Texas Tornado: The Times and Music of Doug Sahm,* Austin 2010.

Reynolds, Frank, und Michael McClure, *Freewheelin Frank: Secretary of the Angels As Told to Michael McClure,* New York 1967.

Riordan, James, und Jerry Prochnicky, *Break on Through: The Life and Death of Jim Morrison,* New York 1991.

Ritz, David, *Respect: The Life of Aretha Franklin,* New York 2014.

Sander, Ellen, *Trips: Rock Life in the Sixties,* New York 1973.
Sanders, Ed, *Fug You: An Informal History of the Peace Eye Bookstore, the Fuck You Press, the Fugs and the Counterculture in the Lower East Side,* New York 2012.
Saviano, Tamara, *Without Getting Killed or Caught: The Life and Music of Guy Clark,* College Station, Texas 2016.
Scully, Rock, in Zusammenarbeit mit David Dalton, *Living with the Dead: Twenty Years on the Bus with Garcia and the Grateful Dead,* New York 1996.
Selvin, Joel, *Altamont: The Rolling Stones, the Hells Angels, and the Inside Story of Rock's Darkest Day,* New York 2016.
Selvin, Joel, *Monterey Pop,* San Francisco 1992.
Selvin, Joel, *San Francisco: The Musical History Tour,* San Francisco 1996.
Selvin, Joel, *The Summer of Love,* New York 1994.
Shaw, Suzy, und Mick Farren, *Bomp! Saving the World One Record at a Time,* San Francisco 2007.
Simmons, Sylvie, *I'm Your Man: The Life of Leonard Cohen,* New York 2015 (Deutsche Ausgabe: *I'm Your Man. Das Leben des Leonard Cohen,* München 2012).
Slick, Grace, in Zusammenarbeit mit Andrea Cagan, *Somebody to Love? A Rock-and-Roll Memoir,* New York 1998.
Smith, Patti, *Just Kids,* New York 2014 (Deutsche Ausgabe: *Just Kids. Die Geschichte einer Freundschaft,* Köln 2010).
Spörke, Michael, *Big Brother & the Holding Company – Die Band, die Janis Joplin berühmt machte 1965–2003,* Norderstedt 2003
Stanley, Roney Gissen, in Zusammenarbeit mit Tom Davis, *Owsley and Me: My LSD Family,* Rhinebeck 2016.
Sullivan, Mary Lou, *Raisin' Cain: The Wild & Raucous Story of Johnny Winter,* New York 2010.
Talbot, David, *Season of the Witch,* New York 2012.
Vorda, Allan, *Psychedelic Psounds: Interviews from A to Z with 60s Psychedelic Garage Bands,* Wolverhampton 1994.
Wight, Frederick, *Modigliani: Paintings & Drawings,* The Committee on Fine Arts Productions; Museum of Fine Arts, Boston 1961
Wilson, Eddie, in Zusammenarbeit mit Jesse Sublett: *Armadillo World Headquarters: A Memoir.,* Austin 2017.
Wilson, Eddie, *Threadgill's: The Cookbook, The Austin, Texas, Landmark of Southern Comfort Food,* Atlanta 1996.
Wolfe, Charles, und Kip Lornell, *The Life and Legend of Leadbelly,* New York 1992.

Wolfe, Tom: *The Electric Kool-Aid Acid Test,* New York 1999 (Deutsche Ausgabe: *Der Electric Kool-Aid Acid Test,* München 2009).
Wolman, Baron, *Janis Joplin,* New York 2013.
Womack, Bobby, in Zusammenarbeit mit Robert Ashton, *Bobby Womack: My Story 1944-2014,* London 2014.

Register

13th Floor Elevators 193, 204

Abernathy, Francis 92 f.
Adams, Don 362
Adler, Lou 13, 278, 281, 286, 312
Aerosmith 275
Alben
- *Big Brother & the Holding Company* 288 f.
- *Cheap Thrills* 11, 186, 251, 329, 331, 343 ff., 352, 355 f.
- *I Got Dem Ol' Kozmic Blues Again Mama!* 13, 380 f., 387, 402
- *Pearl* 16, 436

Albertson, Chris 93, 151
Albin, Cindy 213, 218, 246
Albin, Peter 144, 147, 201 ff., 206 f., 209 f., 212 f., 215, 217 f., 223 f., 226 f., 230, 234, 237 f., 241 ff., 246, 251 f., 254, 269, 271, 280, 285, 288, 291, 300 f., 312, 315, 329, 339, 343, 348, 352, 354 f.
Albin, Rodney 144, 147, 154
Alette, Marjorie 150
Alexander, George 107
Alexander, Stan 125
Algren, Nelson 43
Andersen, Eric 414
Anderson, Signe 203, 226, 248
Andrew, Sam Houston III. 201 ff., 206 f., 212, 215 ff., 219, 226, 230, 233–238, 254, 258, 263, 269, 271 f., 277 f., 280, 288, 292, 309, 315 f., 318 f., 324, 329, 333, 338, 341, 343, 345, 351 f., 354 f., 366 f., 369, 373, 376 ff., 380 ff.
Andrews, Courtney Marie 11
Animals 192, 270, 279, 290
Anka, Paul 70
Apatow, Judd 232
Arbus, Doon 335
Archer, Dave 104, 139, 161, 163 f.
Armstrong, Louis 151
Aronowitz, Al 354, 357
Astaire, Fred 253 f.
Austin 92, 112 ff., 129
Autry, Gene 58
Avalon Ballroom 14, 199, 202, 204 f., 207 ff., 214, 221, 224, 232, 238, 242, 248 f., 252, 270, 275, 294 f., 365
Avalon, Frankie 70
Avedon, Richard 335
Axton, Hoyt 192
Ayler, Albert 232

B-52 12
Bach, Johann Sebastian 97, 271, 333
Badonsky, George 231
Baez, Joan 70, 120 f., 131, 139, 152, 173, 184, 192, 213, 340, 359
Bailey, George William »G. W.« 97 f.
Bailey, Pearl 329
Baker, LaVern 54
Baker, Maury 378
Balin, Marty 203, 350, 409, 430
Bangs, Lester 329
Bar-Kays 368 f.
Basie, Count 375
Baum, L. Frank 40
Beall, Ben 395
Beatles 158, 219, 276, 278, 383
Bee Gees 369
Behan, Brendan 322
Bell, Richard 403, 421, 430

Bell, William 368
Bennett, Herman 45, 56
Bennett, Karleen 41–45, 50, 53–61, 65, 67 ff., 73, 75 ff., 79, 82, 90, 425
Bentley, Bill 417
Berg, Amy 134, 295
Bergman, Rita »Speedfreak Rita« 219, 226, 237, 239, 261
Berns, Bert 314
Berry, Chuck 229
Big Brother and the Holding Company 11, 13, 197 f., 200–296, 300–366, 370, 373 f., 387, 402, 436
Bill Haley and His Comets 42
Bishop, Elvin 338
Blanc, Peter de 167–172, 174–181, 183–190, 196, 198, 211 f., 298, 398
Bland, Bobby »Blue« 72, 149, 221
Blood, Sweat & Tears 71, 317, 357
Bloomfield, Mike 282, 307, 350, 367 f., 374, 379 f., 406
Blue Cheer 304, 316
Bond, Julian 268
Boogie Kings 71, 82
Booker T. and the MG's 284, 368
Boop, Betty 303
Booth, Stanley 368 f.
Boots, Ruby 11
Botnick, Bruce 428
Boutellier, Debbie 171, 174 f., 177, 181, 186
Bowen, Don 36 f.
Bowen, Kristin 36 f., 39 ff., 44, 50, 61, 76, 364
Bowers, John 373, 375, 388
Boyd, Jenny 293
Bramlett, Bonnie 415, 438
Braunstein, Mark 276, 285, 291, 311, 322, 367, 372, 378
Braunstein, Ruth 276, 367
Brooks, Harvey 358
Brown, Billy 61
Brown, Bob 191
Brown, Clarence »Gatemouth« 72, 107
Brown, James 72, 303
Brown, Pat 124
Buckley, Tim 330
Buddy Holly and the Crickets 54
Buffalo Springfield 279
Burdon, Eric 192, 270, 279, 286
Burrough, Bryan 27
Burton, Richard 373
Butterfield Blues Band 222, 245, 281
Butterfield, Paul 282, 338, 388, 400
Byrds 146, 279, 359

Caen, Herb 246
Cahn, Rolf 155
Campbell, Brad 358, 367, 372, 379, 393, 402 f., 405, 409 f., 419, 436
Canned Heat 430
Cannon, Gus 161
Captain Beefheart & His Magic Band 200
Carlile, Brandi 11
Carrick, Corinne 189 f.
Carrick, John 189
Carson, Johnny 412
Carter Family 142, 158
Carter, Diane 174
Carter, Philip 89, 95 ff., 109, 111, 174, 184
Casady, Jack 210, 314 f.
Caserta, Peggy 247, 262, 339 f., 350 f., 367, 373, 383 f., 392, 394, 399, 406 f., 428, 433
Cash, Rosanne 11
Cassady, Neal 58
Cassidy, Patrick 166, 195, 296
Catero, Bob 325
Catero, Fred 324, 327 f., 331 f.
Cavett, Dick 342, 397, 402, 404, 408, 412 f., 423 f.
Chamberlain, Richard 276
Chambers Brothers 336, 342, 355
Chantels 375

Charlatans 199, 214, 244
Charles, Bobby 71
Charles, Ray 72, 183, 283, 438
Checker, Chubby 108
Chernikowski, Stephanie 117 f.
Cherry, Keith 372
Chicago (Band) 357
Chilcott, Bex 11
Child 385
Choates, Harry 97
Christgau, Robert 283
Christie, Julie 276
Christy, June 107
Chuckwagon 117 f., 121, 123
Clapton, Eric 377 f.
Clar, Guy 190
Clara Ward Singers 301
Clay, John 112 f., 116 f., 120 f., 132 f.
Clay, Judy 368
Clements, Terry 367, 380, 385
Coasters 54
Cobain, Kurt 63, 356
Coffee and Confusion 139 ff., 143, 145, 148, 166
Coffee Gallery 140 f., 143 ff., 148, 154 f., 190 f., 202, 230
Cohen, Leonard 317, 335 f.
Cohn, Nudie the Rodeo Tailor 386
Coleman, Ornette 137, 158
Colette 68
Collins, Judy 309
Coltrane, John 212, 304
Cooder, Ry 222
Cooke, Alistair 308
Cooke, John Byrne 308 f., 311 f., 316, 319, 322, 327, 338, 341, 348, 372, 377, 385, 410 f., 413 f., 416, 418, 423 f., 426 f., 435
Country Joe and the Fish 255, 262 f., 265, 275, 407
Courson, Pamela 292
Cox, Ida 190, 265
Coyote, Peter 247, 258, 352 f.
Creedence Clearwater Revival 384
Crocker, Betty 253
Crosby, Bing 256
Crosby, David 145 f., 281
Cross, Charles 291
Crowley, Joe 385
Crumb, Robert 299, 344

Dalton, David 116, 165, 411 f., 414 f.
Daltrey, Roger 286
Dane, Barbara 139 f., 151, 155
Danko, Rick 415
Darling, Erik 161
Davidson, John 342
Davis, Clive 284, 288, 308, 317, 325 f., 343 f., 346, 351, 355, 388, 419, 430
Davis, Frank 112, 189
Davis, Judy 272
Davis, Miles 82
Davis, Reverend Gary 97, 146, 157
Dawson, John »Marmaduke« 415
Dean, James 43, 59
DeCurtis, Anthony 326
Deep Purple 275
Delaney & Bonnie 414
Delta Blues Singers 147
Denson, Ed 248
Diddley, Bo 221
Diggers 247, 250, 258, 261, 305, 352 f., 421
Dolenz, Mickey 207
Domino, Fats 42, 71
Dominos 70 f.
Donahue, Tom 264 f.
Doors 292, 336, 342, 410, 419, 428, 436
Dorsey, Lee 222
Doubleday, Marcus 367, 369 f.
Duckett, Leonard 310
Dusty Street 256
Dylan, Bob 70, 131, 143, 151 f., 154 f., 213, 219, 270, 281 f., 301, 306 ff., 324, 347, 372, 382, 388, 437

East, Barbara *siehe* Irwin, Barbara
East, Cecil 20 f., 24, 29
East, Gerald 20
East, Laura Hanson 20 f., 29 f.
East, Mildred »Mimi« 20, 29 f., 99 f., 254
Eastman, Linda 324
Eastwood, Alice 217
Echols, Alice 110, 121, 172, 320
Eddy, Nelson 312
Edmonton, Jerry 381
Eisenhower, Dwight D. 376
Electric Flag 282, 341, 358, 367
Elliott, Mama Cass 281, 286, 312
Elster, Arlene 53, 55 f., 76
Elwood, Phil 265, 287
Erb, Lyndall 407
Erickson, Roky 193, 204, 206, 209
Etheridge, Melissa 16
Evans, Dale 429
Even Dozen Jug Band 222

Family Dog House 198, 201 f., 205, 214, 224, 242, 244, 259, 274, 294, 365
Fariña, Mimi 340
Farrell, Lonnie »the Hunch« 134
Faubus, Orval 66
Fennell, Sylvia 139, 167
Ferlinghetti, Lawrence 103 f., 140
Festival Express 413 ff., 438
Fields, Danny 336, 347
Fillmore Auditorium 14, 199, 214, 241 f., 245, 249, 255 f., 273, 277, 284, 291 f., 294, 320
Fillmore East 330, 344 f., 351, 363, 372
Fisher, John 423, 426
Fitzgerald, F. Scott 298, 413
Fitzgerald, Zelda 298
Flast, Barry 400
Fleetwood Mac 350, 377
Fleetwood, Mick 350
Flippo, Chet 295
Flowers, Cornelius »Snooky« 374 ff., 380, 403
Floyd, Eddie 369
Flying Burrito Brothers 386, 429
Folksing 117 f., 121
Fong-Torres, Ben 410 f.
Fouratt, Jim 154
Franklin, Aretha 273, 285, 315, 320 f., 358, 370, 387
Franklin, Erma 315
Freed, Alan 42
Frieberg, David 138, 141, 146
Friedman, Myra 322 f., 351, 364, 372 f., 391, 395 f., 430
Full Tilt Boogie Band 16, 408 f., 411 ff., 417, 421 f., 436
Fuller, Jesse »Lone Cat« 118

Gale, Myra 60
Garcia, Jerry 147, 199, 241, 350, 415
Garcia, Ralph 368 f.
Garland, Judy 435
Gasca, Luis 375, 380, 385
Gates, John W. 26 f.
Gathering of the Tribes for a Human Be-In 259 f.
Gershwin, George 271
Getz, David 202, 204, 206, 208 ff., 215, 218, 221, 223, 229 f., 233, 235–240, 250 f., 256 ff., 277, 280, 282 f., 307, 309, 312 f., 315, 318 f., 332, 334, 338 f., 345 f., 348, 350, 352, 354, 363 f.
Giarratano, Bernard 187, 193 ff., 228
Gibson, Bob 306
Gillan, Ian 275
Gilmore, John 139 f., 145, 148
Girls' Glee Club 41, 46
Glatt, John 245
Gleason, Ralph 252, 256, 278, 290, 301 f., 373
Glotzer, Bennett 408

Gold, Jonathan 256
Goldstein, Richard 283, 287, 324, 330 f.
Gordon, A. E. 83
Gordon, Bob 276 f., 288, 306 f., 358 f., 432 f., 435
Gothia, Dale 71, 82
Gottfried, Linda *siehe* Waldron, Linda Gottfried
Gottlieb, Carl 298, 341 f.
Graham, Bill 14, 242, 244 f., 255 f., 273, 278, 286, 300 f., 305, 330, 338, 345, 350, 363, 373, 402, 442
Grass Roots 205, 216
Grateful Dead 199, 204 f., 215, 217, 220 f., 237, 241 f., 244, 246, 255, 258, 260, 266, 274, 277 f., 282, 297, 300, 305, 310, 350, 383 f., 409, 414
Gravenites, Linda 296–300, 304 f., 311, 316, 319 f., 326, 328 f., 333 f., 343, 347, 353, 359, 366, 373 f., 376, 378, 386 f., 390 ff., 395 f., 399, 406 f., 433
Gravenites, Nick 145 f., 230 f., 245, 296, 300, 305, 370, 380, 402, 431
Great Society 203, 216
Great Speckled Bird 414
Green, Debbie 155
Green, Patty 186
Green, Peter 350
Greene, Herb 266
Grieg, Edvard 230
Grogan, Emmett 247, 352 f., 421
Grossman, Albert 282 f., 305 ff., 311, 316 ff., 322–326, 328 f., 340, 343, 346–351, 353, 358, 362, 367, 376, 378 f., 382, 385 ff., 391, 393 f., 397, 400, 403, 405 f., 408, 410, 437
Grossman, Stefan 222
Gruen, Bob 330
Gurley, Hongo 212, 219, 246
Gurley, James 201 f., 204, 206 f., 212 f., 216, 219, 227, 230, 233 f., 236, 238, 243, 246, 254, 266, 269, 280, 288 f., 300, 303 f., 312, 314, 318 f., 325 f., 328 f., 332 f., 341, 350, 352, 381
Gurley, Nancy 212 f., 219, 239 f., 246, 261, 304, 381
Guthrie, Woody 107, 115, 127, 131
Guy, Buddy 338, 359, 416

Halfway House 183 f., 186, 189
Hall, Johanna (geb. Schier) 387, 404, 406, 412
Hall, John 404
Ham, Bill 194, 199, 207, 214 f.
Hammond, John 301
Hanks, Larry 142 ff.
Hardy, Thomas 276
Harris, David 241, 243
Harrison, George 269, 293, 376, 378
Harrison, Pattie 293, 376, 378
Harrison, Wilbert 70
Hart, Lorenz 380
Haston, Adrian 51 f., 76, 89, 92, 111, 174, 309
Haston, Gloria Lloreda 87 ff., 92, 110, 174, 309 f.
Havens, Ritchie 338
Hawkins, Ronnie 382
Hawks 382, 403
Heart 12
Heider, Wally 279
Hells Angels 250 f., 258 f., 261 f., 275, 304, 361, 367, 399, 409 f.
Helm, Levon 367
Helms, Chester Leo Senior 137
Helms, Chet 13, 129, 136 ff., 139, 141, 155, 163, 168, 194 ff., 198, 200 ff., 205, 207 ff., 219, 224, 231 ff., 242, 252, 258, 277, 280, 293, 295
Helms, John 138
Hendricks, »Chocolate George« 250 f.
Hendrix, Jimi 144, 279, 286, 291, 312, 318, 336, 338, 342, 355, 430 f., 435
Hensley, Terry 370, 375
Hentoff, Nat 81, 257, 330, 333, 341, 405

Hesseman, Howard 141, 149, 341 f.
Hester, Caroly 192
Hicks, Dan 191, 199
Hill, Chippie 146
Hill, Ken 158
Hobson, Tom 145
Holden, William 43
Holiday, Billie 273, 301, 303, 319
Holly, Buddy 54, 70
Holmes, Odetta 62 ff., 82, 139, 273, 306
Holzman, Jac 222
Hooker, John Lee 212
Hootenanny Hoots 190, 347
Howard, Brittany 16
Howard, Mike 73
Howell, George »the Beast« 166
Howlin' Wolf 207, 236, 273
Hucker, Tommy 206
Hunter, George 167, 191, 199
Hunter, Ivory Joe 54
Hunter, Meredith 409
Hunter, Robert 147
Hynde, Chrissie 12

Ian & Sylvia 414
Ian, Janis 289, 311
Ike and Tina Turner 373, 388, 415
Irwin, Barbara (geb. East) 20, 99–103, 254, 287
Irwin, Jean 100 f., 289 f.
Iverson, Roger 50

Jackson, Jack »Jaxon« 121, 128, 131, 274
Jackson, Teodar 193
Jackson, Wanda 104
Jagger, Mick 377
Jahn, Mike 421
James, Etta 49, 54, 91, 248, 273, 370
James, Skip 147
Jefferson Airplane 199, 203, 205, 210, 216, 226, 236, 245, 248, 258, 260, 266, 278, 300, 314, 350, 383, 409, 430
Jefferson, Blind Lemon 206
Jim Kweskin Jug Band 248
Jimi Hendrix Experience 279
Johansen, David 275, 356
Johnny Tolbert & De Thangs 374
Johnson, Jimmy 78 f.
Johnson, Lonnie 119
Johnson, Pete 301
Jones, Brian 286, 430
Jones, Tom 387
Joplin, Dorothy (geb. East) 15, 19–24, 27–34, 37–41, 43, 46, 50 f., 53, 55, 58, 67 f., 72, 77, 80 f., 83 f., 94 f., 97–101, 108, 114 f., 123, 127, 134, 159, 170, 172, 175–180, 182, 187, 190, 193, 195, 200, 237, 239 f., 245, 248, 259 f., 269, 287, 292–297, 309 ff., 320, 323, 337, 360 f., 365, 380, 406, 424 ff., 433, 435
Joplin, Florence Porter 22
Joplin, Laurel Lee »Laura« 19, 30, 32, 40, 48, 67, 77, 80, 94, 98 f., 115, 160, 169 f., 173, 175 f., 179, 183, 185 f., 193, 292 ff., 304, 309 f., 365, 391, 424 ff., 433, 436
Joplin, Margaret 22
Joplin, Michael Ross 30, 34, 39, 47, 76, 80, 98, 173, 176, 179, 268, 292 ff., 309 f., 321, 424, 432 f.
Joplin, Seeb 22
Joplin, Seth Ward 14 f., 19 f., 22 ff., 27–43, 48, 53, 55, 58, 61, 67, 77, 80 ff., 94, 97 f., 103, 105, 108, 124, 153, 160, 163 ff., 167, 170, 172–176, 179, 181 ff., 195, 200, 227 f., 253, 259 f., 271, 287, 291–296, 304, 309 ff., 365, 389, 394, 425, 433, 435
Jopling, Benjamin 22
Jordan, Louis 277
Joyce, Chuck 417

k. d. lang 11
Karpen, Julius 260 f., 267, 270, 272 f., 276, 282 f., 288, 290, 300–305, 307
Kaukonen, Jorma 146 f., 150, 156 f., 210
Kaukonen, Margareta 156
Keene, Roger 414
Kelley, Alton 201, 214
Kennedy, John F. 154
Kenner, Chris 206
Kermode, Richard 370, 378
Kerouac, Jack 57 f., 60, 62, 86, 88, 94
Kesey, Ken 242, 260
Kesha 16
Keys, Alicia 16, 438
Killarney, Jim 252
Killeen, Bill 117, 122 ff., 126, 129, 131 f.
Kimmet, Ian 376
King, Albert 330
King, B. B. 255, 301, 323, 337 f., 416
King, Bill 367 f., 370
King, Coretta Scott 268
King, Elle 16
King, Martin Luther 268, 338, 368
Kingston Trio 70
Kinney, Abbot 101
Kirk, Roland 375
Klassentreffen 422 ff.
Klein, Ted 115, 120, 131
Kloman, William 357
Knighton, Willie 72
Knoll, Edward 159, 167
Knoll, Janice 159, 167
Kooper, Al 338
Kopp, Larry 303
Koslow, Ron 309
Kot, Hairy Henry 258
Kozmic Blues 153, 165, 182, 380, 390, 393 f., 417, 431
Kozmic Blues Band 382 ff., 387, 392 f., 405, 412
Kristofferson, Kris 138, 386, 407 f., 417, 420, 426, 436
LaCroix, Jerry 70 f., 370
Lady Gaga 16
Lamarr, Hedy 297
Landau, Jon 356
Landy, Elliot 324, 344
Langdon, Jim 44, 51 f., 58, 62 ff., 68 ff., 76, 82 f., 89, 92 ff., 103 f., 106 f., 110 ff., 154, 189 f., 192 ff., 200
Langdon, Rae (geb. Logan) 92, 104, 154, 190
Lauper, Cindy 12
Law, Lisa 259
Led Zeppelin 14, 257, 275, 382
Ledbetter, Huddie (Lead Belly) 63, 93, 116, 118 f.
Lee, Sally 104
Lennon, John 276, 429
Lesh, Phil 220
Lester, Richard 276
Levin, Ira 298
Lewis, Jerry Lee 60 f., 70, 425 f.
Liberty Hill Aristocrats 147
Lieder
- *2:19* 192
- *A Six Pack to Go* 158
- *A Woman Left Lonely* 429, 436
- *Ain't No More Cane* 415
- *Alberta, Let Your Hair Hang Low* 415
- *All Is Loneliness* 230, 234, 243 f., 402
- *Amazing Grace* 215 f.
- *Apple of My Eye* 192
- *As Good as You've Been to Me* 384
- *As Good as You've Been to This World* 380
- *Ball and Chain* 13, 45, 216 f., 248, 269, 272 f., 280, 284 ff., 312, 325, 329, 331, 345, 348, 356, 369, 384
- *Black Mountain Blues* 119, 143 f., 161
- *Blindman* 234, 243 f.
- *Blow My Mind* 269
- *Bo Diddley* 388
- *Brownsville* 323

- *Buried Alive in the Blues* 431, 433, 436
- *Bye, Bye Baby* 191, 215, 289
- *C. C. Rider* 118
- *Call on Me* 234, 238, 254, 263
- *Can the Circle Be Unbroken (Bye and Bye)* 158
- *Can't Turn You Loose* 377
- *Careless Love* 119, 142, 161
- *Catch Me Daddy* 143, 275, 323, 331
- *Caterpillar* 254
- *Co'dine* 191
- *Columbus Stockade Blues* 144
- *Combination of the Two* 271 f., 280, 285, 312, 331, 333, 345, 348, 376, 402
- *Come Back Baby* 183 f.
- *Coo Coo* 230, 254, 269
- *Cry Baby* 401, 429, 436
- *Daddy, Daddy, Daddy* 128, 143
- *Down on Me* 204 f., 208, 234, 254, 263, 265, 269, 280, 325, 329, 348, 360
- *Easy Rider* 63, 236, 238, 254
- *Ego Rock* 402
- *Empty Pillow on My Bed* 128
- *Farewell Song* 318
- *Flower in the Sun* 318
- *Get It While You Can* 412, 422, 429, 436
- *Gospel Ship* 142
- *Half Moon (Seven Song)* 404, 429
- *Happy Birthday* 429
- *Happy Trails* 429
- *Harry* 238 f., 280, 344 f.
- *Hesitation Blues* 157
- *Hi Heel Sneakers* 206
- *I Ain't Got a Worry* 192
- *I know You Rider* 206
- *I Need a Man to Love* 275, 341, 362
- *I'm Gonna Rock My Way to Heaven* 431
- *In the Hall of the Mountain King* 230, 269
- *Intruder* 254, 289
- *It Wasn't God Who Made Honky Tonk Angels* 127
- *Janis* 275
- *Kozmic Blues* 381, 384, 387, 404, 428
- *Land of 1000 Dances* 206, 216
- *Leaving This Morning* 119, 143, 146
- *Let the Good Times Roll* 206
- *Light is Faster Than Sound* 238, 254, 269, 323, 325
- *Little Girl Blue* 380, 387
- *Long Black Train Blues* 157
- *Magic of Love* 323
- *Mary Jane* 157, 161
- *Maybe* 375, 379, 387, 402
- *Me* 376
- *Me and Bobby McGee* 16, 138, 386, 407 f., 417, 419, 429 f., 436
- *Mercedes Benz* 421 f., 431 f., 436, 440
- *Moanin' at Midnight* 207, 236
- *Move Over* 402, 429
- *Mr. Natural* 364
- *My Baby* 430
- *Nobody Knows You When You're Down and Out* 146, 157, 184
- *Oh, Sweet Mary* 341, 348
- *Once I Had a Sweetheart* 184
- *Once I Lived the Life of a Millionaire* 184
- *One Good Man* 379
- *One Night Stand* 400
- *Ooh! My Soul* 206
- *Piece of My Heart* 11, 16, 314 f., 329, 332 f., 347 f., 355 f., 369 f., 375, 377, 385, 397
- *Rags and Old Iron* 229
- *Raise Your Hand* 369, 375, 384, 387
- *River Jordan* 161
- *Road Block* 271, 277, 280
- *San Francisco Bay Blues* 118
- *Silver Threads and Golden Needles* 104, 125, 142
- *So Sad to Be Alone* 143

- *St. James Infirmary* 119
- *Stealin', Stealin'* 118, 125, 142, 199
- *Summertime* 271, 332 f., 337 f., 344, 347, 362, 369, 376, 380, 383, 384
- *Sunday Morning Comin' Down* 407, 417
- *Tell Mama* 49, 91
- *The Cuckoo (Coo Coo)* 121, 230, 254, 269, 341, 347
- *The Last Time* 229, 254
- *To Love Somebody* 369, 379, 384
- *Trouble in Mind* 146, 204
- *Trust Me* 431
- *Try (Just a Little Bit Harder)* 370, 379, 384, 402
- *Turn on Your Love Light* 221
- *Turtle Blues* 186, 192 f., 230, 341, 355
- *Walk Right In* 161
- *What Good Can Drinkin' Do* 128
- *Wild Women Don't Have the Blues* 190
- *Winin' Boy* 119, 146
- *Winin' Boy Blues* 189
- *Women Is Losers* 191, 230, 254, 289
- *Work Me, Lord* 370, 379

Lightfoot, Gordon 386
Lighthouse 366
Lipton, Lawrence 101
Litt, Larry 250
Little Richard 42, 45, 54, 70, 206, 209, 229
Little Theater 44, 51, 76
Lloreda, Gloria *siehe* Haston, Gloria Lloreda
Logan, Josh 43
Logan, Rae *siehe* Langdon, Rae
Lomax, John 63, 116
Lydon, Michael 284, 371 f.
Lyons, Grant 44, 51 ff., 63 f., 72 ff.

MacDonald, Jeanette 312
Maddox Brothers and Rose 125
Maddox, Rose 125, 127, 220
Mainliners 167
Malone, Bill 125, 127 f.
Mamas and Papas 244, 278, 311
Mann, Steve 156, 162, 222
Mapplethorpe, Robert 330
Mar-Keys 284
Markowitz, Roy 367, 378
Marshall, Jim 266
Martin, Steve 139
Martinez, David 129
Matrix Club 247, 260, 269, 305
Max, Peter 343
Maynard, John Arthur 101
Mazer, Elliot 324, 344 f., 358
MC5 327
McCartney, Paul 269 f., 324
McClure, Michael 251, 421, 432
McDonald, Country Joe 256, 262 f., 265, 274 f., 278, 322, 359, 383, 440, 442
McDuffie, Billy 75
McJohn, Goldy 381
McKenzie, Scott 278
McKernan, Ron »Pigpen« 147, 199, 220 f., 305
McMullen, Tracy 315
McQueen, Dave 91 f., 108–112, 133, 174, 364
McQueen, Patti (geb. Skaff) 79, 88–92, 95 ff., 108–112, 132 f., 174, 364
McRae, Carmen 232
Mekler, Gabriel 378 ff.
Melton, Barry »the Fish« 262
Melvin, Milan 298, 339 f.
Memphis Jug Band 118, 125, 142, 199
Merriam, C. Hart 217
Merry Pranksters 242, 260
Metalious, Grace 43
Mickey and Sylvia 54
Miller, Larry 265
Miller, Roger 386
Miller, Stanley »Mouse« 201, 240, 247, 259, 377

Mills, Jackie 253
Mitchell, Joni 338
Mitchell, Vince 372, 383, 391, 435
Mitford, Nancy 298
Moby Grape 258, 294
Modigliani, Amedeo 94, 103
Modigliani, Jeanne 94
Monkees 270, 311
Monroe, Marilyn 435
Monterey Folk Festival 151 f.
Monterey Jazz Festival 296, 301 f., 306
Monterey Pop Festival 13, 249, 278–288, 312
Moondog 230
Morgan, Frederic 420
Morgan, J. P. 420
Morgan, Seth 420, 427 f., 432 f., 437
Moriaty, David 51 ff., 57, 76, 86, 92, 112, 121, 132 f.
Morris, John 323
Morrison, Jim 291 f., 335 f., 342, 436
Morton, Jelly Roll 119, 146, 192
Mother Blues 226, 229 f., 233, 235, 237
Moyer, Johnny 132 f.
Muir, John 217
Muldaur, Maria 248
Mulligan, Gerry 232
Murphy, Turk 162

Naftalin, Mark 281
Namath, »Broadway Joe« 388
Negron, Chuck 379
Nelson, David 147
Nelson, Paul 373, 411
Neuwirth, Bob 155, 286, 308, 341 ff., 372, 377, 385 f., 391, 407 f., 421 ff., 426
New Riders of the Purple Sage 147, 414 f.
New York Dolls 275
Newport Folk Festival 120, 306, 347 f., 350, 356
Nichols, Pat »Sunshine« 166, 239 ff., 299, 373, 392, 407
Nicks, Stevie 12
Niehaus, David 395–402, 405, 408, 419 f., 432, 434, 437
Nirvana 63
Nixon, Richard 364
Noguchi, Thomas 435
Nord, Eric 102

Odetta *siehe* Holmes, Odetta
O'Donohoe, Steve (Steve-O the Night Rider) 54
Oldham, Spooner 429
Olivier, Laurence 413
On the Road (Buch) 57 ff., 88, 94, 99
Ostrow, George 372
Outfit 244
Owens, Tary 66, 69, 71, 73, 78, 84, 89, 92, 107, 112, 132, 191, 423
Oxtot, Dick 161 f.

P. H. Phactor Jug Band 244
Page, Geraldine 421
Parker, Charlie 304, 319
Parson, Ken 428
Parsons, Gram 386, 429
Pasea, Elton 82
Paul, Julie 124, 131 ff., 143, 190, 347, 391, 417
Paul, Rooney 59
Paul, Steve 336
Paupers 282, 358, 378
Pearson, Ken 403, 433
Pederson, Herb 145
Penn, Dan 429
Penn, Irving 310
Penn, William 340
Pennebaker, D. A. 13, 281 f., 285 f., 300, 308, 312, 332 f., 338, 442, 444
Perkins, Roger 142, 145
Perkoff, Stu 102
Perry, Charles 258

Perry, Suzy 204, 299
Peter, Paul and Mary 151, 306
Petulia (Film) 276 f.
Phillips, John 278, 280 ff., 311 f.
Phillips, Michelle 311 f.
Pickett, Wilson 206, 359
Pierson, Clark 403, 410, 444
Pierson, Kate 12
Pine Valley Boys 147
Pink 16
Plant, Robert 14, 257, 275, 356
Plowman, Pepi 132
Pollard, Michael J. 342 f.
Polte, Ron 260, 282
Poole, Linda 157, 160
Porter, Katherine Ann 183
Porter, Robert 22
Potter, Grace 16
Pratt, Win 123, 131 ff.
Preminger, Otto 43
Presley, Elvis 42, 45, 54, 70, 117
Price, Lloyd 70
Price, Margo 11
Pritchard, Michael 165
Prokop, Skip 358, 361 f., 366 f.
Pryor, Roger 35–40, 55, 74, 80

Quicksilver Messenger Service 146, 205, 220, 244, 258, 260, 278, 282

Ragovoy, Jerry 314, 370, 401, 412, 430
Rainey, Ma 119, 143, 146, 265, 273, 303
Rare Earth 71
Rauschenberg, Robert 114, 423 f.
Rawls, Lou 280
Ray, Nicholas 43
Redding, Otis 230, 249, 255 ff., 271, 284 ff., 315, 367 ff., 377
Reed, Jimmy 70, 72, 108, 273
Reed, Lula 129
Reynolds, Debbie 54
Reynolds, Freewheelin Frank 251
Richards, Dave 270, 292, 311, 322, 346, 359, 403
Richards, Keith 434
Richardson, Jiles Perry »Big Bopper« 70
Rifkin, Danny 282
Rising Sons 222
Ritchie, Jean 63 f., 116, 121, 347
Rivers, Johnny 279
Rivers, Travis 132 ff., 194 f., 197 ff., 210 f., 246, 258
Roberts, Billy 144 f.
Robyn, Dorothy 47
Rockettes 373
Rodgers, Jimmie 124, 126
Rodgers, Richard 380
Rolling Stones 192, 285 f., 290, 324, 388, 409, 430 f., 434
Rollins, Sonny 158
Ronstadt, Linda 429
Roosevelt, Theodore 217
Rose, Axl 356
Rothchild, Paul 16, 221 ff., 233, 343, 349, 410, 417 ff., 427 ff., 432, 435 f.
Rothschild, Ed 391
Roxon, Lillian 387
Rundgren, Todd 400, 404 f., 419
Rush, Leslie 226 f.
Rush, Roger 226 f.
Russell, Roger 67

Sainte-Marie, Buffy 191, 359
Sander, Ellen 382, 385
Sanders, Don 189
Sanders, Ed 159, 232
Santamaria, Mongo 375
Sarles, Bob 263
Saturday Night Swindle 165, 168, 276, 291, 303, 380, 389, 394, 438
Schier, Johanna *siehe* Hall, Johanna
Schiffman, Todd 319 f.
Schultz, Jerry 158

Scott, George C. 276
Scully, Rock 278, 282, 285
Seger, Bob 334
Seidemann, Bob 266, 377 f.
Selvin, Joel 281, 304
Shad, Bob 232 ff., 252, 254, 264, 288, 317
Shadrinsky, Abraham *siehe* Shad, Bob
Shankar, Ravi 286
Sharpe, Pat 119 f.
Shaw, Greg 241
Shelton, Gilbert 122 ff., 299
Shelton, Robert 324, 355
Shivers, R. Allan 66
Silverman, Jerry 158
Simmons, Jimmy 106 f.
Simon and Garfunkel 279
Simon, John 317 f., 324, 332 f., 340 f., 344 f., 356
Simon, Paul 278, 317
Simone, Nina 146, 229, 271, 273, 380
Sinatra, Frank 43, 256, 420
Skaff, Patti *siehe* McQueen, Patti
Skaff, Sammy 97
Slick, Darby 216
Slick, Grace 203, 248, 272
Smith, Bessie 93 f., 97, 116, 119, 136, 139 f., 142 f., 146, 150 f., 157, 192, 204, 210, 220, 248, 265, 273, 303, 309, 347, 370, 379, 418 f., 438
Smith, Howard 14
Smith, Jack 45 f., 50, 89, 97 f., 108–114, 122, 170
Smith, Julie 410
Smith, Patti 12, 330
Smothers, Tommy 285
Soft Machine 355
Solis, Ray 107
Spivey, Victoria 146
Springsteen, Bruce 356, 385
St. John, Powell 113, 115 f., 118 f., 121, 123, 125, 128 ff., 134, 143, 190 f., 193, 215, 258
Stanley, Augustus Owsley III. 163, 215, 279
Staple Singers 351
Staples, Mavis 351 f.
Stephens, Leigh 304
Steppenwolf 378, 381
Stewart, Ian 368
Stilwell, Arthur 26
Stopher, Henry 90, 93, 104 f., 112 f., 117
Stopher, Tommy 90, 94, 112 f., 130
Sullivan, Ed 375
Sun Ra 158, 232
Sunday Costs Five Pesos (Theaterstück) 44
Sunshine *siehe* Nichols, Pat
Swanson, Gloria 412

Taj Mahal 222, 344
Talbot, Steve »Richmond« 157
Talley, Marion 21
Tate, Howard 412
Taylor, Derek 278 f.
Taylor, Johnnie 369
Taylor, Lonn 26
Tennant, Randy 51 f., 83, 92, 103
Tharpe, Sister Rosetta 351
The Band 318, 348, 382, 414
The Blues Project 285
The Counts 71
The Cycle 317
The Leaves 144, 205
The Love 205
The Who 279, 286
Thelin, Jay 247, 305
Thelin, Ron 247, 305
Thomas, Carla 368
Thomas, Dylan 322
Thomas, Michael 327
Thomas, Rufus 368
Thompson, Hank 127, 158
Thornton, Willie Mae »Big Mama« 13, 45, 72, 216, 245, 273, 283 f., 303, 370

Threadgill, Kenneth 124 ff., 157, 190, 347, 416 f.
Threadgill, Mildred 127
Threadgill's 124 f., 127 ff., 136, 157, 190
Three Dog Night 378 f.
Thurber, James 394
Till, John 382, 384, 393, 403, 405, 411, 421, 432
Tolkien, J. R. R. 215
Tork, Peter 270, 311, 319
Torn, Rip 421
Turner, Gil 143
Turner, Tina 273, 330, 370, 388
Tuttle, Lyle 408
Tyler, Steven 275, 356

Valens, Ritchie 70
Valenti, Dino 146
Van Vechten, Carl 93
Van Zandt, Steven 385
Van Zandt, Townes 189
Vaughan, Sarah 232
Vincent, Frances 96, 183, 190

Wade, Clyde 82 ff.
Waldron, Linda Gottfried 148 f., 154, 156, 162–168, 171, 176, 194, 196
Waldron, Malcolm 161, 166, 168, 176
Walker, T-Bone 301
Wallace, Mike 372
Waller Creek Boys 115–119, 124 f., 128, 131, 136, 157, 347
Warhol, Andy 322
Washington, Dinah 146
Watson, Doc 144
Wein, George 306
Weir, Bob 221, 305, 415
Weir, Thomas 344
Welch, Florence 16
Welch, Raquel 412
Wells, Kitty 127, 283
Westport Singers 147
Whaley, Paul 304, 316
Whitaker, Jae 149 ff., 154, 157, 160, 211 f.
White Trash 71
White, Josh (Lightshow) 323
White, Josh (Musiker) 119
Wiggins, Lanny 113, 115 f., 118, 121, 128
Wiggins, Ramsey 115, 121
Wildwood Boys 147, 151
Williams, Andy 422
Williams, Hank 97
Williams, Lucinda 16
Williams, Paul 241
Willis, Ellen 12, 363, 366
Wilson, Al 430
Wilson, Ann 12, 356
Wilson, Minor 128 f.
Wilson, Nancy 12, 303
Wilson, S. Clay 299
Winchester, Jesse 403
Winehouse, Amy 16
Winter, Edgar 71, 107
Winter, Johnny 107, 190, 388, 422
Wolf, Mark 334
Wolfe, Tom 243, 298, 402
Womack, Bobby 192, 431 f.
Wonderland, Carolyn 16
Woodstock 383, 385, 391
Woodward, Dave 385

Young, Neil 417

ZZ Top 417